Advances
in COMPUTERS
VOLUME 51

Author Index, Cumulative List of Titles,
Table of Contents, Volumes 1–49

Advances in
COMPUTERS

Index Part II

EDITED BY

MARVIN V. ZELKOWITZ

Department of Computer Science
and Institute for Advanced Computer Studies
University of Maryland
College Park, Maryland

VOLUME 51

ACADEMIC PRESS

A Harcourt Science and Technology Company

San Diego   San Francisco   New York
Boston   London   Sydney   Tokyo

This book is printed on acid-free paper.

Copyright © 2000 by ACADEMIC PRESS

All Rights Reserved.
No part of this publication may be reproduced or transmitted in any form or by any means electronic or mechanical, including photocopying, recording, or any information storage and retrieval system, without permission in writing from the publisher.

Academic Press
A Harcourt Science and Technology Company
525 B Street, Suite 1900, San Diego, California 92101-4495, USA
http://www.apnet.com

Academic Press
24–28 Oval Road, London NW1 7DX, UK
http://www.hbuk.co.uk/ap/

ISBN 0-12-012151-4

A catalogue for this book is available from the British Library

This serial is covered by the *Science Citation Index*

Typeset by Mackreth Media Services, Hemel Hempstead
Printed in Great Britain by Redwood Books, Trowbridge, Wiltshire

00 01 02 03 04 05 RB 9 8 7 6 5 4 3 2 1

Contents

AUTHOR INDEX 1
CUMULATIVE LIST OF TITLES 283
TABLE OF CONTENTS, VOLUMES 1–49 291

Author Index

A

Aaen, I., **34**:294, **34**:*382*
Aaronson, A. P., **29**:67, **29**:*73*, **47**:*138*
Abadie, J., **2**:364, **2**:*366*
Abadir, M. S., **26**:299, **26**:314, **26**:*332*
Abate, J., **12**:*166*
Abbati, D., **45**:6, **45**:13, **45**:50
Abbe, E., **28**:179, **28**:*221*
Abbot, R., **42**:15, **42**:*31*
Abbott, B., **47**:*232*, **47**:*244*
Abbott, G. L., **30**:*34*
Abbott, K. R., **32**:160, **32**:*195*, **45**:274, **45**:287, **45**:308, **45**:*314*
Abbott, M. B., **48**:12, **48**:*115*
Abbott, R., **35**:154, **35**:*180*
Abdel-Hamid, T. K., **41**:3, **41**:*59*, **44**:71, **44**:105–106, **44**:110–111, **44**:121, **44**:*123*, **46**: 61, **46**:*101*
Abdel-Malek, A., **38**:*191*
Abdelhamied, K., **38**:*189*
Abdellatif, A., **32**:150, **32**:158, **32**:159, **32**:174, **32**:175, **32**:177, **32**:193, **32**:*198*, **32**:*199*
Abeill-e, A., **49**:26, **49**:*56*
Abell, V., **15**:*117*
Abelson, R. P., **13**:224, **13**:*225*, **40**:214, **40**:223, **40**:230, **40**:239, **40**:*254*
Abend, K., **12**:351, **12**:*409*
Abidi, M. A., **32**:108, **32**:124, **32**:*145*, **32**:*147*, **32**:*148*
Abilock, J. G., **28**:238, **28**:*278*
Ablow, C. M., **2**:360 (3), **2**:*366*, **3**:185, **3**:*186*
Abney, S., **47**:*58*
Aboulhamid, E. M., **26**:329, **26**:*332*
Abousleman, G. P., **38**:*191*
Abraham, C. T., **12**:*166*, **12**:*169*, **12**:*173*

Abraham, J. A., **9**:53 (1), **9**:57, **9**:*110* **26**:316, **26**:318, **26**:319, **26**:320, **26**:329, **26**:*332*, **26**:*333*, **26**:*334*
Abrahams, P., **8**:54 (37),**8**:*101*
Abrahams, S. C., **5**:259 (10), **5**:*284*
Abrahamsson, S., **21**:412, **21**:*415*
Abraido-Fandino, L. M., **37**:16, **37**:53, **37**:*55*
Abramov, S., **44**:204, **44**:*212*
Abramovich, S. N., **29**:294, **29**:295, **29**:296, **29**:*322*
Abramovitz, I. J., **28**:196, **28**:*223*
Abrams, H., **16**:142, **16**:*177*
Abrams, M. D., **16**:183, **16**:*215*, **44**:265, **44**:*282*
Abrams, P., **15**:5, **15**:*59*
Abramson, A. S., **11**:181, **11**:*226*
Abramson, D., **44**:187, **44**:*212*
Abramson, N., **6**:*225*, **12**:339, **12**:*409*, **16**:183, **16**:185, **16**:*215*, **17**:165, **17**:166, **17**:*216*, **21**:228, **21**:*271*
Abramson, S. R., **42**:79, **42**:*116*
Abrial, J.-R., **35**:203, **35**:*251*, **49**:79, **49**:*91*
Absolon, P., **44**:51, **44**:*56*
Abu-Ghazaleh, N.B., **49**:284, **49**:285, **49**:286, **49**:287, **49**:288, **49**:289, **49**:290, **49**:291, **49**:292, **49**:295, **49**:296, **49**:297
Abu-Hanna, A., **38**:132, **38**:*138*
Abu-Mostafa, Y. S., **28**:187, **28**:*221*, **37**:155, **37**:*162*
Abushagur, M. A. G., **28**:218, **28**:*221*, **28**:*223*
Acharya, A., **45**:136, **45**:*152*
Acharya, S., **48**:*178*
Achleiter, H. K., **31**:*371*
Achterberg, J., **34**:366, **34**:*381*

Ackerman, A. F., **19**:*62* **42**:18, **42**:*35*, **42**:71, **42**:*74*
Ackerman, W. B., **37**:291, **37**:323, **37**:*330-331*
Acki, M., **7**:71 (1), **7**:*113*
Ackley, D. H., **33**:174, **33**:186, **33**:*233*, **37**:131, **37**:*133-134*, **37**:*162*, **37**:390, **37**:397,
Ackoff, R. L., **4**:278 (12), **4**:*303* **12**:48 (1), **12**:53 (1), **12**:60 (1), **12**:62 (1), **12**:63 (1), **19**:298, **19**:302, **19**:*323*, **20**:10, **20**:*29*, **21**:39, **21**:*85*
Acroff, J. M., **33**:122, **33**:*170*
Acton, B. E., **7**:*290*
Aczél, J., **36**:287, **36**:*326*
Ada, **37**:35, **37**:*55*, **43**:57, **43**:71, **43**:94, **43**:*133*
Adam, A., **15**:8, **15**:*59*
Adam, J. A., **30**:215, **30**:*217*, **44**:308, **44**:*329*
Adam, N., **48**:261, **48**:262, **48**:263, **48**:269, **48**:270, **48**:274, **48**:309
Adamo, S., **23**:110, **23**:155, **23**:*139*
Adamovich, A. I., **29**:*322*
Adams, C. W., **8**:*42*, **20**:17, **20**:*29*, **23**:104, **23**:*139*, **30**:190, **30**:*217*, **42**:166, **42**:*233*
Adams, D. A., **40**:189, **40**:*253*
Adams, E., **9**:118 (3), **9**:*172*
Adams, E. N., **30**:158, **30**:*168*, **36**:6, **36**:16, **36**:*39*, **45**:212, **45**:264
Adams, G. B., **34**:139, **34**:*152*
Adams, G. B., III., **26**:183, **26**:186, **26**:189, **26**:*196*
Adams, J. A., **16**:9, **16**:*53*, **36**:381, **36**:*418*
Adams, J. M., **19**:187, **19**:208, **19**:*215*
Adams, R. D., **22**:232, **22**:*293*
Adams, S., **47**:25, **47**:40, **47**:52, **47**:*63*
Adamson, A. W., **21**:290, **21**:295, **21**:*329*
Adansom, M., **11**:68, **11**:*122*
Adaptive Solutions, **49**:242, **49**:*295*
Addis, T. R., **22**:202, **22**:*210*, **24**:*310*
Addleman, D. R., **26**:403, **26**:*440*
Ade, M., **40**:107, **40**:*124*
Adelman, L., **31**:32, **31**:47, **31**:*95*
Adelsberger, H. H., **33**:87, **33**:*110*
Adelson, B., **29**:57, **29**:*72*, **40**:2, **40**:8, **40**:14, **40**:19, **40**:27-30, **40**:34, **40**:*36*, **40**:*38* **49**:99, **49**:*141*
Adelson, S. J., **47**:236, **47**:238, **47**:*244*

Adelson-Velskiy, G. M., **18**:61, **18**:98, **18**:*114*
Adelson-Velsky, G. M., **29**:232, **29**:*247*
Adelstein, J., **22**:218, **22**:*293*
Ader, M., **40**:195-196, **40**:227, **40**:*249*
Adiutori, E. F., **5**:326 (385), **5**:348
Adkins, K., **18**:183, **18**:*225*, **18**:*227*
Adlassnig, K. P., **28**:*103*
Adleman, L. A., **30**:187, **30**:195, **30**:*221*
Adleman, L. M., **22**:*102* **30**:189, **30**:197, **30**:210, **30**:*217*, **30**:*219*, **44**:230, **44**:*280*
Adler, D. D., **47**:227, **47**:*245*
Adler, J., **38**:*191*
Adler, P. S., **41**:150, **41**:*155*
Adler, R., **2**:196 (48), **2**:*291*
Adler, R. S., **47**:205, **47**:*251*
Adlman, L., **22**:67, **22**:68, **22**:69, **22**:80, **22**:85, **22**:86, **22**:88, **22**:*106*
Adouadi, M., **38**:*190*
Adrian, E. D., **6**:65, **6**:*83* **33**:195, **33**:*233*
Adrian, M., **13**:47, **13**:48, **13**:*70*
Adrion, W. R., **22**:149, **22**:*159*
Adve, S., **39**:209, **39**:*235*
Adve, S. V., **40**:170, **40**:*175*
Afonin, L. A., **29**:*326*
Africa, C., **1**:162 (4), **1**:*163*
Afuso, C., **9**:12 (9), **9**:18 (9), **9**:*21*, **14**:187, **14**:190, **14**:191, **14**:192, **14**:193, **14**:195, **14**:*228*, **14**:*229*, **26**:54, **26**:*89*
Agafonov, V. N., **18**:267, **18**:*281*
Agajanian, A. H., **15**:248, **15**:*281*
Agalides, G. E., **5**:198, **5**:*223*
Agalides, J. E., **5**:207, **5**:*225*
Agarival, K. K., **22**:202, **22**:*213*
Agarwal, A., **40**:161-162, **40**:168, **40**:172, **40**:174, **40**:*175*, **46**:308, **46**:315, **46**:321, **46**:322, **46**:*325*, **49**:242, **49**:248, **49**:249, **49**:270, **49**:275, **49**:295
Agarwal, V. K., **26**:97, **26**:*152*, **26**:318, **26**:329, **26**:*332*, **26**:*334*
Ageno, A., **49**:12, **49**:*58*
Agerholm, S., **49**:85, **49**:*91*
Agerwala, T. K., **20**:180, **20**:*194*, **23**:299, **23**:*353*
Aggarwal, J. K., **34**:69-71, **34**:73-78, **34**:83-84, **34**:91-105, **34**:*107-111*
Aggarwal, R., **26**:*442*

AUTHOR INDEX

Aggarwal, S., **29**:109, **29**:*184*
Agha, G.,**33**:92, **33**:98, **33**:*110*, **35**:179, **35**:*180*, **46**:332, **46**:359, **46**:396, **46**:*399*
Agha, G. A., **43**:111, **43**:*133* **46**:*400*
Agin, G. J., **32**:109, **32**:*145*, **34**:271, **34**:273, **34**:*283*, **34**:*286*, **43**:249, **43**:*276*
Agmon, S., **2**:77, **2**:*129*, **37**:145–146, **37**:*162*
Agostini, A., **45**:274, **45**:*314*
Agravala, A. K., **42**:5, **42**:15, **42**:*34*
Agrawal, D. P., **26**:176, **26**:196, **26**:*197*, **34**:134, **34**:139, **34**:*152–153*, **39**:216, **39**:*236*
Agrawal, G., **45**:107, **45**:121, **45**:127, **45**:144, **45**:*149*
Agrawal, H., **43**:2–3, **43**:16, **43**:23, **43**:26, **43**:29, **43**:*45*
Agrawal, R., **35**:*134*, **39**:113, **39**:115, **39**:*186*, **48**:161, **48**:175, **48**:263, **48**:*309*
Agrawal, V. D., **26**:303, **26**:*333*
Agrawala, A. K., **19**:179, **19**:209, **19**:*215*, **21**:93, **21**:*150*, **24**:102, **24**:*168*, **49**:310, **49**:*347*
Agre, J., **49**:312, **49**:315, **49**:*346*
Agre, J. R., **49**:313, **49**:*346*
Agre, P., **48**:332, **48**:*350*
Agresti, W. W., **34**:*297*, **34**:*381*, **39**:84, **39**:*104*, **44**:136, **44**:*166*
Aguero, U., **28**:3, **28**:6, **28**:11, **28**:47, **28**:52, **28**:*62*, **28**:*63*
Aguilar, M., **46**:364, **46**:*399*
Agullo, J., **14**:*228*
Agusta, B., **9**:220 (1), **9**:*234*
Ahamad, M., **39**:197, **39**:215, **39**:*237*
Ahimada, T., **37**:299
Ahituv, N., **43**:*209*, **46**:118, **46**:*154*, **47**:342, **47**:*367*
Ahl, D. H., **24**:342, **24**:*370*
Ahlberg, J. H., **10**:287 (1), **10**:*289*
Ahmad, R., **42**:127, **42**:167, **42**:170, **42**:*233*
Ahmadi, H., **44**:303, **44**:*327*
Ahmed, F. R., **5**:258 (2), **5**:271 (2), **5**:*284*, **38**:*185*, **38**:*193*
Ahmed, I., **40**:158, **40**:*176*
Ahmed, N., **37**:75, **37**:78, **37**:83–84, **37**:89–90, **37**:93, **37**:108, **37**:115, **37**:*115*
Ahmed, R., **35**:51, **35**:*78*
Aho, A. V., **14**:2, **14**:8, **14**:9, **14**:13, **14**:32, **14**:41, **14**:82, **14**:103, **14**:106, **14**:116, **14**:127, **14**:132, **14**:166, **16**:80, **16**:*122*, **19**:76, **19**:86, **19**:89, **19**:*108*, **22**:62, **22**:63, **22**:88, **22**:*103*, **22**:337, **22**:*350*, **23**:297, **23**:301, **23**:306, **23**:*351*, **24**:*98*, **24**:129, **24**:145, **24**:*168*, **26**:113, **26**:135, **26**:*149*, **26**:430, **26**:*440*, **29**:170, **29**:*185*, **30**:4–5, **30**:*34*, **33**:*233*, **37**:26, **37**:220, **37**:*281*, **44**:344, **44**:*358*
Ahuja, N., **43**:244, **43**:*275*
Ahuja, S. R., **20**:*194*, **30**:25, **30**:*34*, **35**:274, **35**:*318*, **46**:338, **46**:*396*
Aichernig, B.K., **49**:84, **49**:*91*
Aida, S., **35**:98, **35**:*133*
Aiello, L., **40**:194, **40**:216, **40**:246, **40**:*249*
Aiello, N., **22**:182, **22**:*214*
Aigerman, M. A., **2**:385, **2**:402, **2**:403, **2**:*416*
Aihara, K., **42**:242, **42**:*268*
Aiken, A., **39**:115, **39**:*186*
Aiken, H., **6**:137 (1), **6**:177, **6**:*191*
Aiken, M., **40**:195, **40**:242, **40**:*254*
Aiken, M. W., **40**:193, **40**:*253*
Aiken, P. H., **31**:69–70, **31**:*95–96*
Aikins, J. S., **22**:165, **22**:172, **22**:173, **22**:181, **22**:189, **22**:*210*, **22**:*213*, **22**:*215*, **22**:*216* **38**:166, **38**:169, **38**:*180*
Ainsworth, A., **5**:140 (63), **5**:*221*
Ainsworth, M. E., **47**:211, **47**:*249*, **47**:*250*
Air Force Operational Test and Evaluation Center, **45**:200, **45**:201, **45**:241, **45**:242, **45**:245, **45**:*264*
Air Force System Command, **44**:24, **44**:29, **44**:*55*
Aizerman, M. A., **5**:132, **5**:*220*
Ajdukiewicz, K., **1**:147, **1**:*157*
Akahane, M., **47**:215, **47**:227, **47**:*244*
Akaike, H., **47**:359, **47**:*365*
Akao, Y., **41**:67, **41**:*82*
Akashi, H., **28**:*104*
Akella, J., **40**:77, **40**:*121*
Akers, S. B., **26**:315, **26**:*332*
Akers, S. B., Jr., **2**:*366*

Akhmanova, O. S., **11**:*52*
Akin, O., **28**:3, **28**:*63*
Akin, R. H., **7**:248 (6), **7**:*287*
Akingbehin, K., **31**:313, **31**:*319*
Akiyama, F., **18**:137, **18**:138, **18**:*168*
Akkoyunlo, E., **17**:187, **17**:*216*
Akkoyunlu, E., **16**:212, **16**:*215*
Akl, S. G., **18**:97, **18**:*115* **26**:143, **26**:*149*, **29**:29, **29**:*44*, **29**:211, **29**:*248*
Akmajian, A., **47**:5, **47**:6, **47**:21, **47**:30, **47**:36, **47**:*58*
Aksenov, A. I., **29**:*326*
Akushsky, I. Ia., **1**:233 (12), **1**:*308*
Al-Hujazi, E., **32**:*147*
Al-Onaizan, Y., **49**:40, **49**:*62*
Al-Shaer, E., **48**:3, **48**:*118*
Alagar, V. S., **19**:120, **19**:130, **19**:*215*
Alagic, S., **28**:21, **28**:*63*
Alan, J., **47**:*338*
Alavi, M., **34**:300, **34**:*381*
Albanese, A., **42**:166, **42**:*233*
Albanesi, M., **49**:256, **49**:*295*
Albarde, P., **5**:205 (152), **5**:*224*
Albers, H. H., **12**:39 (2), **12**:*71*
Albert, D., **24**:302, **24**:*310*
Albert, J. H., **33**:*235*
Albisser, D., **49**:48, **49**:*56*
Albrecht, **2**:*124*
Albrecht, A. J., **24**:52, **24**:*59*, **35**:218–219, **35**:*251*, **36**:96, **36**:*108*, **39**:85, **39**:88, **39**:*104*, **44**:65, **44**:71, **44**:88, **44**:90, **44**:*123*
Albrecht, G., **19**:303, **19**:305, **19**:314, **19**:321, **19**:*323*, **21**:32, **21**:67, **21**:*85*
Albrecht, J., **34**:341, **34**:*381*
Albrecht, R., **12**:350, **12**:*409*
Albus, J. S., **32**:107, **32**:*146*, **33**:181, **33**:*233*, **33**:*234*, **36**:235, **36**:*250*, **48**:325, **48**:*351*
Aldefeld, B., **31**:112, **31**:*170*
Aldenderfer, M. S., **19**:114, **19**:115, **19**:160, **19**:180, **19**:204, **19**:208, **19**:*215*, **19**:*216*
Alderman, D. L., **18**:189, **18**:*225*
Aldrich, W. N., **47**:216, **47**:*250*
Aldridge, N. B., **34**:165, **34**:*234*
Alegre, I., **26**:*198*
Aleksander, I., **33**:181, **33**:183, **33**:*234*, **37**:362–363, **37**:410, **37**:*419*
Aleksoff, C. C., **28**:198, **28**:*226*

Alemany, J., **34**:*287*
Alexander, C., **24**:127, **24**:*168*, **28**:3, **28**:9, **28**:*63*, **31**:*371*, **47**:257, **47**:258, **47**:259, **47**:260, **47**:262, **47**:264, **47**:285, **47**:286, **47**:288, **47**:290, **47**:*291*
Alexander, J. H., **5**:309 (169), **5**:312 (165), **5**:322 (252a), **5**:*336*, **5**:*341*
Alexander, K., **48**:291, **48**:*314*
Alexander, L., **40**:52, **40**:*63*
Alexander, S. M., **47**:*137*
Alexander, S. N., **3**:82 (1, 11), **3**:*152*, **3**:*153*
Alexanderson, J., **47**:15, **47**:40, **47**:*58*
Alexandrou, D., **40**:116, **40**:*121*
Alfano, R. R., **28**:204, **28**:*224*
Alfieri, R., **5**:140 (65), **5**:*221*
Alford, J. A., **36**:370, **36**:*419*
Alford, M. W., **26**:400, **26**:*440*
Alfred, C., **47**:*291*
Algazi, V. R., **47**:227, **47**:*246*
Algudady, M. S., **40**:158–159, **40**:174, **40**:*175*
Ali, F. A., **42**:23, **42**:*33*
Alilyunas, P., **9**:247 (1), **9**:*283*
Alippi, C., **45**:166, **45**:*195*
Alkhateeb, D., **32**:27, **32**:28, **32**:31, **32**:*96*
Alkus, M. R., **32**:*305*
Allais, D. C., **12**:352, **12**:*409*
Allan, S. J., **37**:291, **37**:*331*
Allebach, J. P., **28**:185, **28**:*225*
Allemang, D., **38**:93, **38**:101, **38**:114–116, **38**:118, **38**:*138*,
Allen, A. A., **44**:26, **44**:*55*
Allen, B., **22**:202, **22**:*212*
Allen, C. M., **47**:216, **47**:*244*
Allen, E. L., Jr., **9**:195 (48), **9**:*236*
Allen, F., **35**:*318*
Allen, G. R., **34**:132, **34**:135, **34**:*152*
Allen, J., **18**:204, **18**:*225*, **47**:5, **47**:11, **47**:20, **47**:30, **47**:*58*, **49**:14, **49**:56, **49**:253, **49**:256, **49**:258, **49**:259, **49**:264, **49**:269, **49**:295, **49**:*296*
Allen, J. F., **26**:33, **26**:*42*, **40**:205, **40**:*249*
Allen, J. S., **2**:250, **2**:*293*
Allen, L. E., **3**:300 (4, 5), **3**:306, **3**:309, **3**:335 (5), **3**:*343*, **9**:117, **9**:119 (5), **9**:123, **9**:126, **9**:*172*
Allen, P. K., **32**:*147*, **35**:103, **35**:105–107,

35:*132*
Allen, R. B., **33**:137, **33**:*166*, **43**:53, **43**:*133–134*
Allen, T. J., **36**:409, **36**:*418*, **43**:*209*
Allen, T. R., **8**:*42*
Allen, W. A., **5**:236, **5**:*253*
Allen, W. C., **31**:346–347, **31**:*371*
Allen-Bradley, **49**:*346*
Alles, A., **44**:289, **44**:297–298, **44**:306–307, **44**:310, **44**:325, **44**:*328*
Allis, V., **37**:*205*
Allison, J. W., **47**:208, **47**:221, **47**:*252*
Allman, W. F., **37**:410, **37**:*419*
Allport, F. H., **6**:40, **6**:41 (3), **6**:73, **6**:*83*
Almasi, G., **24**:368, **24**:*371*, **49**:253, **49**:*296*
Almasi, G. S., **17**:240, **17**:*281*, **34**:174, **34**:*229*, **35**:259, **35**:*318*, **38**:202, **38**:*243*
Almes, G. T., **20**:222, **20**:223, **20**:228, **20**:*258*
Aloimonos, J., **34**:70, **34**:*107*
Alon, N., **44**:352, **44**:*358*
Alonge, A., **49**:*66*
Alonso, R., **32**:168, **32**:190, **32**:*195*, **41**:267, **41**:*295*, **48**:151, **48**:161, **48**:*175*, **48**:*178*
ALPAC., **49**:3, **49**:*56*
Alpar, P., **43**:196–197, **43**:*209*
Alper, J., **48**:303, **48**:*309*
Alperovitch, A., **16**:176, **16**:*177*
Alpert, D., **15**:*281*
Alpert, S., **29**:63, **29**:67, **29**:*76*
Alphonce, B., **36**:121, **36**:*195*
Alphonce, B. H., **36**:113, **36**:161, **36**:164, **36**:167, **36**:*193*
Alsberg, P. A., **16**:194, **16**:*215*, **17**:206, **17**:*216*
Alshawi, H., **49**:39, **49**:*56*
Alsmiller, R. G., **33**:218, **33**:*234*
Alston, M., **6**:265, **6**:*295*
Alston, M. H., **6**:*294*
Alt, F. L., **4**:142 (8), **4**:*162*, **8**:155 (1), **8**:*186*, **9**:117, **9**:*172*
Alt, F., **11**:15, **11**:32 (55), **11**:*54*, **11**:*56*
Altaber, J., **20**:85 (66), **20**:*114*
Altas, L. E., **33**:*235*
Alter, J. F., **46**:166, **46**:168, **46**:*233*
Alter, R., **11**:200, **11**:*222*

Alter, S. L., **19**:273, **19**:*323*, **20**:21, **20**:29, **21**:69, **21**:*86*, **23**:142, **23**:155, **23**:156, **23**:*173*
Alternative Computers, **37**:382, **37**:384, **37**:*419*
Altinkemer, K., **47**:344, **47**:*365*
Altom, M. W., **36**:*427*
Alton, N., **44**:344, **44**:*358*
Altscheuler, B. R., **43**:250, **43**:*276*
Altscheuler, M. D., **43**:250, **43**:*276*
Altucher. R. Z., **35**:220, **35**:226, **35**:*253*
Alty, J. L., **20**:85 (70), **20**:*114*
Aluri, R., **21**:337, **21**:*415*
Alvarez, L. W., **6**:232, **6**:*294*
Alvarez, R., **34**:363, **34**:*381*
Alverson, R., **46**:290, **46**:308, **46**:*325*
Amador, F. G., **35**:276, **35**:*320*, **39**:197, **39**:*236*
Amalou, M., **49**:147, **49**:148, **49**:*188*
Amann, R., **18**:249, **18**:*281*
Amaravadi, C. S., **40**:*181*, **40**:184, **40**:191, **40**:193–196, **40**:198–199, **40**:212, **40**:223, **40**:227, **40**:239, **40**:242, **40**:*249*, **40**:*254*
Amarel, A., **13**:203, **13**:*225*
Amarel, S., **5**:189, **5**:*223*, **15**:16, **15**:*59*, **22**:166, **22**:174, **22**:202, **22**:205, **22**:*210*, **22**:*216*, **22**:274, **22**:*293*, **28**:256, **28**:*274*, **38**:81, **38**:*143*
Amari, S., **36**:232, **36**:*250*, **37**:155, **37**:*162*
Amari, S. I., **33**:175, **33**:178, **33**:181, **33**:183, **33**:184, **33**:194, **33**:208, **33**:*234*
Amato, I., **47**:180, **47**:*180*
Ambardar, V., **28**:109, **28**:*146*
Amble, T., **40**:223, **40**:*249*
Ambler, A. P., **43**:251, **43**:274, **43**:*277–278*
Ambras, J., **35**:227, **35**:235, **35**:*251*
Ambron, R., **31**:69, **31**:*95*
Ambron, S., **32**:246, **32**:*248*
Ambrose, J. L., **21**:326, **21**:*330*
Ambrose, L., **45**:296, **45**:*318*
Amdahl, G. M., **15**:161, **15**:*176*, **24**:124, **24**:*168*
Amderson, B. D. O., **37**:99, **37**:*115*
Amer, P. D., **29**:*185*
American Association of Junior Colleges, **24**:338, **24**:*370*
American National Standards Institute,

44:316, 44:*328*
Amerio, V. C., 6:*225*
Ames, S. R., 29:5, 29:12, 29:21, 29:*45*
Amey, G. X., 12:*166*
Amin, R. R., 32:167, 32:177, 32:190, 32:*197*
Amin, S., 35:340, 35:*367*
Amir, E., 48:122, 48:171, 48:174, 48:*176*
Amirinia, M. R., 38:*194*
Amit, D. J., 33:194, 33:220, 33:*234*
Amitai, Z., 34:208, 34:211, 34:*235*
Amlani, M. L., 34:*287*
Ammann, D., 44:202, 44:*212*
Ammar, H. H., 35:307, 35:*318*
Ammerman, H. L., 36:371, 36:373, 36:381, 36:*427*
Ammon, G. J., 28:163, 28:*221*
Amould, E., 34:129, 34:*152*
Amster, H. J., 5:301 (52, 53), 5:324 (284), 5:325 (330), 5:*329*, 5:*343*, 5:*345*
AMTA Special Interest Group for Interlinguas, 49:51, 49:*56*
Anabar, A., 38:*187*
Anabar, M., 38:*187*
Anabitarte, D., 47:149, 47:*181*
Anandan, P., 36:248, 36:*250*
Ananthanarayanan, R., 39:215, 39:*235*
Anantharaman, T., 29:212, 29:229, 29:236, 29:245, 29:*248*, 37:173, 37:*204*
Anastassiou, D., 47:299, 47:*338*, 47:*339*
Anbar, M., 38:*191*
Anceau, F., 21:95, 21:109, 21:*150*
Anchorduguy, M., 35:357, 35:*367*
Anderberg, M. R., 19:114, 19:118, 19:132, 19:150, 19:161, 19:164, 19:167, 19:181, 19:204, 19:208, 19:*215*
Anderla, G., 35:343, 35:*367*
Anderle, R. J., 13:*106*
Andersen, N., 34:302, 34:312, 34:319, 34:340, 34:356–358, 34:361–364, 34:*381*
Andersen, V. S., 44:200, 44:*217*
Anderson, A., 37:405, 37:*419*
Anderson, B. B., 13:111, 13:*167*
Anderson, B. D., 42:243, 42:*267*
Anderson, B. L., 5:321 (220, 227), 5:*339*, 17:98, 17:*134*, 17:*159* 30:*34*
Anderson, C. W., 33:174, 33:178, 33:179, 33:186, 33:*235*, 36:242, 36:248, 36:*250*, 49:153, 49:*188*
Anderson, D. B., 13:196, 13:*225*, 28:193, 28:*221*
Anderson, D. P., 29:95, 29:*185*
Anderson, D. R., 20:85 (40), 20:*113*
Anderson, D. W., 20:117, 20:*191*
Anderson, G. A., 19:*60*, 19:66, 19:*108*, 20:81, 21:228, 21:*271*, 34:126, 34:*152*
Anderson, G. C., 14:196, 14:*228*
Anderson, G. F., 44:23, 44:*58*
Anderson, H. L., 6:*295*
Anderson, J., 16:250, 16:*328*, 28:259, 28:*274*
Anderson, J. A., 33:*234*, 33:*238*, 37:387, 37:405, 37:410, 37:*419*
Anderson, J. P., 4:283 (24), 4:*303,* 29:3, 29:6, 29:*43*
Anderson, J. R., 15:194, 15:195, 15:*235*, 29:63, 29:*72*, 29:*73*, 32:221, 32:*248*, 47:77, 47:78, 47:79, 47:90, 47:134, 47:*138*
Anderson, L. C., 48:270, 48:*310*
Anderson, M. D., 46:381, 46:*399*
Anderson, M. P., 33:134, 33:152, 33:168, 33:*170*, 47:45, 47:*65*
Anderson, N. S., 15:*282,* 32:204, 32:*252*, 36:352–353, 36:*418*, 47:78, 47:*140*
Anderson, O. W., 16:131, 16:*177*
Anderson, P., 45:221, 45:*264*
Anderson, R., 12:*166*, 16:131, 16:*177*
Anderson, R. E., 24:343, 24:345, 24:347, 24:*373*, 24:*375*
Anderson, R. H., 16:199, 16:200, 16:212, 16:*215*, 47:215, 47:*252*
Anderson, R. I., 36:371, 36:*418*
Anderson, R. J., 20:84 (9), 20:*112*
Anderson, R. M., 21:*86*
Anderson, R. R., 17:207, 17:*216*
Anderson, R. W., 36:231, 36:*250*
Anderson, R.H., 22:203, 22:*210*
Anderson, R. J., 49:86, 49:*92*
Anderson, S., 26:176, 26:*197*
Anderson, S. E., 16:19, 16:*53*
Anderson, T. E., 46:304, 46:*325*
Anderson, T. W., 12:328, 12:336, 12:*409*,

19:182, 19:*215*, 36:26, 36:*39*
Anderson, T., 26:227, 26:252, 26:256, 26:*277*
Andersson, R. L., 32:*147*
Ando, M., 19:121, 19:*219*
Andon, F. I., 18:248, 18:*281*
Andreae, P. M., 37:13, 37:*55*
Andreae, S. W., 6:*295*
Andreau, A. G., 34:176, 34:*229*
Andree, J. V., 1:1 (3), 1:*41*
Andreev, N. D., 9:127 (61), 9:*175*
Andreoli, J. -M., 46:334, 46:355, 46:*396*
Andrew, A. M., 5:151, 5:*219*
Andrew, D., 32:150, 32:177, 32:192, 32:*195*
Andrews, 5:126
Andrews, D. D., 3:313 (8), 3:335 (8), 3:*343*
Andrews, D. F., 19:122, 19:*215*
Andrews, E. G., 8:6 (3), 8:*42*
Andrews, F. T., 11:383 (77), 11:*387*
Andrews, G. R., 35:279, 35:*318*, 43:67, 43:*133*
Andrews, H. C., 18:28, 18:*55*, 19:120, 19:*217*
Andrews, K., 45:302, 45:*315*
Andrews, M., 24:161, 24:*171*
Andrews, T., 43:71, 43:91, 43:95, 43:*133*
Andreyev, N. D., 1:133 (78), 1:*140*
Andriole, S. J., 31:7–8, 31:14, 31:35, 31:46–47, 31:53–54, 31:57, 31:61, 31:65, 31:74, 31:*95–96*, 36:*418*, 40:52, 40:60, 40:*63*
Aner, K., 16:236, 16:*328*
Ang, B. S., 46:308, 46:311, 46:312, 46:*325*
Ang, J., 40:190–191, 40:193, 40:199, 40:214, 40:225, 40:246, 40:*250*
Angell, T., 12:*166*
Angerer, E. V., 6:*225*
Angiolillo-Bent, J. S., 36:349, 36:*424*
Angione, P. V., 24:289, 24:*310*
Anglin, G. J., 45:349, 45:*354*
Angus, I., 49:244, 49:245, 49:252, 49:*298*
Angus, J. E., 26:*443*, 46:166, 46:168, 46:*233*
Anick, P., 49:12, 49:*65*
Annaratone, M., 34:129, 34:*152*, 38:198, 38:*243*
Annaratone, M., 44:202, 44:*212*

Annaswamy, A. M., 42:263, 42:*268*
Anne, A., 19:187, 19:208, 19:*215*
Anokhin, P. K., 5:206, 5:*225*
Anon, 41:238, 41:*252*
Anonymous, 46:46, 46:53, 46:73, 46:*101*
Ansart, J. P., 29:99, 29:108, 29:115, 29:168, 29:*185*, 29:*187*
Ansbacher, F., 2:235 (72), 2:251, 2:*293*
Anshen, M., 20:9, 20:10, 20:*29*
ANSI., 41:94, 41:*155*
ANSI/AIAA, 46:162, 46:165, 46:166, 46:*231*
ANSI/IEEE., 46:162, 46:*231*
ANSI/X3, 35:12, 35:*78*
Ansoff, H., 20:9, 20:*29*
Ansoff, I., 28:233, 28:*275*
Anthony, R. N., 12:41 (3), 12:*71*, 20:17, 20:*29*
Antill, L., 34:302, 34:*392*
Antnakopoulos, T., 42:180–181, 42:183, 42:*233*
Antognetti, P., 32:4, 32:*98*, 37:256, 37:268, 37:*282*
Anton, J.J., 22:202, 22:*214*
Antona, M., 49:24, 49:*56*
Antony, J., 11:168 (2), 11:184 (2), 11:190 (2, 143, 153), 11:*222*, 11:*228*, 11:*229*
Antoy, S., 41:200, 41:*227*
Aoyama, M., 35:232, 35:236, 35:*251*
Apel, K., 34:360, 34:*381*
Apers, P. M., 21:237, 21:250, 21:252, 21:*271*
Apker, L., 2:184, 2:*291*
Apon, A. W., 40:161, 40:*178*
Appelbe, W. F., 35:278, 35:*320*
Appelo, L., 49:26, 49:28, 49:*56*
Appelt, D. E., 49:12, 49:*61*
Appelt, D. F., 47:41, 47:*61*
Apperley, M., 48:298, 48:*314*
Apple Computer, Inc., 36:401, 36:*418*
Applegate, L., 39:242, 39:*289*, 43:207, 43:*209*
Application Portability Profile, 41:159, 41:*188*
Apt, K. R., 24:155, 24:*168*, 29:130, 29:*185*
Apte, C., 47:*139*
Apter, M. J., 13:222, 13:*225*
Arabi, M., 2:321, 2:*366*
Arabie, P., 19:124, 19:*226*

Arai, K., **5**:318 (212), **5**:319, **5**:*338*
Arai, T., **31**:277, **31**:298, **31**:*322*
Arai, Y., **17**:240, **17**:*282*
Aramis, E., **20**:85 (34, 35), **20**:102 (34), **20**:*113*
Arango, G., **34**:*54*, **42**:29, **42**:*31*
Arani, T., **33**:127, **33**:*166*
Araya, A.A., **22**:202, **22**:*214*
Arazi, B., **22**:91, **22**:*103*, **30**:195, **30**:*217*
Arbab, F., **46**:368, **46**:388, **46**:390, **46**:*396*, **46**:*397*, **46**:*399*
Arbarbanel, H. D., **33**:*233*
Arbib, M., **40**:235, **40**:*254*, **47**:142, **47**:149, **47**:150, **47**:*180*
Arbib, M. A., **10**:14 (1), **10**:21 (1), **10**:52 (1), **10**:*75*, **28**:21, **28**:*63*, **35**:*134*, **37**:388, **37**:*419*, **42**:250, **42**:*267*, **47**:27, **47**:*63*, **48**:340, **48**:341, **48**:*351*
Arbib, X., **33**:72, **33**:*110*, **33**:*113*, **33**:175, **33**:179, **33**:180, **33**:181, **33**:*234*
Arbuckle, F., **1**:171 (6), **1**:*192*
Arbuckle, T., **18**:60, **18**:*115*, **29**:198, **29**:*248*
Archer, J. L., **17**:224, **17**:239, **17**:*279*
Archer, R., **8**:105 (1), **8**:*151*
Archibald, J. A., Jr., **5**:295 (23), **5**:307 (98), **5**:309 (98), **5**:313 (23, 98), **5**:317, (23), **5**:318 (98), **5**:*327*, **5**:*332*
Archibald, J. K., **40**:137–140, **40**:142, **40**:151, **40**:169, **40**:171–173, **40**:*175–176*
Archibald, R. D., **9**:119 (7a), **9**:*172*
Archie, K. C., **39**:42, **39**:*47*
Arden, B., **12**:210 (1), **12**:*283*
Arden, B. W., **4**:143, **4**:144, **4**:148 (24, 27), **4**:*163*, **8**:*42*
Arden, R., **5**:368 (28), **5**:*377*
Arden, W., **35**:*251*
Arder, H. F., **13**:*71*
Arefi, F., **32**:230, **32**:*254*
Arekel'ian, V. V., **29**:*326*
Arens, Y., **47**:37, **47**:40, **47**:*66*
Arent, M., **47**:89, **47**:*140*
Argyris, C., **19**:312, **19**:*323*, **20**:21, **20**:*29*, **34**:298, **34**:337, **34**:359, **34**:361, **34**:*381*
Argyris, J. H., **10**:264 (1), **10**:*272*
Arienti, G., **47**:40, **47**:*58*
Ariet, M., **47**:211, **47**:215, **47**:*244*, **47**:*247*
Arifoglu, A., **44**:77, **44**:81, **44**:84–85, **44**:*123*
Arjomandi, E., **26**:104, **26**:*149*
Arkin, R. C., **32**:*147*, **34**:93, **34**:*107*, **38**:*194*
Arkin, R., **48**:332, **48**:333, **48**:341, **48**:*351*
Arlat, J., **31**:213, **31**:*231*, **42**:7, **42**:17, **42**:*34*
Arlazarov, V. L., **18**:61, **18**:98, **18**:106, **18**:*114*, **18**:*115*, **29**:232, **29**:234, **29**:*247*, **29**:*248*
Armenise, P., **41**:29, **41**:*59*, **46**:40, **46**:77, **46**:82, **46**:92, **46**:*101*
Armenti, A. W., **8**:37 (51), **8**:*44*
Armentrout, S., **47**:142, **47**:154, **47**:155, **47**:156, **47**:158, **47**:159, **47**:163, **47**:179, **47**:*182*
Armerding, G. W., **4**:154 (76), **4**:*165*
Armitage, G., **44**:312, **44**:*328*
Armitage, J. W., **46**:41, **46**:43, **46**:72, **46**:*101*, **46**:*102*
Arms, R., **5**:317 (205), **5**:*338*
Armstrong, C. W., **14**:*229*
Armstrong, D. B., **26**:303, **26**:*332*, **9**:195 (2), **9**:*234*
Armstrong, J., **38**:*190*, **48**:324, **48**:*351*
Armstrong, J. A., **28**:196, **28**:*224*
Arnaut, L. Y., **33**:138, **33**:*167*
Arndt, U. W., **5**:259 (11), **5**:*284*
Arnet, K. P., **47**:352, **47**:*365*
Arnheim, R., **36**:126, **36**:*193*
Arnoff, E. L., **4**:278 (12), **4**:*303*
Arnold, C. S., **28**:5, **28**:*65*
Arnold, D., **47**:31, **47**:41, **47**:*58*, **49**:19, **49**:21, **49**:26, **49**:28, **49**:41, **49**:46, **49**:47, **49**:48, **49**:56, **49**:*65*
Arnold, J., **40**:77, **40**:103, **40**:*121*
Arnold, M. H., **26**:293, **26**:*332*
Arnold, P., **41**:51, **41**:57, **41**:*61*, **46**:46, **46**:*105*
Arnold, R. F., **6**:136, **6**:177, **6**:179 (24), **6**:*191*, **6**:*192*
Arnold, R., **39**:*47*, **49**:107, **49**:112, **49**:*140*
Arnold, Robert S., **35**:210, **35**:*251*
Arnold, T. F., **26**:*277*
Arnott, S., **5**:279, **5**:281 (57), **5**:*287*
Arnould, E., **38**:198, **38**:*243*
Aroian, L. A., **3**:50, **3**:*74*
Aron, J., **20**:12, **20**:13, **20**:*29*
Aronofsky, J., **17**:165, **17**:*217*
Aronson, D., **47**:78, **47**:*137*

Aronson, J. D., **35**:349, **35**:*367*
Aronson, R., **5**:325 (321), **5**:*345*
Aronstein, T., **6**:*295*
Arora, S. K., **28**:*146*
Arora, S. R., **12**:154 (8), **12**:*166*
Arosio, E., **38**:*193*
Arrathoon, R., **28**:171, **28**:200, **28**:201, **28**:204, **28**:*221*
Arrighi, G., **35**:340, **35**:*367*
Arrildt, W. D., **38**:*192*
Arrow, K. J., **2**:323, **2**:*366*, **3**:185 (2), **3**:*186*, **38**:311, **38**:*312–313*
Arsenault, H. S., **33**:*241*
Arsenault, J. E., **26**:*277*
Arsentieva, N. G., **5**:33, **5**:*105*
Artamonov, G. T., **29**:260, **29**:261, **29**:263, **29**:264, **29**:265, **29**:269, **29**:272, **29**:283, **29**:285, **29**:286, **29**:292, **29**:294, **29**:295, **29**:296, **29**:305, **29**:308, **29**:309, **29**:*322*
Artandi, S., **31**:*371*
Artificial Intelligence, **37**:415, **37**:*419*
Artman, J. O., **28**:214, **28**:*223*, **28**:*224*
Arulaane, T. E., **29**:*327*
Arvind, **34**:145, **34**:*152*, **37**:286–287, **37**:290, **37**:292–293, **37**:305, **37**:313, **37**:327–328, **37**:*331*, **46**:308, **46**:311, **46**:312, **46**:325, **46**:*327*
Arvonen, T., **45**:280, **45**:*318*
Asada, H., **33**:*234*
Asada, M., **32**:*147*
Asahi, T., **36**:*418*
Asai, F., **34**:173, **34**:*234*
Asar, H., **34**:100, **34**:104, **34**:*107*
Asch, A., **16**:*122*
Ascher, H. E., **30**:167, **30**:*168*, **45**:221, **45**:223, **45**:*264*
Ascher, M., **2**:62 (5, 7), **2**:85, **2**:*124*
Ascher, R. N., **33**:145, **33**:*167*
Asgharzadeh, A., **38**:*191*
Ash, D., **42**:28, **42**:*32*
Ash, G., **44**:228, **44**:*280*
Ash, R., **10**:36 (2), **10**:*75*, **38**:254, **38**:*313*
Ash, R. B., **22**:49, **22**:*103* **36**:287, **36**:*326*
Ash, T., **37**:128, **37**:*162*
Ash, W., **17**:80, **17**:81, **17**:82, **17**:*86*
Ashastin, R., **18**:243, **18**:253, **18**:*281*, **29**:281, **29**:*322*
Ashby, W. R., **3**:334, **3**:*343*, **6**:62, **6**:*83*, **31**:259, **31**:289, **31**:*319–320*, **36**:302, **36**:*326*
Ashby, W. Ross, **5**:120, **5**:123, **5**:155, **5**:165, **5**:*219*, **5**:*222*
Ashcroft, E. A., **19**:101, **19**:*108*, **24**:156, **24**:*168*
Ashenhurst, R. A., **17**:166, **17**:*216*
Ashenhurst, R. L., **6**:137 (44), **6**:*191*, **6**:*193*, **19**:246, **19**:247, **19**:*248*, **20**:25, **20**:*29*, **20**:85 (44), **20**:*113*, **24**:327, **24**:*370*
Ashiba, N., **18**:185, **18**:*225*
Ashton, A. C., **12**:92, **12**:*110*
Ashton, E. A., **47**:227, **47**:*244*
Ashwin, P., **42**:244–245, **42**:*267*
ASIS Bulletin, **31**:348, **31**:*371*
Asker, L., **32**:167, **32**:185, **32**:*199*
Askerfelt, A., **36**:181, **36**:185, **36**:*200*
Asmuth. C.A., **22**:60, **22**:*103*
Aspinall, D., **6**:150 (30, 31), **6**:181, **6**:*192*, **6**:*193*, **9**:14 (6), **9**:*21*
Aspnes, J., **29**:245
Associated Press, **30**:216, **30**:*217*
Association for Computational Linguistics, **24**:218, **24**:236, **24**:*273*
Association for Computing Machinery, **24**:329, **24**:330, **24**:332, **24**:334, **24**:338, **24**:*370*, **24**:*371*
Assumpcao, J. M., Jr., **44**:207, **44**:*212*
Astrahan, M., **20**:7, **20**:*29*
Astrahan, M. M., **19**:*62*, **21**:233, **21**:*272*
Asuar, J. V., **12**:89, **12**:*110*
Aswen, D., **20**:7, **20**:*29*
Atal, B. S., **18**:202, **18**:*225*
Atallah. M. J., **26**:97, **26**:130, **26**:131, **26**:*149*
Atchinson, W. F., **24**:326, **24**:327, **24**:328, **24**:348, **24**:353, **24**:*371*
Atchison, W. F., **4**:145 (33), **4**:148 (33), **4**:*163*
Athale, R. A., **28**:154, **28**:173, **28**:208, **28**:214, **28**:*221*, **28**:*223*
Athanasiou, S., **47**:216, **47**:*244*
Atherton, P., **21**:337, **21**:413, **21**:*415*
Atherton, T., **49**:267, **49**:*300*
Athithan, G., **36**:219, **36**:*254*, **44**:186, **44**:*216*
Atkin, A. O. L., **10**:98, **10**:99, **10**:*106*
Atkin, L. R., **18**:61, **18**:98, **18**:*117*,

29:222, 29:234, 29:235, 29:*250*
Atkins, D. E., 20:*195*, 24:161, 24:*172*, 48:261, 48:263, 48:266, 48:285, 48:*309*
Atkins, K. M., 32:287, 32:*304*
Atkinson, H. C., 21:353, 21:362, 21:*415*
Atkinson, J. W., 11:350, 11:351, 11:*383*
Atkinson, K., 44:71, 44:103, 44:*123*
Atkinson, M. P., 32:190, 32:*200*
Atkinson, R., 20:230, 20:239, 20:257, 22:114, 22:*160*, 33:4, 33:*64*, 35:139, 35:*182*, 48:224, 48:225, 48:226, 48:229, 48:235, 48:240, 48:243, 48:251, 48:252, 48:253, 48:266, 48:275, 48:309
Atkinson, R. C., 11:*384*, 15:273, 15:*282*, 18:198, 18:203, 18:*225*, 18:*226*, 18:*227*
Atkinson, R. J., 48:226, 48:*253*
Atkinson, R.R., 22:341, 22:*350*
Atlas, L. E., 33:*242*
ATLAS II., 49:19, 49:*56*
ATM Forum, 44:300, 44:303, 44:310, 44:313–314, 44:320, 44:324–325, 44:*328*
Atmar, W., 45:162, 45:*194*
Atre, M. V., 44:186, 44:*216*
Atre, S., 21:358, 21:368, 21:*415*, 26:6, 26:*42*
Attardi, G., 40:219, 40:245, 40:*251*
Attarwala, Y. M., 47:215, 47:*250*
Attewell, P., 39:274, 39:276, 39:*288*
Attewell, P., 43:181, 43:*209*
Attikiouzel, Y., 38:*186*
Attinger, E. O., 19:187, 19:208, 19:*215*
Attinger, F. M. L., 19:187, 19:*215*
Attneave, F., 38:254, 38:*313*
Atwater, T. V., Jr., 20:16, 20:32
Atwood, J. W., 26:*279*
Atwood, M., 36:393, 36:*421*
Atwood, M. E., 31:13, 31:28, 31:71, 31:*97*, 36:*422*
Atwood, Michael E., 40:31, 40:*36*
Aubert, E., 1:62 (44), 1:*88*
Auburn, F. M., 16:296, 16:*328*
Aucella, A. F., 36:*418*
Audsley, N. C., 42:15, 42:*31*
Auerbach, E. H., 5:311 (130), 5:*333*
Auerbach, K., 16:248, 16:*330*
Auge, I., 40:75, 40:*121*
Auger, R. N., 4:202, 4:203 (27), 4:205 (27), 4:*239*, 4:*240*,
Auguin, M., 44:195, 44:*212*, 49:271, 49:276, 49:*296*
August, J., 34:*381*
August, R. R., 28:193, 28:*221*
Ault, C. F., 26:234, 26:*277*
Aupperle, E. M., 16:187, 16:195, 16:*215*
Auramaki, E., 34:304, 34:366, 34:*381*, 40:192, 40:194, 40:212, 40:248, 40:*249*
Aurenz, S. A., 26:88, 26:*89*
Auslander, D. M., 23:182, 23:*251*
Auslander, M., 8:53 (5), 8:78 (6), 8:80 (5), 8:92 (6), 8:99
Austin, D. W., 21:389, 21:*415*
Austin, G., 24:187, 24:*215*
Austin, G. A., 11:352 (14), 11:*384*, 5:168, 5:*222*
Austin, H., 22:202, 22:*212*
Austin, J. L., 31:330, 31:*371*
Austin, L., 36:151–152, 36:154, 36:*202*
Austing, R. H., 24:326, 24:332, 24:348, 24:*371*, 24:*374*, 24:*375*
Avdeyenko, A. I., 2:154 (3), 2:166 (3), 2:*289*
Aveney, B., 21:343, 21:416
Averbuch, A., 31:121, 31:*170*
Aversa, E. S., 24:306, 24:*315*
Avery, R., 5:326 (373, 382), 5:*348*
Avgers, T. G., 36:308, 36:*326*
Avila, R. S., 47:238, 47:*248*
Aviram, A., 31:292, 31:*319*
Avison, D., 6:159, 6:162, 6:*191*, 26:211, 26:213, 26:224, 26:225, 26:233, 26:234, 26:246, 26:276, 26:*277*, 26:*278*, 28:198, 28:*221*, 34:294, 34:296, 34:302, 34:339, 34:351, 34:*381*, 34:*392*
Avizienis, A., 20:179, 20:*196*, 44:268, 44:*283*
Avner, R. A., 15:274, 15:*282*
Avni, E., 44:10, 44:*57*
Avram, H. D., 21:410, 21:*416*, 31:340, 31:*371*
Avritzer, A., 46:165, 46:*232*
Awad, M., 46:75, 46:95, 46:*102*
Awerbuch, B., 26:110, 26:113, 26:130, 26:*149*
Awwal, A. A. S., 28:204, 28:*224*

AUTHOR INDEX

Axelrod, R., **28**:271, **28**:*275*
Axelrod, T.S., **49**:249, **49**:*296*
Axelson, B. H., **5**:326 (369), **5**:*347*
Axline, S., **22**:172, **22**:*216*
Axline, S. G., **16**:*181*, **38**:165, **38**:168–169, **38**:*180*
Ayache, N., **32**:*147*, **34**:69, **34**:*107*, **34**:*269*, **34**:*283*
Ayala, D. E., **38**:*183–184*
Ayani, R., **35**:298, **35**:*319*
Aydin, C. E., **39**:261, **39**:*288*
Aylor, J. H., **38**:*181*
Ayres, R. U., **43**:*209*
Azema, P., **29**:108, **29**:*187*
Azevedo, J., **47**:233, **47**:*252*
Azevedo, S. G., **37**:*117*
Azewerenko, L., **21**:118, **21**:126, **21**:*150*
Azikiwe, N., **35**:340, **35**:*367*
Azpeitia, I., **47**:149, **47**:*181*

B

Baatz, E., **47**:25, **47**:40, **47**:52, **47**:*63*
Baba, K., **47**:215, **47**:216, **47**:227, **47**:*244*
Baba, P. D., **11**:313 (27), **11**:*317*
Baba, T., **24**:103, **24**:159, **24**:*168*
Babadi, A., **38**:*186*
Babai, L., **44**:346, **44**:349, **44**:352, **44**:*358*
Babaiants, A. B., **29**:*326*
Babayan, B. A., **44**:204, **44**:*213*
Babb, II., Robert G., **35**:260, **35**:*318*
Babb, E., **19**:*63*, **28**:123, **28**:*146*
Babb, R. G., **37**:37, **37**:*55*
Babbage, Charles, **26**:51
Babbage, H. P., **5**:350 (2), **5**:*376*
Babcock, J. D. S., **40**:*65*, **40**:103, **40**:111, **40**:116, **40**:*121*, **40**:*123*
Babcock, M., **5**:141, **5**:*221*
Babcock, S. M., **33**:*236*
Babel, P., **46**:28, **46**:*30*
Babenko, K. I., **10**:88, **10**:*106*
Babenko, L. P., **18**:237, **18**:*281*
Baber, R. L., **12**:*166*
Babic, G. A., **17**:174, **17**:176, **17**:203, **17**:204, **17**:207, **17**:209, **17**:213, **17**:214, **17**:*216*, **17**:*219*
Babich, W. A., **39**:2, **39**:*47*
Bach, E., **11**:16 (20), **11**:*55*, **15**:226, **15**:230, **15**:*235*
Bach, G., **20**:10, **20**:*29*

Bach, J., **46**:14, **46**:*30*
Bach, W. W., **33**:87, **33**:*110*
Bachem, A., **38**:211, **38**:*244*
Bachman, C., **35**:250, **35**:*251*
Bachman, C. H., **2**:238, **2**:*293*
Bachman, C. W., **12**:151 (10), **12**:*166*
Bachmann, D., **48**:122, **48**:129, **48**:142, **48**:167, **48**:170, **48**:*176*
Back, T., **45**:161, **45**:166, **45**:173, **45**:175, **45**:*194*
Backer, E., **19**:178, **19**:198, **19**:210, **19**:212, **19**:*215*
Backer, H. L., **16**:167, **16**:*177*
Backer, P. O., **9**:127 (8b), **9**:*172*, **17**:46, **17**:*86*
Backus, G., **23**:89, **23**:*90*
Backus, J., **7**:134, **7**:*177*, **20**:205, **20**:207, **20**:243, **20**:254, **20**:*256*, **22**:301, **22**:302, **22**:*350*, **34**:163, **34**:*229*, **35**:262, **35**:285, **35**:*318*
Backus, J. W., **5**:351 (3), **5**:353 (15), **5**:367 (3), **5**:368 (3), **5**:*376*, **8**:242 (1), **8**:*244*, **23**:15, **23**:*32*
Bacon, C. R. T., **3**:*345*, **9**:131 (59), **9**:*175*
Bacon, D., **35**:304, **35**:*320*
Bacus, J. W., **12**:*409*
Baczynskyj, B., **29**:244
Baden, S. B., **45**:144, **45**:*150*, **45**:*151*
Badger, M., **48**:230, **48**:*254*
Badrinath, B. R., **41**:291, **41**:*295*, **48**:121, **48**:122, **48**:124, **48**:125, **48**:127, **48**:131, **48**:*175*
Baecker, R. M., **16**:19, **16**:*54*, **36**:*418*, **45**:275, **45**:289, **45**:295, **45**:*315*, **45**:*319*, **49**:98, **49**:105, **49**:106, **49**:*141*
Baer, J. A., **4**:107, **4**:126, **4**:127, **4**:128 (26), **4**:131 (26), **4**:*133*
Baer, J. L., **15**:131, **15**:161, **15**:*176*, **20**:118, **20**:*191*, **40**:138–139, **40**:151, **40**:156, **40**:159–160, **40**:172–174, **40**:*175–177*, **46**:324, **46**:*325*
Baer, W. S., **38**:*313*
Baezner, D., **33**:87, **33**:*112* **35**:307, **35**:*318*
Bagley, R. A., **49**:287, **49**:*296*
Baglietto, P., **49**:259, **49**:*296*
Bagradia, R. L., **33**:101, **33**:*111*, **35**:307, **35**:*318*, **49**:241, **49**:*297*
Bagwell, D., **5**:326 (343), **5**:*346*

Bahl, L. R., **31**:100, **31**:112, **31**:121, **31**:123, **31**:*170–171*
Bahlmann, F., **47**:216, **47**:*249*
Bahr, E., **44**:199, **44**:*213*
Bahr, G. F., **12**:*414*, **19**:118, **19**:182, **19**:*216*
Baik, D. K., **33**:104, **33**:*111*
Bailey, D. E., **18**:*115*, **19**:114, **19**:*227*
Bailey, J. W., **24**:13, **24**:16, **24**:18, **24**:57, **24**:*59*, **44**:76–77, **44**:79, **44**:83–84, **44**:86, **44**:89, **44**:*123*
Bailey, N. T., **16**:151, **16**:*177*
Bailey, P. T., **17**:248, **17**:249, **17**:250, **17**:251, **17**:*281*
Bailey, R. W., **13**:*71*
Bailey, T., **19**:120, **19**:175, **19**:*221*, **19**:*225*
Bailey, T. A., **19**:192, **19**:193, **19**:194, **19**:*215*
Bailin, S., **35**:151, **35**:*180*
Baille, A., **11**:38 (74), **11**:*57*
Baillieul, J., **33**:*234*, **42**:263, **42**:*268*
Baily, M. N., **39**:243, **39**:*288–289*, **43**:187–189, **43**:192, **43**:206, **43**:*209*, **43**:*211*
Bain, R. P., **47**:216, **47**:*245*
Bain, W. L., **35**:283, **35**:311, **35**:*318*
Bainbridge, D., **48**:298, **48**:*314*
Baird, B. F., **31**:303, **31**:*322*, **44**:9, **44**:28, **44**:*55*
Bairdain, E., **11**:376 (4), **11**:*383*
Bajcsy, R., **35**:84, **35**:*132*
Bajura, M., **47**:242, **47**:*244*, **47**:*252*
Bakeman, R., **12**:94, **12**:*113*
Baker, A. L., **18**:*168*
Baker, C., **26**:293, **26**:*332*, **36**:*419*
Baker, D. G., **34**:76, **34**:78, **34**:93, **34**:*107–108*, **45**:303, **45**:*316*
Baker, F., **35**:177, **35**:*183*, **48**:229, **48**:*252*
Baker, F. B., **6**:17, **6**:*28*, **19**:140, **19**:179, **19**:184, **19**:188, **19**:189, **19**:194, **19**:196, **19**:199, **19**:*215*, **19**:*216*, **19**:*221*
Baker, F. T., **12**:*173*, **14**:46, **14**:72, **14**:*75*, **36**:24, **36**:*41*
Baker, G., **34**:294, **34**:296, **34**:306, **34**:*388*
Baker, J., **49**:36, **49**:*68*
Baker, J. D., **11**:359, **11**:*383*
Baker, J. G., **5**:240, **5**:241 (55, 56), **5**:*254*
Baker, J. K., **31**:112, **31**:119, **31**:*170*
Baker, M. A., **16**:230, **16**:237, **16**:272, **16**:275, **16**:280, **16**:*335*, **17**:290, **17**:*316*, **35**:359, **35**:*371*
Baker, M. G., **48**:131, **48**:142, **48**:*175*
Baker, N., **20**:21, **20**:*35*
Baker, R., **12**:76, **12**:*112*
Baker, R. H., **23**:181, **23**:*251*
Baker, R. M. L., **3**:7 (2), **3**:15, **3**:21 (2), **3**:49, **3**:*74*
Baker, T., **14**:39, **14**:*41*
Baker, T. E., **4**:99, **4**:*133*
Bakharev, I. A., **18**:238, **18**:*281*
Bakhvalov, N. S., **23**:62, **23**:*90*
Bakken, D. E., **48**:18, **48**:34, **48**:*118*
Bakker, I., **18**:73, **18**:*115*
Bakos, J. Y., **43**:185, **43**:*209*
Bal, H. E., **35**:274, **35**:279–281, **35**:285, **35**:*318–319*, **35**:*322*, **35**:*324*, **39**:197, **39**:*235*
Balaban, M., **36**:*193*
Balachandran, V., **16**:210, **16**:*215*
Balakrishnan, H., **48**:142, **48**:171, **48**:174, **48**:*177*
Balakrishnan, J., **42**:264, **42**:*268*
Balakrishnan, M., **37**:265, **37**:*281*
Balakrishnan, S., **47**:*365*
Balan, S., **41**:239, **41**:*252*
Balandis, L. S., **11**:204, **11**:*222*
Balaraman, A., **35**:30, **35**:*80*
Balas, E., **32**:8, **32**:*96*
Balashek, S., **1**:194 (4), **1**:195 (4, 7), **1**:204 (7), **1**:209 (7), **1**:211 (7), **1**:212, **1**:213, **1**:220 (7), **1**:221 (4), **1**:225, **1**:*227*, **11**:204, **11**:210 (28), **11**:*223*
Balbo, G., **29**:145, **29**:*190*
Balcer, M. J., **41**:203, **41**:*227*, **49**:149, **49**:150, **49**:188, **49**:*189*
Balci, O., **33**:85, **33**:*111*
Baldwin, J. R., **11**:239 (18), **11**:*317*
Baldwin, R. W., **46**:242, **46**:*285*
Balen, F. G., **47**:216, **47**:*244*
Ball, B., **47**:232, **47**:*244*
Ball, E., **42**:134, **42**:*236*
Ball, G. H., **19**:167, **19**:180, **19**:*216*
Ball, G. L., **5**:310 (46, 50), **5**:*329*
Ball, G. N., **11**:87, **11**:*122*
Ball, J. E., **20**:85 (64), **20**:*114*
Ball, T., **43**:15–16, **43**:*45*, **49**:106, **49**:*140*
Ballaben, G., **18**:198, **18**:*225*
Ballantine, J. A., **46**:145, **46**:*154*

Ballard, B. W., **33**:151, **33**:*166*, **49**:12, **49**:*56*
Ballard, D., **16**:174, **16**:*177*, **32**:112, **32**:*145*
Ballard, D. H., **32**:111, **32**:125, **32**:*145*, **33**:181, **33**:*234*, **33**:*236*, **34**:60, **34**:*108*, **37**:389, **37**:390, **37**:*419–420*, **43**:274, **43**:*278*
Ballard, J. P., **22**:202, **22**:*213*
Ballardie, A., **48**:222, **48**:234, **48**:239, **48**:*252*
Ballart, R., **44**:295, **44**:*328*
Baller, D. C., **5**:309 (179, 182, 183), **5**:*337*
Ballou, N., **35**:*180*
Balmer, H. A., **8**:70 (1), **8**:95 (1), **8**:97 (1), **8**:98, **8**:*99*
Balsara, D., **45**:145, **45**:*149*
Baluja, S., **45**:168, **45**:177, **45**:178, **45**:*194*
Balz, C. F., **6**:22, **6**:*28*
Balzer, R., **13**:203, **13**:*225*, **16**:72, **16**:*122*, **26**:394, **26**:396, **26**:*441*, **29**:184, **29**:*185*
Balzer, R. M., **12**:278 (2), **12**:*283*, **15**:2, **15**:47, **15**:48, **15**:49, **15**:55, **15**:*59*, **37**:17, **37**:22, **37**:*55*
Balzert, H., **43**:69, **43**:86, **43**:92, **43**:*133*
Bamber, J. C., **47**:226, **47**:*244*
Bamberg, P., **49**:36, **49**:*68*
Bamberger, J., **47**:227, **47**:*245*
Banâtre, J.-P., **46**:353, **46**:*397*
Banbury, J., **34**:302, **34**:*381*
Bandat, K. F., **41**:22, **41**:28, **41**:45, **41**:56, **41**:*63*
Bandinelli, S. C., **41**:25, **41**:29, **41**:40, **41**:42, **41**:51, **41**:*53*, **41**:*57*, **41**:*59*, **46**:41, **46**:77, **46**:*102*
Bandler, W., **24**:296, **24**:*313*, **28**:91, **28**:*103*
Banerjee, J., **19**:2, **19**:*59*, **19**:*64*, **28**:125, **28**:145, **28**:*146*, **35**:*180*
Banerjee, P., **45**:146, **45**:*151*
Banerjee, U., **20**:*191*, **35**:289, **35**:*319*, **37**:323, **37**:*332*, **38**:202, **38**:*243*, **45**:72, **45**:*101*
Banerji, D. K., **24**:119, **24**:*168*, **37**:265, **37**:*281*
Banerji, R. B., **13**:173, **13**:175, **13**:*225*, **24**:180, **24**:181, **24**:182, **24**:184, **24**:187, **24**:190, **24**:198, **24**:204, **24**:207, **24**:208, **24**:209, **24**:210, **24**:211, **24**:213, **24**:214, **24**:*214*, **24**:*215*, **24**:*216*
Banerji, R. C., **5**:194, **5**:*223*
Banker, R. D., **39**:17, **39**:*47*, **43**:*209*, **44**:88–89, **44**:*123*, **46**:130, **46**:*154*, **47**:343, **47**:*365*
Bankman, I. N., **38**:*187*
Banks, E., **47**:149, **47**:*180*
Banks, O., **19**:268, **19**:270, **19**:274, **19**:290, **19**:312, **19**:313, **19**:314, **19**:*326*
Banks, S. P., **33**:*234*
Banning, J. P., **43**:17, **43**:*45*
Bannon, L., **33**:153, **33**:162, **33**:*166*, **45**:270, **45**:*315*
Bansler, J., **34**:304, **34**:324, **34**:326, **34**:356, **34**:381, **34**:*387*
Banville, C., **34**:294, **34**:350, **34**:*381–382*
Banville, M., **46**:350, **46**:*397*
Bapty, T., **47**:232, **47**:*244*
Barachini, F., **44**:199, **44**:*213*
Barakat, R., **28**:215, **28**:*221*
Baran, P. A., **11**:367, **11**:*383*, **12**:34 (1), **12**:*35*, **35**:340, **16**:237, **16**:*328*, **35**:*367*,
Baranoski, B., **38**:*189*
Baranov, V. V., **29**:316, **29**:317, **29**:*322*
Baratz, A., **42**:127, **42**:*234*
Barbacci, M. R., **21**:94, **21**:95, **21**:113, **21**:116, **21**:117, **21**:118, **21**:120, **21**:126, **21**:127, **21**:128 , **21**:144, **21**:145, **21**:148, **21**:*150*, **21**:*152*, **21**:*153*, **21**:*154*, **24**:120, **24**:158, **24**:*168*, **24**:*175*, **46**:375, **46**:*397*
Barbar, D., **41**:267, **41**:*295*
Barbara, D., **32**:190, **32**:*195*
Barbaud, P., **12**:77, **12**:89, **12**:*110*
Barbeau, M., **29**:*185*
Barber, D. L. A., **16**:198, **16**:*215*, **17**:165, **17**:167, **17**:*217*, **20**:42, **20**:*82*, **23**:297, **23**:*352*
Barber, G., **40**:195, **40**:219, **40**:245, **40**:*249*
Barbic, F., **40**:191, **40**:209, **40**:230, **40**:240, **40**:*249*, **40**:*253*
Barbier, J. Ph., **38**:*184*
Barbizet, J., **5**:205, **5**:*224*
Barclay, S., **31**:42, **31**:*96*
Bard, Y., **31**:201, **31**:205, **31**:*231*

Bardell, P. H., **9**:220 (1), **9**:*234*, **26**:301, **26**:*334*
Bardon, M., **6**:*295*
Bareiss, E. H., **5**:304 (75), **5**:322 (234, 235), **5**:323 (235), **5**:*330*, **5**:*340*
Barendergt, **43**:33, **43**:*45*
Baresi, L., **46**:41, **46**:77, **46**:*102*
Barford, N. C., **44**:*166*
Bargellini, P. L., **9**:249 (3), **9**:*284*
Barghouti, N. S., **46**:55, **46**:*105*
Barhen, J., **33**:184, **33**:188, **33**:190–191, **33**:210, **33**:216, **33**:217, **33**:218, **33**:226, **33**:232, **33**:233, **33**:*234*, **33**:*235*, **33**:*237*, **33**:*238*, **33**:*243*, **33**:*244*, **36**:168, **36**:*196*, **36**:206, **36**:*251*, **36**:264, **36**:*328*, **37**:*163*
Bar-Hillel, H., **9**:115, **9**:125, **9**:131, **9**:132 (8), **9**:147 (8), **9**:*172*
Bar-Hillel, V., **6**:3, **6**:38 (5, 10), **6**:28, **6**:*83*, **6**:*84*
Bar-Hillel, Y., **1**:92 (1), **1**:104 (28, 29), **1**:122 (57), **1**:135 (83), **1**:*137*, **1**:*141*, **1**:146 (1), **1**:*157*, **2**:409, **2**:*416*, **5**:216, **5**:*226*, **7**:137 (2), **7**:*177*, **8**:154 (2), **8**:*186*, **11**:2, **11**:3, **11**:4 (1), **11**:6 (1), **11**:*54*, **11**:173 (4), **11**:*222*, **31**:328, **31**:*371–372*, **47**:7, **47**:8, **47**:9, **47**:*58*, **49**:5, **49**:7, **49**:*57*
Baricelli, N., **5**:*222*
Bariff, M., **20**:22, **20**:*29*, **34**:335, **34**:*382*
Barillot, C., **47**:215, **47**:238, **47**:*249*, **47**:*251*
Barker, H., **46**:17, **46**:*30*
Barker, J. E., **2**:63 (6.12), **2**:85, **2**:*125*
Barker, W. B., **19**:69, **19**:*109*
Barkhudarov, L. S., **1**:131, **1**:*140*
Barkin, S. R., **19**:*323*
Barksdale, G. L., **30**:209, **30**:*217*
Barlow, B., **5**:207, **5**:*225*
Barna, A., **6**:*295*
Barnard, C., **20**:6, **20**:*29*
Barnard, D. T., **26**:*149*, **29**:*248*
Barnard, P., **32**:210, **32**:214, **32**:221, **32**:237, **32**:*249*, **33**:120, **33**:121, **33**:*166*, **33**:*167*, **33**:*168*, **36**:*423*
Barnard, P. J., **29**:57, **29**:*73*, **32**:237, **32**:248, **32**:*249*
Barnard, S. T., **45**:148, **45**:*149*, **45**:*152*
Barnes, B., **37**:396, **37**:*419*
Barnes, G., **15**:158, **15**:*176*, **49**:275, **49**:276, **49**:*300*
Barnes, G. E., **21**:94, **21**:95, **21**:116, **21**:117, **21**:118, **21**:120, **21**:*150*
Barnes, G. H., **19**:66, **19**:*108*, **20**:118, **20**:178, **20**:*191*, **23**:296, **23**:*351*, **34**:123, **34**:*152*, **49**:251, **49**:255, **49**:256, **49**:263, **49**:*296*
Barnes, G. R., **19**:178, **19**:*216*
Barnes, J. G. P., **35**:229, **35**:*251*
Barnes, T., **40**:89, **40**:*123*
Barnes, W. W., **26**:214, **26**:266, **26**:*279*
Barnett, G. O., **22**:125, **22**:*159*
Barnett, J., **13**:225, **13**:*229*, **35**:144–145, **35**:*180*, **49**:36, **49**:*57*
Barnett, J. A., **22**:190, **22**:197, **22**:*210*, **26**:15, **26**:*42*
Barnett, J. R., **34**:13, **34**:*54*
Barnett, K., **32**:108, **32**:110, **32**:*145*
Barnett, M. P., **7**:46, **7**:*113*, **7**:118 (3), **7**:*177*, **8**:67, **8**:70 (28), **8**:95 (20, 8:55), **8**:97 (20, 28, 55), **8**:*100*, **8**:*102*
Barnett, O., **16**:132, **16**:136, **16**:152, **16**:153, **16**:*177*
Barney, H. L., **1**:208, **1**:*228*, **11**:186, **11**:*223*
Barnhill, R. E., **23**:62, **23**:*90*
Bar-On, I., **26**:133, **26**:*149*
Bar-Shalom, Y., **43**:257, **43**:*277*
Barnsley, M., **33**:*303*
Barnum, A. A., **7**:11 (4), **7**:59, **7**:*113*
Baron, M., **38**:*194*
Baron, R. J., **33**:175, **33**:181, **33**:*235*, **35**:278, **35**:*324*
Baron, S., **5**:308 (117), **5**:*333*
Baroni, M., **12**:88, **12**:*110*, **36**:175, **36**:*193*
Baroudi, J. J., **31**:21, **31**:*96*, **46**:135, **46**:*155*
Barr, A. H., **18**:198, **18**:203, **18**:*225*, **18**:*226*, **22**:174, **22**:*210*, **23**:168, **23**:*173*, **26**:9, **26**:*42*, **33**:191, **33**:192, **33**:*242*, **33**:*266*, **33**:*303*, **40**:196, **40**:*249*, **47**:84, **47**:89, **47**:95, **47**:*137*
Barr, R. C., **38**:*194*
Barr, W. J., **16**:210, **16**:*215*
Barraquand, J., **48**:341, **48**:*351*
Barraud, A., **31**:296, **31**:*319*
Barrera, J. S. III, **39**:204, **39**:*236*, **47**:317, **47**:*338*
Barrera, O., **47**:149, **47**:*181*

Barrett, B. E., **44**:90–91, **44**:99, **44**:*124*
Barrett, P., **26**:*43*
Barron, D., **10**:56 (3), **10**:61 (3), **10**:*75*
Barron, T., **47**:343, **47**:*367*
Barrow, H. G., **37**:390, **37**:*419*, **43**:274, **43**:*278*
Barrutieta, A., **47**:149, **47**:*181*
Barsamian, E., **10**:186 (13), **10**:*216*
Barsamian, H., **18**:238, **18**:*281*
Barstein, L. M., **24**:*310*
Barstow, D. R., **15**:47, **15**:48, **15**:49, **15**:50, **15**:52, **15**:55, **15**:*61*, **22**:202, **22**:*210*, **37**:5, **37**:46, **37**:*55*
Bartee, T. C., **4**:142 (9), **4**:*162*, **12**:151, **12**:*166*
Bartels, P. H., **12**:*414*, **19**:118, **19**:182, **19**:*216*
Barth, J. M., **43**:17, **43**:*45*
Bartholomew, P. C., **3**:*343*
Bartko, J. J., **19**:196, **19**:206, **19**:*217*, **19**:*227*
Bartlett, F., **5**:111, **5**:205, **5**:*218*, **5**:*224*
Bartlett, J. M., **8**:156 (49), **8**:*188*
Bartlett, J. R., **26**:252, **26**:269, **26**:*277*
Bartlett, K. A., **29**:89, **29**:*185*, **32**:4, **32**:87, **32**:90, **32**:*98*
Bartlett, M. S., **12**:337, **12**:347, **12**:358, **12**:363, **12**:*409*, **19**:130, **19**:*216*
Barto, A. G., **33**:186, **33**:*235*, **36**:241, **36**:248, **36**:*250*, **37**:152, **37**:*165*
Bartol, K., **32**:204, **32**:*252*
Barton, G. M., **19**:206, **19**:*228*
Barton, S., **48**:69, **48**:*115*
Bartz, Von G., **2**:251, **2**:*293*
Baru, C. K., **34**:*284*
Barua, A., **43**:185, **43**:188, **43**:199, **43**:201, **43**:*209*, **46**:115, **46**:*154*
Baruch, J., **16**:322, **16**:*328*
Baryshnikov, V. N., **29**:305, **29**:306, **29**:*322*
Barzdin, J., **13**:203, **13**:*225*, **15**:17, **15**:*59*
Barzilai, Z., **26**:324, **26**:*332*
Basden, A., **22**:202, **22**:*210*
Bashein, G., **47**:216, **47**:238, **47**:*246*, **47**:*249*
Bashford, G. R., **47**:221, **47**:226, **47**:*244*
Bashinski, H. S., **36**:371, **36**:373, **36**:381, **36**:*427*
Basili, V., **22**:117, **22**:*159*, **36**:53, **36**:100, **36**:*109*, **39**:16, **39**:23–24, **39**:*47*, **39**:71, **39**:*104*, **41**:15, **41**:*59*, **41**:205, **41**:*229*
Basili, V. R., **24**:13, **24**:16, **24**:18, **24**:57, **24**:*59*, **26**:400, **26**:*441*, **35**:177, **35**:*183*, **35**:201, **35**:*252*, **36**:24, **36**:32–33, **36**:*40–41*, **36**:97, **36**:*108*, **41**:5, **41**:8, **41**:11, **41**:14, **41**:16, **41**:18–19, **41**:22, **41**:47, **41**:51, **41**:57, **41**:*59*, **41**:*62*, **41**:*65*, **41**:67, **41**:73, **41**:78, **41**:*81–82*, **41**:200, **41**:*227*, **42**:46, **42**:48, **42**:65, **42**:67, **42**:71, **42**:*74*, **42**:*76*, **44**:29, **44**:*55*, **44**:63–64, **44**:68, **44**:75–77, **44**:79, **44**:83–84, **44**:86, **44**:89, **44**:91, **44**:94, **44**:100–102, **44**:120, **44**:*123*, **44**:140, **44**:*166*, **45**:199, **45**:*264*, **46**:39, **46**:42, **46**:46, **46**:50, **46**:55, **46**:65, **46**:72, **46**:73, **46**:75, **46**:77, **46**:85, **46**:86, **46**:92, **46**:98, **46**:102, **46**:106, **46**:162, **46**:174, **46**:210, **46**:221, **46**:*232*, **46**:*233*
Basille, J.-L., **44**:196–197, **44**:*214–215*
Basin, A., **29**:273, **29**:*322*
Baskerville, R., **34**:323, **34**:*382*
Baskett, F., **17**:206, **17**:*216*, **20**:*191*
Baskin, H. W., **12**:*166*
Basov, N. G., **28**:160, **28**:*221*
Bass, L. J., **18**:*171*, **47**:51, **47**:*58*
Bass, R., **18**:184, **18**:*229*
Basset, O., **47**:216, **47**:238, **47**:*248*
Bastani, F. B., **26**:415, **26**:417, **26**:418, **26**:419, **26**:420, **26**:*441*, **26**:*442*, **30**:135, **30**:*169*, **33**:*235*, **42**:16, **42**:*35*, **45**:205, **45**:*266*
Bastarche, M. J., **16**:65, **16**:72, **16**:*125*
Bastien, P., **6**:*295*
Bastien, P. L., **6**:*295*
Basu, A., **26**:7, **26**:17, **26**:22, **26**:33, **26**:*42*, **26**:*43*, **34**:70, **34**:*107*
Basu, S. K., **8**:206, **8**:*244*, **36**:51, **36**:*108*, **37**:33, **37**:*55*
Batchelor, W. E., **38**:*194*
Batcher, K. E., **15**:158, **15**:171, **15**:*176*, **19**:*62*, **19**:*64*, **19**:90, **19**:91, **19**:*108*, **20**:118, **20**:122, **20**:166, **20**:171, **20**:172, **20**:173, **20**:*192*, **23**:9, **23**:10, **23**:*32*, **23**:301, **23**:304, **23**:305, **23**:308, **23**:309, **23**:311, **23**:*351*, **26**:82, **26**:86, **26**:*89*, **26**:166, **26**:172, **26**:*197*, **30**:25, **30**:*34*, **34**:121,

34:123, 34:126, 34:*152*, 34:187, 34:*229*
Batchlor, C., 16:173, 16:*179*
Bate, R. R., 5:324 (299), 5:*343*, 46:9, 46:15, 46:30, 46:72, 46:77, 46:*104*
Bateman, T. S., 44:12, 44:*55*
Bates, F. L., 11:*383*, 12:*283*, 13:6, 13:*40*
Bates, M., 17:3, 17:8, 17:72, 17:*87*, 24:259, 24:*273*, 24:306, 24:*310*, 47:10, 47:12, 47:52, 47:*58*, 47:*65*, 49:12, 49:30, 49:*57*
Bates, R. J., 44:33, 44:*55*
Bates, S., 43:2, 43:37, 43:*46*
Batini, C., 32:172, 32:*195*, 35:2–3, 35:7, 35:9, 35:18, 35:20, 35:24, 35:30, 35:36, 35:40, 35:*78*, 38:46, 38:*69*, 39:146, 39:151, 39:*186*, 41:272, 41:274–275, 41:*295*
Batory, D. S., 34:13, 34:*54*, 35:144–145, 35:*180*, 49:144, 49:149, 49:187, 49:*188*
Batsell, R. R., 47:48, 47:*64*
Batstone, P., 12:83, 12:*110*
Batten, D. F., 36:306, 36:*326*
Batten, G. W., 2:15, 2:50, 2:*53*, 2:*54*
Battey, P., 5:311 (135), 5:*334*
Baudet, G. M., 18:95, 18:*115*, 19:73, 19:104, 19:106, 19:*108*, 23:323, 23:*351*, 26:*149*, 29:*248*, 33:*235*
Bauer, F. L., 5:367 (18), 5:*377*, 8:249, 8:302, 8:*333*, 18:232, 18:*281*, 22:300, 22:*350*, 41:4, 41:*59*
Bauer, J., 49:145, 49:*188*
Bauer, M. A., 15:23, 15:*59*, 37:13, 37:*55*
Bauer, W. F., 3:278 (1), 3:*296*, 4:247, 4:248, 4:*302*
Bauer-Mengelberg, S., 12:88 (5), 12:90, 12:*110*
Baugh, C. R., 32:8, 32:23, 32:24, 32:25, 32:26, 32:*96*, 32:99, 32:*102*, 32:*103*
Baum, C., 12:*166*
Baum, E. B., 33:204, 33:*235*
Baum, L. E., 31:163, 31:*170*, 47:20, 47:*58*
Baum, R., 13:203, 13:205, 13:*226*, 35:357, 35:*367*
Baum, R. I., 15:19, 15:23, 15:*59*, 16:248, 16:*330*, 17:277, 17:*279*, 19:60, 19:*64*
Baum, R. J., 28:125, 28:145, 28:*146*
Baumgart, B. G., 16:27, 16:28, 16:*54*

Baumle, B., 44:202, 44:*214*
Baumol, W. J., 2:*366*, 21:333, 21:*416*, 38:312, 38:*313*, 43:191, 43:*209*
Bavelas, A., 11:360, 11:*383*
Bavuso, S. J., 31:205, 31:211, 31:*231*
Baxendale, P. B., 6:12, 6:*28*, 11:84 (33), 11:*124*
Baxter, B., 38:198, 38:*243*
Baxter, D. C., 3:*296*
Baxter, I., 42:29, 42:*31*
Baxter, J., 35:287, 35:292, 35:295, 35:*319*, 49:242, 49:249, 49:250, 49:270, 49:*299*
Bay, Z., 2:250, 2:*293*
Bayer, R., 18:*168*, 18:*170*, 19:102, 19:*108*
Bayes, A. J., 12:*166*
Bayesian, 26:418
Bayman, P., 32:228, 32:*249*
Bazeava, S. E., 18:244, 18:*282*
Bazex, P., 32:158, 32:193, 32:*200*
Bazilevsky, J., 2:402, 2:*416*
Bazzichi, F., 49:146, 49:*188*
BBN Laboratories, 34:140, 34:*152*
BCS., 46:4, 46:*30*
Beach, K. W., 47:211, 47:216, 47:*246*, 47:*248*
Beach, L. A., 5:324 (295), 5:*343*
Beal, D. F., 37:186, 37:*205*
Beale, E. M. L., 2:303, 2:324, 2:*366*, 3:186, 3:*186*
Beale, R., 37:404–405, 37:410, 37:*419*
Beame, P., 49:86, 49:*92*
Bean, T., 46:50, 46:*102*
Beane, J., 44:94, 44:*123*
Beard, M., 18:183, 18:193, 18:198, 18:*225*, 18:*226*, 18:*229*
Bearman, M. Y., 29:*185*
Bearman, T. C., 31:338, 31:362, 31:*371*
Bearnson, G., 38:*186*
Bearnson, L. W., 26:*334*
Beatty, C. M., 28:245, 28:*275*
Beatty, J. C., 15:131, 15:*176*
Beau, O., 42:174, 42:*234*
Beauchamp, J. W., 12:*110*
Beaudet, P. R., 28:172, 28:*223*
Beaulieu, T. J., 17:242, 17:*281*
Beausoleli, W. F., 17:259, 17:*279*
Beaven, J., 49:21, 49:26, 49:31, 49:33, 49:*57*
Bechtel, R. J., 22:202, 22:*214*

Beck, E. E., **45**:301, **45**:*320*
Beck, J., **43**:43, **43**:*46*
Becker, G., **45**:214, **45**:*264*
Becker, H. J., **45**:338, **45**:*354*
Becker, J. J., **6**:9, **6**:*28*, **11**:235 (16), **11**:237 (16), **11**:*317*, **12**:*166*, **31**:352–354, **31**:356, **31**:*371*
Becker, R. A., **46**:222, **46**:*232*
Becker, S. A., **35**:164, **35**:*180*, **35**:189, **36**:9, **36**:*39*
Beckman, B., **35**:307, **35**:313, **35**:*322*, **35**:*324*
Beckman, D., **35**:298, **35**:*321*
Beckman, P., **33**:*240*, **45**:127, **45**:135, **45**:141, **45**:*149*, **45**:*153*
Beckmann, M. J., **2**:*366*, **2**:*367*
Bector, R., **48**:8, **48**:9, **48**:15, **48**:16, **48**:17, **48**:25, **48**:27, **48**:29, **48**:52, **48**:54, **48**:72, **48**:73, **48**:*118*
Bedford, N. M., **20**:16, **20**:*29*
Bedient, H., **1**:50 (6), **1**:*86*
Bedrij, O. J., **6**:155, **6**:*191*
Beech, D., **35**:*181*
Beelitz, H. R., **9**:232, **9**:233 (3), **9**:*234*
Beer, R. D., **42**:243, **42**:248–249, **42**:*267*
Beer, S., **5**:116, **5**:*218*, **20**:6, **20**:*29*
Beevers, C. A., **5**:263, **5**:*285*
Beged-Dov, S., **20**:9, **20**:*29*
Begeman, M. L., **45**:279, **45**:302, **45**:*315*
Beguelin, A., **45**:141, **45**:*150*
Behling, O., **23**:143, **23**:*173*
Behnke, H., **2**:82, **2**:*130*
Beiler, D., **32**:256, **32**:302, **32**:*304*
Beizer, B., **26**:336, **26**:*388*, **26**:371, **46**:160, **46**:162, **46**:164, **46**:173, **46**:*232*, **49**:144, **49**:*188*
Bekesy, G. von, **11**:*173*
Bekey, G. A., **3**:278 (24), **3**:*297*, **36**:*253*, **38**:*188*
Belady, **12**:*166*
Belady, L. A., **17**:257, **17**:*280*, **19**:275, **19**:276, **19**:*323*, **24**:56, **24**:59, **24**:115, **24**:130, **24**:*168*, **28**:26–27, **28**:*63*, **28**:65
Belair, R. R., **16**:259, **16**:*328*
Belar, H., **11**:153, **11**:*163*, **11**:186 (110, 111), **11**:205, **11**:*227*, **12**:75, **12**:*113*
Belasco, J. A., **41**:87, **41**:94, **41**:*155*
Belcastro, V., **32**:166, **32**:177, **32**:188, **32**:*195*
Belden, T. G., **11**:334, **11**:357 (9), **11**:*384*
Belfar, K., **32**:191, **32**:*199–200*
Belford, G. G., **16**:206, **16**:*215*
Belforte, G., **23**:88, **23**:89, **23**:*90*
Belkhatir, N., **41**:34–35, **41**:*59*
Belkin, N. J., **31**:333, **31**:*371*
Belknap, R., **34**:93, **34**:*108*
Bell, A., **21**:188, **21**:*223*
Bell, A. G., **18**:219, **18**:*226*
Bell Canada, **46**:28, **46**:*30*
Bell, C. G., **19**:69, **19**:*111*, **21**:94, **21**:95, **21**:96, **21**:97, **21**:100, **21**:114, **21**:117, **21**:*150*, **24**:124, **24**:*168*, **24**:*175*, **28**:14, **28**:*66*, **40**:164, **40**:*178*
Bell, D., **19**:312, **19**:*323*
Bell, D. A., **1**:19 (27), **1**:*42*, **32**:170, **32**:177, **32**:188, **32**:*195*
Bell, D. E., **18**:138, **18**:*168*, **29**:4, **29**:6, **29**:12, **29**:17–18, **29**:19, **29**:21, **29**:22, **29**:*43*, **29**:*44*, **30**:209, **30**:*217*, **38**:12, **38**:*69*, **44**:245, **44**:*281*, **46**:272, **46**:*285*
Bell, D. S., **47**:226, **47**:*244*
Bell, G. D., **38**:*185*
Bell, G. I., **5**:322, **5**:323 (243), **5**:*340*
Bell, J. R., **12**:239, **12**:*283*
Bell, R., **42**:20, **42**:*31*
Bell, T. E., **26**:400, **26**:*441*
Bell, W., **20**:7, **20**:29
Bellare, M., **30**:198, **30**:*217*, **44**:254, **44**:256, **44**:*281*, **48**:237, **48**:*253*
Bellavance, D. A., **22**:203, **22**:*213*
Bellenot, **33**:104, **33**:*111*
Bellin, D., **38**:299–300, **38**:312, **38**:*313*
Bellman, R. E., **2**:*367*, **5**:306 (87), **5**:*331*, **18**:106, **18**:*115*, **28**:74, **28**:*103*
Bellnot, S., **35**:*324*
Bellotti, V., **45**:280, **45**:*316*
Bellovin, M., **48**:222, **48**:224, **48**:225, **48**:234, **48**:*252*
Bellovin, S., **48**:224, **48**:*252*
Belohlavek, M., **47**:215, **47**:216, **47**:*244*, **47**:*247*, **47**:*252*
Belotsenkovskii, O. M., **10**:88, **10**:*106*
Belousov, S., **1**:76 (63), **1**:78 (67), **1**:83 (63, 83), **1**:*89*
Below, C., **47**:216, **47**:*248*
Bels, F., **46**:39, **46**:55, **46**:*103*
Belskaya, I. K., **1**:127 (64), **1**:*140*

Belsky, M. A., **1**:171 (6), **1**:*192*, **29**:198, **29**:*248*
Belsky, M. S., **18**:60, **18**:*115*
Beltrami, E., **33**:178, **33**:*235*
Belyakov, V., **18**:*281*
Belynskii, V. V., **29**:*325*
Belz, F. C., **41**:31, **41**:*63*
Belzer, J., **11**:69 (75), **11**:*125*, **31**:345, **31**:*371*, **31**:*374*
Bemer, R. W., **4**:5 (20), **4**:15, **4**:*50*
Benachenhou, D., **38**:*187*
Benaroch, L. M., **38**:*187*
Benbasat, I., **20**:22, **20**:*29*, **20**:*35*
Benbassat, G. V., **18**:202, **18**:*228*
Bendall, D. G., **28**:18, **28**:*63*
Bender, D. H., **43**:188, **43**:196–197, **43**:*209*
Bender, M. A., **20**:62, **20**:*81*
Bender, R., **16**:166, **16**:*178*
Benders, F., Jr., **2**:353, **2**:356, **2**:*367*
Beneš, V. E., **15**:171, **15**:*176*
Benedict, M., **5**:326 (374, 375), **5**:*348*
Beneger, J., **43**:208, **43**:*209*
Benes, A. V., **26**:*332*
Benes, V. E., **19**:91, **19**:*108*, **26**:157, **26**:164, **26**:176, **26**:180, **26**:180, **26**:*197*
Benford, S., **45**:298, **45**:*317*
Bengio, S., **30**:212–213, **30**:*217*, **30**:*219*
Bengio, Y., **31**:167, **31**:*170*
Bengston, J., **5**:322 (248), **5**:*341*
Benhabib, B., **33**:*239*
Beniger, J. R., **31**:329, **31**:332, **31**:338, **31**:*371*
Benimoff, N. I., **36**:382–383, **36**:*419*
Benington, H. D., **3**:84 (7), **3**:*152*, **46**:38, **46**:*102*
Benioff, P., **31**:242, **31**:*319*
Benjamin, J., **42**:154, **42**:*234*
Benjamin, R. I., **43**:207, **43**:*209*
Benjamins, V. R., **38**:132, **38**:*138*
Benko, P., **18**:*115*
Benmohamed, L., **44**:317, **44**:*328*
Ben-Akiva, M., **47**:356, **47**:*365*
Benner, F. H., **12**:*166*
Bennet, J. S., **26**:13, **26**:*43*
Bennett, A., **49**:17, **49**:*57*
Bennett, A. F., **42**:243, **42**:*268*
Bennett, C. D., **15**:259, **15**:276, **15**:*281*
Bennett, C. H., **22**:102, **22**:*103*, **30**:205, **30**:*217*, **31**:242, **31**:251, **31**:*319*
Bennett, E., **6**:*225*, **11**:*384*
Bennett, J., **22**:203, **22**:*210*, **29**:67, **29**:*73*, **29**:*77*, **33**:116, **33**:*170*, **36**:349, **36**:370, **36**:389–390, **36**:*429*, **39**:243, **39**:249, **39**:280, **39**:284–285, **39**:*289*, **44**:315, **44**:*329*
Bennett, J. K., **35**:273, **35**:278, **35**:*319*
Bennett, J. L., **11**:84 (33), **11**:*124*, **36**:347, **36**:349, **36**:359, **36**:388, **36**:391–392, **36**:413, **36**:*419*, **36**:*424–425*, **45**:271, **45**:*315*
Bennett, J. M., **5**:258 (1), **5**:274, **5**:*284*
Bennett, J. S., **22**:166, **22**:202, **22**:*210*, **22**:*211*
Bennett, K. H., **42**:20, **42**:27–29, **42**:*31*
Bennett, P., **49**:13, **49**:*57*
Bennett, R. S., **19**:119, **19**:*216*, **45**:*151*
Bennett, W. S., **49**:5, **49**:7, **49**:*57*
Benningson, L. A., **12**:*174*
Bennion, D. R., **4**:81, **4**:88, **4**:89, **4**:92, **4**:96, **4**:103 (22), **4**:111, **4**:*132*, **4**:*133*, **11**:232 (7, 8), **11**:*316*
Bennis, W., **28**:268, **28**:*275*
Ben-Naten, R., **49**:332, **49**:338, **49**:*346*
Ben-Shaul, I. Z., **39**:116, **39**:*188*, **41**:38, **41**:*59*
Benoit, J. W., **16**:209, **16**:212, **16**:*215*, **17**:195, **17**:*217*, **49**:2, **49**:57, **49**:*62*
Bensing, R. C., **3**:*346*, **9**:157 (93), **9**:*176*
Benson, A. N., **34**:*288*
Benson, B. C., **6**:177, **6**:179 (24), **6**:*192*
Benson, R. J., **46**:118, **46**:127, **46**:133, **46**:143, **46**:*156*
Benson, W., **33**:*304*
Bent, **43**:222, **43**:*240*
Bent, I., **36**:*193*
Bentler, P. M., **19**:123, **19**:*216*
Bentley, J. L., **19**:88, **19**:*108*, **19**:152, **19**:*216*, **26**:96, **26**:97, **26**:119, **26**:124, **26**:*149*, **26**:293, **26**:*332*, **28**:131, **28**:131–132, **28**:145, **28**:*146*
Bentley, L. D., **30**:56, **30**:*83*
Bently, J. L., **33**:23, **33**:*62*
Benyon, D., **47**:13, **47**:46, **47**:53, **47**:54, **47**:*64*
Benzécri, J. P., **11**:89, **11**:*122*
Benzel, J. E., **16**:164, **16**:*177*, **16**:*178*
Benzel, T. C. V., **29**:32, **29**:*43*
Beounes, C., **42**:7, **42**:17, **42**:*34*

Berard, E. V., **33**:29, **33**:*62*
Bereiter, C., **47**:81, **47**:*137*
Berek, M., **5**:234, **5**:*252*
Berends, T. K., **4**:195 (22), **4**:197 (22), **4**:*240*
Berenyi, I., **18**:235, **18**:*281*
Berg, C. H., **22**:202, **22**:*212*
Berg, D. J., **46**:293, **46**:*325*
Berg, E., **38**:*184*
Berg, H. K., **20**:65, **20**:*82*, **24**:103, **24**:134, **24**:*168*, **24**:*169*
Berg, N. J., **28**:193, **28**:*221*
Berg, R. D., **15**:241, **15**:*282*
Bergamaschi, R. A., **37**:*281*
Bergen, J. R., **34**:63, **34**:*109*
Bergendorff, K., **29**:66, **29**:*75*
Berger, A. D., **35**:91, **35**:107, **35**:110, **35**:*132*
Berger, D., **46**:324, **46**:*326*
Berger, E., **2**:*131*
Berger, J., **48**:347, **48**:*351*
Berger, M. H., **5**:324 (294), **5**:*343*
Berger, M. J., **45**:148, **45**:*149*
Berger, P., **34**:312, **34**:335, **34**:*382*, **46**:119, **46**:*154*
Bergeretti, J. -F., **43**:32, **43**:*46*
Bergeron, B. P., **38**:*187*
Bergeron, R. D., **12**:279 (36), **12**:*284*
Berggren, R., **1**:51 (10), **1**:*86*
Bergh, H., **34**:204, **34**:*229*
Berghel, H., **48**:183, **48**:189, **48**:206, **48**:*217*
Bergland, G. D., **26**:412, **26**:413, **26**:*441*
Bergler, S., **49**:12, **49**:57, **49**:*65*
Bergman, B., **45**:208, **45**:*267*
Bergman, L. A., **28**:173, **28**:*221*
Bergman, S., **2**:59, **2**:71 (10.3, 10.5, 10.9), **2**:74, **2**:75, **2**:81, **2**:82, **2**:95, **2**:117, **2**:*124*, **2**:*127*, **2**:*128*, **2**:*130*, **2**:*133*, **16**:151, **16**:*180*
Bergmark, D., **24**:300, **24**:307, **24**:*316*
Bergstra, J. A., **46**:386, **46**:*397*
Bergstresser, P. R., **38**:*190*
Bergthorsson, P., **1**:50 (2), **1**:82, **1**:*86*, **1**:*90*
Berkane, B., **40**:80, **40**:*125*
Berkeley, E., **8**:249, **8**:258, **8**:*332*, **20**:10, **20**:*30*
Berkeley, E. C., **3**:305, **3**:309 (11), **3**:*343*
Berkley, C., **12**:401, **12**:*409*

Berkman, B., **35**:298, **35**:*319*
Berkovich, S. Y., **34**:*229*
Berkovits, S., **22**:84, **22**:*103*
Berkowitz, D. A., **28**:196, **28**:*226*
Berkowitz, M., **31**:*371*
Berlekamp, E., **30**:189, **30**:*217*, **47**:145, **47**:*180*
Berlekamp, E. R., **10**:115 (10), **10**:*128*, **22**:49, **22**:64, **22**:81, **22**:82, **22**:93, **22**:*103*
Berleur, J., **35**:330, **35**:*367*
Berlin, B., **19**:113, **19**:*225*
Berlin, L., **49**:*237*
Berliner, H. J., **13**:208, **13**:*225*, **18**:62, **18**:70, **18**:74, **18**:77, **18**:93, **18**:94, **18**:*115*, **26**:139, **26**:*149*, **29**:229, **29**:234, **29**:235, **29**:238, **29**:239, **29**:241, **29**:245, **29**:246, **29**:*248*
Berliner, J. S., **18**:249, **18**:252, **18**:259, **18**:261, **18**:262, **18**:*281*
Berlyne, D. E., **11**:351, **11**:*384*
Berman, E., **43**:191, **43**:195, **43**:*209*
Berman, F., **35**:295, **35**:*319*, **35**:*324*
Berman, L., **32**:4, **32**:97
Berman, R., **4**:5 (23), **4**:*50*, **7**:145 (4), **7**:*177*
Bernal, Marc, **40**:245, **40**:*249*, **40**:*251*
Bernard, D., **19**:279, **19**:*323*, **20**:16, **20**:*30*
Bernard, E. E., **6**:*225*
Bernard, K., **46**:401, **46**:419, **46**:*435*
Bernard, M., **38**:*183*
Bernasconi, F. A., **35**:341, **35**:*367*
Bernays, P., **38**:254, **38**:*313*
Berndt, E. R., **43**:182, **43**:185, **43**:188, **43**:191, **43**:193–195, **43**:202, **43**:208, **43**:*210*, **43**:*213*
Berners-Lee, T., **44**:220, **44**:*279*, **48**:*217*
Bernhard, R., **20**:*192*
Bernhardt, C., **47**:325, **47**:326, **47**:*338*
Berni, A. J., **16**:*177*
Bernick, M. D., **6**:15, **6**:16 (7), **6**:*28*, **8**:53 (2), **8**:*99*, **11**:67, **11**:*122*
Bernier, C. L., **24**:282, **24**:*311*
Berning, J., **5**:238, **5**:*253*
Berns, G. M., **10**:151 (2), **10**:*173*
Bernstein, A. J., **1**:171, **1**:*192*, **15**:144, **15**:148, **15**:*176*, **16**:202, **16**:212, **16**:*215*, **16**:*219*, **17**:187, **17**:*216*, **18**:60, **18**:*115*, **29**:198, **29**:*248*, **31**:*96*
Bernstein, G. B., **11**:*384*

Bernstein, J., **37**:345, **37**:356, **37**:*420*
Bernstein, L. M., **12**:99, **12**:100 (7), **12**:*110*, **24**:222, **24**:*273*
Bernstein, P. A., **21**:229, **21**:236, **21**:237, **21**:266, **21**:*272*, **32**:156, **32**:168, **32**:170, **32**:189, **32**:*195*, **32**:*199*, **35**:69, **35**:*78*, **41**:261, **41**:264–266, **41**:*295*, **43**:71, **43**:88, **43**:117, **43**:*137*, **48**:151, **48**:*175*
Bernstein, R., **34**:*284*
Bernstein, S., **34**:86, **34**:*108*
Bernzott, P., **12**:89, **12**:*112*
Berra, B. P., **19**:*62*, **28**:113, **28**:115, **28**:120, **28**:*146*, **28**:*147*, **28**:*150*, **34**:109, **34**:165, **34**:213, **34**:226, **34**:*229*
Berri, C., **35**:69, **35**:*78*
Berry, D. M., **22**:136, **22**:*160*
Berry, M. M., **31**:340, **31**:*372*
Berryman, H., **45**:117, **45**:118, **45**:*153*
Bers, L., **2**:75 (11.6), **2**:*128*
Bershad, B. N., **39**:200–201, **39**:212–213, **39**:233, **39**:*235*, **48**:167, **48**:171, **48**:*177*
Bershad, B., **46**:303, **46**:307, **46**:*326*
Bersoff, E. H., **22**:119, **22**:*159*, **39**:2, **39**:*47*
Berson, S., **47**:307, **47**:308, **47**:321, **47**:*338*
Berson, T. A., **30**:209, **30**:*217*
Berstad, A., **47**:211, **47**:*247*
Berstein, P. A., **19**:100, **19**:*108*
Bertalanffy, L. V., **31**:*371*
Bertalanffy, L. von, **36**:337, **36**:*419*
Bertcher, H. J., **31**:*96*
Berthomieu, B., **29**:96, **29**:145, **29**:*185*, **29**:*190*
Bertini, M. T., **35**:344, **35**:*367*
Bertino, E., **32**:169, **32**:*195*, **38**:67, **38**:*71*, **43**:123–124, **43**:*133*
Bertolazzi, P., **49**:139, **49**:*140*
Bertolini, F., **2**:*131*
Bertoni, A., **45**:167, **45**:*194*
Bertram, J. E., **23**:181, **23**:182, **23**:*251*
Bertrand, D., **38**:*183*
Bertrand, H. E., **36**:354–355, **36**:*430*
Bertsekas, D. P., **23**:249, **23**:*251*, **33**:*235*
Berul, L., **12**:132 (17), **12**:148 (17), **12**:*166*
Berwick, R. C., **49**:*57*

Berwind, H. J., **5**:325 (318), **5**:*344*
Berzins, V. A., **22**:298, **22**:302, **22**:*350*, **22**:*352*, **24**:122, **24**:*172*
Berztiss, A. T., **22**:338, **22**:342, **22**:344, **22**:345, **22**:*350*, **24**:326, **24**:*374*
Besag, E., **16**:132, **16**:152, **16**:*181*
Besag, J., **19**:129, **19**:*216*
Bescós, J., **48**:273, **48**:289, **48**:290, **48**:*311*
Besl, P. J., **32**:110, **32**:*145*, **43**:245, **43**:249, **43**:258, **43**:269, **43**:271–274, **43**:*276–277*
Bespalov, V. B., **18**:248, **18**:*282*
Bessamusca, T., **46**:349, **46**:*398*
Besselman, J. J., **46**:3, **46**:14, **46**:*30*
Bessiere, F., **2**:364, **2**:*367*
Bessinger, J. B., **13**:*71*
Best, G. H., **5**:323 (264), **5**:*342*
Bestor, Charles, **36**:138, **36**:*202*
Betancourt, R., **26**:315, **26**:*332*
Beteem, J., **34**:123, **34**:*152*
Betelin, V. B., **18**:244, **18**:*282*
Bettadapur, P., **29**:211, **29**:*248*
Bettahar, K., **47**:211, **47**:*246*
Beurle, R. L., **5**:141, **5**:198, **5**:*221*, **6**:73 (6), **6**:*84*
Beuscher, H. J., **26**:229, **26**:*227*
Beutelspacher, A., **30**:194, **30**:*217*
Bever, M., **23**:165, **23**:167, **23**:*173*
Beveride, J. R., **32**:*148*, **34**:*284*
Bewick, J. A., **5**:308 (120), **5**:*333*
Bewley, W. L., **36**:350, **36**:*419*
Beyer, H., **45**:312, **45**:*315*, **45**:*317*
Beyer, K., **24**:344, **24**:*371*
Bezdek, J. C., **19**:178, **19**:186, **19**:*216*, **28**:*103*
Bezdel, W., **11**:205, **11**:*222*
Bezhanova, M. M., **18**:238, **18**:*282*
Bhabuta, L., **34**:294, **34**:296, **34**:306, **34**:*388*, **34**:*390*
Bhalla, C. P., **7**:200 (1), **7**:*206*
Bhamidipati, V., **46**:237, **46**:261, **46**:269, **46**:*286*
Bhandari, I. S., **42**:*75*, **46**:177, **46**:190, **46**:209, **46**:232, **46**:*233*
Bhanu, B., **34**:85, **34**:102, **34**:*108*
Bharadwaj, R., **49**:86, **49**:*92*
Bharathi-Devi, B., **36**:317, **36**:*326*
Bhargava, B., **34**:*284*, **48**:*177*
Bhargava, M., **48**:151, **48**:*178*
Bharucha, J. J., **36**:168–169, **36**:171,

36:*193*
Bhat, M. V., **19**:178, **19**:*216*
Bhatkar, V. P., **44**:186, **44**:211, **44**:*213*, **49**:318, **49**:*347*
Bhatt, A. K., **38**:*189*
Bhatta, S., **38**:122, **38**:*138*
Bhattacharya, B. B., **26**:324, **26**:*332*
Bhide, A., **26**:*443*, **30**:87, **30**:*169*, **40**:69, **40**:*125*, **42**:16, **42**:18, **42**:*35*
Bhushan, A., **16**:199, **16**:*215*
Bhuyan, L. N., **26**:*197*, **34**:132, **34**:134, **34**:139, **34**:*153*, **37**:*331*, **40**:155, **40**:158, **40**:172, **40**:174, **40**:*176*, **40**:*179*
Biagioni, E., **44**:308, **44**:*328*
Bianchini, R., **49**:249, **49**:270, **49**:*295*
Bias, R. G., **36**:370, **36**:393, **36**:*419*
Biba, K. J., **9**:275 (10), **9**:*284*, **20**:85 (37), **20**:90 (37), **20**:*113*, **29**:12, **29**:24, **29**:*43*, **29**:*45*, **38**:13, **38**:*69*
Bibb, J., **6**:162 (16), **6**:*191*
Bibb, T., **7**:79 (21), **7**:*114*
Bic, L. F., **46**:357, **46**:*399*
Bic, L., **28**:144, **28**:*146*, **34**:179, **34**:*229*
Bicarregui, J. C., **49**:88, **49**:*92*
Bice, K., **31**:71, **31**:*96*
Bickel, G., **43**:251, **43**:*277*
Bickel, P. A., **5**:311 (127), **5**:*333*
Bickmore, D. P., **13**:*106*
Biddulph, R., **1**:195 (7), **1**:204 (7), **1**:209 (7), **1**:211 (7), **1**:220 (7), **1**:225, **1**:*227*
Bidlack, C., **32**:115, **32**:123, **32**:128, **32**:131, **32**:139, **32**:*145*
Bidlack, C. R., **35**:82, **35**:100, **35**:122, **35**:*132*, **35**:*134*, **43**:274, **43**:*278*
Bieber, M., **40**:196, **40**:221, **40**:225, **40**:244, **40**:*249*
Bieman, J., **43**:2, **43**:44, **43**:*46*, **43**:*48*
Bier, J. C., **37**:114, **37**:*116*
Biermann, A. W., **13**:203, **13**:205, **13**:*225*, **15**:17, **15**:19, **15**:23, **15**:29, **15**:*59*, **15**:188, **15**:*235*, **16**:59, **16**:*122*, **33**:151, **33**:*166*, **37**:13, **37**:*55*, **47**:*58*
Biersack, E., **47**:325, **47**:326, **47**:*338*
Bigelow, J., **34**:23, **34**:*55*
Bigelow, R. H., **13**:118, **13**:165, **13**:166, **13**:*167*, **13**:*168*

Biggerstaff, T. J., **20**:220, **20**:*256*, **33**:3, **33**:7, **33**:*63*, T. J., **34**:1, **34**:23, **34**:30, **34**:*55*, **35**:169, **35**:*180*, **35**:*209*, **35**:216, **35**:220, **35**:237–238, **35**:*252*, **39**:44–45, **39**:47, **40**:69–70, **40**:*121*, **43**:62, **43**:*133*, **49**:143, **49**:*188*
Biggs, J. M., **7**:125 (5), **7**:*177*
Bik, A. J. C., **45**:147, **45**:*149*
Bikson, T. K., **39**:253, **39**:*289*, **39**:*291*, **40**:184, **40**:*249*
Billbro, G. L., **38**:*192*
Biller, H., **24**:307, **24**:*311*, **30**:26, **30**:*34*
Billingsley, F. C., **34**:*284*
Billingsley, P. A., **32**:228, **32**:*249*, **33**:117, **33**:137, **33**:159, **33**:*166*, **33**:*167*, **36**:267, **36**:*326*
Billington, J., **29**:*185*
Billstein, R., **24**:345, **24**:*371*
Bilodeau, G. G., **5**:313 (151), **5**:316 (151), **5**:318 (151), **5**:*335*
Bilous, O., **9**:190, **9**:*234*
Bilsen, G., **40**:*121*
Binder, D. A., **19**:198, **19**:*216*
Binder, R., **20**:85 (55), **20**:*114*
Binford, T., **43**:249, **43**:*276*
Binford, T. O., **32**:112, **32**:*146*, **32**:*148*, **43**:274, **43**:*278*
Bing, J., **16**:226, **16**:315, **16**:*328*, **23**:274, **23**:279, **23**:*287*
Bingham, H. W., **15**:141, **15**:142, **15**:*177*
Bini, D., **26**:134, **26**:*149*
Binkley, D., **43**:3, **43**:12–13, **43**:16–17, **43**:20–22, **43**:35–38, **43**:*46–47*
Binkley, D. W., **43**:11, **43**:42, **43**:*48*
Biocca, A., **42**:174, **42**:218, **42**:*234*
Birbilas, A. Iu., **29**:*322*
Birch, B. J., **9**:115, **9**:*172*, **10**:98, **10**:*106*
Bird, R. M., **19**:*61*, **28**:108, **28**:*147*, **30**:8, **30**:31, **30**:*34*
Birdsall, R. C., **11**:350 (139), **11**:*389*, **31**:337, **31**:*377*
Birge, R. R., **31**:294, **31**:296, **31**:309, **31**:*319*, **31**:*321*
Birk, J. R., **32**:109, **32**:*146*
Birkel, G., Jr., **3**:285 (4, 5), **3**:*296*
Birkhoff, G., **2**:40, **2**:*54*, **2**:60, **2**:*124*, **3**:191, **3**:196, **3**:197 (1), **3**:205 (1), **3**:206 (1), **3**:*271*, **5**:291 (8), **5**:300 (39), **5**:316 (200), **5**:318, **5**:326 (357), **5**:*326*, **5**:*328*, **5**:*338*, **5**:*347*,

12:151, 12:*166*, 22:309, 22:312, 22:*350*
Birman, A., 24:125, 24:156, 24:*169*, 24:*172*
Birman, K. P., 35:280, 35:*319*
Birmingham, W. P., 40:95, 40:*121*, 48:261, 48:263, 48:285, 48:309, 48:*311*
Birnbaum, L., 24:222, 24:*275*, 38:97, 38:*138*
Birtwistle, G., 33:4, 33:*63*, 35:*324*
Bisant, D. B., 42:45, 42:51, 42:*74*
Bischoff, M., 22:202, 22:*212*
Bischoff, M. B., 22:172, 22:202, 22:*215*
Bishop, A., 48:263, 48:267, 48:284, 48:300, 48:*314*
Bishop, J., 5:207, 5:*225*
Bishop, M., 24:66, 24:*99*
Bishop, P., 15:52, 15:*61*, 40:186, 40:*251*
Bisiani, R., 39:229, 39:*235*, 40:161–162, 40:168, 40:*176*
Biskup, J., 38:9, 38:33, 38:*69*
Bissell, D. M., 16:142, 16:*177*
Bissett, J. K., 38:148, 38:154, 38:166, 38:168–169, 38:171, 38:*180*
Bitar, P., 40:149, 40:*176*
Bitman, A. R., 29:232, 29:*247*
Bitton, D., 26:103, 26:*149*, 28:127, 28:145, 28:*147*
Bitzer, D. L., 4:160 (115), 4:*168*, 15:241, 15:248, 15:251, 15:253, 15:*281*, 15:*282*, 18:176, 18:*226*, 21:283, 21:*330*, 24:350, 24:*371*
Biunno, V. P., 3:*343*
Bixler, D. C., 26:*441*
Bjerknes, G., 34:294, 34:302, 34:*382*, 45:279, 45:312, 45:*315*
Bjerregaard, B., 22:218, 22:*292*
Bjorkman, M., 18:159, 18:*168*
Bjorner, D., 33:12, 33:*63*
Bjorn-Andersen, N., 34:302, 34:339, 34:351, 34:365, 34:*382*, 34:*391*
Bjornson, R., 35:282, 35:*319*
Blaaw, G. A., 24:124, 24:*168*, 24:*169*
Black, A., 35:272, 35:*319*, 35:*322*, 39:197, 39:*236*
Black, B. A., 17:207, 17:*221*
Black, D., 35:278, 35:*324*
Black, D. L., 35:274, 35:*324*
Black, G., 5:238, 5:242, 5:*253*, 5:*254*
Black, J. B., 29:59, 29:*73*, 32:237, 32:*250*
Black, J. W., 1:206, 1:*228*, 33:120, 33:121, 33:*166* 48:7, 48:34, 48:*115*
Black, M., 6:40, 6:*84*
Black, R. K. D., 24:2, 24:9, 24:47, 24:*59*
Black, U., 44:286, 44:*328*
Black, W. L., 12:*166*
Blackburn, R., 37:277, 37:*283*
Blackler, F., 46:126, 46:131, 46:*154*
Blackman, R. B., 37:62, 37:75, 37:103, 37:*116*
Blackman, S. A., 43:191, 43:*209*
Blackman, T., 37:*281*
Blackwell, D., 2:323 (66a), 2:*369*, 3:185 (9), 3:*187*
Blackwell, F. W., 8:65 (3), 8:78, 8:*99*
Blaha, M. R., 30:*82*, 35:139, 35:143, 35:154, 35:*183*, 41:142, 41:*156*, 43:59, 43:69–70, 43:115–116, 43:*138*, 46:75, 46:95, 46:*107*, 47:274, 47:*291*
Blahut, R. E., 36:287, 36:*326*
Blaine, G. J., Jr., 16:157, 16:158, 16:*181*
Blaine, L. H., 18:208, 18:211, 18:212, 18:*226*, 18:*228*
Blaine, R. A., 5:325 (334), 5:326 (378), 5:*345*, 5:*348*
Blair, G., 45:279, 45:*320*
Blair, G. M., 34:185, 34:193, 34:204, 34:223, 34:*229*
Blair, G. S., 46:334, 46:*400*
Blair, J., 9:246 (4), 9:*284*
Blair, P. M., 2:15, 2:*53*
Blake, A., 34:65, 34:*108*
Blake, C., 5:275 (41), 5:278 (41), 5:279 (41), 5:*286*
Blake, J., 31:204–206, 31:*231*
Blake, T., 36:*419*
Blakemore, C., 36:232, 36:*250*
Blakley, B., 22:87, 22:88, 22:*103*
Blakley, G. R., 22:60, 22:87, 22:88, 22:*103*, 30:188, 30:*217*
Blanc, R. P., 16:183, 16:211, 16:*215*, 16:*218*
Blanchard, A. J., 34:86, 34:*111*
Blanchard, B. J., 34:86, 34:*111*
Blanchard, F., 40:195, 40:*250*
Blanco, C., 38:*183*
Blanco, H., 47:149, 47:*181*
Blank, G. D., 47:27, 47:28, 47:36, 47:*58*

Blank, T., **49**:257, **49**:258, **49**:*296*
Blankenbaker, J. V., **1**:39 (48), **1**:*42*
Blankenhorn, D. H., **47**:227, **47**:*245*
Blanksteen, S., **49**:12, **49**:*59*
Blanning, R., **26**:7, **26**:*43*
Blanning, R. W., **23**:166, **23**:167, **23**:*173*
Blanyer, C. G., **3**:*297*
Blaser, A., **20**:244, **20**:*257*, **34**:*284*
Blàser, B., **49**:12, **49**:*64*
Blasgen, M. W., **16**:19, **16**:*54*, **21**:233, **21**:*272*
Blashfield, R. K., **19**:114, **19**:115, **19**:161, **19**:164, **19**:167, **19**:169, **19**:180, **19**:199, **19**:202, **19**:203, **19**:204, **19**:208, **19**:*216*, **19**:*224*
Blasius, H., **10**:82, **10**:*106*
Blau, P., **19**:*323*
Blaustein, B., **39**:112, **39**:115, **39**:*186*, **39**:*188*
Blaze, M., **44**:*283*
Bledsoe, J. W. W., **26**:35, **26**:*43*
Bledsoe, W. W., **12**:*409*, **15**:40, **15**:*60*
Bleich, H. L., **24**:*313*
Bleicher, J., **34**:334, **34**:*382*
Bleier, R. E., **12**:149 (20), **12**:*166*
Bleisinger, R., **40**:*252*
Bleiweiss, L., **8**:86, **8**:*99*
Bleser, T., **32**:230, **32**:*249*
Blevins, D., **49**:259, **49**:*296*
Blinder, A. S., **43**:207, **43**:*210*
Blinn, J. F., **16**:16, **16**:*54*
Blinova, E. N., **1**:52 (17), **1**:*87*
Bl-aser, B., **49**:26, **49**:*57*
Bloch, E., **9**:208 (5), **9**:*234*
Bloch, U., **21**:375, **21**:*417*
Block, E., **28**:116, **28**:*147*
Block, H. D., **4**:146 (42), **4**:*163* **37**:350, **37**:365, **37**:380, **37**:*420*
Blodgett, A. J., Jr., **23**:13, **23**:*32*
Blois Marsden, S., **22**:278, **22**:*292*
Blom, C. L., **46**:390, **46**:*397*
Blombach, A. K., **36**:113, **36**:120, **36**:*193*
Blood, E. B., **47**:216, **47**:*251*
Bloom, B. H., **11**:211, **11**:*222*, **12**:*166*
Bloom, B. S., **31**:364, **31**:*371*
Bloom, S., **23**:121, **23**:*140*
Bloom, T., **22**:114, **22**:*160*, **33**:4, **33**:*64*
Bloomfield, L., **8**:154 (3), **8**:*186,* **17**:96, **17**:*159*

Bloomfield, R., **49**:84, **49**:*92*
Bloomfield, S., **33**:179, **33**:*235*
Blostein, D., **43**:244, **43**:*275*
Blount, M. L., **39**:230, **39**:*235*
Blow, D. M., **5**:281, **5**:*287*
Blue, E., **5**:323, **5**:*341*
Blue, J. L., **15**:80, **15**:*117*
Blum, A., **20**:11, **20**:*30*
Blum, H., **12**:316, **12**:321, **12**:*409*, **18**:48, **18**:*56*, **19**:122, **19**:*223*
Blum, L., **15**:17, **15**:*59*, **24**:204, **24**:*214*, **30**:182, **30**:*217*
Blum, M., **15**:17, **15**:*59*, **24**:204, **24**:*214*, **30**:181–182, **30**:190, **30**:*217*, **41**:223, **41**:*228*, **43**:221–222, **43**:239, **43**:*240*
Blum, R. L., **22**:172, **22**:*216*, **38**:169, **38**:*180*
Blume, L., **35**:298, **35**:307, **35**:313, **35**:*321–322*, **35**:*324*
Blumenthal, S. C., **1**:11 (10), **1**:16, **1**:*41*, **1**:*42*, **20**:14, **20**:*30*, **34**:297, **34**:*382*
Blumenthal, U., **48**:242, **48**:*252*
Blumer, T. P., **29**:167, **29**:176, **29**:*185*, **29**:*193*
Blumofe, R. D., **46**:290, **46**:299, **46**:*326*
Blunt, C. R., **12**:*167*
Bly, S. A., **33**:156, **33**:160, **33**:*166*, **45**:280, **45**:*316*
Boahen, K. A., **34**:176, **34**:*229*
Boar, B. H., **31**:9–10, **31**:28, **31**:*96*, **36**:*419*
Bobbio, A., **31**:209, **31**:218, **31**:*231*
Bobeck, A. H., **17**:224, **17**:228, **17**:230, **17**:231, **17**:232, **17**:234, **17**:235, **17**:237, **17**:239, **17**:248, **17**:252, **17**:*280*
Bobis, K. G., **38**:*187*
Bobko, I., **18**:254, **18**:262, **18**:*282*
Bobrow, D., **22**:181, **22**:*211*, **29**:62, **29**:*76*
Bobrow, D. G., **7**:119 (6), **7**:125 (7), **7**:*177*, **7**:210, **7**:*238*, **8**:156, **8**:*186*, **9**:56, **9**:57, **9**:108, **9**:*110* **11**:60, **11**:*122*, **11**:207, **11**:*222*, **13**:176, **13**:178, **13**:184, **13**:*226*, **15**:4, **15**:40, **15**:*59*, **17**:10, **17**:*86*, **31**:54, **31**:*98*, **33**:87, **33**:*111*, **43**:62, **43**:71, **43**:90, **43**:106, **43**:110, **43**:117, **43**:*133*, **43**:*138*, **47**:35, **47**:*58*
Bobrow, R., **17**:76, **17**:80, **17**:81, **17**:82, **17**:*86*, **18**:218, **18**:*226*, **49**:12, **49**:30,

49:*57*
Bobrow, R. J., **8**:58 (53), **8**:78 (53), **8**:83 (53), **8**:85 (53), **8**:92 (53), **8**:95 (53), **8**:*101*, **24**:306, **24**:*310*
Boccamino, J., **1**:12 (12), **1**:*41*
Bocharov, A. V., **44**:204, **44**:*213*
Bocheck, P., **47**:300, **47**:304, **47**:332, **47**:*339*
Bochman, G. V., **26**:404, **26**:405, **26**:*441*, **29**:81, **29**:89, **29**:91, **29**:97, **29**:107–108, **29**:111, **29**:115, **29**:136, **29**:137, **29**:143, **29**:167, **29**:*185*, **29**:*186*, **29**:*190*, **29**:*192*, **29**:*194–195* **36**:54, **36**:*109*, **42**:191, **42**:*237*
Bochner, S., **2**:81, **2**:*130*
Bock, C. D., **16**:*259*, **16**:*328*
Bock, F., **2**:*367*
Bocker, R. P., **28**:198, **28**:214, **28**:215, **28**:*221*, **28**:*222*, **28**:*225*
Bod, R., **47**:*58*
Bodelier, H. J. A. M., **24**:346, **24**:347, **24**:*371*
Boden, M. A., **31**:280, **31**:*319*
Bodily, S. E., **28**:255, **28**:*275*
Bodin, F., **45**:127, **45**:141, **45**:*149*
Bodin, L. -G., **36**:*195*
Bodker, S., **34**:303, **34**:345, **34**:347–348, **34**:366, **34**:*382*, **36**:382, **36**:*419*
Bodlong, **26**:252
Bodo, P., **41**:239, **41**:*252*
Bodrow, D. G., **26**:35, **26**:*43*
Boebert, W. E., **20**:65, **20**:*82*, **29**:26–27, **29**:*43*
Boehm, B., **21**:94, **21**:*150*, **28**:33, **28**:*63*, **35**:147, **35**:150, **35**:*180*, **36**:96, **36**:101, **36**:*108*, **36**:353–355, **36**:*363*, **36**:383–384, **36**:412, **36**:*419*, **39**:5, **39**:16, **39**:23, **39**:*47*, **39**:53, **39**:88, **39**:*104*, **42**:2, **42**:10, **42**:12, **42**:16, **42**:*25*, **42**:*27*, **42**:*31*, **42**:40, **42**:*74*
Boehm, B. N., **34**:299, **34**:*382*
Boehm, B. W., **9**:264 (5), **9**:*284* **18**:232, **18**:264, **18**:*282*, **19**:261, **19**:267, **19**:269, **19**:270, **19**:274, **19**:276, **19**:294, **19**:*323*, **22**:117, **22**:152, **22**:*159*, **24**:2, **24**:13, **24**:21, **24**:22, **24**:31, **24**:33, **24**:59, **24**:117, **24**:124, **24**:135, **24**:*169*, **24**:363, **24**:*371*, **26**:394, **26**:396, **26**:400, **26**:*441*, **31**:8, **31**:*96*, **33**:21, **33**:*63*, **38**:290, **38**:*313*, **40**:66, **40**:*121*, **41**:11, **41**:*60*, **41**:96, **41**:125, **41**:*155*, **44**:14, **44**:24–25, **44**:33, **44**:35–36, **44**:50, **44**:*55*, **44**:61, **44**:71, **44**:77–79, **44**:82–84, **44**:86–90, **44**:94, **44**:96–97, **44**:99, **44**:110–111, **44**:*123*, **46**:38, **46**:39, **46**:46, **46**:55, **46**:*102*, **46**:*103*, **46**:160, **46**:198, **46**:232
Boehm, E., **40**:41, **40**:*63*
Boehm, W., **44**:187, **44**:*214*
Boehm-Davis, D. A., **29**:51, **29**:*75*, **40**:31, **40**:34, **40**:*36*
Boeing., **45**:288, **45**:*315*, **46**:14, **46**:*30*
Boeri, F., **44**:195, **44**:*212*
Boerner, H., **32**:110, **32**:*145*
Boes, D. C., **30**:163, **30**:*169*
Boesen, B., **44**:188, **44**:*214*
Boettner, D. W., **12**:*283*
Boff, K. R., **36**:336, **36**:351, **36**:409, **36**:*419*, **36**:*426*, **36**:*428*
Boggs, D. R., **17**:166, **17**:*219*, **20**:49, **20**:*82*, **20**:85 (53), **20**:*114*, **21**:228, **21**:*272*, **22**:156, **22**:*160*, **42**:121, **42**:132, **42**:*234*, **42**:*237*
Bogh-Andersen, P., **34**:294, **34**:302, **34**:338, **34**:364, **34**:*382*, **34**:*386*, **34**:*389*
Bogner, F. K., **10**:269, **10**:*272*
Bogong, S., **24**:161, **24**:*171*
Bogott, R. P., **36**:*39*
Boguraev, B., **49**:12, **49**:*57*
Bohl, H., **5**:321 (221), **5**:*339*
Bohl, H., Jr., **5**:295 (18), **5**:301 (18), **5**:309 (172), **5**:*327*, **5**:*336*
Bohm, D., **31**:266–267, **31**:*319*
Bohm, M. A., **32**:83, **32**:*96*
Bohner, S., **49**:107, **49**:112, **49**:*140*
Bohnert, H. G., **9**:127, **9**:*172*, **17**:46, **17**:*86*
Bohr, H., **44**:200, **44**:*213*
Bohrer, R., **18**:*168*
Bohs, L. N., **38**:*194*
Boies, S. J., **29**:67, **29**:*74*, **36**:386, **36**:402, **36**:413–414, **36**:*422*, **42**:26, **42**:*33*
Boiko, V. V., **29**:*322*
Boilen, S., **8**:7 (5) *42*
Boisvert, R. F., **46**:410, **46**:*435*
Boitet, C., **49**:38, **49**:*57*
Boiteux, M., **2**:*367*, **2**:*369*

Boivie, R. H., **22**:202, **22**:*213*
Bojanov, B. D., **23**:63, **23**:*90*
Bokhari, S., **35**:*319*
Bokhari, S. H., **45**:148, **45**:*149*
Boku, T., **44**:184, **44**:*215*
Boland, R., **34**:302–303, **34**:312, **34**:335, **34**:362, **34**:*383*
Bolas, B. J., **12**:*282*
Bolc, L., **34**:*284*
Boldyreff, C., **35**:216, **35**:*252*
Bole, L., **24**:*311*
Boles, M. S., **47**:*250*
Bolin, B., **1**:59 (28), **1**:67 (53), **1**:71 (57), **1**:80 (28), **1**:85 (53), **1**:86 (28), **1**:*87*, **1**:*88*, **1**:*89*
Bolinger, D. L., **8**:156, **8**:*186*
Bolle, R., **34**:98, **34**:*108*
Bolles, R. C., **32**:111, **32**:*145*, **34**:269, **34**:*284*, **43**:274, **43**:*277–278*
Bollinger, T., **46**:14, **46**:*30*
Bollman, P., **39**:64, **39**:*105*
Bollmann, P., **24**:293, **24**:295, **24**:*311*
Bollobas, B., **23**:349, **23**:350, **23**:*351*
Bologna, S., **26**:417, **26**:420, **26**:*441*
Bolognesi, T., **29**:109, **29**:145, **29**:*186*, **40**:81, **40**:*121*, **49**:72, **49**:*94*
Bolosky, W. J., **35**:278, **35**:*319*, **35**:*324*, **47**:317, **47**:*338*
Bolslky, M. I., **30**:125, **30**:*170*
Bolson, E., **47**:238, **47**:*249*
Bolt, R. A., **31**:69, **31**:*96*
Boltzmann, L., **5**:297 (33), **5**:*328*
Bomford, Brigadier G., **13**:*106*
Bonar, J. G., **29**:63, **29**:*73*, **32**:238, **32**:*253*, **34**:171, **34**:*229*, **47**:80, **47**:*137*
Bonar, Jeffrey, **40**:29, **40**:34, **40**:*37–38*, **40**:196, **40**:*250*
Bonarini, A., **47**:*58*
Bonczeck, R., **26**:3, **26**:7, **26**:9, **26**:*43*
Bonczek, R. H., **23**:144, **23**:146, **23**:147, **23**:148, **23**:151, **23**:157, **23**:165, **23**:167, **23**:*173*, **23**:*174*
Bond, D. S., **6**:*225*
Bond, E. R., **8**:53 (5, 43), **8**:78, **8**:80, **8**:92, **8**:*99*, **8**:*101*
Bond, P., **46**:111, **46**:112, **46**:129, **46**:138, **46**:147, **46**:150, **46**:151, **46**:*157*
Bond, W., **38**:110–111, **38**:119–120, **38**:*142*
Bond, W. E., **38**:111–112, **38**:*142*
Bondi, J., **47**:216, **47**:*247*
Bongaerts, L., **49**:313, **49**:346, **49**:*348*
Bonner, R. E., **16**:173, **16**:*177*
Bonness, Q. L., **7**:*289*
Bonnet, A., **22**:164, **22**:*211*
Bonnet, J. -C., **38**:132, **38**:*138*
Bonomi, F., **44**:317, **44**:*328*
Bonucelli, M. A., **28**:109, **28**:118, **28**:135, **28**:145, **28**:*147*
Bonyhard, P. I., **17**:224, **17**:228, **17**:230, **17**:234, **17**:235, **17**:237, **17**:239, **17**:260, **17**:*280*
Booch, G., **33**:3, **33**:24, **33**:25, **33**:29, **33**:33, **33**:38, **33**:43, **33**:46, **33**:*63*, **35**:136, **35**:139, **35**:141, **35**:143, **35**:148, **35**:150, **35**:154–157, **35**:160, **35**:*180–181*, **35**:232, **35**:*252*, **43**:58, **43**:69–70, **43**:86, **43**:88, **43**:102, **43**:106, **43**:117, **43**:119–120, **43**:127, **43**:*133*, **47**:284, **47**:*291*, **49**:156, **49**:158, **49**:161, **49**:188, **49**:*237*
Böker-Heil, N., **36**:*193*
Book, E., **12**:*279*
Book, V. R., **14**:29, **14**:*42*
Bookchin, B., **17**:120, **17**:122, **17**:*160*
Bookstein, A., **24**:280, **24**:282, **24**:292, **24**:294, **24**:297, **24**:301, **24**:303, **24**:304, **24**:*311*, **24**:*314*
Boole, G., **3**:305, **3**:325, **3**:*343*
Boonstra, B. H., **5**:326 (336), **5**:*345*
Booth, A. D., **1**:93, **1**:119 (51, 52), **1**:120 (55), **1**:124, **1**:*137*, **1**:*139*, **5**:269, **5**:275, **5**:*285*, **6**:167, **6**:*191*, **11**:7, **11**:*52*, **11**:*53*, **11**:*54*, **47**:2, **47**:7, **47**:*58*, **47**:*62*
Booth, G. M., **16**:201, **16**:*215*, **21**:413, **21**:*416*
Booth, K. H. V., **1**:119, **1**:*139*
Booth, K. S., **22**:*103*
Booth, P., **36**:388, **36**:*420*
Boothe, W. A., **4**:*242*
Boral, H. L., **28**:116, **28**:127, **28**:144, **28**:145, **28**:*147*
Borchardt, G. C., **38**:132, **38**:*138*
Borchering, J. W., **44**:82, **44**:113, **44**:115–116, **44**:*124*
Borck, W. C., **7**:11 (60), **7**:*115*, **10**:293

(1), **10**:*296*
Bordley, J., III., **22**:277, **22**:*292*
Bordley, R. F., **36**:309, **36**:*326*
Borenstein, J., **48**:342, **48**:*351*
Borenstein, N. S., **44**:263, **44**:*282*, **45**:286, **45**:*315*, **47**:80, **47**:*137*
Bores, L. D., **29**:272, **29**:*322*
Borgelt, J., **13**:53, **13**:*70*
Borghuis, M., **48**:292, **48**:*309*
Borgida, A., **39**:118, **39**:*188*, **43**:62, **43**:85, **43**:88, **43**:108, **43**:117–118, **43**:*133*, **43**:*137*
Borgman, C. L., **21**:414, **21**:*416*, **32**:229, **32**:*249*
Borgonovo, F., **42**:161–162, **42**:165, **42**:*234–235*, **42**:*239*
Borieua, R. E., **5**:281 (61), **5**:*287*
Bork, A. M., **18**:190, **18**:*226*, **24**:342, **24**:*371*, **45**:344, **45**:*354*
Borkar, S., **34**:129, **34**:*153*
Borko, H., **6**:15, **6**:16 (7), **6**:*28*, **11**:67, **11**:*122*, **11**:173, **11**:*222*, **11**:368 (12a), **11**:*384*, **24**:282, **24**:*311*, **31**:325, **31**:*371*, **38**:312, **38**:*313*
Borning, A., **48**:300, **48**:*311*
Bornstein, M., **18**:249, **18**:*282*
Borodich, L. I., **18**:247, **18**:*282*
Borodin, A. B., **14**:1, **14**:2, **14**:*42*, **19**:250, **19**:*324*, **23**:298, **23**:345, **23**:*351*
Borosh, I., **22**:87, **22**:88, **22**:*103*, **30**:188, **30**:*217*
Boroush, M., **31**:54, **31**:*97*
Borowiec, J., **5**:79 (2), **5**:80 (2), **5**:*105*
Borrie, J. A., **43**:257, **43**:*277*
Borriello, G., **40**:75, **40**:*122*
Borrione, D. D., **21**:95, **21**:113, **21**:117, **21**:144, **21**:145, **21**:*154*, **28**:*63*, **40**:98, **40**:*121*
Borris, M., **7**:212 (2), **7**:225 (2), **7**:226 (2), **7**:*238*
Borrman, L., **35**:281, **35**:*319*
Borst, C., **47**:216, **47**:*250*
Borst, J. M., **11**:214 (20), **11**:*223*
Borst, M. A., **18**:*172*, **24**:52, **24**:*59*
Boruch, R. F., **16**:246, **16**:271, **16**:319, **16**:321, **16**:322, **16**:*328*, **16**:*329*
Bosak, R., **4**:40, **4**:*52*
Bosche, C., **7**:214 (3), **7**:*238*
Bose, B., **26**:318, **26**:319, **26**:320, **26**:*332*
Bose, R. C., **12**:344, **12**:*409*, **23**:308, **23**:*351*
Boser, B., **37**:405, **37**:*421*
Bosman, A., **23**:144, **23**:147, **23**:157, **23**:158, **23**:*174*
Bossen, D. C., **26**:300, **26**:303, **26**:*332*
Bostic, K., **48**:40, **48**:*117*
Bostick, D., **32**:4, **32**:*96*
Bostrom, R. C., **12**:298, **12**:402, **12**:403, **12**:*409*, **12**:*410*, **12**:*412*, **12**:*413*, **12**:*414*, **34**:301, **34**:*383*
Bostwick, C. L., **20**:16, **20**:*30*
Bosyj, M., **16**:70, **16**:74, **16**:*122*
Bothwell, C., **46**:13, **46**:*32*
Botorog, G. H., **46**:364, **46**:*397*
Bots, P. W., **40**:194, **40**:220, **40**:243
Botsdorf, J. E., **46**:40, **46**:41, **46**:42, **46**:43, **46**:55, **46**:*104*
Bottoni, P., **38**:*183*, **38**:*193*
Botvinnik, M. M., **13**:208, **13**:*226*, **18**:60, **18**:*115*
Bouchoucha, M., **38**:*183–184*
Bouckaert, M., **14**:139, **14**:*184*
Boudriga, N., **43**:62, **43**:*133*
Bouge, L., **26**:388, **26**:*388*, **26**:*389*
Boughton, G. A., **46**:312, **46**:*326*
Bouknight, W. J., **13**:219, **13**:*226*, **16**:212, **16**:*215*, **20**:118, **20**:*192*, **23**:8, **23**:*32*
Boulanger, R., **36**:138, **36**:*193*
Bouldin, D. W., **19**:186, **19**:*217*
Boulding, K. E., **38**:311, **38**:*313*
Boult, T. E., **34**:70, **34**:91, **34**:102, **34**:*110*
Boulton, P. I. P., **13**:37, **13**:*40*
Bouma, B. C., **2**:184 (43), **2**:*291*
Bouma, C. J., **47**:190, **47**:216, **47**:249, **47**:*250*
Bouman, C. A., **4**:9, **4**:*50*
Bound, J., **43**:191, **43**:195, **43**:*209*
Bounin, J., **6**:*296*
Bourgois, M., **34**:341, **34**:346–347, **34**:370–371, **34**:*384*, **46**:355, **46**:*397*
Bourguignon, J. P., **41**:*188*
Bouricius, W. G., **26**:*334*
Bourk, T., **12**:404, **12**:*410*
Bourlard, H., **31**:112, **31**:128, **31**:*170*
Bourne, C. P., **6**:7, **6**:9, **6**:*28*, **7**:*113*, **9**:115, **9**:*172*, **12**:121, **12**:132, **12**:136 (25), **12**:140, **12**:*167*, **30**:*34*
Bourne, L. E., Jr., **13**:*221*, **13**:227
Bourne, S. R., **35**:308, **35**:*319*

Bourque, C., **4**:*241*
Bourquin, P., **40**:75, **40**:*121*
Boursier, P., **34**:*284*
Bouvry, P., **46**:368, **46**:*397*
Bouzeghoub, M., **35**:18, **35**:40, **35**:*78*
Bouzitat, J., **2**:364, **2**:*367*
Bovar, J., **32**:237, **32**:*253*
Bovet, D. P., **20**:180, **20**:*192*
Bovik, A. C., **34**:83, **34**:*109*, **47**:226, **47**:*245*
Bow, S. T., **43**:244, **43**:*275*
Bowdon, E. K., **16**:210, **16**:*215*
Bower, G. H., **15**:194, **15**:*235*, **32**:221, **32**:*249*
Bowerman, M., **15**:190, **15**:*235*
Bowers, J., **45**:280, **45**:299, **45**:313, **45**:*315*
Bowie, J. E., **12**:404, **12**:*410*
Bowles, E., **12**:73, **12**:*110*
Bowles, R. E., **4**:*241*, **4**:*242*
Bowles, S. W., **20**:85 (49), **20**:*113*
Bowman, A. B., **18**:*171*
Bowman, R. A., **5**:140, **5**:*221*
Bowyer, K. W., **38**:97, **38**:*142*
Box, D., **48**:*114*
Box, G. E. P., **2**:67 (7.13), **2**:68, **2**:*126*, **12**:337, **12**:*410*
Boy, J. S., **42**:246, **42**:248, **42**:*267*
Boyanov, K., **44**:*213*
Boyce, A. J., **19**:206, **19**:*216*
Boyce, B. R., **31**:*371*
Boyce, R. F., **28**:*147*, **33**:143, **33**:*169*
Boyce, S. J., **42**:24–26, **42**:*32*, **47**:4, **47**:54, **47**:*60*
Boyd, J., **49**:266, **49**:*301*
Boyd, M. A., **31**:204, **31**:218, **31**:*231*
Boyde, J. J., **28**:193, **28**:*221*
Boyer, K. L., **43**:247, **43**:249–251, **43**:274, **43**:*276–277*
Boyer, K., **32**:129, **32**:*146*
Boyer, R. S., **15**:27, **15**:40, **15**:*59*, **24**:131, **24**:*169*, **26**:374, **26**:*389*, **29**:7, **29**:23, **29**:*45*, **38**:112, **38**:*142*
Boyer, S. K., **48**:270, **48**:*310*
Boykin,, **46**:302, **46**:*326*
Boyle, A. R., **13**:*106*
Boyle, J. M., **33**:144, **33**:159, **33**:*166*
Boyle, P. D., **40**:150, **40**:168, **40**:*176*
Boyle, W. S., **2**:166 (19), **2**:*290*
Boys, S. F., **8**:97, **8**:*99*

Boyter, B. A., **34**:84, **34**:*110*
Bøyum, A., **12**:296, **12**:*410*
Bozkus, Z., **45**:145, **45**:*149*
Bozman, W. R., **7**:197 (3), **7**:199, **7**:*206*
Bozon, M., **39**:268, **39**:*289*
Bozorgui-Nesbat, S., **26**:328, **26**:*332*
Bröckers, A., **41**:29, **41**:45, **41**:*60*
Brüggemann, H. H., **38**:33, **38**:*69*
Bracchi, G., **40**:185, **40**:188–189, **40**:191, **40**:194, **40**:198–199, **40**:206–207, **40**:209, **40**:234, **40**:248, **40**:*250*
Bracha, E., **26**:63, **26**:66, **26**:*89*
Brachman, R. J., **22**:174, **22**:181, **22**:*211*, **34**:23, **34**:*55*, **43**:70, **43**:108–109, **43**:*133*
Bracker, L. C., **40**:193, **40**:245, **40**:*252*
Bracker, W. E., **40**:193, **40**:245, **40**:*252*
Braden, R., **48**:16, **48**:*114*
Bradford, D. F., **38**:311, **38**:*313*
Bradford, J., **36**:*429*
Bradford, S. C., **31**:330, **31**:334, **31**:337, **31**:*371*
Bradley, J. C., **26**:6, **26**:*43*, **28**:172, **28**:*223*, **36**:*194*, **37**:111
Bradley, T., **48**:223, **48**:*252*
Bradner, H., **6**:*294*
Bradshaw, A. T., **49**:316, **49**:331, **49**:336, **49**:*346*
Bradshaw, F. T., **29**:5, **29**:12, **29**:21, **29**:*45*
Bradshaw, J. A., **38**:132, **38**:*138*
Brady, D., **28**:161, **28**:174, **28**:*225*
Brady, M., **33**:*235*, **42**:248–249, **42**:*267*
Brady, M. L., **37**:154, **37**:*162*, **47**:238, **47**:*245*
Bragg, T. W., **41**:187, **41**:*188*
Braham, R., **33**:*235*
Braid, I. C., **16**:26, **16**:*54*
Braightenberg, V., **5**:207, **5**:*225*
Brailsford, D. F., **34**:160, **34**:228, **34**:*229*
Brain, Lord, **6**:38, **6**:*84*
Braine, M. D. S., **15**:191, **15**:*235*
Brainerd, J. C., **4**:145 (31), **4**:148 (31), **4**:*163*
Brainerd, R. C., **47**:78, **47**:*140*
Brainerd, W. S., **26**:347, **26**:348, **26**:*389*
Braines, I., **5**:207, **5**:215, **5**:*225*
Brainstad, D. K., **14**:234, **14**:*272*
Brajnik, G., **38**:86, **38**:131, **38**:*138*
Braley, J. E., **6**:*294*

Bramble, J. H., **2**:78, **2**:*129*
Bramlette, M. F., **45**:168, **45**:*194*
Bramley, J. S., **42**:79, **42**:*116*
Brancheau, J., **34**:332, **34**:337, **34**:*383*
Brand, D., **24**:103, **24**:124, **24**:131, **24**:134, **24**:*169*, **26**:*443*, **29**:116, **29**:134, **29**:*186*, **32**:4, **32**:*97*
Brand, H., **43**:188, **43**:193, **43**:196, **43**:*210*
Brand, M., **38**:97, **38**:*138*
Brandeis, L. D., **16**:222, **16**:243, **16**:255, **16**:*335*
Branden, C. I., **5**:275 (41), **5**:278 (41), **5**:279 (41), **5**:*286*
Brandes, T., **49**:252, **49**:271, **49**:*296*
Brandin, B., **49**:312, **49**:315, **49**:*346*
Brandl, D., **46**:55, **46**:77, **46**:*103*
Brandt, A., **47**:242, **47**:*252*
Brandwood, L., **1**:93 (6), **1**:119 (52), **1**:120 (55), **1**:124 (62a), **1**:*137*, **11**:*52*
Branin, F. H., Jr., **7**:285 (30), **7**:*289*
Branscomb, L. M., **21**:411, **21**:*416*, **32**:230, **32**:*249*
Branstad, C. K., **22**:96, **22**:*103*
Branstad, D. K., **16**:191, **16**:*215*
Branstad, M., **22**:149, **22**:*159*, **30**:209, **30**:*218*
Brantley, B. A., **16**:139, **16**:*179*
Brantley, W. C., **26**:*198*, **34**:140, **34**:*155*, **40**:165, **40**:*178*
Brassard, G., **22**:101, **22**:102, **22**:*103*, **30**:182–183, **30**:205, **30**:213, **30**:*217–218*
Brassil, J., **44**:261, **44**:*282*
Bratko, I., **18**:106, **18**:*116*, **29**:231, **29**:240, **29**:*248*, **29**:*249*
Bratley, P., **11**:172 (148), **11**:*229*, **13**:63, **13**:64, **13**:*70*, **24**:*311*
Bratt, H., **47**:40, **47**:51, **47**:*63*
Bratteteig, T., **34**:294, **34**:302, **34**:*382*
Bratukhin, P. I., **18**:243, **18**:247, **18**:*282*
Braun, H., **22**:202, **22**:*216*
Braunfeld, P., **4**:160 (115), **4**:*168*
Braunholtz, T. G. H., **4**:5 (18), **4**:*50*
Braunstein, Y. M., **38**:311–312, **38**:*313*, **43**:188, **43**:196–197, **43**:*213*
Braunwald, E., **22**:232, **22**:*293*
Braverman, D., **6**:*225*, **12**:339, **12**:*409*
Braverman, H., **19**:258, **19**:312, **19**:313, **19**:314, **19**:318, **19**:*323*, **34**:313, **34**:365, **34**:*383*, **39**:274, **39**:277, **39**:*289*
Brawer, S., **35**:*319*
Bray, D. W., **24**:358, **24**:364, **24**:*371*
Bray, H. O., **28**:114, **28**:115, **28**:*147*
Brayton, R., **8**:74 (36), **8**:*101*
Brayton, R. K., **32**:4, **32**:82, **32**:91, **32**:94, **32**:*96*, **32**:*97*, **32**:*101*
Brazos, J. N., **5**:326 (386), **5**:*348*
Breach, S., **46**:324, **46**:*327*
Breant, C. M., **38**:*187*
Breckenridge, A. C., **23**:273, **23**:*287*
Bredt, T. H., **13**:183, **13**:*227*
Bree, R. L., **47**:205, **47**:*251*
Breed, D. J., **17**:233, **17**:*280*
Breedin, S. D., **36**:407–409, **36**:*422*
Breedlove, D. E., **19**:113, **19**:*225*
Bregzis, R., **21**:348, **21**:*416*
Brehm, J. W., **47**:81, **47**:*137*
Brehm, S., **47**:81, **47**:*137*
Breitbart, Y., **32**:161, **32**:169, **32**:177, **32**:187, **32**:*195*, **41**:277, **41**:280, **41**:*295*, **48**:148, **48**:151, **48**:156, **48**:161, **48**:*175*
Breitbart, Y. J., **32**:179, **32**:187, **32**:*195*, **32**:*196*
Breiteneder, C. J., **39**:147, **39**:150, **39**:*186*
Bremer, J. W., **21**:*86*
Bremermann, H. J., **31**:246, **31**:*319*, **36**:257, **36**:*326*, **36**:231, **36**:*250*
Brems, D. J., **36**:349, **36**:*424*
Brender, M., **12**:95, **12**:*110*
Brender, R., **12**:95, **12**:*110*
Brennan, A., **40**:95, **40**:*121*
Brennan, P. A., **9**:212, **9**:*235*
Brennan, R. D., **9**:27 (3, 8), **9**:*49*
Brenner, J. L., **3**:30, **3**:*74*
Brenner, K.-H., **28**:202, **28**:203, **28**:206, **28**:*221*, **28**:*224*, **34**:165, **34**:*229*
Brenner, N. L., **32**:4, **32**:*96*
Brent, M., **49**:12, **49**:*57*
Brent, R. P., **15**:132, **15**:133, **15**:137, **15**:138, **15**:139, **15**:175, **15**:*177*, **15**:*179*, **19**:82, **19**:106, **19**:107, **19**:*108*, **23**:22, **23**:*32*
Brenton, M., **16**:262, **16**:*328*
Breslawski, S., **44**:96, **44**:*124*
Breslow, L., **16**:142, **16**:143, **16**:144,

16:*177*
Bresnahan, T. F., **43**:188, **43**:202, **43**:208, **43**:*210*
Bresnan, J., **49**:*62*
Bressler, S. L., **42**:243, **42**:*267*
Brett, A. D., **47**:216, **47**:*248*
Breuer, M. A., **26**:258, **26**:*277*, **26**:300, **26**:303, **26**:304, **26**:314, **26**:*332*, **32**:2, **32**:8, **32**:*97*, **40**:77, **40**:*123*
Brew, C., **49**:31, **49**:*57*
Breward, R. W., **13**:*106*
Brewer, D. E., **9**:222, **9**:*234*
Brewer, E. A., **48**:122, **48**:171, **48**:174, **48**:*176*
Brewer, F., **37**:*281*
Brewer, G., **21**:3, **21**:*86*
Brewster, J. H., **26**:*277*
Brezany, P., **45**:147, **45**:*150*
Brezina, A., **47**:208, **47**:*245*
Brglez, F., **40**:73, **40**:*124*
Briabrin, V. M., **29**:*322*
Brian, D., **18**:184, **18**:222, **18**:*229*
Brian, P. L. T., **2**:40, **2**:*54*
Briand, L. C., **46**:41, **46**:43, **46**:72, **46**:*102*, **46**:210, **46**:*232*
Briand, L., **44**:100–102, **44**:*123*
Brich, Z. S., **18**:*282*
Brick, D. B., **7**:66 (6), **7**:*113*
Brickell, E., **30**:189–190, **30**:197, **30**:*218*, **30**:*221*
Bricker, T., **43**:2–3, **43**:*49*
Bridgeland, M. T., **34**:*286*
Bridges, T., **34**:149, **34**:*155*, **49**:240, **49**:250, **49**:268, **49**:*296*
Bridges, W., **41**:94, **41**:*155*
Bridle, J. S., **11**:205 (5), **11**:*222*
Briefs, U., **34**:319, **34**:324, **34**:*383*
Briem, U., **42**:174–176, **42**:218, **42**:*238*
Brierly, E. C., **35**:335, **35**:*367*
Briggs, B., **7**:189 (17), **7**:190 (17), **7**:*193*
Briggs, D. L., **5**:326 (340), **5**:*346*
Briggs, F., **34**:*153*
Briggs, F. A., **20**:176, **20**:178, **20**:*192*, **34**:136–137, **34**:*153*, **37**:322, **37**:*332*, **39**:197, **39**:*236*, **40**:129, **40**:164, **40**:169, **40**:*176*, **49**:241, **49**:257, **49**:*299*
Briggs, G. E., **11**:330, **11**:350 (135), **11**:*384*, **11**:*389*
Briggs, G. R., **4**:68, **4**:*132*

Briggs, L., **47**:77, **47**:78, **47**:*137*
Briggs, L. K., **45**:295, **45**:*320*
Brigham, G., **2**:360 (3), **2**:*366*, **3**:185, **3**:*186*
Bright, J., **20**:6, **20**:*30*
Bright, M., **48**:122, **48**:134, **48**:136, **48**:137, **48**:141, **48**:145, **48**:*176*
Bright, M. W., **32**:183, **32**:186, **32**:*196*, **48**:122, **48**:139, **48**:140, **48**:144, **48**:145, **48**:153, **48**:*176*
Briley, B. E., **26**:276, **26**:*277*
Brill, D., **32**:166, **32**:167, **32**:170, **32**:177, **32**:189, **32**:*196*, **32**:*200*
Brillouin, L., **5**:216, **5**:*226* **31**:242, **31**:*319*, **36**:*326*, **38**:254, **38**:*313*
Brinch Hansen, P., **17**:187, **17**:*217*, **20**:73, **20**:*82*, **20**:230, **20**:*257*, **21**:97, **21**:117, **21**:123, **21**:131, **21**:133, **21**:136, **21**:*150*, **22**:114, **22**:*159*
Brinck, T., **45**:292, **45**:*315*
Brinckman, H., **48**:292, **48**:*309*
Brindle, A. F., **33**:*235*
Briner, J. V., **35**:298, **35**:*319*
Bring, A., **1**:79 (73), **1**:*89*
Brinkerhoff, K., **44**:315, **44**:*329*
Brinkley, J. F., **34**:*291*, **47**:211, **47**:216, **47**:*245*
Brinkman, A. R., **36**:113, **36**:117–118, **36**:120, **36**:126, **36**:158–159, **36**:161, **36**:166–167, **36**:*194*
Brinksma, E., **29**:109, **29**:*186*, **40**:81, **40**:*121*
Briscoe, E. J., **49**:12, **49**:*57*
Briscoe, T., **49**:12, **49**:58, **49**:*66*
Bristor, C., **1**:51 (9), **1**:*86*
Britcher, R. N., **42**:45, **42**:47, **42**:*74*
Brittain, J. M., **31**:335, **31**:346, **31**:*371–372*
Broad, W. J., **21**:*86*
Broadbent, D. E., **1**:211 (27), **1**:*228*, **5**:205, **5**:*224*, **11**:173, **11**:*222*, **32**:214, **32**:*249*, **37**:411, **37**:*420*
Broadbent, G., **24**:127, **24**:*169*, **28**:2, **28**:3, **28**:*63*
Broadbent, M., **32**:214, **32**:*249*, **46**:110, **46**:117, **46**:*154*, **46**:*157*
Brobst, R. W., **38**:*190*
Brobst, S. A., **40**:189, **40**:192, **40**:227, **40**:242, **40**:*252*
Brock, E. G., **2**:158 (12), **2**:*290*

Brock, G. W., **38**:306, **38**:*313*
Brock, H. K., **23**:351, **23**:*351*
Brock, W., **49**:251, **49**:*302*
Brockus, C. G., **6**:177, **6**:179 (24), **6**:192
Broczko, P., **29**:*322*
Brodersen, R., **40**:76, **40**:*125*
Brodie, M. L., **43**:59, **43**:116, **43**:*133–134*
Brodie, N., **21**:405, **21**:*419*
Brodlie, K. W., **47**:215, **47**:*245*
Brodman, E., **21**:364, **21**:*416*
Brodsky, R., **5**:294, **5**:295 (14), **5**:296, **5**:*327*
Broedling, L. A., **31**:12, **31**:*97*
Broggi, A., **44**:198–199, **44**:*213–214*
Brogi, A., **35**:284, **35**:*319*, **46**:338, **46**:*397*
Brolio, J., **34**:*284*
Broman, M. O., **49**:12, **49**:*60*
Bromberg, H., **4**:14, **4**:15, **4**:*50*
Bromley, D. A., **33**:297, **33**:*303*
Bromley, K., **28**:214, **28**:*225*
Bronsema, G., **39**:264, **39**:*289*
Bronson, B. H., **12**:73, **12**:*110*
Bronzino, J. D., **38**:*187*
Brook, B., **12**:88 (12), **12**:89, **12**:*110*
Brook, R. H., **17**:154, **17**:*159*
Brooke, G. M., **43**:185, **43**:188, **43**:207, **43**:*210*
Brooker, R. A., **7**:138 (8), **7**:*177*, **8**:155 (6), **8**:*186*
Brookes, B. C., **31**:331, **31**:333, **31**:337, **31**:361, **31**:*372*
Brookes, H., **24**:*311*
Brookes, T. M., **49**:81, **49**:84, **49**:89, **49**:92, **49**:*93*
Brooks, A., **42**:69, **42**:*75*
Brooks, B. J., **23**:351, **23**:*351*
Brooks, B. R., **45**:116, **45**:117, **45**:*151*
Brooks, D., **22**:*43*
Brooks, D. H., **38**:*185*
Brooks, F., **35**:159, **35**:*181*, **35**:215, **35**:*252*, **39**:25, **39**:*47*, **44**:33, **44**:*55*
Brooks, F. P., **19**:270, **19**:272, **19**:273, **19**:275, **19**:276, **19**:292, **19**:*323*, **24**:37, **24**:*59*, **24**:124, **24**:*168*, **24**:363, **24**:*371*, **29**:60, **29**:*73*, **31**:*96*, **34**:1, **34**:*55*, **34**:333, **34**:*383*, **37**:171, **37**:*204*, **44**:61, **44**:93, **44**:105, **44**:*123*
Brooks, F. P., Jr., **10**:130, **10**:137, **10**:*142*, **10**:*143*, **12**:75, **12**:*111*, **20**:22, **20**:*35*, **22**:150, **22**:*159*, **49**:100, **49**:*141* **40**:67, **40**:*121*,
Brooks, H. **5**:303 (66), **5**:*330*
Brooks, J., **16**:26, **16**:*54*
Brooks, M. J., **34**:65, **34**:*109*
Brooks, R., **22**:184, **22**:*211*, **39**:27, **39**:*47–48*, **42**:25, **42**:*31*, **48**:327, **48**:331, **48**:333, **48**:336, **48**:350, **48**:*351*
Brooks, R. A., **33**:*235*, **43**:274, **43**:*278*
Brooks, R. B. S., **3**:300 (4, 5), **3**:306 (4, 5), **3**:335 (5), **3**:*343*, **9**:117 (5), **9**:119 (5), **9**:123 (5), **9**:*172*
Brooks, R. E., **22**:202, **22**:*213*, **32**:237, **32**:*250*
Brooks, Ruven, **40**:2, **40**:*4*, **40**:7, **40**:13, **40**:34, **40**:*36*
Brooks, S. R., **33**:148, **33**:149, **33**:150, **33**:*169*
Brooks, W. D., **46**:166, **46**:169, **46**:*232*
Broome, P. W., **6**:*226*
Brosey, M., **33**:144, **33**:*166*
Bross, I. D. J., **8**:155 (7), **8**:*186*, **13**:111, **13**:*167*, **17**:98, **17**:134, **17**:*159*
Brouwer, D., **3**:25, **3**:30, **3**:64, **3**:*74*
Browder, F. E., **43**:234, **43**:*240*
Brower, R. A., **11**:15 (11), **11**:*54*
Brown, A. W., **11**:41 (86), **11**:*58*, **26**:58, **26**:59, **26**:*90*, **41**:90, **41**:139, **41**:151, **41**:*155–157*, **41**:158, **41**:170, **41**:186, **41**:*188*, **41**:188, **41**:*189*, **43**:60, **43**:120, **43**:*134*
Brown, B., **5**:326 (354), **5**:*347*
Brown, C., **34**:202, **34**:*230*, **37**:*421*, **46**:126, **46**:131, **46**:*154*, **48**:223, **48**:*252*, **49**:119, **49**:*141*
Brown, C. E., **36**:351, **36**:*419*
Brown, C. M., **32**:111, **32**:125, **32**:231, **32**:*145*, **32**:*249*, **34**:60, **34**:*108*, **36**:401, **36**:*420*, **43**:251, **43**:274, **43**:*277–278*
Brown, D., **13**:*106*
Brown, D. E., **45**:191, **45**:*195*
Brown, D. T., **17**:259, **17**:*279*
Brown, F. T., **4**:234 (52), **4**:*242*
Brown, G., **17**:3, **17**:8, **17**:72, **17**:*87*
Brown, H. D., **5**:324 (291), **5**:*343* **12**:*281*
Brown, J., **5**:205, **5**:*224*
Brown, J. B., Jr., **5**:309 (195), **5**:*338*
Brown, J. C., **24**:368, **24**:*371*

Brown, J. L., **16**:5, **16**:*54*
Brown, J. R., **3**:308, **3**:*343*, **26**:417, **26**:*441*, **46**:172, **46**:218, **46**:*232*
Brown, J. S., **17**:71, **17**:76, **17**:*86*, **18**:215, **18**:218, **18**:219, **18**:220, **18**:*226*, **22**:202, **22**:203, **22**:206, **22**:*211*, **36**:192, **36**:*194*, **38**:82, **38**:85, **38**:*139*, **47**:10, **47**:35, **47**:37, **47**:*59*, **47**:77, **47**:82, **47**:*138*, **47**:*140*
Brown, L., **3**:324 (16), **3**:*344*
Brown, M., **48**:305, **48**:*310*
Brown, M. D., **33**:248, **33**:250, **33**:252, **33**:257, **33**:259, **33**:291, **33**:292, **33**:294, **33**:299, **33**:*303*, **33**:*304*
Brown, M. K., **21**:341, **21**:348, **21**:*420*
Brown, N., **44**:36, **44**:50, **44**:*55*, **44**:134, **44**:*166*, **46**:29, **46**:*30*
Brown, P. F., **49**:12, **49**:34, **49**:35, **49**:57, **49**:*58*
Brown, R., **15**:158, **15**:*176*, **15**:188, **15**:190, **15**:*235*, **33**:*233*, **49**:40, **49**:*58*
Brown, R. G., **37**:99, **37**:*116*
Brown, R. M., **19**:66, **19**:*108*, **23**:296, **23**:*351*, **34**:123, **34**:*152*, **49**:251, **49**:255, **49**:256, **49**:263, **49**:*296*
Brown, R. R., **3**:185, **3**:*187*
Brown, R. V., **31**:42, **31**:*96*
Brown, S. A., **7**:125 (9), **7**:*177*, **44**:208, **44**:*218*
Brown, T., **19**:129, **19**:*227*
Brown, W. M., **28**:190, **28**:192, **28**:*221*
Brown, W. S., **8**:53 (9, 10), **8**:58, **8**:70 (9, 10), **8**:78 (9), **8**:95 (9), **8**:97 (9), **8**:98 (9), **8**:*99*, **19**:240, **19**:*248*
Brownbridge, D. R., **34**:143, **34**:145, **34**:*156*
Browne, M., **29**:229, **29**:236, **29**:245
Browne, P. S., **16**:191, **16**:193, **16**:*216*, **42**:23, **42**:*31*
Browne, S., **35**:287, **35**:292, **35**:295, **35**:*322*
Browne, T. E., **26**:*277*
Brownell, W. A., **18**:215, **18**:*226*
Brownes, J. C., **45**:143, **45**:*152*
Browning, **26**:148
Browning, S., **19**:88, **19**:*108*
Brownlee, K. A., **47**:118, **47**:*138*
Brownlow, L. S., **44**:92, **44**:*123*
Browse, R. A., **34**:*111*, **35**:94, **35**:98, **35**:100, **35**:*132*

Broy, M., **22**:300, **22**:316, **22**:319, **22**:320, **22**:322, **22**:*350*, **22**:*353*
Brubaker, W. M., **2**:223, **2**:*292*
Bruce, B., **13**:190, **13**:*230*, **15**:232, **15**:*235*, **17**:3, **17**:8, **17**:72, **17**:*87*
Bruce, G. H., **3**:*271*
Bruce, R., **45**:292, **45**:*316*
Bruck, J., **37**:128, **37**:*162*
Bruckhaus, T. F., **46**:41, **46**:42, **46**:*104*, **46**:*106*
Bruckman, A., **45**:298, **45**:*315*
Brudno, A. L., **18**:95, **18**:*115*
Bruijing, J., **40**:81–82, **40**:*121*
Bruining, H., **2**:181 (38), **2**:182 (40), **2**:192, **2**:*291*
Bruining, N., **47**:216, **47**:227, **47**:*245*, **47**:*252*
Brule, M., **34**:172, **34**:*231*, **34**:*233*
Brunak, S., **37**:410, **37**:*420*
Bruner, J., **24**:187, **24**:*214*
Brunel, J. Y., **40**:75, **40**:*121*
Bruner, J. S., **5**:168, **5**:205, **5**:*222*, **5**:*224*, **6**:39 (9), **6**:*84*, **11**:352, **11**:*384*
Bruning, R., **18**:*170*
Bruns, H., **5**:235, **5**:*253*
Brushcow, N. W., **26**:*279*
Brutzman, D. P., **45**:290, **45**:*318*
Bryan, D. F., **33**:87, **33**:*111*
Bryan, E. A., **49**:318, **49**:330, **49**:*346*
Bryan, G. L., **4**:137 (2), **4**:*161*
Bryan, L. A., **49**:318, **49**:330, **49**:346, **49**:*347*
Bryant, A. L., **34**:*292*
Bryant, E. C., **21**:339, **21**:*419*
Bryant, R. E., **44**:352, **44**:*358*, **49**:279, **49**:*299*
Bryant, R. M., **19**:179, **19**:209, **19**:*215*
Bryden, B., **11**:214 (13), **11**:*222*
Bryman, M. R., **12**:*173*
Bryngdahl, O., **28**:172, **28**:186, **28**:*222*
Brynitz, S., **22**:218, **22**:*292*
Brynjolfsson, E., **43**:182, **43**:185, **43**:188, **43**:192, **43**:195–203, **43**:205–206, **43**:208, **43**:*210*, **43**:*212*, **46**:114, **46**:115, **46**:117, **46**:*155*, **47**:342, **47**:*365*
Bryson, A. E., **33**:*235*
Brzezinski, Z., **32**:177, **32**:191, **32**:*196*
Bubenko, J., **34**:337, **34**:*383*
Bucci, G., **40**:68, **40**:*121*, **42**:14, **42**:*31*

Buchanan, B., **13**:217, **13**:*226*, **22**:267, **22**:*293*
Buchanan, B. G., **16**:*181*, **21**:296, **21**:*330*, **22**:166, **22**:172, **22**:183, **22**:189, **22**:194, **22**:201, **22**:207, **22**:*211*, **22**:*212*, **22**:*214*, **22**:*215*, **22**:*216*, **24**:364, **24**:*371*, **26**:*44*, **38**:165, **38**:168–169, **38**:*180*, **43**:117, **43**:*134*
Buchanan, J. R., **15**:31, **15**:37, **15**:*59*, **15**:*60*, **38**:*191*
Buchanan, S., **42**:243, **42**:*267*
Buchdahl, H. A., **5**:236, **5**:*253*
Buchholz, W., **12**:*167*, **15**:163, **15**:*177*
Büchi, J. R., **2**:397, **2**:398, **2**:402, **2**:*416*, **2**:*417*, **14**:26, **14**:*42*
Buchman, A. P., **9**:247 (6), **9**:*284*, **34**:247, **34**:*285*, **39**:112, **39**:115, **39**:*186*
Buchner, M. R., **49**:304, **49**:318, **49**:*347*
Buchsbaum, A. L., **49**:39, **49**:*56*
Buchstaller, W., **22**:202, **22**:*213*
Buchwald, L. S., **42**:71, **42**:*74*
Buck, D. A., **2**:232 (68), **2**:*292*
Buck, F. O., **42**:67, **42**:*74*
Buck, J., **40**:92, **40**:*121–122*
Buckanan, B., **23**:151, **23**:167, **23**:168, **23**:*174*
Buckerfield, P. S. T., **12**:*167*
Buckingham, B. R. S., **24**:136, **24**:*169*
Buckingham, W., **20**:3, **20**:*30*
Buckland, L. F., **21**:*416*, **31**:340, **31**:*372*
Buckland, M. K., **21**:337, **21**:343, **21**:*416*, **31**:360, **31**:*372*
Buckles, B. P., **24**:290, **24**:*311*, **26**:413, **26**:*441*
Buckley, C., **24**:294, **24**:299, **24**:*317*, **24**:*318*, **30**:*36*
Buckley, E. P., **11**:357 (134), **11**:*389*
Bucy, J. F., **18**:269, **18**:*282*
Buda, A. J., **43**:244, **43**:*275*
Budd, T. A., **24**:*99*, **26**:357, **26**:360, **26**:*389*
Budde, R., **34**:300, **34**:325, **34**:370, **34**:*383*, **34**:*385*, **45**:279, **45**:*316*
Bude, R. O., **47**:205, **47**:*251*
Budet, **26**:143
Budkowski, S., **24**:156, **24**:*169*, **29**:108, **29**:*186*, **40**:80, **40**:*122*
Budlong, A. H., **26**:230, **26**:*278*
Budnik, P., **15**:149, **15**:159, **15**:161, **15**:167, **15**:*177*, **15**:*178*

Buell, D., **40**:77, **40**:103, **40**:*121*
Buell, D. A., **24**:290, **24**:292, **24**:293, **24**:295, **24**:296, **24**:297, **24**:298, **24**:305, **24**:*311*, **24**:*312*, **24**:*314*, **30**:29, **30**:*36*
Buerger, M. J., **5**:262, **5**:274, **5**:281, **5**:*285*, **5**:*286*
Buerger, P., **5**:321 (221), **5**:*339*
Buetell, T. D., **6**:8, **6**:*30*
Buetow, R. C., **46**:8, **46**:30 , **46**:54, **46**:*103*
Bugliarello, G., **31**:*372*
Buhlmeyer, K. 215, **47**:*252*
Bujosa, A., **5**:258 (9), **5**:271 (9), **5**:273 (9), **5**:*284*
Bukhres, O., **48**:151, **48**:*178*
Bukoski, W. J., **24**:341, **24**:*371*
Buleev, N. I., **1**:76 (98), **1**:*90*
Bulkeley, W. M., **47**:344, **47**:*365*
Bull, G. L., **45**:334, **45**:335, **45**:*354*
Bull, W. E., **1**:162 (4), **1**:*163*
Bullen, C. V., **39**:243, **39**:249, **39**:280, **39**:284–285, **39**:*289*, **45**:271, **45**:*315*
Bullen, R. H., Jr., **30**:18, **30**:*34*
Bullis, K., **20**:81, **20**:*82*
Bullock, A., **28**:30, **28**:*63*
Bullock, D., **33**:178, **33**:*235*
Bulmer, J. J., **5**:302 (63), **5**:*330*
Bulthoff, H., **34**:64–65, **34**:70, **34**:88, **34**:*111*
Bulut, N., **18**:*168*
Bunderson, C. V., **15**:242, **15**:*281*, **18**:189, **18**:*226*
Bundy, A., **22**:201, **22**:202, **22**:*211*
Bundy, G., **49**:192, **49**:*237*
Bundy, G. N., **49**:237, **49**:*238*
Bundy, M. L., **21**:337, **21**:*416*
Buneman, O. P., **33**:184, **33**:*244*
Bunge, C. A., **48**:275, **48**:*311*
Burch, E. L., **30**:178, **30**:*220*
Burch, J. G., **19**:266, **19**:296, **19**:297, **19**:299, **19**:*323*, **20**:13, **20**:*30*, **21**:11, **21**:*86*, **34**:298, **34**:*383*
Burck, G., **20**:10, **20**:*30*
Burdea, G. C., **32**:*147*
Burdick, J. W., **33**:191, **33**:*235*
Burge, W. H., **1**:20, **1**:*42*, **20**:244, **20**:*256*
Burger, A., **1**:53, **1**:80 (18), **1**:*83*, **1**:87
Burger, F. J., **46**:390, **46**:*397*
Burger, J., **36**:190, **36**:*194*, **49**:12, **49**:*67*

Burger, J. D., **47:***59*
Burger, J. F., **11:**173 (138), **11:***228*, **13:**177, **13:***188*, **13:***230*, **15:**40, **15:***63*
Burger, R. M., **2:**229 (65), **2:***292*
Burgess, R. D., **5:**308 (117), **5:***333*
Burghardt, F., **48:**122, **48:**171, **48:**174, **48:***176*
Buricelli, **5:**157
Burk, G., **38:***188*
Bürk, H., **44:**255, **44:**261, **44:**276, **44:***282*
Burkard, R. K., **13:***106*
Burkart, R. E., **46:**401, **46:***435*
Burke, A. W., **5:**156, **5:***222*
Burke, C., **48:**260, **48:***309*
Burke, D. J., **38:***183*
Burke, E. L., **29:**6, **29:***43*
Burke, E. R., **17:**247, **17:**248, **17:**250, **17:***282*
Burke, M., **35:***318*
Burke, R. C., **28:**230, **28:**233, **28:***275*
Burke, R. E., **32:**6, **32:***97*
Burke, R. L., **23:**8, **23:***33*
Burke, S. J., **44:**54, **44:***57*
Burkhard, W. A., **34:**180, **34:***235*
Burkhardt, H. J., **29:**168, **29:**170, **29:***186*
Burkhart, H., **46:**364, **46:***397*
Burkhres, O., **41:**288, **41:***295*
Burkowski, F. J., **30:**11, **30:***34*
Burks, A. W., **1:**232 (1), **1:***308*, **2:**380, **2:**383, **2:**384, **2:**389, **2:**391, **2:**396, **2:**402, **2:***416*, **5:**367 (16), **5:***377*, **6:**147, **6:**149, **6:**167 (8), **6:***191*, **7:**33 (7, 8), **7:***113*, **8:**193, **8:***244*, **11:**338, **11:***384*, **47:**142, **47:**147, **47:**149, **47:**150, **47:**156, **47:***180*
Burks, B. L., **43:**245, **43:**247, **43:**250–251, **43:***276*
Burla, N., **6:**155, **6:**156, **6:**157, **6:***191*, **6:***192*
Burleson, G. R., **6:**275, **6:***295*
Burlingame, J., **20:**9, **20:***30*
Burnard, L., **34:**195, **34:***230*
Burnett, D. J., **20:**85 (26), **20:***113*
Burnett, G. J., **15:**169, **15:***177*
Burnham, D., **32:**294, **32:***304*
Burns, A. J., **3:**279 (8, 9), **3:**281 (8, 9), **3:***297*, **42:**11, **42:**15, **42:***31*
Burns, C., **38:***313*, **40:**80, **40:***122*
Burns, D. H., **47:**211, **47:**216, **47:***246*, **47:***248*

Burns, J. C., **21:***86*
Burns, M. C., **3:**285 (10), **3:***297*
Burns, P. N., **47:**202, **47:**208, **47:***245*, **47:***252*
Burns, R. K., **38:**46, **38:**61, **38:***69*
Burns, S., **49:**86, **49:***92*
Burns, T. R., **39:**250, **39:***289*
Buron, R. H., **11:**195 (11, 12), **11:***222*
Burr, B. J., **29:**59, **29:***73*, **33:**134, **33:***166*
Burr, D. J., **19:**210, **19:***217*
Burr, W. E., **21:**97, **21:***152*
Burrel, G., **34:**306, **34:**319, **34:***383*, **39:**248, **39:***289*, **46:**73, **46:***103*
Burren, J., **42:**166, **42:***233*
Burridge, R., **23:**89, **23:***90*
Burris, H. R., **16:**191, **16:***216*
Burrus, C. S., **37:**63, **37:***117*
Bursky, D., **34:**208, **34:***230*
Burssens, A., **1:**217 (34), **1:***228*
Burstall, R. M., **10:**16 (4), **10:***75*, **13:**201, **13:**202, **13:***226*, **22:**300, **22:**302, **22:**333, **22:***350*, **43:**274, **43:***278*, **49:**72, **49:***92*
Burster, V. S., **6:**155, **6:***191*
Burston, A. K., **21:**95, **21:**101, **21:***151*, **21:***152*
Burtnyk, N., **16:**19, **16:**20, **16:***55*
Burton, R., **22:**202, **22:***211*, **47:**79, **47:**82, **47:***138*
Burton, R. R., **17:**71, **17:**81, **17:***86*, **18:**215, **18:**218, **18:**219, **18:**220, **18:***226*, **22:**202, **22:**203, **22:**206, **22:***211*, **47:**10, **47:**17, **47:**18, **47:**35, **47:**37, **47:***59*
Burtsev, V. S., **1:**233 (11), **1:***308*, **18:**244, **18:**245, **18:***282*, **29:**253, **29:**307, **29:**308, **29:***322*
Bury, K. F., **33:**144, **33:**159, **33:**161, **33:***166*, **36:**349, **36:***420*
Buschmann, E., **47:**290, **47:***291*
Buschmann, F., **48:**82, **48:**83, **48:***115*
Busemann, S., **47:**40, **47:***59*
Bush, G. A., **19:***62*
Bush, M., **31:**100, **31:***171*, **41:**98, **41:**117, **41:**126, **41:***156*, **42:**56, **42:***74*, **46:**44, **46:**66, **46:***107*
Bush, N. L., **47:**226, **47:***244*
Bush, R. R., **5:**129, **5:***220*
Bush, V., **10:**166, **10:***173*, **11:**60, **11:***122*, **31:**340, **31:***372*, **38:**268, **38:***313*,

48:217, 48:260, 48:*309*
Bushby, F., **1**:50 (5), **1**:59 (34), **1**:60 (36), **1**:82, **1**:83 (81), **1**:85 (81), **1**:*86*, **1**:*87*, **1**:*88*, **1**:*90*
Bushkin, A. A., **16**:304, **16**:311, **16**:*329*
Bushnell, D. D., **4**:161 (116), **4**:*168*, **11**:362, **11**:*384*
Bushnell, D. L., **5**:324 (287), **5**:*343*
Businaro, V. L., **5**:326 (370), **5**:*348*
Busing, W. R., **5**:271 (32), **5**:276, **5**:*285*
Busk, P., **19**:123, **19**:*221*
Buslik, A. J., **5**:302 (62), **5**:*330*
Buss, M. D. J., **46**:134, **46**:*154*
Bussell, B., **6**:162 (16), **6**:*191*, **7**:79 (1, 21), **7**:*113*, **7**:*114*, **9**:275 (10), **9**:*284*
Bustard, D. W., **35**:260, **35**:*324*
Buswell, D. L., **4**:37, **4**:*51*
Butcher, R. W., **31**:274, **31**:*322*
Butler, B., **21**:343, **21**:*416*
Butler, C. W., **35**:220, **35**:233, **35**:*253*, **39**:41, **39**:*48*, **47**:22, **47**:23, **47**:*59*
Butler, G. A., **19**:179, **19**:*217*
Butler, J. J., **12**:*410*, **35**:307, **35**:314–315, **35**:*319*
Butler, K. A., **36**:*420*, **38**:*184*
Butler, M., **5**:295 (20), **5**:297 (31), **5**:369 (20), **5**:324 (31), **5**:*327*, **5**:*328*
Butler, R. W., **41**:216, **41**:225, **41**:*228*, **42**:112, **42**:*116*
Butler, S., **32**:247, **32**:*252*
Butler, S. A., **32**:228, **32**:*249*
Butler Cox Foundation, **46**:148, **46**:*154*
Butner, S. E., **26**:219, **26**:220, **26**:*278*, **32**:*148*
Butrico, M., **39**:230, **39**:*235*
Button, G., **45**:280, **45**:313, **45**:*315*
Buurman, P., **40**:96, **40**:*123*
Buxton, J. L., **19**:121, **19**:*228*
Buxton, J. M., **18**:232, **18**:*282*
Buxton, W., **32**:231, **32**:*252*, **45**:289, **45**:*316*, **45**:*319*
Buxton, W. A. S., **36**:*418*
Buzin, A., **29**:*322*
Bykov, R. E., **12**:404, **12**:*412*
Bykov, V., **1**:83 (83), **1**:85 (94), **1**:86 (94), **1**:*90*
Byl, J., **47**:153, **47**:156, **47**:179, **47**:*180*
Bylander, T., **29**:181, **29**:*186*, **38**:80, **38**:83, **38**:*138*

Byrd, D. A., **12**:107, **12**:*111*, **36**:121–122, **36**:124, **36**:*194*, **36**:*201*
Byrd, L., **22**:201, **22**:202, **22**:*211*
Byrd, R. J., **49**:12, **49**:*58*
Byrne, R., **18**:*115*
Byrnes, C. J., **12**:*167*
Byrnes, P., **46**:3, **46**:14, **46**:*30*

C

Cabins, L., **39**:*289*
Cabral, B., **47**:227, **47**:*245*
Caceres, C. A., **16**:173, **16**:*177*
CACI., Inc., **35**:304, **35**:*319*
Cacuci, D. G., **33**:217, **33**:218, **33**:*234*, **33**:*235*
Cadden, W. J., **2**:390, **2**:*417*
Cade, J. F., **38**:*185*
Cadence, **40**:92, **40**:*122*
Cader, M., **38**:*187*
Cadwell, W. R., **5**:311 (126), **5**:313 (151, 156, 157, 159), **5**:316 (126, 151), **5**:317 (156, 157), **5**:318 (126, 151, 157, 159), **5**:*333*, **5**:*335*
Caelen, **47**:46, **47**:*59*
Caelli, T., **19**:123, **19**:*223*
Caerts, C., **40**:*122*
Cagan, M. R., **41**:165, **41**:171, **41**:*189*
Cagnoni, S., **38**:*181–182*, **38**:*189*
Cahay, M. M., **49**:284, **49**:285, **49**:286, **49**:290, **49**:*295*
Cahlander, D., **18**:73, **18**:*115*
Cahn, A., **1**:71 (56), **1**:*88*
Caianiello, E. R., **5**:119, **5**:198, **5**:*219*
Cailliau, R., **48**:*217*
Cain, E., **42**:166, **42**:*234*
Cain, J. T., **21**:346, **21**:*416*, **24**:334, **24**:*371*
Cain, R. A., **32**:111, **32**:*145*, **34**:269, **34**:*284*
Caine, S. H., **20**:221, **20**:*256*, **22**:132, **22**:*159*
Cainiello, E. R., **33**:174, **33**:175, **33**:*235*
Cairns, J. L., **5**:313 (155), **5**:*335*
Cajal, S., **33**:179, **33**:181, **33**:*235*
Cakiroglu, A., **10**:257 (3), **10**:*273*
Calabria, J. A., **28**:163, **28**:*221*
Calame, G. P., **5**:302 (59), **5**:*329*
Calder, K. E., **35**:329, **35**:*368*

Caldiera, **44**:63, **44**:68, **44**:75–76, **44**:120, **44**:*123*
Caldiera, G., **41**:14–16, **41**:19, **41**:47, **41**:57, **41**:*59*, **41**:67, **41**:73, **41**:78, **41**:*82*, **46**:40, **46**:41, **46**:42, **46**:43, **46**:50, **46**:55, **46**:65, **46**:72, **46**:73, **46**:77, **46**:92, **46**:*102*, **46**:*104*, **46**:221, **46**:*232*
Caldwell, B., **47**:344, **47**:*365*
Caldwell, D. O., **6**:*296*
Caldwell, N. W., **21**:339, **21**:*419*
Caldwell, S., **2**:384, **2**:388, **2**:*417*
Caldwell, W. M., **41**:*188*
Calhoun, B. A., **17**:242, **17**:*280*
Calhoun, D. W., **19**:118, **19**:182, **19**:*216*
Califano, A., **34**:98, **34**:*108*
Calk, J., **21**:337, **21**:*416*
Callaghan, J. B., **5**:301 (53), **5**:308 (108), **5**:326 (348), **5**:*329*, **5**:*332*, **5**:*346*
Callahan, D., **35**:272, **35**:275, **35**:*320*
Callegari, L., **36**:175, **36**:*193*
Callender, E. D., **8**:53 (2), **8**:*99*
Callier, F. M., **23**:249, **23**:*251*
Callon, R., **44**:228, **44**:*280*
Calucci, E., **9**:7 (1), **9**:*20*
Calvert, K. L., **29**:159, **29**:160, **29**:*186*, **42**:129, **42**:131, **42**:190, **42**:*234*
Calvert, T. W., **19**:121, **19**:*217*
Calzolari, N., **49**:12, **49**:*58*
Cam, N., **47**:227, **47**:*245*
Camarinopoulos, L., **45**:214, **45**:*264*
Cambrosio, A., **40**:195, **40**:*250*
Cameron, A., **35**:84, **35**:104, **35**:107, **35**:120, **35**:*132*
Cameron, J., **35**:146, **35**:*181*
Cameron, R. J., **4**:*239*
Cameron, S. H., **5**:142, **5**:*221*, **31**:241, **31**:*324*, **32**:8, **37**:377, **37**:*425*
Cameron, W. J., **31**:329, **31**:338, **31**:*372*
Camhi, J. M., **42**:243, **42**:*267*
Camilleri, L., **36**:*194*
Cammarata, S., **46**:409, **46**:*435*
Camp, M., **2**:235, **2**:*293*
Camp, R. C., **41**:*155*
Campagna, D. S., **36**:235, **36**:*252*
Campanai, M., **42**:14, **42**:*31*
Campbell, A. B., **22**:172, **22**:202, **22**:*215*
Campbell, B., **16**:*180*
Campbell, C. M., **22**:*103*
Campbell, D. T., **16**:246, **16**:271, **16**:319, **16**:*329*, **36**:352, **36**:*421*
Campbell, H., **18**:*282*, **29**:253, **29**:*323*
Campbell, I. E., **2**:172 (26), **2**:203 (53), **2**:204 (55) **2**:215 (55), **2**:218 (26), **2**:*290*, **2**:*292*
Campbell, J., **41**:206, **41**:*228*
Campbell, J. O., **18**:203, **18**:*225*
Campbell, M., **29**:212, **29**:227, **29**:229, **29**:235, **29**:236, **29**:245, **29**:*248*, **29**:*249*, **37**:173, **37**:*204*
Campbell, R., **36**:394–395, **36**:*424*
Campbell, R. H., **39**:197, **39**:*236*
Campbell, R. J., **28**:168, **28**:*226*
Campbell, R. L., **29**:48, **29**:59, **29**:63, **29**:66, **29**:67, **29**:*73*, **32**:248, **32**:*250*, **36**:*420*, **47**:*138*
Campbell, S., **47**:215, **47**:*253*
Campi, A. V., **12**:*167*
Campion, L. E., **4**:158 (98), **4**:*167*
Campise, A. V., **5**:309 (193), **5**:323 (260), **5**:*337*, **5**:*341*
Camposano, R., **37**:255, **37**:276, **37**:*281–283*
Camurati, P., **40**:80, **40**:*122*
Canada, J. R., **46**:134, **46**:*154*
Canaday, R. H., **9**:202, **9**:*234*, **13**:223, **13**:*226*, **19**:*60*
Canady, L. D., **38**:*191*
Candelore, N. R., **5**:302 (64), **5**:*330*
Candler, W., **2**:*371*
Canelo, E. K., **16**:142, **16**:*177*
Canetti, R., **48**:237, **48**:*253*
Canfield, E. H., **5**:301 (49), **5**:309 (176), **5**:*329*, **5**:*336*
Canning, R. G., **4**:2, **4**:19, **4**:*49*, **4**:*51*, **20**:7, **20**:9, **20**:14, **20**:25, **20**:*30*, **34**:297, **34**:*383*
Cannon, D. L., **21**:160, **21**:*223*
Cannon, G. H., **16**:*178*
Cant, J., **49**:36, **49**:57, **49**:*68*
Cantone, G., **46**:72, **46**:73, **46**:77, **46**:*102*, **46**:221, **46**:*232*
Cantoni, V., **44**:198, **44**:*213*, **49**:241, **49**:254, **49**:256, **49**:266, **49**:267, **49**:295, **49**:*296*
Cantor, D. C., **7**:141 (10), **7**:*177*
Cantor, D. G., **26**:164, **26**:*197*
Cantrell, H. N., **4**:15, **4**:21 (55), **4**:*51*
Cantwell, R. M., **5**:321 (222, 223, 224), **5**:325 (332), **5**:*339*, **5**:*345*

Cao, L., **48**:297, **48**:*311*
Cao, Q., **47**:215, **47**:*250*
Cao, Q.-L., **47**:215, **47**:233, **47**:*247*, **47**:*252*
Capla, V. P., **5**:24, **5**:*105*
Cappello, P. R., **38**:201, **38**:*245*
Capuano, R., **2**:64 (6.5), **2**:*125*
Caracciolo di Forino, A., **9**:108, **9**:*110*
Caranci, S., **44**:208, **44**:*218*
Carbato, F., **11**:345 (16), **11**:*384*
Carbonel, M., **11**:232, **11**:*317*
Carbonell, J., **33**:*241*, **47**:3, **47**:*59*, **48**:263, **48**:*311*, **49**:2, **49**:5, **49**:20, **49**:24, **49**:39, **49**:58, **49**:*64*
Carbonell, J. G., **47**:90, **47**:*138*, **47**:*139*, **49**:5, **49**:7, **49**:24, **49**:42, **49**:*58*
Card, D. N., **38**:*182*, **42**:72, **42**:*75*, **39**:84, **39**:95, **39**:*104*, **41**:90, **41**:*155*, **44**:136, **44**:*166*, **46**:209, **46**:*232*
Card, S. K., **29**:48, **29**:55, **29**:58, **29**:59, **29**:62, **29**:66, **29**:68, **29**:71, **29**:*73*, **29**:*75*, **32**:223, **32**:224, **32**:225, **32**:241, **32**:248, **32**:*249*, **32**:*251*, **33**:132, **33**:134, **33**:153, **33**:155, **33**:158, **33**:162, **33**:*166*, **33**:*167*, **36**:372, **36**:*420*, **40**:196, **40**:*250*, **45**:302, **45**:*320*, **48**:267, **48**:*313*
Card, W., **16**:140, **16**:141, **16**:*180*
Cardazo, L., **47**:216, **47**:*244*
Cardelli, L., **35**:142–143, **35**:*181*, **43**:112, **43**:*134*
Cardenas, A. F., **16**:79, **16**:*122*, **28**:*147*, **32**:177, **32**:189, **32**:*196*, **34**:249, **34**:255, **34**:264, **34**:*285*, **34**:*287–289*
Cárdenas, S., **36**:92, **36**:100, **36**:*108–109*
Cárdenas-García, S., **36**:100, **36**:*108*
Cardinal, H. N., **47**:216, **47**:*252*
Carey, M., **35**:144, **35**:*181*, **39**:115, **39**:*187*, **48**:161, **48**:*175*
Carey, R., **17**:225, **17**:*280*
Carey, T., **47**:13, **47**:46, **47**:53, **47**:54, **47**:*64*
Carhart, R. E., **22**:173, **22**:201, **22**:*211*
Carino, F., Jr., **32**:177, **32**:193, **32**:*196*
Carlbom, I., **22**:202, **22**:*212*
Carleman, T., **2**:81, **2**:*130*
Carletta, J., **49**:47, **49**:*58*
Carley, L. R., **43**:247, **43**:249, **43**:*276*
Carlin, F., **20**:7, **20**:*30*
Carlisle, J. H., **16**:213, **16**:*216*, **29**:54, **29**:*73*, **31**:14, **31**:*96*, **35**:226, **35**:229, **35**:*252*
Carlos, W., **12**:78, **12**:*111*
Carlotto, M., **28**:154, **28**:*225*
Carlson, B. G., **5**:304 (76), **5**:319, **5**:322 (244, 247), **5**:323 (243), **5**:*330*, **5**:*340*
Carlson, E. D., **20**:16, **20**:28, **20**:*30*, **26**:3, **26**:7, **26**:8, **26**:42, **26**:*45*
Carlson, G. E., **37**:65, **37**:74, **37**:*116*
Carlson, J., **34**:303, **34**:*383*
Carlson, S., **40**:82, **40**:114, **40**:*122*
Carlson, W. M., **46**:119, **46**:124, **46**:146, **46**:*154*
Carlsson, C., **28**:*103*, **39**:274, **39**:*289*
Carmichael, B. M. **5**:323 (264), **5**:*342*
Carmody, F., **23**:280, **23**:*287*
Carmody, S., **10**:164 (5), **10**:*173*
Carmon, J. L., **11**:370 (17), **11**:372 (17), **11**:*384*
Carmone, F. J., **19**:122, **19**:*220*
Carmony, L., **38**:*184*, **38**:*194*
Carnahan, B., **4**:147 (53), **4**:148 (57, 58), **4**:*164*
Carnap, R., **6**:38 (10), **6**:*84*, **17**:5, **17**:15, **17**:*86*, **31**:328, **31**:*372*
Carnevale, F. A., **38**:*183*, **38**:*185–186*, **38**:*192*
Carney, D. J., **41**:*157*, **41**:186, **41**:*188–189*
Carney, R. N., **45**:349, **45**:*354*
Caro, R., **21**:4, **21**:*86*
Carpentar, G. A., **33**:180, **33**:181, **33**:183, **33**:184, **33**:*236*
Carpenter, C. L., **19**:206, **19**:*217*
Carpenter, G. A., **36**:228, **36**:231, **36**:*250*, **37**:*162*, **44**:277, **44**:*283*
Carpenter, L., **33**:265, **33**:*304*, **47**:227, **47**:*246*
Carpenter, R. J., **20**:85 (56), **20**:*114*
Carpenter, W. J., **19**:196, **19**:206, **19**:*227*
Carpenter, W. T., **19**:206, **19**:*217*
Carpentier, J., **2**:364, **2**:*367*
Carr, B., **18**:217, **18**:*227*
Carr, C. S., **17**:203, **17**:*216*
Carr, E., **9**:10 (8), **9**:*21*
Carr, H. M., **15**:158, **15**:*179*, **20**:*197*
Carr, J. W., III., **5**:24 (4), **5**:*105*
Carr, J. W., **12**:*167*
Carr, L., **48**:293, **48**:*311*
Carr, M. J., **44**:23, **44**:50, **44**:*55*, **44**:*57*

Carr, P. H., **2**:140, **2**:*289*
Carré, B., **43**:32, **43**:*46*
Carrel, D., **48**:238, **48**:*253*
Carreras, F., **36**:*194*
Carrico, B., **42**:125, **42**:*235*
Carriero, N., **35**:274, **35**:282–283, **35**:*318–321*, **39**:201, **39**:*235*, **46**:333, **46**:338, **46**:340, **46**:*396*, **46**:*397*, **49**:271, **49**:*296*
Carrington, J., **16**:*177*
Carrol, J. M., **33**:120, **33**:*167*
Carroll, A. B., **7**:25 (9), **7**:*113*
Carroll, B. A., **47**:216, **47**:*253*
Carroll, B. D., **31**:210, **31**:*232*
Carroll, C. W., **3**:185, **3**:*187*
Carroll, D. C., **11**:*384*, **34**:341, **34**:*383*
Carroll, J., **36**:*423*
Carroll, J. D., **19**:122, **19**:*217*, **19**:*222*, **19**:*226*
Carroll, J. M., **12**:29 (2), **12**:33, **12**:*35*, **16**:240, **16**:295, **16**:*329*, **29**:48, **29**:50, **29**:52, **29**:56, **29**:57, **29**:59, **29**:61, **29**:62, **29**:63, **29**:64, **29**:66, **29**:67, **29**:*73*, **29**:*74*, **32**:229, **32**:248, **32**:*250*, **36**:352, **36**:373, **36**:381, **36**:388, **36**:408, **36**:*420*, **47**:*138*
Carroll, Lewis, **3**:309, **3**:*344*
Carson, D., **5**:324 (302), **5**:*344*
Carson, J. H., **17**:164, **17**:*218*
Carson, P. L., **47**:205, **47**:216, **47**:227, **47**:*245*, **47**:*250*, **47**:*251*
Carsten, R. T., **17**:207, **17**:*216*
Carswell, J. L., Jr., **35**:35–36, **35**:*78*
Carter, C. F., **6**:34, **6**:*84*
Carter, F. L., **31**:292, **31**:295, **31**:*319*
Carter, H. P., **5**:325 (327), **5**:*345*
Carter, J. B., **35**:273, **35**:278, **35**:*319*
Carter, J. L., **22**:91, **22**:94, **22**:95, **22**:*107*, **30**:194, **30**:*222*
Carter, J. R., **36**:231, **36**:*254*, **39**:207, **39**:216, **39**:*236*
Carter, K., **45**:289, **45**:*316*
Carter, M., **45**:279, **45**:295, **45**:*319*
Carter, W. C., **24**:103, **24**:124, **24**:125, **24**:131, **24**:134, **24**:*169*, **24**:*172*, **26**:276, **26**:*278*, **31**:204–205, **31**:207–208, **31**:229, **31**:*231*
Cartwright, D. P., **11**:350, **11**:351, **11**:*383*
Cartwright, R., **26**:383, **26**:*389*
Carty, A., **44**:13, **44**:16, **44**:36–37, **44**:41, **44**:*56*
Carvey, P. P., **34**:140, **34**:*156*
Carzo, R., **21**:33, **21**:*86*
Carzo, R., Jr., **11**:*384*
Casacuberta, F., **49**:*64*
Casaday, G., **36**:*424*
Casale, C. T., **4**:284 (25), **4**:*303*
Casaletto, J., **15**:79, **15**:*117*
Casanova, M. A., **32**:165, **32**:172, **32**:*196*
Casasent, D., **28**:154, **28**:194, **28**:198, **28**:206, **28**:213, **28**:219, **28**:*222*, **28**:*225*
Casavant, A., **37**:276, **37**:*282*
Casdagli, M., **33**:*236*
Case, B., **41**:239, **41**:*252*
Case, J. D., **47**:*180*, **48**:241, **48**:*252*
Case, K. M., **5**:299 (41), **5**:*328*
Case, R. P., **24**:116, **24**:*169*
Case, S. K., **28**:186, **28**:*222*
Caselli, S., **45**:6, **45**:13, **45**:*50*
Casels, J. W. S., **10**:98, **10**:*106*
Casey, R., **10**:205, **10**:208, **10**:*216*
Casey, R. G., **16**:205, **16**:*216*, **19**:162, **19**:*217*
Casey, R. S., **31**:340, **31**:*372*
Casey, T. A., **29**:41, **29**:*43*
Casey, T. M., **42**:243, **42**:*267*
Cash, J., **39**:242, **39**:*289*, **43**:207, **43**:*209*
Cashwell, L. F., **31**:8, **31**:*97*
Caskey, C. I., **47**:216, **47**:*247*
Casoria, A., **42**:166, **42**:*234*
Caspersson, T. O., **12**:401, **12**:*410*
Caspi, P., **42**:15, **42**:*32*
Cass, D. E., **42**:128, **42**:145, **42**:183, **42**:*238*
Cass, J. L., **12**:*167*
Cass, T., **34**:64–65, **34**:70, **34**:88, **34**:*111*
Cassandras, C., **49**:340, **49**:*347*
Cassandras, C. G., **33**:73, **33**:*111*
Cassaniga, T., **47**:40, **47**:*58*
Cassels, J. W. S., **9**:115, **9**:*172*
Cassidy, L. M., **5**:326 (352), **5**:*346*
Castan, M., **44**:197, **44**:*213*
Castanet, R., **29**:99, **29**:*186*
Castanie, F., **26**:*90*, **26**:*92*
Castano, M. A., **49**:*64*
Castellani, S., **46**:352, **46**:356, **46**:*398*
Castelli, E., **34**:*284*
Castellon, I., **49**:12, **49**:*58*
Castillo, X., **26**:220, **26**:*278*

Castlemann, P. A., **16**:132, **16**:153, **16**:*177*
Castricci, P., **9**:220 (1), **9**:*234*
Casucci, M., **41**:95, **41**:*155*
Casulli, V., **33**:*236*
Caswell, D., **39**:96, **39**:*104*
Catalano, J., **11**:*390*
Catanzaro, B., **46**:305, **46**:*326*
Catchpole, A. R., **2**:353 (20), **2**:356 (20), **2**:*367*
Cate, H., **35**:*181*
Cathey, W. T., **34**:165, **34**:*229*
Catkan, N. A., **45**:201, **45**:214, **45**:*266*
Catlin, A. C., **46**:405, **46**:*436*, **46**:*438*
Catt, I., **9**:228, **9**:*234*
Cattell, R. B., **28**:235, **28**:*275*
Cattell, R. G., **21**:94, **21**:95, **21**:116, **21**:117, **21**:118, **21**:120, **21**:*150*, **21**:*151*
Catterall, B. J., **36**:360, **36**:*420*
Cau, A. L. C., **12**:*35*
Caudill, M., **47**:22, **47**:23, **47**:*59*
Caulfield, H. J., **28**:154, **28**:158, **28**:172, **28**:173, **28**:173–174, **28**:174, **28**:175, **28**:186, **28**:187, **28**:214, **28**:216, **28**:218, **28**:*221*, **28**:*222*, **28**:*223*, **28**:*225*, **28**:226, **34**:165, **34**:*229*
Cavalli-Sforza, L. L., **19**:162, **19**:*218*
Cavallo, R. E., **36**:305, **36**:*326*
Cavara, L., **11**:102, **11**:*124*
Cavaye, D. M., **47**:227, **47**:*245*
Cave, M., **18**:235, **18**:*282*
Cave, W. C., **19**:261, **19**:276, **19**:*323*
Caviness, J. S., **8**:60 (21), **8**:65 (21), **8**:78 (21), **8**:97 (21), **8**:*100*
Cay, S., **49**:194, **49**:217, **49**:*238*
CCITT., **42**:133, **42**:*234*
Cecala, A., **36**:360, **36**:370, **36**:*422*
Ceccato, S., **1**:135 (82), **1**:*141*, **11**:16 (23), **11**:37, **11**:*55*
Ceceli, F., **29**:*185*
Cecil, J. L., **43**:207, **43**:*210*
Cegelski, W., **5**:312 (137), **5**:313 (137), **5**:*334*
Cei, U., **49**:256, **49**:*295*
Celce-Murcia, M., **13**:189, **13**:*226*
Celentano, A., **40**:189, **40**:*250*, **49**:146, **49**:*188*
Censier, L. M., **40**:136–137, **40**:*176*
Center for Development of Advanced Computing, **44**:186, **44**:*213*
Ceram, C. W., **16**:6, **16**:*54*
Cercone, N., **47**:18, **47**:41, **47**:*59*
Cerf, V. G., **17**:203, **17**:*216*, **21**:228, **21**:*272*, **42**:128, **42**:131–133, **42**:136–138, **42**:166, **42**:*234*
Ceri, S., **32**:151, **32**:154, **32**:164, **32**:166, **32**:172, **32**:*196*, **35**:2–3, **35**:7, **35**:9, **35**:18, **35**:20, **35**:24, **35**:30, **35**:36, **35**:*78*, **38**:46, **38**:*69*, **39**:111, **39**:146, **39**:151, **39**:*186*, **41**:281, **41**:*295*
Cerniglia, C. M., **29**:2, **29**:*45*
Cernuschi, B., **37**:*162*
Cerny, E., **26**:329, **26**:*332*, **29**:167, **29**:*192*
Cerutti, E., **10**:100 (9), **10**:*107*
Cervilla, J. R., **38**:*184*
Cesari, L., **5**:306, **5**:*331*
Cha, S. S., **42**:20, **42**:*32*, **42**:*34*, **43**:41, **43**:*48*
Chaabouni, M., **39**:112, **39**:*187*
Chaar, J. K., **42**:*75*, **46**:177, **46**:209, **46**:*232*
Chachra, V., **21**:357, **21**:359, **21**:*421*
Chae, S.-I., **34**:170, **34**:*230*
Chafe, C., **36**:123, **36**:*194*
Chaffee, E., **34**:338, **34**:*383*
Chaffee, N. F., **16**:150, **16**:*178*
Chaiken, D., **46**:314, **46**:*326*, **49**:249, **49**:270, **49**:*295*
Chaitin, G. J., **28**:229, **28**:*275*, **36**:260, **36**:*326*
Chakrabarti, A., **43**:188, **43**:*209*
Chakrabarti, K. K., **32**:6, **32**:*97*
Chakrabarti, S., **45**:143, **45**:147, **45**:150, **45**:*153*
Chakravarthy, S., **39**:111–112, **39**:114–115, **39**:*186*, **39**:*188–189*
Chakravarthy, U., **39**:112, **39**:115, **39**:*186*
Chalmers, L., **16**:132, **16**:*180*
Chalupa, V., **35**:97, **35**:*132*
Chamberlain, D. D., **21**:226, **21**:233, **21**:*272*, **26**:17, **26**:*43*, **28**:*147*, **33**:143, **33**:*169*
Chamberlin, G. P., **6**:162, **6**:*191*
Chambers, F. W., **5**:259, **5**:*284*
Chambers, J., **24**:342, **24**:*371*
Chambers, J. M., **46**:222, **46**:*232*
Champagne, R., **43**:84–85, **43**:119, **43**:*135*

Champine, G. A., **19**:279, **19**:*323*, **28**:113, **28**:115, **28**:*147*
Champy, J., **39**:256, **39**:*290*, **43**:198, **43**:207, **43**:*210*, **43**:*212*, **46**:44, **46**:45, **46**:*103*, **46**:*104*
Chan, C. F., **40**:74, **40**:*124*
Chan, F. K., **24**:292, **24**:*312*
Chan, H., **47**:211, **47**:*245*
Chan, K. C. C., **38**:*187*
Chan, P. K., **40**:102, **40**:*122*
Chan, P. Y., **30**:163, **30**:*169*
Chan, W., **49**:86, **49**:*92*
Chand, S., **49**:340, **49**:*347*
Chander, I., **49**:24, **49**:40, **49**:*62*
Chandersekaran, C. S., **30**:178, **30**:*220*, **32**:25, **32**:*96*
Chandra, A. K., **26**:105, **26**:*149*, **26**:*150*, **44**:346, **44**:352, **44**:*358*
Chandra, A. N., **16**:201, **16**:202, **16**:*216*
Chandra, T., **32**:124, **32**:*145*
Chandran, K. B., **47**:215, **47**:*250*
Chandran, S., **35**:*321*
Chandrasekaran, B., **12**:351, **12**:364, **12**:*409*, **12**:*411*, **13**:171, **13**:218, **13**:220, **13**:*226*, **13**:*227*, **13**:*228*, **15**:191, **15**:*235*, **16**:26, **16**:28, **16**:44, **16**:*54*, **22**:202, **22**:*211*, **22**:222, **22**:223, **22**:225, **22**:226, **22**:227, **22**:236, **22**:242, **22**:250, **22**:253, **22**:259, **22**:268, **22**:271, **22**:275, **22**:277, **22**:285, **22**:289, **22**:*292*, **22**:*293*, **38**:77, **38**:80–81, **38**:84, **38**:89–91, **38**:93–95, **38**:101, **38**:*102*, **38**:*106–107*, **38**:112, **38**:114–116, **38**:118–124, **38**:127, **38**:132, **38**:*138–143*
Chandrasekaran, K., **47**:215, **47**:*249*
Chandrasekhar, S., **5**:321 (232), **5**:*340*, **10**:84, **10**:*107*
Chandy, K. M., **12**:*167*, **17**:206, **17**:*216*, **20**:180, **20**:*194*, **33**:86, **33**:101, **33**:102, **33**:*111*, **33**:*113*, **35**:302, **35**:310, **35**:*320*, **46**:361, **46**:*398*
Chandy, M., **49**:241, **49**:296, **49**:*297*
Chaney, E. L., **47**:215, **47**:*246*
Chaney, W. I. D., **47**:*338*
Chang, A., **40**:192, **40**:223, **40**:239, **40**:*250*

Chang, C., **45**:133, **45**:*150*, **45**:*152*
Chang, C. A., **26**:17, **26**:*43*
Chang, C. K., **29**:91, **29**:*187*
Chang, C.-L., **13**:175, **13**:196, **13**:*226*, **15**:31, **15**:32, **15**:33, **15**:*60*, **15**:*61*, **19**:122, **19**:154, **19**:*217*, **19**:*227*
Chang, C. M., **47**:226, **47**:*245*
Chang, D. B., **15**:170, **15**:*177*, **31**:296, **31**:309, **31**:*321*
Chang, E., **16**:149, **16**:207, **16**:*177*, **16**:*216*, **34**:*287*, **47**:300, **47**:302, **47**:319, **47**:325, **47**:*339*
Chang, F. M., **47**:216, **47**:*249*
Chang, H., **17**:224, **17**:225, **17**:235, **17**:240, **17**:242, **17**:243, **17**:251, **17**:253, **17**:256, **17**:261, **17**:262, **17**:275, **17**:276, **17**:277, **17**:278, **17**:*280*, **17**:*281*, **17**:*282*, **19**:*60*, **28**:*149*, **44**:88–89, **44**:*123*
Chang, H. Y., **26**:258, **26**:259, **26**:*278*
Chang, J., **42**:129, **42**:190, **42**:*234*
Chang, J. S., **49**:34, **49**:58, **49**:*67*
Chang, J. Y., **38**:*191*
Chang, L.-C., **44**:189, **44**:*216*
Chang, N. S., **34**:251, **34**:*284*
Chang, P. H., **33**:*236*
Chang, P. P., **41**:245, **41**:*252*
Chang, P. Y., **21**:230, **21**:*273*
Chang, R.-C., **38**:*187*
Chang, S., **35**:*321*
Chang, S.-F., **47**:300, **47**:304, **47**:326, **47**:332, **47**:333, **47**:*338*, **47**:*339*, **47**:*340*
Chang, S. K., **34**:250, **34**:280–282, **34**:*284–285*, **34**:*288–289*, **34**:*291*, **40**:192, **40**:243, **40**:*250*
Chang, S. L., **20**:191, **20**:*192*
Chang, S. R., **16**:210, **16**:*216*
Chang, S. S. L., **23**:342, **23**:*351*
Chang, W., **39**:115, **39**:*187*
Chang, Y., **16**:71, **16**:74, **16**:101, **16**:102, **16**:*122*, **16**:*124*, **44**:317, **44**:*328*
Chansler, R. J., Jr., **19**:107, **19**:*109*
Chao, C.-W., **42**:79, **42**:114, **42**:*116*
Chao, H., **44**:303–304, **44**:308, **44**:*328–329*
Chao, Y. R., **11**:15 (12), **11**:*54*
Chapanis, A., **29**:51, **29**:*74*, **33**:149, **33**:*167*, **33**:*168*, **36**:336–340, **36**:342–343, **36**:358, **36**:*420*

Chapin, J., **49**:242, **49**:249, **49**:250, **49**:270, **49**:*299*
Chapin, N., **12**:*167*, **20**:7, **20**:*30*, **39**:2–3, **39**:*47*, **4**:2, **4**:*49*
Chapin, P. G., **11**:173 (164), **11**:*229*
Chapman, A., **44**:315, **44**:*329*
Chapman, B. M., **35**:*324*, **46**:365, **46**:*397*, **45**:146, **45**:*153*
Chapman, D. W., **17**:242, **17**:*281*, **38**:79, **38**:*139*, **48**:332, **48**:*350*
Chapman, G. H., **23**:8, **23**:*33*
Chapman, R. L., **12**:*167*
Charachorloo, K., **40**:161, **40**:168, **40**:*177*
Charasch, E., **1**:79 (73), **1**:*89*
Charbonnier, F. M., **2**:158 (12, 13), **2**:*290*
Charette, R. N., **36**:100, **36**:*108*, **40**:41, **40**:*63*, **42**:19, **42**:*32*, **44**:1, **44**:3–4, **44**:9–16, **44**:19–21, **44**:23, **44**:28–29, **44**:32–34, **44**:36–38, **44**:40–41, **44**:45–46, **44**:49, **44**:51–54, **44**:*55–56*, **46**:143, **46**:*154*
Chari, V., **29**:108, **29**:*185*, **29**:*187*
Charkviani, C., **5**:124 (24), **5**:*219*
Charlu, D., **49**:272, **49**:*301*
Charnes, A., **2**:321 (133), **2**:322, **2**:*367*, **2**:*373*, **12**:48 (4), **12**:*71*
Charney, D., **36**:240, **36**:*252*
Charney, J., **1**:51, **1**:52, **1**:59 (25, 33), **1**:60 (33, 37, 38), **1**:61 (25), **1**:65 (13), **1**:68, **1**:77 (25), **1**:83 (38), **1**:85 (91), **1**:86 (91), **1**:*87*, **1**:*88*, **1**:*90*
Charniak, E., **15**:4, **15**:6, **15**:*63*, **17**:98, **17**:*159*, **24**:244, **24**:*274*, **26**:*43*, **28**:53, **28**:*63*, **47**:20, **47**:59, **47**:84, **47**:95, **47**:*140*, **49**:35, **49**:*58*
Charny, A., **44**:*328*
Charp, S., **15**:241, **15**:*282*, **24**:338, **24**:*371*
Charpak, G., **6**:290, **6**:*296*
Chartrand, R. L., **9**:118 (12), **9**:*172*, **31**:*372*
Chase, J. S., **35**:276, **35**:*320*, **39**:197, **39**:*236*
Chase, S., **34**:336, **34**:*383*
Chase, W. C., **29**:56–57, **29**:*74*
Chase, W. G., **18**:109, **18**:*117*
Chatelain, C., **40**:139, **40**:*176*
Chater, N., **37**:414, **37**:*420*
Chattor, F., **37**:280, **37**:*283*

Chaturvedi, A., **47**:344, **47**:*365*
Chaudhury, A., **47**:344, **47**:*365*
Chaum, D., **30**:196, **30**:204, **30**:*218*
Chaum, D. L., **22**:100, **22**:*103*, **44**:249, **44**:254, **44**:*281*
Chausmer, A. B., **38**:*187*
Chauvin, Y., **36**:228, **36**:*250*
Chazal, C. B., **18**:215, **18**:*226*
Chazan, D., **19**:104, **19**:*108*, **33**:*236*
Che, H., **16**:71, **16**:*122*
Cheatham, T. E., **12**:225 (6), **12**:238 (6), **12**:239 (6), **12**:*283*, **26**:386, **26**:*389*, **37**:22, **37**:*55*
Cheatham, T. E., Jr., **7**:163 (11), **7**:*177*, **14**:*75*
Checkland, P., **34**:296, **34**:302, **34**:319, **34**:322, **34**:327, **34**:331, **34**:350–351, **34**:372–373, **34**:*383*
Chehadeh, C., **48**:145, **48**:*176*, **48**:*177*
Cheheyl, M. H., **24**:*99*, **29**:8, **29**:*43*
Chekalov, A. G., **18**:241, **18**:267, **18**:*285*
Chellappa, R., **34**:66, **34**:*109*, **34**:*111*, **45**:133, **45**:*152*
Chelson, P. O., **45**:214, **45**:*267*
Chen, A., **32**:170, **32**:189, **32**:*200*
Chen, A. L. P., **32**:166, **32**:177, **32**:*200*
Chen, C., **32**:114, **32**:121, **32**:122, **32**:123, **32**:126, **32**:128, **32**:129, **32**:131, **32**:139, **32**:*145*, **32**:*146*, **32**:*147*, **35**:82, **35**:122, **35**:*134*, **46**:378, **46**:*398*
Chen, C. H., **43**:244, **43**:274, **43**:*275*, **43**:*278*, **47**:226, **47**:*245*
Chen, C. K., **19**:120, **19**:*217*
Chen, C. L., **32**:4, **32**:*96*
Chen, C. T., **34**:173, **34**:*230*
Chen, C. W., **32**:*147*
Chen, C. Y., **9**:211 (91), **9**:212, **9**:*234*, **9**:*238*
Chen, D. K., **45**:71, **45**:82, **45**:83, **45**:87, **45**:89, **45**:90, **45**:93, **45**:99, **45**:*101*
Chen, D. T., **47**:242, **47**:*252*
Chen, F. C., **12**:*167*
Chen, F. R., **31**:112, **31**:*170*
Chen, H. J., **19**:208, **19**:*217*, **35**:344, **35**:*367*, **40**:189–190, **40**:196, **40**:*250*, **45**:296, **45**:*315*, **48**:263, **48**:264, **48**:267, **48**:278, **48**:284, **48**:299, **48**:300, **48**:301, **48**:302, **48**:303, **48**:304, **48**:306, **48**:308, **48**:309,

48:*310*, **48**:*311*, **48**:*312*, **48**:*313*, **48**:*314*
Chen, I.-N., **26**:*150*
Chen, J., **44**:228, **44**:*280*
Chen, K., **21**:11, **21**:69, **21**:74, **21**:*89*, **37**:187, **37**:*204*
Chen, K. C., **32**:34, **32**:75, **32**:83, **32**:*101*
Chen, K.-C., **32**:75, **32**:85, **32**:87, **32**:*97*
Chen, K. H., **37**:177, **37**:176, **37**:*205*
Chen, L., **26**:224, **26**:*278*, **47**:50, **47**:51, **47**:*59*
Chen, L.-P., **44**:189, **44**:*216*
Chen, M. H., **46**:164, **46**:173, **46**:*232*
Chen, M. S., **47**:301, **47**:302, **47**:*339*
Chen, P., **44**:223, **44**:*280*
Chen, P. M., **47**:301, **47**:320, **47**:*339*
Chen, P. P., **21**:229, **21**:*272*, **30**:62, **30**:*82*, **32**:156, **32**:182, **32**:*196*, **35**:6, **35**:30, **35**:*78*, **35**:150, **35**:*181*, **38**:4, **38**:*69*, **39**:146, **39**:*186*
Chen, P. P. S., **34**:241, **34**:*285*
Chen, P .P.-S., **22**:135, **22**:*159*
Chen, P. S., **26**:427, **26**:*441*
Chen, R., **47**:*61*
Chen, S., **26**:103, **26**:*149*, **48**:261, **48**:*310*
Chen, S. C., **15**:126, **15**:137, **15**:138, **15**:139, **15**:140, **15**:146, **15**:148, **15**:149, **15**:155, **15**:157, **15**:159, **15**:161, **15**:163, **15**:174, **15**:175, **15**:176, **15**:*177*, **15**:*179*
Chen, Shu-Wie, F., **41**:*255*
Chen, S., **26**:103, **26**:*149*, **48**:261, **48**:*310*
Chen, T., **44**:316–317, **44**:*328*, **46**:324, **46**:*325*
Chen, T. C., **17**:251, **17**:253, **17**:261, **17**:266, **17**:271, **17**:274, **17**:278, **17**:*280*, **17**:*281*, **17**:*282*, **19**:*60*, **19**:77, **19**:*108*, **20**:117, **20**:180, **20**:*192*
Chen, T. T., **17**:275, **17**:*280*
Chen, W. F., **19**:*63*
Chen, W. H., **42**:113–114, **42**:*116*
Chen, W.-T., **44**:190, **44**:*213*
Cheney, E. W., **2**:*126*, **2**:324, **2**:*367*
Cheney, L. K., **2**:*367*
Cheney, P. W., **6**:179 (29), **6**:*191*, **6**:*192*, **28**:201, **28**:*222*
Cheng, B., **32**:27, **32**:31, **32**:*97*
Cheng, C.-Y., **44**:189, **44**:*216*
Cheng, G. C., **10**:223 (1), **10**:*252*

Cheng, H. D., **38**:*185*, **38**:*191*, **38**:*193*
Cheng, J., **49**:313, **49**:*346*
Cheng, J. B., **30**:24, **30**:31, **30**:*34–35*, **32**:182, **32**:*198*
Cheng, S. N.-C., **38**:*192*
Cheng, T. O., **47**:216, **47**:*253*
Cheng, T. T., **17**:206, **17**:*216*, **37**:17, **37**:*55*
Cheng, W., **40**:77, **40**:*123*
Cheng, W. K., **28**:216, **28**:*222*
Cheng, Y., **34**:*285*, **42**:166, **42**:*234*
Cheng, Y. H., **20**:187, **20**:189, **20**:190, **20***193*
Cheong, H., **40**:166–167, **40**:*176*
Cheriton, D. F., **26**:113, **26**:115, **26**:*150*, **40**:150, **40**:168, **40**:*176*
Cherkasov, Yu. N., **18**:243, **18**:247, **18**:*282*
Cherkassky, V., **44**:303–305, **44**:*330*
Chernavskii, D. S., **31**:296, **31**:*319*
Chernoff, H., **5**:244 (66), **5**:*255*, **19**:122, **19**:206, **19**:*217*
Chernyavskii, V. C., **5**:54, **5**:*107*
Cherri, A. K., **28**:204, **28**:*224*, **34**:171, **34**:*230*
Cherry, C. E., **5**:146, **5**:215, **5**:216, **5**:*221*, **11**:173, **11**:*223*, **31**:328, **31**:*372*, **36**:301, **36**:*326*, **38**:262, **38**:*313*
Cherry, E. C., **6**:38, **6**:39 (12), **6**:40, **6**:66, **6**:*84*
Chervany, N., **20**:18, **20**:21, **20**:22, **20**:*30*, **20**:*31*, **20**:35
Chervenak, A. L., **47**:*339*
Cheshenko, N., **18**:*285*
Chesky, K., **16**:173, **16**:*180*
Cheung, E., **32**:*147–148*
Cheung, J., **23**:317, **23**:318, **23**:*351*
Cheung, K. F., **33**:*236*
Cheung, L., **20**:*192*
Cheung, R. C., **26**:238, **26**:*279*, **36**:*39*
Chevalier, H., **49**:36, **49**:*68*
Chevignard, D., **18**:256, **18**:*282*
Chew, E. K., **29**:83, **29**:*187*, **42**:166, **42**:*234*
Chew, J., **35**:278, **35**:*324*
Cheyer, A., **47**:40, **47**:51, **47**:*63*
Chezem, C. G., **5**:326 (367), **5**:*347*
Chi, M. T., **29**:57, **29**:*74*, **39**:*47*
Chi, V., **40**:68, **40**:*122*
Chiang, A. C. L., **26**:303, **26**:*332*

Chiang, T., **47**:299, **47**:*339*
Chiang, T. C., **14**:259, **14**:*272*
Chiaramonte, Col. R., **11**:370 (20), **11**:*384*
Chiba, S., **11**:210 (15), **11**:218, **11**:*223*
Chichakly, K. J., **46**:61, **46**:*103*
Chichianaze, C., **5**:*219*
Chichinadze, **5**:124
Chien, A. A., **35**:283, **35**:*322*
Chien, C.-H., **34**:84, **34**:*110*
Chien, R. T., **19**:210, **19**:*217*, **24**:*312*
Chien, Y. T., **12**:363, **12**:*410*, **34**:*285*, **34**:*291*, **48**:261, **48**:*310*
Chignell, M. H., **36**:*420*
Chikada, Y., **37**:115, **37**:*116*
Chikofsky, E. J., **34**:31, **34**:*55*, **35**:180, **35**:*181*, **35**:204, **35**:226, **35**:232, **35**:251, **35**:*252*, **39**:27, **39**:38, **39**:43, **39**:45–46, **39**:*48*
Childs, D. L., **12**:*167*, **12**:194 (8), **12**:*283*
Chiles, J. R., **32**:258, **32**:*304*
Chillarege, R., **42**:*75*, **46**:177, **46**:190, **46**:209, **46**:*232*, **46**:*233*
Chimento, P. F., **31**:209, **31**:*231*
Chin, C. T., **26**:*197*, **47**:208, **47**:*245*
Chin, D., **47**:37, **47**:40, **47**:*66*
Chin, D. N., **47**:*59*
Chin, F. Y., **23**:350, **23**:*351*, **26**:108, **26**:111, **26**:112, **26**:113, **26**:114, **26**:*150*, **26**:*153*
Chin, G. H., **26**:*442*
Chin, H. P., **47**:227, **47**:*245*
Chin, J. P., **32**:229, **32**:239, **32**:242, **32**:*252*
Chin, R. T., **43**:274, **43**:*278*, **32**:109, **32**:111, **32**:*145*, **34**:86, **34**:*110*, **34**:*285*
Chin, S. T., **29**:167, **29**:*187*
Chin, W., **28**:267, **28**:*276*
Chinchor, N., **47**:12, **47**:*59*
Ching, J. Y., **38**:*187*
Ching, N., **48**:272, **48**:*310*
Ching, Y., **44**:295, **44**:*328*
Chiodo, M., **40**:75, **40**:*122*
Chiou, D., **46**:308, **46**:311, **46**:312, **46**:*325*, **46**:*326*
Chiou, I. Y., **42**:166, **42**:*234*
Chirossel, P., **47**:216, **47**:*248*
Chismar, W. G., **43**:*210*, **46**:129, **46**:135, **46**:*154*

Chisvin, L., **34**:227–228, **34**:*230*
Chitsakul, K., **38**:*183*
Chittaro, L., **38**:86, **38**:131, **38**:*138–139*
Chiu, D. W., **21**:263, **21**:266, **21**:*272*
Chiu, W., **47**:211, **47**:*248*
Chizhov, A. A., **29**:*322*
Chlamtac, I., **20**:43, **20**:*82*
Cho, T., **32**:109, **32**:*145*
Chock, M., **34**:255, **34**:*285*
Chodorow, M. S., **49**:12, **49**:*58*
Choi, H., **44**:316, **44**:*330*
Choi, J., **43**:15–16, **43**:*46*
Choi, J.-D., **43**:2, **43**:*46*, **45**:147, **45**:*150*, **48**:30, **48**:*115*
Choi, M. Y., **33**:*236*
Choi, S. C., **35**:203, **35**:210, **35**:*252*
Choi, T. Y., **29**:114, **29**:135, **29**:*186*
Choisser, J. P., Lt., **7**:63 (56), **7**:*115*
Chomsky, A. N., **29**:64, **29**:*74*
Chomsky, C., **11**:60 (22), **11**:*123*, **11**:173 (46), **11**:*224*, **13**:176, **13**:*227*, **47**:10, **47**:*60*
Chomsky, N., **1**:104, **1**:111 (27), **1**:117, **1**:*138*, **1**:147, **1**:152, **1**:154, **1**:*157*, **2**:409, **2**:411, **2**:*417*, **6**:40 (14), **6**:*84*, **7**:122 (14), **7**:137 (12), **7**:154 (15), **7**:*177*, **7**:*178*, **10**:72 (5), **10**:*75*, **8**:154, **8**:155 (12), **8**:156 (8, 9, 10), **8**:*186*, **8**:230, **8**:*244*, **11**:172, **11**:*223*, **11**:354, **11**:*384*, **13**:118, **13**:*167*, **13**:183, **13**:*226*, **15**:185, **15**:186, **15**:187, **15**:*235*, **17**:9, **17**:86, **17**:96, **17**:97, **17**:*159*, **24**:248, **24**:249, **24**:*274*, **36**:163, **36**:*194*, **47**:6, **47**:17, **47**:27, **47**:*59*, **49**:30, **49**:*58*
Choobineh, J., **35**:20, **35**:*78*
Choplin, F., **22**:202, **22**:*216*
Choquet, N., **26***389*
Chor, B., **44**:341, **44**:*358*
Chorafas, D. N., **5**:24, **5**:*105*
Choros, K., **24**:289, **24**:*312*
Chou, H., **35**:*180*, **47**:142, **47**:154, **47**:155, **47**:156, **47**:158, **47**:159, **47**:160, **47**:163, **47**:165, **47**:166, **47**:175, **47**:178, **47**:179, **47**:*180*, **47**:*182*
Chou, P., **40**:75, **40**:*122*
Chou, W., **42**:123, **42**:136–138, **42**:*234*
Choudhary, A., **45**:107, **45**:111, **45**:145, **45**:146, **45**:*149*, **45**:*152*

Choudhury, A. K., **32**:6, **32**:*97*
Choudhury, Z., **35**:348, **35**:350, **35**:*370*
Choueka, Y., **24**:*311*
Chow, C. H., **29**:114, **29**:173, **29**:*186*, **29**:*188*
Chow, C. K., **7**:64, **7**:*113*, **12**:329, **12**:*410*, **16**:174, **16**:*177*
Chow, E., **35**:*181*
Chow, L.-W., **34**:195, **34**:*233*
Chow, P., **46**:324, **46**:*326*
Chow, T. S., **36**:*39*, **49**:147, **49**:148, **49**:*188*
Chowning, J., **36**:139–143, **36**:*194*, **36**:*202*
Choy, C. S., **40**:74, **40**:*124*
Choy, D. M., **40**:188, **40**:246, **40**:*252*, **48**:270, **48**:*310*
Chrisis, M. B., **44**:34, **44**:*58*
Chrissis, M. B., **41**:98, **41**:117, **41**:126, **41**:*156*, **46**:9, **46**:12, **46**:15, **46**:16, **46**:*31*, **46**:*32*, **46**:44, **46**:53, **46**:58, **46**:66, **46**:*106*, **46**:*107*
Christensen, C., **9**:108 (9), **9**:*110*, **10**:20 (6), **10**:76, **10**:120 (1), **10**:*128*
Christensen, E., **33**:105, **33**:*111*
Christensen, J. M., **36**:336, **36**:*420–421*
Christensen, K., **24**:29, **24**:*59*
Christensen, R., **36**:304, **36**:306, **36**:308, **36**:*327*
Christenson, G. S., **20**:107 (76), **20**:*114*, **42**:125, **42**:*239*
Christerson, M., **46**:95, **46**:*105*
Christian, W., **4**:158, **4**:*167*
Christiani, L., **21**:394, **21**:*420*
Christians, T., **32**:*148*
Christiansen, G. K., **5**:311 (134), **5**:312 (134), **5**:319, **5**:*334*
Christie, A. M., **41**:52, **41**:55–56, **41**:*60*, **46**:55, **46**:82, **46**:*103*
Christie, B., **39**:267, **39**:*292*, **40**:185, **40**:*250*, **45**:288, **45**:*320*
Christie, L. G., **47**:215, **47**:*247*
Christman, R. D., **20**:85 (65), **20**:*114*
Christman, R. P., **5**:311 (128), **5**:*333*
Christodoulakis, S., **42**:217, **42**:*235*
Christopher, A., **48**:245, **48**:*252*
Christopher, E. A., **16**:164, **16**:*177*, **16**:*178*
Chromatic Research Inc., **49**:242, **49**:*296*

Chroust, G., **24**:103, **24**:*169*
Chrysanthis, P. K., **41**:293, **41**:*295*
Chu, C. C., **34**:71, **34**:92, **34**:103, **34**:*108*
Chu, J. C., **4**:283 (15), **4**:*303*
Chu, J. T., **12**:329, **12**:350, **12**:*410*
Chu, P. M., **29**:107, **29**:139, **29**:141, **29**:149, **29**:179, **29**:*186*, **29**:*187*, **29**:*189*
Chu, S. R., **36**:224, **36**:*250*
Chu, W. K., **38**:*194*
Chu, W. W., **12**:*167*, **16**:205, **16**:*216*, **21**:266, **21**:268, **21**:270, **21**:*272*, **38**:*187*
Chu, Y., **4**:142 (10), **4**:*162*, **21**:92, **21**:95, **21**:101, **21**:109, **21**:116, **21**:*151*, **34**:171, **34**:*230*
Chuang, K. S., **47**:224, **47**:*252*
Chuang, P. J., **34**:*285*
Chueh, J. C., **12**:329, **12**:350, **12**:*410*
Chugui, Y. V., **28**:214, **28**:*224*
Chui, C. C., **46**:403, **46**:*436*
Chung, C. W., **32**:177, **32**:188, **32**:*196*
Chung, D. H., **9**:211 (10), **9**:*234*
Chung, D.-Y., **44**:189, **44**:*216*
Chung, K. L., **42**:11, **42**:21, **42**:*32*
Chung, K. M., **23**:350, **23**:*352*
Chung, L., **42**:11, **42**:*32*
Chung, M. J., **49**:256, **49**:261, **49**:*296*
Chung, R. S. Y., **29**:*187*
Chung, S. M., **34**:190, **34**:*229*, **42**:2, **42**:9–11, **42**:*35*
Chung, Y. K., **10**:263 (6), **10**:264 (6), **10**:*273*, **49**:256, **49**:261, **49**:*296*
Church, A., **2**:394, **2**:396, **2**:398 (20), **2**:*417*, **5**:215, **5**:*226*, **10**:15 (7), **10**:23 (7), **10**:29 (7), **10**:61 (7), **10**:*76*
Church, J. D., **17**:*218*
Church, K., **47**:*59*
Church, K. W., **18**:109, **18**:*115*, **47**:9, **47**:11, **47**:12, **47**:14, **47**:15, **47**:16, **47**:18, **47**:19, **47**:20, **47**:21, **47**:45, **47**:*59*
Church, R. M., **18**:109, **18**:*115*
Church, V., **39**:84, **39**:*104*
Church, W., **49**:12, **49**:*60*
Churchhouse, R. F., **10**:98 (11, 12), **10**:*107*
Churchill, N., **20**:17, **20**:*30*
Churchland, P. S., **37**:414, **37**:*420*, **37**:*424*

Churchman, C. W., **4**:278 (12), **4**:*303*, **31**:364, **31**:*372*, **34**:352, **34**:*383*, **38**:311, **38**:*313*
Churchman, H. W., **5**:200, **5**:*223*
Chuskin, P. I., **10**:88, **10**:*106*
Ciancarini, P., **35**:284, **35**:*319*, **35**:*320*, **46**:333, **46**:334, **46**:338, **46**:350, **46**:352, **46**:356, **46**:*398*
Cianfrani, C., **46**:8, **46**:*32*
Ciarcia, S., **21**:176, **21**:210, **21**:*223*
Ciardo, G., **31**:204–205, **31**:207–209, **31**:211, **31**:216, **31**:*231*
Ciarfella, W. A., **46**:46, **46**:55, **46**:*107*
Ciborra, C., **34**:318–319, **34**:324, **34**:*383–384*
CIE., **34**:78, **34**:*108*
Cigada, M., **38**:*183*
Ciminiera, L., **26**:*197*
Cindrich, I., **28**:198, **28**:*226*
Cinlar, E., **30**:115, **30**:*168*, **31**:183, **31**:205, **31**:211, **31**:*231*
Cioffari, C., **42**:135, **42**:*237*
Cios, K. J., **38**:*187*
Civanlar, M. R., **36**:317, **36**:*327*
Civelek, F. N., **35**:40, **35**:*78*
Clampett, H. A., Jr., **12**:*167*
Clancey, W., **22**:166, **22**:*215*, **47**:84, **47**:*138*
Clancey, W. J., **22**:172, **22**:190, **22**:203, **22**:206, **22**:*211*, **22**:*216*
Clapp, G., **42**:218, **42**:*234*
Clapp, L. C., **8**:63, **8**:*100*, **28**:196, **28**:*226*
Clapp, V. W., **21**:349, **21**:*416*
Clare, L., **49**:312, **49**:315, **49**:*346*
Clark, A., **24**306, **24**:*312*, **37**:415–416, **37**:*420*, **47**:11, **47**:24, **47**:*59*
Clark, B., **44**:90, **44**:96, **44**:99, **44**:*123*
Clark, D., **44**:*328*, **42**:21–22, **42**:*32*, **42**:132, **42**:135, **42**:168, **42**:*235*, **28**:219, **28**:*222*
Clark, D. D., **20**:84, **20**:105 (7), **20**:*112*, **29**:2, **29**:26, **29**:*43*, **38**:35, **38**:*69*, **48**:29, **48**:*115*
Clark, I. A., **29**:57, **29**:*73*, **32**:237, **32**:*249*, **33**:120, **33**:*168*
Clark, J., **23**:126, **23**:*140*
Clark, K. L., **35**:284, **35**:*320*
Clark, L. A., **46**:199, **46**:200, **46**:211, **46**:222, **46**:*232*

Clark, L. F., **31**:*171*
Clark, M., Jr., **5**:304 (70, 74), **5**:305 (81), **5**:306 (91), **5**:*330*, **5**:*331*
Clark, M. R. B., **18**:106, **18**:*115*, **29**:*248*
Clark, P. C., **35**:359, **35**:*368*
Clark, R. L., **3**:305 (18), **3**:*344*, **15**:199, **15**:*235*
Clark, T., **36**:152, **36**:*194*
Clark, W. A., **23**:2, **23**:5, **23**:*32*
Clark, W. E., **8**:*44*
Clarke, E. M., **49**:70, **49**:85, **49**:86, **49**:*92*
Clarke, J., **36**:151, **36**:*201*
Clarke, L. A., **43**:55, **43**:58, **43**:78, **43**:87, **43**:99, **43**:101–102, **43**:*139*, **26**:347, **26**:348, **26**:357, **26**:374, **26**:377, **26**:383, **26**:384, **26**:385, **26**:386, **26**:387, **26**:388, **26**:*389*, **26**:*391*, **41**:31, **41**:*63*, **41**:206, **41**:*229*
Clarke, L. P., **38**:*189*
Clarke, R., **5**:141, **5**:198 (71), **5**:*221*
Clarke, R. A., **5**:240, **5**:*254*
Clarke, R. F., **43**:197, **43**:*210*
Clarke, T. C., **31**:243, **31**:*323*
Clarke, T. J. W., **34**:149, **34**:*153*
Clarke, W. G., **5**:326 (356), **5**:*347*
Clarkson, P. F., **38**:*182*, **38**:*189*
Clauer, C. R., **34**:*291*
Clay, W., **38**:*183*
Cleary, J., **33**:102, **33**:112, **35**:298, **35**:*322*
Cleary, J. D., **5**:324 (285), **5**:*343*
Cleave, J. P., **1**:93 (6), **1**:119 (52), **1**:120 (55), **1**:124 (62a), **1**:*137*
Cleave, S. C., **11**:*52*
Cleeland, C., **48**:9, **48**:13, **48**:29, **48**:81, **48**:*118*
Clegg, F. W., **26**:303, **26**:*332*
Cleland, D., **20**:14, **20**:*30*, **34**:298, **34**:*384*
Clemen, R. T., **44**:26, **44**:*56*
Clemens, D. G., **34**:*173*
Clemens, E. K., **43**:*210*
Clement, A., **35**:330, **35**:*367*, **39**:284, **39**:*289*
Clement, J., **22**:336, **22**:*350*
Clemental, E., **5**:326 (384), **5**:*348*
Clements, D. H., **45**:329, **45**:*354*
Clements, P., **35**:140, **35**:*183*
Clenshaw, C. W., **2**:86, **2**:*133*
Clermont, P., **49**:266, **49**:267, **49**:*300*
Cleveland, D. B., **31**:326, **31**:338–339, **31**:364, **31**:*376*

Cleveland, H., **38**:311, **38**:*313*
Cleveland, L., **35**:227, **35**:235, **35**:*252*
Cleveland, W. S., **19**:181, **19**:*217*, **46**:184, **46**:*232*
Clever, J., **42**:22, **42**:*32*
Cleverdon, C. W., **6**:26, **6**:28, **6**:*29*, **11**:61, **11**:70, **11**:75, **11**:102, **11**:107, **11**:*123*
Clevinger, F. M., **9**:125 (13), **9**:153 (13), **9**:157 (13), **9**:*172*
Clifford, H. T., **19**:114, **19**:124, **19**:126, **19**:180, **19**:198, **19**:*217*, **19**:*228*
Climenson, W. D., **12**:*167*
Cline, H. E., **47**:224, **47**:*249*
Cline, W. R., **35**:354, **35**:*367*
Clingen, C. T., **13**:6, **13**:*41*
Clinton, J. P. M., **18**:*229*
Clippinger, R. F., **4**:15 (42), **4**:*50*
Clipsham, W., **42**:121, **42**:*234*
Clocksin, W. F., **23**:160, **23**:*174*, **24**:364, **24**:*371*
Cloksin, W. F., **26**:*43*
Clos, C., **26**:164, **26**:181, **26**:*197*
Clough, J., **12**:85, **12**:*111*
Clough, R. W., **10**:263 (4), **10**:*273*
Clow, J., **47**:50, **47**:51, **47**:*59*
Clowes, M. B., **11**:203, **11**:211, **11**:*223*, **13**:218, **13**:219, **13**:220, **13**:*226*
Clyde, E., **21**:405, **21**:*419*
Clymer, A. B., **9**:33 (4), **9**:*49*
Clymer, B. D., **28**:173, **28**:*222*
Clynes, M., **36**:183, **36**:184, **36**:*194*
Coad, P., **34**:357, **34**:*384*, **35**:139, **35**:148, **35**:151–152, **35**:*181*, **43**:70, **43**:*134*
Coase, R. H., **47**:344, **47**:*366*
Coatrieux, J. L., **47**:*245*
Cobb, R. H., **35**:157, **35**:161, **35**:172, **35**:177, **35**:*181*, **36**:7, **36**:31, **36**:34, **36**:*39*, **41**:196, **41**:*228*
Cobham, A., **44**:349, **44**:*358*
Cochran, P. A., **24**:*312*, **24**:*315*
Cochran, W., **5**:258, **5**:266, **5**:270 (5), **5**:272 (5), **5**:276, **5**:282, **5**:*284*, **5**:*286*
Cochran, W. G., **12**:*410*, **42**:113, **42**:*116*
Cochrane, R., **39**:113, **39**:115, **39**:186, **39**:*189*
Cockburn, **43**:206, **43**:*212*
Cocke, J., **3**:78 (2), **3**:*152*, **49**:34, **49**:*58*
Cockton, G., **36**:*421*
Codd, E. F., **3**:87, **3**:105 (3), **3**:*152*, **4**:277, **4**:*303*, **8**:*42*, **12**:*167*, **14**:271, **14**:*271*, **19**:*62*, **21**:226, **21**:229, **21**:230, **21**:*272*, **22**:135, **22**:*159*, **23**:161, **23**:*174*, **26**:17, **26**:*43*, **29**:27, **29**:*43*, **33**:150, **33**:*167*, **35**:6, **35**:59, **35**:*78*, **38**:4, **38**:*69*, **47**:142, **47**:150, **47**:152, **47**:153, **47**:155, **47**:156, **47**:157, **47**:174, **47**:*180*
Coddington, L., **13**:6, **13**:10, **13**:*40*
Cody, W. J., **19**:233, **19**:*248*, **36**:351, **36**:*419*
Coelho, H., **23**:160, **23**:*174*
Coene, Y., **41**:95, **41**:*155*
Coffey, J. L., **11**:359 (22), **11**:384
Coffin, M., **35**:279, **35**:*318*
Coffman, C., **8**:*45*
Coffman, E. G., **33**:*236*
Coffman, E. G., Jr., **12**:*167*, **15**:83, **15**:*117*, **15**:169, **15**:*177*, **17**:257, **17**:*281*
Coglianese, L., **49**:144, **49**:187, **49**:*188*
Cognevich, V., **23**:137, **23**:*140*
Cohen, A., **11**:188 (135), **11**:*228*, **19**:180, **19**:206, **19**:*217*
Cohen, A. H., **42**:243–244, **42**:*267*
Cohen, A. J., **36**:*194*
Cohen, B., **24**:206, **24**:*215*, **32**:207, **32**:*250*
Cohen, C. J., **3**:28, **3**:*74*
Cohen, D., **16**:200, **16**:*216*, **19**:107, **19**:*108*, **39**:112, **39**:*186*, **42**:127, **42**:*238*
Cohen, E., **29**:32, **29**:*43*
Cohen, E. I., **26**:376, **26**:386, **26**:*391*
Cohen, E. S., **24**:62, **24**:*99*
Cohen, F., **44**:268, **44**:*283*
Cohen, J., **9**:56, **9**:*110*, **21**:347, **21**:*418*, **37**:15, **37**:53, **37**:*55*, **38**:*313*
Cohen, J. B., **19**:*60*
Cohen, J. E., **12**:75, **12**:*111*
Cohen, L. J., **7**:*115*, **9**:217, **9**:*234*, **36**:312, **36**:*327*
Cohen, M. A., **33**:220, **33**:*236*
Cohen, M. D., **40**:189, **40**:192, **40**:227, **40**:242, **40**:*252*
Cohen, M. F., **47**:227, **47**:*245*
Cohen, M. S., **17**:225, **17**:242, **17**:262, **17**:*280*, **17**:*281*
Cohen, P., **22**:174, **22**:*211*, **26**:39, **26**:40, **26**:*43*, **47**:50, **47**:51, **47**:*59*

Cohen, P. R., **24**:179, **24**:*215*, **47**:49, **47**:*59*, **47**:*64*
Cohen, P. S., **31**:111–112, **31**:*170*
Cohen, R. M., **29**:*187*
Cohen, S., **16**:197, **16**:*216*
Cohen, S. N., **16**:*181*, **22**:172, **22**:*216*, **22**:267, **22**:*293*, **38**:165, **38**:168–169, **38**:*180*
Cohen, W., **49**:275, **49**:277, **49**:278, **49**:296, **49**:*297*
Cohen, W. E., **49**:284, **49**:285, **49**:287, **49**:288, **49**:289, **49**:290, **49**:*297*
Cohill, A. M., **36**:*421*
Cohler, E. U., **4**:99, **4**:*133*
Cohn, P. M., **10**:38 (9), **10**:*76*
Cohn, R., **34**:129, **34**:*153*
Cohoon, J. P., **45**:169, **45**:185, **45**:194, **45**:*195*
Coker, C. H., **17**:173, **17**:*216*
Colbeth, E. A., **5**:308 (114), **5**:*332*
Colbrook, A., **35**:*252*
Colby, K. M., **13**:175, **13**:179, **13**:185, **13**:224, **13**:*226*, **13**:*230*
Colby, R., **3**:337 (18a), **3**:*344*
Cole, A. G., **5**:309 (178), **5**:*336*, **31**:112, **31**:*170*
Cole, A. J., **19**:114, **19**:180, **19**:*217*
Cole, H., **5**:259, **5**:*284*
Cole, J. N., **4**:88 (16), **4**:*133*
Cole, M., **46**:363, **46**:*398*
Cole, R., **45**:304, **45**:*315*, **47**:*65*
Cole, T., **48**:263, **48**:267, **48**:284, **48**:300, **48**:*314*
Coleman, D., **26**:*391*, **33**:56, **33**:*63*, **42**:28, **42**:*32*
Coleman, G. B., **19**:210, **19**:211, **19**:212, **19**:*217*
Coleman, M., **44**:51, **44**:*56*
Coleman, R. E., **19**:130, **19**:*217*, **20**:13, **20**:*30*, **38**:*194*
Coleman, T., **46**:138, **46**:*154*
Coleman, W. D., **36**:391, **36**:*421*
Coles, L. S., **13**:177, **13**:*226*, **15**:40, **15**:*60*
Coles, W., **12**:402, **12**:*411*
Colestock, M., **34**:132, **34**:135, **34**:*153*
Colilla, R. A., **4**:37, **4**:*51*
COLING **24**:80, **24**:218, **24**:*274*
Collar, A. R., **5**:280, **5**:*287*
Collatz, L., **2**:5 (5), **2**:*52*, **2**:69, **2**:70, **2**:76, **2**:79, **2**:*124*, **2**:*126*, **2**:*129*
Colle, H. A., **36**:341, **36**:*424*
Collen, M. F., **16**:132, **16**:137, **16**:143, **16**:144, **16**:152, **16**:176, **16**:*177*, **16**:*178*, **16**:*180*, **16**:*181*
Collet, C., **38**:*183*, **38**:*185–186*, **38**:*192*
Collet-Billon, A., **47**:216, **47**:*251*
Collier, B., **44**:31, **44**:*56*
Collier, C. C., **40**:169, **40**:*176*
Collins, A., **18**:216, **18**:*228*, **47**:77, **47**:132, **47**:*138*
Collins, B., **49**:37, **49**:*58*
Collins, E. T., **5**:309 (177), **5**:315 (177), **5**:319 (177), **5**:*336*
Collins, G., **1**:62 (42), **1**:*88*
Collins, H. M., **37**:336, **37**:396, **37**:417, **37**:*420*
Collins, J., **20**:7, **20**:*30*
Collins, J. J., **42**:244, **42**:246, **42**:248, **42**:*267*
Collins, J. S., **13**:201, **13**:202, **13**:*226*
Collins, N. L., **10**:99 (13), **10**:*107*
Collins, R. J., **49**:284, **49**:288, **49**:290, **49**:*297*
Collins, S. A., **28**:198, **28**:203, **28**:*222*
Collins, T. R., **35**:307, **35**:*320*
Collins, W., **12**:98, **12**:*111*
Collmeyer, A. J., **12**:*167*
Colltter, C., **38**:*183*
Colmerauer, Alain, **26**:17
Colorni, A., **45**:182, **45**:186, **45**:191, **45**:*194*
Colston, B. W., **5**:309 (194), **5**:*337*
Colter, M., **34**:294, **34**:*384*
Colton, K. W., **19**:257, **19**:300, **19**:303, **19**:*323*, **19**:*325*, **21**:3, **21**:*86*, **22**:*105*
Columbia University, **41**:37, **41**:*60*
Colvocoresses, A. P., **13**:*106*
Comber, E. V., **12**:7, **12**:9, **12**:*35*
Combs, R., **17**:165, **17**:*216*
Comer, D. E., **11**:214 (20), **11**:*223*, **18**:162, **18**:163, **18**:*169*, **31**:318, **31**:*320*, **42**:134, **42**:150–151, **42**:*234*, **44**:223, **44**:*280*, **48**:180, **48**:183, **48**:*217*
Comfort, J. C., **24**:199, **24**:*215*
Comfort, W. T., **7**:25 (9), **7**:27, **7**:96, **7**:*113*, **8**:19 (7), **8**:32 (7), **8**:*42*
Common Criteria Editorial Board, **46**:239, **46**:*285*

Compaine, B. M., **28**:267, **28**:*275*
Comparin, R. A., **4**:223 (62), **4**:*242*
Computer Communications, **24**:365, **24**:*371*
Computer Emergency Response Team, **48**:224, **48**:228, **48**:231, **48**:243, **48**:*252*
Computing Research Laboratory, **49**:19, **49**:*58*
Comte, D., **34**:145, **34**:*155*, **44**:195, **44**:*216*
Conant, R. C., **36**:302, **36**:*327*
Concepcion, A. I., **33**:93, **33**:95, **33**:104, **33**:*111*
Condon, D. C., **9**:181 (13), **9**:216 (24), **9**:*235*
Condon, J. H., **29**:228, **29**:234, **29**:235, **29**:236, **29**:237, **29**:244, **29**:*248*
Conery, J., **21**:6, **21**:*86*
Conetta, D. A., **47**:211, **47**:215, **47**:*244*, **47**:*247*
Conference Board of the Mathematical Sciences, **24**:344, **24**:348, **24**:*371*, **24**:*372*
Conger, C. R., **12**:*167*
Conigliaro, N., **38**:*187*
Congressional Record, **37**:379, **37**:*420*
Conklin, E. J., **40**:190, **40**:*250*
Conklin, J., **32**:246, **32**:*250*, **34**:23, **34**:*55*, **45**:279, **45**:302, **45**:*315*, **47**:99, **47**:*138*
Conklin, P., **36**:*419*
Conley, W., **33**:152, **33**:*170*, **47**:45, **47**:*65*
Conn, R. W., **7**:285 (34), **7**:*289*
Connell, J. H., **32**:*148*, **33**:*236*, **48**:331, **48**:333, **48**:*351*
Connelly, D. S., **13**:*106*
Connelly, M. E., **3**:287 (11), **3**:*297*
Conners, R. W., **32**:109, **32**:129, **32**:*145*, **32**:*146*, **43**:244, **43**:*275*
Connolly, B., **38**:*181*
Connolly, T., **45**:271, **45**:310, **45**:*319*
Connors, T., **16**:*122*, **35**:*181*
Conover, D. W., **36**:351, **36**:*430*
Conover, J., **48**:140, **48**:*176*
Conover, W. J., **19**:182, **19**:*217*
Conrad, M., **31**:237, **31**:242, **31**:246–247, **31**:253–254, **31**:260–261, **31**:264–265, **31**:268–269, **31**:272, **31**:275, **31**:277–278, **31**:283–284, **31**:286–288, **31**:294, **31**:298, **31**:300, **31**:306, **31**:313, **31**:*319–323*, **37**:115, **37**:*116*
Conradi, R., **41**:56–57, **41**:*60*, **46**:41, **46**:46, **46**:50, **46**:77, **46**:*103*, **46**:*105*
Conrady, A. E., **5**:234 (7, 8), **5**:236 (28), **5**:*252*, **5**:*253*
Conrath, D. W., **40**:185, **40**:190–191, **40**:193–194, **40**:199, **40**:214, **40**:225, **40**:227, **40**:246, **40**:*250*, **40**:*254*
Constancis, E., **47**:216, **47**:*251*
Constantine, L., **24**:363, **24**:*377*, **34**:299, **34**:*392*, **35**:158–159, **35**:*181*
Constantine, L. L., **22**:132, **22**:*161*, **26**:*443*, **35**:10, **35**:*80*, **35**:*254*, **42**:28, **42**:*32*, **43**:44, **43**:*49*, **43**:52, **43**:55, **43**:68–69, **43**:86, **43**:92, **43**:*138–139*
Conta, A., **48**:223, **48**:*252*
Conte, A. G., **9**:118 (16), **9**:*172*
Conte, G., **29**:145, **29**:*190*, **44**:198–199, **44**:*213–214*, **45**:6, **45**:13, **45**:*50*
Conte, S. D., **3**:*271*, **24**:27, **24**:52, **24**:*60*, **39**:*104*, **40**:69, **40**:71, **40**:*122*, **44**:70, **44**:90, **44**:93, **44**:98, **44**:100, **44**:*123*,
Conte, T. M., **41**:*231*, **41**:232, **41**:248, **41**:251, **41**:*252*
Conti, C. R., **47**:211, **47**:215, **47**:*244*, **47**:*247*
Conti, J., **29**:67, **29**:*74*
Control Data Corp., **34**:120, **34**:*153*
ControlNet Specification, **49**:335, **49**:336, **49**:*347*
Convent, B., **32**:172, **32**:*196*
Conway, A. W., **31**:204–205, **31**:*231*
Conway, J., **47**:145, **47**:*180*
Conway, L. A., **21**:93, **21**:*151*, **21**:188, **21**:*223*, **23**:3, **23**:5, **23**:10, **23**:*32*, **23**:299, **23**:*353*, **26**:148, **26**:*151*, **28**:5, **28**:*66*
Conway, M. E., **9**:232, **9**:233 (14), **9**:*235*
Conway, M. R., **7**:76 (12), **7**:*113*
Cook, C., **17**:3, **17**:8, **17**:72, **17**:*87*, **39**:27, **39**:36, **39**:*48*, **39**:69, **39**:83, **39**:*104*
Cook, C. R., **35**:224, **35**:226, **35**:228, **35**:*253*, **40**:9, **40**:25, **40**:29, **40**:31, **40**:34, **40**:*37*
Cook, G. B., **8**:97 (8), **8**:*99*, **38**:*191*
Cook, H. J., **14**:*229*
Cook, J. E., **46**:41, **46**:*103*
Cook, J. M., **5**:295 (20), **5**:309 (20), **5**:326

(362), **5**:*327*, **5**:*347*
Cook, J. S., **2**:196, **2**:*291*
Cook, R. W., **26**:234, **26**:*278*
Cook, S., **14**:3, **14**:8, **14**:9, **14**:10, **14**:20, **14**:32, **14**:*42*
Cook, S. A., **26**:113, **26**:*150*
Cook, S. C., **43**:230, **43**:*240*
Cook, T. A., **38**:*183–184*
Cook, T. D., **36**:352, **36**:*421*
Cooke, N. J., **36**:407–409, **36**:*422*
Cooley, J. W., **37**:62–63, **37**:75–76, **37**:*116*
Cooley, T., **16**:223, **16**:*329*
Cooley, W. W., **19**:121, **19**:*217*
Coombes, D., **14**:207, **14**:212, **14**:*228*, **26**:59, **26**:*90*
Coonen, J. T., **19**:246, **19**:*248*
Coons, S. A., **7**:283 (28), **7**:*288*, **7**:*290*
Cooper, C., **42**:166, **42**:*233*
Cooper, D., **45**:311, **45**:*316*
Cooper, E., **35**:274, **35**:*324*, **44**:308, **44**:*328*
Cooper, F. S., **1**:193 (3), **1**:*227*, **11**:181 (108), **11**:187 (21), **11**:191 (86, 108), **11**:202 (87), **11**:*223*, **11**:*226*, **11**:*227*
Cooper, G. R., **43**:257, **43**:*277*
Cooper, J., **44**:52, **44**:*56*, **46**:9, **46**:15, **46**:*30*
Cooper, J. D., **19**:260, **19**:261, **19**:*323*
Cooper, J. M., **18**:249, **18**:*281*
Cooper, K., **44**:42, **44**:*56*
Cooper, L. A., **33**:174, **33**:*241*
Cooper, L. N., **36**:228, **36**:*253*
Cooper, P. W., **12**:334, **12**:335, **12**:*410*, **38**:97, **38**:*138*
Cooper, R., **38**:312, **38**:*313*
Cooper, R. B., **43**:*211*
Cooper, R. G., **20**:*192*
Cooper, R. S., **5**:301 (58), **5**:*329*
Cooper, T., **19**:123, **19**:*223*
Cooper, W. S., **6**:24, **6**:27, **6**:*29*, **11**:60, **11**:*123*, **24**:282, **24**:294, **24**:295, **24**:301, **24**:305, **24**:*311*, **24**:*312*, **24**:*316*
Cooper, W. W., **2**:*367*, **12**:48 (4), **12**:*71*
Cooperman, P., **2**:*131*
Cooprider, L. W., **43**:76, **43**:*134*
Cootes, T. F., **47**:226, **47**:*245*
Coover, E. R., **21**:*86*
Cope, D., **36**:176–177, **36**:179, **36**:*194*

Copeland, G. P., **19**:*61*, **19**:*63*, **30**:12, **30**:31, **30**:*34*
Copestake, A., **49**:12, **49**:58, **49**:*66*
Copestake, A. A., **49**:12, **49**:*57*
Copi, I. M., **2**:394, **2**:395, **2**:*417*, **4**:148 (58), **4**:*164*
Coplien, J., **47**:290, **47**:*291*
Copp, D., **46**:128, **46**:*154*
Copper, L. A., **37**:410, **37**:*422*
Copper, M., **31**:*375*
Coppersmith, D., **17**:266, **17**:*282*, **30**:202, **30**:*218*
Coppini, G., **38**:*189*
Corbato, F. J., **8**:6 (10), **8**:7 (10), **8**:13 (11, 77), **8**:18 (77), **8**:29 (10), **8**:32 (11), **8**:*42*, **8**:*43*, **8**:*45*, **12**:178 (10), **12**:210 (10), **12**:243 (10), **12**:*283*, **13**:6, **13**:15, **13**:*41*
Corbett, A. T., **47**:79, **47**:90, **47**:*138*
Corbi, T. A., **35**:210, **35**:214, **35**:222, **35**:*252*
Corcoran, E., **39**:258, **39**:*289*
Cordennier, V., **20**:*192*, **34**:170, **34**:*230*
Corey, R. B., **5**:277 (50), **5**:*286*
Corkill, D. D., **49**:313, **49**:*347*
Corlett, E. N., **36**:371, **36**:381, **36**:*421*
Corliss, C. H., **7**:197 (3), **7**:199, **7**:*206*
Cormack, R. M., **19**:114, **19**:*217*
Cormen, T., **43**:223, **43**:225, **43**:239, **43**:*240*, **48**:156, **48**:*176*
Cornehls, J. V., **21**:4, **21**:*86*
Corneil, D. G., **26**:104, **26**:105, **26**:*149*, **26**:*152*
Cornelio, A., **35**:51, **35**:*79*
Cornelius, B., **42**:27–29, **42**:*31*
Cornelius, E. T., **19**:123, **19**:*223*
Cornelius, R., **32**:194, **32**:*196*
Cornell, G., **49**:194, **49**:217, **49**:*238*
Cornell, L., **18**:137, **18**:*169*
Cornette, W., **20**:14, **20**:*31*
Cornfield, J., **16**:173, **16**:*179*
Cornish, M., **34**:145, **34**:*153*, **37**:290, **37**:*331*
Corre, J. L., **34**:*285*
Correll, S., **34**:140, **34**:*156*
Cosell, B. P., **17**:184, **17**:195, **17**:*216*
Cosell, L., **31**:100, **31**:*171*
Cosley, E. S., **19**:*60*
Cosshall, W. J., **44**:188, **44**:*213*
Cosslett, V. E., **2**:246, **2**:249, **2**:*293*

Cota, B. A., **33**:85, **33**:103, **33**:*111*
Cothern, H. L., **45**:334, **45**:335, **45**:*354*
Cotterman, W., **34**:294, **34**:*296*, **34**:*384*
Cotton, C. J., **34**:204–205, **34**:*232*
Cotton, I. W., **16**:183, **16**:194, **16**:195, **16**:*214*, **16**:*215*, **16**:*216*, **16**:*219*, **20**:83 (2), **20**:84 (8), **20**:105 (8), **20**:*112*, **42**:123, **42**:131, **42**:*234–235*
Cottrell, L., **44**:248, **44**:*281*
Cottrell, M., **37**:*162*
Couch, K. W., **23**:10, **23**:*33*
Couger, J. D., **16**:89, **16**:*122*, **20**:10, **20**:14, **20**:21, **20**:26, **20**:27, **20**:30, **20**:*31*, **24**:328, **24**:336, **24**:*372*, **24**:*374*, **34**:294, **34**:296, **34**:*298–299*, **34**:*384*
Coughlin, J. J., **4**:88 (16), **4**:*133*
Coulam, R., **21**:69, **21**:70, **21**:*86*
Couleur, J. F., **8**:13 (33), **8**:19 (33), **8**:*43*
Coulouris, G. F., **19**:*60*
Coulson, G., **46**:334, **46**:*400*
Coulson, J. E., **5**:210 (181), **5**:*225*, **15**:240, **15**:*282*
Coulter, C. L., **5**:273 (37), **5**:275, **5**:278 (41), **5**:279 (41), **5**:281 (57), **5**:*286*, **5**:*287*
Coulter, W. H., **12**:404, **12**:*410*
Countryman, V., **23**:256, **23**:*288*
Courant, R., **2**:36 (37), **2**:*53*, **2**:*124*, **2**:*130*, **34**:91, **34**:*108*
Couranz, G. R., **34**:126, **34**:*153*
Courbon, J. C., **34**:341, **34**:346–347, **34**:370–371, **34**:*384*
Cournot, A. A., **3**:325, **3**:*344*
Courtney, R. E., **44**:88, **44**:*123*
Courtney, R. H., Jr., **16**:249, **16**:250, **16**:313, **16**:*329*, **16**:*332*
Cousins, S. B., **38**:*189*, **48**:267, **48**:270, **48**:286, **48**:287, **48**:299, **48**:*313*
Coutaz, J., **47**:46, **47**:51, **47**:58, **47**:*59*
Cover, T., **24**:209, **24**:*215*
Coveyou, R., **5**:324 (299), **5**:325 (327), **5**:*343*, **5**:*345*
Covy, G. R., **1**:10 (8), **1**:*41*
Cowan, D. D., **26**:*443*, **29**:114, **29**:117, **29**:171, **29**:181, **29**:*194*, **48**:293, **48**:*310*
Cowan, J. D., **5**:216 (197), **5**:*226*, **31**:*324*, **33**:175, **33**:179, **33**:*244*, **47**:9, **47**:11, **47**:22, **47**:*60*

Cowderoy, A., **44**:36, **44**:*58*
Cowhey, P. F., **35**:349, **35**:*367*
Cowin, G. W., **29**:169, **29**:*187*
Cox, A. L., **5**:233, **5**:*252*, **35**:278, **35**:*320*, **39**:207, **39**:209–211, **39**:221–222, **39**:227, **39**:233–234, **39**:*236*
Cox, B. J., **33**:2, **33**:4, **33**:11, **33**:*63*, **34**:22–23, **34**:33, **34**:*55*, **35**:143, **35**:157, **35**:*181*
Cox, D. J., **33**:267, **33**:*303*
Cox, D. R., **30**:165, **30**:*168*, **31**:183, **31**:211, **31**:*231*, **42**:112–113, **42**:*116*, **45**:221, **45**:222, **45**:*264*
Cox, E. G. **5**:273 (36), **5**:*286*
Cox, F. B., **3**:287 (22), **3**:*297*
Cox, G., **34**:129, **34**:*153*, **38**:198, **38**:*243*
Cox, G. M., **17**:224, **17**:237, **17**:*281*, **42**:113, **42**:*116*
Cox, J., **44**:308, **44**:*328*
Cox, J. J. R., **48**:10, **48**:15, **48**:22, **48**:31, **48**:34, **48**:*115*
Cox, P. R., **30**:98, **30**:*168*
Cox, R. B., **11**:209 (94), **11**:*226*
Coy, P., **38**:306, **38**:*316*
Coyle, E. J., **28**:185, **28**:*223*
Coyne. E. J., **46**:237, **46**:*286*
Cozzolino, J. M., Jr., **45**:221, **45**:*264*
Crabbe, F., **47**:25, **47**:40, **47**:52, **47**:*63*
Crabill, C. L., **46**:405, **46**:*438*
Crabtree, P., **19**:*325*
Cracraft, S., **29**:245
Craft, N., **28**:168, **28**:*226*
Craig, D. M., **38**:*186*
Craig, J., **12**:*167*
Craig, J. A., **7**:125 (62), **7**:128 (18), **7**:*178*, **7**:*180*
Craig, J. J., **33**:*242*, **36**:*251*
Craig, S. W., Jr., **12**:*167*
Craigen, D., **36**:46, **36**:*108*, **41**:196, **41**:*228*, **49**:88, **49**:*92*
Craik, K., **38**:131, **38**:*139*
Craik, K. J. W., **5**:205, **5**:*224*
Cramer, H., **19**:*217*
Crandall, S. H., **2**:27, **2**:*53*
Crane, B. A., **7**:46 (13), **7**:*113*, **30**:8, **30**:*34*, **34**:126, **34**:*153*
Crane, F., **12**:98, **12**:*111*
Crane, H. D., **4**:71, **4**:89, **4**:96 (18), **4**:99, **4**:103, **4**:105 (24, 25), **4**:111, **4**:115 (7), **4**:121, **4**:122 (24), **4**:123, **4**:125,

4:126 (29), 4:129 (24, 25), 4:*132*,
4:*133*, 5:138, 5:*220*, 5:*221*, 11:232,
11:*316*
Crane, J. P., 47:216, 47:*245*
Crane, R. J., 35:336, 35:*367*
Crangle, C., 47:*60*
Crank, J., 2:18 (22), 2:*53*
Cranor, C., 48:9, 48:22, 48:*115*
Crapo, W. A., 4:88 (16), 4:*133*
Crawford, C., 23:123, 23:129, 23:*140*
Crawford, D. C., 47:226, 47:*244*
Crawford, G. F., 43:251, 43:*277*
Crawford, W.O., Jr., 16:174, 16:*179*
Crawford-Hines, A., 49:146, 49:175,
49:*189*
Cray Research Inc., 49:247, 49:275,
49:277, 49:*297*
Crean, G. P. 16:140, 16:141, 16:*180*
Creasry, L. A., 26:*43*
Crebbin, G., 38:*186*
Creelman, C. D., 1:211, 1:*228*
Crenson, M. A., 19:257, 19:306, 19:311,
19:*324*
Crespi, V., 49:146, 49:*188*
Crespo, J., 45:164, 46:*233*
Cressman, G. P., 1:50 (1, 6, 7), 1:59 (29),
1:80 (29), 1:*86*
Crevasse, L., 16:173, 16:*177*
Creveling, C. J., 9:260 (25), 9:*284*
Crew, R., 43:34, 43:*49*
Crick, F., 37:156, 37:*162*
Cringely, R., X., 41:151, 41:*155*
Crisman, E., 38:*186*
Crisman, P. A., 8:7 (12), 8:*42*
Crissey, B.L., 19:257, 19:306, 19:311,
19:*324*
Critchlow, A. J., 7:68 (14), 7:*113*, 8:*42*
Croce, P., 28:175, 28:180, 28:*225*
Crocetti, P., 42:174, 42:176–177, 42:218,
42:*235*
Crochiere, R. E., 37:9–95, 37:*116*
Crocker, D., 48:245, 48:*252*
Crocker, S., 13:208, 13:*227*, 48:250,
48:252, 48:*253*
Crocker, S. D., 9:114 (36), 9:*174*, 17:203,
17:*216*, 18:61, 18:98, 18:*116*,
24:131, 24:134, 24:*169*, 29:232,
29:*248*
Crockett, J. B., 5:244 (66), 5:*255*
Crockford, N., 44:6, 44:26, 44:*56*

Croes, G. A., 2:303, 2:367
Croft, B. W., 40:190-191, 40:193,
40:195-196, 40:212, 40:225, 40:227,
40:247, 40:*250*, 40:*252*, 40:*255*
Croft, D. J., 16:169, 16:*177*
Croft, W. B., 24:279, 24:282, 24:294,
24:*312*
Croll, S., 43:13, 43:*48*
Cromerford, L., 44:261, 44:*282*
Cromie, W. J., 24:239, 24:*274*
Cromwell, R. L., 34:94, 34:*109*
Cron, W. L. 43:188, 43:*211*
Cronbach, L. J., 16:261, 16:*329*, 18:213,
18:*227*
Cronenweth, S., 31:353-354, 31:356,
31:*373*
Cronin, B., 24:306, 24:*312*
Cronk, M., 46:118, 46:*154*
Crosby, B., 24:306, 24:*312*
Crosby, Martha E., 40:31, 40:*36*
Crosby, P. B., 41:76, 41:*82*, 44:48, 44:56
Cross, II., J. H., 35:180, 35:181, 35:204,
35:226, 35:229, 35:252
Cross, G. R., 24:307, 24:*312*
Cross, J., 39:27, 39:38, 39:43, 39:45–46,
39:*48*
Cross, N., 28:2, 28:3, 28:4, 28:*63*
Crout, P. D., 2:70 (9, 7), 2:*127*
Crouzet, Y., 31:213, 31:*231*
Crow, L.H., 30:92, 30:112, 30:*168*,
45:219, 45:261
Crowcroft, J., 48:222, 48:*252*
Crowder, N. A., 4:156 (79), 4:*166*
Crowder, R. G., 29:59, 29:*74*
Crowley, J., 46:12, 46:77, 46:*103*, 46:*104*
Crowley, K., 45:110, 45:145, 45:*151*,
45:*152*
Crowley, T. H., 11:232, 11:*316*
Crowston, K., 43:185, 43:*211*, 45:5
45:*151*, 45:216, 45:318, 46:333,
46:396, 46:*399*
Crowther, W. R., 19:69, 19:*109*, 34:140,
34:*156*
Cruikshank, D. W. J., 5:258 (2, 9),
5:269, 5:271 (2, 9), 5:272, 5:273 (9,
34, 36), 5:276, 5:277 (46), 5:*284*,
5:*285*, 5:*286*
Crum, L., 48:285, 48:*310*
Crumley, C. B., 2:196, 2:*291*
Crutchfield, S., 40:72, 40:80, 40:*123*

Cruz, C. A., **37**:342, **37**:*420*
Cruz, J. B., **37**:156, **37**:*165*
Cryer, P. E., **22**:278, **22**:*292*
Crystal, M. I., **24**:306, **24**:*312*
Csansky, L., **26**:134, **26**:*150*
Cuadra, A. C., **31**:358, **31**:*372*
Cuadra, C. A., **11**:72, **11**:123
Cuelenaere, A. M., **44**:71, **44**:87, **44**:97, **44**:123
Cuervas-Mons, V., **38**:*183*
Cuff, E. C., **19**:258, **19**:*324*
Cugnenc, P. H., **38**:*183–184*
Culberson, J., **45**:174, **45**:*196*
Culbertson, J. T., **6**:59 (15), **6**:*84*
Culicover, P., **15**:190, **15**:*235*, **33**:174, **33**:*241*, **37**:410, **37**:*422*
Čulik, K., **5**:101, **5**:*105*
Culler, D., **49**:248, **49**:271, **49**:*297*
Culler, D. E., **37**:286–287, **37**:290, **37**:293, **37**:295–296, **37**:299, **37**:306, **37**:327–328, **37**:*331–332*, **45**:127, **45**:151, **45**:195, **45**:295, **46**:326
Culler, C. J., **7**:281 (20, 21), **7**:*288*
Culler, G. J., **8**:*42*
Culliney, J. N., **32**:25, **32**:31, **32**:34, **32**:54, **32**:60, **32**:62, **32**:64, **32**:74, **32**:75, **32**:83, **32**:*97*, **32**:*99*, **32**:*100*, **32**:*101*
Cullingford, R. E., **22**:203, **22**:*213*, **49**:42, **49**:*58*
Cullum, R., **29**:244
Culpepper, G., **5**:321 (221), **5**:*339*
Culpepper, L. M., **5**:309 (174), **5**:321 (219), 5:336, 5:339
Culver, T. L., **38**:*192*
Culver-Loza, K., **46**:41, **46**:*103*
Culvertson, J. T., **6**:*225*
Cundall, P. A., **8**:80, **8**:86 (4), **8**:*99*
Cunniff, Nancy, **40**:31, **40**:*36*
Cunningham, H. C., **46**:336, **46**:*400*
Cunningham, J., **7**:146 (68), **7**:*180*
Cunningham, J. A., **8**:24 (59), **8**:*44*
Cunningham, J. F., **4**:5 (21), **4**:*50*
Cunningham, J. P., **19**:122, **19**:*217*
Cunningham, K. M., **19**:202, **19**:*217*
Cunningham, M. T., **47**:*366*
Cunningham, P., **49**:37, **49**:*58*
Cunningham, R., **16**:142, **16**:151, **16**:*181*
Cunningham, R. J., **20**:65, **20**:*82*
Cunningham, S. J., **48**:298, **48**:299, **48**:312, **48**:*314*
Cuomo, D., **47**:12, **47**:47, **47**:54, **47**:*61*
Cuppens, F., **38**:41, **38**:*69*
Curley, K. F., **43**:*211*
Curley, W., **21**:403, **21**:*416*
Curnow, H. J., **41**:234–235, **41**:*252*
Curnow, R. P., **24**:2, **24**:9, **24**:47, **24**:*59*
Curran, E., **46**:7, **46**:*32*
Currie, R., **36**:151, **36**:*197*
Currit, A., **35**:172, **35**:*181*
Currit, P. A., **36**:*24*, **36**:*39*
Curry, D. J., **19**:182, **19**:*217*
Curry, H. B., **1**:122 (56), **1**:*139*, **5**:214, **5**:216, **5**:*226*, **5**:244 (65), **5**:*255*, **10**:15 (10), **10**:23 (10), **10**:30 (10), **10**:43 (10), **10**:53 (10), **10**:*76*
Curry, T. W., **30**:14–15, **30**:*34*
Curtice, R. M., **12**:*168*, **30**:*82*
Curtin, N. A., **42**:243, **42**:*268*
Curtin, W. A., **7**:68, **7**:*113*
Curtis, A. R., **5**:307 (96), **5**:*331*
Curtis, B., **18**:*172*, **22**:117, **22**:*159*, **24**:52, **24**:*59*, **29**:49, **29**:50, **29**:52, **29**:54, **29**:65, **29**:*74*, **29**:*76*, **32**:237, **32**:*250*, **36**:*39*, **36**:*421*, **39**:16, **39**:27, **39**:35, **39**:48, **39**:71, **39**:*104*, **41**:21, **41**:29, **41**:*60*, **41**:88, **41**:*155*, **44**:34, **44**:*58*, **46**:39, **46**:40, **46**:41, **46**:42, **46**:43, **46**:44, **46**:53, **46**:55, **46**:58, **46**:66, **46**:72, **46**:76, **46**:77, **46**:81, **46**:*103*, **46**:*106*
Curtis, Bill, **40**:37
Curtis, P., **45**:4, **45**:5, **45**:51
Curtis, W., **46**:9, **46**:12, **46**:15, **46**:30, **46**:31, **46**:32
Curtiss, J. H., **2**:80, **2**:130
Cushman, R., **47**:238, **47**:248
Custer, H., **48**:115
Cusumano, M. A., **34**:20–21, **34**:55, **47**:343, **47**:366
Cuthill, E., **5**:307 (96), **5**:311 (97, 125), **5**:312 (136, 138) **5**:332, **5**:333, **5**:334, **5**:338, **8**:97, **8**:98, **8**:100
Cuthill, E. H., **2**:15, **2**:53
Cutillo, F., **43**:2, **43**:46
Cutkowsky, M. R., **33**:236
Cutler, J. L., **16**:144, **16**:177, **16**:178, **16**:180
Cutler, J. R., **14**:207, **14**:213, **14**:228, **26**:60, **26**:90

Cutrona, L. J., **7**:59 (16, 17), **7**:113, **7**:114, **28**:190, **28**:193, **28**:214, **28**:222
Cvetanovic, Z., **49**:244, **49**:297
Cvetkov, B., **2**:125
Cybenko, G., **36**:234, **36**:251, **37**:127, **37**:162, **41**:235–236, **41**:252
Cyert, R., **21**:27, **21**:31, **21**:33, **21**:86
Cyert, R. M., **28**:272, **28**:275
Cypher, A., **33**:153, **33**:162, **33**:166
Cypher, R., **49**:244, **49**:297
Cyr, D. R., **47**:227, **47**:251
Cyre, W., **40**:72, **40**:122
Cytron, R., **35**:291, **35**:318, **35**:320, **40**:165, **40**:176, **45**:54, **45**:55, **45**:71, **45**:72, **45**:*101*, **48**:30, **48**:115
Czejdo, B., **32**:165, **32**:199
Czogala, E., **28**:103

D

d' Abrey, M., **37**:276, **37**:282
da Silva, J. G. D., **34**:173, **34**:*233*
Daboni, L., **2**:*132*
Dadam, P., **48**:137, **48**:*167*, **48**:*177*
Daehn, W., **26**:330, **26**:*332*
Daelemans, W., **40**:*252*
Daggett, M. M., **8**:6 (10), **8**:7 (10), **8**:29 (10), **8**:*42*, **13**:15, **13**:*41*
Dahbura, A., **29**:170, **29**:*187*, **29**:*192*
Dahbura, A. T., **49**:148, **49**:*189*
Dahl, O. J., **2**:350, **2**:*367*, **14**:46, **14**:*75*, **15**:40, **15**:*60*, **20**:228, **20**:*256*, **22**:300, **22**:*350*, **26**:421, **26**:*441*, **33**:4, **33**:*63*, **33**:87, **33**:*111*, **41**:225, **41**:*228*
Dahl, V., **10**:13 (11), **10**:45 (11), **10**:*76*
Dahlbom, B., **34**:294, **34**:*382*
Dahlgren, F., **46**:324, **46**:*326*
Dahlquist, B., **3**:22, **3**:*74*
Dai, Z., **38**:*186*
Dailey, D., **29**:245
Daily, M., **48**:334, **48**:*351*
Daitch, P. B., **5**:*333*
Dal Cin, M., **31**:261, **31**:308, **31**:*320*
Dal Molin, A., **36**:*194*
Dalal, S. R., **36**:*39*
Daland, G. A., **12**:287, **12**:288, **12**:*410*
Dale, A. G., **21**:35, **21**:*86*, **29**:*323*
Dale, B. G., **47**:*366*
Dale, C. J., **30**:135, **30**:*168*
Dale, E., **10**:99 (14), **10**:*107*
Dale, M. B., **11**:83, **11**:86, **11**:*125*
Dale, P. S., **15**:190, **15**:*235*
Dalenius, T., **16**:321, **16**:*329*
Dales, L. G., **16**:144, **16**:*178*, **16**:*180*
Daley, R. C., **8**:6 (10), **8**:7 (10), **8**:29 (10), **8**:34 (15), **8**:*42*, **11**:345 (16), **11**:*384*, **12**:*168*, **13**:15, **13**:*41*, **14**:239, **14**:*271*
Dalfen, C., **16**:295, **16**:*330*
Dally, W. J., **35**:283, **35**:*322*
Dalmia, A. K., **43**:244, **43**:274, **43**:*275*
Dalton, M., **21**:17, **21**:*86*
Dalva, D., **30**:209, **30**:*218*
Daly, W. G., **6**:150, **6**:*191*
D'Ambrosio, G., **40**:75, **40**:*124*
Damer, B., **45**:298, **45**:*315*
Damerau, F. J., **17**:90, **17**:*159*
Dames, R. J., **3**:*271*
D'Amico, C., **2**:200 (52), **2**:*292*
Damm, A., **49**:310, **49**:*347*
Damm, W., **24**:160, **24**:161, **24**:166, **24**:*169*, **28**:21, **28**:41, **28**:*63*
Dammann, J. E., **7**:188 (15), **7**:*193*
Damodaran, L., **36**:*421*
Damon, C., **43**:91, **43**:*134*
Dampney, C. N. G., **46**:110, **46**:*154*
Dan, A., **47**:315, **47**:316, **47**:317, **47**:318, **47**:*339*
Dances, F., **30**:209, **30**:*218*
D'Andrade, R. G., **19**:154, **19**:*217*
Danelutto, M., **46**:364, **46**:*398*
Danet, A., **42**:121, **42**:*235*
Danforth, C. E., **2**:80, **2**:101, **2**:118, **2**:*129*, **2**:*133*
Danforth, S., **35**:139, **35**:167, **35**:*181*
Dang, X., **48**:*115*
Danicic, S., **43**:34, **43**:*46*
Daniekowicz, C., **24**:289, **24**:*312*
Daniel, R., **20**:10, **20**:*31*
Daniels, A., **34**:298, **34**:*384*
Daniels, R. M., **45**:6, **45**:*51*
Danielson, G. C., **37**:75, **37**:*116*
Danielson, W. A., **7**:189 (17), **7**:190 (17), **7**:*193*, **10**:145 (7), **10**:*173*
Danielsson, P. E., **34**:*285*
Danlos, L., **49**:28, **49**:*58*
Danthine, A., **29**:*187*
Dantzig, G. B., **2**:296 (42), **2**:297 (48), **2**:303, **2**:323, **2**:*368*, **2**:*371*, **2**:*372*, **2**:*377*, **3**:186 (19), **3**:*187*

Danylchuk, I., **17**:235, **17**:*280*
Danziger, J., **19**:264, **19**:293, **19**:298, **19**:306, **19**:310, **19**:319, **19**:*324*, **20**:17, **20**:*31*, **21**:5, **21**:26, **21**:28, **21**:39, **21**:40, **21**:67, **21**:68, **21**:85, **21**:*87*, **21**:*89*
Dao, S., **32**:170, **32**:189, **32**:*200*
Dao, S. K., **32**:166, **32**:177, **32**:*200*
Daróczy, Z., **36**:287, **36**:*326*
Darbik, T. J., **28**:173, **28**:*221*
Darby, C. A., Jr, **24**:341, **24**:*372*
D'Arcy, S., **38**:*191*
D'Arcy, T. J., **47**:211, **47**:*248*
Darden, L., **38**:126, **38**:*139*
Darema-Rogers, F., **40**:164, **40**:*176*
Dargahi, R., **45**:303, **45**:*316*
Dario, P., **35**:89, **35**:*132*
Darke, J., **28**:3, **28**:32, **28**:*63*
Darken, C., **36**:235, **36**:*253*
Darley, D. L., **8**:37 (25), **8**:*43*
Darling, L., **21**:364, **21**:*416*
Darlington, J., **11**:60, **11**:*123*, **22**:300, **22**:*350*, **34**:149, **34**:*153*, **46**:339, **46**:364, **46**:*398*
Darne, F. R., **7**:269 (11), **7**:*288*
Darnell, M. J., **33**:161, **33**:*166*
DARPA., **36**:206, **36**:*251*, **37**:121, **37**:*162*, **37**:400, **37**:405, **37**:408–409, **37**:*420*, **46**:288, **46**:323, **46**:*326*
Darrach, B., **37**:373–374, **37**:*420*
Darringer, J. A., **21**:92, **21**:95, **21**:*151*, **21**:*153*, **24**:131, **24**:*169*, **32**:4, **32**:*97*
Dart, S. A., **41**:*189*, **43**:58, **43**:*134*
DARTA/MIT., **31**:65, **31**:*96*
Dartois, M., **48**:275, **48**:296, **48**:*312*
Darwish, A. M., **32**:109, **32**:*145*, **43**:244, **43**:*275*
Das, C. R., **40**:*127*, **40**:158–160, **40**:174, **40**:*175*, **40**:*179*
Das, E., **45**:114, **45**:116, **45**:*150*
Das, R., **45**:107, **45**:111, **45**:115, **45**:116, **45**:117, **45**:118, **45**:120, **45**:121, **45**:127, **45**:146, **45**:*149*, **45**:*150*, **45**:*151*, **45**:*152*, **45**:*153*, **45**:189, **45**:*195*
Dasai, T., **49**:28, **49**:*60*
Dasarathy, D., **42**:13, **42**:*32*
Dasgupta, P., **35**:278, **35**:*320*, **35**:*323*
Dasgupta, S., **21**:92, **21**:93, **21**:94, **21**:95, **21**:97, **21**:104, **21**:112, **21**:116, **21**:117, **21**:128, **21**:129, **21**:135, **21**:136, **21**:148, **21**:*151*, **21**:*153*, **24**:102, **24**:103, **24**:104, **24**:105, **24**:108, **24**:109, **24**:119, **24**:120, **24**:121, **24**:123, **24**:124, **24**:127, **24**:131, **24**:132, **24**:134, **24**:135, **24**:139, **24**:141, **24**:142, **24**:144, **24**:149, **24**:150, **24**:151, **24**:156, **24**:159, **24**:161, **24**:162, **24**:163, **24**:164, **24**:165, **24**:*169*, **24**:*170*, **24**:*172*, **24**:*176*, **26**:322, **26**:*332*, **28**:2, **28**:3, **28**:5, **28**:7, **28**:8, **28**:10, **28**:11, **28**:14, **28**:16, **28**:17, **28**:21, **28**:28, **28**:32, **28**:35, **28**:36, **28**:39, **28**:41, **28**:46, **28**:47, **28**:51, **28**:52, **28**:*63*, **28**:*64*, **34**:117, **34**:*153*, **40**:69, **40**:71, **40**:*122*
Dash, K., **48**:145, **48**:*176*
Dash, S., **16**:262, **16**:*329*
Daskalantonakis, M. K., **46**:65, **46**:*103*
Data Processing Management Association, **24**:337, **24**:*372*
Datamation, **46**:110, **46**:*154*
Datapro Research Corporation, **24**:242, **24**:*274*
Datar, S., **39**:17, **39**:*47*
Date, C. J., **19**:*62*, **24**:363, **24**:*372*, **26**:6, **26**:*43*, **30**:44, **30**:58, **30**:60, **30**:*82*, **32**:151, **32**:158, **32**:162, **32**:164, **32**:182, **32**:183, **32**:187, **32**:*191*, **32**:*196*, **43**:123, **43**:*134*, **46**:185, **46**:*232*
D'Atri, A., **32**:172, **32**:181, **32**:*197*
Dattola, R. L., **11**:85, **11**:*123*
Daugavet, O. K., **5**:58, **5**:*105*
Daughtrey, T., **42**:29, **42**:*36*
Dautraix, I., **47**:238, **47**:*248*
Davenport, T. H., **39**:256, **39**:*289*, **43**:198, **43**:207, **43**:*211*
Davey, P. G., **6**:*294*
David, E. E., Jr., **1**:226, **1**:227 (44), **1**:*229*, **8**:*42*, **11**:127 (1), **11**:*163*
David, P. A., **43**:*211*
David, R., **26**:301, **26**:*332*, **33**:87, **33**:*111*, **35**:335, **35**:*367*
Davida, G. I., **22**:100, **22**:101, **22**:102, **22**:*103*, **30**:177–178, **30**:183, **30**:186, **30**:188, **30**:195, **30**:202, **30**:208–211, **30**:213, **30**:*218*, **30**:*220*, **42**:23, **42**:*32*
Davidor, Y., **45**:171, **45**:*194*

Davidsen, R. E., **47**:216, **47**:*245*
Davidson, C. H., **6**:73, (92), **6**:*87*
Davidson, E. S., **20**:132, **20**:133, **20**:134, **20**:135, **20**:140, **20**:*192*, **20**:*193*, **20**:*194*, **20**:*196*, **26**:*333*, **32**:27, **32**:28, **32**:52, **32**:*97*, **32**:*100*, **34**:136, **34**:140, **34**:*155*
Davidson, L., **12**:121 (49), **12**:137, **12**:*168*
Davidson, R. A., **10**:250, **10**:*252*
Davidson, S., **21**:93, **21**:*151*, **24**:103, **24**:106, **24**:121, **24**:136, **24**:137, **24**:144, **24**:149, **24**:150, **24**:164, **24**:*170*, **24**:*314*, **28**:5, **28**:*64*
Davidson, T. E., **47**:211, **47**:220, **47**:237, **47**:*250*, **47**:*251*
Davidzon, M., **18**:253, **18**:*282*
Davies, D., **23**:297, **23**:*352*, **30**:183, **30**:*218*
Davies, D. K., **28**:172, **28**:*223*
Davies, D. L., **19**:186, **19**:*217*
Davies, D. R., **5**:271 (29), **5**:*285*
Davies, D. W., **1**:166, **1**:191, **1**:*192*, **17**:165, **17**:167, **17**:*217*, **20**:42, **20**:*82*
Davies, G., **42**:121, **42**:*235*
Davies, I. L., **6**:38 (105), **6**:*88*
Davies, J., **46**:116, **46**:124, **46**:*157*, **49**:72, **49**:79, **49**:*94*
Davies, P. M., **7**:39 (24), **7**:42 (18), **7**:*114*
Davies, R. W., **18**:249, **18**:*281*, **26**:40, **26**:*43*
Davies, S. E., **33**:161, **33**:*166*
Davies, Simon P., **40**:31, **40**:34–35, **40**:*36–37*
Davin, C., **48**:241, **48**:*252*
Davis G., **20**:5, **20**:13, **20**:14, **20**:16, **20**:*31*, **20**:*33*, **34**:314, **34**:341–342, **34**:352, **34**:*384*
Davis, A., **35**:150, **35**:*181*
Davis, A. L., **34**:145, **34**:*153*
Davis, A. M., **20**:220, **20**:*256*, **40**:39, **40**:43–45, **40**:47, **40**:49, **40**:52, **40**:61, **40**:*63*, **40**:67, **40**:*69*, **41**:11, **41**:*60*, **42**:2, **42**:6, **42**:9, **42**:15–16, **42**:25–26, **42**:*32*, **42**:*34*
Davis, C. G., **26**:400, **26**:408, **26**:413, **26**:*441*
Davis, C. H., **21**:336, **21**:343, **21**:407, **21**:408, **21**:409, **21**:*416*, **31**:353–354,
31:356, **31**:*372*
Davis, D., **36**:113–114, **36**:*194*
Davis, D. T., **38**:*192*
Davis, D. W., **43**:244, **43**:*275*
Davis, E., **40**:77, **40**:103, **40**:*121*, **49**:259, **49**:*296*
Davis, E. M., **9**:186 (15), **9**:*235*
Davis, E. W., **19**:*60*, **28**:121, **28**:*147*, **34**:213, **34**:*230*
Davis, E. W., Jr., **15**:143, **15**:149, **15**:159, **15**:161, **15**:164, **15**:175, **15**:*177*, **15**:*178*
Davis, G. B., **24**:328, **24**:336, **24**:*374*, **26**:3, **26**:*43*
Davis, H., **11**:*173*
Davis, J., **35**:*181*
Davis, J. A., **5**:320 (218a), **5**:321 (219, 220, 226, 227, 228), **5**:*339*
Davis, J. D., **42**:243, **42**:*267*
Davis, J. R., **16**:26, **16**:*54*
Davis, J. S., **31**:330, **31**:*372*
Davis, K. H., **1**:195 (7), **1**:204, **1**:209, **1**:211, **1**:220 (7), **1**:225, **1**:*227*
Davis, K. R., **16**:166, **16**:*180*
Davis, L. S., **16**:132, **16**:137, **16**:152, **16**:*178*, **16**:*181*, **18**:28, **18**:40, **18**:*56*, **18**:*57*, **19**:210, **19**:212, **19**:*226*, **34**:*285*, **35**:227, **35**:233, **35**:*254*, **45**:133, **45**:152, **45**:166, **45**:*196*
Davis, M. D., **2**:397, **2**:398, **2**:399, **2**:404, **2**:*417*
Davis, M. J., **26**:*440*
Davis, M. R., **7**:278 (12), **7**:*288*, **8**:*42*, **26**:349, **26**:*389*, **43**:234, **43**:*240*
Davis, N. C., **18**:234, **18**:235, **18**:239, **18**:243, **18**:256, **18**:281, **18**:*282*, **29**:253, **29**:258, **29**:*323*, **35**:354, **35**:*367*
Davis, N. J., **34**:134–135, **34**:142, **34**:*156*, **49**:265, **49**:272, **49**:*301*
Davis, P. J., **2**:56, **2**:57, **2**:64 (6.8, 6.9), **2**:86, **2**:100, **2**:118, **2**:120, **2**:121, **2**:*123*, **2**:*125*, **2**:*130*, **2**:*133*, **10**:100 (9), **10**:*107*
Davis, R., **11**:368, **11**:*385*, **22**:164, **22**:166, **22**:172, **22**:176, **22**:189, **22**:202, **22**:*210*, **22**:*211*, **22**:*212*, **22**:*215*, **22**:*216*, **22**:267, **22**:*293*, **23**:151, **23**:168, **23**:*174*, **38**:112, **38**:*139*, **38**:165, **38**:168–169, **38**:*180*,

43:117, 43:*134*, 46:409, 46:*437*, 47:95, 47:*138*
Davis, R. B., 18:176, 18:*227*
Davis, R. C., 16:225, 16:270, 16:*329*
Davis, R. M., 5:312 (136), 5:318 (136), 5:*334*, 7:176 (19), 7:*178*, 7:240 (1), 7:*287*, 7:*289*, 22:60, 22:*103*, 23:254, 23:*288*
Davis, R. P., 9:143, 9:*173*
Davis, S., 44:318, 44:325, 44:*328*
Davis, T., 40:75, 40:*122*
Davis, W., 47:216, 47:*246*, 47:*253*, 48:259, 48:*310*
Davis, W. A., 34:*285*
Davison, B., 5:297 (34), 5:298 (34), 5:300 (34), 5:301 (34), 5:303 (34), 5:304 (34), 5:305 (34), 5:306 (34), 5:320 (34), 5:321 (34), 5:*328*
Davison, G., 12:*168*
Davisson, C. M., 5:324 (295), 5:*343*
Davisson, D. J., 32:283, 32:*304*
Davydov, A. S., 31:243, 31:296, 31:*320*
Dawning Group Corporation, 44:188–189, 44:*213*
Dawson, C. W., 5:304 (72), 5:321, 5:322 (235, 236, 238, 239), 5:323 (235), 5:*330*, 5:*340*
Dawson, W. N., 19:*61*
Day, A., 44:287, 44:*328*
Day, E., 12:402, 12:*410*
Day, J. D., 17:206, 17:*216*, 26:388, 26:*389*, 29:84, 29:*187*
Day, M. C., 36:*421*, 42:24–26, 42:*32*, 47:4, 47:54, 47:*60*
Day, N. E., 12:334, 12:*410*
Day, W., 34:302, 34:*383*
Day, W. H. E., 19:179, 19:181, 19:*217*, 19:*218*
Dayal, U., 32:156, 32:170, 32:172, 32:189, 32:*197*, 32:*199*, 34:247, 34:*285*, 39:112, 39:115, 39:186, 39:*188*
Dayhoff, M. O., 10:242 (3), 10:*252*
Dayhoff, R. E., 38:*192*
Dayton, T., 36:*425*
De Angeli, A., 47:49, 47:50, 47:*64*
De Antonellis, V., 40:214, 40:246, 40:*250*
De Boer, J. H., 2:178, 2:*291*
de Boor, C. M., 3:261, 3:262, 3:*271*, 15:79, 15:80, 15:*117*

de Champeaux, D., 35:158–159, 35:*181*
de Chazal, P., 29:109, 29:*187*
de Cristofaro, B., 38:*183*
de Dufour, E., 5:322 (242), 5:*340*
de Feyter, P. J., 47:227, 47:*245*
De Gaus, A., 45:188, 45:*195*
De Gesu, V., 49:266, 49:*296*
de Geus, A., 32:4, 32:87, 32:90, 32:97, 32:*98*
de Graaf, C. N., 38:*190*
de Groot, A. D., 18:60, 18:*115*, 37:185, 37:*204*
de Guili, A., 38:*183*
de Haan, C. S., 3:*344*
De Hoog, R., 46:118, 46:*157*
De Jong, K. A., 45:166, 45:172, 45:173, 45:*195*, 45:*196*
De Jong, P., 40:218, 40:*250*
de Jonge, W., 30:196, 30:*218*
de Kleer, J., 38:82, 38:85, 38:100, 38:*139*
de la Briandans, S. R., 12:*168*
de la Haye, T., 35:342, 35:*367*
de la Véga, W. F., 11:89, 11:*125*
de la Vallée-Poussin, C. J., 2:69, 2:*126*
de Laplace, Pierre Simon, 3:325, 3:*344*
De Luca, A., 36:299, 36:*327*
De Man, H., 37:*282*
De Micheli, G., 32:4, 32:*96*, 32:*98*, 37:219, 37:240, 37:242–243, 37:256–257, 37:259, 37:268, 37:271, 37:278, 37:*282*, 40:69, 40:71, 40:74, 40:78, 40:*122*
De Micheli, L. G., 32:161, 32:*197*
De Michelis, G., 45:6, 45:50, 45:274, 45:*314*
De Mori, R., 28:*103*
De Poli, G., 36:144, 36:*195*
De Roever, W. P., 29:*185*
de Saint-Lambert, M., 36:162, 36:*199*
de Silva, S. B. D., 35:340, 35:*368*
De Soete, M., 30:194, 30:*219*
de Sola Price, D. J., 6:2, 6:*29*
de Solla Price, D. J., 31:*373*
De Souza, J. M., 45:221, 45:222, 45:223, 45:*265*
de Souza e Silva, E., 31:204–205, 31:207–208, 31:218, 31:229, 31:*231–232*
De V. Roberts, M., 29:198, 29:*248*
De Vitry, A. F., 2:*369*

de Vries, J. R. G., **44**:200, **44**:*217*
Dean, G., **46**:368, **46**:*400*
Dean, J. S., **24**:306, **24**:*317*, **40**:190, **40**:*252*
Dean, N., **20**:11, **20**:*36*
Dean, R., **16**:272, **16**:*329*
DeAntonellis, V., **35**:18, **35**:*79*
Dearborn, D. C., **21**:31, **21**:*87*
Dearden, J., **11**:*385*, **12**:41 (3), **12**:43 (5), **12**:*71*, **20**:10, **20**:11, **20**:15, **20**:25, **20**:*31*
Dearing, V., **13**:*71*
Deavours, C., **42**:23, **42**:*32*
Deavours, C. A., **22**:51, **22**:56, **22**:102, **22**:*103*
Deb, K., **45**:171, **45**:*194*
Debackere, K., **37**:406, **37**:408, **37**:410, **37**:*423*
deBakker, J., **24**:114, **24**:131, **24**:154, **24**:155, **24**:156, **24**:166, **24**:*170*, **28**:40, **28**:*64*
deBessonet, C. G., **24**:307, **24**:*312*
de-Bombal, F. T., **22**:218, **22**:292
Debons, A., **11**:326 (34), **11**:356 (36), **11**:361 (35), **11**:368, **11**:*385*, **11**:*388*, **31**:327, **31**:329–332, **31**:338, **31**:341–343, **31**:353–354, **31**:356, **31**:362, **31**:365, **31**:*372–373*, **31**:*375*, **31**:*378*
DeBrabander, B., **19**:*324*
Debreu, G., **2**:*368*
DeBuse, R., **21**:347, **21**:*416*
Decegama, A. L., **34**:174, **34**:*230*
Dechand, C. O., **5**:313 (153), **5**:323 (263b), **5**:*335*, **5**:*342*
DeChanteloup, V. C., **11**:232 (9), **11**:*317*
Dechelle, F., **36**:147, **36**:*197*
Decina, M., **44**:313, **44**:*328*
Deck, M. D., **36**:25, **36**:*39*
Decker, W., **41**:51, **41**:*60*
Declerck, T., **47**:40, **47**:*59*
Decrinis, P., **41**:12, **41**:*61*, **46**:28, **46**:*31*, **46**:58, **46**:*104*
Dee, D., **31**:8, **31**:*96*
Deen, S. M., **32**:167, **32**:177, **32**:190, **32**:*197*
Deer, R. L., **31**:330, **31**:333, **31**:*373*
Deering, S., **44**:326, **44**:*330*, **48**:222, **48**:223, **48**:233, **48**:*252*, **48**:*253*
Deering, S. E., **48**:*233*, **48**:*255*
Deetz, S., **31**:*373*
DeFanti, T. A., **16**:41, **16**:*54*, **33**:248, **33**:250, **33**:252, **33**:257, **33**:254, **33**:259, **33**:271, **33**:291, **33**:292, **33**:294, **33**:299, **33**:*303*, **33**:*304*, **48**:305, **48**:*310*
DeFatta, D. J., **37**:114, **37**:*116*
Defays, D., **19**:136, **19**:*218*
Defense Management Systems College, **44**:14, **44**:35, **44**:*56*
DeFerranti, B. Z., **11**:345 (37), **11**:*385*
deFigueiredo, R. J. P., **34**:84–85, **34**:98, **34**:102, **34**:*111*
Defiore, C. R., **28**:120, **28**:146, **28**:*147*
DeFiore, C., **19**:*62*
Degan, J., **6**:*225*, **11**:324, **11**:*384*, **11**:*387*
DeGennaro, R., **21**:394, **21**:*416*
Degloria, S. D., **34**:86, **34**:*108*
Degrandi, G., **42**:166, **42**:*233*
DeGroot, D., **26**:191, **26**:*197*
Deguzman, G. C., **42**:243, **42**:*267*
Dehnad, K., **36**:312, **36**:*330*
Dehning, W., **32**:216, **32**:217, **32**:*250*
Deimel, L., **42**:51, **42**:*76*
Deitch, A. D., **12**:296, **12**:*410*
Deiters, W., **41**:13, **41**:*62*
deJager, F., **10**:116 (2), **10**:*128*
DeJong, G., **24**:307, **24**:*312*
DeJong, M. R., **47**:216, **47**:*247*
DeJongh, M., **38**:110, **38**:113, **38**:119, **38**:*139*
Dekel, E., **26**:100, **26**:103, **26**:125, **26**:128, **26**:131, **26**:133, **26**:138, **26**:*150*
Deken, J., **35**:330, **35**:*368*
Dekker, D. L., **47**:215, **47**:*246*
Dekker, L., **33**:104, **33**:*111*, **44**:*214*
Dekker, T. J., **19**:240, **19**:*248*
deKleer, J., **18**:218, **18**:*226*
DeKleer, J., **22**:190, **22**:202, **22**:203, **22**:206, **22**:211, **22**:*212*
DeKock, A., **39**:80, **39**:*104*
deKorvin, A., **28**:238, **28**:*278*
Del Rio, B., **18**:*282*
DeLand, E. C., **2**:*368*, **3**:185, **3**:*187*
Delaney, W., **33**:*111*
Delaruelle, A., **37**:*282*
Delattre, P. C., **11**:181 (108), **11**:191 (86, 108), **11**:*226*, **11**:*227*

Delavenay, E., **11**:*52*
Delcker, A., **47**:216, **47**:*246*
Delcourt, B., **43**:84–85, **43**:119, **43**:*135*
DelDuca, V., **16**:164, **16**:*177*
deLeeuw, K., **2**:392, **2**:*417*
deLespinasse, A. F., **48**:142, **48**:171, **48**:*176*
Delgado, M., **36**:317, **36**:*327*
Delgalvis, I., **12**:*168*
Delgutte, B., **31**:130, **31**:*170*
DeLine, R., **46**:383, **46**:*400*
Delisle, N., **49**:90, **49**:*93*
Dell, L. D., **44**:23, **44**:*58*
Della Peitra, S. A., **49**:34, **49**:*58*
Della Peitra, V. J., **49**:34, **49**:*58*
Della Torre, E., **17**:224, **17**:230, **17**:231, **17**:232, **17**:*280*
Della, P., **49**:146, **49**:*188*
Dellaverson, L., **44**:326–327, **44**:*330*
Deller, M. Q., **16**:*179*
Dell'Oca, M., **38**:*193*
DeLone, W. H., **46**:124, **46**:*154*
Delor, E., **43**:84–85, **43**:119, **43**:*135*
Delosme, J.-M., **38**:201, **38**:*244*
Delp, E. J., **43**:244, **43**:*275*
DelPresto, P. V., **19**:187, **19**:208, **19**:*215*
Delugish, B. G., **26**:*278*
deMaine, P. A. D., **16**:150, **16**:*178*
DeMaio, A., **34**:301, **34**:*384*
DeMan, H., **37**:280, **37**:*283*
DeMarco, T., **22**:135, **22**:*159*, **24**:363, **24**:*372*, **30**:56, **30**:*82*, **34**:299, **34**:321, **34**:367, **34**:*384*, **35**:10, **35**:18–19, **35**:*79*, **35**:203, **35**:*252*, **40**:72, **40**:*122*, **41**:108, **41**:130, **41**:*155*, **44**:31, **44**:33, **44**:*56*, **44**:61, **44**:77, **44**:79–80, **44**:82–86, **44**:91, **44**:108, **44**:115, **44**:*124*, **46**:2, **46**:*30*
Demaria, A. N., **47**:216, **47**:*248*
Dembinski, P., **24**:156, **24**:*169*, **29**:108, **29**:*186*, **40**:80, **40**:*122*
Demco, J., **24**:119, **24**:120, **24**:122, **24**:123, **24**:*170*, **24**:*173*
Demedts, A., **49**:36, **49**:57, **49**:*68*
Demers, A., **48**:122, **48**:142, **48**:171, **48**:173, **48**:*176*
Demers, R. A., **47**:5, **47**:6, **47**:21, **47**:30, **47**:36, **47**:*58*
DeMicheli, G., **37**:*282*
DeMillo, R., **22**:115, **22**:*159*, **28**:45, **28**:*64*, **30**:177–178, **30**:209–211, **30**:*218*, **41**:227, **41**:*228*
DeMillo, R. A., **19**:274, **19**:*324*, **20**:*256*, **22**:298, **22**:*350*, **24**:99, **26**:357, **26**:*389*, **33**:55, **33**:56, **33**:57, **33**:*63*, **41**:181, **41**:*189*, **43**:2, **43**:29, **43**:*45*, **46**:160, **46**:*233*, **49**:262, **49**:*297*
Deming, L. S., **2**:68, **2**:*126*
Deming, W. E., **41**:13, **41**:*60*, **41**:75, **41**:*82*, **46**:60, **46**:*103*
Demo, B., **32**:191, **32**:*199–200*, **35**:18, **35**:*78–79*
Demo, D., **32**:177, **32**:191, **32**:*200*
Demongeot, J., **47**:146, **47**:*180*
DeMori, P., **43**:2, **43**:*48*
DeMori, R., **31**:112–113, **31**:120–123, **31**:126, **31**:139, **31**:149, **31**:151, **31**:153, **31**:165, **31**:167, **31**:*170–171*
Dempsey, E. P., **32**:232, **32**:*252*
Dempster, A. P., **36**:270, **36**:*327*
Demski, J. S., **20**:16, **20**:*32*
Demurjian, S. A., **28**:109, **28**:*147*, **32**:150, **32**:*197*, **46**:247, **46**:*285*
den Heed, W., **47**:227, **47**:*245*
Denenberg, S. A., **16**:212, **16**:*215*, **23**:8, **23**:*32*, **24**:351, **24**:*372*
Denes, P., **1**:194, **1**:206, **1**:207 (22), **1**:211, **1**:213, **1**:216, **1**:219 (39), **1**:223 (5), **1**:224 (39, 41), **1**:225, **1**:226 (22), **1**:*227*, **1**:*228*, **1**:*229*, **11**:128 (4), **11**:*163*, **11**:202, **11**:204, **11**:205, **11**:*223*
Deng, J., **47**:215, **47**:*246*
Deng, S., **35**:307, **35**:*318*
Deng, Y. B., **47**:216, **47**:*253*
Dengel, A., **40**:*252*
Denicoff, M., **37**:378
Denington, R. J., **9**:259, **9**:*284*
Denisenko, A., **29**:302, **29**:*323*
Denison, E. E., **43**:*211*
Denker, J. S., **33**:194, **33**:207, **33**:220, **33**:*236*, **33**:*240*, **37**:405, **37**:407, **37**:407, **37**:420–421
Denneau, M., **34**:123, **34**:*152*
Denning, D., **44**:244, **44**:*281*
Denning, D. E., **22**:96, **22**:*103*, **24**:99, **29**:5, **29**:29–30, **29**:32, **29**:*44*, **30**:179, **30**:182–183, **30**:188, **30**:194, **30**:196, **30**:204, **30**:209–210, **30**:*219*,

38:3, 38:15–16, 38:39–41, 38:*69*, 38:*71*
Denning, D. F., 43:32, 43:*46*
Denning, J. P., 42:*116*
Denning, P. J., 12:17 (5), 12:25 (5), 12:*35*, 14:*75*, 15:83, 15:*117*, 16:79, 16:*122*, 17:257, 17:*281*, 21:94, 21:*151*, 22:102, 22:*103*, 24:62, 24:*99*, 29:3, 29:32, 29:*44*, 29:184, 29:*187*, 31:318, 31:*320*, 33:175, 33:*236* 36:*421*, 38:10, 38:*70*, 43:32, 43:*46*
Dennis, A. R., 34:*384*, 42:43, 42:70, 42:*75–76*, 45:6, 45:51, 45:296, 45:*319*
Dennis, J. B., 2:347, 2:359, 2:*369*, 7:260 (9), 7:*288*, 8:7, 8:*42*, 8:*43*, 10:72, 10:*76*, 12:*168*, 14:234, 14:*271*, 21:109, 21:129, 21:131, 21:*151*, 34:145, 34:*153*, 37:291–292, 37:295, 37:323, 37:*331*
Dennis, S. F., 9:135, 9:147, 9:148 (29), 9:153 (17, 18, 29, 30), 9:157 (29), 9:*173*
Denny, M., 43:188, 43:196–198, 43:*213*
Dent, W. T., 12:154 (8), 12:*166*
Denyer, P. B., 34:193, 34:223, 34:*229*
Deo, N., 26:115, 26:119, 26:123, 26:124, 26:*150*, 26:*151*, 26:*152*, 32:27, 32:*102*
Deonigi, D., 5:326 (376, 377), 5:*348*
DePaoli, F., 46:377, 46:*400*
Department of Defense, 41:107, 41:*155*
d'Epenoux, F., 2:*367*, 2:*369*
DePiero, F. W., 43:245, 43:247, 43:249–251, 43:256, 43:263, 43:274, 43:*276*, 43:*278*
Deprit, E., 45:143, 45:*150*, 45:*153*
DeRemer, F., 43:55, 43:63, 43:72, 43:74, 43:87, 43:*134*,
DeRemer, F. L., 49:146, 49:*188*
Dereniak, E., 31:293, 31:*323*
Derfler, F., 23:170, 23:*174*
Derfler, F., Jr., 39:280, 39:*289*
Derksen, J. A., 13:201, 13:202, 13:*230*, 15:4, 15:8, 15:*62*
Derman, H., 12:404, 12:*411*
deRoever, W. P., 39:130, 39:*187*
DeRoze, B. C., 19:261, 19:277, 19:*324*

Derratt, N., 35:*181*
Derrida, B., 37:*163*
Dersch, W. C., 5:132 (45), 5:*220*, 11:209, 11:218, 11:*223*
Dershowitz, N., 15:31, 15:*60*
DeRuyck, D. M., 23:12, 23:13, 23:*32*
Dery, D., 19:298, 19:*324*, 21:3, 21:11, 21:12, 21:*87*
Desai, S., 40:185, 40:198–199, 40:*250*
DeSanctis, G., 31:54, 31:*96*
DeSanctis, G. L., 45:282, 45:296, 45:*315*
Deschoolmeester, D., 19:*324*
Desel, J., 45:14, 45:15, 45:16, 45:25, 45:33, 45:*51*
Desforges, D. T., 33:*236*
Desmedt, Y., 30:176, 30:186–187, 30:189, 30:192, 30:196, 30:200, 30:210, 30:212–213, 30:215–216, 30:*217–219*, 42:23, 42:*32*
Desmonde, W. H., 24:323, 24:*372*
Desoer, C. A., 23:194, 23:249, 23:*251*
deSola Pool, I., 21:412, 21:*416*
DeSopena, L., 24:306, 24:*312*, 24:*313*
Desoto, C. B., 32:245, 32:*250*
Despain, A. M., 40:149, 40:*176*
Desper, J., 24:*313*
Despres, R., 42:121, 42:*235*
Dessimoz, J. D., 32:109, 32:*146*
Dessy, R. E., 21:313, 21:315, 21:316, 21:*330*
Desurvire, H., 36:393, 36:*421*
Detienne, Francoise, 40:29, 40:34, 40:*37*
Detjens, E., 32:4, 32:*98*
Detmer, P. R., 47:211, 47:216, 47:*246*, 47:*248*
Deuel, P., 2:388, 2:*417*
Deutsch, E. S., 13:*106*
Deutsch, K. W., 28:246, 28:*276*
Deutsch, L. P., 10:155 (8), 10:*173*
Deutsch, M., 44:35, 44:*56*
Devanbu, P., 49:151, 49:*188*
Devanna, M. A., 28:268, 28:*277*
DeviceNet Specification Version 2.0, 49:316, 49:*347*
Devlin, K., 36:260, 36:*327*
Devonald, K. J., 47:216, 47:*246*
Devos, F., 49:266, 49:267, 49:*300*
Dewar, H., 11:172 (148), 11:*229*
Dewar, R., 20:232, 20:*256*

Dewar, R. B. K., **20**:232, **20**:256, **37**:15, **37**:*56*
Dewbury, K. C., **47**:226, **47**:*246*
Dewey, G., **1**:195, **1**:*227*
Dewey, J., **18**:*227*
DeWitt, D. J., **19**:*63*, **21**:117, **21**:*151*, **24**:144, **24**:*170*, **26**:*149*, **28**:127, **28**:145, **28**:*147*, **35**:144, **35**:*181*
Dexter, E. M., **4**:226 (66), **4**:*242*
Dexter, M. E., **24**:*318*
Deztyareva, G. S., **18**:*282*
Dhaeseleer, P., **45**:183, **45**:*196*
Dhagat, M., **49**:241, **49**:*297*
Dhaka, V. A., **9**:211 (91), **9**:*235*, **9**:*238*
Dhall, S., **23**:317, **23**:318, **23**:*351*
Dhall, S. K., **26**:*151*
Dhar, V., **40**:188–190, **40**:196, **40**:244, **40**:*250*, **48**:300, **48**:*309*
Dharsai, M., **34**:123, **34**:*155*, **44**:207, **44**:*215*
Dhaussy, P., **40**:104, **40**:*122*
Dhond, U. R., **34**:69, **34**:*108*
Di Battista, G. L. G., **49**:139, **49**:*140*
Di Benedetto, M. D., **42**:263, **42**:*267*
Di Henberger, D., **7**:*290*
Di Manzo, M., **38**:*139*
Di Mario, C., **47**:216, **47**:227, **47**:*245*, **47**:*252*
Di Meglio, R., **46**:364, **46**:*398*
Di Nitto, E., **46**:41, **46**:*102*
Di Stefano, A., **38**:*187*
Di Zenzo, S., **34**:86, **34**:*108*
Diacumakos, E. G., **12**:402, **12**:*410*
Diagne, A. K., **47**:40, **47**:*59*, **49**:48, **49**:*64*
Diaper, D., **36**:372, **36**:382, **36**:*421*, **36**:*424*
Dias, A., **28**:154, **28**:172, **28**:214, **28**:*223*
Dias, D., **47**:315, **47**:*339*
Dias, D. M., **26**:194, **26**:*197*, **47**:*340*
Diaz, J. B., **2**:78, **2**:84, **2**:117, **2**:*130*, **2**:*131*, **2**:*132*
Diaz, M., **29**:95, **29**:108, **29**:109, **29**:*187*, **29**:*193*
Diaz, O., **39**:115, **39**:*186*
Dichiaro, T., **49**:284, **49**:285, **49**:286, **49**:290, **49**:*295*
Dick, C., **44**:187, **44**:*213*
Dick, D. E., **16**:*177*
Dick, G. W., **11**:301, **11**:*317*
Dickerson, F. R., **3**:*344*, **9**:117, **9**:123, **9**:125, **9**:148, **9**:156, **9**:*173*
Dickey, E., **20**:11, **20**:*31*
Dickhoven, S., **39**:284, **39**:*291*
Dickinson, J., **36**:*422*
Dickmann, L., **49**:48, **49**:*64*
Dickmanns, E. D., **32**:*148*
Dickoff, J., **31**:*373*
Dickson, D., **37**:378–379, **37**:*420*
Dickson, G. J., **29**:109, **29**:*187*
Dickson, G. W., **19**:*323*, **20**:5, **20**:12, **20**:16, **20**:18, **20**:20, **20**:21, **20**:22, **20**:*30*, **20**:*31*, **20**:*35*, **20**:*37*, **34**:295, **34**:*384*, **45**:296, **45**:*316*
Dickson, J. C., **2**:363, **2**:*369*
Didenko, V. D., **44**:204, **44**:*216*
Didier, J., **29**:95, **29**:*192*
Didner, R. S., **36**:*421*
Diebold, J., **20**:6, **20**:9, **20**:10, **20**:*31*
Diebold, J., **7**:188 (14), **7**:192 (14), **7**:*193*, **28**:246, **28**:*275*
Diebold, W., Jr., **35**:333, **35**:*368*
Diederich, J., **36**:206, **36**:*251*
Diener, G. R., **36**:157–158, **36**:*195*
Diener, H. C., **47**:216, **47**:*246*
Dierks, T., **48**:245, **48**:*252*
Dietmeyer, D., **32**:6, **32**:65, **32**:*98*
Dietemann, D. C., **9**:129 (20a), **9**:*173*
Dietmeyer, D. L., **21**:92, **21**:95, **21**:100, **21**:101, **21**:102, **21**:109, **21**:113, **21**:117, **21**:144, **21**:145, **21**:*151*, **21**:*152*, **21**:*154*
Dietz, H., **49**:275, **49**:277, **49**:278, **49**:296, **49**:*297*
Dietz, H. G., **49**:252, **49**:261, **49**:262, **49**:270, **49**:272, **49**:277, **49**:284, **49**:285, **49**:286, **49**:287, **49**:288, **49**:289, **49**:290, **49**:297, **49**:*300*
Dietz, W. B., **21**:118, **21**:126, **21**:*150*
Dietzel, T., **49**:36, **49**:57, **49**:*68*
Dietzfelbinger, M., **44**:345, **44**:*359*
Dievendorff, R., **48**:270, **48**:*310*
Diewert, W. E., **43**:188, **43**:197–198, **43**:207, **43**:*211*
Diffie, W., **22**:46, **22**:53, **22**:60, **22**:64, **22**:82, **22**:96, **22**:*104*, **30**:181, **30**:183, **30**:185, **30**:195, **30**:211, **30**:*219*, **48**:238, **48**:*252*
Digalakis, V., **47**:52, **47**:*60*
DiGesu, V., **44**:198, **44**:*213*
Digger, J. A., **21**:389, **21**:*415*

Diggle, P. J., **19**:129, **19**:*216*, **19**:*218*
Dight, D. G., **5**:326 (346), **5**:*346*
Digital, **43**:68, **43**:*134*
Digital Equipment Corporation, **24**:116, **24**:*170*, **26**:258, **44**:322, **44**:*328*
Dijkstra, A., **21**:*330*
Dijkstra, E. W., **4**:146 (43), **4**:*164*, **8**:193, **8**:*244*, **10**:72, **10**:*76*, **12**:22, **12**:*35*, **13**:29, **13**:*41*, **14**:46, **14**:*75*, **15**:40, **15**:*60*, **19**:105, **19**:*109*, **20**:62, **20**:*82*, **21**:92, **21**:*151*, **24**:104, **24**:107, **24**:131, **24**:155, **24**:162, **24**:166, **24**:*170*, **26**:113, **26**:115, **26**:124, **26**:148, **26**:*150*, **26**:411, **26**:412, **26**:421, **26**:429, **26**:*441*, **28**:2, **28**:21, **28**:40, **28**:*64*, **29**:49, **29**:*74*, **33**:56, **33**:*63*, **35**:142, **35**:*181*, **35**:310, **35**:*320*, **36**:51, **36**:*108*, **41**:225, **41**:*228*
DiLeva, A., **32**:177, **32**:191, **32**:*199–200*, **32**:*200*, **35**:51, **35**:*78*, **35**:*79*
Diliberto, S. P., **3**:30, **3**:33, **3**:*74*
Dillencourt, M. B., **46**:357, **46**:*399*
Dilligan, R. J., **13**:61, **13**:*70*
Dillon, M., **24**:291, **24**:*313*
DiLorento, M., **35**:298, **35**:307, **35**:313, **35**:*320–322*, **35**:*324*
Dilts, D. M., **46**:241, **46**:*286*
DiMario, F., **38**:*192*
Dimitroff, D. C., **34**:*285*
D'Imperio, M. E., **12**:*168*
Dimsdale, B., **2**:*369*
Dimsdale, J. J., **21**:405, **21**:*419*
Dincbas, M., **22**:202, **22**:*212*
Ding, H., **40**:94, **40**:*124*
Ding, M., **42**:243, **42**:*267*
Dingankar, A., **38**:*184*
Dini, L., **47**:40, **47**:*59*
Diniz, P., **45**:148, **45**:*150*
Dinstein, I., **19**:210, **19**:211, **19**:*220*
Dinwiddie, J. H., **7**:287 (41), **7**:*289*
Diogenes Laertius, **11**:63, **11**:*123*
Dioguardi, N., **38**:*193*
DiPaola, B., **16**:272, **16**:*329*
Dippe, M. D., **22**:114, **22**:*161*
Dirac, P. A. M., **31**:267, **31**:*320*
Dirks, H. K., **26**:*333*
diRoccaferrera, G. F., **12**:38 (6), **12**:40 (6), **12**:49 (7), **12**:55 (6), **12**:*71*

DiRomualdo, A., **47**:362, **47**:*366*
Ditschuneit, H., **38**:*188*, **38**:*192*
Dittert, W., **18**:244, **18**:*282*
Dittia, Z. D., **48**:10, **48**:15, **48**:22, **48**:31, **48**:34, **48**:*115*
Dittrich, K. R., **32**:182, **32**:192, **32**:*197*, **39**:115, **39**:*187*
Ditzel, D., **21**:97, **21**:*152*
Divilbis, J. L., **12**:80, **12**:*111*
DiVito, B. L., **29**:*187*
Dix, A. J., **32**:207, **32**:*250*
Dixit, A., **44**:26, **44**:*56*
Dixit, K. M., **41**:235–236, **41**:239, **41**:243, **41**:*252*
Dixit, S., **44**:289, **44**:*328*
Dixon, J., **28**:20, **28**:*64*
Dixon, J. D., **26**:139, **26**:140, **26**:*152*
Dixon, J. K., **18**:95, **18**:*117*, **29**:210, **29**:*250*, **38**:131, **38**:*143*
Dixon, M., **45**:298, **45**:*315*, **45**:*319*
Dixon, N. F., **44**:10, **44**:*56*
Dixon, N. R., **11**:186, **11**:*223*
Dixon, R., **42**:135, **42**:*235*
Djachan, D., **32**:25, **32**:*99*
Djerassi, C., **21**:296, **21**:*330*
Djordjevic, J., **21**:118, **21**:126, **21**:127, **21**:*152*
DMSC., **44**:14, **44**:35, **44**:*56*
Dobbins, J. H., **42**:*75*
Dobbins, R. W., **38**:*187–188*, **38**:*190*
Dobbs, G., **38**:*189*
Dobbs, G. H., **4**:157 (94), **4**:*166*
Dobkin, D., **30**:177, **30**:*218–219*
Dobkin, D. P., **24**:*99*
Doble, J., **47**:259, **47**:*291*
Dobson, A. J., **19**:158, **19**:*218*
Dobson, J. E., **42**:23, **42**:*32*
Dock, V., **20**:12, **20**:14, **20**:*31*
Dockx, S., **38**:254, **38**:*313*
Dodani, M., **32**:230, **32**:*254*
Dodd, D. H., **32**:221, **32**:*250*
Dodd, G. G., **12**:117, **12**:*168*
Dodge, C., **12**:83, **12**:97 (22), **12**:*111*, **36**:140, **36**:143, **36**:145, **36**:147, **36**:151–154, **36**:*195*, **36**:*202*
Dodson, A. T., **21**:383, **21**:*417*
Dodson, J., **36**:*40*, **36**:*41*
Dodson, J. D., **11**:365 (38), **11**:*385*
Doelling, N., **11**:383 (39), **11**:*385*
Doeppner, T. W., **35**:274, **35**:*320*

Dogac, A., **35**:40, **35**:*78*
Doggett, J., **5**:324 (294), **5**:*343*
Dohman, G., **28**:*63*
Dohmen, **28**:21
Dohzhansky, T., **8**:105 (2), **8**:*151*
Doi, S., **49**:34, **49**:*59*
Dolan, K. A., **30**:44, **30**:*83*
Dolan, W. W., **2**:155 (6), **2**:158 (13a), **2**:161 (6), **2**:163 (15), **2**:166 (17), **2**:169 (22), **2**:178 (22), **2**:*289*, **2**:*290*, **49**:37, **49**:*65*
Dolecek, Q. E., **34**:149, **34**:*153*
Dolev, D., **44**:223, **44**:*280*
Doležel, L., **13**:*71*
Dolk, D., **26**:7, **26**:*43*
Doll, D., **42**:131, **42**:*235*
Dollas, A., **26**:77, **26**:88, **26**:*90*
Dollas, Apostolos, **40**:*65*, **40**:68, **40**:72, **40**:77, **40**:80, **40**:103, **40**:111, **40**:116, **40**:*121–123*
Dolson, M., **36**:178, **36**:*195*
Domashnev, C., **49**:37, **49**:*64*
Dominguez, I. Z., **49**:12, **49**:*64*
Dominic, S., **45**:189, **45**:*195*
Dominick, W., **47**:25, **47**:38, **47**:51, **47**:*62*
Dominick, W. D., **32**:202, **32**:231, **32**:*250*
Domke, M., **34**:302, **34**:339, **34**:351, **34**:*391*
Donahue, J. E., **21**:105, **21**:*152*, **24**:154, **24**:156, **24**:*170*
Donaldson, H., **21**:411, **21**:412, **21**:413, **21**:*417*
Donaldson, P., **5**:207, **5**:*225*
Donally, W. L., **4**:11, **4**:*50*
Doncov, B., **18**:237, **18**:238, **18**:*282*
Dong, E., Jr., **47**:215, **47**:*246*
Dong, S. T., **26**:406, **26**:*441*, **29**:135, **29**:143, **29**:173, **29**:*187*, **29**:*191*
Dongarra, J., **44**:188, **44**:203, **44**:*213*
Dongarra, J. J., **34**:*153*
Dongarra, J. W., **45**:141, **45**:*150*, **45**:*152*
Donnay, G., **7**:201 (4), **7**:*206*
Donnay, J. D. H., **7**:201 (4), **7**:*206*
Donnell, M. L., **31**:*95*
Donnelley, J. E., **16**:208, **16**:*216*
Donner, K., **47**:227, **47**:*246*
Donohue, J., **5**:277 (50), **5**:281 (61), **5**:*286*, **5**:*287*
Donohue, J. C., **31**:343–344, **31**:*373*

Donovan, J. J., **12**:250 (11), **12**:*283*
Donovan, J. R., **16**:299, **16**:*329*
Donskoy, M. V., **18**:61, **18**:98, **18**:*114*, **29**:232, **29**:234, **29**:239, **29**:*247*
Doolan, E. P., **42**:56, **42**:*75*
Dooley, R. L., **38**:*184*
Döös, B., **1**:50 (2, 3, 4), **1**:82 (78), **1**:*86*, **1**:*90*
Doppelbaner, J., **44**:199, **44**:*213*
Doppelt, F. F., **36**:*421*
Dopping, O., **12**:*168*
Dor, D., **43**:222, **43**:*240*
Doran, J. E., **10**:97, **10**:*107*
Doran, R. J., **26**:*149*, **29**:*248*
Doran, R. W., **13**:183, **13**:*227*
Dorato, P., **23**:182, **23**:193, **23**:194, **23**:*251*
Dorff, E. K., **11**:332 (41), **11**:*385*
Dorfman, R., **2**:*369*
Dorigo, M., **45**:167, **45**:182, **45**:186, **45**:191, **45**:*194*
Dorling, A., **46**:3, **46**:17, **46**:*30*, **46**:40, **46**:*103*
Dorn, W. S., **2**:*369*, **7**:109, **7**:*114*
Dorna, M., **49**:24, **49**:33, **49**:39, **49**:59, **49**:*60*
Dornheim, F. R., **3**:186, **3**:*187*
Dorofee, A. J., **44**:24, **44**:*52*, **44**:*57*
Dorofeyuk, A. A., **19**:114, **19**:*218*
Dorozhevets, M. N., **44**:204, **44**:*214*
Dorr, B. J., **49**:2, **49**:12, **49**:17, **49**:19, **49**:26, **49**:30, **49**:31, **49**:53, **49**:54, **49**:57, **49**:59, **49**:60, **49**:62, **49**:65, **49**:*68*
Dorr, F. W., **20**:*192*
Dorrepaal, J., **49**:28, **49**:*67*
Dorsey, J. P., **5**:313 (151), **5**:316 (151), **5**:318 (151), **5**:321 (228), **5**:*335*, **5**:*339*
Dos Santos, B. L., **43**:188, **43**:206–207, **43**:*211*
Dosch, W., **22**:316, **22**:319, **22**:322, **22**:*353*
Dose, K., **47**:*183*
Doshita, S., **11**:204 (128), **11**:205, **11**:210, **11**:*228*
Dosoer, C. A., **33**:72, **33**:*114*
Doster, W., **38**:*188*, **38**:*192*
Dostert, B. H., **13**:114, **13**:115, **13**:118, **13**:150, **13**:166, **13**:*167*,

13:*168*
Dostert, L. E., **1**:160, **1**:*163*
Doszkocs, T. C., **30**:29, **30**:*34*
Doszkocs, T. E., **21**:400, **21**:402, **21**:*417*, **24**:289, **24**:295, **24**:*313*, **48**:301, **48**:*311*
Dotterer, L. J., **30**:178, **30**:*220*
Doty, K. L., **19**:*63*, **28**:122, **28**:146, **28**:*148*
Doubleday, D. L., **46**:375, **46**:*397*
Doucette, D., **11**:320 (40), **11**:*385*
Dougherty, C. Y., **8**:156 (11), **8**:*186*
Dougherty, D. M., **24**:365, **24**:*372*
Dougherty, E. E., **5**:309 (176), **5**:*336*
Dougherty, R. L., **12**:*167*
Douglas, C., **45**:*151*
Douglas, J., **2**:5 (8), **2**:14 (8), **2**:15 (13), **2**:16 (8), **2**:17 (20), **2**:18 (21), **2**:22 (27), **2**:23 (30), **2**:25 (32), **2**:26 (32), **2**:27 (30), **2**:28 (34), **2**:30 (8), **2**:34 (35), **2**:35 (36), **2**:36 (34), **2**:37 (21, 39, 40), **2**:39 (40), **2**:40 (21, 43), **2**:43 (27, 30, 45), **2**:46 (55, 56), **2**:47 (55), **2**:48 (61), **2**:49 (54, 62, 63), **2**:50 (54), **2**:*52*, **2**:*53*, **2**:*54*, **5**:318 (214), **5**:*339*
Douglas, J., Jr., **3**:193, **3**:205, **3**:219, **3**:*271*
Douglas, J. R., **18**:85, **18**:*115*
Douglas, M. L., **12**:*283*, **13**:6, **13**:*40*
Douglas, S. A., **32**:229, **32**:*250*
Douglass, R., **49**:244, **49**:245, **49**:252, **49**:*299*
Douglis, A., **5**:299 (42), **5**:*328*
Dourish, P., **45**:274, **45**:280, **45**:289, **45**:310, **45**:*316*
Dowd, P., **42**:165, **42**:*235*
Dowding, J., **47**:40, **47**:51, **47**:*63*
Dowdy, L. W., **40**:161, **40**:*178*
Dowell, J., **36**:*421*, **36**:*426*
Dowla, F. U., **36**:228, **36**:231, **36**:*252*
Dowler, L., **48**:264, **48**:*310*
Dowlin, K. E., **21**:339, **21**:363, **21**:365, **21**:*417*
Dowling, G. R., **47**:16, **47**:*61*
Down, A., **44**:51, **44**:*56*
Downey, D. B., **47**:211, **47**:216, **47**:227, **47**:*246*, **47**:*251*, **47**:*252*
Downey, G. W., **16**:131, **16**:*178*
Downing, R. W., **26**:212, **26**:259, **26**:*278*

Downs, A., **19**:310, **19**:314, **19**:*324*
Dowson, M., **41**:17, **41**:*60*, **46**:40, **46**:46, **46**:55, **46**:77, **46**:*104*
Doyle, F. J., **13**:*106*, **13**:*107*
Doyle, J., **22**:190, **22**:*212*, **26**:36, **26**:*43*, **26**:*44*, **38**:78, **38**:80, **38**:*142*
Doyle, L. B., **6**:20, **6**:*29*, **7**:182, **7**:*193*, **11**:66, **11**:69, **11**:72, **11**:79, **11**:85, **11**:*123*
Doyle, R. J., **38**:132, **38**:*139*
Drabenstott, K. M., **48**:264, **48**:265, **48**:267, **48**:269, **48**:273, **48**:*310*
Draffan, I., **40**:188, **40**:241, **40**:*252*
Dragomirecky, M., **37**:276, **37**:*282*
Dragon, A. C., **21**:347, **21**:*417*
Draguns, J. G., **19**:204, **19**:*216*
Drake, B. L., **28**:198, **28**:*222*, **34**:129, **34**:*153*
Drake, C., **36**:185, **36**:*195*
Drake, J. M., **42**:70, **42**:*75*
Drake, R. J., **12**:*173*
Draper, B. A., **34**:*284*
Draper, S. W., **31**:47, **31**:*97*, **36**:359, **36**:*421*, **36**:*427*
Drashansky, T. T., **46**:404, **46**:406, **46**:407, **46**:416, **46**:417, **46**:421, **46**:*435*, **46**:*436*
Drauss, M., **47**:215, **47**:*247*
Draves, R. P., **47**:317, **47**:*338*
Drawbaugh, D. W., **5**:325 (311, 312), **5**:*344*
Dray, S., **42**:24, **42**:*32*
Drayton, C. E., **7**:125 (9), **7**:*177*
Drazen, E., **16**:156, **16**:157, **16**:*178*
Drebin, R. A., **33**:265, **33**:*304*, **47**:227, **47**:*246*
Dretske, F. I., **36**:260, **36**:325, **36**:*327*
Drexhage, K. A., **18**:233, **18**:236, **18**:238, **18**:*283*
Drexler, K., **47**:143, **47**:*180*
Dreyfus, D., **36**:220, **36**:*253*
Dreyfus, G., **37**:*165*
Dreyfus, H., **13**:170, **13**:*226*, **34**:347, **34**:360, **34**:*384*
Dreyfus, H. L., **9**:114, **9**:*173*, **29**:57, **29**:*74*, **36**:206, **36**:*251*, **37**:358, **37**:*420*
Dreyfus, P., **3**:78 (5), **3**:*152*, **4**:283 (18, 19, 20), **4**:*303*
Dreyfus, S. E., **29**:57, **29**:*74*, **33**:*236*,

34:247, 34:*384*, 36:206, 36:*251*, 37:358, 37:*420*
Dreyfuss-Graf, J., 11:153, 11:*163*
Driga, I., 29:275, 29:302, 29:*323*
Driver, M. J., 11:359 (122), 11:*389*, 12:43 (24), 12:*72*
Drobnik, O., 29:110, 29:*189*
Droms, R., 48:236, 48:237, 48:*252*, 48:*253*
Dropsho, S. G., 46:332, 46:*400*
Drozdov, E. A., 18:240, 18:247, 18:*283*
Drucker, P. F., 20:9, 20:31, 28:243, 28:*275*, 44:9, 44:14, 44:19, 44:32, 44:52–53, 44:*56*, 45:305, 45:*316*
Druffel, L. E., 24:367, 24:*372*
Drumheller, M., 34:64–65, 34:70, 34:88, 34:*111*
Drummond, G. I., 31:277, 31:*320*
Drury, C. G., 33:127, 33:*166*, 36:371–372, 36:381, 36:*421*
Druschel, P., 48:12, 48:*115*
Dryden, C. E., 5:324 (302), 5:*344*
Drysdale, R. L. 23:308, 23:*352*
Dshkhunian, V. L., 29:315, 29:*323*
D'Souza, D., 34:23, 34:*55*
DSP Committee, 37:114, 37:*116*
D'Stefan, D. J., 9:212 (36), 9:226 (36), 9:*236*
DTI., 46:4, 46:*30*
Du, D., 44:308, 44:*329*
Duane, B. H., 5:322 (254), 5:*341*
Duane, J. T., 45:219, 45:*264*
Dubes, R., 19:120, 19:121, 19:123, 19:126, 19:160, 19:167, 19:169, 19:175, 19:180, 19:196, 19:197, 19:198, 19:199, 19:204, 19:206, 19:213, 19:214, 19:*218*, 19:*221*, 19:*223*, 19:*225*, 19:*226*, 19:*227*, 21:336, 21:*417*
Dubey, R. V., 33:236
Dubickaja, A. M., 11:44 (89), 11:*58*
Dubinsky, E., 37:15, 37:*56*
Dubner, H., 12:*166*
Dubois, D., 36:266, 36:274, 36:283, 36:297, 36:312, 36:317–319, 36:*327–328*
Dubois, M., 34:136–137, 34:*153*, 39:197–198, 39:*236* 40:129, 40:164, 40:169, 40:*176*, 46:324, 46:*326*
Dubois, R., 28:*103*

DuBoui, E., 43:59, 43:*139*
Dubov, A., 1:61 (41), 1:*88*
Dubowsky, S., 33:*236*
Dubrovsky, V. J., 36:373, 36:*421*
Duc, N. Q., 29:83, 29:*187*
Duckworth, J., 34:227–228, 34:*230*
Duckworth, R. J., 34:228, 34:*229*
Duda, R., 13:175, 13:209, 13:217, 13:218, 13:219, 13:*226*, 26:13, 26:39, 26:*43*, 37:372, 43:274, 43:*277*
Duda, R. O., 18:*56*, 19:123, 19:152, 19:166, 19:174, 19:175, 19:185, 19:186, 19:213, 19:*218*, 19:*220*, 22:164, 22:165, 22:189, 22:193, 22:194, 22:202, 22:*212*, 24:364, 24:*371*, 32:111, 32:116, 32:125, 32:*145*, 34:60, 34:*108*
Dudek, J. S., 5:301 (47), 5:*329*
Dudgeon, D. E., 37:115, 37:*116*
Dudley, H., 1:194 (4), 1:195 (4), 1:211, 1:212, 1:213, 1:221 (4), 1:225, 1:*227*, 11:186, 11:204, 11:210 (28), 11:*223*
Dudley, L., 43:188, 43:199, 43:*211*
Dueñas, A., 38:*183*
Duenki, A., 17:196, 17:*220*, 21:387, 21:*420*
Duenski, A., 16:198, 16:*218*
Duerer, H., 38:*187*
Duff, I., 44:188, 44:*213*
Duff, M., 47:146, 47:*182*, 49:244, 49:254, 49:*297*
Duffield, A. M., 21:296, 21:*330*
Duffieux, P. M., 28:175, 28:*222*
Duffin, R. J., 2:77, 2:*129*, 2:*132*
Dugan, J. B., 31:204–205, 31:211, 31:213, 31:218, 31:229, 31:*231*, 38:*181*
Dugdale, S., 15:263, 15:*282*, 18:176, 18:*227*
Duggan, G., 49:112, 49:*140*
Duggan, M. A., 9:119, 9:*173*
Duggar, B. C., 11:330 (133), 11:358, 11:*389*
Dugger, R., 32:256, 32:*304*
Duitz, M., 36:*40*, 36:*41*
Dujnic, P., 29:264, 29:*323*
Duke, J., 43:188, 43:193, 43:196, 43:*210*
Duke, V. J., 6:*225*
Dulay, N., 43:84, 43:*136*, 46:372, 46:*399*

Dulberger, E. R., **43**:180, **43**:*211*
Duley, J. R., **21**:92, **21**:95, **21**:100, **21**:102, **21**:109, **21**:144, **21**:*151*, **21**:*152*
Dumais, S., **39**:*291*
Dumais, S. T., **29**:62, **29**:*74*, **32**:181, **32**:238, **32**:*197*, **32**:*250*, **33**:120, **33**:133, **33**:134, **33**:*167*, **47**:42, **47**:43, **47**:44, **47**:*60*
Dumas, J. S., **36**:388, **36**:*421*, **42**:24–25, **42**:*32*
Dumey, A. I., **12**:*168*
Dumpala, S. R., **28**:*146*
Dunaway, D. K., **46**:14, **46**:*30*
Duncan, A. G., **49**:146, **49**:147, **49**:149, **49**:175, **49**:*188*
Duncan, E. E., **30**:*35*
Duncan, J., **38**:311, **38**:*313*
Duncan, J. S., **34**:101, **34**:*108*
Duncan, R., **44**:169–171, **44**:*214*
Duncan, S., **40**:62, **40**:*63*
Duncan, W. J., **5**:280, **5**:*287*
Duncumb, P., **2**:222 (57), **2**:246, **2**:249, **2**:251 (57), **2**:*292*, **2**:*293*
Dungan, D. M., **22**:296, **22**:*350*
Dunham, B., **9**:205, **9**:*235*
Dunigan, T. H., **45**:72, **45**:95, **45**:*101*
Dunlay, R. T., **34**:103, **34**:*108*
Dunlop, C., **39**:243, **39**:*289*
Dunlop, G. J., **1**:10 (9), **1**:12 (9), **1**:*41*
Dunn, D. A., **10**:110 (3), **10**:*128*
Dunn, E. S., Jr., **16**:262, **16**:*329*
Dunn, H. K., **11**:186, **11**:*223*
Dunn, J. C., **19**:178, **19**:*218*
Dunn, M. J., **21**:405, **21**:*419*
Dunn, O. J., **12**:341, **12**:354, **12**:*410*, **12**:*414*
Dunn, R., **42**:166, **42**:*235*
Dunn, R. A., **10**:250 (2, 4), **10**:*252*
Dunn, R. J., **9**:200 (19), **9**:*235*
Dunn, R. M., **12**:*167*
Dunn, R. S., **9**:287 (14), **9**:*353*
Dunn, T. M., **8**:*43*
Dunning, A., **35**:343, **35**:*367*
Dunning, A. J., **21**:412, **21**:*417*
Dunning, G. J., **28**:161, **28**:*225*
Dunseth, J. H., **43**:245, **43**:*276*
Dunsmore, H., **39**:*104*
Dunsmore, H. E., **24**:27, **24**:52, **24**:*60*, **40**:69, **40**:71, **40**:*122*, **44**:70, **44**:90, **44**:93, **44**:98, **44**:100, **44**:*123*
Dunten, S. D., **8**:*44*, **8**:63, **8**:*100*
Dunwell, S. W., **1**:36 (43), **1**:*42*
Dupeux, A., **29**:*186*
DuPont, H., **20**:7, **20**:*31*
Dupuis, G., **10**:262, **10**:*273*
Dupuy, A., **35**:304, **35**:*320*
Dupuy, S., **42**:215, **42**:217, **42**:*235*
Duran, B. S., **19**:114, **19**:162, **19**:180, **19**:*218*
Duran, J., **41**:220, **41**:*228*
Duran, J. W., **15**:31, **15**:*60*, **26**:338, **26**:*389*, **36**:*39*, **42**:103, **42**:*116–117*, **46**:173, **46**:*234*, **49**:150, **49**:*189*
Duran, M. H., **44**:197, **44**:*213*
Durand, S., **47**:143, **47**:179, **47**:*181*
Duranti, C., **36**:*194*
Durbin, R., **37**:121, **37**:*163*
Durdle, N. G., **38**:*182*
Durfee, E. H., **48**:261, **48**:263, **48**:285, **48**:*309*, **48**:*311*, **49**:313, **49**:*347*
Durham, I., **19**:69, **19**:107, **19**:*109*
Durham, N. C., **47**:216, **47**:*253*
Ďuriš, P., **44**:344, **44**:*359*
Durniak, A., **26**:258, **26**:*278*
Durrant-Whyte, H., **48**:320, **48**:*351*
Durre, K. P., **38**:*184*
Durrieu, G., **34**:145, **34**:*155*, **44**:195, **44**:197, **44**:*213*, **44**:*216*
Durrnat-Whyte, H. F., **34**:88–90, **34**:*108*
Dushkin, P. K., **1**:60 (96), **1**:82, **1**:*90*
Dusse, S., **48**:249, **48**:*253*
Dusseau, A., **45**:127, **45**:*151*
Dutcher, T. F., **16**:164, **16**:*178*
Dutkowski, A., **32**:166, **32**:177, **32**:188, **32**:*195*
Dutoit, A., **40**:77, **40**:*121*
Dutt, N., **37**:*282*
Dutt, V., **47**:215, **47**:*244*
Dutta, A., **26**:7, **26**:12, **26**:17, **26**:22, **26**:33, **26**:*42*, **26**:*43*
Dutta, B. K., **28**:250, **28**:*275*
Dutta, S., **38**:*187*
Dutton, B., **11**:17 (24), **11**:*55*
Dutton, J. E., **46**:41, **46**:55, **46**:*104*
Dutton, W. H., **19**:257, **19**:258, **19**:300, **19**:303, **19**:309, **19**:321, **19**:*326*, **21**:5, **21**:6, **21**:26, **21**:39, **21**:40, **21**:67, **21**:68, **21**:85, **21**:*87*, **21**:*88*
Duval, F., **38**:*185–186*

Duvic, M., **47**:190, **47**:*246*
Duval, M. K., **16**:130, **16**:*178*
Duzy, P., **37**:*283*
Dvore, D., **28**:154, **28**:*222*
Dwarkadas, S., **39**:207, **39**:211, **39**:221–222, **39**:233–234, **39**:*236*
Dwork, C., **44**:223, **44**:*280*, **48**:270, **48**:*310*
Dwyer, D., **45**:332, **45**:*354*
Dwyer, D. J., **29**:170, **29**:*191*
Dwyer, S. J., III., **16**:174, **16**:*179*
Dyachenko, A. I., **18**:256, **18**:*283*
Dyckman, T. R., **12**:52 (8), **12**:*71*
Dyer, A., **20**:11, **20**:*31*
Dyer, C., **34**:*285*
Dyer, C. R., **32**:109, **32**:111, **32**:*145*, **43**:274, **43**:*278*
Dyer, J., **5**:301 (56), **5**:*329*
Dyer, M., **35**:161, **35**:172, **35**:179, **35**:*181*, **35**:*183*, **36**:7–8, **36**:10–11, **36**:19, **36**:21–22, **36**:24, **36**:31–34, **36**:*39–40*, **36**:*56*, **36**:*109*
Dyer, M. E., **26**:*441*
Dyer, S. A., **37**:60, **37**:*116*
Dyke, W. P., **2**:155 (6), **2**:158 (12), **2**:161 (6), **2**:163 (15), **2**:166 (17), **2**:169 (22), **2**:175 (28), **2**:178, **2**:*289*, **2**:*290*, **2**:*291*
Dyksen, W. R., **46**:409, **46**:*435*
Dzida, W., **19**:294, **19**:*324*
Dzubak, B. J., **12**:*168*

E

Eades, D. C., **15**:259, **15**:*282*
Eady, E. T., **1**:59 (32), **1**:*87*
Eager, D. L., **45**:63, **45**:64, **45**:67, **45**:68, **45**:70, **45**:71, **45**:92, **45**:*102*
Eagle, J. G., **20**:117, **20**:*191*
Earl, M., **34**:300, **34**:341, **34**:365, **34**:370, **34**:*382*, **34**:*384*, **46**:111, **46**:*155*
Earle, J., **4**:142 (15), **4**:*162*, **9**:205, **9**:*235*, **32**:6, **32**:65, **32**:*101*
Earley, J., **12**:238 (12), **12**:280 (12), **12**:*280*, **12**:*283*, **14**:*76*, **14**:*79*, **14**:122, **14**:127, **14**:*184*, **15**:4, **15**:8, **15**:*60*, **47**:19, **47**:*60*
Early, K., **34**:171, **34**:191, **34**:*234*
Earnest, L. D., **11**:210 (99), **11**:212 (99), **11**:*226*

Eason, K., **46**:111, **46**:119, **46**:*155*
Eason, R. O., **32**:108, **32**:*147*, **32**:*148*
Easterbrook, S. M., **45**:301, **45**:*320*
Eastlake, D., **48**:235, **48**:236, **48**:*253*
Eastlake, D. E., III., **9**:114 (36), **9**:*174*, **18**:61, **18**:98, **18**:*116*, **19**:*60*
Eastlake, D. E., III., **13**:208, **13**:*227* **29**:232, **29**:*248*
Eastman, J. F., **16**:51, **16**:*55*
Eaton, M., **1**:50 (4), **1**:*86*
Ebcioglu, K., **36**:*193*
Ebdon, J., **20**:7, **20**:*31*
Ebeling, C., **29**:229, **29**:235, **29**:245, **29**:*248*
Ebeling, F. A., **15**:253, **15**:*282*
Ebeling, W., **31**:290, **31**:295–296, **31**:*320*
Eberhardt, E. H., **7**:244 (5), **7**:*287*
Eberhardt, J., **36**:*421*
Eberhart, R. C., **38**:*187–188*, **38**:*190*
Eberle, K., **49**:9, **49**:21, **49**:*60*
Ebert, J., **39**:130, **39**:*186*
Ebisawa, Y., **38**:*184*
Ebling, M. R., **35**:298, **35**:*320*, **44**:262, **44**:*282*
Eccles, J. C., 655 (16), **6**:*84*
Eccles, J. G., **36**:211, **36**:*251*
Echarte, F., **47**:149, **47**:*181*
Eckels, A., **3**:29 (32), **3**:*75*
Eckersley, R. J., **47**:226, **47**:*244*
Eckert, H., **29**:*186*
Eckert, J. P., **1**:36 (42), **1**:*42*, **3**:82 (6), **3**:*152*, **4**:283 (15), **4**:*303*
Eckert, W. J., **3**:64, **3**:*74*
Eckhouse, R. H., **21**:93, **21**:*152*, **21**:*154*, **24**:105, **24**:*170*, **24**:*174*
Eckmiller, R., **33**:*236*
Eckstein, D. M., **26**:110, **26**:133, **26**:*150*
ECMA, **41**:139, **41**:*156*, **41**:*156*, **41**:160, **41**:*189*
The Economist, **37**:413, **37**:420
Eddy, F., **35**:139, **35**:143, **35**:154, **35**:*183*, **41**:142, **41**:*156*, **43**:59, **43**:69–70, **43**:115–116, **43**:*138*, **47**:274, **47**:*291*
Edelberg, M., **19**:*60*
Edelman, F., **46**:*155*
Edelman, G. M., **28**:238, **28**:*275*, **31**:284, **31**:*320*
Edelmann, W., **1**:84, **1**:*90*
Eden, M., **6**:*225*, **10**:186 (13), **10**:191 (1), **10**:*215*, **10**:*216*

Eder, J., **35**:51, **35**:*79*, **43**:52, **43**:*134*
Edgar, K. R., **5**:322 (240), **5**:*340*
Edie, J., **19**:174, **19**:*226*
Edjlali, G., **45**:135, **45**:136, **45**:142, **45**:149, **45**:*150*, **45**:*152*
Edmonds, J., **44**:345, **44**:*359*
Edmundson, H. P., **1**:93 (2), **1**:96 (8), **1**:100 (16), **1**:111 (38, 39), **1**:137 (2), **1**:*137*, **1**:*138*, **1**:*139*, **6**:13, **6**:16, **6**:*29*, **9**:133, **9**:134 (24), **9**:*173*, **11**:8 (8), **11**:*51*, **11**:*54*
Edson, L., **24**:239, **24**:*274*
Edström, A., **19**:274, **19**:*324*
Edwards, A. L., **5**:326 (344), **5**:*346*
Edwards, A. W., **7**:*289*
Edwards, A. W. F., **19**:162, **19**:*218*
Edwards, D. B. G., **6**:150 (30, 31), **6**:*192*, **8**:18 (38), **8**:*43*
Edwards, D., **8**:54 (37), **8**:74 (36), **8**:*101*
Edwards, D. E., **33**:*304*
Edwards, D. J., **18**:95, **18**:*116*
Edwards, J., **35**:148–149, **35**:*181*
Edwards, J. M., **43**:58, **43**:*135*
Edwards, J. R., **32**:*305*
Edwards, R. W., **9**:157 (25a), **9**:*173*
Edwards, S., **33**:6, **33**:21, **33**:46, **33**:*63*, **33**:*65*
Edwards, W., **5**:211, **5**:*226*, **11**:349 (46), **11**:350, **11**:351, **11**:353 (100), **11**:*385*, **11**:*388*
Edwards, W. S., **47**:227, **47**:*251*
Edzhubov, L. G., **9**:118 (26), **9**:127 (61), **9**:*173*, **9**:*175*
EE Times, **37**:408, **37**:420
Eeg-Olofsson, M., **49**:30, **49**:*66*
Eekelen, **43**:33, **43**:*45*
Eels, R., **28**:271, **28**:*275*
Effelsberg, W., **29**:167, **29**:*187*, **32**:165, **32**:172, **32**:*199*
Efimba, R., **8**:70 (28), **8**:97 (28), **8**:*100*
Efimov, S., **18**:*283*
Efroymsen, M. A., **2**:86, **2**:*133*, **12**:354, **12**:*410*
Egan, B. T., **40**:74, **40**:108, **40**:*123*
Egan, D. E., **33**:116, **33**:*167*, **36**:*421*
Egan, G. K., **44**:187, **44**:*214*
Egan, J. J., **16**:164, **16**:*177*, **16**:*178*
Egbert, D. D., **38**:*188*
Egen, J., **23**:257, **23**:*288*
Eggenberger, J. S., **17**:242, **17**:*280*

Eggers, S. J., **40**:144, **40**:146, **40**:172, **40**:*176–177*, **46**:317, **46**:*327*
Egido, C., **45**:312, **45**:*316*
Ehn, P., **34**:294, **34**:303–304, **34**:313, **34**:319, **34**:322, **34**:324–326, **34**:345, **34**:347–349, **34**:356, **34**:366, **34**:375, **34**:377, **34**:*382–385*, **39**:*289*, **45**:279, **45**:312, **45**:*315*
Ehr, W., **33**:68, **33**:93, **33**:*111*
Ehrenberg, W., **2**:198, **2**:235 (72), **2**:251 (72), **2**:*292*, **2**:*293*
Ehrenberger, W., **26**:417, **26**:420, **26**:*441*
Ehrenreich, S. L., **33**:123, **33**:*167*
Ehrhart, L. S., **31**:53, **31**:*96–97*
Ehrich, R., **32**:231, **32**:*252*
Ehricke, H.-H., **47**:227, **47**:*246*
Ehricke, K., **3**:*74*, **29**:63, **29**:*76*, **32**:237, **32**:238, **32**:*250*, **32**:*253*, **39**:27, **39**:30, **39**:*48*, **40**:2, **40**:*4*, **40**:8–9, **40**:14, **40**:19, **40**:29, **40**:31, **40**:34, **40**:*37–38*, **49**:99, **49**:*141*
Ehrlich, L. W., **2**:47, **2**:*54*, **3**:211, **3**:227, **3**:232, **3**:*273*
Ehrlich, M., **46**:312, **46**:314, **46**:*326*
Ehrlich, R., **5**:290 (4), **5**:302 (4), **5**:303 (67), **5**:307 (4), **5**:311 (4), **5**:322 (4), **5**:*326*, **5**:*330*
Ehrlich, S. F., **36**:381, **36**:*418*, **36**:*423*
Ehrlich, W., **46**:164, **46**:173, **46**:210, **46**:*233*
Ehrlich, W. K., **30**:*168*, **42**:105–106, **42**:113–114, **42**:*116*
Ehrsam, W. F., **22**:60, **22**:83, **22**:96, **22**:*104*
Eich, M. H., **28**:109, **28**:118, **28**:144, **28**:*147–148*, **30**:2, **30**:*35*, **32**:182, **32**:*188*, **34**:169, **34**:*231*
Eich, W. J., **5**:313 (155), **5**:*335*
Eichel, P. H., **43**:244, **43**:*275*
Eichen, B., **37**:111, **37**:*116*
Eichin, M. W., **30**:172, **30**:179, **30**:208, **30**:210, **30**:*219*
Eichlbeger, E. B., **26**:319, **26**:*332*
Eichlin, M. W., **38**:8, **38**:*71*
Eichmann, G., **28**:184, **28**:186, **28**:198, **28**:204, **28**:*222*, **28**:*224*, **34**:170, **34**:*230*
Eichorn, E. L., **5**:271 (28), **5**:276, **5**:277, **5**:*285*
Eick, C., **35**:18, **35**:*79*

Eick, S. G., **35**:298, **35**:*320*, **42**:50, **42**:59, **42**:74, **42**:*75*, **49**:106, **49**:*140*
Eide, E., **48**:5, **48**:8, **48**:12, **48**:29, **48**:*115*
Eigen, D. J., **19**:179, **19**:*218*
Eike, D. R., **36**:*419*
Eilbert, J., **36**:240, **36**:*251*
Eilenberg, S., **39**:123, **39**:*187*
Einarson, L., **12**:*410*
Einarsson, B., **15**:80, **15**:*117*
Eiselt, K., **38**:*142*
Eisemann, K., **2**:335 (61), **2**:338, **2**:*369*
Eisenbach, S., **35**:263, **35**:*321*, **43**:84, **43**:*136*
Eisenstein, B. A., **19**:176, **19**:179, **19**:*218*
Eisner, H., **31**:3, **31**:*97*
Ejzak, R., **30**:*168*
Ekanadham, K., **37**:290, **37**:*331*
Ekoule, A. B., **47**:224, **47**:*246*
Ekstrom, R. B., **32**:210, **32**:*250*
El Gamal, T., **30**:190, **30**:*219*
El Sawy, O. A., **28**:241, **28**:*275*
Elashoff, J. D., **12**:*411*
Elashoff, R. M., **12**:*411*
Elbaum, C., **36**:228, **36**:*253*
Elby, S., **44**:289, **44**:*328*
Elci, A., **18**:*169*
Elcock, E. W., **12**:*168*
Elder, J., **49**:36, **49**:*68*
Eldert, C., **5**:251, **5**:*255*
Eldridge, N., **31**:256, **31**:*321*
Eldridge, W. B., **9**:135, **9**:147, **9**:148 (29), **9**:153 (27, 28, 29, 30), **9**:154, **9**:157 (29), **9**:*173*
Eleftheriadis, A., **47**:*338*
Elfes, A., **32**:*148*, **34**:85, **34**:*110*, **48**:320, **48**:*351*
Elgot, C. C., **2**:395 (24), **2**:397, **2**:398, **2**:*416*, **2**:*417*, **14**:26, **14**:*42*
Elias, A. W., **31**:*373*
Elias, H., **12**:304, **12**:*411*
Elias, P., **28**:175, **28**:*223*
Eliassen, A., **1**:54 (19), **1**:58 (19), **1**:59 (25, 31), **1**:61 (25), **1**:68, **1**:72, **1**:77 (25), **1**:80 (77), **1**:85, **1**:*87*, **1**:*89*
Eliassen, F., **32**:156, **32**:168, **32**:194, **32**:*197*
Elinson, M. I., **2**:185, **2**:*291*
Elion, H. A., **28**:161, **28**:168, **28**:170, **28**:*223*
Elkerton, J., **33**:163, **33**:164, **33**:*167*, **33**:*171*
Elkins, M., **48**:249, **48**:*253*
Elkins, T., **32**:256, **32**:*304*
Ellenbogen, H., **9**:118 (31), **9**:*173*
Eller, W. R., **20**:106 (75), **20**:*114*
Elling, M., **35**:330, **35**:*368*
Ellinghaus, D., **32**:194, **32**:*197*
Ellingtion, W. W., **38**:*192*, **44**:303, **44**:309, **44**:*330*
Elliot, C. O., **12**:44 (9), **12**:*71*
Elliot, H. C., **31**:285, **31**:*320*
Elliot, J., **20**:9, **20**:*31*
Elliot, L., **42**:20, **42**:*35*
Elliot, R. W., **13**:177, **13**:*226*
Elliott, H. M., **2**:79 (12.7), **2**:*129*
Elliott, T. L., **47**:211, **47**:*246*
Ellis, C., **39**:275, **39**:*289*
Ellis, C. A., **17**:206, **17**:*217*, **21**:*87*, **40**:185–186, **40**:190–191, **40**:198–199, **40**:207, **40**:241, **40**:245, **40**:*251*, **45**:3, **45**:10, **45**:13, **45**:18, **45**:51, **45**:307, **45**:*316*
Ellis, C. R., **36**:120, **36**:*201*
Ellis, D., **32**:6, **32**:65, **32**:*98*
Ellis, J., **32**:210, **32**:*249*, **49**:247, **49**:*297*
Ellis, M. A., **34**:22–23, **34**:33, **34**:*55*
Ellis, P. V., **4**:14, **4**:*50*
Ellis, R. E., **35**:84, **35**:103–104, **35**:106–107, **35**:120, **35**:*132*
Ellis, T. O., **8**:*42*, **47**:*138*
Ellis, T. V., **7**:278 (12), **7**:*288*
Ellison, R. J., **43**:58, **43**:*134*
Ellwood, D. A., **47**:216, **47**:*246*
Elmagarmid, A., **41**:266–267, **41**:280, **41**:288, **41**:290–291, **41**:*295–296*, **48**:125, **48**:126, **48**:*176*
Elmagarmid, A. K., **32**:168, **32**: **32**:*197*
Elman, J. L., **36**:179, **36**:*195*, **47**:22, **47**:*60*
Elmasri, R., **32**:168, **32**:172, **32**:*197*, **32**:*198*, **35**:2–3, **35**:28, **35**:35, **35**:42, **35**:59, **35**:*79–80*, **38**:45, **38**:*69*
Elmasry, M., **37**:*282*
Elmstrom, R., **49**:84, **49**:*92*
El-Gamal, A., **44**:333, **44**:*360*
El-Masri, W., **43**:244, **43**:*275*
El-Rewini, H., **35**:290, **35**:295–296, **35**:*321*
El-Shinnawy, M., **39**:*291*

El-Ziq, Y. M., **32**:67, **32**:*98*
Elovitz, H. S., **17**:*217*
Elrod, S., **45**:292, **45**:*316*
Elschlager, R., **15**:47, **15**:48, **15**:49, **15**:52, **15**:55, **15**:*61*
Elshoff, I., **35**:279, **35**:*318*
Elshoff, J. L., **18**:128, **18**:142, **18**:143, **18**:*169*, **18**:*172*
Elsley, G., **49**:313, **49**:*346*
Elspas, B., **4**:113 (30), **4**:129 (30), **4**:130, **4**:*131*, **9**:205, **9**:*235*, **15**:40, **15**:*60*, **26**:*389*,
Elvins, T. T., **47**:222, **47**:223, **47**:232, **47**:*246*, **47**:*250*
Elwell, C., **38**:268, **38**:289, **38**:*315*
Elwell, J. F., **22**:144, **22**:*159*
Elzas, M. S., **33**:72, **33**:*111*, **33**:*113*
Emam, A., **19**:*63*, **28**:*151*
Emam, A. E., **18**:198, **18**:*228*
Emam, K. E., **46**:27, **46**:*30*
Emani-Naeini, A., **42**:251, **42**:*267*
Emberson, D. R., **40**:163, **40**:*176*
Embley, D. W., **32**:223, **32**:*250*, **33**:25, **33**:*63*, **43**:70, **43**:85, **43**:112, **43**:115–116, **43**:118, **43**:121, **43**:127, **43**:*134*
Emele, M. C., **49**:24, **49**:33, **49**:39, **49**:59, **49**:*60*
Emer, J. S., **20**:*193*
Emerjanov-Iaroslavsky, L. B., **1**:233 (12), **1**:*308*
Emerson, E. A., **49**:85, **49**:*92*
Emerson, R., **35**:340, **35**:*368*
Emery, J. C., **19**:279, **19**:*323*, **20**:15, **20**:16, **20**:17, **20**:*30*, **20**:*31*, **20**:*32*
Emoto, S. E., **46**:166, **46**:168, **46**:*233*
Encarnacao, J., **28**:2, **28**:20, **28**:*64*
Encore Computer Corp., **34**:140, **34**:*153*, **40**:161, **40**:*176*
Endo, T., **36**:231, **36**:*251*
Endres, A., **48**:295, **48**:299, **48**:*310*
ENEA., **44**:199, **44**:*214*
Eneland, J., **34**:204, **34**:*229*
Engel, G. H., **40**:185, **40**:*251*
Engel, G. L., **24**:326, **24**:332, **24**:333, **24**:*371*, **24**:*372*, **24**:*374*
Engel, M. E., **42**:113–114, **42**:*116*
Engel, R. D., **9**:33 (14), **9**:*49*
Engelbart, D. C., **4**:75, **4**:81, **4**:85, **4**:88, **4**:92, **4**:111, **4**:*132*, **4**:*133*, **4**:157, **4**:*167*, **10**:167 (10), **10**:*173*, **11**:300, **11**:*317*, **16**:213, **16**:*216* **45**:271
Engelbrecht, J. R., **29**:*187*
Engelman, C., **8**:43, **8**:57 (16), **8**:63 (16), **8**:66 (16), **8**:*100*, **22**:202, **22**:*212*
Engelman, L., **19**:179, **19**:186, **19**:*218*
Engelmore, R., **22**:203, **22**:*210*
Engelmore, R. S., **22**:201, **22**:*212*
Engels, G., **39**:*187*
Engels, M., **40**:*121*
Enger, N., **34**:296, **34**:*384*
Engl, W. L., **26**:286, **26**:*333*
England, W. A., **9**:273 (9), **9**:*284*
Englebart, D., **48**:188, **48**:*217*
Englemore, R. M., **26**:*43*
Engler, D. R., **46**:307, **46**:*326*
English, E., **44**:327, **44**:*328*
English, R., **35**:278, **35**:*324*
English, W. K., **4**:123, **4**:125 (28), **4**:*133*, **10**:167 (10), **10**:*173*, **29**:59, **29**:*73*, **33**:134, **33**:*166*
Enk, G., **31**:54, **31**:*97*
Ennis, S. P., **22**:184, **22**:*212*
Enomoto, T., **34**:161, **34**:202, **34**:204, **34**:*232*
Enright, W. H., **19**:247, **19**:*248*, **46**:410, **46**:*436*
Enslein, K., **19**:114, **19**:*218*
Enslow, P. H., **17**:165, **17**:196, **17**:*217*, **19**:66, **19**:*109*, **23**:296, **23**:*352*
Enslow, P. H., Jr., **16**:191, **16**:*216*
Entis, G., **33**:*304*
Enz, V., **17**:224, **17**:*281*
Eoyang, C., **49**:246, **49**:*301*
Episkopou, D., **34**:297, **34**:*385*
Epstein, H., **21**:334, **21**:412, **21**:*417*
Epstein, K. M., **21**:283, **21**:*330*
Epstein, R., **21**:237, **21**:257, **21**:258, **21**:260, **21**:270, **21**:*272*, **47**:29, **47**:*60*
Epstein, W. V., **38**:170, **38**:*181*
Erbacci, G., **47**:227, **47**:*251*
Ercegovac, M. D., **37**:323, **37**:*332*
Ercoli, P., **18**:198, **18**:*225*
Erdélyi, A., **2**:62, **2**:*124*
Erdos, P., **19**:127, **19**:*218*, **22**:*104*
Eremin, A., **29**:*324*
Ergott, H. L., **9**:253 (24), **9**:*284*
Erickson, G. J., **36**:306, **36**:*328*, **36**:*331*
Erickson, R. F., **36**:113, **36**:117, **36**:*195*

Erickson, R., **12**:97, **12**:*111*
Erickson, T., **38**:312, **38**:*314*
Ericsson, K. A., **36**:390–391, **36**:*421*
Ericsson, M., **46**:45, **46**:50, **46**:*105*
Erlander, B., **34**:303, **34**:*383*
Erman, L., **22**:190, **22**:*210*
Erman, L. D., **22**:182, **22**:*212*, **22**:271, **22**:*292*, **31**:120, **31**:124–125, **31**:*171–172*, **47**:95, **47**:*138*
Ermentrout, G. B., **42**:244–245, **42**:*267–268*
Ermolaeva, T. Z., **2**:184 (42), **2**:*291*
Ernst, A. A., **3**:278 (34), **3**:*298*
Ernst, G., **10**:101, **10**:*108*, **24**:182, **24**:*215*
Ernst, G. W., **13**:181, **13**:198, **13**:*226*, **33**:57, **33**:*63*
Ernst, M., **43**:34, **43**:*49*
Ernst, R. L., **11**:326, **11**:328, **11**:368 (49a), **11**:*385*, **11**:*390*, **28**:238, **28**:*278*
Ershov, A. P., **5**:25 (12), **5**:30, **5**:33, **5**:34, **5**:40, **5**:42 (11, 12), **5**:46, **5**:48 (11), **5**:49, **5**:51, **5**:52 (16), **5**:68 (15), **5**:*105*, **5**:*106*, **18**:233, **18**:234, **18**:236, **18**:266, **18**:268, **18**:*283*, **24**:341, **24**:*372*, **29**:253, **29**:256, **29**:272, **29**:*323*
Esch, J. W., **9**:12 (9), **9**:18 (9), **9**:*21*, **14**:187, **14**:190, **14**:191, **14**:193, **14**:197, **14**:198, **14**:*228*, **14**:*229*, **26**:59, **26**:*90*
Eschbach, E., **5**:326 (376, 377), **5**:*348*
Esculier, C., **32**:177, **32**:191, **32**:*197*
Eselson, L., **2**:*370*
Esener, S. C., **28**:173, **28**:*221*
Esoda, R. M., **31**:50, **31**:*97*
Esparza, J., **45**:14, **45**:15, **45**:16, **45**:25, **45**:33, **45**:*51*
Esper, E. A., **29**:57, **29**:*74*
Espinosa, A., **40**:76, **40**:*123*
Esprit, **35**:234, **35**:*252*
Essig, A., **22**:218, **22**:*293*
Essig, H., **32**:216, **32**:217, **32**:*250*
Estabrook, G. F., **19**:180, **19**:191, **19**:*218*, **19**:*228*
Estep, K. W., **36**:412, **36**:*426*
Esterling, R., **44**:81, **44**:*124*
Estes, D., **30**:197, **30**:*219*
Estes, S. E., **11**:186 (30), **11**:*223*
Estes, W. B., **11**:16 (22), **11**:*55*

Estes, W. K., **5**:129, **5**:*219*, **32**:203, **32**:*250*
Estrin, D., **44**:326, **44**:*330*, **48**:233, **48**:*253*
Estrin, G., **6**:149, **6**:162, **6**:*191*, **7**:42 (22), **7**:79, **7**:*113*, **7**:*114*, **9**:275 (10), **9**:*284*, **15**:131, **15**:141, **15**:161, **15**:*176*, **15**:*177*, **15**:*178*, **21**:95, **21**:114, **21**:149, **21**:*152*, **24**:*170*, **29**:96, **29**:*191*
Estrin, J., **42**:125, **42**:*235*
Estrin, T., **20**:18, **20**:*34*
Estublier, J., **41**:34–35, **41**:54, **41**:*60*
Eswaran, K. P., **17**:206, **17**:217, **17**:271, **17**:274, **17**:*280*, **19**:*109*, **21**:233, **21**:*272*
ETA Systems, Inc., **34**:*153*
Etiemble, D., **44**:195, **44**:*214*
Ett, W. H., **41**:51, **41**:57, **41**:*61*, **46**:46, **46**:*105*
Etzion, O., **39**:111, **39**:*187*
Euchner, J., **39**:258, **39**:*289*
Eugenio, D. B., **49**:47, **49**:*59*
Euler, J. A., **33**:*236*
Eurell, B., **23**:103, **23**:*140*
Eurich, A. C., **4**:159 (102), **4**:*167*
European Computer Manufacturers Association, **41**:52, **41**:*60*
Eustace, R. A., **26**:293, **26**:*333*
Euwe, M., **18**:60, **18**:*115*
Evangelist, W. M., **42**:55, **42**:*76*
Evans, A., **10**:59 (14), **10**:61 (14), **10**:76
Evans, A., Jr., **22**:91, **22**:95, **22**:*104*
Evans, B., **28**:2, **28**:*64*
Evans, C., **35**:330, **35**:*368*
Evans, D., **12**:*168*
Evans, E. F., **11**:197 (167), **11**:*230*
Evans, G. T., **21**:386, **21**:*417*
Evans, G. W., II., **4**:146 (44), **4**:*164*
Evans, I. S., **13**:107
Evans, J. A., **11**:*385*
Evans, J. K., **47**:216, **47**:*245*
Evans, J. L., **47**:216, **47**:*250*
Evans, J. M., **19**:*60*
Evans, L. B., **21**:*87*
Evans, M., **20**:11, **20**:*32*
Evans, O. Y., **4**:38–39, **4**:*52*
Evans, R., **47**:10, **47**:*60*, **47**:344, **47**:*366*
Evans, T. G., **8**:37 (25), **8**:*43*, **11**:211,

11:*223*, 13:222, 13:*226*
Evansen, A. J., 20:118, 20:*193*
Evans-Rhodes, D., 47:*140*
Eve, J., 12:*167*
Even, S., 14:20, 14:*42*, 23:301, 23:350, 23:*352*
Evens, M., 38:*184*, 38:*187*, 38:*189–190*, 38:*193–195*
Evens, M. B., 11:200, 11:*226*
Everaars, C. T. H., 46:390, 46:*397*
Everest, G., 20:14, 20:*31*
Everett, R. R., 3:84 (7), 3:*152*, 6:147 (17), 6:*192*, 21:*152*
Everett, S., 47:40, 47:*66*
Everett, W., 42:18, 42:*35*
Everhardt, S., 33:215, 33:*243*
Everhart. T. E., 2:246, 2:249, 2:*293*
Everitt, B. S., 19:114, 19:122, 19:159, 19:180, 19:183, 19:204, 19:208, 19:214, 19:*218*
Eversole, R. E., 32:122, 32:*147*
Every, R. J., 33:144, 33:159, 33:*166*
Evreinov, E. V., 18:238, 18:*283*
Ewigman, B. G., 47:216, 47:*245*
Ewing, R., 7:39 (24), 7:*114*
Execucom Corp., 26:7, 26:*43*
Eyer, J., 5:240
Eykhoff, P., 33:*236*, 36:204, 36:*251*
Eykholt, J., 48:69, 48:*115*
Eykholt, J. R., 46:303, 46:*326*
Eysenck, H. J., 28:*275*
Eysman, I. I., 9:118 (32), 9:*173*
Ezekiel, F. D., 4:*243*

F

Fadeev, V., 18:258, 18:*283*
Faedo, S., 2:70 (9.2, 9.4), 2:*126*
Fagan, L., 22:172, 22:202, 22:*212*, 22:*216*
Fagan, L. M., 22:165, 22:172, 22:173, 22:*213*, 38:166, 38:169, 38:*180*
Fagan, L. W., 38:146, 38:177, 38:*180*
Fagan, M., 22:118, 22:*159*
Fagan, M. E., 42:44–45, 42:55–56, 42:*75*
Fagen, E., 2:215 (56), 2:*292*
Faget, J., 41:19, 41:*62*
Fagg, P., 9:207 (22), 9:*235*
Faghihi, H., 35:*252*

Fagin, R., 14:8, 14:*42*, 32:168, 32:*197*
Fahey, L., 28:233, 28:*275*
Fahlman, S. E., 26:35, 26:*43*, 34:224, 34:*230*, 36:231, 36:*251*, 37:128, 37:*163*
Fahnrick, K. P., 33:118, 33:*171*
Fai, W. S., 34:93, 34:*109*
Faiman, M., 9:10 (8), 9:*21*
Fain, J., 22:166, 22:182, 22:*212*
Fairey, J. G., 5:308 (108), 5:313 (151), 5:316 (151), 5:318 (151), 5:*332*, 5:*335*
Fairley, R., 31:32, 31:*97*, 33:2, 33:*63*, 44:86, 44:*124*
Fairley, R. E., 22:152, 22:*160*
Fairthorne, R. A., 31:*373*
Faizulaev, B. N., 29:315, 29:*323*
Fajman, R., 13:53, 13:70
Falat, M., 44:52, 44:*56*
Falb, P. L., 42:250, 42:*267*
Falbe, C. M., 19:*323*
Falconer, D., 46:146, 46:*155*
Falk, G., 13:218, 13:219, 13:*227*
Falkedal, K., 49:46, 49:*62*
Falkoff, A. D., 7:104 (25), 7:*114*, 21:92, 21:*152*, 24:136, 24:*170*
Fallat, R. J., 22:165, 22:172, 22:173, 22:*213*, 38:166, 38:169, 38:*180*
Fallows, J., 21:26, 21:34, 21:69, 21:70, 21:*87*
Fallows-Tierney, S., 39:284, 39:*291*
Faloutsos, C., 30:*34*, 34:262, 34:267, 34:*290*
Faltings, B., 38:*139*
Falzon, P., 32:235, 32:*250*
Fan, K., 2:*369*
Fan, P., 47:215, 47:*250*
Fan, T.-J., 43:274, 43:*278*
Fan, X., 49:288, 49:295, 49:*297*
Fancher, R., 28:235, 28:*275*
Fangmeier, S. M., 33:254, 33:279, 33:284, 33:*304*
Fano, R. M., 6:48 (16a), 6:*84*, 8:7 (26), 8:9 (26), 8:32 (26), 8:*42*, 8:*43*, 11:346 (52), 11:*385*, 16:214, 16:*216*
Fant, C. G. M., 1:205 (19), 1:208 (19), 1:212 (19), 1:216 (19), 1:225 (19), 1:*228*, 11:173, 11:175 (33), 11:176 (33), 11:191, 11:206, 11:*223*, 11:*225*, 31:102, 31:103, 31:*171*

Fanty, M., **47**:23, **47**:25, **47**:*65*
Farber, D. J., **7**:212 (5), **7**:220 (5), **7**:*238*, **8**:61 (17), **8**:86 (17), **8**:*100*, **9**:92 (12), **9**:93, **9**:*110*, **12**:278 (2), **12**:*283*, **16**:187, **16**:193, **16**:201, **16**:202, **16**:207, **16**:*216*, **17**:172, **17**:*217*, **20**:85 (31), **20**:*113*, **29**:96, **29**:144, **29**:*190*, **29**:*191*, **39**:212, **39**:214, **39**:234, **39**:*237*
Farber, R., **33**:184, **33**:205, **33**:*240*
Farberman, H., **21**:*87*
Farbey, B., **46**:111, **46**:114, **46**:116, **46**:117, **46**:120, **46**:123, **46**:126, **46**:131, **46**:139, **46**:142, **46**:144, **46**:145, **46**:146, **46**:147, **46**:*155*
Fares, P., **40**:188, **40**:191, **40**:237, **40**:239, **40**:*254*
Farhat, N. H., **28**:154, **28**:186, **28**:187, **28**:*223*, **33**:180, **33**:*242*, **34**:165, **34**:*230*
Farina, D. E., **9**:214 (23), **9**:216 (24), **9**:*235*
Farinacci, D., **48**:233, **48**:*253*
Farkas, K., **46**:324, **46**:*326*
Farley, B., **5**:141, **5**:198, **5**:*221*
Farlow, S., **36**:228, **36**:*251*
Farmen, W. D., **20**:102 (74), **20**:*114*
Farmer, A. K., **47**:5, **47**:6, **47**:21, **47**:30, **47**:36, **47**:*58*
Farmer, D., **47**:146, **47**:*180*
Farmer, J., **32**:288, **32**:289, **32**:*304*, **47**:143, **47**:*181*
Farmer, J. D., **33**:*236*
Farmer, W. D., **10**:124 (4), **10**:*128*, **11**:298 (24), **11**:306 (24), **11**:306 (24), **11**:*317*, **17**:171, **17**:*217*, **20**:49, **20**:*82*
Farnesworth, D. L., **19**:*62*
Farnstrom, K. A., **32**:122, **32**:*147*
Farnsworth, H. E., **2**:229, **2**:*292*
Farooq, M. U., **32**:202, **32**:231, **32**:*250*
Farr, D. E., **36**:359, **36**:409, **36**:*426*
Farr, L., **24**:11, **24**:*60*
Farr, M., **39**:*47*
Farr, M. J., **29**:57, **29**:*74*
Farr, W. J., **46**:165, **46**:166, **46**:225, **46**:*232*
Farradan, J., **31**:*373*
Farrel, M., **42**:174–175, **42**:218, **42**:*237*
Farrell, J. E., **33**:153, **33**:155, **33**:158, **33**:*167*
Farrell, R., **29**:63, **29**:*73*
Farrell, R. G., **47**:77, **47**:78, **47**:134, **47**:*140*
Farris, J. S., **19**:159, **19**:183, **19**:*218*
Farrow, J. T., **37**:*423*
Farson, R., **44**:4, **44**:*56*
Farwell, D., **49**:12, **49**:19, **49**:24, **49**:26, **49**:40, **49**:60, **49**:*64*
Fass, D., **47**:48, **47**:49, **47**:50, **47**:*61*, **49**:12, **49**:26, **49**:*68*
Fassberg, H. E., **2**:*369*
Fateev, A. E., **29**:*325*
Fatehchand, R., **2**:407, **2**:*417*, **11**:128 (5), **11**:*163*, **11**:210, **11**:211, **11**:*223*, **47**:9, **47**:*60*
Fatehi, M. T., **28**:204, **28**:*222*
Fateman, R. J., **13**:225, **13**:*228*
Fateyev, A. E., **18**:241, **18**:*285*
Fatland, R., **29**:245
Fatni, A., **44**:196, **44**:*215*
Faugeras, O. D., **32**:*147*, **34**:269, **34**:*283*, **43**:251, **43**:274, **43**:*277–278*
Faulkner, R., **48**:69, **48**:*115*
Faure, J. C., **30**:26, **30**:*36*
Faust, G. W., **18**:189, **18**:*226*
Faustmann, G., **45**:40, **45**:*51*
Favaro, J., **41**:95, **41**:*155*
Favier, J., **6**:*296*
Favre, C., **47**:238, **47**:*248*
Favre, E., **38**:*183*
Favre, R., **47**:211, **47**:*246*
Favreau, J. P., **29**:*189*
Favreau, R. R., **2**:360 (65), **2**:*369*
Fayen, E. G., **24**:283, **24**:*314*
Fay-Wolfe, V., **48**:7, **48**:34, **48**:*115*
Fayollat, J., **21**:364, **21**:*416*
Fearey, P., **44**:31, **44**:*56*
Feather, M. S., **37**:16, **37**:*55*
Feautrier, P. A., **40**:136–137, **40**:*176*
Fedde, G. A., **9**:287 (14), **9**:*353*
Feder, D. P., **5**:236, **5**:239, **5**:240, **5**:243, **5**:244 (67, 68), **5**:245, **5**:*253*, **5**:*254*, **5**:*255*
Feder, T., **44**:344, **44**:*359*
Federighi, F. D., **5**:301 (54), **5**:302 (59, 60, 61), **5**:309 (191), **5**:310 (191), **5**:*329*, **5**:*330*, **5**:*337*
Fedor, M., **48**:241, **48**:*252*
Fedoseev, V. A., **5**:66, **5**:67 (18), **5**:68

(18), **5**:*106*
Feeley, M. J., **46**:303, **46**:*326*
Feeny, D., **47**:362, **47**:*366*
Fegueroa, M., **44**:289, **44**:*328*
Fehlauer, J., **19**:176, **19**:179, **19**:*218*
Fei, Z., **44**:100, **44**:*124*
Feichtinger, W., **47**:216, **47**:*246*
Feiertag, R. J., **29**:7, **29**:23, **29**:32, **29**:*44*, **29**:*45*
Feige, U., **30**:212–213, **30**:*220*
Feigenbaum, **24**:179, **24**:*215*
Feigenbaum, A. V., **41**:14, **41**:*60*, **41**:76, **41**:*82*
Feigenbaum, E., **7**:150 (51), **7**:*179*, **23**:167, **23**:168, **23**:*173*, **23**:*174*
Feigenbaum, E. A., **6**:*225*, **10**:99 (16), **10**:*107*, **11**:167, **11**:*224*, **12**:46 (10), **12**:*71*, **13**:217, **13**:221, **13**:222, **13**:*226*, **13**:*231*, **21**:296, **21**:*330*, **22**:164, **22**:165, **22**:166, **22**:172, **22**:173, **22**:174, **22**:183, **22**:201, **22**:202, **22**:*210* **22**:*211*, **22**:*212*, **22**:*213*, **22**:*214*, **26**:9, **26**:39, **26**:40, **26**:*42*, **26**:*43*, **26**:*44*, **38**:166, **38**:169, **38**:*180*, **40**:196, **40**:*249*, **47**:13, **47**:26, **47**:60, **47**:84, **47**:89, **47**:95, **47**:*137*
Feiler, P., **41**:158, **41**:165, **41**:*189*
Feiler, P. H., **19**:107, **19**:*109*, **41**:47, **41**:*55–56*, **41**:*60–61*, **41**:139, **41**:*155*, **43**:58, **43**:*134*, **46**:46, **46**:72, **46**:77, **46**:79, **46**:89, **46**:*104*
Fein, E., **5**:313 (153), **5**:*335*
Fein, R., **16**:129, **16**:*178*
Feinberg, A., **35**:*324*
Feinberg, I., **9**:190 (4), **9**:212 (9), **9**:*234*
Feiner, S., **33**:304
Feingold, H., **30**:167, **30**:*168*, **45**:221, **45**:223, **45**:*264*
Feingold, R. S., **12**:*36*
Feinstein, A., **36**:287, **36**:*328*
Feinstein, D. I., **37**:156, **37**:*164*
Feinstein, H. L., **46**:237, **46**:*286*
Feistal, H., **22**:59, **22**:94, **22**:*104*
Feistal, R., **31**:290, **31**:*320*
Feistel, H., **30**:182–183, **30**:*220*
Fekete, M., **2**:83, **2**:*130*
Feketekuty, G., **35**:349, **35**:*368*
Feldberg, R., **47**:*182*
Felderman, R., **49**:273, **49**:*297*

Feldman, D. H., **47**:82, **47**:*138*
Feldman, G. M., **8**:34 (27), **8**:*43*, **13**:218, **13**:*227*
Feldman, J., **10**:17 (15), **10**:76, **10**:99 (16), **10**:*107*, **12**:46 (10), **12**:*71*, **13**:221, **13**:222, **13**:*227*, **17**:172, **17**:*217*
Feldman, J. A., **12**:194 (13), **12**:237, **12**:*283*, **13**:202, **13**:203, **13**:218, **13**:*225*, **13**:*226*, **13**:*227*, **15**:2, **15**:8, **15**:9, **15**:10, **15**:11, **15**:17, **15**:*59*, **15**:*60*, **15**:188, **15**:*235*, **33**:*236*, **34**:221–222, **34**:*230*, **37**:389, **37**:*420*
Feldman, J. D., **34**:187, **34**:*230*
Feldman, M. B., **33**:23, **33**:63
Feldman, M. R., **28**:173, **28**:*221*, **28**:*223*
Feldman, P., **30**:190, **30**:*217*
Feldman, R. F., **16**:144, **16**:*177*, **16**:*178*, **16**:*180*
Feldman, S. I., **22**:131, **22**:*159*, **41**:28, **41**:*60*, **43**:72, **43**:*134*, **48**:271, **48**:*310*
Feldman, Y. A., **37**:37, **37**:*56*
Feldstein, P. J., **16**:131, **16**:*178*
Felix, C. P., **18**:131, **18**:*172*, **19**:280, **19**:*327*, **24**:13, **24**:22, **24**:33, **24**:*60*, **44**:89, **44**:*124*
Feller, W., **12**:*168*, **26**:12, **26**:*44*, **36**:*39*
Fellows, J. P., **44**:144, **44**:*167*
Fels, E. M., **9**:134, **9**:143, **9**:*173*, **9**:*174*
Felten, E. W., **48**:201, **48**:*217*
Feltham, G. A., **20**:16, **20**:*32*
Felton, E. W., **29**:226, **29**:227, **29**:245, **29**:*248*
Fendick, K., **44**:317, **44**:*328*
Feng, D., **32**:*148*
Feng, M. D., **46**:398
Feng, Q., **47**:142, **47**:*180*, **47**:*180*, **47**:*181*
Feng, T., **23**:299, **23**:*352*, **26**:161, **26**:166, **26**:167, **26**:172, **26**:176, **26**:*197*, **26**:*199*
Feng, T. Y., **20**:166, **20**:167, **20**:*193*, **20**:*197*, **28**:110, **28**:*148*, **37**:323, **37**:325, **37**:*332*
Feng, W. C., **34**:287
Fennel, D. R., **31**:120, **31**:*171*
Fennel, R. D., **31**:120, **31**:124–125, **31**:*172*
Fennema, C., **32**:*148*
Fenner, W., **48**:232, **48**:*253*

Fenster, A., **47**:211, **47**:216, **47**:227, **47**:*246*, **47**:*247*, **47**:*250*, **47**:*251*, **47**:*252*, **47**:*253*
Fenton, N., **41**:5, **41**:12, **41**:55, **41**:*62*, **45**:199, **45**:*264*, **49**:*92*
Fenton, N. E., **44**:69, **44**:90–91, **44**:115, **44**:*124*, **44**:128, **44**:131, **44**:134, **44**:136, **44**:141, **44**:147, **44**:151, **44**:161, **44**:*167*
Fenton, R. G., **33**:239
Fenves, S. J., **16**:59, **16**:*122*
Feo, J. T., **45**:94, **45**:*101*
Ferber, J., **43**:117, **43**:*134*
Ference, T., **20**:17, **20**:*32*
Ferguson, C. D., **48**:275, **48**:*311*
Ferguson, D. E., **4**:9 (24), **4**:*50*, **12**:*283*
Ferguson, J., **44**:52, **44**:*56*, **46**:9, **46**:15, **46**:16, **46**:*30*, **46**:*31*
Ferguson, R., **20**:22, **20**:*32*
Ferguson, R. O., **2**:*369*
Ferguson, T. S., **19**:182, **19**:*218*
Ferguson, W. E., **4**:154, **4**:*165*
Feri, F., **42**:135, **42**:*237*
Ferkiss, V., **11**:366, **11**:*385*
Fernald, K. W., **38**:*183*, **38**:*184*
Fernandez, E. B., **38**:3, **38**:10, **38**:67, **38**:*69–71*
Fernandez, J. R., **38**:*184*
Fernandez, P., **44**:197, **44**:*214*
Fernandez, R., **34**:*287*
Ferner, V., **4**:194 (21), **4**:195 (21), **4**:196 (21), **4**:*240*
Fernström, C., **41**:17, **41**:51, **41**:56–57, **41**:*60*
Fernstrom, C., **34**:192, **34**:220, **34**:*230*, **46**:40, **46**:41, **46**:46, **46**:50, **46**:59, **46**:77, **46**:82, **46**:*103*, **46**:*104*
Ferraiolo, D. F., **46**:239, **46**:247, **46**:*285*
Ferrante, J., **35**:291, **35**:*318*, **35**:*320–321*, **43**:3, **43**:13, **43**:15–16, **43**:*46*, **48**:30, **48**:*115*
Ferrara, K. W., **47**:227, **47**:*246*
Ferrari, D., **26**:407, **26**:*441*
Ferrate, G. A., **14**:*228*
Ferrell, W. R., **32**:203, **32**:*253*
Ferrer, M. I., **16**:173, **16**:*177*
Ferretti, M., **44**:198, **44**:*213*, **49**:254, **49**:266, **49**:267, **49**:*296*
Ferrier, A., **32**:191, **32**:*197*
Ferris, D., **23**:169, **23**:*174*
Ferris, R. J., **12**:*168*
Ferritti, M., **49**:256, **49**:*295*
Ferster, C. B., **5**:205 (154), **5**:*224*
Fessler, G. E., **26**:*277*
Fetzer, D. T., **36**:26, **36**:*39*
Fetzer, J. H., **33**:55, **33**:*63*
Feuer, A. R., **24**:52, **24**:*60*
Feurzeig, W., **7**:281 (22), **7**:*288*, **8**:155 (29), **8**:187
Fey, J. T., **24**:346, **24**:*372*
Feynman, R. P., **31**:242, **31**:*320*
Feyock, S., **32**:230, **32**:*250*
Feys, R., **1**:122 (56), **1**:*139*, **10**:15 (10), **10**:23 (10), **10**:30 (10), **10**:43 (10), **10**:53 (10), **10**:*76*
Fiacco, A. V., **3**:185, **3**:*187*
Fiacco, V., **2**:323, **2**:*369*
Fialka, J. J., **30**:173, **30**:*220*
Fialkowski, K., **5**:71 (17), **5**:80 (17), **5**:*106*
Fiat, A., **30**:202, **30**:212–213, **30**:*220*
Fiat, D. A., **44**:254, **44**:*281*
Fichera, G., **2**:72 (10.7), **2**:73, **2**:77, **2**:*127*, **2**:*128*, **2**:*129*, **2**:*131*, **2**:*132*
Fickas, S. F., **22**:182, **22**:*212*, **29**:184, **29**:*187*
Ficke, D., **26**:*90*
Ficks, L., **1**:218, **1**:*229*
Fiddian, N. J., **32**:170, **32**:177, **32**:*199*
Fidel, R., **30**:*82*
Fiduccia, N. S., **32**:74, **32**:*98*
Fiebig, D. G., **36**:306, **36**:*331*
Fiegel, T., **36**:394–395, **36**:*424*
Fiegenbaum, T., **5**:187, **5**:198, **5**:*223*
Fiehler, J., **12**:98, **12**:*111*
Field, J. A., **20**:*194*, **42**:127, **42**:*239*, **43**:33, **43**:*46*
Fienup, J. R., **28**:198, **28**:*226*
Fife, D. W., **12**:*168*
Figliulo, T., **49**:187, **49**:*190*
Fikes, R., **34**:23, **34**:*55*, **38**:89, **38**:120, **38**:123, **38**:*139–140*, **47**:84, **47**:*138*
Fikes, R. E., **15**:60, **26**:35, **26**:*44*, **32**:225, **32**:*250*, **40**:184, **40**:227, **40**:*251*, **43**:71, **43**:90, **43**:*134*
Fikes, R. F., **13**:196, **13**:197, **13**:198, **13**:201, **13**:212, **13**:*227*
Filer, E. P., **47**:216, **47**:*246*
Filinov, E. N., **18**:244, **18**:*283*
Filinova, E. N., **29**:*323*, **29**:*327*

Fillenbaum, S., **19**:127, **19**:182, **19**:*219*, **19**:*225*
Fillmore, C. J., **13**:146, **13**:150, **13**:150, **13**:*167*, **15**:230, **15**:231, **15**:*236*
Fillmore, F. L., **5**:324 (281), **5**:*342*
Fillo, M., **44**:202, **44**:*212*, **46**:308, **46**:316, **46**:*326*
Filloque, J. M., **40**:104, **40**:*122*
Filsinger, E., **19**:206, **19**:*219*
Finanzon, M. R., **38**:*193*
Finch, R. R., **9**:227 (25), **9**:*235*
Findler, N. V., **13**:175, **13**:*227*, **24**:306, **24**:307, **24**:*313*, **43**:108, **43**:*134*
Fine, D., **47**:226, **47**:*246*
Fine, R., **18**:105, **18**:*115*, **29**:231, **29**:240, **29**:*248*
Fine, T. L., **22**:190, **22**:*212*, **36**:324, **36**:*331*
Finelli, G. B., **41**:216, **41**:225, **41**:*228*, **42**:112, **42**:*116*
Finer, H., **32**:259, **32**:*304*
Finger, A., **49**:145, **49**:*188*
Finger, J. M., **31**:216–217, **31**:*232*
Finholt, T., **39**:272, **39**:*289*
Finin, T., **34**:23, **34**:*55*, **49**:41, **49**:42, **49**:*65*
Fink, P. K., **38**:112, **38**:*139*
Fink, S. J., **45**:144, **45**:*150*
Fink, W., **28**:214, **28**:*225*
Finkbeiner, A., **37**:413, **37**:*420*
Finke, W., **20**:7, **20**:*32*
Finkel, R. A., **26**:139, **26**:143, **26**:146, **26**:*150*, **29**:*248*, **49**:275, **49**:*298*
Finkelstein, A., **41**:47, **41**:*55*, **41**:*61*, **46**:40, **46**:*104*, **46**:370, **46**:*399*
Finkelstein, C., **35**:22, **35**:*79*
Finkelstein, L., **39**:*104*
Finkelstein, N., **5**:238, **5**:*253*
Finkelstein, S. J., **39**:115, **39**:*189*
Finkelstein, S. M., **38**:*189*
Finn, J. D., **4**:158 (98), **4**:*167*
Finney, K., **49**:*92*
Finnie, B. W., **14**:196, **14**:*228*
Finnila, C. A., **28**:*148*, **34**:126, **34**:*153*
Fiock, L., Jr., **20**:10, **20**:*32*
Fiordalisi, V. E., **3**:*344*, **9**:121 (34), **9**:157 (34), **9**:*174*
Fiore, M., **12**:103, **12**:*111*
Fiore, R., **43**:2, **43**:*46*
Firby, J., **48**:325, **48**:*351*

Firby, R. J., **33**:*236*
Firebaugh, M. W., **47**:13, **47**:22, **47**:28, **47**:29, **47**:*60*
Firth, B. G., **2**:158 (9), **2**:182 (9), **2**:*290*
Firth, M., **20**:22, **20**:*32*
Firth, R., **41**:125, **41**:*155–156*
Fischer, A., **12**:*283*, **48**:292, **48**:*309*
Fischer, G. J., **5**:326 (373, 382), **5**:*348*, **47**:77, **47**:90, **47**:*138*
Fischer, H., **35**:227, **35**:235, **35**:*253*
Fischer, I., **13**:*107*
Fischer, M. J., **14**:26, **14**:*42*, **14**:140, **14**:141, **14**:142, **14**:145, **14**:166, **14**:*184*, **19**:213, **19**:*228*
Fischer, P. G., **5**:309 (180), **5**:*337*
Fischer, R. E., **2**:235, **2**:*292*
Fischer, R. S., **38**:*190*
Fischer, W., **44**:318, **44**:325, **44**:*328*
Fischler, M. A., **12**:*168*, **43**:274, **43**:*277*
Fischler, R. B., **28**:235, **28**:*275*
Fiscus, J. G., **47**:12, **47**:54, **47**:*64*
Fish, R. S., **45**:289, **45**:*316*
Fishburn, J., **29**:*248*
Fishburn, J. P., **26**:139, **26**:143, **26**:146, **26**:*150*, **29**:224, **29**:*248*
Fisher, A. D., **28**:169, **28**:*223*
Fisher, A. L., **26**:97, **26**:*150*
Fisher, A. S., **34**:31, **34**:*55*
Fisher, C. R., **5**:326 (341), **5**:*346*
Fisher, D., **44**:101, **44**:*124*
Fisher, D. A., **15**:141, **15**:142, **15**:144, **15**:*177*
Fisher, D. L. **5**:307 (100), **5**:*332*
Fisher, D. R., **19**:180, **19**:183, **19**:*225*
Fisher, E. R., **21**:343, **21**:*420*
Fisher, F., **49**:14, **49**:26, **49**:*60*
Fisher, F. M., **3**:325 (24, 25), **3**:328, **3**:335 (24), **3**:*344*, **43**:206, **43**:*211*
Fisher, F. P., **12**:41 (11), **12**:62 (11), **12**:*72*
Fisher, G. J., **9**:204, **9**:*235*
Fisher, J., **46**:145, **46**:*155*
Fisher, J. A., **24**:103, **24**:109, **24**:114, **24**:149, **24**:151, **24**:153, **24**:*171*, **49**:290, **49**:*297*
Fisher, L., **19**:198, **19**:*219*
Fisher, L. D., **19**:203, **19**:*223*
Fisher, M., **23**:350, **23**:*352*
Fisher, P. S., **19**:*60*
Fisher, R., **28**:237, **28**:271, **28**:*275*

Fisher, R. A., **12**:328, **12**:340, **12**:343, **12**:*411*
Fisher, R. S., **5**:216, **5**:*226*
Fisher, W. M., **47**:12, **47**:54, **47**:*64*
Fishman, D. H., **13**:195, **13**:196, **13**:*228*, **43**:118, **43**:*134*
Fishman, D., **35**:*181*
Fishman, E. K., **47**:215, **47**:*246*
Fishman, H., **2**:64 (6.11), **2**:*125*
Fissel, J., **36**:360, **36**:370, **36**:*422*
Fitch, F. B., **2**:397, **2**:403, **2**:*417*
Fitch, J. P., **28**:185, **28**:*223*
Fitch, L. L., **38**:148, **38**:154, **38**:166, **38**:168–169, **38**:171, **38**:*180*, **38**:*182*
Fitsos, G. P., **24**:29, **24**:*59*
Fitts, P. M., **11**:359, **11**:*386*
FitzGerald, A., **30**:56, **30**:*82*
Fitzgerald, E. P., **46**:118, **46**:*154*
Fitzgerald, G., **34**:294, **34**:296, **34**:298, **34**:306, **34**:351, **34**:*381*, **34**:*388*, **34**:*392*
Fitzgerald, J. S., **30**:56, **30**:*82*, **49**:72, **49**:81, **49**:84, **49**:88, **49**:89, **49**:92, **49**:*93*
Fitzgerald, P., **32**:214, **32**:*249*
Fitzgerald, R. P., **35**:278, **35**:*319*, **47**:317, **47**:*338*
Fitzpatrick, D. T., **23**:8, **23**:*32*
Fitzpatrick, E., **17**:120, **17**:*159*
Fitzsimmons, A., **18**:133, **18**:134, **18**:*169*
Fjørtoft, R., **1**:52 (13), **1**:65 (13), **1**:84, **1**:*87*, **1**:*90*
Flach, J. M., **36**:*422*
Flaherty, J. E., **46**:411, **46**:*437*
Flam, H., **39**:250, **39**:*289*
Flamank, G., **39**:90, **39**:*104*
Flamm, L. E., **36**:370, **36**:*422*
Flanagan, C. A., **5**:308 (111), **5**:*332*
Flanagan, D., **48**:*217*
Flanagan, J. L., **11**:167, **11**:173, **11**:175 (37), **11**:180 (37), **11**:182, **11**:186, **11**:197, **11**:*224*, **47**:57, **47**:*60*
Flanders, D. A., **5**:316 (202), **5**:*338*
Flanders, G. A., 3229, **3**:*272*
Flannery, B. P., **35**:108, **35**:*133*, **36**:*253*, **43**:261–264, **43**:*277*
Flannery, J. P., **16**:280, **16**:*329*
Flatt, H. P., **2**:19, **2**:47 (24), **2**:*53*, **5**:307 (92), **5**:308 (121), **5**:309 (179), 181, 182), **5**:318 (92), **5**:323, **5**:*331*, **5**:*333*, **5**:*337*, **5**:*341*
Flavell, J. H., **5**:*224*
Fleck, J., **37**:343, **37**:370, **37**:383, **37**:387, **37**:409, **37**:*420–421*
Fleisch, B. D., **35**:273, **35**:278, **35**:*321*, **39**:224–225, **39**:232, **39**:*236*
Fleischman, B., **32**:8, **32**:*98*
Fleischmann, A., **29**:167, **29**:*187*
Fleishman, E. A., **31**:12, **31**:*97*
Fleiss, J. L., **19**:114, **19**:*219*
Fleming, C., **30**:74–75, **30**:*82*
Fleming, J. S., **47**:226, **47**:*246*
Fletcher, H., **1**:200 (10), **1**:*228*
Fletcher, J. C., **28**:108, **28**:*148*
Fletcher, J. D., **15**:273, **15**:*282*, **18**:183, **18**:184, **18**:203, **18**:*225*, **18**:*227*, **18**:*229*
Fletcher, J. G., **16**:193, **16**:*216*, **20**:85 (68), **20**:*114*
Fletcher, J. L., **5**:312 (149), **5**:315 (149), **5**:317 (149), **5**:318 (149), **5**:*335*
Fletcher, R., **8**:98, **8**:*100*, **36**:230, **36**:*251*
Fleukens, H., **40**:96, **40**:*123*
Fligg, C. M., Jr., **36**371, **36**:373, **36**:381, **36**:*427*
Flonder, P., **24**:293, **24**:*315*
Flood, M. M., **2**:333 (67), **2**:*369*
Florenza, M., **49**:28, **49**:*67*
Flores, F., **29**:65, **29**:71, **29**:*77*, **34**:336, **34**:347, **34**:362, **34**:*392*, **36**:*422*, **40**:192, **40**:240, **40**:*251*, **45**:3, **45**:12, **45**:51, **45**:274, **45**:280, **45**:287, **45**:307, **45**:*319*, **47**:4, **47**:*66*, **47**:69, **47**:*140*
Flores, I., **12**:*168*
Flores-Gaitan, S., **48**:20, **48**:21, **48**:30, **48**:55, **48**:101, **48**:*118*
Flores, R., **45**:3, **45**:12, **45**:51, **45**:274, **45**:280, **45**:287, **45**:307, **45**:*319*
Flores, S., **36**:*194*
Florijn, G., **46**:349, **46**:*398*
Flory, P. J., **6**:61, **6**:*84*
Floyd, C., **34**:300, **34**:325, **34**:341–342, **34**:356, **34**:371, **34**:*385*, **40**:45–47, **40**:*63*, **45**:279, **45**:*316*
Floyd, C. E., Jr., **38**:*194*
Floyd, R., **33**:56, **33**:*63*, **36**:48, **36**:*108*
Floyd, R. W., **7**:136 (22), **7**:141 (20, 21, 22), **7**:*178*, **10**:15 (16), **10**:16 (16, 17), **10**:*76*, **15**:40, **15**:*60*, **19**:101,

19:*109*, 20:240, 20:*256*, 23:308, 23:*352*, 24:155, 24:*171*, 26:124, 26:*150*, 28:40, 28:*64*, 29:98, 29:*187*, 43:221–222, 43:239, 43:*240*
Flume, E., 40:194, 40:*254*
Flynn, L. E., 9:193, 9:*235*,, 19:68, 19:79, 19:*109*, 20:*193*, 21:93, 21:*152*, 23:296, 23:*352*, 24:104, 24:113, 24:119, 24:164, 24:*171*, 24:*173*, 28:110, 28:*148*, 34:115, 34:*153*, 34:194, 34:*230*, 44:171, 44:*214*, 45:54, 45:56, 45:57, 45:58, 45:59, 45:63, 45:*101*, 49:240, 49:246, 49:*297*
Flynn, M., 15:127, 15:161, 15:162, 15:*177*
Flynn, P. J., 43:274, 43:*278*
Flynn, R., 47:*339*
Flynn, R. R., 30:*34*, 31:353–354, 31:356, 31:*373*
Focht, L. R., 11:209 (147), 11:*229*
Foderaro, J. K., 23:8, 23:*32*
Fodor, J. A., 8:229, 8:*244*, 11:173 (38), 11:*224*, 29:64, 29:*74*, 37:411–413, 37:*421*, 47:22, 47:23, 47:*60*
Foecke, H. A., 4:139 (7), 4:140 (7), 4:*162*
Foell, W. K., 5:324 (289), 5:*343*
Foft, J., 16:162, 16:*181*
Fogel, D. B., 45:160, 45:*194*
Fogel, G. D., 9:28 (7), 9:*49*
Fogel, L. A., 5:200, 5:*224*
Fogelman, F., 37:130, 37:*163*, 37:*165*
Fogg, C. E., 47:296, 47:*339*
Fogliata, P., 29:170, 29:*191*
Fohler, G., 42:3, 42:5, 42:*34*
Fok, K. S., 23:350, 23:*351*
Foley, D. A., 47:215, 47:216, 47:*244*, 47:*247*, 47:*252*
Foley, J., 23:128, 23:*140*, 32:232, 32:*250*, 33:*304*
Foley, J. D., 32:230, 32:*249*, 32:*250*, 47:223, 47:*246*
Foley, K. J., 6:*296*
Folger, T. A., 36:265–266, 36:273–274, 36:280–282, 36:287–288, 36:298, 36:307, 36:321, 36:*329*
Folkeson, A., 42:112, 42:*116*
Fong, P. J., 31:113, 31:*173*
Foote, B., 43:87, 43:110, 43:*135*, 47:*291*
Foote, J. E., 8:*42*, 47:227, 47:*245*

Foran, V., 44:210, 44:*217*
Forbus, K. D., 33:*236*, 36:348, 36:*426*, 38:76, 38:82–83, 38:100, 38:*140*
Forcina, A., 42:174, 42:218, 42:*234*
Ford, B., 48:5, 48:8, 48:12, 48:29, 48:*115*
Ford, D. F., 7:*113*, 12:121, 12:132, 12:136 (25), 12:140, 12:*167*
Ford, L., 44:228, 44:*280*, 49:104, 49:105, 49:106, 49:*140*
Ford, L. R., Jr., 2:*369*
Ford, P. W., 5:238, 5:*253*
Ford, R., 22:296, 22:342, 22:345, 22:*350*
Ford, R. F., 22:345, 22:346, 22:*350*
Ford, W., 48:*253*
Ford, W. H., 24:222, 24:*273*, 33:149, 33:*167*
Forester, J., 34:341, 34:*385*
Forester, T., 21:*87*, 39:271, 39:*289*
Forgie, C. D., 1:193 (2), 1:207 (2), 1:227 (2), 1:*227*, 11:205 (39, 40), 11:*224*
Forgie, J. W., 1:193 (1), 1:226, 1:*227*, 8:*43*, 11:205 (39, 40), 11:*224*, 13:225, 13:*229*
Forgy, C., 22:166, 22:180, 22:*212*
Forgy, E., 19:167, 19:*219*
Forin, A., 39:204, 39:*236*
Forman, D., 24:342, 24:350, 24:352, 24:*372*
Forman, E. H., 45:214, 45:*264*
Forman, I. R., 26:405, 26:*441*, 39:27, 39:*48*
Fornage, B. D., 47:190, 47:*246*
Forrest, B. M., 37:*163*
Forrester, J., 20:8, 20:*32*
Forsberg, F., 47:207, 47:*247*
Forsdick, H. C., 17:184, 17:*217*
Forsythe, A. I., 24:348, 24:*372*
Forsythe, G. E., 2:57, 2:62 (56, 57), 2:85, 2:*124*, 2:*132*, 3:191 (8), 3:195 (8), 3:263 (8), 3:*271*, 4:146 (37, 38), 4:148 (37, 38), 4:*163*, 5:315 (199), 5:*338*, 24:327, 24:*372*
Fort, D. M., 2:321, 2:*370*
Fort, T., 3:204 (9), 3:*271*
Forte, A., 12:101, 12:102, 12:*111*, 36:167, 36:*195*
Forte, B., 36:*326*
Fortes, J. A. B., 38:198–199, 38:202, 38:205, 38:207, 38:210–213,

38:235–236, **38**:*243–245*
Fortier, J. J., **19**:121, **19**:*219*
Fortmann, T. E., **43**:257, **43**:*277*
Fortune, S., **23**:341, **23**:*352*
Fortunov, I., **29**:*323*
Fosdick, L. D., **19**:247, **19**:*248*, **26**:353, **26**:*389*, **26**:*390*, **26**:423, **26**:*442*
Fossum, E. G., **12**:*168*
Foster, C. C., **34**:165, **34**:188, **34**:*226*, **34**:*230*
Foster, F. S., **47**:216, **47**:*252*
Foster, G., **29**:62, **29**:*76*, **31**:54, **31**:*98*
Foster, I., **45**:127, **45**:*150*, **46**:361, **46**:*398*
Foster, J. M., **11**:173, **11**:*224*
Foster, K. A., **26**:363, **26**:*389*
Foster, M. J., **19**:72, **19**:86, **19**:87, **19**:*109*, **21**:93, **21**:148, **21**:*152*, **28**:154, **28**:*222*, **30**:16–17, **30**:31, **30**:*34*
Foster, S., **36**:*195*, **36**:1234
Fotheringham, J., **8**:*43*
Foulk, C. R., **24**:*318*, **28**:238, **28**:*278*, **31**:333–334, **31**:361, **31**:*378*, **36**:277, **36**:325, **36**:*332*, **38**:*316*
Foulkes, J. D., **5**:149, **5**:*221*
Foulser, D. E., **34**:129, **34**:*154*
Fountain, T., **49**:244, **49**:254, **49**:255, **49**:256, **49**:257, **49**:297, **49**:*298*
Fourier, J. B. J., **37**:62, **37**:*116*
Foust, W., **1**:96 (12), **1**:*138*
Fowler, J. P., **42**:58, **42**:*75*, **45**:303, **45**:*316*
Fowler, M., **47**:290, **47**:*291*
Fowler, P. J., **41**:87, **41**:94, **41**:150, **41**:*155–156*
Fowler, R. J., **35**:278, **35**:*320*
Fowler, T. B., **5**:311 (132, 133), **5**:312 (133, 147, 148), **5**:313 (162), **5**:318 (133), **5**:319, **5**:326 (337, 338, 379), **5**:*334*, **5**:*335*, **5**:*339*, **5**:*345*, **5**:*346*, **5**:*348*
Fowlkes, E. B., **24**:52, **24**:*60*
Fowlkes, J. B., **47**:227, **47**:*245*
Fox, A., **48**:122, **48**:171, **48**:174, **48**:*176*
Fox, C. J., **31**:330–331, **31**:335, **31**:361, **31**:*373*
Fox, E., **24**:294, **24**:298, **24**:299, **24**:*317*
Fox, E. A., **30**:*36*, **48**:262, **48**:267, **48**:*311*
Fox, G., **45**:107, **45**:111, **45**:145, **45**:146, **45**:*149*, **45**:*152*, **49**:241, **49**:244, **49**:245, **49**:252, **49**:263, **49**:*298*
Fox, G. C., **33**:*236*, **45**:184, **45**:*195*
Fox, J. M., **28**:257, **28**:*275*, **37**:*281*
Fox, L., **2**:69, **2**:70 (9.5), **2**:*127*
Fox, M. S., **22**:202, **22**:*212*, **33**:68, **33**:*113*
Fox, P., **8**:74 (36), **8**:*101*
Fox, R. L., **10**:269 (2), **10**:*270*
Fox, S., **43**:71, **43**:*138*, **47**:*183*
Foyle, A., **38**:*191*, **38**:*193*
Fröhlich, H., **31**:299, **31**:*320*
Frølund, S., **46**:359, **46**:*398*, **46**:399
Fraeijs De Veubke, B., **10**:263 (6), **10**:264 (6), **10**:*273*
Fraenkel, A. S., **6**:167, **6**:*192*
Fraga, J. M., **38**:*184*
Frailey, D. J., **46**:72, **46**:77, **46**:*104*
Fraim, L. J., **29**:8, **29**:23, **29**:*44*
Frakes, W., **33**:6, **33**:*64*, **41**:19, **41**:*60*
Framel, J. E., **46**:112, **46**:113, **46**:*155*
Francas, M., **36**:*422*
Franceschi, D., **47**:216, **47**:*247*
Francescon, S., **5**:322 (250), **5**:*341*
Francez, N., **26**:*152*, **29**:*185*
Franchi, S., **38**:*184*
Francik, E., **45**:311, **45**:*316*
Francis, N. C., **5**:322 (240), **5**:*340*, **49**:267, **49**:*300*
Franck, A., **20**:83 (3), **20**:85 (62), **20**:*112*, **20**:*114*
Franck, J. V., **6**:*294*
Francois, P., **42**:128, **42**:148, **42**183, **42**:*235*
Franich, D. M., **17**:242, **17**:*281*
Frank, A. G., **35**:340, **35**:*368*, **49**:*59*
Frank, C. B., **38**:*185*, **38**:*193*
Frank, E. H., **24**:102, **24**:*171*
Frank, L., **5**:124 (30), **5**:*219*
Frank, M., **3**:185, **3**:*187*
Frank, R., **46**:364, **46**:*397*
Frank, S. J., **40**:144, **40**:152, **40**:*176*
Franke, D. W., **38**:95, **38**:132, **38**:*140*
Franke, R. H., **43**:188, **43**:196–197, **43**:*211*
Frankel, R. E., **21**:108, **21**:117, **21**:*152*, **36**:163, **36**:*195*
Frankel, S. P., **1**:77 (65), **1**:*89*, **3**:192 (10), **3**:*271*
Frankel, T., **18**:267, **18**:281, **18**:*284*
Frankhauser, P., **32**:174, **32**:175, **32**:*197*
Frankl, P., **41**:218, **41**:*228*

Frankl, P. G., **26**:353, **26**:388, **26**:*389*, **41**:205–206, **41**:*228*
Franklin, G., **23**:181, **23**:183, **23**:190, **23**:194, **23**:*252*
Franklin, G. F., **23**:182, **23**:184, **23**:185, **23**:187, **23**:192, **23**:*251*, **42**:251, **42**:*267*
Franklin, J., **5**:309 (173), **5**:*336*
Franklin, M. A., **26**:195, **26**:196, **26**:*197*, **26**:*199*, **36**:*39*, **48**:*178*
Frankot, R. T., **34**:66, **34**:*109*
Frankovich, J. M., **3**:82 (8), **3**:*152*
Franks, R. G. E., **2**:360 (65), **2**:*369*
Franta, W. R., **20**:43, **20**:65, **20**:*81*, **20**:*82*, **24**:103, **24**:*168*, **24**:*169*, **33**:85, **33**:*111*, **35**:307, **35**:*321*
Frantz, G. A., **37**:111, **37**:*116*
Franz, A., **47**:10, **47**:*60*
Franz, L. A., **42**:57, **42**:*75*
Franzke, M., **36**:*429*
Frary, J. M., **19**:140, **19**:141, **19**:*224*
Fraser, A. G., **4**:5 (18), **4**:*50*, **17**:166, **17**:169, **17**:171, **17**:*217*, **20**:84 (10), **20**:85 (15, 22), **20**:*112*, **42**:121, **42**:*235*
Fraser, D., **44**:188, **44**:*214*
Fraser, J. B., **13**:184, **13**:*226*
Fraser, R. G., **16**:174, **16**:*180*
Fratta, L., **42**:162, **42**:176–177, **42**:218, **42**:*235*, **42**:*239*
Frawley, B., **22**:202, **22**:*212*
Frazer, B. J., **11**:354, **11**:*386*
Frazer, R. A., **5**:280, **5**:*287*
Frederick, D. H., **5**:308 (113), **5**:*332*
Frederick, F. P., **2**:363, **2**:*369*
Frederick, R., **45**:298, **45**:*315*
Frederick, T. J., **24**:360, **24**:*372*
Frederking, R., **49**:24, **49**:40, **49**:58, **49**:*60*
Frederking, R. E., **49**:24, **49**:54, **49**:*61*
Fredkin, E., **4**:38, **4**:*52*, **8**:7 (5), **8**:*42*, **8**:*43*, **8**:249, **8**:258, **8**:*332*, **12**:*169*
Fredman, I. J., **4**:275, **4**:*302*
Freed, N., **44**:263, **44**:*282*, **48**:250, **48**:252, **48**:*253*
Freed, R. N., **3**:335, **3**:*344*, **9**:118 (35), **9**:*174*
Freedman, D. P., **42**:*75*
Freedman, W., **47**:179, **47**:*181*
Freeman, D. N., **9**:195 (75), **9**:*238*

Freeman, H., **10**:94, **10**:96, **10**:*107*, **12**:325, **12**:*411*, **18**:48, **18**:*56*
Freeman, H. A., **20**:83 (1), **20**:84 (6), **20**:85, **20**:105 (6), **20**:*111*, **20**:*112*, **21**:234, **21**:*273*, **24**:365, **24**:*372*, **28**:114, **28**:115, **28**:*147*
Freeman, J., **18**:55, **18**:*56*
Freeman, J. W., **42**:23, **42**:*32–33*
Freeman, P., **24**:127, **24**:*171*, **28**:3, **28**:*64*
Freeman, P., **34**:*55*, **38**:120, **38**:*140*, **39**:36, **39**:*48*, **41**:18, **41**:*62*, **42**:29, **42**:*31*
Freeman, R., **40**:66, **40**:*123*
Freeny, S. L., **10**:118 (5), **10**:*128*
Frei, K., **48**:5, **48**:8, **48**:12, **48**:29, **48**:*115*
Freidrichs, K. O., **2**:*130*
Freiherr, G., **21**:296, **21**:*330*
Freiman, C. V., **6**:175, **6**:*192*
Freiman, F. R., **24**:31, **24**:47, **24**:*60*
Freire, P., **34**:348, **34**:*385*
Freitag, H., **9**:199 (28), **9**:*235*
Freitas, R., **47**:143, **47**:*181*
Freivald, R. V., **15**:17, **15**:*59*
French, E. G., **11**:*386*
French, J. W., **32**:210, **32**:*250*
Frenk, S., **11**:197 (97), **11**:*226*
Frer, E. H., **12**:*169*
Freschi, G., **42**:174, **42**:180, **42**:218, **42**:*234*, **42**:*238*
Frety, P., **16**:162, **16**:*181*
Freund, J. G., **47**:203, **47**:*249*
Freund, R., **3**:30 (10), **3**:33 (10), **3**:*74*
Frew, J., **48**:282, **48**:*314*
Frey, A., **44**:228, **44**:*280*
Frey, P., **29**:233, **29**:*248*
Freytag, J. C., **32**:184, **32**:194, **32**:*198*
Friant, J., **11**:38 (77), **11**:*57*
Friberg, A., **36**:*195*, **36**:*200*
Fribourg, L., **26**:389
Frick, F. C., **1**:193 (2), **1**:207 (2), **1**:227 (2), **1**:*227*, **11**:197 (42), **11**:205, **11**:*224*
Fridman, A. L., **29**:*327*
Fried, B. D., **7**:281 (20), **7**:*288*, **8**:*42*
Friedberg, C., **16**:173, **16**:*180*
Friedberg, R. M., **6**:49 (18), **6**:*84*
Frieden, H. J., **47**:227, **47**:*252*
Frieder, G., **21**:93, **21**:*154*, **24**:105, **24**:*174*, **38**:*194*
Frieder, O., **30**:26, **30**:*34*, **38**:*192*, **38**:*194*,

AUTHOR INDEX

42:29, 42:*33*, 42:*36*
Friedhoff, R. M., 33:*304*
Friedland, D., 28:127, 28:145, 28:*147*
Friedland, P., 22:202, 22:*212*
Friedman, A. D., 26:258, 26:*277*, 26:300, 26:303, 26:304, 26:314, 26:*332*
Friedman, A. L., 45:273, 45:*316*
Friedman, E. A., 18:155, 18:*171*
Friedman, G., 16:*180*
Friedman, H. P., 19:121, 19:166, 19:208, 19:*219*
Friedman, J., 13:183, 13:*227*, 17:91, 17:*162*
Friedman, J. H., 19:152, 19:179, 19:*216*, 19:*219*
Friedman, L. J., 30:*83*
Friedman, L., 31:365, 31:*373*
Friedman, P., 29:63, 29:*76*
Friedman, T. D., 12:25, 12:*35*, 32:3, 32:4, 32:*98*
Friedrich, C. M., 5:326 (345, 347, 349, 350), 5:*346*
Friedrichs, K. O., 10:257, 10:*273*
Friend, E. H., 1:19 (26), 1:20, 1:*42*
Friend, J., 18:220, 18:*228*
Friend, R. H., 31:243, 31:*320*
Fries, C. C., 1:130, 1:134, 1:*140*
Fries, R. C., 38:*181*
Frietman, E. E. E., 44:*214*
Frigoletto, F. D., 47:216, 47:*245*
Frisch, A. M., 26:*42*
Frisch, R., 2:309, 2:350, 2:*370*, 3:185, 3:*187*
Fritsche, G., 49:266, 49:*298*
Fritzsch, T., 47:208, 47:*245*
Fritzson, P., 43:2, 43:*47*
Fritzson, R., 46:419, 46:*435*
Frolich, A., 10:98, 10:*106*
Frolov, G. D., 5:68 (37a), 5:*107*
Fromm, 44:193, 44:*214*
Fromm, F. R., 19:179, 19:*218*
Fromm, J. E., 10:84 (18), 10:85 (19), 10:*107*
Froome, P., 49:84, 49:*92*
Fruin, R. E., 7:41 (50), 7:*115*
Frumkina, R. M., 11:*52*
Fry, C., 45:302, 45:*318*
Fry, D. B., 1:194, 1:206 (6), 1:207 (22), 1:218 (38), 1:219 (39), 1:223, 1:224 (39, 41), 1:226, 1:*227*, 1:*228*, 1:*229*, 11:205, 11:*224*
Fry, J. P., 30:*83*, 35:150, 35:*183*, 39:146–147, 39:*189*
Fry, M. N., 11:209 (62), 11:*225*
Frydén, L., 36:181, 36:185, 36:*195*, 36:*200*
Frye, B. E., 48:265, 48:266, 48:*311*
Fryklund, S., 1:82 (78), 1:*90*
Fu, C.-C., 34:170, 34:*230*
Fu, K. S., 12:363, 12:*410*, 12:*411*, 18:55, 18:*56*, 19:123, 19:179, 19:212, 19:213, 19:*219*, 19:*220*, 19:*223*, 20:176, 20:178, 20:*192*, 22:202, 22:*213*, 26:44, 28:*105*, 32:107, 32:120, 32:121, 32:*145*, 34:251, 34:*284–286*, 34:*288*, 34:*291*, 35:108, 35:122, 35:*132*, 40:136–137, 40:*179*
Fu, L.-M., 38:*188*
Fubini, C., 11:348, 11:*386*
Fuccio, M. L., 37:111, 37:*116*
Fuchs, E., 17:170, 17:*217*
Fuchs, H., 47:216, 47:232, 47:238, 47:242, 47:*244*, 47:*247*, 47:*252*
Fuchs, L., 45:280, 45:*318*
Fuchs, N. E., 49:85, 49:*93*
Fuchs, W. K., 41:244, 41:*253*
Fuggetta, A., 41:23, 41:25, 41:28, 41:40, 41:42, 41:51–53, 41:56–57, 41:*59–60*, 46:39, 46:41, 46:46, 46:50, 46:59, 46:77, 46:*102*, 46:*103*, 46:*104*
Fugini, M. G., 38:45, 38:*70*, 40:189, 40:191, 40:209, 40:240, 40:*250*, 40:*253*
Fuhr, N., 48:295, 48:299, 48:*310*
Fuhrer, D., 36:26–27, 36:*39–41*
Fuji, T., 44:182, 44:*217*
Fujii, R. U., 33:53, 33:*65*, 35:179, 35:*184*
Fujii, T., 44:183, 44:*216*
Fujii, Y., 49:28, 49:*60*
Fujimoto, R. M., 35:309–310, 35:314, 35:316, 35:*321*, 49:253, 49:273, 49:*298*
Fujimura, K., 34:*287*
Fujinaga, I., 36:121, 36:*195*
Fujita, K., 49:26, 49:*67*
Fujita, M., 24:131, 24:*171*
Fujita, T., 48:275, 48:296, 48:*312*
Fujitsu Ltd., 44:179, 44:182, 44:*214*
Fujiwara, H., 26:303, 26:324, 26:326,

26:327, 26:329, 26:331, 26:*333*, 26:*334*
Fujiwara, K., **49**:278, **49**:*299*
Fujiwara, S., **49**:147, **49**:148, **49**:*188*
Fukagawa, M., **34**:120, **34**:*156*
Fukazawa, Y., **43**:2, **43**:*48*
Fukishima, T., **32**:30, **32**:*98*
Fukuda, A., **44**:184, **44**:*216*
Fukuda, M., **46**:357, **46**:*399*
Fukui, S., **6**:271, **6**:291, **6**:*295*, **6**:*296*
Fukunaga, K., **19**:120, **19**:121, **19**:123, **19**:162, **19**:174, **19**:175, **19**:179, **19**:212, **19**:*219*, **19**:*222*, **34**:60, **34**:*109*
Fukushima, K., **33**:180, **33**:236, **37**:158–159, **37**:*163*
Fuld, L. M., **28**:242, **28**:260, **28**:*275*
Fulkerson, D. R., **2**:303 (45, 46), **2**:*368*, **2**:*369*, **2**:*370*, **44**:228, **44**:*280*
Fulkerson, L., **24**:328, **24**:*372*
Full, R. J., **42**:243, **42**:*267*
Fuller, H. W., **7**:*290*
Fuller, R., **12**:103, **12**:*111*
Fuller, R. H., **7**:42 (22, 26), **7**:109, **7**:*114*, **12**:*169*
Fuller, S. H., **18**:95, **18**:96, **18**:*115*, **19**:69, **19**:*109*, **21**:93, **21**:97, **21**:152, **21**:*154*
Fuller, V., **48**:229, **48**:*253*
Fulmer, L. C., **34**:187, **34**:*230*
Fulton, D. R., **47**:215, **47**:*247*
Fumai, N., **38**:*183*, **38**:*185–186*, **38**:*192*
Funami, Y., **18**:137, **18**:*169*
Fundarek, M., **29**:264, **29**:*323*
Fung, H. S., **19**:*61*, **34**:125–126, **34**:*157*, **34**:*235*
Fung, P., **39**:266, **39**:*291*
Funk, G. M., **19**:129, **19**:*226*
Funk, P., **2**:*131*
Funnel, W. R. J., **38**:*194*
Fuoco, G., **42**:79, **42**:114, **42**:*116*
Fuquay, D., **45**:187, **45**:*195*
Fürer, M., **44**:345, **44**:*359*
Furman, D. D., **24**:354, **24**:*373*
Furmanski, W., **33**:*236*
Furnas, G. W., **29**:62, **29**:*74*, **32**:181, **32**:*197*, **33**:120, **33**:*167*, **47**:42, **47**:43, **47**:44, **47**:*60*
Furst, M. L., **44**:346, **44**:352, **44**:*358*
Furth, H. G., **31**:331, **31**:*373*
Furth, S. E., **11**:371 (57), **11**:372 (57), **11**:*386*, **47**:*60*
Furuichi, S., **17**:240, **17**:*282*
Furukawa, K., **36**:244, **36**:*252*
Furukawa, T., **48**:125, **48**:126, **48**:*176*
Furuse, O., **49**:37, **49**:40, **49**:60, **49**:*67*
Furuta, R., **40**:190, **40**:*254*
Furuya, T., **44**:183, **44**:*214*
Fusfeld, D. R., **18**:249, **18**:*282*
Fushimi, S., **28**:109, **28**:118, **28**:137, **28**:140, **28**:145, **28**:*148*
Fussenegger, **43**:220, **43**:*240*
Fussler, H. H., **21**:343, **21**:*417*
Fusukawa, K., **33**:*239*
Futer, A. L., **29**:*249*
Futer, A. V., **18**:106, **18**:*115*, **29**:232, **29**:*248*
Futo, I., **33**:92, **33**:*111*
Futrelle, R. P., **7**:118 (3), **7**:*177*
Fyer, J., **5**:*254*
Fyfe, D., **45**:*151*

G

Ga, L., **32**:281, **32**:*304*
Gabor, D. A., **5**:151, **5**:*221*, **5**:*222*, **6**:50 (19), **6**:*84*, **28**:161, **28**:*223*, **36**:143, **36**:*195*
Gabow, **43**:220, **43**:*240*
Gabriel, R., **47**:283, **47**:*291*
Gabrielsson, A., **36**:179–180, **36**:185, **36**:*195*
Gabrini, P. J., **12**:*169*
Gabura, A. J., **12**:102, **12**:107, **12**:*111*
Gachot, D. A., **49**:51, **49**:*60*
Gadagkar, H. P., **32**:108, **32**:*145*, **32**:*146*, **35**:82, **35**:89–90, **35**:101, **35**:*132*, **35**:*134*, **43**:245, **43**:274, **43**:*276*, **43**:*278*
Gaddis, M., **44**:308, **44**:*328*
Gadenz, R. N., **37**:111, **37**:*116*
Gadgil, S. G., **32**:172, **32**:*199*, **35**:40, **35**:*80*, **41**:272, **41**:*295*
Gaffey, W. R., **12**:350, **12**:*411*
Gaffney, J., **39**:88, **39**:*104*
Gaffney, J. E., **35**:218–219, **35**:*251*, **36**:96, **36**:*108*, **44**:65, **44**:88, **44**:90, **44**:*123*
Gaffney, J. E., Jr., **24**:52, **24**:*59*
Gafini, A., **35**:314, **35**:*321*

Gage, H. D., **38**:*188*
Gagua, M. B., **2**:74, **2**:*128*
Gaines, B. R., **9**:12 (2), **9**:*20*, **14**:190, **14**:*228*, **14**:*229*, **26**:52, **26**:54, **26**:56, **26**:58, **26**:59, **26**:*90*, **28**:*104*, **28**:*105*, **32**:202, **32**:204, **32**:228, **32**:*250*, **32**:*250–251*, **36**:346, **36**:406, **36**:*422*, **40**:196, **40**:*251*
Gaines, R. S., **16**:250, **16**:313, **16**:*330*, **28**:120, **28**:146, **28**:*148*, **30**:7–8, **30**:*34*
Gaiski, D. D., **40**:73, **40**:*123*
Gaitatzes, M., **46**:404, **46**:405, **46**:*436*, **46**:*438*
Gajsarian, S. S., **44**:204–205, **44**:*216*
Gajski, D., **20**:*191*, **28**:109, **28**:118, **28**:137, **28**:140, **28**:145, **28**:*148*, **37**:256, **37**:276–277, **37**:280, **37**:*281–283*
Gajski, D. D., **34**:*154*, **37**:286, **37**:313, **37**:*331*
Gal, S., **23**:76, **23**:*90*
Galage, D., **28**:116, **28**:*147*
Galambos, I., **5**:206, **5**:*225*
Galanter, E., **13**:221, **13**:*228*
Galanter, R., **5**:176 (111), **5**:*223*
Galassi, G., **42**:174, **42**:*235*
Galbraith, C. E., **36**:23, **36**:*41*
Galbraith, J., **19**:253, **19**:257, **19**:258, **19**:299, **19**:*324*
Galdes, D., **40**:189–190, **40**:*254*
Gale, D., **2**:*370*, **23**:306, **23**:*352*
Gale, J. C., **30**:*34*
Gale, L. A., **2**:*125*
Gale, W. A., **49**:12, **49**:*60*
Galeev, V., **18**:256, **18**:*283*
Galegher, J., **45**:312, **45**:*316*
Galer, G. S., **2**:*370*
Galil, Z., **26**:134, **26**:135, **26**:*150*, **26**:*152*, **44**:344, **44**:*359*
Galitz, W. O., **31**:*97*, **33**:141, **33**:*167*, **36**:401, **36**:*422*
Gall, D. L., **47**:296, **47**:*339*
Gall, F. J., **6**:39, **6**:*84*
Gallager, R. G., **30**:199, **30**:*220*
Gallagher, C. A., **20**:16, **20**:*32*
Gallagher, J., **20**:10, **20**:*32*
Gallagher, K., **35**:227, **35**:234, **35**:*252*
Gallagher, K. B., **43**:2, **43**:9, **43**:11, **43**:40, **43**:42–43, **43**:*46*, **43**:*48*

Gallagher, N. C., **28**:185, **28**:*223*
Gallagher, W. J., **5**:311 (127), **5**:*333*
Gallaher, L. E., **26**:233, **26**:240, **26**:264, **26**:*278*
Gallaire, H., **14**:181, **14**:*184*, **26**:17, **26**, **44**, **46**:355, **46**:*396*
Gallassi, G., **42**:174, **42**:218, **42**:*235*
Galler, B. A., **2**:*370*, **4**:144, **4**:148 (26, 27), **4**:*163*, **5**:368 (28, 29), **5**:*377*, **8**:*42*, **36**:123, **36**:*198*
Galler, D., **12**:238 (18), **12**:239 (18), **12**:*283*
Gallie, T. M., **2**:17, **2**:46, **2**:47 (55), **2**:*53*, **2**:*54*
Galliers, J. R., **47**:54, **47**:*65*
Galliers, R. D., **36**:378, **36**:*422*, **46**:145, **46**:*154*
Gallimore, R. M., **33**:56, **33**:*63*
Gallizia, A., **9**:127, **9**:*174*
Gallopoulos, E., **46**:402, **46**:*436*
Galloti, K. M., **33**:120, **33**:*168*
Galloudec-Genuys, F., **16**:293, **16**:*330*
Gallupe, R. B., **31**:54, **31**:*96*, **45**:282, **45**:296, **45**:*315*
Galotti, K. M., **29**:57, **29**:*75*, **47**:43, **47**:*62*
Galt, J. K., **11**:235 (14), **11**:236 (14), **11**:237 (14), **11**:*317*
Galvin, J., **48**:241, **48**:250, **48**:252, **48**:*253*
Gamal-Eldin, M. S., **32**:168, **32**:*198*
Gambino, L. A., **13**:*107*
Gamma, E., **47**:257, **47**:274, **47**:279, **47**:285, **47**:287, **47**:290, **47**:*291*, **48**:23, **48**:57, **48**:82, **48**:86, **48**:87, **48**:103, **48**:105, **48**:*115*
Gammill, R. C., **21**:192, **21**:*223*, **24**:364, **24**:*372*
Gamrat, O., **49**:50, **49**:*65*
Gana, J. L., **16**:71, **16**:82, **16**:108, **16**:119, **16**:*122*, **16**:*124*
Ganagi, M. S., **44**:186, **44**:*216*
Ganapathy, K., **38**:199, **38**:205, **38**:218, **38**:230, **38**:232–233, **38**:235, **38**:*244*
Ganapathy, U., **47**:216, **47**:*247*
Gander, J. C., **26**:*90*
Gandini, A., **5**:326 (383), **5**:*348*
Gandle, M., **43**:32, **43**:*46*
Gandy, O. H., Jr., **38**:305, **38**:*313*
Gane, C., **22**:135, **22**:*159*, **30**:56, **30**:*83*, **34**:299, **34**:367, **34**:*385*, **43**:68,

43:*134*
Gane, C. P., **35**:10, **35**:22, **35**:*79*
Gang, M., **47**:309, **47**:*340*
Ganguly, G., **43**:274, **43**:*277*
Gannon, D., **34**:135, **34**:*154*, **39**:197, **39**:*236*, **45**:127, **45**:135, **45**:141, **45**:149, **45**:*153*, **49**:244, **49**:245, **49**:252, **49**:*299*
Gannon, D. B., **49**:244, **49**:*302*
Gannon, J., **22**:302, **22**:*350*, **35**:140, **35**:*181*, **36**:53, **36**:100, **36**:*109*, **41**:200, **41**:*228*
Gannon, J. D., **12**:279 (36), **12**:*284*, **20**:225, **20**:*257*, **21**:94, **21**:99, **21**:*154*, **24**:118, **24**:135, **24**:*176*, **24**:363, **24**:*377*, **26**:384, **26**:388, **26**:*389*, **33**:23, **33**:56, **33**:58, **33**:*63*, **36**:32, **36**:*40*
Gannon, L. J., **5**:295 (19), **5**:301 (19), **5**:*327*
Gannot, G., **32**:4, **32**:*98*
Gano, S., **47**:133, **47**:*138*
Ganoe, F., **28**:242, **28**:*278*
Ganta, S., **46**:237, **46**:*286*
Gantmakher, F., **3**:204 (10a), **3**:*272*
GAO., **44**:33, **44**:*56*
Gao, Q. S., **20**:118, **20**:*193*
Gao, Y. Q., **46**:*398*
Garabedian, H. L., **5**:308 (123), **5**:*333*
Garalski, W., **44**:286, **44**:*329*
Garay, J., **44**:223, **44**:254, **44**:256, **44**:*280–281*
Garber, D. J., **35**:278, **35**:*324*
Garcia, G. H., **26**:*92*
Garcia, L., **38**:*184*
Garcia, S. M., **41**:98, **41**:117, **41**:126, **41**:*156*, **46**:15, **46**:16, **46**:31, **46**:32, **46**:44, **46**:66, **46**:*107*
Garcia-Fornes, A., **40**:76, **40**:*123*
Garcia-Molina, H., **28**:109, **28**:144, **28**:*148*, **32**:160, **32**:168, **32**:*195*, **32**:*198*, **41**:267, **41**:291, **41**:*295*, **48**:135, **48**:148, **48**:151, **48**:161, **48**:175, **48**:176, **48**:261, **48**:263, **48**:267, **48**:270, **48**:286, **48**:287, **48**:299, **48**:312, **48**:*313*, **49**:250, **49**:*298*
Gardarin, G., **28**:*151*, **35**:18, **35**:*78*
Gardener, J. E., **47**:215, **47**:216, **47**:*244*, **47**:*246*, **47**:*250*

Garder, L., **10**:94, **10**:96, **10**:*107*
Gardin, F., **47**:40, **47**:*58*
Gardiner, M. M., **36**:401, **36**:*422*
Gardner, E., **37**:*163*
Gardner, H., **36**:192, **36**:*196*
Gardner, J. E., **47**:216, **47**:*248*
Gardner, J. F., **11**:357 (58), **11**:*386*
Gardner, M., **5**:*226*, **22**:*104*, **36**:153, **36**:*195*, **47**:145, **47**:*181*
Gardner, M. J., **46**:375, **46**:*397*
Gardner, M. R., **31**:259, **31**:*320*
Gardner, R. M., **16**:*178*
Gardner, W. D., **34**:174, **34**:*230*
Garen, C. J., **37**:111, **37**:*116*
Garey, M. R., **14**:8, **14**:*42*, **17**:251, **17**:*280*, **22**:62, **22**:88, **22**:89, **22**:93, **22**:*104*, **23**:53, **23**:*90*, **33**:*236*, **36**:258, **36**:*328*, **43**:229–231, **43**:*240*
Garfield, E., **6**:21, **6**:*29*, **21**:414, **21**:*417*, **24**:300, **24**:*313*, **30**:29, **30**:*35*, **31**:340, **31**:*373*
Garfinkel, B., **3**:30, **3**:*74*
Garg, K., **29**:145, **29**:*187*
Garg, P. K., **46**:40, **46**:*104*
Garg, S. B., **5**:312 (144), **5**:*334*
Garg, V. K., **26**:442, **26**:*443*, **30**:87, **30**:*169*, **40**:69, **40**:*125*, **42**:16, **42**:18, **42**:*35*, **49**:269, **49**:296, **49**:*298*
Garlan, D., **43**:53, **43**:*133–134*, **43**:*138*, **49**:90, **49**:*93*
Garland, S. J., **24**:*99*
Garling, D., **38**:*187*
Garman, J., **49**:12, **49**:*59*
Garner, H. L., **6**:134, **6**:138 (23), **6**:145 (21), **6**:167, **6**:177 (22, 24), **6**:179, **6**:*192*, **7**:90, **7**:92, **7**:95, **7**:96 (27), **7**:*114*, **9**:196 (1), **9**:*353*, **12**:*169*
Garner, W. R., **36**:*420*
Garofolo, J. S., **47**:12, **47**:54, **47**:*64*
Garret, L. J., **12**:40 (12), **12**:44 (21), **12**:*72*
Garrett, J., **21**:74, **21**:*87*
Garrett, J. R., **3**:24, **3**:39 (14), **3**:64, **3**:*74*, **48**:272, **48**:*311*
Garrett, L. J., **11**:326, **11**:327, **11**:*388*
Garrett, M., **42**:166, **42**:*233*, **44**:325, **44**:*328*
Garrett, W. F., **47**:216, **47**:232, **47**:242, **47**:*247*, **47**:*252*

Garrity, J., **20**:10, **20**:11, **20**:*32*
Garside, R. F., **19**:205, **19**:*219*
Garson, B., **39**:274, **39**:*289*
Garth, E. C., **9**:228 (8), **9**:*234*
Garvey, C., **38**:44, **38**:*70*
Garvey, T. D., **26**:15, **26**:*44*
Garvin, P. L., **1**:106 (32, 33), **1**:*138*, **11**:12 (9), **11**:16, **11**:17 (9), **11**:48, **11**:*53*, **11**:*54*, **24**:243, **24**:248, **24**:249, **24**:251, **24**:252, **24**:268, **24**:272, **24**:273, **24**:*274*, **47**:*60*
Garwick, J. V., **12**:239, **12**:*283*
Garza, A. G. S., **38**:*142*
Garza, J., **34**:13, **34**:*54*, **35**:144–5, **35**:*180*
Garzia, M. R., **33**:72, **33**:*111*
Garzia, R. F., **33**:72, **33**:*111*
Gasaway, L., **22**:*43*
Gaschnig, J. G., **18**:95, **18**:96, **18**:*115*, **22**:164, **22**:165, **22**:189, **22**:202, **22**:*212*, **26**:*43*
Gascho, T., **16**:162, **16**:*181*
Gasgins, R., **13**:49, **13**:*70*
Gasparini, W., **48**:293, **48**:*310*
Gass, S. I., **2**:317, **2**:*370*, **2**:*375*, **3**:156 (12), **3**:184, **3**:*187*
Gassano, **2**:364, **2**:*374*
Gassée, J. L., **35**:330, **35**:*368*
Gasser, L., **21**:64, **21**:74, **21**:*87*, **39**:280, **39**:284–285, **39**:*289*
Gasser, M., **24**:*99*, **29**:8, **29**:*43*
Gasser, R., **37**:190, **37**:*204*
Gast, R. C., **5**:302 (64), **5**:304 (75a), **5**:305 (79), **5**:322 (237), **5**:323 (237), **5**:324 (284), **5**:*330*, **5**:*331*, **5**:*340*, **5**:*343*
Gaston, L. W., **22**:202, **22**:*214*
Gat, E., **48**:334, **48**:*351*
Gates, B., **49**:36, **49**:*57*
Gates, D., **49**:12, **49**:*60*
Gates, L., **5**:317 (205), **5**:*338*
Gates, R., **19**:*62*, **28**:120, **28**:121, **28**:146, **28**:*150*
Gates, W., **1**:66, **1**:82, **1**:*88*, **1**:*90*
Gattiker, J. R., **43**:244, **43**:*275*
Gatziu, S., **39**:115, **39**:*187*
Gaube, W., **23**:165, **23**:167, **23**:*173*
Gaudagni, P., **47**:355, **47**:*366*
Gaudel, M. C., **26**:*389*
Gaudiot, J.-L., **37**:309–310, **37**:314, **37**:329, **37**:330

Gaudoin, O., **45**:221, **45**:222, **45**:223, **45**:224, **45**:*264*
Gautier, R. J., **33**:25, **33**:27, **33**:29, **33**:30, **33**:*63*
Gavenman, E. K., **6**:*225*
Gaver, W., **45**:289, **45**:*316*
Gavin, J. M., **11**:368, **11**:*386*
Gavril, F., **23**:345, **23**:*352*
Gavron, E., **48**:234, **48**:*253*
Gavurin, M. K., **2**:366 (112), **2**:*372*
Gawlik, H. J., **2**:64 (6.13), **2**:*125*
Gawron, J. M., **47**:13, **47**:15, **47**:17, **47**:19, **47**:20, **47**:21, **47**:22, **47**:40, **47**:51, **47**:*61*, **47**:*63*
Gawronski, J. D., **24**:343, **24**:*372*
Gaylin, K. B., **33**:158, **33**:160, **33**:162, **33**:*167*
Gaylord, T. K., **28**:158, **28**:168, **28**:198, **28**:201, **28**:202, **28**:205, **28**:206, **28**:211, **28**:212, **28**:*223*, **28**:*225*, **34**:171, **34**:*232*
Gazdar, G., **47**:10, **47**:18, **47**:*60*
Gearing, H. W., **1**:12 (11), **1**:*41*
Gebhard, J. W., **11**:353, **11**:357 (58, 59), **11**:*386*
Gebhardt, F., **32**:231, **32**:*251*
Gebotys, C., **37**:248, **37**:*282*
Geckle, W. J., **38**:*190*
Gecsei, J., **17**:257, **17**:*281*, **26**:159, **26**:*197*
Geer, J. F., **36**:293, **36**:313, **36**:315–317, **36**:322, **36**:*328*
Gefter, W. B., **47**:238, **47**:*247*
Gehani, N. H., **35**:307–308, **35**:*321*, **39**:115, **39**:*186–187*
Gehl, J., **31**:329, **31**:338, **31**:*378*
Gehringer, E. F., **40**:167, **40**:*177*
Geiger, D., **34**:64–65, **34**:70, **34**:88, **34**:*111*
Gein, M., **42**:143, **42**:*235*
Geipel, G., **35**:*368*
Geis, M. L., **11**:173 (164), **11**:*229*
Geiser, E. A., **47**:211, **47**:215, **47**:216, **47**:*244*, **47**:*247*
Geisler, C. D., **31**:130, **31**:*173*
Geisler, N. Y. S., **31**:*171*
Geissler, E., **9**:246 (4), **9**:*284*
Geissler, J., **45**:297, **45**:*320*
Geist, A., **45**:141, **45**:*150*
Geist, R., **31**:203, **31**:205, **31**:229, **31**:*231*
Geith, A., **49**:310, **49**:*347*

Gelat, D., Jr., **36**:229, **36**:*252*
Gelatt, C. D., **45**:158, **45**:170, **45**:*196*
Gelatt, D. D., **33**:*239*
Gelb, I. J., **31**:363, **31**:*373*
Gelbard, E. M., **5**:290 (4), **5**:302 (4), **5**:307 (4), **5**:309 (172), **5**:311 (4), **5**:320, **5**:321 (219, 220, 221, 225, 226, 227, 228), **5**:322 (4), **5**:325 (331), **5**:*326*, **5**:*336*, **5**:*339*, **5**:*345*
Gelernter, D., **39**:201, **39**:*235*, **46**:333, **46**:338, **46**:339, **46**:340, **46**:*396*, **46**:*397*, **46**:*399*, **49**:271, **49**:*296*
Gelernter, H. L., **3**:334, **3**:*344*, **6**:263, **6**:265, **6**:280, **6**:*295*, **9**:84, **9**:*110*, **22**:202, **22**:*213*
Gelfand, J. J., **34**:71, **34**:98, **34**:*109*, **34**:*111*, **36**:235, **36**:*252*
Gellenbeck, E., **39**:27, **39**:*48*, **40**:9, **40**:25, **40**:31, **40**:34, **40**:*37*
Geller, J. R., **30**:76, **30**:*83*
Geller, V., **39**:266, **39**:*290*
Gelly, O., **34**:145, **34**:*155*, **44**:195, **44**:*216*
Gelman, S., **46**:41, **46**:*103*, **46**:*104*
Geman, D., **34**:64, **34**:88, **34**:*109*
Geman, S., **34**:64, **34**:88, **34**:*109*
Gemen, D., **33**:*236*
Gemen, S., **33**:*236*
Gemignani, M., **22**:*43*
Gemmell, D. J., **47**:*339*
Gemmell, J., **42**:217, **42**:*235*
Gemmer, A., **44**:38, **44**:*56*
Genesereth, M., **47**:82, **47**:*138*
Genesereth, M. R., **22**:182, **22**:190, **22**:203, **22**:*213*
Gentleman, M. W., **15**:80, **15**:*117*
Gentleman, W. M., **26**:103, **26**:*150*
Gentner, D. R., **36**:406, **36**:*422*, **47**:86, **47**:89, **47**:*138*
Geoffrion, A. M., **32**:8, **32**:*98*
Georgakopoulos, D., **48**:150, **48**:151, **48**:161, **48**:162, **48**:175, **48**:*176*
George, C., **49**:72, **49**:*93*
George, D. A., **26**:*198*, **34**:140, **34**:*155*, **40**:165, **40**:*178*
George, F. H., **5**:201, **5**:*224*
George, J., **39**:241, **39**:243, **39**:284, **39**:*289*, **39**:*291*, **45**:278, **45**:*296*, **45**:*318*, **45**:*319*
George, J. F., **34**:*384*, **40**:*181*, **40**:191, **40**:193–196, **40**:199, **40**:212, **40**:223, **40**:227, **40**:239, **40**:*249*, **42**:43, **42**:*76*
George, K. M., **43**:55, **43**:82, **43**:121, **43**:*139*
George, N., **28**:219, **28**:*223*
George, P. K., **17**:228, **17**:237, **17**:*281*, **36**:*422*
George, T. H., **2**:229 (65), **2**:*292*
Georgeff, M. P., **22**:190, **22**:*213*
Geppert, A., **39**:115, **39**:*187*
Gerard, J. M., **8**:70 (28), **8**:95 (20), **8**:97, **8**:*100*
Gerasoulis, A., **45**:146, **45**:*150*, **45**:153
Gerber, T. C., **47**:215, **47**:216, **47**:244, **47**:*247*
Gerbi, J. V., **32**:4, **32**:*97*
Gerfand, J., **28**:216, **28**:*222*
Gergis, I. S., **17**:228, **17**:237, **17**:275, **17**:*280*
Gerhardstein, L. H., **20**:85 (38), **20**:*113*
Gerhardt, M. S., **34**:126, **34**:*153*, **47**:179, **47**:*181*
Gerhart, L., **29**:99, **29**:*194*
Gerhart, S., **26**:344, **26**:349, **26**:350, **26**:351, **26**:352, **26**:388, **26**:*389*, **29**:99, **29**:*187*, **41**:196, **41**:204, **41**:226, **41**:*228*, **49**:88, **49**:*92*
Gerhart, S. L., **15**:40, **15**:*60*, **37**:33, **37**:*55*, **49**:149, **49**:*188*
Gerla, M., **42**:174, **42**:176–177, **42**:218, **42**:*235*
Gerlernter, D., **35**:274, **35**:281–283, **35**:*318–321*
Gerlernter, H., **12**:145, **12**:*169*
German, J. J., **16**:131, **16**:*178*
Germano, F., Jr., **49**:250, **49**:*298*
Germer, L. H., **2**:166, **2**:*290*
Gerndt, M., **45**:147, **45**:*150*
Gero, J. S., **28**:2, **28**:3, **28**:34, **28**:*64*, **38**:86, **38**:131, **38**:*140*
Gerrard, C. P., **33**:56, **33**:*63*
Gerrard, R. W., **5**:207 (173), **5**:*225*
Gerritsen, R., **15**:40, **15**:*60*, **16**:150, **16**:*178*
Gerrity, T., Jr., **20**:28, **20**:*32*
Gershman, A. V., **49**:42, **49**:*58*
Gersho, A., **10**:118 (6), **10**:*128*, **22**:*104*
Gerson, E., **19**:251, **19**:255, **19**:257, **19**:258, **19**:264, **19**:267, **19**:271, **19**:278, **19**:318, **19**:319, **19**:320,

19:*324*, 19:*325*
Gerson, E. M., **21**:17, **21**:28, **21**:39, **21**:41, **21**:72, **21**:75, **21**:80, **21**:*87*, **21**:*88*, **40**:195, **40**:*251*
Gerstenhaber, M., **2**:*370*
Gerstman, L. J., **11**:181 (108), **11**:191 (108), **11**:227
Gerth, R., **39**:130, **39**:*187*
Gerth, W. A., **38**:*184*, **38**:*185*
Geschke, C. M., **20**:228, **20**:*257*, **22**:300, **22**:*351*
Gessford, J., **21**:11, **21**:19, **21**:*87*
Getta, J., **32**:177, **32**:191, **32**:*196*
Gettys, J., **34**:19, **34**:*56*
Geurts, W., **37**:280, **37**:*283*
Geusic, J. E., **17**:224, **17**:230, **17**:234, **17**:235, **17**:239, **17**:*280*
Gevins, J., **29**:63, **29**:*76*
Ghaly, A. A., **30**:163, **30**:*169*
Gharachorloo, K., **39**:199, **39**:201, **39**:207–208, **39**:210, **39**:*236*, **40**:170, **40**:*176*, **49**:242, **49**:249, **49**:250, **49**:270, **49**:*299*
Ghedamsi, A., **49**:147, **49**:148, **49**:*188*
Ghesquiere, J. R., **15**:261, **15**:263, **15**:276, **15**:*282*
Ghest, C., **26**:69, **26**:*90*
Ghezzi, C., **41**:5, **41**:23, **41**:25, **41**:28–29, **41**:42, **41**:53, **41**:57, **41**:*59–60*, **46**:40, **46**:41, **46**:77, **46**:82, **46**:92, **46**:*101*, **46**:*102*, **49**:146, **49**:*188*
Ghiaseddin, N., **23**:146, **23**:165, **23**:*174*
Ghosal, D., **37**:*331*, **44**:308, **44**:*328*
Ghosh, A., **47**:216, **47**:*247*
Ghosh, P. P., **44**:186, **44**:*216*
Ghosh, R. K., **26**:131, **26**:*150*
Ghosh, S. P., **12**:*166*, **12**:*169*, **12**:*173*
Ghoshal, S., **28**:260, **28**:*275*
Giachin, E. P., **47**:*60*
Gianino, P. D., **28**:184, **28**:*223*
Gianola, U. F., **4**:70, **4**:89, **4**:99, **4**:*132*, **11**:232, **11**:*316*
Giardina, **2**:364, **2**:*373*
Giarratano, J. C., **46**:419, **46**:*436*
Gibb, K. R., **16**:79, **16**:*123*
Gibbons, G., **7**:125 (62), **7**:*180*
Gibbons, P., **40**:170, **40**:*176*
Gibbs, H. M., **28**:168, **28**:*223*, **28**:225
Gibbs, S., **40**:192, **40**:194, **40**:242, **40**:*254*
Gibbs, S. J., **39**:275, **39**:*289*, **40**:188–189, **40**:199, **40**:223, **40**:225, **40**:245, **40**:*251*
Gibbs, W. W., **41**:2, **41**:12, **41**:*60*, **46**:2, **46**:*31*
Gibson, C., **19**:298, **19**:309, **19**:311, **19**:*324*, **20**:15, **20**:*32*
Gibson, D. H., **17**:258, **17**:*281*
Gibson, G. A., **47**:301, **47**:317, **47**:320, **47**:*338*, **47**:*339*
Gibson, J. J., **31**:266, **31**:*320*, **35**:83, **35**:*132*
Gibson, P. M., **28**:218, **28**:*221*
Gielow, K. R., **18**:143, **18**:*170*
Giertz, M., **28**:74, **28**:*103*
Giese, C., **9**:33 (5), **9**:*49*
Gieser, J. L., **24**:159, **24**:160, **24**:*174*, **28**:5, **28**:*66*
Giessler, A., **29**:*186*
Gifford, D. K., **48**:142, **48**:171, **48**:*176*
Giglavyi, A. V., **29**:193, **29**:294, **29**:295, **29**:*323*, **29**:*328*
Gil, B., **34**:*110*
Gil, R., **47**:216, **47**:*252*
Gilad, B., **28**:233, **28**:*275*
Gilad, T., **28**:233, **28**:*275*
Giladi, N., **43**:*209*
Gilb, T., **26**:410, **39**:5–7, **39**:23–24, **39**:*48*, **41**:17, **41**:*60*, **41**:96, **41**:*156*, **42**:45–46, **42**:*75*
Gilbert, D. M., **46**:239, **46**:*285*
Gilbert, E., **30**:193–194, **30**:*220*
Gilbert, F., **23**:89, **23**:*90*
Gilbert, J. P., **34**:179, **34**:*229*
Gilbert, P., **7**:150 (23), **7**:*178*
Gilbert, T. L., **21**:298, **21**:*330*
Gilbreath, W., **47**:143, **47**:*181*
Gilbreth, F. B., **36**:342, **36**:*422*
Gilbreth, J. A., **22**:202, **22**:*212*
Gilchrist, B., **1**:50 (1, 7), **1**:60 (37), **1**:*86*, **1**:*88*, **1**:233 (2), **1**:*308*, **4**:146 (39), **4**:148 (39), **4**:*163*, **6**:148, **6**:149, **6**:*191*, **6**:*192*
Gilder, G., **35**:330, **35**:*368*
Gildersleeve, T. R., **16**:86, **16**:*123*
Giles, C. L., **33**:*237*
Gilja, O. H., **47**:211, **47**:*247*
Gill, A., **2**:389, **2**:*417*, **6**:*226*
Gill, C. D., **48**:21, **48**:25, **48**:28, **48**:32, **48**:103, **48**:*116*
Gill, D. H., **35**:292–293, **35**:295–296,

35:*323*
Gill, J., **14**:39, **14**:*41*, **22**:102, **22**:*103*
Gill, P. E., **36**:231, **36**:*251*
Gill, R. T., **36**:336, **36**:*421*
Gill, R. W., **47**:216, **47**:*246*
Gill, S., **1**:37, **1**:*42*, **3**:82, **3**:*152*, **8**:29 (31), **8**:*43*, **10**:11 (67), **10**:*78*
Gillan, D. J., **36**:407–409, **36**:*422*
Gille, F., **20**:7, **20**:*32*
Gillenson, M. L., **13**:220, **13**:*227*, **16**:30, **16**:*54*, **30**:44, **30**:57–58, **30**:65, **30**:*83*, **34**:178, **34**:*230*
Gillett, W., **34**:64–65, **34**:70, **34**:88, **34**:*111*
Gillette, P. R., **11**:325, **11**:*390*
Gilley, G. C., **26**:*277*
Gilliam, L., **47**:344, **47**:*366*
Gillies, D. B., **6**:157 (70), **6**:*194*
Gilligan, J. M., **29**:12, **29**:*45*
Gillogly, J. J., **13**:208, **13**:*227*, **16**:212, **16**:*215*, **18**:95, **18**:96, **18**:97, **18**:*115*, **18**:*116*, **22**:203, **22**:*210*, **29**:211, **29**:234, **29**:*248*
Gilloux, M., **31**:*171*
Gilman, H., **8**:34 (27), **8**:*43*
Gilmanshin, R. I., **31**:243, **31**:292, **31**:*321*
Gilmartin, M. J., **34**:126, **34**:*153*
Gilmore, D., **36**:*421*, **39**:*48*
Giloi, W. K., **24**:103, **24**:104, **24**:*171*, **28**:2, **28**:3, **28**:*64*, **44**:194, **44**:*214*
Gilson, H., **45**:303, **45**:*316*
Gilstrap, L. O., **14**:*229*
Gimenez, G., **47**:216, **47**:238, **47**:*248*
Gimpel, J., **32**:6, **32**:*98*
Gindi, G. R., **34**:101, **34**:*108*
Gingell, R., **48**:*115*
Ginitie, G. M., **5**:207 (173), **5**:*225*
Gino, A., **38**:*190*
Ginsberg, M. D., **19**:273, **19**:*323*, **20**:*193*, **38**:*191*
Ginsburg, S., **2**:388, **2**:391, **2**:407, **2**:*417*, **2**:*418*
Ginsparg, J., **49**:12, **49**:*60*
Ginsparg, P., **48**:265, **48**:273, **48**:276, **48**:*311*
Ginzberg, M. J., **15**:12, **15**:48, **15**:*62*, **20**:21, **20**:*32*, **34**:335, **34**:*382*
Girard, A., **5**:245, **5**:*255*
Girard, J., **43**:2, **43**:*48*

Girard, P., **42**:166, **42**:*233*
Girault, C., **40**:139, **40**:174, **40**:*176*
Girczyc, E. F., **37**:*283*
Girkar, M., **45**:146, **45**:*152*
Giroux, E. D., **49**:253, **49**:*301*
Gish, J. W., **41**:17, **41**:*60*
Gitman, I., **19**:174, **19**:178, **19**:179, **19**:*219*
Gitter, L., **5**:322 (251), **5**:*341*
Gittleman, A., **26**:49, **26**:50, **26**:*90*
Giuliano, V. E., **1**:96 (12, 13), **1**:97 (14), **1**:112 (41, 42), **1**:137 (13), **1**:*138*, **1**:*139*, **11**:66, **11**:*123*, **11**:173 (44), **11**:*224*
Giunchiglia, F., **38**:*139*
Giusto, P., **40**:75, **40**:*122*
Givens, N., **5**:309 (169), **5**:*336*
Givon, H., **47**:81, **47**:*140*
Gjerdingen, R. O., **36**:171–173, **36**:*196*
Gladkov, N., **18**:237, **18**:*283*
Gladney, H. M., **48**:273, **48**:289, **48**:290, **48**:*311*
Gladstein, D. L., **31**:54, **31**:*97*
Gladstone, P. J. S., **34**:149, **34**:*153*
Glaettli, H. H., **4**:*239*, **4**:*240*, **4**:*242*
Glans, **34**:298, **34**:*385*
Glaseman, S., **16**:250, **16**:313, **16**:*330*
Glaser, D. A., **6**:231, **6**:*294*
Glaser, E. L., **8**:13 (33), **8**:19 (33), **8**:*43*
Glaser, H., **35**:*321*
Glaser, R., **5**:210 (180), **5**:*225*, **29**:57, **29**:*74*, **39**:*47*, **47**:88, **47**:*138*
Glasgow, J. I., **29**:30, **29**:*44*
Glass, R. L., **19**:272, **19**:*324*, **41**:87, **41**:*156*, **44**:128, **44**:134, **44**:*167*, **46**:209, **46**:*232*
Glasser, S., **5**:308 (113), **5**:*332*
Glasstone, S., **5**:291 (13), **5**:*327*
Glauert, **43**:33, **43**:*45*
Glauert, M. B., **4**:*241*
Glauthier, J. T., **11**:*386*
Glave, F., **42**:121, **42**:*234*
Gleason, G. J., **34**:271, **34**:273, **34**:*286*
Gleason, S., **34**:129, **34**:*153*
Gleick, J., **29**:56, **29**:*74*
Glenn, W. H., **4**:156 (83, 84), **4**:*166*
Gleser, M. A., **16**:176, **16**:*178*
Glesner, M., **40**:80, **40**:*123*
Glickman, J., **26**:73, **26**:*90*
Glickman, S., **2**:*370*

Gligor, V. D., **30**:178, **30**:*220*, **32**:165, **32**:169, **32**:*198*, **41**:270, **41**:*295*, **44**:277, **44**:*283*
Glines, R. W., **37**:65, **37**:*116*
Glinski, G. J., **9**:212, **9**:*237*
Globerson, T., **47**:81, **47**:*140*
Glore, J. B., **4**:37, **4**:*51*
Gloshkov, V. M., **10**:16, **10**:*76*
Glossbrenner, A., **30**:2, **30**:*35*
Glover, E. J., **48**:261, **48**:263, **48**:285, **48**:*309*
Glover, F., **32**:8, **32**:*98*
Glover, R. J., **34**:171, **34**:*233*
Glukhov, Iu. N., **29**:*326*
Glushkov, V. M., **5**:52, **5**:68 (19), **5**:*106*, **18**:236, **18**:238, **18**:245, **18**:*283*, **29**:253, **29**:*323*
Glushkova, G. G., **29**:297, **29**:300, **29**:301, **29**:*323*
Gluss, B., **12**:*169*
Glynn, P. W., **33**:73, **33**:*111*, **33**:*112*
Gnaedigner, R. J., **2**:155 (7), **2**:*289*
Gnanadesikan, R., **19**:180, **19**:196, **19**:206, **19**:208, **19**:*217*, **19**:*219*
Gockel, L. J., **41**:158, **41**:*189*
Godd, E. F., **32**:151, **32**:164, **32**:182, **32**:193, **32**:*196*
Godliba, O., **18**:234, **18**:*283*
Goei, E. E., **37**:114, **37**:*116*
Goeke, M., **47**:143, **47**:179, **47**:*181*
Goel, A. K., **38**:89, **38**:92, **38**:96, **38**:119, **38**:121, **38**:124–127, **38**:*140*, **38**:*142–143*
Goel, A. L., **26**:419, **26**:424, **26**:*441*, **30**:91–92, **30**:112–113, **30**:136, **30**:*168*, **38**:90–91, **38**:94, **38**:120, **38**:122, **38**:*138–139*, **45**:199, **45**:201, **45**:205, **45**:209, **45**:211, **45**:217, **45**:218, **45**:219, **45**:221, **45**:222, **45**:229, **45**:*264*, **45**:*265*, **45**:*266*, **45**:*267*, **46**:163, **46**:166, **46**:168, **46**:170, **46**:173, **46**:174, **46**:195, **46**:199, **46**:213, **46**:216, **46**:223, **46**:224, **46**:*232*
Goel, N. S., **31**:288, **31**:*321*
Goel, P., **26**:303, **26**:310, **26**:328, **26**:*333*
Goertzel, G., **5**:323 (279), **5**:325 (279), **5**:*342*
Goestelow, K. P., **37**:*331*
Goethe, J. W., **38**:*187*
Goetsch, G., **29**:235, **29**:245
Goetz, F. M., **26**:260, **26**:*278*
Goffman, W., **11**:69 (75), **11**:*125*, **31**:356, **31**:*373*
Goguen, J., **33**:22, **33**:*63*, **36**:92, **36**:*108*
Goguen, J. A., **22**:302, **22**:310, **22**:312, **22**:316, **22**:321, **22**:324, **22**:*350*, **22**:*351*, **28**:70, **28**:*103*, **29**:32, **29**:33–34, **29**:35, **29**:*44*, **43**:55, **43**:58, **43**:79, **43**:*135*, **49**:70, **49**:72, **49**:92, **49**:*93*
Goh, J., **39**:115, **39**:*188*
Goke, L. R., **26**:166, **26**:*197*
Gokhale, A., **48**:8, **48**:9, **48**:12, **48**:13, **48**:18, **48**:20, **48**:21, **48**:27, **48**:29, **48**:30, **48**:55, **48**:80, **48**:82, **48**:84, **48**:85, **48**:101, **48**:103, **48**:105, **48**:112, **48**:113, **48**:115, **48**:116, **48**:*118*
Gokhale, M., **37**:315, **37**:321, **37**:*332*, **40**:103, **40**:*123*, **49**:242, **49**:*298*
Goksel, A. K., **34**:173, **34**:*230*
Golay, M., **6**:*226*
Gold, B., **11**:205, **11**:*224*, **36**:145, **36**:*199*, **37**:60, **37**:115, **37**:*116*
Gold, E. M., **15**:17, **15**:*60*, **15**:188, **15**:*236*, **24**:204, **24**:*215*
Gold, R., **45**:292, **45**:*316*
Goldacre, J., **5**:157, **5**:*222*
Goldberg, A., **18**:193, **18**:195, **18**:227, **21**:169, **21**:170, **21**:*224*, **33**:4, **33**:*63*, **33**:87, **33**:*111*, **34**:22, **34**:33, **34**:*55*, **35**:143, **35**:*181*, **43**:58, **43**:71, **43**:108, **43**:*135*, **47**:123, **47**:*138*
Goldberg, B., **35**:284, **35**:*321*
Goldberg, B. B., **47**:207, **47**:*247*
Goldberg, D., **45**:292, **45**:*316*, **47**:167, **47**:*181*
Goldberg, D. E., **45**:161, **45**:164, **45**:166, **45**:171, **45**:*194*, **45**:*196*
Goldberg, E., **5**:324 (288), **5**:*343*
Goldberg, J., **12**:*169*, **26**:*279*
Goldberg, J. G., **18**:265, **18**:*283*
Goldberg, M., **19**:210, **19**:211, **19**:212, **19**:*224*
Goldberg, P. C., **15**:12, **15**:14, **15**:15, **15**:47, **15**:*60*
Goldberg, R., **30**:57, **30**:*83*
Goldberg, Y., **45**:287, **45**:*316*
Golden, M. L., **41**:244, **41**:*252*

Golden, R. M., **33**:183, **33**:*237*, **37**:*163*
Goldenberg, A. A., **33**:191, **33**:*237*
Goldenberg, I. F., **38**:*193*
Goldenson, D. R., **46**:27, **46**:*30*
Goldfarb, C. F., **36**:128, **36**:*196*
Goldfedder, B., **47**:*291*
Goldhor, R. S., **15**:253, **15**:*282*
Goldin, S., **18**:216, **18**:*228*
Golding, E. I., **11**:377, **11**:*386*
Goldkuhl, G., **22**:119, **22**:*160*, **34**:318, **34**:*385*, **35**:22, **35**:*79*
Goldman, G. E., **12**:*411*
Goldman, K. J., **46**:381, **46**:*399*
Goldman, M., **44**:346, **44**:*359*
Goldman, N., **13**:190, **13**:*227*, **18**:201, **18**:*228*
Goldman, R., **40**:89, **40**:*124*
Goldmann, M., **44**:356, **44**:*359*
Goldreich, O., **30**:201, **30**:*220*, **44**:341, **44**:*358*
Goldschlager, L., **23**:342, **23**:*352*
Goldschmidt, R. E., **20**:117, **20**:*191*
Goldsmith, M., **5**:321 (222), **5**:324 (283), **5**:*339*, **5**:*343*
Goldsmith, S., **5**:326 (376, 377), **5**:*348*
Goldstein, A. A., **2**:*126*, **2**:324, **2**:*367*, **2**:*370*
Goldstein, C. M., **24**:*310*
Goldstein, G. D., **31**:241, **31**:*324*, **31**:*374*, **33**:*245*, **36**:232, **36**:*254*, **37**:377, **37**:*425*
Goldstein, H., **31**:267, **31**:*321*, **36**:222, **36**:*251*
Goldstein, I. P., **11**:359, **11**:*383*, **15**:48, **15**:*60*, **18**:201, **18**:215, **18**:217, **18**:*226*, **18**:*227*, **22**:181, **22**:202, **22**:*213*, **22**:*215*, **22**:244, **22**:*293*, **26**:35, **26**:*44*
Goldstein, M., **8**:54 (32), **8**:60 (32), **8**:95 (32), **8**:97, **8**:98, **8**:*100*, **19**:121, **19**:*223*, **24**:182, **24**:*215*
Goldstein, P. C., **15**:48, **15**:*60*
Goldstein, R. C., **16**:325, **16**:326, **16**:*330*, **23**:278, **23**:*288*
Goldstein, S. C., **45**:127, **45**:*151*, **46**:290, **46**:295, **46**:*326*, **49**:248, **49**:271, **49**:*297*
Goldstine, H. H., **1**:232 (1), **1**:*308*, **6**:147, **6**:149, **6**:167 (8), **6**:*191*, **11**:338 (14a), **11**:*384*, **26**:51, **26**:*90*
Goldsworthy, A., **23**:270, **23**:*289*
Goldwasser, S., **30**:190, **30**:195–200, **30**:202, **30**:*217*, **30**:*220*
Goldwater, W., **18**:76, **18**:*116*
Goldwyn, R. M., **16**:201, **16**:202, **16**:*217*
Goles, E., **37**:130, **37**:*163*, **47**:146, **47**:*180*
Gollapudy, C., **38**:*186*
Golmie, N., **44**:317, **44**:*328*
Golomb, M., **2**:*132*
Golomb, S. W., **9**:204, **9**:*238*, **14**:196, **14**:*229*
Golsong, H., **23**:281, **23**:*289*
Golub, D., **35**:278, **35**:*324*
Golub, D. B., **35**:274, **35**:*324*
Golub, G. H., **3**:229 (11), **3**:*272*, **5**:317, **5**:*338*, **43**:261–262, **43**:*277*
Golubchik, L., **47**:307, **47**:308, **47**:321, **47**:*338*
Golubev, B. P., **29**:*325*
Golubtsov, K. V., **31**:243, **31**:275, **31**:277, **31**:*322*
Golumbic, M., **37**:260, **37**:*282*
Gomaa, H., **31**:*97*, **40**:43, **40**:60, **40**:*63*, **42**:13–14, **42**:*33*
Gomberg, D., **36**:124, **36**:*196*
Gomez, F., **22**:222, **22**:223, **22**:271, **22**:285, **22**:289, **22**:*292*
Gomez, L. M., **29**:59, **29**:62, **29**:*74*, **32**:181, **32**:*197*, **33**:120, **33**:*167*, **36**:*421*, **45**:292, **45**:*315*, **47**:42, **47**:43, **47**:44, **47**:*60*
Gomori, J. M., **47**:238, **47**:*247*
Gomory, R. D., **29**:70, **29**:*74*
Gomory, R. E., **2**:303, **2**:305, **2**:336 (90a), **2**:*370*, **32**:8, **32**:*98*
Gomory, R., **28**:274, **28**:*275*
Gonenc, G., **49**:148, **49**:*188*
Gong, L., **44**:268, **44**:*283*
Gonnet, G. H., **37**:184, **37**:*204*
Gonsalez-Arias, S. M., **38**:*190*
Gonser, B. W., **2**:172 (26), **2**:203 (53), **2**:204 (55), **2**:215 (55), **2**:218 (26), **2**:*290*, **2**:*292*
Gonzales, M. J., **24**:149, **24**:*175*
Gonzales, R., **7**:29, **7**:*114*
Gonzalez, A. A., **5**:315 (197), **5**:*338*
Gonzalez, K., **6**:177, **6**:179 (24), **6**:*192*
Gonzalez, M. A., **38**:*183*

Gonzalez, R. C., **18**:7, **18**:16, **18**:27, **18**:28, **18**:40, **18**:48, **18**:*55*, **18**:*56*, **19**:123, **19**:210, **19**:*219*, **32**:107, **32**:108, **32**:109, **32**:120, **32**:121, **32**:*145*, **32**:*146*, **32**:*147*, **32**:*148*, **34**:60, **34**:*109*, **35**:108, **35**:122, **35**:*132*, **37**:115, **37**:*116*
Gonzalez-Rubio, R., **28**:*148*
Good, D. I., **15**:40, **15**:*60*
Good, D. J., **29**:*187*
Good, I. J., **6**:31 (46), **6**:33 (22, 34, 44, 48), **6**:34 (43), **6**:35 (49), **6**:36 (33), **6**:37 (42), **6**:38 (21), **6**:39 (23, 24, 30, 34, 40, 41), **6**:40 (31), **6**:40 (21), **6**:42 (29, 31, 35, 36, 41, 43), **6**:44 (28, 48), **6**:45 (21, 31, 35), **6**:47 (26, 31, 35, 41), **6**:48 (21, 26, 27, 31, 41), **6**:49, **6**:50 (33), **6**:51 (30, 31, 35, 41, 47, 48), **6**:52 (25, 48), **6**:53 (48), **6**:54 (33, 38), **6**:56 (34), **6**:61 (41, 43, 45), **6**:67, **6**:68 (39), **6**:71 (31, 41), **6**:73 (34), **6**:76 (21, 26, 36), **6**:79 (47, 48), **6**:81 (21, 26, 32), **6**:82 (37, 39, 47, 48), **6**:83 (47, 48), **6**:*84*, **6**:*85*, **18**:97, **18**:*116*, **19**:114, **19**:124, **19**:*219*, **19**:*220*, **37**:76, **37**:*116*
Good, M., **29**:77, **36**:*422*
Good, M. D., **36**:413, **36**:*422*
Good, R. H., **2**:155 (5), **2**:167 (20), **2**:169 (21), **2**:170 (24), **2**:171 (25), **2**:172 (25), **2**:226 (20), **2**:227 (60), **2**:*289*, **2**:*290*, **2**:292
Goodall, D. W., **19**:118, **19**:*220*
Goode, B., **37**:368, **37**:*425*
Goodenday, L. S., **38**:*187*
Goodenough, **5**:168
Goodenough, J., **49**:196, **49**:*237*
Goodenough, J. B., **7**:281 (181), **7**:*288*, **11**:235 (15), **11**:237 (15), **11**:*317*, **20**:223, **20**:*257*, **26**:344, **26**:349, **26**:350, **26**:351, **26**:352, **26**:*389*, **41**:204, **41**:226, **41**:*228* **42**:13, **42**:*36*, **49**:149, **49**:*188*
Goodjohn, A. J., **5**:323 (263a), **5**:*342*
Goodlet, J. S., **45**:301, **45**:*320*
Goodman, A. M., **34**:263, **34**:*285*
Goodman, D., **36**:*422*
Goodman, D. M., **36**:231, **36**:*252*
Goodman, I. R., **28**:*103*
Goodman, J., **40**:135, **40**:144, **40**:147, **40**:*177*, **46**:324, **46**:*326*, **49**:248, **49**:250, **49**:*298*
Goodman, J. R., **39**:198, **39**:*236*, **40**:150, **40**:163, **40**:168, **40**:*177*
Goodman, J. W., **28**:154, **28**:171–172, **28**:173, **28**:180, **28**:186, **28**:189, **28**:198, **28**:201, **28**:214, **28**:*222*, **28**:*223*, **28**:*224*, **28**:*225*, **28**:*226*
Goodman, K., **49**:2, **49**:5, **49**:20, **49**:24, **49**:*64*
Goodman, L. A., **19**:183, **19**:188, **19**:196, **19**:*220*, **36**:26, **36**:*39*
Goodman, N., **17**:*220*, **19**:100, **19**:*108*, **21**:231, **21**:236, **21**:237, **21**:242, **21**:266, **21**:*272*, **32**:156, **32**:168, **32**:170, **32**:189, **32**:*195*, **32**:*199*, **41**:261, **41**:264–266, **41**:*295*, **48**:151, **48**:*175*
Goodman, P., **19**:319, **19**:*324*
Goodman, P. H., **38**:*188*
Goodman, R., **5**:*377*
Goodman, S., **19**:257, **19**:*324*, **44**:203, **44**:*218*
Goodman, S. D., **28**:185, **28**:*223*
Goodman, S. E., **18**:234, **18**:235, **18**:239, **18**:243, **18**:256, **18**:268, **18**:281, **18**:*282*, **18**:*283*, **21**:34, **21**:39, **21**:69, **21**:*87*, **29**:253, **29**:258, **29**:280, **29**:297, **29**:308, **29**:309, **29**:*323*, **29**:*330*, **35**:327, **35**:354, **35**:*367–368*
Goodnow, J. J., **5**:*222*, **11**:352 (14), **11**:*384*, **24**:187, **24**:*215*
Goodwin, M., **49**:144, **49**:187, **49**:*188*
Goodwin, N. C., **36**:345, **36**:*422*, **42**:24, **42**:*33*
Goodyear Aerospace Corp., **34**:126, **34**:*154*
Goosen, H. A., **40**:150, **40**:168, **40**:*176*
Goossens, G., **37**:*282*
Gopal, A. S., **47**:216, **47**:*248*
Gopal, R., **43**:33, **43**:*46*
Gopalakrishnan, G. C., **28**:21, **28**:*64*
Gopalakrishnan, R., **48**:9, **48**:10, **48**:22, **48**:25, **48**:*116*
Gordon, A. D., **19**:164, **19**:*220*
Gordon, E. K., **20**:221, **20**:*256*, **22**:132, **22**:*159*
Gordon, M. J. C., **24**:155, **24**:*171*
Gordon, R., **16**:166, **16**:167, **16**:*178*

Gordon, R. D., **18**:28, **18**:*56*, **18**:131, **18**:133, **18**:*169*
Gordon, R. J., **43**:183, **43**:188, **43**:192, **43**:206, **43**:*209*, **43**:*211*
Gordon, R. L., **20**:85 (17, 57), **20**:*112*, **20**:*114*
Gordon, T., **44**:289, **44**:*329*
Gorelov, S., **29**:302, **29**:305, **29**:*323*
Gorfu, Y., **47**:40, **47**:51, **47**:*63*, **47**:236, **47**:*247*
Gorlin, A. C., **18**:252, **18**:*284*
Gorman, M., **21**:394, **21**:*417*
Gormley, M. F., **5**:313 (153), **5**:323 (263b), **5**:*335*, **5**:*342*
Gorn, S., **2**:413, **2**:*418*, **4**:156 (81), **4**:*166*, **4**:272, **4**:*302*, **5**:204, **5**:217, **5**:*224*, **7**:118 (24), **7**:120 (28), **7**:122 (26), **7**:141 (25), **7**:149 (27), **7**:*178*, **8**:109 (9), **8**:*152*, **8**:193, **8**:*244*, **24**:324, **24**:328, **24**:*372* **31**:361, **31**:*373*
Gorry, A., **20**:18, **20**:*32*
Gorry, G. A., **22**:202, **22**:*213*, **22**:218, **22**:240, **22**:274, **22**:*292*, **22**:*293,* **45**:303, **45**:*316*
Gorshkov, N. V., **29**:318, **29**:319
Gorter, V., **33**:*304*
Gosden, J. A., **5**:24 (18a), **5**:*106*
Gose, E. E., **19**:174, **19**:*224*
Goser, K., **34**:174, **34**:*230*
Gossman, G. S., **47**:*247*
Gostelow, K. P., **34**:145, **34**:*152*
Gotdiener, M., **21**:*87*
Gotheb, A., **26**:*197*
Gotlieb, A., **16**:295, **16**:*330*
Gotlieb, C. C., **1**:1 (2), **1**:36 (2), **1**:*41*, **4**:1, **4**:2, **4**:20, **4**:*49*, **4**:142 (11), **4**:146 (45), **4**:*162*, **4**:*164*, **4**:248 (3), **4**:*302*, **11**:83, **11**:*123*, **12**:*169*, **38**:250–251, **38**:*313*, **43**:188, **43**:196–198, **43**:*213*
Goto, Y., **34**:84, **34**:*111*, **48**:324, **48**:333, **48**:*351*
Gotoh, T., **48**:333, **48**:342, **48**:345, **48**:*352*
Gottesman, R. D., **38**:*183*, **38**:*185*, **38**:*192*
Gottfried, H. S., **5**:239, **5**:*254*
Gottlieb, A., **23**:19, **23**:*32*, **34**:136, **34**:140, **34**:*154*, **34**:174, **34**:*229*, **35**:259, **35**:*318*, **38**:202, **38**:*243*, **40**:165, **40**:*177*, **49**:253, **49**:*296*

Gottlieb, C. C., **14**:76, **16**:80, **16**:*123*, **19**:250, **19**:*324*
Gottschalk, P. G., **23**:8, **23**:*33*
Gottschlich, S. N., **32**:*148*
Gotwals, J., **45**:127, **45**:135, **45**:*153*
Gotzhein, R., **29**:136, **29**:143, **29**:*186*
Gou, L., **49**:313, **49**:*347*
Goucher, G. W., **33**:*305*
Gouda, M. G., **29**:91, **29**:115, **29**:135, **29**:181, **29**:*186*, **29**:*187*, **29**:*188*, **29**:*194*
Gould, J. D., **29**:50, **29**:67, **29**:*74*, **33**:143, **33**:145, **33**:163, **33**:164, **33**:165, **33**:*167*, **33**:*170*, **36**:349, **36**:352, **36**:370, **36**:381, **36**:386, **36**:388, **36**:402, **36**:406, **36**:413–414, **36**:*422*, **42**:26, **42**:*33*, **45**:312, **45**:*316*
Gould, M., **12**:88 (32), **12**:89, **12**:90, **12**:91, **12**:*111*
Gould, S. J., **28**:28, **28**:*64*, **31**:256, **31**:*321*
Gourary, M. H., **2**:366, **2**:*371*
Gourlay, J. S., **26**:352, **26**:383, **26**:*389*, **33**:56, **33**:*63*
Gouthard, J., **37**:*283*
Goutier, C., **30**:212–213, **30**:*217*, **30**:*219*
Goutzoulis, A. P., **28**:172, **28**:196, **28**:*223*
Govaerts, R., **30**:189, **30**:*219*
Government Accounting Office, **44**:33, **44**:*56*
Govindarajan, R., **37**:315, **37**:*332*
Govorun, V. N., **29**:315, **29**:*323*
Goward, S., **45**:133, **45**:*152*
Gowda, K. C., **19**:177, **19**:178, **19**:*220*
Gower, A., **29**:234, **29**:235, **29**:245
Gower, B. E., **29**:219, **29**:*249*
Gower, J. C., **4**:37, **4**:*51*, **19**:152, **19**:*220*
Goyal, A., **31**:204–209, **31**:218, **31**:229, **31**:*231–233*, **45**:211, **45**:*265*, **47**:(1) 319, **47**:324, **47**:*340*
Goyal, P., **47**:319, **47**:324, **47**:*340*
Grünsch, H. J., **2**:77, **2**:*129*
Grønbæk, K., **45**:280, **45**:*317*
Grabec, I., **34**:171, **34**:*231*
Grabiner, J., **28**:239, **28**:*275*
Grace, B., **20**:28, **20**:*30*
Gracer, F., **16**:19, **16**:*54*
Grad, B., **4**:21 (57), **4**:*51*
Gradient Technologies, Inc., **44**:269, **44**:*283*
Gradnitski, G., **20**:13, **20**:*30*

Grady, R. B., **39**:96, **39**:*104*, **42**:58, **42**:*75*
Graebner, H., **44**:199, **44**:*213*
Graf, H. P., **34**:174, **34**:*231*
Grafe, V. G., **37**:302, **37**:*331*
Graff, C. J., **29**:95, **29**:117, **29**:181, **29**:*189*, **29**:*193*
Graf-Webster, E., **16**:209, **16**:212, **16**:215, **17**:195, **17**:*217*
Graham, A. J., **40**:91, **40**:*123*
Graham, C. H., **16**:11, **16**:*54*
Graham, D., **42**:45–46, **42**:*75*, **42**:247–248, **42**:*267*
Graham, G. S., **24**:62, **24**:*99*, **29**:3, **29**:*44*, **38**:10, **38**:*70*
Graham, J. R., **43**:11, **43**:42, **43**:*48*
Graham, J. W., **4**:9 (25), **4**:*50*
Graham, L. R., **18**:*284*
Graham, R., **4**:144, **4**:148 (27), **4**:*163*, **5**:368 (28), **5**:*377*
Graham, R. E., **18**:28, **18**:*56*
Graham, R. M., **8**:13 (77), **8**:18 (77), **8**:*45*, **12**:26, **12**:*35*, **14**:234, **14**:237, **14**:*271*
Graham, S. L., **14**:181, **14**:*184*
Graham, T., **32**:295, **32**:*305*
Graham, T. C. N., **45**:280, **45**:*317*
Graham, W. R., **20**:*193*, **33**:297, **33**:*304*
Gramapadhye, A., **36**:372, **36**:*421*
Gramata, G., **49**:146, **49**:*188*
Gramlich, C., **18**:203, **18**:*228*
Grams, R. R., **16**:164, **16**:*178*
Grand, A., **20**:232, **20**:*256*
Granda, R. E., **33**:164, **33**:*170*
Grandy, W. R., **36**:306, **36**:*331*
Grange, G., **47**:211, **47**:*246*
Granick, D., **18**:249, **18**:265, **18**:267, **18**:*284*, **49**:37, **49**:*64*
Grannuci, R. R., **32**:295, **32**:*305*
Grant, C., **16**:174, **16**:*178*
Grant, D., **34**:332, **34**:339, **34**:*385*
Grant, K. R., **40**:189, **40**:192, **40**:227, **40**:242, **40**:*252*, **45**:286, **45**:302, **45**:*318*
Grant, R., **39**:276, **39**:*290*
Grape, G., **13**:218, **13**:*227*
Grasso, M. A., **45**:6, **45**:50, **45**:274, **45**:*314*
Graubard, S. R., **33**:177, **33**:178, **33**:179, **33**:232, **33**:*237*, **37**:410, **37**:*421*
Graubart, R. D., **29**:28, **29**:*44*, **44**:265, **44**:*283*
Graves, H. W. Jr., **5**:313 (152, 154), **5**:*335*
Graves, M., **36**:*422*
Graves, W. H., **18**:208, **18**:212, **18**:*228*
Gray, A. H., **18**:202, **18**:*228*
Gray, A. S., **24**:291, **24**:*313*
Gray, B. H., **12**:*167*
Gray, H. J., **7**:40 (51), **7**:*115*, **7**:280 (16), **7**:*288*, **8**:6 (57), **8**:34 (57), **8**:37 (57), **8**:*44*, **12**:*172*
Gray, J. N., **17**:206, **17**:*217*, **19**:95, **19**:*109*, **26**:*43*, **28**:*147*, **31**:211, **31**:*231* **41**:256, **41**:287–288, **41**:*295*, **48**:123, **48**:124, **48**:137, **48**:146, **48**:*176*
Gray, L. M., **21**:339, **21**:*419*
Gray, M. D., **24**:2, **24**:9, **24**:47, **24**:*59*
Gray, P., **39**:115, **39**:*186*
Gray, P. M. D., **32**:190, **32**:*200*
Gray, R. M., **31**:121, **31**:*171*
Gray, S. B., **7**:66 (6), **7**:*113*
Gray, T. E., **17**:196, **17**:*217*, **30**:210, **30**:*221*, **36**:383–384, **36**:*419*, **40**:66, **40**:*121*
Gray, W. A., **32**:170, **32**:177, **32**:190, **32**:*199*, **32**:*200*
Gray, W. D., **36**:*422*
Graybill, F. A., **30**:163, **30**:*169*
Graydon, A. W., **46**:26, **46**:*31*
Grbic, A., **44**:208, **44**:*218*
Greber, J., **4**:*241*
Grebner, K., **34**:270, **34**:*286*
Greebler, P., **5**:311 (129), **5**:316 (129), **5**:*333*
Greefhorst, D., **46**:349, **46**:*398*
Green, B. F., **6**:24, **6**:*29*, **11**:60, **11**:*123*, **11**:173 (46), **11**:*224*, **11**:359 (62), **11**:*386*, **13**:176, **13**:201, **13**:*227*, **29**:54, **29**:*74*, **33**:126, **33**:*167*, **47**:10, **47**:*60*
Green, B. F., Jr., **8**:155 (12), **8**:*186*
Green, C., **13**:*167*, **13**:177, **13**:203, **13**:225, **13**:*227*, **13**:*229*, **26**:17, **26**:*44*, **37**:46, **37**:*55–57*
Green, C. C., **15**:25, **15**:28, **15**:31, **15**:33, **15**:47, **15**:48, **15**:50, **15**:52, **15**:55, **15**:*60*, **15**:*61*, **15**:*62*, **38**:165, **38**:168–169, **38**:*180*
Green, D. C., **13**:59, **13**:*70*

Green, D. M., **12**:354, **12**:*412*
Green, E. J., **4**:159 (104), **4**:*167*
Green, H. C., **1**:198 (30), **1**:212 (30), **1**:*228*
Green, J., **12**:403, **12**:*411*
Green, J. C., **6**:3 (17), **6**:*29*
Green, M. A., **49**:84, **49**:*92*
Green, M. W., **12**:*169*, **23**:308, **23**:*352*, **26**:*279*
Green, P., **29**:52, **29**:*74*, **42**:123, **42**:127, **42**:143, **42**:146, **42**:232, **42**:*235*, **47**:354, **47**:*366*
Green, P. E., **19**:122, **19**:207, **19**:*220*, **29**:81, **29**:156, **29**:*188*
Green, S., **17**:56, **17**:74, **17**:*86*, **41**:73, **41**:*82*, **46**:98, **46**:*102*
Green, S. E., **36**:24, **36**:33, **36**:*40*
Green, T., **39**:*48*
Green, T. R. G., **32**:226, **32**:227, **32**:231, **32**:237, **32**:238, **32**:248, **32**:*251*, **32**:*252*, **32**:*253*, **32**:254
Green, W. B., **5**:309 (186), **5**:*337*, **18**:20, **18**:24, **18**:27, **18**:*56*, **32**:124, **32**:*145*
Greenbaum, J., **19**:318, **19**:*324*, **34**:294, **34**:304, **34**:324, **34**:326, **34**:344, **34**:346, **34**:*385*, **36**:382, **36**:*423*, **45**:312, **45**:*317*
Greenberg, A. G., **23**:350, **23**:*352*, **35**:298, **35**:*320*, **49**:260, **49**:*298*
Greenberg, D., **33**:285, **33**:295, **33**:*303*
Greenberg, H. J., **2**:*131*
Greenberg, S., **45**:293, **45**:*317*
Greenberger, C. B., **12**:*169*
Greenberger, M., **8**:*43*, **17**:165, **17**:*217*, **19**:257, **19**:306, **19**:311, **19**:*324*
Greenblatt, D., **33**:143, **33**:*167*
Greenblatt, R. D., **9**:114, **9**:*174*, **13**:208, **13**:*227*, **18**:61, **18**:98, **18**:*116*, **29**:232, **29**:*248*
Greene, P. H., **5**:144, **5**:199, **5**:*221*, **6**:40 (50), **6**:*85*
Greenes, R. A., **22**:125, **22**:*159*
Greenfeld, N. R., **13**:118, **13**:127, **13**:165, **13**:166, **13**:*167*, **13**:*168*
Greenfield, J. C., **16**:173, **16**:*177*
Greengard, P. C., **31**:275, **31**:*321*
Greenhalgh, C., **45**:298, **45**:*317*
Greenlaw, P., **20**:10, **20**:*35*
Greenleaf, J. F., **47**:215, **47**:216, **47**:*244*, **47**:*247*, **47**:*248*, **47**:*249*, **47**:*252*

Greenlee, Fr. M. B., **30**:192, **30**:*220*
Greenshields, I. R., **38**:*192*
Greenspan, D., **33**:*236*
Greenspan, J., **32**:238, **32**:*253*, **40**:29, **40**:34, **40**:*37*
Greenspan, S., **33**:153, **33**:162, **33**:*166*, **39**:118, **39**:*188*, **43**:62, **43**:88, **43**:*135*
Greenstein, J. L., **3**:*297*
Greenstein, J. S., **33**:138, **33**:*167*
Greenwood, R. J., **4**:*242*, **4**:*243*
Greenwood, T. S., **26**:*277*
Greer, J., **38**:*185*
Greer, K. L., **38**:*194*
Grefenstette, J. J., **45**:166, **45**:169, **45**:*194*, **45**:*196*, **47**:167, **47**:*181*
Gregg, L., **15**:207, **15**:*236*
Gregoretti, F., **44**:198–199, **44**:*213–214*
Gregory, D., **32**:4, **32**:83, **32**:87, **32**:90, **32**:*96*, **32**:*98*, **45**:188, **45**:*195*
Gregory, R. H., **1**:12 (11), **1**:*41*, **20**:16, **20**:*32*, **4**:2, **4**:*49*, **4**:153 (68), **4**:*165*
Gregory, R. L., **5**:205, **5**:*224*
Gregory, S., **35**:284, **35**:*320–321*
Gregory, W., **34**:10, **34**:*55*
Greibach, S. A., **14**:30, **14**:*42*, **14**:79, **14**:119, **14**:176, **14**:*185*
Greif, I., **45**:271, **45**:274, **45**:*317*
Greiner, A., **40**:91, **40**:*123*
Greiner, R., **22**:182, **22**:*213*
Gremban, K., **48**:324, **48**:*353*
Gremban, K. D., **32**:106, **32**:109, **32**:*147*
Gremillions, L. L., **43**:*212*
Grems, M., **12**:*169*
Grenander, U., **10**:177, **10**:179, **10**:180, **10**:181, **10**:186, **10**:198, **10**:199, **10**:200, **10**:211, **10**:*215*
Greniewski, M., **5**:70 (21, 22, 23), **5**:80 (22, 23), **5**:88 (20, 21, 22, 23), **5**:*106*
Grevtsev, V. V., **29**:293, **29**:*323*
Grey, D. S., **28**:175, **28**:*223*
Grey, F., **18**:8, **18**:*56*
Grey, S. M., **36**:371, **36**:381, **36**:*421*, **44**:51, **44**:*57*
Gribble, S. D., **48**:122, **48**:171, **48**:174, **48**:*176*
Griedman, G. D., **16**:144, **16**:*178*
Grief, I., **31**:*97*
Gries, D., **10**:17 (15), **10**:76, **12**:237, **12**:*283*, **15**:10, **15**:11, **15**:*60*, **15**:*61*, **29**:130, **29**:*189*, **30**:5, **30**:*35*, **31**:318,

31:*320*, 36:51, 36:*108*
Gries, D. G., 24:131, 24:155, 24:164, 24:*171*, 24:365, 24:*372*, 28:21, 28:40, 28:*64*
Griesmer, J., 47:*139*
Grif, A., 29:276, 29:*323*
Griffey, R. H., 38:*191–192*
Griffin, D. S., 5:326 (347), 5:*346*
Griffin, S., 48:261, 48:*310*
Griffin, T. D., 48:270, 48:*310*
Griffith, A. K., 18:96, 18:*116*
Griffith, B. C., 31:338, 31:358, 31:*373*
Griffith, J. E., 12:*169*
Griffith, J. W., 2:158 (13a), 2:*290*
Griffith, R. E., 3:186, 3:*187*
Griffith, R. L., 16:174, 16:*178*
Griffith, W. G., 21:411, 21:*420*
Griffiths, C., 46:110, 46:112, 46:116, 46:120, 46:123, 46:138, 46:140, 46:149, 46:*155*
Griffiths, F., 18:*286*
Griffiths, J.-M., 31:*373*, 38:311, 38:*313*
Griffiths, K. A., 47:216, 47:*246*, 47:*249*
Griffiths, L., 37:368, 37:*425*
Griffiths, P. P., 26:*43*, 38:10, 38:*70*
Griffiths, T. V., 11:200 (115), 11:*227*, 12:*169*
Grignetti, M., 17:80, 17:81, 17:82, 17:*86*
Grigoli, S., 41:40, 41:42, 41:51, 41:*59*
Grigor'ev, A. G., 29:301, 29:*324*
Griliches, Z., 43:188, 43:191–195, 43:198, 43:201, 43:205–206, 43:*209*, 43:*211–212*, 43:*214*
Grillner, S., 42:243–244, 42:*267*
Grimajl, S. S., 46:402, 46:*436*
Grimesey, R. A., 5:295 (19), 5:301 (19), 5:324 (289), 5:*327*, 5:*343*
Grimm, M., 47:226–7, 47:*251*
Grimmer, R. C., 9:267 (11), 9:*284*
Grimsdale, R. L., 1:227 (46), 1:*229*, 16:183, 16:*216*
Grimson, J. B., 32:170, 32:177, 32:188, 32:*195*
Grimson, W. E. L., 35:95, 35:100, 35:103, 35:107, 35:*133*, 43:274, 43:*278*
Grinberg, M., 38:136, 38:*142*
Gringi, M., 44:345, 44:356, 44:*359*
Grischkowsky, N. L., 29:66, 29:*75*
Grise, R. F., Jr., 47:*138*

Grisham, M., 36:*423*
Grishin, V. A., 29:315, 29:*324*
Grishman, R., 17:119, 17:120, 17:122, 17:132, 17:134, 17:152, 17:*159*, 17:*160*, 23:19, 23:*32*, 24:161, 24:*171*, 26:*197*, 34:136, 34:140, 34:*154*, 40:165, 40:*177*, 49:12, 49:28, 49:34, 49:37, 49:40, 49:60, 49:*61*
Grisoff, S., 8:53 (5), 8:78 (6), 8:80 (5), 8:92 (6), 8:*99*
Griswold, E., 10:12 (20), 10:*76*
Griswold, R. E., 7:212 (5), 7:220 (5), 7:*238*, 8:61 (17), 8:86 (17), 8:*100*, 9:92 (11, 12), 9:93 (12, 14), 9:*110*
Gritsyk, V. V., 29:301, 29:*328*
Gritter, C. R., 46:411, 46:*435*
Grize, Y. L., 36:312, 36:*330*
Grizzle, J. W., 42:263, 42:*267*
Groenback, I., 42:128, 42:145, 42:152–154, 42:183, 42:*235*
Groenbaek, K., 34:341, 34:344–345, 34:347–348, 34:*382*, 34:*385*
Groenfeldt, T., 47:344, 47:*366*
Groever, J., 36:163, 36:*196*
Groger, H. D., 44:351, 44:*359*
Grohn, M. J., 29:28, 29:*44*
Grohowski, R., 34:*391*
Groleau, F., 38:*185*
Grolmusz, V., 44:346, 44:*359*
Gronbaek, K., 36:382, 36:*419*, 36:*423*
Gropp, W., 49:248, 49:*298*
Groppuso, J., 40:185, 40:*251*
Gros, J. G., 46:50, 46:*102*
Grosch, A. N., 21:375, 21:405, 21:412, 21:*417*
Grosch, H. R. J., 5:238, 5:*253*
Grosky, W. I., 34:238, 34:247, 34:250, 34:256, 34:266, 34:271, 34:272, 34:274, 34:276, 34:279, 34:*286*, 34:*288*
Gross, D., 36:*196*
Gross, L. N., 11:173 (164), 11:*229*
Gross, M., 8:154, 8:*186*
Gross, M. L., 16:260, 16:262, 16:*330*
Gross, O., 2:303, 2:*371*
Gross, T., 34:129, 34:*152–153*, 38:198, 38:*243*
Gross, W., 2:*132*, 10:164 (5), 10:*173*
Grossberg, S., 33:175, 33:178, 33:179,

33:180, 33:181, 33:183, 33:184,
33:220, 33:*236*, 33:*237*, 36:*196*,
36:216, 36:228, 36:231, 36:*250–251*,
37:152, 37:*163*, 47:344, 47:*366*
Grosso, E., 32:*148*
Grosspietsch, K., 34:183–184, 34:204,
34:*231*
Grosz, B. J., 47:10, 47:18, 47:41, 47:*61*,
47:*64*, 49:12, 49:*61*
Grove, A. S., 43:184, 43:*212*
Grove, T. A., 38:*181*
Groves, D. N., 24:354, 24:*375*
Groves, M. L., 1:193 (2), 1:207 (2), 1:227
(2), 1:*227*
Grubaxani, V., 47:344, 47:*366*
Gruber, T., 38:123, 38:*139*
Gruboeck, K., 47:215, 47:*253*
Grudin, J., 29:61, 29:*74*, 33:120, 33:121,
33:*166*, 33:*167*, 36:346, 36:354,
36:359, 36:362, 36:369, 36:381,
36:397, 36:401, 36:410, 36:*422–423*,
36:*428*, 39:285, 39:*290*, 41:56,
41:*61*, 42:25, 42:*33*, 45:269, 45:271,
45:275, 45:276, 45:278, 45:292,
45:304, 45:305, 45:310, 45:312,
45:*317*, 45:*318*, 45:*320*, 47:*61*
Grudnitski, G., 21:11, 21:*86*
Gruenberger, F., 4:154 (76), 4:157,
4:*165*, 4:*166*
Gruhn, A. M., 21:55, 21:*87*
Gruhn, V., 41:13, 41:22, 41:24, 41:42,
41:*61–62*
Grumberg, O., 49:86, 49:*92*
Grundman, E., 16:151, 16:*178*
Gruninger, J. H., 28:216, 28:*222*
Grupen, R. A., 35:*134*
Gruss, 29:245
Gruss, A., 43:247, 43:249, 43:251, 43:*276*
Gschwind, H. W., 4:142 (21), 4:*162*
Guérin, R., 44:228, 44:*280*
Gu, G., 49:311, 49:*347*
Gu, J., 33:2, 33:*63*
Guada, N. S., 47:48, 47:*64*
Guan, S. -Y., 38:*192*
Guarino, L., 22:298, 22:*351*
Guarino, N., 48:300, 48:*311*
Guaspari, D., 33:57, 33:*63*
Guber, W., 16:26, 16:*54*
Guckel, H., 9:212, 9:*235*
Guckenheimer, J., 42:246, 42:*267*

Guckenhimer, J., 33:178, 33:*237*
Gudes, E., 22:100, 22:*104*, 38:67, 38:*70*
Gudmundsson, O., 48:236, 48:*253*
Guelke, R. W., 11:186 (47), 11:*224*
Guerrero, J. L., 47:211, 47:*252*
Guest, C. C., 28:168, 28:173, 28:198,
28:201, 28:205, 28:*221*, 28:*223*
Guest, D. J., 32:237, 32:*253*
Guest, L., 20:7, 20:*32*
Guevara, K., 36:*419*
Guez, A., 33:*237*, 36:240, 36:*251*, 38:*185*,
38:*193*
Guffin, R. M., 6:179, 6:*192*
Gufstafson, D. H., 16:*179*
Guggenbuhl, W., 44:202, 44:*214*
Guha, A., 44:308, 44:*329*
Guha, R., 48:300, 48:*311*
Guha, R. W., 49:24, 49:*63*
Gui, Q., 49:*237*
Guiasu, S., 36:287–288, 36:*328*
Guibas, L. J., 19:86, 19:*109*, 38:231,
38:*244*
Guida, G., 38:131, 38:*139*, 49:12, 49:*61*
Guide International Corporation,
35:211, 35:*252*
Guido, A., 44:52, 44:*56*
Guifoyle, T., 29:245
Guilano, M., 26:*42*
Guilder, S. S., 16:135, 16:*179*
Guilford, E. C., 11:277 (22), 11:*317*
Guilfoyle, P. S., 28:206, 28:207, 28:208,
28:*223*, 28:*225*
Guilinger, W., 5:325 (328), 5:*345*
Guillemont, M., 48:74, 48:*116*, 49:311,
49:*347*
Guillou, L. C., 30:202, 30:*220*
Guindon, R., 39:27, 39:35, 39:*48*
Guindon, Raymonde., 40:10, 40:*37*
Guiri, L., 46:242, 46:*285*
Guisado, R., 38:*185*
Guitton, P., 29:*186*
Gula, J. A., 45:10, 45:24, 45:*51*
Gulati, R., 47:344, 47:*365*
Gulati, S., 33:176, 33:184, 33:188,
33:190–191, 33:210, 33:216, 33:217,
33:226, 33:*234*, 33:*235*, 33:*237*,
33:*238*, 33:*244*, 36:168, 36:*196*,
36:206, 36:*251*, 36:264, 36:*328*,
37:*163*
Gulcu, C., 44:248, 44:*281*

Gulick, R. M., **31**:50, **31**:*97*
Gull, C. D., **11**:70, **11**:*123*
Gullekson, G., **42**:14, **42**:*36*
Gullichsen, E., **34**:23, **34**:*55*
Gulyaev, Y. V., **31**:241, **31**:*321*
Gund, P., **21**:326, **21**:*330*
Gunn, B., **49**:313, **49**:*346*
Gunn, J. B., **9**:1, **9**:*21*
Gunningberg, P., **40**:82, **40**:*125*
Gunther, G., **5**:200, **5**:*224*
Günther, R. W., **47**:227, **47**:*248*
Gunzinger, A., **44**:202, **44**:*214*, **44**:*217*
Guo, Cheng-Ming, **49**:12, **49**:26, **49**:*68*
Guo, Y., **38**:*195*, **46**:339, **46**:364, **46**:*398*
Guo, Z., **47**:227, **47**:*247*
Gupta, A., **34**:250, **34**:265, **34**:*284*, **34**:*286*, **39**:199, **39**:201, **39**:207–208, **39**:210, **39**:*236*, **40**:150, **40**:161, **40**:168, **40**:170, **40**:*176–177*, **49**:242, **49**:249, **49**:250, **49**:270, **49**:*299*
Gupta, A. P., **40**:95, **40**:*121*
Gupta, B., **26**:324, **26**:*332*
Gupta, G. K., **24**:360, **24**:*372*
Gupta, M. M., **26**:17, **26**:*44*, **28**:91, **28**:*103*, **36**:263, **36**:*329*, **45**:147, **45**:*150*
Gupta, R., **40**:77, **40**:*123*, **43**:37, **43**:*46*, **49**:277, **49**:*298*
Gupta, S., **45**:116, **45**:*150*
Gurari, E. M., **22**:337, **22**:*351*
Gurbaxani, V., **43**:*210*, **43**:*212*, **47**:362, **47**:*366*
Gurd, J., **34**:145, **34**:*156*, **44**:191, **44**:*218*
Gurd, J. R., **34**:173, **34**:*231*, **37**:286–287, **37**:292–293, **37**:295, **37**:*331*
Gurk, H. M., **12**:*169*
Gurney, R. W., **2**:158 (11), **2**:235 (11), **2**:*290*
Gusev, L. A., **2**:385 (1), **2**:402 (1), **2**:403 (1), **2**:*46*
Gustafson, D. A., **44**:88, **44**:*123*
Gustafson, R. N., **40**:136, **40**:*177*
Gutfreund, H., **33**:*234*
Guth, D., **24**:104, **24**:*171*
Guthrie, A., **20**:17, **20**:*32*
Guthrie, B., **38**:*191*
Guthrie, K., **48**:291, **48**:*314*
Guthrie, L., **49**:12, **49**:26, **49**:*60*
Gutowitz, H., **47**:146, **47**:*181*
Guttag, J., **21**:117, **21**:*152*, **22**:304, **22**:310, **22**:342, **22**:*351*, **28**:12, **28**:*65*, **35**:139, **35**:*181*, **36**:52, **36**:92, **36**:*108*, **37**:35, **37**:*56*
Guttag, J. V., **12**:279 (36), **12**:*284*, **22**:302, **22**:304, **22**:307, **22**:308, **22**:309, **22**:322, **22**:324, **22**:325, **22**:326, **22**:327, **22**:329, **22**:330, **22**:333, **22**:334, **22**:335, **22**:338, **22**:345, **22**:*351*, **22**:*352*, **29**:104, **29**:*188*, **33**:12, **33**:18, **33**:19, **33**:23, **33**:24, **33**:29, **33**:59, **33**:*63*, **43**:81, **43**:*135*, **49**:72, **49**:*93*
Guttman, A., **34**:262, **34**:267, **34**:*286*
Guttman, J. D., **29**:8–9, **29**:*44*
Guttman, L., **19**:122, **19**:*220*
Gutz, S., **22**:149, **22**:153, **22**:*159*, **22**:*161*
Guy, R., **47**:145, **47**:*180*
Guy, R. C., **22**:80, **22**:*104*
Guyon, G., **36**:220, **36**:*253*
Guyon, I., **37**:*165*
Guzman, A., **9**:108, **9**:*110*, **11**:203, **11**:211, **11**:*224*, **13**:210, **13**:219, **13**:*227*
Gwynn, J., **7**:125 (62), **7**:*180*
Gyorgy, E. M., **11**:313 (27), **11**:*317*

H

Ha, B., **28**:184, **28**:*222*
Ha, S., **40**:92, **40**:*121–122*
Haac, S., **26**:16, **26**:*44*
Haake, J. M., **45**:280, **45**:297, **45**:303, **45**:*317*, **45**:*319*, **45**:*320*
Haandlykken, P., **34**:356, **34**:*390*
Haar, R. L., **34**:280, **34**:*286*
Haas, L. M., **32**:169, **32**:184, **32**:194, **32**:*195*, **32**:*198*, **39**:115, **39**:*187*
Haase, V., **41**:12, **41**:*61*, **46**:28, **46**:31, **46**:58, **46**:*104*
Habash, N., **49**:26, **49**:31, **49**:53, **49**:*59*
Haber, R. N., **16**:6, **16**:*54*
Haberman, A. N., **10**:72, **10**:*76*, **22**:131, **22**:*160*, **23**:320, **23**:*352*, **43**:58, **43**:76, **43**:121, **43**:*134–135*
Habermann, N., **43**:53, **43**:*138*
Habermas, J., **34**:304, **34**:313, **34**:360, **34**:*385*
Habetler, G. J., **3**:193, **3**:194, **3**:195, **3**:196, **3**:206 (24), **3**:211 (24), **3**:262 (24), **3**:*272*, **5**:290 (4), **5**:299 (43),

5:302 (4), 5:307 (4), 5:309 (170), 5:311 (4), 5:312 (146a), 5:319 (146a), 5:322 (4), 5:*326*, 5:*326*, 5:*328*, 5:*334*, 5:*336*
Habibi, A., 18:16, 18:*56*
Habib-agahi, H., 44:112, 44:115, 44:*124*
Habinek, J. K., 33:140, 33:*169*
Habli, M., 28:218, 28:*221*
Habli, M. A., 28:218, 28:*223*
Hachem, N. I., 34:190, 34:*229*
Hächler, G., 46:364, 46:*397*
Hachtel, G., 32:4, 32:87, 32:90, 32:*96*, 32:*98*
Hackathorn, R., 16:47, 16:*54*, 23:156, 23:*174*
Hacking, C. N., 47:226, 47:*246*
Hackler, W. R., 40:80, 40:*123*
Haddab, S., 38:*184*
Haddad, S., 40:139, 40:*176*
Haddon, B. K., 16:206, 16:*217*
Hadley, M., 45:338, 45:*355*
Hadzikadic, M., 38:*188*
Hadzilacos, V., 32:168, 32:*195*, 41:261, 41:264, 41:266, 41:*295*, 48:151, 48:*175*
Haefer, R., 2:232, 2:*292*
Haessler, H. A., 11:371 (63), 11:*386*, 16:141, 16:*179*
Hafer, L., 21:94, 21:126, 21:128, 21:148, 21:*153*, 37:*282*
Hafner, C. D., 24:307, 24:*313*
Hafner, E. R., 17:169, 17:182, 17:*217*
Hagelbarger, D. W., 1:166, 1:191, 1:*192*
Hageman, L. A., 5:313 (160), 5:315 (160), 5:318, 5:319 (160), 5:322 (241), 5:*335*, 5:*338*, 5:*340*
Hagen, R. W., 16:157, 16:158, 16:*181*
Hagen-Ansert, S., 47:215, 47:*250*
Hager, G., 34:*109*
Hagerstein, E., 44:201, 44:*214*
Haggard, M. P., 11:190 (50), 11:*224*
Haggkvist, R., 23:349, 23:350, 23:*352*
Haghighat, M. R., 45:146, 45:*152*
Hagin, R., 21:12, 21:*88*
Hagiwara, H., 24:103, 24:159, 24:*168*
Hagland, R. E., 26:234, 26:*277*, 26:*278*
Hagström, T., 21:375, 21:*417*
Hagstrom, W. O., 37:395, 37:*421*
Hagstrum, H. D., 2:200, 2:*292*
Hague, L., 20:11, 20:*32*

Hahn, W. -J., 44:191, 44:*214*
Hahn, W. R., Jr., 3:288 (38), 3:*298*
Haigh, J. T., 29:32, 29:35, 29:*44*, 38:36, 38:42, 38:*70*, 38:*72*
Hailpern, B. T., 29:103, 29:104, 29:*188*
Haimes, Y. Y., 44:15, 44:36, 44:*57*
Hainaut, J.-L., 39:151, 39:*187*
Haines, A., 40:74, 40:*123*
Haines, K., 37:*163*
Haines, M., 46:365, 46:*397*, 49:24, 49:*62*
Hains, P., 46:151, 46:*155*
Haire, P. F., 5:124 (22), 5:*219*
Haisty, W. K., Jr., 16:173, 16:*179*
Haken, H., 33:*238*
Hakimi, S. L., 26:370, 26:*390*
Halang, W. A., 42:3, 42:5, 42:*33*, 42:*36*
Halasz, F., 45:292, 45:*316*, 45:*319*
Hale, R. W. S., 29:*187*
Haley, K. B., 2:*376*
Haley, S. R., 9:140, 9:*174*
Hall, A., 36:55, 36:*108*, 49:89, 49:*93*
Hall, A. D., 12:41 (13), 12:*72*
Hall, A. V., 19:118, 19:*220*
Hall, B., 17:91, 17:*162*
Hall, B. C., 13:*232*
Hall, C. E., 2:203 (54), 2:*292*
Hall, C. P., 38:*193*
Hall, D. E., 22:132, 22:*160*
Hall, D. J., 19:152, 19:166, 19:175, 19:185, 19:186, 19:*220*
Hall, D. L., 16:174, 16:*179*
Hall, E. A., 43:207, 43:*210*
Hall, E. L., 16:174, 16:*179*
Hall, G., 47:48, 47:49, 47:50, 47:*61*
Hall, G. O., 28:190, 28:*222*
Hall, G. S., 36:*423*
Hall, J., 34:161, 34:165, 34:*232*
Hall, K., 38:311, 38:*313*
Hall, L. O., 28:92, 28:*103*
Hall, P. A., 13:183, 13:216, 13:*227*
Hall, P. A. V., 47:16, 47:*61*
Hall, W., 48:293, 48:*311*
Halle, M., 1:205 (19), 1:208 (19), 1:212 (19), 1:213 (32), 1:214 (32), 1:215, 1:216 (19, 33), 1:225 (19), 1:*228*, 11:172, 11:186 (51), 11:202, 11:206, 11:*224*, 11:*225*, 31:102, 31:*171*
Hallenbeck, J. J., 38:*181*
Haller, G. L., 6:*226*
Haller, N., 48:243, 48:*253*

Halliday, M., **46**:177, **46**:209, **46**:*232*
Halliday, M. A. K., **1**:122 (60), **1**:*139*, **11**:191, **11**:*224*, **13**:183, **13**:*227*, **15**:41, **15**:*61*
Halliday, M. J., **42**:*75*
Hallin, T. G., **19**:79, **19**:*109*, **20**:*193*
Halliwell, M., **47**:208, **47**:*253*
Hallman, D., **40**:100, **40**:*125*
Hallman, E., **16**:239, **16**:*330*
Hallmann, M., **32**:194, **32**:*197*
Halloran, N. A., **9**:118 (38, 39), **9**:*174*
Halloway, B. K., **6**:41, **6**:*85*, **11**:*386*
Halmos, P. R., **2**:20 (25), **2**:*53*, **36**:267, **36**:*328*
Halpern, M., **12**:*283*
Halpin, T. A., **35**:7, **35**:51–52, **35**:*80*
Halsall, F., **42**:127, **42**:146, **42**:148, **42**:167, **42**:170, **42**:*233*, **42**:*235*
Halstead, M., **42**:27, **42**:*33*
Halstead, M. H., **4**:146 (46), **4**:*164*, **5**:352 (12), **5**:368 (12, 27), **5**:*376*, **5**:*377*, **7**:146 (68), **7**:157 (29), **7**:*178*, **7**:*180*, **18**:131, **18**:137, **18**:143, **18**:150, **18**:156, **18**:162, **18**:163, **18**:166, **18**:*169*, **18**:*170*, **18**:*171*, **18**:*172*, **24**:25, **24**:27, **24**:29, **24**:52, **24**:*60*, **26**:415, **26**:420, **26**:*441*, **35**:217, **35**:*252*, **39**:69, **39**:75, **39**:*104*
Halstead, R., **46**:294, **46**:*326*
Halstead, R. H., Jr., **35**:260, **35**:*321*
Halstenberg, B., **44**:344, **44**:*359*
Haltsonen, E., **31**:112, **31**:*171*
Haltzer, J., **42**:132, **42**:135, **42**:168, **42**:*235*
Halvorsen, P., **48**:267, **48**:*313*
Halwachs, N., **42**:15, **42**:*32*
Ham, A. W., **12**:288, **12**:*411*
Hamblen, J. O., **33**:235
Hamblen, J. W., **21**:279, **21**:*330*, **24**:326, **24**:327, **24**:349, **24**:351, **24**:352, **24**:353, **24**:355, **24**:*371*, **24**:*372*, **24**:*374*, **24**:375, **24**:*376*
Hamburger, H., **15**:189, **15**:*236*, **15**:*237*
Hamdan, M. A., **19**:118, **19**:*220*
Hamel, G., **44**:53, **44**:*57*, **46**:44, **46**:*107*
Hamer-Hodges, K. J., **16**:191, **16**:*217*
Hameroff, S., **31**:293, **31**:*323*
Hameroff, S. R., **31**:277, **31**:298, **31**:*321*
Hamilton, D. J., **9**:205 (47), **9**:*236*
Hamilton, D. L., **38**:*181*

Hamilton, J., **12**:210 (1), **12**:*283*
Hamilton, L. D., **5**:279 (58), **5**:281 (58), **5**:*287*
Hamilton, M., **18**:183, **18**:*225*, **18**:*227*, **26**:412, **26**:413, **26**:*441*
Hamilton, M. C., **28**:193, **28**:*221*
Hamilton, M. H., **40**:80, **40**:*123*
Hamilton, M. L., **7**:283 (29), **7**:*289*
Hamilton, S., **20**:*33*
Hamilton, W. C., **13**:*107*
Hamilton, W. I., **36**:*426*
Hamilton, W. R., **5**:234, **5**:235, **5**:*252*, **5**:*253*
Hamlet, D., **36**:*39*, **42**:103, **42**:*116*, **49**:150, **49**:*188*
Hamlet, R., **22**:302, **22**:*350*, **26**:384, **26**:*389*, **33**:56, **33**:58, **33**:*63*, **35**:140, **35**:*181*, **36**:53, **36**:100, **36**:*109*
Hamlet, R. G., **36**:32, **36**:*40*, **41**:*191*, **41**:200, **41**:208–209, **41**:210, **41**:213, **41**:218, **41**:220, **41**:222–223, **41**:*225–229*
Hamm, M., **47**:227, **47**:*248*
Hammer, C., **16**:214, **16**:*217*
Hammer, C. H., **11**:358, **11**:*386*
Hammer, G. S., **38**:*184*
Hammer, M., **20**:243, **20**:*257*, **35**:33, **35**:*79*, **39**:118, **39**:*187*, **39**:256, **39**:*290*, **40**:189, **40**:192–193, **40**:245, **40**:*251*, **40**:*254*, **43**:198, **43**:207, **43**:*212*, **46**:44, **46**:45, **46**:*104*
Hammer, M. M., **15**:12, **15**:*61*, **16**:59, **16**:*123*, **28**:*147*
Hammer, P. C., **2**:*124*
Hammersley, J. M., **5**:323 (277), **5**:324 (277), **5**:325 (277, 309), **5**:*342*, **5**:*344*, **19**:120, **19**:130, **19**:*220*
Hammerstrom, D., **24**:102, **24**:116, **24**:117, **24**:*171*
Hamming, R. W., **3**:22 (15), **3**:*74*, **6**:190 (27), **6**:*192*, **34**:180, **34**:*231*, **37**:62, **37**:88, **37**:*116–117*
Hammond, N., **33**:120, **33**:*168*, **36**:*423*
Hammond, N. V., **29**:57, **29**:*73*, **32**:237, **32**:*249*
Hammond, W. E., **16**:139, **16**:*179*
Hamon, C., **47**:*245*
Hamonic, M. J., **12**:402, **12**:*413*
Hamper, U. M., **47**:216, **47**:*247*
Hampton, D. R., **12**:48 (14), **12**:*72*

Han, J., **15**:149, **15**:159, **15**:161, **15**:*178*, **47**:*339*
Han, J. Y., **29**:115, **29**:181, **29**:*187*
Han, S. A., **38**:*186*
Hanauer, S. L., **18**:202, **18**:*225*
Hanazawa, T., **31**:*173*, **37**:158, **37**:*165*
Handa, K., **37**:115, **37**:*116*
Handa, K., **44**:183, **44**:*214*
Handel, S., **32**:245, **32**:*250*
Handelman, D. A., **36**:235, **36**:*252*
Händler, W., **20**:130, **20**:*193*, **28**:110, **28**:*148*
Handley, M., **48**:233, **48**:*253*
Handschumacher, M. D., **47**:211, **47**:*252*
Handschumaker, M. D., **47**:215, **47**:*249*
Hanes, R. M., **11**:353, **11**:357 (58, 59), **11**:*386*
Haney, F., **12**:238 (12), **12**:280 (12), **12**:*283*
Hang, Y., **33**:109, **33**:*113*
Hanibuti, T., **34**:191, **34**:*231*
Haniuda, H., **28**:*148*
Hankin, C., **35**:*321*, **46**:334, **46**:396, **46**:*398*
Hanlon, A. G., **34**:163–164, **34**:225, **34**:*231*
Hanna, N. K., **35**:348, **35**:*368*
Hannigan, J., **22**:172, **22**:*216*
Hannigan, S., **36**:354, **36**:406, **36**:*423*
Hannon, P., **24**:161, **24**:*171*
Hannun, W. H., **5**:308 (111), **5**:*332*
Hanrahan, P., **33**:265, **33**:*304*, **47**:227, **47**:230, **47**:*246*, **47**:*249*
Hansell, P., **46**:110, **46**:*154*
Hansen, B. P., **35**:267, **35**:*321*
Hansen, C., **34**:69, **34**:*107*
Hansen, C. D., **47**:236, **47**:238, **47**:*244*
Hansen, D., **18**:203, **18**:*225*
Hansen, G. A., **41**:43, **41**:*61*, **46**:40, **46**:42, **46**:43, **46**:*105*
Hansen, J. R., **3**:334 (33), **3**:*344*
Hansen, K. F., **5**:306 (91), **5**:*331*
Hansen, M. H., **14**:255, **14**:*271*
Hansen, P. B., **26**:404, **26**:*411*
Hansen, S., **34**:129, **34**:*155*, **44**:289, **44**:*328*
Hansen, W. W., **2**:164 (15a), **2**:167 (15a), **2**:176 (15a), **2**:190 (15a), **2**:*290*
Hansjee, R., **34**:302, **34**:339, **34**:351, **34**:*391*

Hanson, A., **32**:*148*, **49**:266, **49**:*302*
Hanson, A. R., **34**:93, **34**:107–108, **34**:*284*
Hanson, B. L., **36**:343, **36**:*423*
Hanson, E. N., **39**:112, **39**:115, **39**:*187*
Hanson, G., **3**:62, **3**:*74*
Hanson, J. W., **8**:60 (21), **8**:65 (21), **8**:78, **8**:97 (21), **8**:*100*
Hanson, M., **39**:115, **39**:*188*
Hanson, N. R., **28**:32, **28**:*64*
Hanson, S., **22**:300, **22**:301, **22**:340, **22**:*351*
Hanson, T. P., **24**:343, **24**:347, **24**:*373*
Hanyu, Y., **42**:242–243, **42**:*268*
Harada, H., **49**:246, **49**:*301*
Harada, M., **34**:*291*
Haralick, R. M., **18**:55, **18**:*56*, **19**:210, **19**:211, **19**:212, **19**:*220*, **19**:*226*, **34**:263, **34**:279, **34**:280, **34**:*286*, **34**:*289*
Harandi, M. T., **35**:205, **35**:238, **35**:240–242, **35**:*252*
Harangozo, J., **29**:92, **29**:*188*
Harary, F., **14**:271, **14**:*272*
Harashima, F., **36**:248, **36**:*251*
Harauz, J., **46**:8, **46**:*31*
Harband, J., **35**:227, **35**:233, **35**:*252*
Harbison, S. P., **43**:58, **43**:*135*
Harbo, O., **31**:*373*
Harbour, M. G., **48**:17, **48**:20, **48**:59, **48**:*116*
Hardin, E., **20**:11, **20**:*32*
Hardin, J., **48**:263, **48**:267, **48**:284, **48**:300, **48**:*314*
Harding, A. J., **41**:76, **41**:*82*
Harding, E. F., **19**:130, **19**:*220*
Hardonag, I., **40**:77, **40**:*123*
Hardt, J. P., **18**:267, **18**:281, **18**:*284*
Hardy, G. H., **36**:283, **36**:*328*
Hardy, J.D., **22**:218, **22**:*292*
Hardy, S., **15**:4, **15**:25, **15**:28, **15**:*61*, **37**:12, **37**:*55*
Hare, A. P., **31**:*97*
Harel, D., **39**:123, **39**:130, **39**:*187*, **41**:42, **41**:*61*, **45**:4, **45**:*51*, **46**:42, **46**:75, **46**:82, **46**:95, **46**:*104*, **49**:72, **49**:*93*
Hargreaves, B. J. A., **11**:367, **11**:*386*
Haridi, S., **44**:201, **44**:*214*
Harker, D., **5**:262, **5**:*285*
Harker, S., **36**:360, **36**:*420*

Harkins, D., **48**:238, **48**:*253*
Harkreader, A., **47**:17, **47**:25, **47**:*63*
Harley, T. J., Jr., **12**:351, **12**:*409*
Harlow, C. A., **32**:129, **32**:*146*, **43**:244, **43**:*275*
Harlow, H. F., **5**:205, **5**:*224*
Harlsem, E., **33**:154, **33**:*170*
Harman, G. H., **8**:156 (14), **8**:*187*
Harman, H. H., **19**:119, **19**:*220*
Harman, L. D., **5**:130 (38), **5**:*220*
Harman, M., **43**:34, **43**:*46*
Harmon, G., **31**:329, **31**:332, **31**:337, **31**:*373–374*
Harmon, H. H., **32**:210, **32**:*250*
Harmon, L. D., **16**:150, **16**:*179*, **35**:90, **35**:*133*
Harmon, P., **28**:235, **28**:*275*
Harmon, S. Y., **34**:94, **34**:*109*
Harmon, W. W., **31**:346, **31**:*374*
Harms, D. E., **33**:4, **33**:23, **33**:43, **33**:49, **33**:52, **33**:*64*
Harney, H., **48**:239, **48**:240, **48**:*253*
Harnish, R. M., **33**:174, **33**:*241*, **37**:410, **37**:*422*, **47**:5, **47**:6, **47**:21, **47**:30, **47**:36, **47**:*58*
Harnist, K., **47**:227, **47**:*245*
Harold, F., **34**:296, **34**:*384*
Harouless, G., **5**:124, **5**:*219*
Harper, D. H., **24**:294, **24**:*312*
Harper, D. J., **24**:*313*
Harper, K. E., **1**:93 (2), **1**:96 (8), **1**:111 (39), **1**:137 (2), **1**:*137*, **1**:*139*, **11**:29 (39), **11**:*55*
Harper, M., **34**:302, **34**:339, **34**:351, **34**:*391*
Harper, M. P., **47**:*61*
Harrah, D., **5**:215, **5**:*226*
Harrar, G., **47**:344, **47**:*366*
Harre, R., **28**:55, **28**:*64*
Harriman, J. M., **5**:307 (100), **5**:*332*
Harrington, H. J., **46**:52, **46**:*104*
Harris, A., **9**:118 (40), **9**:119, **9**:121 (41), **9**:124, **9**:157 (41), **9**:*174*
Harris, C. M., **1**:205, **1**:*228*
Harris, D. J., **9**:152, **9**:*174*
Harris, G. J., **16**:160, **16**:*179*
Harris, H. R., **7**:287 (39), **7**:*289*
Harris, H. S., **21**:351, **21**:*420*
Harris, J., **45**:334, **45**:*354*, **48**:334, **48**:*351*
Harris, J. P., **32**:258, **32**:264, **32**:267, **32**:*305*
Harris, K. S., **11**:186 (54), **11**:202 (87), **11**:*224*, **11**:*226*
Harris, L. R., **13**:215, **13**:*227*, **15**:195, **15**:*236*
Harris, M., **38**:*192*
Harris, M. D., **47**:18, **47**:27, **47**:33, **47**:*61*
Harris, S., **48**:293, **48**:311
Harris, Sidney E., **40**:191, **40**:*251*, **43**:188, **43**:196–197, **43**:*212*
Harris, S. K., **34**:*288*
Harris, Z., **2**:409, **2**:*418*
Harris, Z. S., **1**:114 (44), **1**:115 (45), **1**:*139*, **1**:*154*, **1**:*157*, **8**:154 (17, 18), **8**:155 (15, 20), **8**:156 (16, 19), **8**:*187*, **17**:91, **17**:96, **17**:97, **17**:98, **17**:116, **17**:*160*
Harrison, A., **12**:*36*
Harrison, D., **36**:*194*, **40**:89, **40**:*123*
Harrison, M., **44**:268, **44**:*283*
Harrison, M. A., **14**:181, **14**:*184*, **24**:66, **24**:68, **24**:72, **24**:78, **24**:81, **24**:90, **24**:99, **24**:324, **24**:*373*, **29**:2, **29**:12, **29**:*44*, **38**:10, **38**:*70*
Harrison, M. C., **36**:312, **36**:*328*
Harrison, M. D., **32**:207, **32**:*250*
Harrison, M. R., **47**:*248*
Harrison, R. D., **19**:*60*
Harrison, R. T., **16**:59, **16**:*123*
Harrison, T., **48**:8, **48**:9, **48**:*118*
Harrison, T. H., **48**:3, **48**:6, **48**:8, **48**:10, **48**:23, **48**:25, **48**:28, **48**:31, **48**:43, **48**:50, **48**:59, **48**:67, **48**:84, **48**:85, **48**:87, **48**:93, **48**:95, **48**:97, **48**:101, **48**:104, **48**:116, **48**:117, **48**:*118*
Harrison, W., **39**:51, **39**:69, **39**:71, **39**:77, **39**:80, **39**:83, **39**:*104*
Harrold, M. J., **43**:13, **43**:15–16, **43**:37, **43**:*46–47*, **49**:*237*
Harsanyi, J. C., **34**:365, **34**:*385*
Harslem, E., **36**:350, **36**:395, **36**:*429*
Hart, A., **38**:*183*
Hart, D. J., **16**:164, **16**:*177*, **16**:*178*
Hart, G. W., **42**:191–192, **42**:*236*
Hart, J. C., **33**:271, **33**:*304*
Hart, J. F., **15**:116, **15**:*117*
Hart, O., **47**:344, **47**:*366*
Hart, P., **22**:165, **22**:189, **22**:202, **22**:*212*, **37**:375, **43**:274, **43**:*277*
Hart, P. E., **13**:175, **13**:196, **13**:197,

13:198, **13**:209, **13**:212, **13**:217, **13**:218, **13**:219, **13**:*226*, **13**:*227*, **18**:*56*, **19**:123, **19**:174, **19**:175, **19**:185, **19**:213, **19**:*218*, **22**:193, **22**:194, **22**:*212*, **22**:227, **22**:*292*, **26**:*43*, **32**:111, **32**:116, **32**:125, **32**:*145*, **34**:60, **34**:*108*
Hart, R. E., **19**:123, **19**:*222*
Hart, S., **31**:54, **31**:*97*
Hart, T., **8**:54 (37), **8**:*100*, **8**:*101*
Hart, T. P., **18**:95, **18**:*116*
Hart, T. W., **9**:220 (30), **9**:228 (30), **9**:*235*
Harter, S. P., **24**:294, **24**:*313*
Hartfield, B., **36**:*422*
Hartigan, J. A., **19**:161, **19**:179, **19**:180, **19**:186, **19**:191, **19**:208, **19**:*218*, **19**:*220*
Hartley, A., **17**:80, **17**:81, **17**:82, **17**:*86*
Hartley, A. K., **11**:207 (8), **11**:*222*
Hartley, H. O., **2**:67, **2**:*126*, **2**:371
Hartley, R., **40**:76, **40**:*123*
Hartley, R. V. L., **31**:333, **31**:*374*, **36**:260, **36**:276, **36**:*328*
Hartline, P. H., **34**:71, **34**:*111*
Hartman, A., **21**:*152*
Hartman, H., **20**:12, **20**:*32*, **47**:*182*
Hartman, M., **40**:76, **40**:*123*
Hartman, W., **20**:15, **20**:*32*
Hartmanis, J., **6**:83 (52), **6**:*85*, **10**:38, **10**:53 (22), **10**:*76*, **14**:1, **14**:2, **14**:5, **14**:6, **14**:10, **14**:12, **14**:16, **14**:20, **14**:22, **14**:27, **14**:29, **14**:30, **14**:31, **14**:*42*, **14**:*43*, **14**:183, **14**:*185*
Hartmanis, J. K., **2**:384, **2**:*418*
Hartmann, C. R. P., **26**:*332*
Hartmann, J., **5**:238, **5**:*254*
Hartmann, R. L., **28**:144, **28**:*146*
Hartsfield, E., **3**:278 (14), **3**:*297*
Hartson, H. R., **36**:354, **36**:356, **36**:386, **36**:*423*, **47**:53, **47**:*61*
Hartson, R., **32**:232, **32**:233, **32**:*251*
Hartt, K., **8**:70 (23), **8**:78 (23), **8**:95 (23), **8**:*100*
Hartwell, S., **29**:57, **29**:*75*, **33**:120, **33**:*168*, **47**:43, **47**:*62*
Harvey, A.M., **22**:277, **22**:*292*
Harvey, B., **37**:386, **37**:*421*
Harvey, H. W., **32**:122, **32**:*147*
Harvey, P. R., **42**:20, **42**:*34*
Harvey, S. L., **34**:140, **34**:*155*, **40**:165, **40**:*178*
Harvey, S.-L., **26**:*198*
Harvill, J. B., **18**:*170*
Harwood, W. J., **32**:207, **32**:*250*
Hasan, W., **39**:115, **39**:*188*
Hasegawa, T., **49**:313, **49**:*347*
Hashimoto, A., **32**:6, **32**:*99*
Hashimoto, H., **36**:248, **36**:*251*, **47**:227, **47**:*247*
Hashizume, M., **34**:191, **34**:*231*
Hasiuk, L. Z., **30**:*37*
Haskin, R., **28**:108, **28**:*148*
Haskin, R. L., **30**:3, **30**:21, **30**:23, **30**:26, **30**:31, **30**:*35*
Haslem, J., **47**:226, **47**:*245*
Hasler, I., **44**:202, **44**:*217*
Hasling, W. M., **41**:203, **41**:*227*
Hasling, W., **49**:149, **49**:*188*
Hasnain, S. A., **5**:326 (371), **5**:*348*
Hassan, H., **45**:116, **45**:*152*
Hassan, S. Z., **26**:329, **26**:*333*
Hassell, J., **26**:*389*
Hassitt, A., **5**:309 (142), **5**:312 (142, 163, 163a), **5**:315 (142), **5**:316 (163), **5**:319, **5**:*334*, **5**:*335*
Hasson, S. W., **48**:267, **48**:270, **48**:286, **48**:287, **48**:299, **48**:*313*
Hassoun, M. H., **28**:200, **28**:201, **28**:*221*, **37**:*163*
Håstad, J., **44**:346, **44**:*359*
Hastie, T. J., **42**:114, **42**:*116*
Hastings, H. M., **28**:*276*, **31**:242, **31**:259, **31**:*321*
Hasty, C. F., **36**:167, **36**:*196*
Hatamain, M., **44**:295, **44**:315, **44**:*330*
Hatcher, P.J., **49**:252, **49**:270, **49**:271, **49**:*298*
Hatley, D. J., **41**:108, **41**:130, **41**:142, **41**:*156*, **42**:14, **42**:*33*
Haton, J.-P., **31**:112–113, **31**:125–126, **31**:*171*
Hattenda, T., **17**:240, **17**:209, **17**:*282*
Hatton, L., **44**:160, **44**:*167*, **49**:*94*
Hattori, A., **40**:160, **40**:*177*
Hattori, M., **44**:184, **44**:*215*
Hatzivassiloglou, V., **49**:24, **49**:*62*
Hauck, J. A., **38**:*184*
Haug, O., **1**:82 (78), **1**:*90*
Haugen, P. R., **28**:186, **28**:*222*
Haupt, A., **19**:178, **19**:*216*

Haupt, T., **45**:145, **45**:*149*
Hauptman, H., **5**:282, **5**:*287*
Hauptmann, A. G., **29**:54, **29**:*74*, **33**:126, **33**:*167*, **47**:3, **47**:13, **47**:*63*, **47**:*65*
Haurwitz, B., **1**:80 (74), **1**:*89*
Hauser, J. R., **47**:344, **47**:357, **47**:*366*
Hauser, R., **44**:219, **44**:228, **44**:252, **44**:256, **44**:279, **44**:*280–281*, **44**:*283*
Hausken, T., **47**:211, **47**:*247*
Hausler, G., **43**:251, **43**:*277*
Hausler, P., **35**:168, **35**:*181*, **43**:8, **43**:31, **43**:*47*
Hausler, P. A., **35**:237, **35**:245–246, **35**:*252*, **36**:23, **36**:*41*
Hausman, J. A., **43**:206, **43**:*212*
Hausmann, C., **18**:215, **18**:218, **18**:*226*
Haussler, D., **33**:238, **33**:*242*
Havelock, R. G., **31**:341, **31**:*374*
Havelund, K., **49**:72, **49**:*93*
Havens, W., **32**:129, **32**:*146*
Haverty, J. P., **7**:146 (31), **7**:*178*
Havlak, P., **45**:118, **45**:120, **45**:*150*
Havn, E., **34**:324, **34**:326, **34**:*381*
Hawe, B., **42**:126–127, **42**:134, **42**:*235*
Hawgood, J., **34**:300, **34**:342, **34**:370, **34**:*385*
Hawkins, C. A., **18**:*227*
Hawkins, D. G., **5**:239, **5**:*254*
Hawkins, J. K., **2**:415, **2**:*418*, **6**:*226*, **7**:60 (29), **7**:*114*, **37**:352, **37**:400, **37**:*421*,
Hawkins, R., **38**:112, **38**:*142*
Hawkins, R. A., **43**:244, **43**:*275*
Hawkins, W. H., **36**:360, **36**:*423*
Hawkins, W. W., **36**:*428*
Hawkinson, L., **16**:73, **16**:*123*
Hawkinson, L.B., **22**:181, **22**:*216*
Hawley, L., **35**:*324*
Hawryszkiewycz, I. T., **30**:*83*
Hawthorn, P. B., **28**:127, **28**:145, **28**:*147*, **28**:*148*
Hax, A. C., **16**:70, **16**:*123*
Haxby, B. V., **2**:181 (39), **2**:*291*
Hay, R. E., **12**:*279*
Hayakawa, S., **6**:*295*, **6**:*296*
Hayashi, K., **31**:299, **31**:*322*, **49**:335, **49**:*348*
Hayden, D., **39**:275, **39**:*290*
Hayden, R. F. C., **3**:339, **3**:*344*
Hayek, F. A., **6**:39, **6**:42, **6**:43 (53), **6**:*85*,

29:65, **29**:*75*
Hayes, B. C., **32**:210, **32**:*253*
Hayes, D. G., **7**:140, **7**:*178*
Hayes, E., **49**:36, **49**:*57*
Hayes, G. S., **45**:6, **45**:*51*
Hayes, I. J., **49**:85, **49**:*93*
Hayes, J., **18**:61, **18**:*116*
Hayes, J. F., **17**:207, **17**:*216*, **17**:*217*, **17**:*218*
Hayes, J. P., **20**:118, **20**:*193*, **26**:*199*, **26**321, **26**:322, **26**:324, **26**:*333*, **26**:*334*, **34**:138, **34**:*155*, **40**:155, **40**:*177*, **49**:244, **49**:245, **49**:286, **49**:289, **49**:*298*
Hayes, J. R., **11**:357 (58), **11**:*386*
Hayes, P., **38**:76, **38**:*140*
Hayes, P. J., **13**:195, **13**:196, **13**:201, **13**:*225*, **13**:*228*, **33**:87, **33**:*111*
Hayes, R. M., **6**:9, **6**:*28*, **12**:*166*, **31**:348, **31**:352–354, **31**:356, **31**:*371*, **31**:*374*, **38**:259, **38**:310–312, **38**:*313–314*
Hayes-Roth, B., **46**:408, **46**:*436*, **48**:333, **48**:337, **48**:*351*
Hayes-Roth, F., **22**:164, **22**:166, **22**:176, **22**:182, **22**:*212*, **22**:*213*, **22**:*216*, **24**:201, **24**:*215*, **26**:14, **26**:40, **26**:*44*, **28**:2, **28**:*64*, **43**:117, **43**:*139*, **47**:*61*
Haygood, R. C., **13**:221, **13**:*227*
Haykin, S., **37**:99, **37**:101, **37**:*116–117*
Hayne, S., **45**:293, **45**:*317*
Haynes, J. L., **4**:62, **4**:*132*
Haynes, M. K., **4**:88, **4**:*133*
Haynes, R. B., **38**:*188*
Haynsworth, E., **2**:57 (2.4), **2**:*123*
Hays, D. G., **1**:93 (2), **1**:96 (8), **1**:100 (16), **1**:111 (38), **1**:111 (39), **1**:137 (2), **1**:*137*, **1**:*138*, **1**:*139*, **8**:154 (21, 22, 23), **8**:*187*, **11**:26 (30), **11**:29 (38, 39, 40, 41), **11**:*53*, **11**:*54*, **11**:*55*, **11**:*56*, **11**:173 (55), **11**:*224*, **12**:*169*, **15**:229, **15**:*236*, **24**:231, **24**:*274*
Hays, N., **34**:140, **34**:*154*
Hayter, A., **44**:318, **44**:325, **44**:*328*
Haze, C., **8**:154 (45), **8**:163 (45), **8**:*188*
He, J., **31**:293, **31**:*323*
Heacox, H. C., **20**:220, **20**:*257*
Heacox, M. C., **19**:*60*
Head, J., **2**:*125*
Head, R., **20**:15, **20**:17, **20**:*32*
Head, R. V., **12**:39 (15), **12**:*72*, **12**:*169*

Heady, E. O., **2**:*371*
Heafner, J., **16**:213, **16**:*218*
Heafner, J. F., **17**:203, **17**:*217*
Healey, G., **34**:82, **34**:*109*
Healy, L. D., **19**:*61*, **19**:*63*, **28**:122, **28**:146, **28**:*148*
Heames, T., **20**:13, **20**:*33*
Heaney, J., **44**:265, **44**:*282*
Hearst, M. A., **48**:267, **48**:*313*
Hearst, M., **39**:115, **39**:*188*
Heart, F. E., **17**:166, **17**:167, **17**:*218*, **19**:69, **19**:*109*
Heaslet, M.A., **22**:64, **22**:65, **22**:79, **22**:*107*
Heath, C., **45**:280, **45**:290, **45**:*317*
Heath, R., **45**:296, **45**:*316*
Heaton, R., **49**:259, **49**:*296*
Hebb, D. O., **5**:205, **5**:*224*, **6**:43, **6**:59 (54), **6**:60, **6**:74, **6**:75, **6**:*86*, **31**:282, **31**:*321*, **33**:179, **33**:*238*, **36**:215, **36**:*251*, **37**:124, **37**:152, **37**:*163*, **47**:9, **47**:*61*
Hebert, M., **43**:244, **43**:251, **43**:274, **43**:*275*, **43**:*277*, **48**:321, **48**:345, **48**:*352*
Hebert, M. A., **48**:345, **48**:*353*
Hebert, M. H., **32**:106, **32**:109, **32**:129, **32**:*147*
Hecht, H., **30**:91, **30**:102, **30**:104, **30**:*168*, **42**:18, **42**:*33*
Hecht, H. S., **26**:344, **26**:352, **26**:*390*
Hecht, L. J., **30**:178, **30**:*220*
Hecht, M., **42**:18, **42**:*33*
Hechtel, J. R., **7**:54 (30), **7**:*114*
Hecht-Nielsen, R., **33**:175, **33**:176, **33**:179, **33**:180, **33**:*238*, **34**:224–225, **34**:*231*, **36**:204, **36**:*251*, **37**:127, **37**:*163*, **37**:392, **37**:410, **37**:421
Heckard, M. A., **42**:23, **42**:*33*
Heckel, P., **33**:165, **33**:*167*, **36**:401, **36**:*423*
Hecker, M. H. L., **11**:192 (56), **11**:*224*
Heckerman, D. E., **36**:312, **36**:*328*
Heckler, C. H., **4**:107, **4**:126, **4**:127, **4**128 (26), **4**:131 (26), **4**:*133*
Heckler, C. H., Jr., **12**:*174*
Heckler, S. L., **42**:23, **42**:*33*
Heckman, M., **29**:29–30, **29**:*44*, **38**:15–16, **38**:39–41, **38**:*69*, **38**:*71–72*

Hedberg, B., **19**:267, **19**:274, **19**:*324*, **34**:331, **34**:*386*
Hedge, S., **37**:131, **37**:*163*
Hedge, S. U., **45**:169, **45**:*195*
Hedley, D., **26**:*391*
Hedlund, K. S., **23**:8, **23**:*32*
Hedrick, C. L., **37**:13, **37**:*55*
Heeger, A. J., **31**:295, **31**:*323*
Heemstra, F. J., **44**:62, **44**:71, **44**:77, **44**:80–81, **44**:84–87, **44**:97, **44**:113–115, **44**:*123–124*
Heestand, J., **5**:326 (381), **5**:*348*
Heffiner, R.-M. S., **31**:102, **31**:*171*
Heffley, R. A., **5**:309 (190), **5**:*337*
Hefley, B., **46**:15, **46**:16, **46**:*31*
Hefley, B. F., **21**:337, **21**:*420*
Hefley, W. E., **46**:9, **46**:15, **46**:*30*
Hegazy, W. A., **33**:4, **33**:58, **33**:59, **33**:*64*
Hegron, G., **34**:*285*
Heid, J., **3**:279 (27), **3**:*298*
Heid, M. K., **24**:346, **24**:*373*
Heidegger, M., **47**:69, **47**:*138*
Heideman, M. T., **37**:63, **37**:*117*
Heidemann, J., **48**:167, **48**:170, **48**:*177*
Heidorn, G. E., **15**:40, **15**:46, **15**:47, **15**:48, **15**:*61*, **37**:10, **37**:*56*
Heightley, J. D., **9**:190 (31), **9**:*235*
Heijn, H. J., **6**:156, **6**:*192*
Heike, G., **11**:209 (149), **11**:211 (149), **11**:*229*
Heilprin, L. B., **11**:368 (67a), **11**:*386*, **31**:327, **31**:333, **31**:338, **31**:*374*
Heiman, G., **11**:333 (67b), **11**:*386*
Heimann, D. I., **40**:69–70, **40**:*123*
Heimbigner, D., **32**:154, **32**:177, **32**:192, **32**:*198*, **41**:28, **41**:30, **41**:32, **41**:*61*, **41**:*63*, **41**:276, **41**:279, **41**:*295*
Heimdahl, M., **42**:5, **42**:19–20, **42**:*33*
Heimen, O., **20**:21, **20**:*35*
Heimerdinger, W. L., **42**:17, **42**:*33*
Heimke, G., **38**:*184*
Hein, C. E., **34**:129, **34**:*154*
Heinanen, J., **24**:162, **24**:*171*, **28**:7, **28**:10, **28**:51, **28**:*64*, **42**:172, **42**:*236*
Heineman, G. T., **41**:38, **41**:*59*, **46**:40, **46**:41, **46**:42, **46**:43, **46**:55, **46**:*104*
Heinen, S., **34**:301, **34**:*383*
Heinichen, J. D., **36**:161, **36**:*196*
Heinlein, C., **38**:*188*
Heinlein, J., **46**:314, **46**:*326*, **49**:242,

49:249, **49**:250, **49**:270, **49**:*299*
Heinrich, F. R., **17**:172, **17**:*217*
Heinrich, M., **49**:242, **49**:249, **49**:250, **49**:270, **49**:*299*
Heinrich, R. F., **16**:191, **16**:192, **16**:*217*
Heintz, L., **39**:247, **39**:261, **39**:*290*
Heinz, R. A., **28**:214, **28**:*223*, **28**:*224*
Heise, G. A., **1**:223 (40), **1**:*229*, **31**:111, **31**:*172*
Heiser, J.F., **22**:202, **22**:*213*
Heising, W., **7**:146 (68), **7**:*180*
Heising, W. P., **12**:*169*
Heiss, R. S., **30**:27, **30**:*37*
Heitmeyer, C., **49**:85, **49**:86, **49**:92, **49**:*93*
Heitmeyer, C. L., **17**:*217*
Helaihel, R., **40**:74, **40**:*125*
Helal, A., **41**:280, **41**:*295*, **48**:127, **48**:*177*
Helander, M., **36**:335, **36**:351, **36**:*423*, **36**:*427*
Helander, M. G., **33**:117, **33**:*167*
Helava, U. V., **13**:*107*
Held, D., **34**:363, **34**:*386*
Held, G., **26**:*443*
Held, G. D., **21**:226, **21**:229, **21**:233, **21**:*272*, **28**:*148*
Held, K., **5**:325 (321), **5**:*345*
Held, M., **9**:292 (2), **9**:*353*
Hell, P., **23**:349, **23**:350, **23**:*352*
Hellens, R. L., **5**:295 (16), **5**:*327*
Heller, D., **19**:69, **19**:*109*, **23**:297, **23**:*352*, **34**:19, **34**:*55*
Heller, G. G., **4**:155, **4**:*165*
Heller, J., **3**:209, **3**:*272*, **5**:317 (208), **5**:*327*, **5**:*338*, **9**:292 (3), **9**:*353*
Heller, R. S., **24**:343, **24**:*373*
Heller, S., **21**:324, **21**:*330*
Hellerman, H., **15**:169, **15**:*177*
Hellerman, L., **32**:6, **32**:23, **32**:24, **32**:25, **32**:*98*
Hellerstein, J. M., **39**:115, **39**:186, **39**:*188*
Hellman, M.E., **22**:46, **22**:53, **22**:60, **22**:64, **22**:74, **22**:82, **22**:84, **22**:89, **22**:90, **22**:91, **22**:92, **22**:96, **22**:*104*, **22**:*105*, **22**:*106*, **30**:181, **30**:183, **30**:185, **30**:189, **30**:195, **30**:211, **30**:*219*, **30**:*221*, **48**:238, **48**:*252*
Helm, R., **47**:257, **47**:274, **47**:279, **47**:285, **47**:287, **47**:290, **47**:*291*, **48**:23, **48**:57, **48**:82, **48**:86, **48**:87, **48**:103, **48**:105, **48**:*115*
Helmy, A., **48**:233, **48**:*253*
Helsel, F., **42**:121, **42**:*236*
Helsingius, J., **44**:248, **44**:*281*
Helzerman, R. A., **47**:*61*
Hemami, A., **33**:*238*
Hemami, H., **42**:246, **42**:248, **42**:*267*
Hemdal, J. F., **11**:206, **11**:*225*
Hemler, R. F., **38**:*191*
Hemmings, G., **23**:254, **23**:*289*
Hemphill, C., **47**:52, **47**:*61*
Hemphill, J. P., **5**:295 (18), **5**:301 (18), **5**:*327*
Henderson, A. D., **40**:184, **40**:227, **40**:*251*
Henderson, A. J., **33**:162, **33**:*167*
Henderson, C. L., **48**:299, **48**:*312*
Henderson, D. A., **16**:207, **16**:*219*, **17**:199, **17**:*220*, **29**:62, **29**:66, **29**:68, **29**:*73*, **37**:405, **37**:*421*
Henderson, J. T., **19**:164, **19**:*220*
Henderson, L. J., **31**:*374*
Henderson, P., **22**:301, **22**:337, **22**:*351*
Henderson, T., **33**:*238*
Henderson, T. C., **34**:93, **34**:*109*, **35**:*134*
Henderson, V. D., **22**:119, **22**:*159*, **39**:2, **39**:*47*
Henderson-Sellers, B., **35**:148–149, **35**:*181*, **43**:58, **43**:*135*
Hendler, A., **49**:253, **49**:*299*
Hendler, J., **48**:328, **48**:329, **48**:*353*, **49**:12, **49**:*59*
Hendler, J. A., **33**:149, **33**:*167*
Hendren, L., **43**:2, **43**:*48*
Hendrick, C., **31**:97
Hendricks, J., **23**:122, **23**:*140*
Hendrickson, B., **45**:148, **45**:*150*
Hendrix, G. G., **40**:190, **40**:*251*, **47**:10, **47**:35, **47**:36, **47**:37, **47**:*61*
Heng, M., **34**:366, **34**:*381*
Hengeveld, S., **16**:173, **16**:*181*
Heninger, K. L., **42**:2, **42**:11, **42**:*33*
Henisz, B., **15**:*237*
Henke, W., **12**:84, **12**:*111*
Henkes, R., **21**:216, **21**:*224*
Henkin, L., **35**:334, **35**:*368*
Henkind, S. J., **36**:312, **36**:*328*
Henle, R. A., **9**:231, **9**:*235*
Hennell, M. A., **26**:*391*
Hennessy, J., **37**:325, **37**:327, **37**:*332*,

39:199, 39:201, 39:207–208, 39:210, 39:*236*, 43:11, 43:*48*, 49:242, 49:248, 49:249, 49:250, 49:270, 49:295, 49:*299*
Hennessy, J. L., 40:161, 40:168, 40:170, 40:172, 40:*175–177*
Hennessy, S., 32:*148*
Hennessy, W. P., 5:250 (76), 5:*255*
Hennesy, J. L., 49:242, 49:245, 49:246, 49:258, 49:*298*
Hennie, F. C., 7:38 (31), 7:*114*
Henning, M., 34:179, 34:196, 34:*232*, 48:6, 48:*116*
Henrichon, E. G., 19:179, 19:*220*
Henrici, P., 2:50 (65), 2:*54*, 2:75, 2:*128*, 3:25, 3:40, 3:*75*
Henrion, M., 44:26, 44:*57*
Henry, A. F., 5:289, 5:300, 5:308 (120), 5:*326*, 5:*328*, 5:*333*
Henry, D. T., 19:187, 19:*215*
Henry, G. R., 17:242, 17:*281*
Henry, S., 24:161, 24:*171*, 39:83, 39:*104*
Henry, S. C., 36:*425*
Henry, W. R., 12:*169*
Hensgen, D., 49:275, 49:*298*
Hensgen, D. A., 49:284, 49:285, 49:286, 49:288, 49:289, 49:290, 49:295, 49:298, 49:*302*
Henshaw, A. M., 35:307, 35:*320*
Henshaw, J., 46:200, 46:206, 46:*234*
Hensley, D. R., 3:339 (36), 3:*345*
Herbert, S., 19:303, 19:*325*
Herbetko, J., 47:226, 47:*246*
Herblin, W. F., 37:*423*
Herbordt, M.C., 49:259, 49:*298*
Herd, J. R., 24:13, 24:*60*
Herda, S., 19:294, 19:*324*
Herdan, G., 47:*61*
Herder, R. E., 29:63, 29:66, 29:*74*
Herdieckerhoff, M., 35:281, 35:*319*
Herget, P., 8:97, 8:*100*
Heridorn, G. E., 37:*56*
Herlestam, T., 22:86, 22:92, 22:*104*, 30:189, 30:*220*
Herman, G., 47:*181*
Herman, G. T., 16:166, 16:*178*, 18:28, 18:*56*, 47:238, 47:*247*
Herman, I., 44:200, 44:*217*, 46:388, 46:*397*
Herman, M., 32:*148*

Hermann, B., 45:201, 45:*265*
Hermann, F. P., 34:202, 34:*231*
Hermann, M. C., 38:*185*
Hermans, M., 16:173, 16:*181*
Hermens, L. A., 46:408, 46:*437*
Hermida, R. C., 38:*183–184*
Hernandez, A., 47:216, 47:238, 47:*248*
Herndon, M. A., 30:131, 30:*168*
Herner, S., 12:*169*, 31:327, 31:339–340, 31:*374*
Herpel, H., 40:80, 40:*123*
Herr, L., 33:250, 33:253, 33:254, 33:257, 33:263, 33:264, 33:265, 33:266, 33:267, 33:268, 33:269, 33:270, 33:272, 33:275, 33:276, 33:285, 33:286, 33:289, 33:290, 33:291, 33:295, 33:297, 33:*304*
Herrick, C. E., 3:13, 3:14, 3:*75*
Herrick, S., 3:17, 3:*75*
Herring, C., 2:169, 2:*290*
Herring, V., 36:354, 36:406, 36:*423*
Herriot, J., 2:*133*
Herrmann, L. R., 10:270, 10:272, 10:*273*
Herschberg, I., 37:190, 37:*205*
Herscher, M. B., 6:*226*, 11:154 (12), 11:155 (12), 11:156 (12), 11:*163*
Hersh, H., 36:349, 36:381, 36:395, 36:401, 36:*423*, 36:*428*
Hershenson, M., 16:6, 16:*54*
Hershey, E. A., 20:220, 20:*258*, 22:152, 22:*161*, 26:400, 26:*443*
Hershey, E. A., III, 35:26, 35:*80*
Hershman, R. L., 11:209 (62), 11:*225*, 33:150, 33:*167*
Hershoff, J. B., 2:*126*
Hersley, E. A., III, 16:65, 16:72, 16:*125*
Herter, C., 49:276, 49:*301*
Herts, H., 29:245
Hertz, D., 20:9, 20:*32*
Hertz, J., 37:405–406, 37:410, 37:*421*
Hertzberg, R. Y., 20:85 (48), 20:*113*
Hervieu, M., 40:75, 40:*121*
Herzberg, A., 44:223, 44:254, 44:256, 44:261, 44:*280–282*
Herzberger, M., 5:234, 5:238, 5:239, 5:*252*, 5:*253*, 5:*254*
Herzog, A. W., 3:287 (15), 3:*297*
Herzog, G., 9:181 (33), 9:211 (33), 9:232 (33), 9:*236*
Herzwurm, G., 46:3, 46:8, 46:*32*

Hess, H., **12**:*170*
Hess, J., **12**:*172*
Hess, M., **42**:154, **42**:*234*
Hess, S. W., **9**:118 (43), **9**:*174*
Hestenes, J. D., **47**:227, **47**:*245*
Hestenes, M. R., **36**:230, **36**:*251*
Hesterman, V. S., **4**:75, **4**:*132*
Hesterman, V. W., **11**:239 (17), **11**:*317*
Hetmanski, C. J., **46**:210, **46**:*232*
Hetzel, W., **36**:*39*
Heuertz, R., **29**:315, **29**:*324*
Hevner, A. R., **21**:231, **21**:232, **21**:237, **21**:238, **21**:245, **21**:250, **21**:252, **21**:255, **21**:263, **21**:270, **21**:*271*, **21**:*272*, **26**:*442*, **35**:35, **35**:79, **35**:147, **35**:161, **35**:164–165, **35**:167–168, **35**:179, **35**:*180–182*, **35**:184, **35**:188–189, **35**:237, **35**:245–246, **35**:*252*, **36**:6, **36**:9, **36**:26, **36**:*39–40*, **40**:188, **40**:241, **40**:*255*
Hewett, T. T., **36**:*423*
Hewitt, C., **13**:227, **16**:73, **16**:*123*, **22**:182, **22**:203, **22**:*213*, **33**:98, **33**:*110*, **37**:13, **37**:*56*, **40**:186, **40**:192, **40**:194–195, **40**:199, **40**:216, **40**:219, **40**:245, **40**:*249*, **40**:*251*, **47**:84, **47**:87, **47**:95, **47**:*139*
Hewitt, C. E., **15**:47, **15**:48, **15**:52, **15**:*61*
Hewlett Packard, **49**:101, **49**:*140*
Hewlett, T. T., **24**:306, **24**:*315*
Hewlett, W., **36**:113, **36**:121, **36**:126–127, **36**:156, **36**:192, **36**:*196*
Hexmoor, H., **48**:334, **48**:*351*
Hey, J. M. N., **48**:293, **48**:*311*
Heydorn, R. P., **12**:*414*, **19**:121, **19**:*227*
Heyman, J., **2**:320, **2**:*371*
Hi•, H., **8**:154, **8**:*187*
Hibbard, L. S., **43**:244, **43**:*275*
Hibbard, P., **33**:27, **33**:28, **33**:29, **33**:*64*
Hibbard, T. N., **12**:*170*, **23**:308, **23**:*352*
Hice, G. F., **31**:8, **31**:*97*
Hickey, T. B., **21**:381, **21**:411, **21**:*417*, **21**:*421*
Hickman, K. E., **44**:223, **44**:*280*
Hicks, D., **5**:301 (51), **5**:302 (51), **5**:307 (51, 101), **5**:313 (101), **5**:*329*, **5**:*332*
Hicks, G. P., **16**:140, **16**:*181*
Hickson, D. J., **21**:67, **21**:*87*
Hidano, M., **49**:*63*

Hier, D., **38**:*187*
Hier, D. B., **38**:*195*
Higa, K., **40**:225, **40**:*251*
Higashi, M., **36**:260, **36**:279, **36**:281, **36**:298, **36**:305, **36**:312, **36**:321, **36**:*328–329*
Higbie, L. C., **19**:*60*, **20**:116, **20**:166, **20**:*193*, **34**:126, **34**:*154*
Higgins, A., **38**:*186*
Higgins, C., **39**:276, **39**:*290*
Higgins, G. C., **5**:240, **5**:*254*
Higgins, R. J., **37**:111, **37**:115, **37**:*117*
Higgins, T. J., **2**:*131*
Higgins, W. E., **47**:238, **47**:*245*
Highleyman, W. H., **2**:179, **2**:291, **12**:342, **12**:363, **12**:*411*,
Higinbotham, D., **49**:39, **49**:*61*
Higuchi, T., **44**:183, **44**:*214*
Higuera, R. P., **44**:24, **44**:36, **44**:*52*, **44**:*57*
Hihn, J., **44**:112, **44**:115, **44**:*124*
Hikita, S., **28**:*148*
Hilbert, D., **2**:36 (37), **2**:*53*, **2**:*124*, **34**:91, **34**:*108*
Hilborn, G., **29**:99, **29**:*194*
Hildebrand, F., **3**:13 (23), **3**:20 (23), **3**:23, **3**:25, **3**:*75*
Hildebrand, F. B., **2**:5 (1), **2**:*52*, **2**:70 (9.7), **2**:*127*
Hildebrandt, R. J., **16**:141, **16**:147, **16**:*180*
Hilden, J., **22**:269, **22**:*292*
Hildreth, E. C., **32**:112, **32**:*146*
Hill, A., **47**:226, **47**:*245*
Hill, D. R., **11**:173 (57), **11**:198, **11**:202, **11**:208 (59, 60), **11**:212 (59, 60), **11**:214, **11**:216, **11**:217, **11**:*224*, **11**:*225*, **17**:90, **17**:*160*, **47**:*61*
Hill, F., **21**:93, **21**:95, **21**:113, **21**:116, **21**:117, **21**:144, **21**:145, **21**:*152*, **21**:*154*
Hill, J., **5**:326 (372), **5**:*348*
Hill, L. D., **9**:231, **9**:*235*
Hill, L. L., **48**:284, **48**:*310*
Hill, M., **39**:209, **39**:*235*, **49**:248, **49**:249, **49**:*298*
Hill, M. D., **40**:170, **40**:*175*
Hill, M. F., **20**:214, **20**:*258*
Hill, S., **22**:*104*
Hill, T., **38**:112, **38**:*142*
Hill, W., **35**:178, **35**:*183*, **47**:*61*

Hille, E., **2**:62 (5.3), **2**:*124*
Hiller, L. A., Jr., **36**:151, **36**:*196*
Hilleringmann, U., **34**:174, **34**:*230*
Hillis, D., **33**:98, **33**:*112*
Hillis, W. D., **30**:27, **30**:*35*, **34**:121, **34**:123, **34**:*154*, **37**:414, **37**:*421*, **39**:242, **39**:*290*, **45**:174, **45**:*196*, **47**:179, **47**:*181*, **49**:246, **49**:252, **49**:254, **49**:255, **49**:256, **49**:257, **49**:260, **49**:*298*
Hillix, W. A., **11**:209, **11**:*225*
Hills, A., **48**:167, **48**:*176*
Hills, S., **46**:72, **46**:77, **46**:*104*
Hilsenrath, J., **21**:315, **21**:*330*
Hiltebrand, E., **44**:202, **44**:*217*
Hiltz, R. S., **21**:11, **21**:39, **21**:*87*
Hiltz, S. R., **16**:213, **16**:*217*, **19**:253, **19**:255, **19**:257, **19**:*325*, **39**:280, **39**:282, **39**:*290*
Himley, S., **38**:*184*
Hinckley, K., **34**:19, **34**:*55*
Hind, M., **35**:291, **35**:*320*
Hinden, R., **48**:222, **48**:*252*
Hindle, B., **29**:69, **29**:*75*
Hindle, K., **34**:294, **34**:*296*, **34**:306, **34**:*388*
Hinds, J., **21**:93, **21**:*153*
Hinds, M., **1**:60 (36), **1**:78 (68), **1**:82, **1**:*88*, **1**:*89*, **1**:*90*
Hindsholm, M., **47**:*182*
Hinings, C. R., **21**:67, **21**:*87*
Hinke, T. H., **29**:28, **29**:*44*, **38**:44, **38**:*70*
Hinkelmann, K., **1**:55, **1**:60 (39), **1**:76 (39), **1**:84, **1**:85 (85), **1**:*87*, **1**:*88*, **1**:*90*
Hinman, G. W., **5**:322 (252, 252a), **5**:*341*
Hintikka, J., **38**:*314*
Hinton, G. E., **31**:128, **31**:140–141, **31**:167, **31**:*171–173*, **33**:174, **33**:175, **33**:178, **33**:184, **33**:186, **33**:216, **33**:*233*, **33**:*238*, **33**:*243*, **34**:224, **34**:*230*, **36**:169, **36**:171, **36**:178, **36**:*199*, **37**:131, **37**:133–134, **37**:158, **37**:*162–163*, **37**:*164–165*, **37**:386, **37**:390, **37**:397, **37**:399, **37**:401, **37**:403, **37**:415, **37**:*423–424*
Hinton, O. R., **20**:85 (13), **20**:*112*
Hintz, R. G., **15**:158, **15**:*177*, **20**:*193*
Hirabayashi, H., **37**:115, **37**:*116*
Hiranandani, S., **45**:117, **45**:118, **45**:*151*, **45**:*153*

Hirano, C., **16**:27, **16**:*55*
Hirata, K., **34**:161, **34**:202, **34**:204, **34**:*232*
Hirata, M., **34**:170, **34**:*231*, **34**:*235*
Hiriyannaiah, H. P., **38**:*192*
Hirose, S., **42**:248, **42**:*267*
Hiroshi, S., **28**:140, **28**:145, **28**:*148*
Hirota, G., **47**:216, **47**:242, **47**:*247*, **47**:*252*
Hirsbrunner, B., **46**:364, **46**:*399*
Hirsch, B., **39**:9, **39**:*49*
Hirsch, J. J., **14**:*229*
Hirsch, M., **29**:244
Hirsch, M. W., **33**:178, **33**:*238*
Hirsch, P., **23**:280, **23**:*289*, **42**:121, **42**:*236*
Hirsch, R. S., **36**:339, **36**:*423*
Hirsch, W. M., **2**:303, **2**:*371*
Hirschberg, D. S., **23**:328, **23**:340, **23**:345, **23**:350, **23**:*352*, **23**:*353*, **26**:103, **26**:105, **26**:106, **26**:108, **26**:113, **26**:115, **26**:*150*
Hirschberg, L., **11**:39 (78), **11**:*58*
Hirscheim, R., **47**:344, **47**:350, **47**:*366*
Hirscheim, R. A., **40**:184–185, **40**:194, **40**:198, **40**:207, **40**:*251*,
Hirschfeld, T., **21**:289, **21**:*330*
Hirschheim, R., **34**:294, **34**:298, **34**:301–302, **34**:304, **34**:307, **34**:310, **34**:313, **34**:323–324, **34**:326, **34**:336, **34**:339–340, **34**:351, **34**:355, **34**:359, **34**:361, **34**:365–366, **34**:*381*, **34**:*386–388*, **34**:*390–391*, **46**:73, **46**:*104*
Hirschheim, R. A., **46**:126, **46**:*155*
Hirschkop, R., **8**:86 (4), **8**:*99*
Hirschman, L., **17**:134, **17**:145, **17**:152, **17**:*160*, **17**:*161*, **47**:12, **47**:47, **47**:54, **47**:*61*
Hirshfeld, F. L., **5**:278 (52), **5**:*286*
Hirshliefer, J., **38**:311, **38**:*314*
Hirt, E., **44**:202, **44**:*212*
Hirtle, S. C., **29**:57, **29**:*75*
Hirzinger, G., **32**:*148*
Hisgen, A., **33**:27, **33**:28, **33**:29, **33**:*64*
Hitachi Data Systems, **44**:179, **44**:*214*
Hitchcock, C., III, **37**:*283*
Hitchcock, S., **48**:293, **48**:*311*
Hitt, L., **43**:182, **43**:188, **43**:196–203, **43**:205–206, **43**:208, **43**:*210*, **43**:*212*

Hitt, L. M., **46**:114, **46**:115, **46**:117, **46**:*155*
Hix, D., **36**:354, **36**:356, **36**:386, **36**:*423–424*, **42**:26, **42**:*33*, **47**:53, **47**:*61*
Hiz, H., **2**:409 (46), **2**:*418*
Hluchyi, M., **42**:175, **42**:*239*, **44**:303, **44**:305, **44**:317, **44**:*329*, **44**:*330*
HMSO., **44**:36, **44**:*57*
Ho, C., **49**:256, **49**:*298*
Ho, C. P., **17**:242, **17**:*281*
Ho, P., **35**:*251*, **49**:266, **49**:*301*
Ho, S. F., **26**:423, **26**:*442*
Ho, S. Y., **47**:215, **47**:*252*
Ho, T. I. M., **16**:77, **16**:*123*, **30**:56, **30**:*83*
Ho, W. H., **37**:114, **37**:*116*
Ho, Y., **33**:72, **33**:73, **33**:*112*, **33**:*235*
Hoag, L. L., **36**:349, **36**:*424*
Hoagland, A. S., **19**:*60*
Hoang, T. F., **6**:275, **6**:*295*
Hoare, C. A. R., **10**:12 (68), **10**:*78*, **12**:*170*, **14**:46, **14**:*75*, **14**:*76*, **15**:40, **15**:*60*, **15**:*61*, **20**:71, **20**:*82*, **21**:105, **21**:117, **21**:*152*, **24**:155, **24**:158, **24**:*171*, **26**:404, **26**:405, **26**:*441*, **26**:*442*, **28**:6, **28**:21, **28**:23, **28**:40, **28**:41, **28**:*64*, **28**:*65*, **29**:98, **29**:107, **29**:130, **29**:*188*, **33**:44, **33**:56, **33**:64, **35**:267–268, **35**:308, **35**:*321*, **36**:49, **36**:*109*, **41**:225, **41**:*228*, **43**:73, **43**:81, **43**:*135*, **43**:*139*, **49**:72, **49**:*93*
Hobbs, J., **17**:119, **17**:132, **17**:*160*
Hobbs, L. C., **9**:193, **9**:*236*
Hobbs, T., **44**:188, **44**:*214*
Hobson, R. F., **24**:161, **24**:*171*
Hoc, J. M., **39**:*48*
Hoch, C., **35**:*181*
Hoch, J. E., **37**:302, **37**:*331*
Hochstrasser, B., **46**:110, **46**:112, **46**:116, **46**:120, **46**:123, **46**:138, **46**:140, **46**:149, **46**:*155*
Hochstrasser, U., **5**:295 (24), **5**:*327*
Hochstrasser, U. W., **2**:63, **2**:77, **2**:*125*, **2**:*129*
Hockett, C. F., **1**:147 (5), **1**:*157*, **8**:105 (1), **8**:*151*, **8**:154 (27), **8**:*187*, **24**:251, **24**:*274*
Hockman, J., **20**:9, **20**:*33*
Hockney, R. W., **23**:296, **23**:*352*, **34**:117, **34**:*154*, **37**:388, **37**:*421*

Hodes, L., **8**:74 (36), **8**:*101*
Hodge, M. H., **33**:122, **33**:*168*
Hodges, D. A., **21**:158, **21**:*224*, **34**:173, **34**:*234*
Hodges, J., **38**:98, **38**:131, **38**:133, **38**:*140*
Hodges, T., **47**:216, **47**:*246*
Hodges, T. C., **47**:211, **47**:*248*
Hodgett, R. A., **46**:146, **46**:*155*
Hodgkin, A. L., **33**:*238*
Hodgkin, D. C., **5**:264, **5**:*285*
Hodgkiss, W. S., **37**:114, **37**:*116*
Hodgson, L. I., **5**:277, **5**:278, **5**:*286*
Hodoscek, M., **45**:116, **45**:117, **45**:*151*
Hoe, J. C., **46**:312, **46**:314, **46**:*326*
Hoenig, B. A., **48**:270, **48**:*310*
Hoepner, P., **42**:217, **42**:*236*
Hoernig, K., **40**:192, **40**:*252*
Hoey, D., **26**:*195* **26**:*197*
Hofeditz, W., **2**:228 (62), **2**:*292*
Hoff, F. W., **5**:326 (336), **5**:*345*
Hoff, M. E., **33**:174, **33**:186, **33**:*244*, **36**:208, **36**:224, **36**:*254*, **37**:121, **37**:*165*, **37**:340, **37**:354, **37**:*424*
Hoffer, J., **40**:200, **40**:225, **40**:227, **40**:234–235, **40**:*253*
Hoffman, C. M., **46**:405, **46**:*436*
Hoffman, C. P., **19**:*62*
Hoffman, E., **31**:329, **31**:*374*, **44**:228, **44**:*280*
Hoffman, E. A., **47**:215, **47**:*249*
Hoffman, J. G., **12**:402, **12**:*411*
Hoffman, L. J., **14**:232, **14**:*272*, **16**:319, **16**:*330*, **22**:*104*, **23**:256, **23**:*289*, **35**:359, **35**:*368*, **42**:23, **42**:*33*
Hoffman, M. S., **38**:305, **38**:*314*
Hoffman, P., **48**:249, **48**:*253*
Hoffman, P. S., **9**:147, **9**:*174*
Hoffman, R., **43**:245, **43**:*276*
Hoffman, R. C., **31**:243, **31**:*322*
Hoffman, S. A., **4**:34, **4**:*51*
Hoffman, T., **45**:298, **45**:*315*
Hoffman, T. A., **5**:309 (180), **5**:*337*
Hoffmann, E., **38**:*314*
Hoffmann, J. C., **26**:*90*, **26**:*92*
Hoffmann, L. J., **12**:*36*
Hoffmeister, F., **45**:161, **45**:166, **45**:173, **45**:175, **45**:*194*
Hofheinz, R., Jr., **35**:329, **35**:*368*
Hofstader, D. R., **33**:175, **33**:176, **33**:177, **33**:*238*

Hofstadter, D., **31**:248, **31**:266, **31**:281, **31**:316, **31**:*321*
Hofstadter, D. P., **47**:5, **47**:29, **47**:33, **47**:*61*
Hogan, C., **49**:14, **49**:24, **49**:54, **49**:*61*
Hogan, K., **36**:121, **36**:*195*
Hogan, N., **33**:*238*
Hogberg, T., **5**:324 (293), **5**:*343*
Hogbin, G., **46**:114, **46**:116, **46**:122, **46**:123, **46**:125, **46**:134, **46**:141, **46**:143, **46**:144, **46**:146, **46**:147, **46**:148, **46**:*155*
Hogg, J., **40**:192, **40**:242, **40**:*251*, **40**:*254*
Hogg, J. S., **40**:190–191, **40**:196, **40**:246, **40**:*252*
Hohenstein, U., **39**:*187*
Hohl, A. C., **21**:55, **21**:*87*
Höhle, U., **36**:260, **36**:289, **36**:*328*
Hohn, F. E., **4**:142 (12), **4**:*162*
Hohne, K. H., **47**:223, **47**:*248*
Hohulin, K. R., **32**:25, **32**:34, **32**:64, **32**:*98*, **32**:*101*
Hoisl, B., **41**:13, **41**:*61*
Hol, J., **45**:297, **45**:*320*
Holahan, J., **6**:*226*
Holbrook, E. L., **4**:*240*
Holbrook, R., **34**:179, **34**:*231*
Holcomb, W. G., **12**:298, **12**:403, **12**:*409*, **12**:*412*
Holden, K. L., **32**:202, **32**:*251*
Hole, W. T., **48**:303, **48**:*312*
Holewka, D., **31**:303, **31**:*322*
Holgersson, M., **19**:183, **19**:203, **19**:*220*
Hölken, U., **4**:88, **4**:*133*
Hollaar, L. A., **15**:175, **15**:*177*, **19**:*60*, **19**:*62*, **28**:*148*, **30**:2–4, **30**:15, **30**:18, **30**:21, **30**:23, **30**:25–26, **30**:31, **30**:*35*
Hollan, J., **47**:*61*
Holland, J., **2**:384, **2**:385, **2**:402, **2**:404 (49), **2**:410, **2**:*418*, **9**:296 (4), **9**:*353*, **47**:167, **47**:*181*
Holland, J. H., **7**:23 (32, 33), **7**:*114*, **31**:246, **31**:261, **31**:*321*, **33**:*238*, **45**:162, **45**:164, **45**:166, **45**:167, **45**:174, **45**:*195*, **47**:*181*
Holland, L., **2**:229 (64), **2**:*292*
Holland, S., **47**:13, **47**:46, **47**:53, **47**:54, **47**:*64*
Holland, S. W., **43**:245, **43**:249, **43**:*276*
Holland, V.M., **49**:14, **49**:*61*
Holland, W. B., **18**:238, **18**:268, **18**:*284*
Hollander, C.R., **22**:180, **22**:202, **22**:*211*, **22**:*213*
Hollerbach, J. M., **33**:*238*, **35**:89, **35**:*133*
Holley, M., **40**:108, **40**:*123*
Holley, W. H., **11**:16 (22), **11**:*55*
Holliday, M. A., **29**:145, **29**:*188*, **40**:*178*
Hollinden, D.Y., **49**:284, **49**:290, **49**:*298*
Hollinden, N.B., **49**:284, **49**:286, **49**:288, **49**:289, **49**:290, **49**:*302*
Hollingsworth, J., **4**:146 (36), **4**:148 (36), **4**:*163*
Hollman, G., **1**:57 (23), **1**:84, **1**:*87*
Holloway, C., **28**:241, **28**:*276*
Holloway, G. H., **26**:*389*
Holloway, M., **36**:348, **36**:*426*
Holm, R., **2**:166, **2**:*290*
Holmblad, J., **42**:133, **42**:*239*
Holmes, B., **49**:242, **49**:*298*
Holmes, D. K., **5**:291 (12), **5**:303 (12), **5**:*327*
Holmes, J., **45**:274, **45**:*316*
Holmes, J. H., **47**:238, **47**:*248*
Holmes, J. N., **11**:168, **11**:190 (64), **11**:191 (63), **11**:*225*
Holmes, P., **33**:178, **33**:*237*, **42**:246, **42**:*267*
Holmes, W., **40**:103, **40**:*123*
Holmqvist, B., **34**:338, **34**:*386*
Holmstrom, B. R., **47**:344, **47**:*366*
Holsapple, C. W., **23**:142, **23**:144, **23**:146, **23**:147, **23**:148, **23**:150, **23**:151, **23**:157, **23**:161, **23**:163, **23**:165, **23**:167, **23**:*173*, **23**:*174*, **26**:*43*
Holst, J., **34**:365, **34**:*382*
Holstein, D., **7**:285 (32), **7**:*289*
Holstein-Rathlou, N.-H., **44**:200, **44**:*213*
Holst-Christensen, J., **22**:218, **22**:*292*
Holt, A. W., **7**:168 (33), **7**:*178*, **12**:*170*
Holt, J., **3**:56 (30), **3**:66 (30), **3**:*75*
Holt, R. C., **26**:*279*
Holt, R. W., **29**:51, **29**:*75*, **40**:31, **40**:34, **40**:*36*
Holtje, D., **46**:41, **46**:42, **46**:*104, 106*
Holtkamp, B., **32**:160, **32**:177, **32**:194, **32**:*197*, **32**:*198*
Holton, W. C., **21**:158, **21**:*224*
Holtzblatt, K., **29**:67, **29**:*77*, **33**:116,

33:*170*, 36:349, 36:370, 36:389–390, 36:*429*, 45:312, 45:*315*, 45:*317*
Holtzman, S., 36:*196*
Holzbacher, A. A., 46:384, 46:*399*
Holzmann, G. J., 29:95, 29:116, 29:175, 29:*188*
Hommel, J., 38:*187*
Honda, H., 49:278, 49:*299*
Honda, Y., 33:97, 33:*114*, 47:143, 47:*182*
Hondius, F. W., 16:240, 16:286, 16:287, 16:293, 16:*330*, 23:257, 23:274, 23:280, 23:281, 23:*289*
Honeck, H. C., 5:301 (40), 5:322 (254a), 5:*328*, 5:*341*
Honey, F. J., 16:19, 16:*54*
Honeyman, P., 48:122, 48:129, 48:142, 48:167, 48:170, 48:*176*
Hong, C., 47:242, 47:*252*
Hong, F. T., 31:292–294, 31:*320–321*
Hong, J., 34:279, 34:*286*, 47:142, 47:180, 47:*181*
Hong, S., 44:315, 44:*329*
Hong, S. J., 26:300, 26:303, 26:*332*, 28:34, 28:*65*
Hong, W., 46:41, 46:42, 46:*104*, 46:*106*
Hong, Y. C., 28:*148*
Hontalas, P., 33:101, 33:103, 33:104, 33:*112*, 35:298, 35:307, 35:313, 35:*321–322*, 35:*324*
Hood, R., 43:72, 43:102, 43:*135*
Hoogendoorn, E. L., 38:*188*
Hook, S., 5:110 (2), 5:*218*
Hooke. S. H., 8:106 (5), 8:*152*
Hooker, R., 29:245
Hooley, A., 34:*286*
Hooman, J. J. M., 39:130, 39:*187*
Hooper, C., 31:69, 31:*95*
Hooper, C. W., 5:279 (58), 5:281 (58), 5:*287*
Hooper, J. W., 30:27, 30:*36*, 33:85, 33:*112*
Hooper, K., 32:246, 32:*248*
Hoopes, L., 45:296, 45:*315*
Hoornaert, F., 30:192, 30:*219*
Hoos, I., 20:9, 20:*33*
Hootman, J. T., 20:16, 20:*33*
Hopcroft, H. E., 26:51, 26:*90*
Hopcroft, J., 47:176, 47:*181*
Hopcroft, J. E., 10:14 (23), 10:76, 14:1, 14:2, 14:5, 14:8, 14:9, 14:13, 14:22, 14:28, 14:32, 14:*41*, 14:*42*, 14:82, 14:83, 14:103, 14:106, 14:116, 14:166, 14:177, 14:182, 14:183, 14:*184*, 14:*185*, 15:17, 15:*61*, 19:76, 19:86, 19:89, 19:*108*, 22:62, 22:63, 22:88, 22:*103*, 23:297, 23:298, 23:301, 23:306, 23:345, 23:*351*, 24:98, 24:129, 24:*168*, 24:*324*, 24:*373*, 30:4–5, 30:*34–35*, 33:*233*, 40:72, 40:120, 40:*124*, 42:206, 42:214, 42:*236*, 44:348, 44:*359*, 47:89, 47:106, 47:*139*
Hopfield, J. J., 31:281, 31:290, 31:*321*, 33:180, 33:186, 33:191, 33:194, 33:207, 33:219, 33:220, 33:*238*, 36:217, 36:221–222, 36:*251*, 37:120, 37:130–131, 37:156, 37:*163–165*, 37:397, 37:*421*
Hopkins, A., 44:277, 44:*283*
Hopkins, A. L., 9:270 (12), 9:*284*
Hopkins, A. L., Jr., 12:75, 12:*111*, 26:213, 26:231, 26:272, 26:*278*
Hopkins, C. E., 12:*410*
Hopkins, C. O., 6:*226*
Hopkins, G. T., 20:85 (59), 20:*114*
Hopkins, H. H., 5:236, 5:242, 5:*253*, 5:*254*
Hopkins, M., 12:*280*, 12:*283*
Hopkins, R. E., 5:240, 5:249, 5:250 (77), 5:251, 5:*254*, 5:*255*
Hopkins, R. P., 34:143, 34:145, 34:*156*, 44:191, 44:*217*
Hopkins, S. L., 36:6, 36:*40*
Hopkins, W. C., 28:5, 28:*65*
Hopkinson, A., 21:375, 21:*417*
Hopocroft, J., 26:*149*
Hopp, K.L., 49:51, 49:*61*
Hoppenfeld, E. C., 9:155, 9:*174*
Hopper, A., 20:85 (23), 20:*112*, 47:*338*
Hopper, G. M., 16:58, 16:*123*, 31:328, 31:*374*, 4:4, 4:*49*
Hopple, G. W., 31:47, 31:60–61, 31:65, 31:*96–97*
Hops, J., 42:56, 42:*75*
Hopwood, M. D., 17:172, 17:*217*
Horacek, H., 29:245
Horaud, P., 43:274, 43:*278*
Hord, R.M., 49:244, 49:264, 49:*299*
Horgan, J., 30:173, 30:*220*, 43:3, 43:23, 43:26, 43:*45*

Hori, G., **3**:31 (24), **3**:*75*
Horie, T., **44**:182, **44**:*217*
Horlait, E., **42**:215, **42**:217, **42**:*235*
Horman, A., **13**:209, **13**:*228*
Horn, A., **23**:160, **23**:167, **23**:*174*
Horn, B. K. P., **24**:364, **24**:*376*, **34**:60, **34**:65, **34**:91, **34**:*109*, **43**:255, **43**:259, **43**:274, **43**:*277-278*
Horn, P., **5**:263, **5**:*285*
Horn, W., **22**:202, **22**:*213*
Horne, D. A., **34**:*286*
Horne, F., **31**:353–354, **31**:356, **31**:*373*
Horne, P., **26***198*
Horner, J. L., **28**:185, **28**:194, **28**:*223*, **28**:*224*
Horng, S.-J., **44**:190, **44**:*213*
Hornick, K., **36**:234, **36**:*251*
Hornick, W., **31**:54, **31**:*97*
Horning, J., **22**:302, **22**:*351*
Horning, J. J., **15**:11, **15**:*62*, **16**:101, **16**:*123*, **20**:224, **20**:225, **20**:231, **20**:*257*, **22**:325, **22**:326, **22**:345, **22**:*351*, **22**:*352*, **26**:253, **26**:*278*, **26**:*279*, **33**:12, **33**:18, **33**:19, **33**:*63*, **36**:52, **36**:92, **36**:*108*, **49**:72, **49**:*93*
Horowitz, E., **16**:62, **16**:*123*, **18**:232, **18**:*284*, **21**:117, **21**:*152*, **22**:304, **22**:307, **22**:309, **22**:322, **22**:327, **22**:329, **22**:330, **22**:333, **22**:334, **22**:335, **22**:338, **22**:*351*, **23**:297, **23**:301, **23**:*352*, **26**:131, **26**:*150*, **28**:15, **28**:*65*, **31**:8, **31**:*97*, **34**:*55*, **44**:90, **44**:96, **44**:99, **44**:*123*
Horowitz, G. L., **24**:*313*
Horowitz, M., **40**:172, **40**:*175*, **49**:242, **49**:248, **49**:249, **49**:250, **49**:270, **49**:295, **49**:*299*
Horowitz, P., **7**:254 (8), **7**:*288*
Horrigan, F. A., **28**:198, **28**:201, **28**:*223*
Horrocks, H.D., **22**:218, **22**:*292*
Horstmann, C.S., **49**:194, **49**:217, **49**:*238*
Horton, B. M., **4**:*242*
Horton, F. W., Jr., **31**:*374*, **46**:118, **46**:*156*
Horton, G. W., **4**:158, **4**:*167*
Horton, M. J., **28**:5, **28**:*65*
Horty, J. F., **3**:313 (37), **3**:321 (38), **3**:335 (37), **3**:342, **3**:*345*, **9**:131 (46, 47, 48, 48a, 59), **9**:135 (46), **9**:138, **9**:141 (110), **9**:142, **9**:143, **9**:154 (110), **9**:161, **9**:*174*, **9**:*175*, **9**:*177*
Horvath, J., **2**:*128*
Horvath, W. J., **12**:402, **12**:*414*
Horveth, L. S., **11**:333, **11**:*386*
Horvitz, E. J., **36**:312, **36**:*328*
Horvitz, S., **28**:154, **28**:214, **28**:*222*
Horwat, W., **35**:283, **35**:*322*
Horwedel, J., **33**:218, **33**:*234*
Horwitz, R. D., **3**:*297*
Horwitz, S., **43**:2–3, **43**:12–13, **43**:15–17, **43**:20, **43**:35–37, **43**:*45–47*, **43**:*49*
Hoschka, P., **48**:12, **48**:30, **48**:*116*
Hoshino, T., **36**:231, **36**:*251*
Hoskins, J., **34**:30, **34**:*55*
Hosoya, H., **34**:165, **34**:*232*
Hotchens, B., **16**:141, **16**:*181*
Hotelling, H., **12**:343, **12**:*411*
Hotz, G., **14**:139, **14**:*185*
Hou, Y., **44**:303–304, **44**:*329*
Hough, P. V., **6**:256, **6**:*294*
Houghton, R. C., **47**:*139*
Houh, H., **44**:308, **44**:*329*
House, D. H., **48**:340, **48**:341, **48**:*351*
Householder, A. S., **3**:195, **3**:*272*
Householder, F. W., Jr., **11**:26 (31), **11**:*55*
Housel, B. C., **17**:206, **17**:*220*
Houser, L., **31**:328, **31**:343, **31**:348, **31**:*374*
Housley, R., **48**:*253*
Houstis, C. E., **46**:411, **46**:412, **46**:*438*
Houstis, E. N., **46**:402, **46**:404, **46**:405, **46**:411, **46**:412, **46**:417, **46**:420, **46**:421, **46**:*436*, **46**:*437*, **46**:*438*
Houston, A. L., **48**:301, **48**:302, **48**:303, **48**:304, **48**:310, **48**:*311*
Houston, I., **49**:*93*
Hout, T. M., **42**:73, **42**:*76*
Houthakker, H. S., **2**:*371*
Houzet, D., **44**:196, **44**:*215*
Hovanessian, S. A., **44**:26, **44**:*57*
Hovanyecz, T., **29**:67, **29**:*74*
Hovland, C. I., **5**:204, **5**:205, **5**:*224*
Hovland, D., **24**:197, **24**:*215*
Hovy, E., **47**:15, **47**:*61*, **49**:24, **49**:*62*
Howard, H. C., **28**:3, **28**:30, **28**:*66*
Howard, J., **11**:354, **11**:357 (68), **11**:*386*
Howard, J. H., **7**:*289*, **44**:245, **44**:*281*
Howard, R., **34**:303, **34**:375, **34**:*386*

Howard, R. A., **5**:218, **5**:*226*, **11**:*386*, **28**:255, **28**:*276*, **31**:206, **31**:*232*
Howard, R. E., **37**:405, **37**:*421*
Howarth, I., **36**:*424*
Howarth, R. J., **19**:122, **19**:*220*
Howden, W. E., **26**:336, **26**:337, **26**:338, **26**:339, **26**:342, **26**:343, **26**:344, **26**:349, **26**:350, **26**:351, **26**:351, **26**:352, **26**:361, **26**:362, **26**:363, **26**:364, **26**:365, **26**:366, **26**:367, **26**:368, **26**:382, **26**:383, **26**:386, **26**387, **26**:*390*, **26**:423, **26**:*442*, **36**:*39*, **39**:40, **39**:*48*, **41**:209, **41**:226–227, **41**:*228*, **49**:144, **49**:*188*
Howe, A. E., **49**:150, **49**:152, **49**:175, **49**:*189*
Howe, H. S., Jr., **12**:83, **12**:103, **12**:*112*
Howe, R., **31**:204–205, **31**:229, **31**:*232-233*
Howe, S. E., **46**:410, **46**:*435*
Howe, W. G., **15**:12, **15**:15, **15**:*61*, **16**:59, **16**:*123*
Howell, C., **49**:192, **49**:*237*
Howell, W. C., **32**:202, **32**:*251*, **36**:341, **36**:*424*
Howes, D. H., **6**:39 (94), **6**:*87*
Howes, T., **48**:240, **48**:*255*
Howry, D. H., **47**:238, **47**:*248*
Hromkovic, J., **44**:345, **44**:*359*
Hsiao, D. K., **14**:234, **14**:240, **14**:257, **14**:260, **14**:271, **14**:*272*, **16**:248, **16**:*330*, **17**:277, **17**:*279*, **19**:2, **19**:*59*, **19**:*60*, **19**:*61*, **19**:*64*, **22**:100, **22**:*104*, **26**:*149*, **28**:108, **28**:109, **28**:111, **28**:113, **28**:115, **28**:125, **28**:145, **28**:*146*, **28**:*147*, **28**:*148*, **30**:1–2, **30**:4, **30**:*35*, **32**:150, **32**:*197*, **32**:*198*
Hsiao, M. Y., **26**:*334*
Hsieh, H. C., **40**:75, **40**:*122*
Hsieh, J., **38**:*184*, **44**:308, **44**:*329*
Hsieh, W., **35**:291, **35**:*318*, **35**:*320*
Hsu, F., **29**:212, **29**:229, **29**:236, **29**:239, **29**:245, **29**:*248*, **37**:173, **37**:*204*
Hsu, F. J., **34**:*288*
Hsu, M., **39**:112, **39**:115, **39**:*186–187*, **39**:*189*
Hsu, M.B., **22**:203, **22**:*215*
Hsu, P., **45**:296, **45**:*315*
Hsu, P. L., **12**:344, **12**:*411*
Hsu, R. W., **7**:169 (34), **7**:*178*

Hsu, S., **30**:27, **30**:*37*
Hsu, Y.-C., **37**:*282*
Hsueh, M. C., **31**:178, **31**:205, **31**:211–212, **31**:229, **31**:*232*
Hu, G., **34**:76, **34**:*109*, **43**:245, **43**:250, **43**:*276*, **47**:216, **47**:*253*
Hu, H. L., **17**:242, **17**:*280*
Hu, J., **33**:109, **33**:*113*, **48**:82, **48**:91, **48**:93, **48**:*116*
Hu, K. C., **32**:34, **32**:59, **32**:64, **32**:67, **32**:74, **32**:*98*, **32**:*99*
Hu, M.-Y., **46**:247, **46**:*285*
Hu, T. C., **9**:292 (5), **9**:*353*, **15**:142, **15**:*178*, **37**:249, **37**:*282*
Hu, X., **40**:75, **40**:*124*
Hua, K. A., **26**:329, **26**:*333*
Huang, **44**:189, **44**:*216*
Huang, A., **28**:198, **28**:201, **28**:202, **28**:203, **28**:*221*, **28**:*224*
Huang, B., **44**:228, **44**:*280*
Huang, C. H., **33**:*239*
Huang, H. K., **34**:*286*
Huang, J. C., **26**:369, **26**:371, **26**:*390*
Huang, R.-Z., **44**:190, **44**:*213*
Huang, T. S., **18**:8, **18**:11, **18**:15, **18**:16, **18**:*56*, **28**:213, **28**:*224*
Hubbard, B. E., **2**:78, **2**:*129*
Hubbard, E. C., **3**:28, **3**:*74*
Hubbard, G. U., **30**:76, **30**:*83*
Hubbard, S. M., **48**:301, **48**:*311*
Hubbard, W., **37**:405, **37**:*421*
Hubbard, W. E., **34**:174, **34**:*231*
Hubel, D. H., **11**:197 (65), **11**:*225*
Hubel, H. D., **5**:207, **5**:*225*
Huber, B., **47**:*140*
Huber, H., **34**:183–184, **34**:204, **34**:*231*
Huberman, B. A., **36**:204, **36**:228, **36**:*254*
Hubermann, B. J., **18**:105, **18**:*116*
Hubert, L. J., **19**:123, **19**:127, **19**:132, **19**:137, **19**:140, **19**:179, **19**:180, **19**:183, **19**:184, **19**:188, **19**:189, **19**:190, **19**:191, **19**:192, **19**:198, **19**:199, **19**:202, **19**:206, **19**:*216*, **19**:*220*, **19**:*221*, **19**:*226*
Hubka, V., **28**:2, **28**:*65*
Hubregtse, P., **47**:226, **47**:*244*
Huckle, V. M., **1**:50 (5), **1**:83 (81), **1**:85 (81), **1**:*86*, **1**:*90*
Hudak, P., **35**:273, **35**:276, **35**:284, **35**:*321–322*, **39**:204–205, **39**:234,

39:*237*, **49**:280, **49**:281, **49**:287, **49**:*299*
Hudgins, W. R., Jr., **44**:82, **44**:113, **44**:115–116, **44**:*124*
Hudson, B., **12**:99, **12**:105, **12**:*112*
Hudson, G. R., **30**:89, **30**:*168*
Hudson, R. A., **11**:173, **11**:182 (102), **11**:*227*
Hudson, S., **43**:85, **43**:*135*
Huen, W., **20**:85 (39), **20**:*113*
Huey, B. M., **36**:339, **36**:343, **36**:*429*
Huff, G. A., **24**:*99*, **29**:8, **29**:*43*
Huff, K., **41**:17, **41**:*60*
Huffman, A. A. J., **24**:326, **24**:*374*
Huffman, D. A., **1**:20, **1**:*42*, **2**:388, **2**:390 (51, 52), **2**:*418*, **13**:219, **13**:*228*, **19**:152, **19**:166, **19**:175, **19**:185, **19**:186, **19**:*220*
Huffman, D. W., **26**:*277*
Huffman, K., **32**:228, **32**:*252*
Hufnagel, S., **20**:*193*
Huggins, B., **18**:215, **18**:*226*
Huggins, P., **32**:278, **32**:*305*
Huggins, W., **11**:208, **11**:*225*
Hughes, C., **38**:*188*
Hughes, E., **21**:17, **21**:72, **21**:*87*
Hughes, E. W., **5**:269, **5**:276, **5**:277, **5**:*285*
Hughes, G. F., **12**:350, **12**:351, **12**:364, **12**:*411*, **12**:*412*
Hughes, G. W., **1**:193 (1), **1**:212, **1**:213 (32), **1**:214 (32), **1**:215 (33), **1**:216 (33), **1**:226 (1), **1**:227 (45), **1**:*227*, **1**:*228*, **1**:*229*, **11**:186 (51), **11**:206, **11**:*224*, **11**:*225*
Hughes, J., **33**:*304*
Hughes, J. H., **1**:16 (24), **1**:*42*
Hughes, J. K., **30**:4, **30**:*35*
Hughes, J. L., **4**:14, **4**:*50*, **4**:159 (105), **4**:*167*
Hughes, S. W., **47**:211, **47**:*248*
Hughes, T. P., **37**:*350–351*, **37**:*421*
Hughs, J., **35**:144–145, **35**:*182*
Hui, D. D., **29**:117, **29**:*194*
Hui, J., **44**:303, **44**:*329*
Huisken, J., **37**:*282*
Huizing, C., **39**:130, **39**:*187*
Huizinga, P., **24**:294, **24**:*312*
Hulbert, L. E., **5**:326 (351), **5**:*346*

Hull, C. L., **5**:205, **5**:*224*
Hull, R., **34**:241, **34**:*286*, **35**:150, **35**:*182*, **39**:109, **39**:118, **39**:*187–188*, **43**:59, **43**:*135*, **46**:95, **46**:*104*
Hull, T. E., **19**:247, **19**:*248*
Hulsizer, R. I., **6**:252, **6**:*294*
Hultberg, W. E., **12**:92, **12**:*112*
Hulton, L. V., **38**:*188*
Human Factors Society, **36**:339, **36**:341, **36**:344, **36**:*424*
Humbert, P., **2**:77, **2**:*129*
Humby, E., **4**:14, **4**:*50*
Hume, J. N. P., **1**:1 (2), **1**:36 (2), **1**:*41*, **4**:2, **4**:20, **4**:*49*, **4**:142 (11), **4**:*162*
Humes, A., **24**:347, **24**:*373*
Hummel, R. A., **19**:212, **19**:*226*
Hummel, S. F., **35**:279, **35**:*322*, **45**:54, **45**:56, **45**:57, **45**:58, **45**:59, **45**:63, **45**:*101*
Humphrey, T., **12**:*170*
Humphrey, W., **39**:2, **39**:7, **39**:16, **39**:*48*, **39**:91, **39**:*105*
Humphrey, W. E., **6**:252, **6**:*294*
Humphrey, W. S., **2**:384, **2**:*418*, **41**:12, **41**:14, **41**:21, **41**:28, **41**:42, **41**:55–56, **41**:*60–61*, **41**:76, **41**:*82*, **42**:46, **42**:61, **42**:*75*, **44**:81, **44**:84, **44**:86, **44**:*124*, **46**:3, **46**:15, **46**:31, **46**:40, **46**:41, **46**:42, **46**:43, **46**:46, **46**:52, **46**:55, **46**:72, **46**:77, **46**:79, **46**:89, **46**:*104*, **46**:160, **46**:162, **46**:*233*
Humphreys, B. L., **48**:300, **48**:*311*
Humphreys, R. L., **49**:41, **49**:46, **49**:47, **49**:*56*
Humphries, D. E., **8**:24 (59), **8**:*44*
Hung, H. M., **47**:224, **47**:*252*
Hunka, S., **18**:185, **18**:*227*
Hünerbein, M., **47**:216, **47**:*248*
Hunt, B. R., **18**:28, **18**:*55*
Hunt, D., **11**:349 (71), **11**:*386*, **44**:315, **44**:*329*
Hunt, E., **24**:197, **24**:*215*, **32**:210, **32**:*251*
Hunt, E. B., **5**:176, **5**:205, **5**:*223*, **5**:*224*, **13**:222, **13**:*228*
Hunt, H. B., III., **14**:2, **14**:5, **14**:8, **14**:12, **14**:20, **14**:21, **14**:23, **14**:24, **14**:27, **14**:29, **14**:*42*
Hunt, J. E., **38**:131, **38**:*140*

Hunt, P. M., **4**:5 (18), **4**:*50*
Hunter, B., **18**:173, **18**:*227*, **24**:345, **24**:*373*, **24**:*375*
Hunter, C. H., **5**:309 (190), **5**:*337*
Hunter, D. W., **38**:*188*
Hunter, K., **48**:292, **48**:*309*
Hunter, L., **18**:*170*
Hunter, R., **46**:26, **46**:*33*
Hupp, J. A., **20**:102 (72), **20**:*114*
Hurewicz, W., **23**:181, **23**:*251*
Hurlbert, A., **34**:64–65, **34**:70, **34**:88, **34**:*111*
Hurley, B. J., **21**:362, **21**:*417*
Hurley, P., **21**:266, **21**:268, **21**:270, **21**:*272*
Hurley, R. B., **4**:142 (13), **4**:*162*
Hurney, P. A., Jr., **3**:*297*
Hursch, J. L., **30**:*83*
Hurson, A., **30**:2, **30**:23–24, **30**:31, **30**:*34–35*, **48**:122, **48**:134, **48**:136, **48**:137, **48**:139, **48**:140, **48**:141, **48**:144, **48**:145, **48**:153, **48**:*176*
Hurson, A. R., **28**:109, **28**:118, **28**:135, **28**:137, **28**:144, **28**:145, **28**:*148*, **28**:*149*, **28**:*150*, **32**:182, **32**:183, **32**:186, **32**:*196*, **32**:*198*, **34**:169, **34**:*231*, **37**:317, **37**:323, **37**:325, **37**:*332–333*, **45**:75, **45**:76, **45**:77, **45**:79, **45**:94, **45**:*101*, **46**:290, **46**:*327* **48**:*177*
Hurst, S., **28**:210, **28**:*224*
Hurtado, C. A., **45**:4, **45**:13, **45**:19, **45**:22, **45**:25, **45**:33, **45**:35, **45**:40, **45**:41, **45**:44, **45**:46, **45**:47, **45**:49, **45**:50, **45**:*51*, **45**:*52*
Hurtley, C. L., **45**:191, **45**:*195*
Hurwicz, L., **2**:323 (7), **2**:*366*
Hurwiez, L., **3**:185 (2), **3**:*186*
Hurwitz, B. E., **38**:*184*
Hurwitz, H., Jr., **5**:303 (66, 67), **5**:*330*
Husain, N., **33**:68, **33**:*113*
Husbands, P., **45**:175, **45**:192, **45**:*196*
Huser, C., **48**:262, **48**:*311*
Huser, J. M., **37**:111, **37**:*116*
Huseth, S., **46**:40, **46**:77, **46**:*104*
Huskey, H. D., **5**:352 (13), **5**:353 (14), **5**:368 (13, 27), **5**:*376*, **5**:*377*, **7**:136 (36), **7**:157 (35), **7**:*178*
Husner, B., **5**:374 (31), **5**:*377*
Hussain, D., **21**:11, **21**:12, **21**:19, **21**:*87*

Hussain, K. M., **21**:11, **21**:12, **21**:19, **21**:*87*
Huss-Lederman, S., **45**:141, **45**:*152*
Husson, S. S., **21**:116, **21**:*152*, **24**:102, **24**:105, **24**:*171*
Huston, L., **48**:122, **48**:129, **48**:142, **48**:167, **48**:170, **48**:*176*
Hutchins, C. M., **29**:69, **29**:70, **29**:71, **29**:*75*
Hutchins, J. W., **49**:2, **49**:19, **49**:40, **49**:*61*
Hutchinson, J., **49**:147, **49**:*189*
Hutchinson, N., **35**:272, **35**:*319*, **35**:*322* **39**:197, **39**:*236*
Hutchinson, S. A., **32**:*148*, **34**:94, **34**:*109*
Hutchison, J. S., **49**:146, **49**:147, **49**:149, **49**:175, **49**:*188*
Hutt, A., **42**:21, **42**:*33*
Huttenhoff, J. H., **34**:126, **34**:*153*
Huws, U., **39**:270, **39**:*290*
Huxley, A. F., **33**:*238*
Huybrechts, A., **42**:23, **42**:*33*
Huyghens, Christian, **26**:50
Huysmans, J. H., 2022, **20**:*33*
Huzino, S., **2**:390 (54, 56, 57, 58), **2**:*418*
Hwang, C. H., **34**:*285*
Hwang, C.-T., **37**:*282*
Hwang, G. J., **38**:*188*
Hwang, H., **32**:172, **32**:*197*
Hwang, J. N., **34**:146, **34**:149, **34**:*155* **38**:*192*
Hwang, K., **20**:118, **20**:175, **20**:176, **20**:177, **20**:178, **20**:179, **20**:187, **20**:189, **20**:190, **20**:*192*, **20**:*193*, **20**:*195*, **26**:*197*, **34**:120, **34**:*153–154*, **37**:276, **37**:*282*, **37**:322, **37**:*332*, **49**:241, **49**:257, **49**:*299*
Hwang, P. Y. C., **37**:*99*
Hwang, S. S., **34**:76, **34**:78, **34**:93, **34**:*107–108*
Hwang, Y. -S., **45**:107, **45**:111, **45**:114, **45**:115, **45**:116, **45**:117, **45**:145, **45**:146, **45**:*150*, **45**:*151*, **45**:*152*
Hwu, W. W., **41**:*231*, **41**:232, **41**:245, **41**:*252*
Hyafil, L., **26**:134, **26**:*151*
Hyatt, G. W., **15**:259, **15**:*282*
Hyatt, R. M., **29**:219, **29**:227, **29**:230, **29**:234, **29**:235, **29**:239, **29**:245, **29**:*248*, **29**:*249*
Hyde, J. P., **8**:53 (10), **8**:70 (10), **8**:*99*,

8:*100*
Hyde, R. L., **39**:224–225, **39**:*236*
Hyde, S. R., **11**:198, **11**:*225*
Hyden, H., **5**:206, **5**:*225*
Hyman, M., **2**:18 (23), **2**:*53*
Hyvärinen, L.P., **22**:49, **22**:*104*

I

Iacono, S., **34**:324, **34**:*387*, **39**:243, **39**:249, **39**:278, **39**:284, **39**:*289*, **39**:*291*
Iakubaitis, E. A., **29**:297, **29**:*324*
Iakubovskii, S. V., **29**:315, **29**:317, **29**:*324*
Ianinio, A., **36**:*39*, **30**:88, **30**:92–93, **30**:98, **30**:103, **30**:106–107, **30**:109, **30**:119, **30**:135, **30**:156, **30**:162–163, **30**:*168–169*, **31**:230, **31**:*232*, **39**:26, **39**:*48*, **41**:212, **41**:*228*, **42**:16, **42**:*33*, **42**:*35*, **42**:78, **42**:82, **42**:85–87, **42**:91, **42**:*116*, **45**:199, **45**:205, **45**:265, **45**:*266*, **46**:160, **46**:163, **46**:165, **46**:166, **46**:169, **46**:181, **46**:*233*
Iannucci, R. A., **37**:305, **37**:*331–332*
Ianov, Y. I., **37**:33, **37**:*56*
Iaroshevskaia, M. B., **29**:294, **29**:295, **29**:296, **29**:*324*
Ibanez, J., **47**:149, **47**:*181*
Ibaraki, T., **32**:6, **32**:8, **32**:21, **32**:23, **32**:24, **32**:25, **32**:67, **32**:*96*, **32**:*99*, **32**:*101*, **32**:*103*
Ibarra, O. H., **22**:337, **22**:*351*, **26**:320, **26**:*333*
Ibbett, R. N., **20**:*193*, **21**:97, **21**:118, **21**:126, **21**:127, **21**:140, **21**:*152*, **21**:*153*
Ibe, O., **31**:204–205, **31**:229, **31**:*232–233*
Iberall, T., **33**:*234*, **36**:*253*
IBM Corporation., **30**:57, **30**:74, **30**:*83*, **35**:358, **35**:*368*, **46**:174, **46**:*233*
Ibuki, K., **32**:17, **32**:*99*
Ichbiah, J. D., **22**:114, **22**:*160*
Ichikawa, H., **29**:116, **29**:181, **29**:*188*
Ichikawa, T., **19**:73, **19**:*110*, **34**:251, **34**:*291*
Ichikawa, Y., **45**:281, **45**:290, **45**:*317*, **45**:*319*

Ichioka, Y., **28**:168, **28**:186, **28**:204, **28**:*224*, **28**:*226*
Ideker, R. E., **38**:*193*
IEEE., **36**:239, **36**:*251*, **39**:91, **39**:*105*, **40**:71, **40**:74, **40**:82–83, **40**:*124*, **41**:94, **41**:125, **41**:*156*, **42**:135, **42**:167, **42**:*236*, **44**:29, **44**:*57*, **49**:328, **49**:*347*
IEEE Computer, **46**:4, **46**:*31*
IEEE Computer Society, **24**:333, **24**:334, **24**:336, **24**:338, **24**:*373*
Ieong, I. T., **38**:*187*
IFPUG., **39**:85, **39**:*105*
Iftode, L., **39**:207, **39**:222, **39**:*236*
Igarashi, Ryo, R., **9**:228, **9**:*236*
Iglesias, T., **38**:*184*
Ignatyev, M. B., **18**:245, **18**:*283*
Ihlenfeldt, L. D., **38**:*181*
Iida, H., **49**:37, **49**:40, **49**:60, **49**:*67*
Iida, M., **49**:24, **49**:*62*
Iisaka, J., **34**:*290*
Iivari, J., **34**:300, **34**:341–342, **34**:350, **34**:364, **34**:*386*
Iizuka, K., **28**:157, **28**:*224*
Ikeda, C., **44**:317, **44**:*330*
Ikedo, T., **44**:184, **44**:*215–216*
Ikeno, N., **2**:401, **2**:*418*, **32**:6, **32**:*99*
Ikeuchi, K., **34**:65, **34**:91, **34**:94, **34**:*109*, **43**:274, **43**:*278*
Ikumi, K., **44**:179, **44**:182, **44**:*215*
Ilchman, W. F., **21**:76, **21**:*87*
Iles, L. A., **11**:168, **11**:191, **11**:*225*
Iliffe, J. K., **5**:33, **5**:*106*
Illich, I. D., **16**:129, **16**:130, **16**:*179*
Illiffe, J. K., **21**:94, **21**:*152*
Illingworth, J. M., **5**:326 (372), **5**:*348*, **32**:133, **32**:*146*
Im, E. J., **45**:143, **45**:*150*
Imielinski, T., **48**:263, **48**:*309*
Imperato, M., **38**:*184*
Impagliazzo, R., **44**:345, **44**:*359*
Ince, D. C., **42**:28, **42**:*36*, **49**:146, **49**:*189*
Industrial Research Institute, **46**:401, **46**:*436*
Information Technology – Portable Operating System Interface (POSIX), **48**:17, **48**:*116*
Ingemann, F., **11**:191 (86), **11**:*226*
Ingemarsson, I., **22**:91, **22**:92, **22**:96,

22:99, **22**:*104*, **22**:*105*
Ingerman, P. Z., **8**:155 (28), **8**:*187*
Ingojo, J. C., **18**:*170*
Ingram, M., **12**:402, **12**:404, **12**:*411*
Ingram, W., **13**:56, **13**:57, **13**:*70*
Inmon, W. H., **30**:75, **30**:*83*
Innes, D., **6**:246, **6**:*294*
Innes, D. R., **20**:85 (70), **20**:*114*
Innis, H. A., **38**:264, **38**:*314*
Inokuchi, S., **43**:250, **43**:*277*
Inoue, M., **44**:179, **44**:182, **44**:*215*
Inoue, S. I., **11**:204 (127), **11**:*228*, **16**:205, **16**:*219*
Inoue, T., **45**:281, **45**:290, **45**:*317*
Inselberg, A., **5**:132, **5**:*220*
Insolio, C., **17**:149, **17**:152, **17**:*160*, **17**:*161*
Institute for Information Industry, **35**:351, **35**:353, **35**:357, **35**:*368*
Institute of Electrical and Electronics Engineers, **35**:148, **35**:*182*, **35**:214, **35**:*252*, **35**:336, **35**:*368*
Intergovernmental Bureau for Information, **24**:340, **24**:*373*
International Federation for Information Processing/International Computation Center, **31**:*374*
International Federation for Information Processing, **24**:*354*, **24**:*373*
International General, **35**:342, **35**:*368*
International MIDI Association, **36**:130, **36**:*196*
International Standards Organization, **41**:7, **41**:10, **41**:21, **41**:*61*, **41**:158, **41**:*189*
International Telecommunication Union, **35**:336, **35**:*368*
International Telecommunications Union, **48**:240, **48**:*253*
Iobst, K., **49**:242, **49**:*298*
Ioffe, A. G., **29**:272, **29**:*324*
Ippolito, L. M., **42**:9, **42**:*36*
Irani, E. A., **38**:*188–189*
Irani, K. B., **28**:142, **28**:143, **28**:*150*
Irani, P., **38**:*194*
Irby, C. H., **16**:196, **16**:197, **16**:*217*, **33**:154, **33**:*170*, **36**:350, **36**:395,
36:*429*
Irons, E. T., **5**:368 (20), **5**:*377*, **7**:167 (37, 38), **7**:*179*, **8**:155 (29), **8**:*187*, **12**:*281*, **12**:*284*
Irving, N. B., **42**:79, **42**:*116*
Irwin, M. J., **20**:*194*, **20**:*195*, **49**:242, **49**:258, **49**:*302*
Isaac, E. D., **17**:225, **17**:*280*
Isaacs, E. A., **45**:289, **45**:290, **45**:291, **45**:318, **45**:*320*
Isaacs, H. I., **9**:118 (52), **9**:*175*
Isaacson, L. M., **12**:73, **12**:75, **12**:*112*, **36**:151, **36**:*196*
Isaev, M. A., **29**:*324*
Isaguirre, A., **43**:258, **43**:263, **43**:*277*
Isailovic, J., **28**:162, **28**:*224*
Isakowitz, T., **40**:196, **40**:221, **40**:225, **40**:244, **40**:*249*
Isaku, S., **42**:174, **42**:*236*
ISATEC., **49**:242, **49**:*299*
Isbell, J. R., **2**:366 (91), **2**:*371*
Iscoe, N., **29**:65, **29**:*74*, **36**:*421*, **46**:39, **46**:40, **46**:42, **46**:46, **46**:55, **46**:*103*
Isermann, R., **23**:182, **23**:*251*
Ishibashi, Y., **6**:178 (69), **6**:*194*
Ishida, T., **24**:161, **24**:*171*
Ishidawa, S.-I., **37**:*116*
Ishiguro, M., **37**:115, **37**:*116*, **49**:246, **49**:*301*
Ishihara, S., **28**:198, **28**:201, **28**:*224*
Ishihata, H., **44**:182, **44**:*217*
Ishii, H., **45**:281, **45**:282, **45**:292, **45**:314, **45**:*318*
Ishii, K., **34**:120, **34**:*156*
Ishii, S., **47**:216, **47**:*244*
Ishikawa, A., **28**:249, **28**:*276*
Ishikawa, M., **49**:39, **49**:*61*
Ishikawa, S.-I., **37**:115
Ishino, F., **42**:121, **42**:*237*
Ishio, K., **34**:202, **34**:*231*
Ishizuka, M., **22**:202, **22**:*213*, **26**:17, **26**:*44*
Ish-Shalom, J., **33**:*238*
Ishukura, M., **42**:174, **42**:*236*
Isidori, A., **42**:*267*
Ismert, M., **44**:308, **44**:*329*
Isner, J. M., **47**:216, **47**:*251*
ISO(1995)ISO/IEC 8652, **49**:217, **49**:229, **49**:*238*

ISO/IEC, **44**:244, **44**:247, **44**:*281*
ISO, **46**:3, **46**:7, **46**:8, **46**:9, **46**:17, **46**:20, **46**:21, **46**:26, **46**:*31*, **46**:52, **46**:53, **46**:58, **46**:*104*, **46**:*105*, **46**:285, **46**:314, **46**:*326*, **49**:72, **49**:73, **49**:93, **49**:*94*
Isobe, M., **33**:*239*
Isoda, S., **24**:161, **24**:*171*, **41**:19, **41**:*60*
Israel, D. R., **11**:344, **11**:362 (73), **11**:*387*
Israeli, A., **26**:*149*
Israeli, R., **21**:375, **21**:*417*
Israelski, E. W., **36**:349, **36**:*424*
Issacs, P., **36**:*194*
Isselbacher, K. J., **22**:232, **22**:*293*
Itakura, K., **44**:184, **44**:*215*
Italian National Agency for New Technology, Energy, and Environment, **44**:199, **44**:*214*
Itano, K., **34**:171, **34**:*230*
Itenberg, I. I., **44**:203, **44**:*215*
Itkina, O. G., **18**:240, **18**:*287*
Ito, K., **12**:346, **12**:*411*
Ito, M., **33**:179, **33**:181, **33**:183, **33**:*238*, **42**:246, **42**:*268*
Ito, Y., **49**:36, **49**:57, **49**:*68*
Itoh, M., **29**:116, **29**:181, **29**:*188*
Itoh, S., **34**:*290*
ITSEC, **38**:62, **38**:*70*
ITU, **42**:172, **42**:*236*
Iturriaga, R., **8**:54 (41), **8**:61 (41), **8**:*101*, **9**:52 (29, 31), **9**:*111*
Itzfeldt, W. D., **19**:294, **19**:*324*
Iudin, M., **1**:84, (89), **1**:*90*
Iurasov, A. A., **29**:*327*
Ivakhnov, A., **29**:321, **29**:*324*
Ivanenko, L. N., **18**:255, **18**:*284*
Ivanitskii, G. R., **31**:293, **31**:*324*
Ivannikov, V. P., **44**:204–205, **44**:*216*
Ivanov, E. A., **29**:297, **29**:300, **29**:301, **29**:315, **29**:*324*
Ivanov, G., **29**:*324*
Ivanov, S. N., **29**:*324*
Ivanov, V. V., **1**:133, **1**:*141*
Ivanova, S. B., **29**:293, **29**:*324*
Ivanova, S. V., **29**:289, **29**:*290*, **29**:*330*
Iverson, K., **24**:136, **24**:*170*, **24**:*171*
Iverson, K. E., **4**:146, **4**:*164*, **5**:*377*, **7**:122 (39), **7**:*179*, **10**:90 (20, 21), **10**:*107*, **10**:130, **10**:*142*, **15**:4, **15**:*61*, **21**:92, **21**:*152*

Ives, B., **20**:19, **20**:*33*, **28**:245, **28**:*275*, **31**:21, **31**:*96*, **34**:*386*, **46**:135, **46**:*155*
Ivie, E. L., **19**:*60*, **22**:130, **22**:*160*
Iwai, S., **24**:293, **24**:*315*
Iwasaki, Y., **38**:*89–91*, **38**:*93–95*, **38**:120, **38**:122–124, **38**:132, **38**:*139–141*, **38**:*143*
Iwashita, H., **37**:115, **37**:*116*
Iwata, M., **36**:244, **36**:*252*
Iwersen, J. E., **9**:212 (36), **9**:226, **9**:*236*
Iyengar, S. S., **26**:95, **26**:135, **26**:*150*, **26**:*152*, **33**:175, **33**:176, **33**:188, **33**:190–191, **33**:210, **33**:226, **33**:*235*, **33**:*237*, **33**:*238*, **33**:*239*, **34**:*285–286*, **34**:*289*, **36**:168, **36**:*196*, **36**:206, **36**:*251*, **36**:264, **36**:*328*, **37**:*163*
Iyer, R., **31**:211, **31**:229, **31**:*232*
Iyer, R. K., **26**:219, **26**:220 **26**:*278*, **31**:178, **31**:205, **31**:212, **31**:*232*
Izmaylov, A. V., **18**:253, **18**:*284*
Izsak, I. G., **8**:70 (28), **8**:95 (20), **8**:97 (20, 28), **8**:*100*
Izzo, N. F., **12**:402, **12**:*411*

J

Ja' Ja', J., **26**:108, **26**:111, **26**:113, **26**:114, **26**:*151*, **26**:*152*
Jabbari, B., **44**:287, **44**:*329*
Jabbour, K., **42**:165, **42**:*235*
Jablonowski, D. P., **28**:214, **28**:*224*
Jablonsky, S., **44**:205, **44**:*215*
Jaccheri, M. L., **46**:41, **46**:*105*
Jackel, L. D., **34**:174, **34**:*231*, **37**:405, **37**:*421*
Jackendoff, R., **47**:*61*, **49**:19, **49**:30, **49**:*61*
Jacks, E. L., **7**:*290*
Jackson, A. S., **3**:279 (18), **3**:*297*, **36**:207, **36**:*252*
Jackson, D. M., **11**:83, **11**:101 (25), **11**:122 (24, 27), **11**:*123*, **11**:*124*, **42**:55, **42**:*75*, **43**:40, **43**:*47*, **49**:70, **49**:93, **49**:112, **49**:*140*
Jackson, E. B., **31**:345–347, **31**:*374*
Jackson, G. G., **16**:132, **16**:*179*
Jackson, J. R., **17**:*217*
Jackson, K. P., **28**:171, **28**:*224*
Jackson, K. R., **19**:247, **19**:*248*
Jackson, M. A., **26**:411, **26**:412, **26**:*442*,

35:22, **35**:*79*, **43**:63, **43**:86, **43**:*135*, **46**:38, **46**:*106*
Jackson, M. D., **33**:149, **33**:*168*
Jackson, M. H., **5**:312 (136), **5**:318 (136), **5**:*334*
Jackson, M. I., **32**:207, **32**:*250*, **36**:92, **36**:*109*
Jackson, M. K., **48**:270, **48**:*310*
Jackson, P., **22**:300, **22**:301, **22**:340, **22**:*351*
Jackson, P. C., Jr., **13**:175, **13**:208, **13**:*228*
Jackson, P. E., **17**:170, **17**:*218*
Jackson, R., **12**:89, **12**:102, **12**:*112*
Jackson, T., **37**:404–405, **37**:410, **37**:*419*
Jacob, R. J. K., **32**:230, **32**:232, **32**:*251*
Jacobi, G. T., **9**:253 (29), **9**:*284*, **31**:241, **31**:*324*, **33**:*245*, **36**:232, **36**:*254*, **37**:377, **37**:*425*
Jacobi, W. M., **5**:307 (95), **5**:311 (95), **5**:*331*
Jacoboski, D. L., **43**:245, **43**:247, **43**:250–251, **43**:*276*
Jacobs, B. E., **24**:363, **24**:*373*
Jacobs, C. D., **22**:172, **22**:202, **22**:*215*
Jacobs, D., **19**:*248*, **39**:109, **39**:*187*
Jacobs, F., **19**:287, **19**:*325*
Jacobs, J., **9**:134, **9**:*174*
Jacobs, J. F., **11**:324, **11**:*387*
Jacobs, M. C., **9**:118 (53), **9**:*175*
Jacobs, P. S., **47**:10, **47**:*61*
Jacobs, W. W., **2**:*371*
Jacobson, A., **46**:45, **46**:50, **46**:*105*
Jacobson, H., **47**:143, **47**:*181*
Jacobson, I., **35**:158–159, **35**:*181*, **46**:45, **46**:50, **46**:95, **46**:*105*
Jacobson, R. A., **5**:278 (52), **5**:*286*
Jacobson, V., **48**:233, **48**:*253*
Jacobstein, J. M., **3**:*345*, **9**:121 (34), **9**:157 (34), **9**:*174*
Jacobstein, N., **47**:*61*
Jacoby, R., **32**:4, **32**:*96*
Jacovkis, P. M., **19**:204, **19**:*224*
Jacquez, J. A., **16**:151, **16**:*179*
Jacquot, R. G., **23**:182, **23**:*251*
Jaenke, M. G., **4**:142 (21), **4**:*162*
Jaffe, E. D., **28**:244, **28**:*276*
Jaffe, H., **16**:173, **16**:*180*
Jaffe, J. S., **42**:127, **42**:*234*, **47**:227, **47**:*251*

Jaffe, M. S., **42**:5, **42**:19–20, **42**:*33*
Jagadish, H. V., **34**:265, **34**:274, **34**:*287*, **39**:115, **39**:*187*
Jagannathan, V., **47**:*137*
Jahanian, F., **42**:15, **42**:*33*
Jaikumar, R., **28**:247, **28**:*276*
Jain, A. K., **19**:120, **19**:121, **19**:123, **19**:126, **19**:160, **19**:167, **19**:175, **19**:180, **19**:198, **19**:199, **19**:204, **19**:206, **19**:210, **19**:218, **19**:*225*, **19**:*226*, **21**:336, **21**:*417*, **32**:109, **32**:*145*, **34**:60, **34**:*109*, **40**:66, **40**:*124*, **43**:244, **43**:274, **43**:*275*, **43**:*278*, **49**:39, **49**:*61*
Jain, P., **29**:144, **29**:*188*, **48**:23, **48**:29, **48**:38, **48**:83, **48**:87, **48**:107, **48**:*116*
Jain, R., **32**:*148*, **34**:250, **34**:265, **34**:*284*, **34**:*286*, **35**:*134*, **44**:315, **44**:317, **44**:*328–329*
Jain, R. C., **34**:270, **34**:*287*, **43**:274, **43**:*277*
Jain, S. K., **26**:303, **26**:*333*
Jajodia, S., **38**:3, **38**:15–16, **38**:40–41, **38**:66–67, **38**:*70*
Jakobson, G. E., **24**:306, **24**:*312*
Jakobson, R., **1**:205, **1**:208, **1**:212, **1**:216, **1**:225, **1**:*228*, **11**:206, **11**:*225*, **31**:102, **31**:*171*
Jalanko, M., **31**:112, **31**:*171*
Jalics, P. J., **34**:11, **34**:*56*
Jalote, P., **35**:169, **35**:*182*
James, D. A., **42**:105–106, **42**:*117*
James, L. S., **38**:*186*
James, P., **7**:*290*, **31**:*373*
James, P. A., **3**:300 (4, 5), **3**:306 (4, 5), **3**:335 (5), **3**:*343*, **9**:117 (5), **9**:119 (5), **9**:123 (5), **9**:*172*
James, R. W., **5**:258 (7), **5**:270 (7), **5**:*284*
Jamieson, L., **49**:244, **49**:245, **49**:252, **49**:*299*
Jamieson, L. H., **47**:*61*, **49**:244, **49**:*302*
Jamieson, M., **46**:138, **46**:*154*
Jamison, D., **15**:273, **15**:*282*, **18**:184, **18**:190, **18**:*227*
Jamshidi, M., **23**:249, **23**:*251*
Janakiraman, G., **39**:226, **39**:229, **39**:*237*
Janas, T., **31**:*323*
Jancaitis, J. R., **13**:*107*
Jancin, J., **3**:337 (40), **3**:*345*
Jang, G. S., **36**:222, **36**:228, **36**:*252*,

36:*254*
Jang, Y. T., **47**:216, **47**:*250*
Jankel, A., **33**:*304*
Janossy, I., **28**:168, **28**:*226*
Janowitz, M. F., **19**:114, **19**:*221*
Janowitz, P., **38**:*188*
Jansen, J., **35**:279, **35**:*319*
Jansen, P. G., **26**:159, **26**:*197*
Janssen, H., **37**:*282*
Janssen, W., **45**:292, **45**:*316*
Jansweijer, W. N. H., **38**:132, **38**:*138*
Janz, R. F., **5**:313 (152), **5**:*335*
Japan Information Processing Development Center, **24**:339, **24**:*373*
Jaques, R., **28**:2, **28**:*65*
Jardine, C. J., **11**:87, **11**:*123*, **19**:198, **19**:*221*
Jardine, N., **11**:87 (28), **11**:*123*, **19**:114, **19**:134, **19**:143, **19**:155, **19**:156, **19**:180, **19**:195, **19**:198, **19**:199, **19**:*221*, **24**:293, **24**:*313*
Jarke, M., **33**:151, **33**:*168*, **39**:118, **39**:*188*, **43**:85, **43**:88, **43**:117–118, **43**:*137*
Jarmin, R., **38**:*186*
Jarmoszko, A. T., **35**:*368*
Jaroff, L., **21**:156, **21**:*224*
Jarrel, N. F., **28**:127, **28**:145, **28**:*147*
Jarvis, D. B., **6**:155, **6**:*193*
Jarvis, E., **23**:111, **23**:130, **23**:*140*
Jarvis, P. H., **5**:321 (220, 227), **5**:326 (348), **5**:*339*, **5**:*346*
Jarvis, R. A., **19**:177, **19**:179, **19**:210, **19**:*221*, **43**:245, **43**:249, **43**:273, **43**:*275*
Jasiobedzki, P., **38**:*192*
Jasper, H. H., **5**:207, **5**:*225*, **6**:44, **6**:64 (79), **6**:*87*
Jaszczar, R. J., **38**:*194*
Jauniaux, E., **47**:215, **47**:*253*
Javidi, B., **28**:185, **28**:*224*
Jayakar, P., **38**:*189*
Jaye, S., **5**:326 (379), **5**:*348*
Jayne, B. C., **42**:243, **42**:*267–268*
Jaynes, E. T., **36**:306, **36**:308, **36**:*328*, **6**:51, **6**:79 (56), **6**:83 (55, 56), **6**:*86*
Jazayeri, M., **46**:40, **46**:*104*
Jean, S. N., **34**:146, **34**:149, **34**:*155*
Jeans, J. H., **5**:304, **5**:*330*

Jeansonne, G. E., **9**:200 (19), **9**:*235*
Jeenel, J., **1**:1 (5), **1**:*41*
Jefferson, D., **33**:101, **33**:102, **33**:103, **33**:104, **33**:*112*, **49**:272, **49**:273, **49**:*299*
Jefferson, D. R., **35**:298, **35**:302, **35**:307, **35**:313, **35**:*320–322*, **35**:*324*, **44**:87, **44**:91–92, **44**:95–98, **44**:105, **44**:109, **44**:115, **44**:119, **44**:121, **44**:*124*
Jeffords, J., **44**:228, **44**:*280*
Jeffrey, D. R., **39**:88, **39**:*105*
Jeffrey, W., **33**:174, **33**:*239*, **37**:131, **37**:*164*
Jeffries, R., **36**:367, **36**:393–395, **36**:*424*, **36**:*429*
Jelinek, F., **31**:100, **31**:112, **31**:121, **31**:123, **31**:*170–171*, **49**:34, **49**:*58*
Jelinski, Z., **30**:89, **30**:112, **30**:136, **30**:*168*, **36**:*39*, **45**:205, **45**:208, **45**:*265*, **46**:166, **46**:167, **46**:168, **46**:218, **46**:223, **46**:*233*
Jeng, B., **41**:210, **41**:220, **41**:*229*, **42**:103, **42**:*117*, **46**:173, **46**:*234*, **49**:150, **49**:*190*
Jeng, H. J., **42**:131, **42**:196, **42**:203, **42**:207–208, **42**:214, **42**:216–217, **42**:220, **42**:222, **42**:226, **42**:230, **42**:233, **42**:*236*
Jenkins, A. M., **20**:18, **20**:*33*, **34**:300, **34**:341, **34**:370–371, **34**:*389*
Jenkins, B. O., **36**:174, **36**:*200*
Jenkins, D. P., **12**:*174*
Jenkins, F. A., **28**:191–192, **28**:*224*
Jenkins, H. M., **11**:359 (62), **11**:*386*
Jenkins, J. J., **15**:191, **15**:*236*
Jenkins, L. J., **4**:4, **4**:*49*
Jenkins, R. E., **34**:176, **34**:*229*
Jenkins, W. E., **11**:370 (75), **11**:*387*
Jennings, B., **5**:324 (285), **5**:*343*
Jennings, N., **46**:408, **46**:*438*
Jensen, E. D., **17**:164, **17**:*218*, **19**:66, **19**:*108*, **20**:63, **20**:*81*, **20**:*82*, **20**:85 (32), **20**:*113*, **21**:228, **21**:*271*
Jensen, J. A., **47**:216, **47**:*245*
Jensen, K., **20**:229, **20**:*257*, **21**:105, **21**:117, **21**:128, **21**:131, **21**:135, **21**:136, **21**:*152*
Jensen, K. S., **44**:200, **44**:*213*
Jensen, L. H., **5**:267, **5**:*285*
Jensen, M., **47**:344, **47**:352, **47**:*366*

Jensen, R. E., **19**:162, **19**:*221*
Jenssen, M., **31**:295–296, **31**:*320*
Jeon, T., **39**:40, **39**:*48–49*
Jeong, D.-K., **34**:173, **34**:*234*
Jeong, G., **45**:290, **45**:317, **45**:*319*
Jeong, Y. C., **47**:224, **47**:*248*
Jepsen, L., **34**:302, **34**:357, **34**:*386*
Jerding, D., **49**:99, **49**:106, **49**:*140*
Jerman, J., **18**:184, **18**:222, **18**:*229*
Jerraya, A. A., **40**:94, **40**:*124*
Jerse, T. A., **36**:140, **36**:143, **36**:147, **36**:151, **36**:153–154, **36**:*195*
Jespers, P. G. A., **34**:176, **34**:*234*
Jespersen, O., **8**:106 (3), **8**:*151*, **17**:97, **17**:*160*, **15**:190, **15**:*236*
Jesshope, C. R., **23**:296, **23**:*352*, **34**:117, **34**:*154*, **37**:388, **37**:*421*
Jessup, L. M., **34**:*384*
Jewell, W. S., **45**:214, **45**:*265*
Jewett, J. P., **5**:311 (130), **5**:312 (149), **5**:315 (149), **5**:317 (149), **5**:318 (149), **5**:*333*, **5**:*335*
Jewett, T., **39**:239, **39**:243, **39**:253, **39**:259–260, **39**:265, **39**:274, **39**:281, **39**:284–286, **39**:*290*
Jhingran, A., **39**:115, **39**:*188*
Jiang, W. D., **30**:178, **30**:*220*
Jian-Yu, L., **47**:216, **47**:*248*
Jiao, J., **45**:146, **45**:*150*
Jimenez, A. J., **26**:*334*
Jin, C., **49**:34, **49**:*62*
Jin, L., **20**:*194*
Ji-Bin, **47**:207, **47**:*247*
Jing, J., **48**:125, **48**:126, **48**:*176*
Jino, M., **19**:*60*
Joanou, G. D., **5**:301 (47, 55), **5**:309 (188), **5**:323 (263a, 265), **5**:*329*, **5**:*337*, **5**:*342*
Joblove, G., **33**:*304*
Joch, A., **47**:349, **47**:*366*
Jochem, T., **48**:324, **48**:*351*
Jochem, W. J., **38**:*185*
Joe, H., **30**:163, **30**:*168*
Joel, A. F., Jr., **26**:*197*
Johannesen, L., **36**:348, **36**:*426*
Johannsen, G., **32**:206, **32**:209, **32**:*251*
Johansen, D. L., **40**:73, **40**:*124*
Johansen, R., **45**:282, **45**:*318*
Johanssen, D., **21**:*152*
Johansson, E. M., **36**:231, **36**:*252*

John, **5**:206, **43**:222, **43**:*240*
John, B. E., **36**:*422*
John, E. R., **6**:62, **6**:66 (57), **6**:*86*
John, F., **2**:10, **2**:12, **2**:50 (10), **2**:*52*
John, P. W. M., **42**:113, **42**:*116*
John, S., **12**:341, **12**:*411*
Johns, W. T., **38**:*190*
Johnson, **47**:257, **47**:274, **47**:279, **47**:285, **47**:287, **47**:290, **47**:*291*
Johnson, B. M., **39**:257, **39**:*290*
Johnson, B. W., **38**:*181*
Johnson, C. I., **12**:*170*
Johnson, D. A., **4**:156 (83, 84), **4**:*166*
Johnson, D. B., **48**:167, **48**:*176*
Johnson, D. C., **24**:343, **24**:347, **24**:*373*
Johnson, D. G., **44**:53, **44**:*57*
Johnson, D. H., **37**:63, **37**:*117*
Johnson, D. L., **5**:212 (184), **5**:*226*
Johnson, D. S., **14**:8, **14**:*42*, **22**:62, **22**:88, **22**:89, **22**:93, **22**:*104*, **23**:53, **23**:*90*, **33**:*236*, **36**:258, **36**:*328*, **43**:229–231, **43**:*240*
Johnson, E. C., **45**:304, **45**:*315*
Johnson, E. J., **44**:115, **44**:*124*
Johnson, F. M., **10**:141, **10**:*142*
Johnson, G. J., **24**:166, **24**:*173*
Johnson, H., **36**:354, **36**:406, **36**:*424*
Johnson, J., **20**:7, **20**:*33*
Johnson, K., **26**:270, **26**:*278*
Johnson, K. J., **21**:283, **21**:*330*
Johnson, K. L., **49**:249, **49**:270, **49**:*295*
Johnson, K. P., **38**:124, **38**:*140*
Johnson, L., **2**:*370*
Johnson, L. B., **1**:217 (35), **1**:*229*
Johnson, L. R., **12**:*170*
Johnson, M., **34**:359, **34**:*388*, **35**:226, **35**:233, **35**:*253*, **49**:38, **49**:61, **49**:247, **49**:258, **49**:*299*
Johnson, M. F., Jr., **21**:364, **21**:*416*
Johnson, P., **36**:354, **36**:372–373, **36**:406, **36**:*424–425*
Johnson, P. H., **13**:*107*
Johnson, P. M., **20**:116, **20**:147, **20**:150, **20**:*194*, **42**:70, **42**:*75*
Johnson, P. R., **17**:184, **17**:195, **17**:*216*
Johnson, R., **20**:10, **20**:*33*, **35**:155, **35**:*184*, **48**:23, **48**:57, **48**:82, **48**:86, **48**:87, **48**:103, **48**:105, **48**:*115*, **49**:19, **49**:*61*
Johnson, R. A., **12**:41 (16), **12**:*72*

Johnson, R. C., **37**:409–410, **37**:*421*
Johnson, R. E., **43**:87, **43**:110, **43**:*135*, **47**:*291*
Johnson, R. G., **32**:190, **32**:*200*
Johnson, R. L., **15**:248, **15**:251, **15**:253, **15**:*281*, **15**:*282*, **49**:17, **49**:*57*
Johnson, R. W., **36**:307–309, **36**:324, **36**:*331*
Johnson, S. A., **16**:*178*
Johnson, S. C., **11**:87, **11**:*123*, **19**:142, **19**:158, **19**:*221*, **42**:69, **42**:*75*
Johnson, S. M., **2**:303 (45, 46), **2**:*366*, **2**:*369*, **2**:*370*, **2**:*371*, **2**:*377*
Johnson, T. E., **7**:*290*
Johnson, T. G., **12**:*170*
Johnson, W., **45**:302, **45**:*320*
Johnson, W. E., **6**:52 (58), **6**:*86*
Johnson, W. L., **35**:239, **35**:246, **35**:*253*, **38**:119, **38**:*140*
Johnson, W. R., Jr., **46**:401, **46**:*437*
Johnston, A. R., **28**:173, **28**:*221*
Johnston, B., **19**:175, **19**:*221*
Johnston, G. M., **39**:197, **39**:*236*
Johnston, J. B., **10**:61 (24), **10**:72, **10**:*76*
Johnston, M., **47**:50, **47**:51, **47**:*59*
Johnston, R. R., **5**:325 (324), **5**:345
Joint Chiefs of Staff (JCS), **31**:33, **31**:*97*
Jolley, T. M., **41**:158, **41**:*189*
Jololian, L., **43**:53, **43**:*135*
Jonas, R. W., **7**:212 (7), **7**:223 (7), **7**:224 (7), **7**:225 (7), **7**:*238*
Jonasson, S., **35**:330, **35**:*368*
Jonckers, V., **40**:*252*
Jones, A., **30**:177, **30**:*219*
Jones, A. K., **19**:69, **19**:107, **19**:*109*, **24**:66, **24**:*99*, **29**:32, **29**:*44*, **34**:140, **34**:*154*, **40**:167, **40**:*177*
Jones, B. F., **2**:46, **2**:49, **2**:50 (54), **2**:*54*, **16**:40, **16**:*54*
Jones, C., **39**:88–89, **39**:*105*, **44**:9, **44**:21, **44**:24–25, **44**:32, **44**:35, **44**:48, **44**:50, **44**:*57*, **46**:14, **46**:29, **46**:*31*, **47**:348, **47**:350, **47**:*366*
Jones, C. B., **24**:*171*, **33**:12, **33**:*63*, **35**:203, **35**:*253*, **36**:92, **36**:*109*, **43**:81, **43**:*135*, **49**:70, **49**:72, **49**:85, **49**:86, **49**:*93*
Jones, C. T., **49**:318, **49**:330, **49**:*347*
Jones, D., **1**:78 (68), **1**:*89*, **1**:201 (12, 13), **1**:207, **1**:217 (13), **1**:*228*, **11**:179, **11**:206, **11**:*225*, **20**:22, **20**:*32*, **49**:37, **49**:38, **49**:61, **49**:*67*
Jones, D. H., **5**:311 (128), **5**:*333*
Jones, D. T., **41**:77, **41**:*82*
Jones, E. C., **24**:335, **24**:*373*
Jones, H. R., **47**:216, **47**:*251*
Jones, J., **45**:143, **45**:*150*, **45**:*153*
Jones, J. A., **36**:168–169, **36**:*200*
Jones, J. C., **24**:127, **24**:131, **24**:*171*, **28**:2, **28**:3, **28**:8, **28**:30, **28**:*65*
Jones, J. L., **4**:4 (14), **4**:*49*
Jones, K. B., **24**:*313*
Jones, L. N., **32**:281, **32**:*305*
Jones, L. W., **6**:*296*
Jones, M. A., **49**:151, **49**:152, **49**:*189*
Jones, M. B., **47**:317, **47**:*338*
Jones, M. C., **47**:352, **47**:*365*
Jones, M. W., **47**:224, **47**:*248*
Jones, N. D., **22**:298, **22**:337, **22**:*351*
Jones, N. H., **26**:51, **26**:*90*
Jones, O., **10**:189, **10**:*215*
Jones, P. E., **30**:*82*
Jones, R. E., **10**:270, **10**:*273*
Jones, S., **29**:66, **29**:*77*, **33**:126, **33**:*170*, **34**:161, **34**:*231*, **45**:312, **45**:*317*, **48**:298, **48**:*314*
Jones, V., **48**:272, **48**:*310*
Jones, W. C., **33**:34, **33**:*64*
Jongeling, T. J. M., **44**:*214*
Jonker, F., **4**:38 (72), **4**:*52*, **6**:9, **6**:*29*
Jonscher, C., **43**:188, **43**:191, **43**:*212*
Jonscher, D., **46**:247, **46**:*285*
Jonsson, P., **46**:95, **46**:*105*
Jonsson, S., **34**:331, **34**:*386*
Joos, B., **42**:243, **42**:*267*
Joos, G., **6**:*225*
Joos, M., **1**:204, **1**:205, **1**:210 (15), **1**:*228*, **17**:96, **17**:*160*, **24**:249, **24**:*274*
Joost, G. J., **33**:118, **33**:*167*
Jordan, D. S., **38**:131, **38**:*141*
Jordan, D. W., **42**:256, **42**:*267*
Jordan, H. F., **21**:95, **21**:*152*, **34**:136, **34**:*154*
Jordan, I. M., **33**:186, **33**:*239*
Jordan, J. R., **34**:83, **34**:*109*
Jordan, M. I., **36**:231, **36**:*252*
Jordan, P. B., **11**:*387*
Jordan, P. W., **49**:2, **49**:47, **49**:57, **49**:59, **49**:*62*

Jordan, R., **38**:*191*
Jordan, S. R., **15**:195, **15**:*236*
Jordan, T., **5**:325 (316, 319, 320), **5**:*344*
Jordan, W. B., **5**:326 (358), **5**:*347*
Jorgensen, A., **36**:*423*
Jorgensen, A. H., **33**:120, **33**:*168*, **36**:390, **36**:*424*
Jorgensen, C., **33**:181, **33**:*239*
Jorgenson, D. W., **43**:180, **43**:182, **43**:187–188, **43**:191, **43**:202–204, **43**:*212*
Jorrand, P., **10**:45 (25), **10**:61, **10**:*76*, **12**:*283*
Joseph, A. D., **48**:122, **48**:131, **48**:132, **48**:141, **48**:142, **48**:171, **48**:*176*
Joseph, C., **8**:60 (21), **8**:65 (21), **8**:78 (21), **8**:97 (21),*100*
Joseph, E. C., **7**:42 (35), **7**:*114*
Joseph, H. M., **18**:28, **18**:*56*
Joseph, M. K., **44**:268, **44**:*283*
Joseph, T., **34**:255, **34**:*287*
Joseph, T. A., **35**:280, **35**:*319*
Josephson, B. D., **31**:316, **31**:*321*
Josephson, J. R., **38**:119, **38**:*141*
Josephson, J., **38**:126, **38**:*141*
Joshi, A., **46**:402, **46**:404, **46**:409, **46**:411, **46**:412, **46**:417, **46**:420, **46**:421, **46**:*436*, **46**:*437*, **46**:*438*
Joshi, A. K., **2**:409 (60), **2**:*418*, **8**:156, **8**:*187*, **49**:26, **49**:56, **49**:*62*
Josin, G., **36**:240, **36**:*252*
Joslin, E., **20**:14, **20**:*33*
Joslyn, C., **36**:324, **36**:*329*
Josselson, H. H., **11**:3 (3), **11**:*54*, **17**:90, **17**:*160*, **24**:219, **24**:*274*, **47**:7, **47**:8, **47**:9, **47**:*61*,
Jou, J. Y., **26**:329, **26**:*333*
Jouppi, N., **46**:324, **46**:*326*
Jowett, J., **41**:171, **41**:*189*
Joyce, J., **49**:250, **49**:*299*
Joyner, W. H., **24**:103, **24**:124, **24**:125, **24**:131, **24**:134, **24**:*169*, **24**:*172*
Joyner, W. H., Jr., **32**:4, **32**:*97*
Joynes, M. L., **7**:141 (40), **7**:*179*
Juang, B.-H.,**47**:11, **47**:21, **47**:22, **47**:23, **47**:*64*, **36**:*39*
Juanole, G., **29**:*185*
Judd, C. M., **46**:98, **46**:*105*
Judge, F., **5**:*333*
Judy, R. W., **18**:234, **18**:*284*, **29**:253, **29**:261, **29**:263, **29**:269, **29**:270, **29**:*324*
Jueneman, R., **30**:183, **30**:192, **30**:202, **30**:*220*
Jul, E., **35**:272, **35**:*319*, **35**:*322*, **39**:197, **39**:*236*
Jules, B., **34**:63, **34**:*109*
Juliussen, J. E., **17**:224, **17**:237, **17**:*281*, **19**:*61*
Jullig, R., **22**:300, **22**:301, **22**:340, **22**:*351*
Jump, J. R., **20**:*194*, **26**:194, **26**:*197*, **26**:*198*
Juncosa, M. L., **2**:5 (2, 3, 4), **2**:13, **2**:22, **2**:*52*, **16**:299, **16**:*333*
Jungert, E., **34**:*287*
Jungnickel, H. G., **29**:265, **29**:*324*
Junkins, J. L., **13**:*107*
Junod, B., **40**:196, **40**:227, **40**:247, **40**:*251*
Jurczyk, J., **35**:95, **35**:97, **35**:99, **35**:*133*
Jurczyk, M., **44**:170, **44**:*215*
Jurecska, A., **40**:75, **40**:*122*
Jurgensen, W., **29**:96, **29**:*188*
Jurison, J., **47**:344, **47**:348, **47**:350, **47**:*367*
Jurkovic, D., **47**:215, **47**:*244*, **47**:*253*
Jury, E. I., **23**:181, **23**:182, **23**:*251*
Justice, J. H., **36**:306, **36**:*329*
Justus, C. F., **49**:44, **49**:*66*
Juul, N. C., **39**:224–225, **39**:*236*

K

Kaashoek, F. M., **46**:307, **46**:*326*
Kaashoek, M. F., **35**:274, **35**:279–281, **35**:285, **35**:*318–319*, **35**:322, **35**:*324*, **39**:197, **39**:*235*, **48**:122, **48**:131, **48**:132, **48**:141, **48**:142, **48**:171, **48**:*176*
Kabelevskii, A. N., **29**:281, **29**:286, **29**:*324*, **29**:*326*
Kaburlasos, V. G., **38**:*188*
Kacewicz, B., **23**:42, **23**:90, **23**:*91*
Kacpryk, J., **28**:103
Kadane, J., **23**:90, **23**:*91*
Kadi, A. P., **47**:216, **47**:*246*, **47**:*249*
Kadner, H., **2**:70, **2**:*127*
Kadota, H., **34**:161, **34**:173, **34**:198, **34**:*231*, **44**:182, **44**:*215*
Kadtke, J. B., **33**:*233*
Kaegi, W., **36**:144, **36**:*196*

Kaelbling, 33:*243*, 48:332, 48:336, 48:*352*
Kaestner, P. C., 5:301 (55), 5:*329*
Kafura, D., 39:83, 39:*104*, 42:27, 42:*33*
Kaganove, J. J., 15:80, 15:116, 15:*117*
Kagawa, K., 34:161, 34:173, 34:198, 34:*231*
Kah, R. E., 44:261, 44:*282*
Kahan, L. G., 42:2, 42:10, 42:12, 42:*33*
Kahana, C. A., 39:123, 39:*187*
Kahaner, D. K., 15:79, 15:*117*, 44:177, 44:*215*, 46:410, 46:*435*
Kahle, B., 30:27–28, 30:*37*
Kahn, B. K., 35:10, 35:22, 35:*79*
Kahn, D., 12:30, 12:*36*, 16:248, 16:*330*, 22:46, 22:51, 22:53, 22:102, 22:*105*, 30:179–181, 30:*220*, 31:112, 31:*173*
Kahn, E., 13:64, 13:65, 13:*70*
Kahn, H., 5:323 (271), 5:324 (271), 5:325 (271), 5:*342*, 29:62, 29:*76*, 40:89, 40:*124*
Kahn, H. J., 21:95, 21:101, 21:*152*
Kahn, H. S., 21:95, 21:101, 21:*151*
Kahn, K., 31:54, 31:*98*
Kahn, O., 40:100, 40:*125*
Kahn, P., 48:260, 48:*312*
Kahn, R. E., 17:165, 17:166, 17:167, 17:*218*, 42:121, 42:128, 42:137, 42:*234*, 42:*236*
Kahn, W., 3:96 (13), 3:*153*
Kahng, D., 9:208 (38), 9:229, 9:*236*
Kahrimanian, H. G., 8:49, 8:64, 8:65 (29), 8:*100*
Kaihara, S., 22:202, 22:*213*
Kaiki, K., 44:182, 44:*215*
Kailasanath, K., 45:*151*
Kailath, T., 44:356, 44:*360*
Kain, R., 29:26–27, 29:*43*
Kain, R. Y., 8:63, 8:*100*, 12:352, 12:*411*, 19:*60*, 30:209, 30:*220*, 34:126, 34:*152*, 38:*188*
Kaindl, H., 29:245, 38:86, 38:131, 38:*141*
Kaiser, G. E., 39:116, 39:*188*, 41:31, 41:38, 41:*59*, 41:*62*, 43:81, 43:*137*, 46:40, 46:41, 46:42, 46:43, 46:55, 46:*104*, 46:*105*
Kaiser, K. M., 31:21, 31:*98*
Kaiser, R. G., 18:249, 18:*284*
Kaizerman, S., 33:217, 33:*239*, 33:*244*
Kajberg, K., 31:*373*

Kajikawa, R., 6:*295*
Kajiya, J. T., 47:227, 47:*248*
Kak, A. C., 18:7, 18:16, 18:27, 18:28, 18:40, 18:48, 18:55, 18:*57*, 19:210, 19:*226*, 32:107, 32:108, 32:110, 32:115, 32:129, 32:*146*, 32:*147*, 32:*148*, 34:60, 34:94, 34:*109*, 34:*111*, 43:247, 43:249–251, 43:274, 43:*276*, 43:*278*
Kaka, W., 48:270, 48:*310*
Kakuda, Y., 29:116, 29:136, 29:*188*
Kakuta, T., 28:140, 28:145, 28:*149*
Kalaba, R., 5:306 (87), 5:*331*
Kalaja, E., 22:218, 22:*292*
Kalakota, R., 48:263, 48:266, 48:267, 48:272, 48:274, 48:*311*
Kalathur, S., 46:113, 46:*156*
Kalikow, M., 3:313 (42), 3:335 (42), 3:*345*, 9:136, 9:*175*
Kaliski, B. S., 44:247, 44:*281*
Kalker, J. J., 2:320, 2:*371*
Kallman, E. A., 44:54, 44:*57*
Kalmár, L., 5:99, 5:*106*
Kalman, R. E., 23:181, 23:182, 23:193, 23:*251*, 42:250, 42:*267*, 43:257, 43:*277*
Kalmus, H., 6:*86*
Kalmus, P., 6:275, 6:*295*
Kalogeraki, V., 48:18, 48:*116*
Kalos, M. H., 5:323 (278, 279), 5:324 (278, 279, 303), 5:325 (278, 308), 5:*342*, 5:*344*
Kaloshkin, E. P., 29:*324*
Kaluznin, L. A., 8:194, 8:*244*
Kalvin, A., 34:279, 34:*287*
Kalyanasundaram, B., 44:341, 44:*359*
Kalyayev, A. V., 44:203, 44:*215*
Kam, J., 30:183, 30:*218*, 30:220
Kam, M., 36:240, 36:*251*
Kamada, H., 48:333, 48:342, 48:345, 48:*352*
Kamamito, S., 40:160, 40:*177*
Kamana, S., 38:*186*
Kambayashi, N., 28:*149*
Kambayashi, Y., 28:*149*, 28:*151*, 32:25, 32:34, 32:52, 32:54, 32:60, 32:62, 32:64, 32:65, 32:75, 32:83, 32:*97*, 32:*99*, 32:*100*, 32:*101*
Kambil, A., 43:*210*
Kamel, A., 38:111, 38:*142*

Kamel, M. N., **32**:150, **32**:*198*
Kamel, M. S., **46**:412, **46**:*436*
Kamenskii, V. S., **19**:122, **19**:*221*
Kamentsky, L. A., **12**:404, **12**:*411*
Kamibayashi, N., **34**:*291*
Kamin, S., **22**:316, **22**:*351*
Kaminski, W., **32**:166, **32**:167, **32**:188, **32**:190, **32**:*195*, **32**:*200*
Kaminsky, D., **46**:339, **46**:*399*
Kaminuma, T., **19**:121, **19**:*221*
Kamkar, M., **43**:2, **43**:39, **43**:*47*
Kamm, C., **47**:*61*
Kämmerer, W., **5**:101 (26), **5**:*106*
Kammersgaard, J., **34**:303, **34**:345, **34**:*382*
Kamper, J., **5**:264 (19), **5**:*285*
Kampfner, R. R., **31**:286, **31**:*320*
Kampmann, F., **49**:36, **49**:*68*
Kamynin, S. S., **5**:24 (27), **5**:29 (27), **5**:30 (27), **5**:34 (27), **5**:68 (15, 27), **5**:*106*
Kan, S. H., **45**:200, **45**:*265*, **46**:162, **46**:*233*
Kanade, T., **32**:106, **32**:109, **32**:129, **32**:*147*, **34**:82, **34**:84, **34**:94, **34**:103, **34**:*109–110*, **43**:244, **43**:247, **43**:249, **43**:251, **43**:*275–276*, **48**:262, **48**:279, **48**:280, **48**:300, **48**:301, **48**:314
Kanal, L., **12**:364, **12**:*411*, **13**:218, **13**:*228*, **33**:175, **33**:*239*
Kanal, L. N., **19**:123, **19**:*221*, **26**:143, **26**:*151*
Kanatani, K., **37**:155, **37**:*162*
Kanda, S., **32**:109, **32**:*146*
Kandel, A., **26**:17, **26**:*44*, **28**:70, **28**:82, **28**:91, **28**:92, **28**:94, **28**:99, **28**:*103*, **28**:*104*, **28**:*105*, **36**:212, **36**:*252*, **36**:267, **36**:*329*, **44**:10, **44**:57
Kandel, E. R., **36**:210, **36**:*252*
Kandle, D. A., **34**:129, **34**:*154*
Kandlur, D. D., **47**:301, **47**:302, **47**:*339*
Kandt, R. K., **22**:202, **22**:*213*
Kane, B. J., **47**:216, **47**:*250*
Kane, G., **49**:289, **49**:*299*
Kane, M., **47**:3, **47**:13, **47**:*63*
Kane, R. L., **16**:144, **16**:*180*
Kaneda, S., **2**:174 (27), **2**:*291*
Kanedo, K., **38**:*184*, **44**:182, **44**:*215*
Kaneko, M., **34**:165, **34**:*232*
Kaneko, T., **16**:174, **16**:*177*, **16**:*179*

Kanellakopoulos, I., **42**:263, **42**:*267*
Kang, I. E., **38**:66, **38**:*70*
Kang, K. C., **39**:34, **39**:*48*, **40**:3, **40**:*37*
Kang, K., **42**:9, **42**:*35*
Kanich, R. E., **38**:*193*
Kannan, **28**:125, **28**:145, **28**:*146*
Kannan, K., **19**:*64*, **28**:*148*, **28**:*149*
Kannan, R., **38**:211, **38**:*244*
Kannan, S., **41**:223, **41**:*228*
Kano, M., **36**:231, **36**:*251*
Kanoun, K., **42**:7, **42**:17, **42**:*34*, **45**:221, **45**:222, **45**:223, **45**:*265*
Kant, E., **26**:411, **26**:*442*, **34**:55
Kanter, I., **37**:*164*
Kanter, J., **19**:251, **19**:297, **19**:299, **19**:*325*, **20**:13, **20**:*33*, **21**:11, **21**:19, **21**:*88*
Kantor, B., **48**:243, **48**:*253*
Kantor, P. B., **24**:298, **24**:298, **24**:303, **24**:*313*, **48**:263, **48**:268, **48**:*313*
Kantorovich, L. V., **5**:315 (198), **5**:*338*, **10**:82, **10**:*107*
Kantorovitch, L. V., **2**:82, **2**:*127*, **2**:365, **2**:366, **2**:*371*, **2**:*372*
Kantowitz, B. H., **36**:341, **36**:*424*
Kantrowitz, W., **22**:91, **22**:95, **22**:*104*
Kantz, H., **42**:3, **42**:5, **42**:*34*
Kanz, G., **18**:*229*
Kanzawa, T., **37**:115, **37**:*116*
Kapany, N. S., **5**:239, **5**:*254*
Kapauan, A., **34**:135, **34**:*154*
Kaplan, A., **1**:109, **1**:*139*, **7**:42 (35), **7**:*114*
Kaplan, C., **33**:148, **33**:149, **33**:*169*
Kaplan, G., **40**:91, **40**:*124*
Kaplan, J., **18**:*116*
Kaplan, R., **43**:206, **43**:208, **43**:*212*, **49**:21, **49**:22, **49**:28, **49**:*62*
Kaplan, R. B., **46**:44, **46**:*105*
Kaplan, R. J., **11**:353 (100), **11**:*385*, **11**:*388*
Kaplan, R. M., **13**:139, **13**:161, **13**:*168*, **13**:184, **13**:*232*, **17**:3, **17**:6, **17**:8, **17**:55, **17**:*87*, **17**:*91*, **17**:*162*, **47**:35, **47**:*58*, **49**:21, **49**:22, **49**:24, **49**:28, **49**:*62*
Kaplan, R. S., **46**:122, **46**:124, **46**:125, **46**:*155*
Kaplan, S., **1**:15, **1**:*41*, **2**:18 (23), **2**:*53*, **4**:39, **4**:*52*, **5**:307, **5**:308 (120, 122),

5:311 (122), 5:*332*, 5:*333*
Kaplinshy, R., 35:340, 35:*368*
Kaplinsky, C., 40:108, 40:*123*
Kappe, F., 45:302, 45:*315*
Kappel, G., 35:51, 35:*79*, 40:196, 40:227, 40:247, 40:*251*, 43:52, 43:*134*
Kapps, C. A., 12:*170*
Kapur, D., 22:366, 22:*351*
Kapur, J. N., 36:306, 36:*329*
Kapur, R., 26:*198*, 49:272, 49:*301*
Karam, G., 40:192, 40:240, 40:*252*
Karandikar, A., 44:186, 44:211, 44:*213*
Karat, C.-M., 36:353, 36:388, 36:394–395, 36:414, 36:*424*
Karat, J., 29:52, 29:*75*, 33:134, 33:*168*, 36:352, 36:*424*, 36:*425*
Karatsu, O., 37:210, 37:*282*
Karbe, B., 40:191, 40:195, 40:247, 40:*251–252*
Karchmer, M., 44:256, 44:344–345, 44:*359*
Karcich, R., 49:187, 49:*190*
Kareer, N., 45:220, 45:*265*
Karels, M. J., 48:40, 48:*117*
Karhunen, K., 12:363, 12:*412*
Karim, M. A., 28:204, 28:*224*, 34:171, 34:*230*
Karioth, N. E., 31:343–344, 31:*373*
Karjalainen, M., 37:114, 37:*117*
Karjoth, G., 29:109, 29:*186*
Karlapalem, K., 39:111, 39:*189*
Karle, I. L., 5:282 (67), 5:*287*
Karle, J., 5:282 (67), 5:*287*
Karlin, A. R., 40:152, 40:*177*
Karlin, J. E., 6:*226,* 36:*425*
Karlin, S., 2:*366*, 2:*372*, 46:167, 46:*233*
Karlovsky, S., 40:165, 40:*176*
Karmarker, N., 23:53, 23:*91*
Karmazina, L. N., 2:63, 2:*125*
Karn, P., 48:238, 48:*253*
Karnegis, J. N., 38:148, 38:154, 38:166, 38:168–169, 38:171, 38:*180*
Karol, M., 44:303, 44:305, 44:*329*
Karolak, D. W., 44:51, 44:*57*
Karonski, M., 19:180, 19:*221*
Karp, P., 42:121, 42:*236*
Karp, R., 9:292 (2), 9:*353*, 14:8, 14:13, 14:*42*, 23:306, 23:*352*, 43:231, 43:*240*
Karp, R. A., 26:406, 26:*442*

Karp, R. M., 19:89, 19:*109*, 22:89, 22:*105*, 23:53, 23:*91*, 26:127, 26:128, 26:129, 26:*151*
Karp, T., 12:94, 12:*112*
Karpilovich, Yu. V., 29:*324*
Karplus, W. J., 4:146 (34), 4:148 (34), 4:*163*, 7:57 (38), 7:*114*, 36:235, 36:249, 36:*252*, 36:*254*
Karr, H. W., 5:374 (31), 5:*377*
Karrasko, L. Kh., 29:*324*
Karreman, H., 2:*372*
Kartashev, S. I., 20:*194*, 34:182, 34:*231*
Kartashev, S. P., 20:*194*, 34:182, 34:*231*
Karthik, S., 34:83, 34:105, 34:*109*
Karunaratne, W., 40:116, 40:*121*
Karwan, M. H., 33:127, 33:*166*
Kasai, T., 14:79, 14:107, 14:*185*, 19:213, 19:*224*, 32:67, 32:72, 32:*102*
Kascic, M. J., Jr., 20:*194*
Kasdan, H. L., 28:219, 28:*223*
Kase, M. R., 6:*225*
Kashara, H., 49:278, 49:*299*
Kashyap, R. L., 33:176, 33:*238*, 33:*239*, 34:*285–286*, 34:*289*
Kasik, D. J., 32:231, 32:*252*
Kask, L. I., 9:127 (61), 9:*175*
Kaske, N. K., 21:414, 21:*416*, 21:*418*
Kaskey, G., 12:*168*
Kasnitz, H. L., 28:213, 28:*224*
Kasparec, F., 44:199, 44:*213*
Kasparis, T., 34:170, 34:*230*
Kasper, B., 29:264, 29:*325*
Kasper, G. M., 40:189, 40:*253*
Kasper, W., 49:9, 49:21, 49:*60*
Kassel, S., 29:318, 29:319, 29:*324*
Kassicieh, S. K., 32:303, 32:*305*
Kassirer, J. P., 22:218, 22:240, 22:274, 22:*293*
Kassler, J., 12:77, 12:*112*
Kassler, M., 12:90, 12:93, 12:*112*, 36:120, 36:*196*
Kast, F. E., 12:41 (16), 12:*72*, 20:10, 20:*33*
Kastner, C. S., 18:173, 18:*227*
Kastner, J., 47:*139*
Kasturi, R., 34:*287*, 43:244, 43:*275*
Kasuga, T., 37:115, 37:*116*
Kasynkov, I., 18:245, 18:*284*
Katayama, H., 44:179, 44:182, 44:*215*
Katayama, O., 36:244, 36:*252*

Katayama, T. A., **41**:35–36, **41**:47, **41**:55, **41**:*61*, **46**:72, **46**:*105*
Katevenis, M. G. H., **23**:8, **23**:*32*, **28**:6, **28**:*65*
Kathail, V., **34**:145, **34**:*152*
Kato, H., **28**:186, **28**:*224*
Kato, K., **12**:288, **12**:*412*
Kato, M., **15**:158, **15**:*176*, **19**:66, **19**:*108*, **23**:296, **23**:*351*, **34**:123, **34**:*152*, **49**:251, **49**:255, **49**:256, **49**:263, **49**:*296*
Kato, T., **2**:*132*, **34**:*287*
Katsouli, E., **40**:189–190, **40**:193, **40**:204, **40**:248, **40**:*252*
Katter, R. V., **11**:72, **11**:*123*, **21**:401, **21**:*418*
Katz, D. L., **4**:147, **4**:148 (54, 55, 56), **4**:*164*
Katz, J. J., **8**:229, **8**:230 (9), **8**:*244*, **11**:173 (38), **11**:*224*, **15**:186, **15**:*236*, **43**:188, **43**:196–197, **43**:*212*
Katz, J. O., **19**:174, **19**:*221*
Katz, K., **16**:295, **16**:*330*
Katz, L. F., **43**:191, **43**:*212*
Katz, P., **23**:182, **23**:*251*
Katz, R. C., **5**:124, **5**:*219*
Katz, R., **24**:2, **24**:9, **24**:47, **24**:*59*, **47**:300, **47**:*339*
Katz, R. H., **26**:437, **26**:438, **26**:439, **26**:*442*, **40**:146, **40**:172, **40**:*176–177*, **43**:121, **43**:*135*, **47**:301, **47**:320, **47**:*339*, **48**:142, **48**:171, **48**:174, **48**:*177*
Katzan, H., **35**:22, **35**:*79*
Katzan, H. S., Jr., **23**:281, **23**:*290*, **22**:*105*
Katzman, J. A., **26**:235, **26**:269, **26**:*278*
Katznelson, J., **32**:4, **32**:*96*
Kauffman, R. J., **43**:*209*, **46**:110, **46**:114, **46**:125, **46**:130, **46**:*154*, **46**:*155*
Kauffmann, J. A., **4**:88 (16), **4**:*133*
Kaufman, A., **47**:216, **47**:223, **47**:*247*, **47**:*248*
Kaufman, A. E., **47**:216, **47**:223, **47**:238, **47**:*248*
Kaufman, C., **48**:235, **48**:*253*
Kaufman, D., **16**:191, **16**:192, **16**:*217*, **16**:248, **16**:*330*
Kaufman, F., **20**:11, **20**:*33*
Kaufman, H., **16**:174, **16**:*178*
Kaufman, L., **21**:*330*, **36**:351, **36**:*419*

Kaufman, M. T., **20**:*194*
Kaufmann, A., **2**:364, **2**:*372*, **28**:*104*, **36**:263, **36**:298, **36**:*329*
Kaufmann, K., **4**:207 (30), **4**:*241*
Kaula, R., **34**:333, **34**:337, **34**:*386*
Kaula, W. M., **13**:*107*
Kauth, J., **45**:189, **45**:*195*
Kautz, W. H., **19**:86, **19**:*109*, **19**:*110*, **26**:181, **26**:*197*
Kautz, W. T., **26**:125, **26**:*151*
Kavak, N., **44**:286, **44**:312, **44**:*329*
Kavanagh, T. F., **4**:21 (53, 54), **4**:22 (54), **4**:*51*
Kavi, K., **45**:75, **45**:94, **45**:*101*
Kawabe, S., **34**:120, **34**:*156*
Kawaguchi, G. H., **32**:303, **32**:*305*
Kawahara, M., **44**:261, **44**:*282*
Kawakami, S., **28**:*148*
Kawamoto, E., **43**:244, **43**:*275*
Kawano, K., **49**:335, **49**:*348*
Kawarasaki, M., **44**:287, **44**:*329*
Kawaratani, T. K., **2**:*372*
Kawasaki, S., **32**:27, **32**:28, **32**:*96*, **32**:*99*
Kawasaki, T., **32**:25, **32**:*99*
Kawato, M., **33**:*239*, **36**:231, **36**:244, **36**:*252*
Kaxiras, S., **46**:324, **46**:*326*
Kay, A., **22**:126, **22**:*160*, **36**:348, **36**:*425*, **45**:324, **45**:340, **45**:354, **45**:*354*
Kay, A. C., **21**:158, **21**:169, **21**:170, **21**:*224*
Kay, M., **7**:119 (41), **7**:*179*, **12**:*170*, **13**:*71*, **13**:117, **13**:158, **13**:*167*, **47**:13, **47**:15, **47**:17, **47**:18, **47**:19, **47**:20, **47**:21, **47**:22, **47**:35, **47**:*58*, **47**:*61*
Kay, S. M., **37**:63, **37**:100, **37**:*102–103*, **37**:114, **37**:*117*
Kayan, I., **10**:257 (3), **10**:*273*
Kaye, A. R., **17**:207, **17**:*218*
Kaye, R. A., **40**:192, **40**:240, **40**:*252*
Kaysen, C., **16**:262, **16**:*330*
Kayton, I., **9**:122 (57), **9**:134, **9**:138 (57), **9**:148, **9**:*175*
Kazansky, G., **18**:239, **18**:*284*
Kazar, M. L., **44**:245, **44**:*281*
Kazerooni, H., **33**:*239*
Kazi, A. H., **5**:323 (265), **5**:*342*
Kearsley, G., **32**:246, **32**:*253*
Keast, C. L., **34**:202, **34**:*231*

Keatts, J., **41**:239, **41**:*252*
Keddara, K., **45**:3, **45**:10, **45**:13, **45**:18, **45**:*51*
Kedem, G., **40**:73, **40**:*124*
Kedem, Z. M., **38**:205, **38**:235–236, **38**:*244*
Keefe, D. H., **36**:174, **36**:*197*
Keefe, G. E., **17**:240, **17**:*281*
Keefe, T. F., **38**:66–67, **38**:*70*
Keeler, **47**:84, **47**:*138*
Keeler, E., **22**:218, **22**:*293*
Keeler, J. D., **33**:*239*
Keen, C. G., **47**:226, **47**:*251*
Keen, M., **11**:61 (10), **11**:70 (10), **11**:102, **11**:107, **11**:*123*
Keen, P., **20**:21, **20**:27, **20**:*33*, **21**:11, **21**:*88*, **23**:142, **23**:156, **23**:*174*, **34**:300, **34**:315, **34**:324, **34**:341, **34**:370, **34**:*386*
Keen, P. G. W., **19**:255, **19**:270, **19**:272, **19**:273, **19**:279, **19**:300, **19**:316, **19**:*325*, **35**:358, **35**:*368*, **39**:257, **39**:*290*, **44**:3, **44**:*57*, **46**:110, **46**:113, **46**:117, **46**:129, **46**:153, **46**:*155*
Keenan, N. T., **30**:131, **30**:*168*
Keenan, T. A., **24**:327, **24**:328, **24**:348, **24**:*372*, **24**:*373*
Keene, M., **36**:373, **36**:*425*
Keene, S. E., **33**:87, **33**:*112*
Keeton, K., **47**:300, **47**:*339*
Kehl, W. B., **3**:*345*, **6**:17, **6**:*29*, **9**:131 (59), **9**:*175*
Kehler, T. P., **34**:23, **34**:*55*, **43**:71, **43**:90, **43**:*134*
Keiger, J. I., **33**:137, **33**:*168*
Keiller, P. A., **30**:91, **30**:*168*
Keil-Slawik, R., **45**:279, **45**:*316*
Keim, R. E., **5**:239, **5**:*254*
Keir, Y. A., **6**:179, **6**:*192*
Keirsey, D. M., **32**:*148*, **48**:327, **48**:330, **48**:334, **48**:335, **48**:339, **48**:351, **48**:*352*
Kekenes, C., **45**:298, **45**:*315*
Kekre, S., **44**:91, **44**:*125*, **46**:113, **46**:*156*
Kelch, J., **47**:227, **47**:*248*
Keldysh, M. V., **5**:68 (28), **5**:*106*
Keleher, P., **39**:207, **39**:209–211, **39**:221–222, **39**:227, **39**:233–234, **39**:*236*
Kelejian, H. H., **38**:311, **38**:*313*

Kelekar, S. G., **42**:191–192, **42**:*236*
Kelem, S. H., **40**:109, **40**:*124*
Kelk, B., **13**:*106*
Keller, H. B., **5**:323, **5**:*327*, **5**:*341*, **10**:257, **10**:*273*
Keller, J., **44**:193, **44**:*215*
Keller, J. B., **4**:*241*
Keller, J. M., **8**:*43*
Keller, M., **13**:*107*
Keller, R. M., **19**:101, **19**:*109*, **26**:95, **26**:*151*, **29**:107, **29**:*188*, **34**:149, **34**:*154*
Keller, S. E., **42**:2, **42**:10, **42**:12, **42**:*33*
Keller, T. W., **20**:*191*
Kellett, H. G., **11**:209 (147), **11**:*229*
Kelley, C., **32**:285, **32**:295, **32**:*305*
Kelley, C. R., **32**:206, **32**:*251*
Kelley, J. E., Jr., **2**:317, **2**:322, **2**:324, **2**:*372*, **3**:186, **3**:*187*
Kelley, J. F., **29**:67, **29**:*75*, **33**:152, **33**:*168*
Kelley, K. L., **15**:192, **15**:*236*
Kelley, K. R., **8**:70 (30), **8**:78 (30), **8**:*100*
Kelley, R. A., **11**:383 (77), **11**:*387*
Kelley, R. B., **32**:109, **32**:*146*
Kelliher, B. W., **16**:*122*
Kelliher, T., **49**:242, **49**:258, **49**:*302*
Kellman, S., **5**:324 (288), **5**:*343*
Kellner, M., **41**:42, **41**:*61*
Kellner, M. I., **39**:116, **39**:154, **39**:*188*, **41**:21–22, **41**:29, **41**:43, **4**147, **41**:55, **41**:*60–61*, **45**:4, **45**:5, **45**:*51*, **46**:39, **46**:40, **46**:41, **46**:42, **46**:43, **46**:46, **46**:55, **46**:61, **46**:72, **46**:76, **46**:77, **46**:80, **46**:82, **46**:92, **46**:*101*, **46**:*102*, **46**:*103*, **46**:*104*, **46**:*105*
Kellogg, C., **13**:177, **13**:*228*
Kellogg, O. D., **2**:73, **2**:75, **2**:*128*
Kellogg, R. B., **5**:318 (215), **5**:*339*
Kellogg, W. A., **29**:62, **29**:66, **29**:67, **29**:*74*, **29**:*76*, **36**:395, **36**:406, **36**:408, **36**:*420*, **36**:*425*, **36**:*428*
Kelly, A., **48**:345, **48**:*352*
Kelly, B. A., **22**:202, **22**:*210*
Kelly, C. W., III, **31**:42, **31**:*96*
Kelly, D. H., **6**:*226*
Kelly, F. P., **19**:129, **19**:*221*
Kelly, G. L., **19**:210, **19**:212, **19**:*220*
Kelly, H. S., **7**:212 (8), **7**:227 (8), **7**:*238*
Kelly, I. M., **47**:216, **47**:*248*
Kelly, J., **12**:*281*, **20**:13, **20**:*33*, **40**:82,

40:*125*
Kelly, J. C., **42:**56, **42:***75*
Kelly, J. P. J., **26:**224, **26:***277*
Kelly, M. J., **33:**149, **33:***168*
Kelly, R. T., **33:**150, **33:***167*
Kelly, S., **32:**284, **32:***305*
Kelly, V. E., **49:**151, **49:**152, **49:***189*
Kelner, J., **44:**247, **44:***281*
Kelso, J. A. S., **42:**243–244, **42:**246, **42:***267–268*
Kelso, L. O., **3:**310, **3:**311, **3:**342, **3:***345*
Kememy, J. G., **2:**402, **2:***419*, **12:***170*, **19:**118, **19:***222*, **36:***39*
Kemerer, C., **39:**88, **39:***105*, **47:**344, **47:***366*
Kemerer, C. F., **43:**185, **43:***209*, **43:***212*, **44:**88–90, **44:**97–98, **44:**100–101, **44:**103–104, **44:**114–115, **44:***123–124*
Kemmerer, Ch., **39:**17, **39:***47*
Kemmerer, R. A., **29:**32, **29:**35, **29:***44*, **42:**22–23, **42:***33*
Kemp, L. F., **32:**179, **32:***195*
Kemper, A., **34:***55*
Kempster, J., **20:**17, **20:***30*
Kendall, D. G., **19:**130, **19:***220*
Kendall, J., **34:**342, **34:**367, **34:***387*
Kendall, K., **34:**342, **34:**367, **34:***387*
Kendall, M. G., **2:**68, **2:***125*, **12:***412*, **19:**113, **19:**124, **19:**180, **19:***222*
Kendell, R. E., **19:**204, **19:***222*
Kender, J. R., **34:**66–67, **34:**70, **34:***110*
Kendrew, J. C., **5:**258 (1), **5:**274 (40), **5:**275 (41), **5:**278 (41), **5:**279 (41), **5:***284*, **5:***286*
Kenedy, K., **43:**72, **43:**102, **43:***135*
Kennawar, **43:**33, **43:***45*
Kennedy, D., **18:***170*
Kennedy, D. J., **26:***277*
Kennedy, E. J., **11:**358, **11:***387*
Kennedy, K., **20:**189, **20:***194*, **35:**272, **35:**275, **35:***320*, **43:**9, **43:***47*, **45:**117, **45:**118, **45:**120, **45:**146, **45:**147, **45:***150*, **45:***151*, **49:**261, **49:***302*
Kenneth, P., **16:**288, **16:***330*
Kennedy, P. J., **26:**257, **26:***278*
Kennevan, W., **20:**5, **20:***33*
Kenney, R., **8:**53 (5), **8:**78 (6), **8:**80 (5), **8:**92 (6), **8:***99*
Kensing, F., **34:**302, **34:**312, **34:**319, **34:**340, **34:**356–358, **34:**361–364, **34:***381*
Kent, A., **3:**312 (44), **3:***345*, **4:**37 (69), **4:***51*, **21:**347, **21:***418*, **31:**335–336, **31:**340, **31:**352, **31:**359, **31:***372–375*
Kent, A. K., **9:**152, **9:***174*
Kent, E., **32:**129, **32:***147*, **49:**246, **49:***299*
Kent, H., **1:**15, **1:***41*, **4:**39, **4:***52*
Kent, S., **44:**247, **44:***281*, **48:**249, **48:***253*
Kent, S. T., **48:**226, **48:***253*
Kent, W., **35:***181*
Kenton, R. G., **4:**156 (85), **4:***166*
Keohane, R. O., **35:**331, **35:***368*
Kepes, J. J., **5:**313 (158), **5:***335*
Kephart, J., **47:**143, **47:***181*
Keravnou, E., **24:**296, **24:***313*
Kerber, A., **5:**234, **5:***252*
Kerber, R. E., **47:**215, **47:***250*
Kerby, H. R., **11:**186 (30), **11:***223*
Kerbyson, D., **49:**267, **49:***300*
Kerimov, D. A., **9:**127 (60), **9:**152, **9:***175*
Kerner, J. S., **26:**385, **26:***390*
Kernighan, B. W., **19:**269, **19:**276, **19:**278, **19:**292, **19:***325*, **22:**129, **22:**152, **22:***160*, **26:**440, **30:**4, **30:***35*, **47:**102, **47:**109, **47:**110, **47:***139*, **49:**260, **49:***299*
Kerola, P., **34:**347, **34:***387*
Kerr, D. S., **14:**257, **14:***272*, **19:***64*, **22:**100, **22:***104*, **28:***148*, **28:***149*
Kerschberg, L., **21:**233, **21:***272*
Kershaw, D. N., **16:**245, **16:***330*
Kersten, M. L., **22:**114, **22:**136, **22:***160*, **22:***161*
Kerwin, J. G., **32:**259, **32:***304*
Keryell, R., **49:**275, **49:***299*
Kesavan, H. K., **36:**306, **36:***329*
Kesner, O., **7:**136 (42), **7:***179*
Kesselman, C., **45:**127, **45:***151*
Kessels, J. L. W., **26:**159, **26:***197*, **48:**267, **48:**275, **48:**277, **48:**295, **48:***311*
Kessler, M. M., **6:**21, **6:***29*
Kestly, J. J., **16:***179*
Ketabchi, M., **40:**46, **40:***63*
Ketchum, M. A., **5:**311 (130), **5:***333*
Ketcxhpel, S. P., **48:**267, **48:**270, **48:**286, **48:**287, **48:**299, **48:***313*
Kettenring, J. R., **19:**180, **19:**196, **19:**206, **19:**208, **19:***217*, **19:***219*
Keuneke, A., **38:**93, **38:**95, **38:**97, **38:**102,

38:*138*, 38:*141*
Keuneke, A. M., 38:*102*, 38:*106–107*
Keyes, R. W., 23:296, 23:*352*, 28:196, 28:*224*
Keyser, S. J., 17:91, 17:*160*
Kezling, G. B., 29:263, 29:283, 29:285, 29:286, 29:292, 29:293, 29:294, 29:295, 29:297, 29:301, 29:*324*
Kezsbom, D. S., 39:262, 39:*290*
Kfoury, A. J., 47:27, 47:*63*
Khabaz, J., 26:327, 26:328, 26:329, 26:*333*
Khabaza, I., 35:227, 35:234, 35:*253*
Khalidi, A., 39:197, 39:215, 39:*237*
Khalidi, M. Y. A., 39:197, 39:*237*
Khanmoradi, H., 38:*193*
Khanna, S., 48:7, 48:16, 48:40, 48:62, 48:73, 48:*116*
Khanov, M., 29:*324*
Kharlonovich, I. V., 18:238, 18:*284*
Khatib, O., 33:*239*, 48:330, 48:341, 48:*352*
Khatsenkov, G., 18:239, 18:*284*
Khatskevich, L. D., 29:283, 29:285, 29:300, 29:*324*
Kheifetz, Ia., 1:*89*
Khendek, F., 49:147, 49:148, 49:*188*
Kher, A., 38:*191*
Kholmanskii, A. S., 31:241, 31:296, 31:*322*
Khorasani, K., 36:240, 36:*253*
Khosla, P. K., 35:91, 35:107, 35:110, 35:*132*, 48:23, 48:38, 48:*118*
Khullar, V., 47:216, 47:*244*
Khusainov, B. S., 18:*284*
Khvoshch, S. T., 29:315, 29:*324*
Kiang, N. Y. S., 31:130, 31:*170*
Kibbey, D., 15:263, 15:*282*, 18:176, 18:*227*
Kibblewhite, E. J., 34:*286*
Kibel, I., 1:52 (15, 17), 1:*87*
Kibler, D. F., 22:202, 22:*214*
Kickert, W. J. M., 28:*104*
Kidd, P. H., 16:144, 16:*177*
Kidder, C., 24:347, 24:*373*
Kidder, L. H., 46:98, 46:*105*
Kido, T., 45:170, 45:185, 45:186, 45:*194*
Kieburtz, R. B., 11:277 (22), 11:288 (23), 11:*317*

Kiefer, G., 12:296, 12:*413*
Kiefer, J., 23:87, 23:*91*
Kielmann, T., 46:345, 46:*399*
Kienker, P. K., 37:131, 37:*165*
Kieras, D. E., 29:71, 29:*76*, 32:226, 32:*251*, 36:372, 36:*425*
Kierulf, A., 37:177, 37:186–187, 37:*204–205*
Kiesler, S., 39:243, 39:261–263, 39:266, 39:268, 39:272, 39:282, 39:*290*, 39:*292*
Kiev, A., 19:206, 19:*222*
Kijamko, E. I., 1:233 (12), 1:*308*
Kikuchi, K., 6:*295*
Kilbridge, W., 9:292 (6), 9:*353*
Kilburn, T., 1:227 (46), 1:*229*, 6:150, 6:*192*, 8:18 (38), 8:*43*
Kilgannon, P., 13:50, 13:51, 13:*70*
Kilgour, F. G., 21:333, 21:334, 21:339, 21:340, 21:342, 21:343, 21:347, 21:*418*, 21:419
Kilimin, A. J., 2:184 (42), 2:*291*
Kille, S., 48:240, 48:*255*
Killough, G. S., 19:127, 19:128, 19:*223*
Kilmuir, J., 5:207, 5:*225*
Kilson, M., 35:340, 35:*368*
Kim, C., 31:361, 31:*378*, 39:112, 39:*187*
Kim, H., 35:*180*, 38:*186*
Kim, I., 44:188, 44:*214*
Kim, J., 21:94, 21:126, 21:128, 21:148, 21:*153*
Kim, J. J., 38:*188*, 47:224, 47:*248*
Kim, K. H., 20:*195*, 26:279, 26:342, 26:*390*
Kim, M., 43:196–197, 43:*209*
Kim, S., 35:287, 35:292, 35:295, 35:*322*, 36:360, 36:*425*
Kim, S. H., 31:243, 31:*322*
Kim, S. K., 28:260, 28:*275*
Kim, T., 33:93, 33:101, 33:*112*
Kim, W., 26:17, 26:*44*, 28:109, 28:118, 28:137, 28:140, 28:145, 28:*148*, 28:*149*, 34:23, 34:*55*, 35:145, 35:*180*, 35:*182*, 38:67, 38:*71*, 43:67, 43:69, 43:121, 43:*135*, 49:252, 49:*299*
Kim, W. C., 32:232, 32:*250*
Kim, W.-Y., 43:274, 43:*278*
Kimball, O., 31:100, 31:*171*
Kimball, R., 33:154, 33:*170*, 36:350,

36:395, 36:*429*
Kimberg, D. Y., 29:63, 29:*76*
Kimbleton, S. R., 16:183, 16:*186*,
    16:188, 16:190, 16:194, 16:195,
    16:206, 16:*217*, 17:165, 17:184,
    17:*218*, 21:228, 21:*272*, 32:177,
    32:191, 32:*198*
Kimes, T. F., 5:326 (357), 5:*347*
Kiminkinen, H., 44:*217*
Kimmel, P., 44:346, 44:*358*
Kimura, S., 18:185, 18:*227*
Kimura, T., 34:161, 34:*232*
Kincade, R. G., 36:351, 36:*429*
Kindler, E., 5:42, 5:101 (30), 5:103, 5:*106*
Kindy, J., 49:311, 49:*347*
King, A., 2:228, 2:*292*
King, B. G., 10:118 (5), 10:*128*
King, D., 28:235, 28:*275*, 31:343, 31:*373*
King, D. L., 47:211, 47:216, 47:*248*
King, D. L. Jr., 47:211, 47:216, 47:*248*
King, D. W., 31:338, 31:358–359,
    31:362, 31:*374*, 38:*314*
King, F. E. H., 4:21 (55), 4:*51*
King, G. W., 1:122 (62), 1:*140*, 49:34,
    49:*62*
King, J., 4:21 (55), 4:*51*, 22:176, 22:*210*,
    22:*211*, 45:278, 45:*318*, 47:344,
    47:*366*
King, J. H., 11:128 (8), 11:*163*
King, J. L., 19:266, 19:310, 19:311,
    19:*326*, 20:21, 20:*33*, 21:3, 21:11,
    21:39, 21:69, 21:69, 21:*88*, 39:248,
    39:270, 39:284, 39:*291–292*
King, M., 47:54, 47:*61*, 49:2, 49:19,
    49:44, 49:46, 49:61, 49:*62*
King, O., 44:265, 44:*282*
King, P., 4:283 (22), 4:*303*
King, R., 34:241, 34:*286*, 35:150, 35:*182*,
    39:118, 39:*188*, 43:59, 43:85,
    43:*135*, 46:95, 46:*104*, 49:*93*
King, R. B., 32:*148*
King, R. S., 24:354, 24:*373*
King, W., 20:14, 20:*30*, 34:298, 34:*384*
King, W. F., III., 28:*147*
King, W. R., 28:233, 28:250, 28:*275*,
    34:332, 34:*387*, 47:*366*
Kingery, R. A., 15:241, 15:*282*
King-Hele, D. G., 3:30, 3:*75*
Kingslake, R., 5:233, 5:*252*
Kingsland, L. C., 22:202, 22:*214*, 38:166,
    38:*180*
Kinniment, D. J., 21:95, 21:101, 21:*151*,
    21:*152*
Kinoshita, G., 35:98, 35:*133*
Kinoshita, K., 17:250, 17:*281*, 26:303,
    26:324, 26:326, 26:327, 26:329,
    26:*333*
Kinslow, H. A., 8:*43*
Kinter, T. M., 47:215, 47:*244*, 47:*249*
Kintsch, Walter, 40:6, 40:*37*
Kipp, L., 41:235–237, 41:240, 41:*252*
Kirbach, D., 47:216, 47:*248*
Kirby, A., 42:126–127, 42:134, 42:*235*
Kirby, J., 49:85, 49:*93*
Kirby, K. G., 31:286–287, 31:*320–321*
Kirby, M. D., 23:271, 23:279, 23:*290*
Kircher, P., 20:7, 20:14, 20:*33*
Kirchhoff, A. J., 48:300, 48:302, 48:303,
    48:*310*
Kirkham, C. C., 34:173, 34:*231*,
    37:286–287, 37:292–293, 37:295,
    37:313–315, 37:*331–332*
Kirkley, J., 23:169, 23:*174*
Kirklin, J. W., 16:161, 16:*179*, 16:*181*
Kirkpatrick, C., 36:229, 36:*252*
Kirkpatrick, F. H., 31:298, 31:*321*
Kirkpatrick, S., 33:*239*, 45:158, 45:170,
    45:*196*
Kirner, T. G., 42:6, 42:15–16, 42:*34*
Kirova, V., 43:53, 43:*135*
Kirsch, R. A., 6:27, 6:*29*, 8:226 (10),
    8:228 (10), 8:*244*, 12:*412*
Kirsch, W., 34:298, 34:*387*
Kirstein, P., 42:123, 42:*237*
Kirsten, F. A., 6:*295*
Kirsten, R. A., 6:*295*
Kiseda, J. R., 6:55 (60), 6:*86*, 7:42 (36),
    7:*114*
Kiska, J. B., 28:91, 28:*103*
Kisliuk, P., 2:166 (19), 2:*290*
Kiss, G. R., 11:173 (75, 76), 11:*225*
Kissane, J. M., 22:278, 22:*292*
Kission, P., 40:94, 40:*124*
Kisslo, J., 47:216, 47:*252*, 47:*253*
Kister, J., 1:170 (5), 1:*192*, 18:60, 18:*116*,
    29:198, 29:*249*
Kistler, J. J., 44:262, 44:*282*, 48:122,
    48:142, 48:*177*
Kistler, V. E., 5:309 (196), 5:*338*
Kitagawa, H., 34:*291*

Kitamura, S., **36**:244, **36**:*252*
Kitano, H., **49**:253, **49**:*299*
Kitchel, S. W., **34**:149, **34**:*155*, **49**:240, **49**:250, **49**:*296*
Kitchenham, A. P., **44**:144, **44**:*167*
Kitchenham, B. A., **44**:89–90, **44**:95–97, **44**:103–104, **44**:*124*, **44**:131–133, **44**:144, **44**:161, **44**:*167*, **46**:162, **46**:*233*
Kitney, R. I., **47**:227, **47**:*248*
Kitov, A. I., **5**:30 (31), **5**:32 (32), **5**:33, **5**:*106*, **18**:236, **18**:*285*
Kitson, D. H., **46**:15, **46**:16, **46**:27, **46**:31, **46**:66, **46**:*105*
Kitstein, P., **42**:131–133, **42**:136, **42**:*234*
Kitsuregawa, M., **28**:140, **28**:145, **28**:*148*
Kittinger, D., **29**:233, **29**:245
Kittler, J., **19**:174, **19**:179, **19**:199, **19**:*222*, **32**:133, **32**:*146*
Kittredge, R., **24**:253, **24**:*274*
Kizakevich, P. N., **38**:*185*
Kjeldsen, R., **34**:98, **34**:*108*
Klaas, R. L., **23**:142, **23**:*174*
Klahr, **26**:40
Klahr, C., **5**:325 (321), **5**:*345*
Klahr, D., **19**:122, **19**:*222*
Klahr, P., **33**:68, **33**:87, **33**:*112*
Klanfer, L., **4**:*241*
Klann, P. G., **5**:313 (153), **5**:323 (263b), **5**:*335*, **5**:*342*
Klarman, K., **9**:247 (6), **9**:*284*
Klashinsky, K., **43**:85, **43**:*137*
Klass, P. J., **9**:272 (14), **9**:*284*, **28**:116, **28**:*149*
Klassen, A., **21**:*153*, **24**:141, **24**:*161*, **24**:*172*
Klassen, D. L., **24**:343, **24**:347, **24**:*373*
Klatt, D. H., **11**:207 (7, 8), **11**:*222*, **13**:225, **13**:*229*, **18**:204, **18**:*227*
Klavans, J. L., **49**:12, **49**:*58*
Kleene, S. C., **2**:393, **2**:397, **2**:398 (62), **2**:415, **2**:*419*, **24**:324, **24**:*373*
Kleijnen, J. P. C., **20**:16, **20**:*33*
Kleiman, S., **46**:291, **46**:305, **46**:314, **46**:*326*, **48**:69, **48**:*115*
Klein, A., **35**:281, **35**:*319*
Klein, C. A., **33**:*239*, **33**:*241*
Klein, D. V., **46**:383, **46**:*400*
Klein, G., **36**:360, **36**:*420*

Klein, H. K., **34**:294, **34**:298, **34**:302, **34**:304, **34**:307, **34**:310, **34**:323–324, **34**:326, **34**:335, **34**:336, **34**:339–340, **34**:344, **34**:355, **34**:359, **34**:361, **34**:363, **34**:365–366, **34**:*381*, **34**:*385–388*, **34**:*390–391*, **46**:73, **46**:*104*
Klein, H.-M., **47**:227, **47**:*248*
Klein, J., **47**:40, **47**:*59*, **49**:48, **49**:*64*
Klein, M. H., **9**:292 (7), **9**:*353*, **46**:396, **46**:*399*, **48**:17, **48**:20, **48**:59, **48**:*116*
Klein, S., **11**:60 (60), **11**:*125*, **15**:222, **15**:*236*
Klein, T., **9**:214, **9**:*236*
Kleinfeld, D., **37**:156, **37**:*164*
Kleinfelder, W. J., **26**:*198*, **34**:140, **34**:*155*, **40**:165, **40**:*178*
Kleinman, A., **19**:209, **19**:*227*
Kleinrock, L., **17**:206, **17**:*218*, **30**:133, **30**:*168*, **49**:272, **49**:273, **49**:297, **49**:*301*
Kleir, R. L., **24**:146, **24**:*172*
Kleist-Retzow, H. V., **40**:192, **40**:*252*
Kleitman, D. J., **23**:18, **23**:*32*, **23**:50, **23**:*91*
Klem, L., **12**:*174*
Klemmer, E. T., **36**:*425*
Klevmarken, A., **16**:321, **16**:*329*
Kleyle, R., **28**:238, **28**:*278*
Klick, D. C., **4**:21 (56), **4**:*51*
Kline, C. S., **22**:96, **22**:*105*, **22**:*106*, **24**:*100*, **30**:172, **30**:*221*, **35**:278, **35**:*324*
Kline, S. J., **4**:214 (32), **4**:*241*
Kling, R., **19**:251, **19**:252, **19**:255, **19**:257, **19**:258, **19**:259, **19**:264, **19**:266, **19**:267, **19**:268, **19**:270, **19**:271, **19**:275, **19**:276, **19**:277, **19**:278, **19**:290, **19**:292, **19**:293, **19**:300, **19**:303, **19**:306, **19**:308, **19**:309, **19**:310, **19**:311, **19**:312, **19**:313, **19**:314, **19**:315, **19**:318, **19**:319, **19**:320, **19**:321, **19**:322, **19**:*324*, **19**:*324*, **19**:*325*, **21**:3, **21**:4, **21**:5, **21**:6, **21**:10, **21**:11, **21**:21, **21**:23, **21**:26, **21**:28, **21**:32, **21**:39, **21**:40, **21**:41, **21**:43, **21**:57, **21**:67, **21**:68, **21**:69, **21**:70, **21**:75, **21**:80, **21**:81, **21**:85, **21**:*87*, **21**:*88*, **34**:318, **34**:324, **34**:*387*, **39**:239, **39**:243,

39:246, 39:249–250, 39:253, 39:255, 39:257, 39:259–260, 39:265, 39:274, 39:277–278, 39:281, 39:284–286, 39:*289–291*, 45:276, 45:*318*
Klingen Smith, P. J., 30:*35*
Klinger, A., 16:*181*, 34:249, 34:255, 34:264, 34:*285*, 34:*287*, 34:*289*
Klinger, C. D., 41:21–22, 41:46, 41:50, 41:55, 41:*61*
Klinker, G. J., 34:82, 34:*110*
Klint, P., 46:386, 46:*397*
Kliot-Dashinsky, M. I., 2:82, 2:*130*
Klir, G. J., 36:259–261, 36:265–268, 36:273–274, 36:279–283, 36:286–288, 36:290, 36:293, 36:297–298, 36:302, 36:305, 36:307, 36:312–313, 36:315–318, 36:321–322, 36:324, 36:*326*, 36:*328–330*, 36:*332*
Klobert, R. K., 18:*170*
Kloker, K. L., 37:111, 37:*117*
Kloman, H. F., 44:51, 44:*57*
Klöockner, K., 45:280, 45:*318*
Klopf, A., 37:152–153, 37:*164*
Klorer, M., 8:67, 8:*100*
Klotz, L., 45:302, 45:*320*
Kloucek, J., 5:88, 5:*106*
Klovstad, J., 17:3, 17:8, 17:72, 17:*87*
Kluczny, R., 39:80, 39:*104*
Klug, A., 46:278, 46:280, 46:*286*
Klug, U., 9:118 (64), 9:*175*
Kluge, W. E., 34:149, 34:*154*, 44:193, 44:*215*
Kluiters, C. P., 48:269, 48:*311*
Kluytmans, D., 47:216, 47:*250*
Kluytmans, M., 47:190, 47:*249*
Kmety, A., 18:*285*
Knapp, D. W., 37:228, 37:*282*
Knapp, E., 35:310, 35:*322*
Knapp, M. A., 7:11 (4), 7:59, 7:*113*
Knapp, R., 20:14, 20:*31*, 34:294, 34:*384*
Kniedler, M. J., 5:325 (316, 319, 320, 322), 5:*344*, 5:*345*
Knight, B. W., 37:380, 37:*420*
Knight, J. C., 38:*181*, 42:45, 42:47, 42:51, 42:*75*
Knight, J. P., 37:214, 37:251, 37:*283*
Knight, K., 37:*164*, 49:12, 49:24, 49:40, 49:*62*
Knighting, E., 1:78 (68), 1:*89*

Knill, K., 47:20, 47:21, 47:*61*
Knill-Jones, R. P., 16:140, 16:141, 16:*180*
Knoblock, C., 48:263, 48:*311*
Knoll, R. L., 19:122, 19:*227*
Knoll, T. F., 34:270, 34:*287*
Knowlton, K., 12:225 (27), 12:238 (27), 12:*284*
Knowlton, K. C., 7:230 (9), 7:*238*, 7:287 (38), 7:*289*, 9:74 (19), 9:*111*
Knowlton, P. H., 12:92, 12:*112*
Knowlton, R. E., 16:262, 16:*329*
Knox, C., 20:7, 20:*33*
Knudsen, C., 47:*182*
Knul, M., 46:116, 46:124, 46:*157*
Knuth, D. E., 7:135 (44), 7:163 (43), 7:*179*, 10:73, 10:*76*, 12:122 (107), 12:128 (107), 12:143, 12:145, 12:151, 12:156 (107), 12:160 (107), 12:*170*, 14:76, 15:11, 15:*61*, 15:138, 15:*178*, 15:227, 15:*236*, 16:117, 16:*123*, 17:270, 17:*281* 18:94, 18:95, 18:98, 18:*116*, 19:73, 19:89, 19:91, 19:102, 19:*109*, 20:205, 20:*257*, 22:66, 22:71, 22:74, 22:80, 22:*105*, 23:297, 23:301, 23:303, 23:306, 23:308, 23:*352*, 24:335, 24:*373*, 26:139, 26:140, 26:142, 26:*151*, 29:210, 29:232, 29:*249* 30:4–5, 30:*35*, 30:202, 30:*220*, 34:173, 34:*231*, 36:48, 36:*109*, 40:75, 40:*124*, 41:213, 41:*228*, 43:64, 43:*135*, 43:219, 43:223, 43:239, 43:*240*
Knutsen, K. E., 46:113, 46:119, 46:128, 46:*155*
Knutson, H., 20:15, 20:*33*
Kobayashi, H., 17:207, 17:*218*
Kobayashi, I., 34:*287*
Kobayashi, M., 45:281, 45:292, 45:*318*
Kobayashi, T., 17:228, 17:237, 17:*281*, 45:281, 45:290, 45:*317*
Kobayashi, Y., 24:161, 24:*171*, 42:157–158, 42:161, 42:*238–239*
Kobler, A. L., 5:212 (184), 5:*226*
Kobylinskii, A. V., 29:315, 29:*324*
Koch, C., 37:414, 37:*424*
Koch, E. I., 16:308, 16:*330*
Koch, G. R., 41:12, 41:*61*, 46:28, 46:*31*, 46:40, 46:58, 46:66,

46:*104*, 46:*105*
Koch, H. S., 22:100, 22:*104*, 45:214, 45:*265*
Koch, P., 38:*188*
Koch, S., 39:*291*
Koch, V. L., 19:140, 19:141, 19:*222*, 19:*224*
Kochar, A. K., 21:11, 21:19, 21:*88*
Kochen, M., 5:168, 5:*222*, 24:*197*, 24:*215*, 24:*313*, 28:239, 28:241, 28:244, 28:246, 28:256, 28:258, 28:259, 28:263, 28:265, 28:267, 28:272, 28:*276*, 38:310, 38:*314*
Koczela, L. J., 9:286 (8, 9), 9:293 (8), 9:350 (8), 9:*353*
Kodama, Y., 44:183, 44:*215*, 44:*217*, 46:308, 46:312, 46:314, 46:*326*, 46:*327*
Kodandapani, K. L., 20:167, 20:*195*, 26:*198*
Koditschek, D. E., 33:*239*, 33:*240*
Koechner, D., 38:*191–192*
Koehler, W. F., 2:198, 2:*292*
Koelbel, C., 35:272, 35:275, 35:*322*, 45:107, 45:120, 45:135, 45:145, 45:*151*
Koen, J. W., 6:*296*
Koenemann, Jurgen, 40:2, 40:27, 40:30, 40:34, 40:*37*
Koenig, R. A., 18:241, 18:*285*
Koenig, S. R., 19:264, 19:*324*
Koepcke, R. W., 23:182, 23:193, 23:*251*
Koerner, R. J., 4:298 (27), 4:*303*
Koester, C. J., 28:196, 28:*226*
Koetke, W., 24:342, 24:*373*
Koffman, E., 24:181, 24:*215*
Kofink, W., 5:321, 5:*339*
Kofler, E., 43:58, 43:*136*
Kogan, B., 32:160, 32:*198*, 38:66–67, 38:*70*, 41:*295*
Kogan, N., 11:350, 11:387
Kogge, P. N., 28:17, 28:*65*, 34:172, 34:*231*
Kogure, M., 41:67, 41:*82*
Kohara, H., 17:252, 17:*282*
Kohavi, Z., 26:314, 26:*333*, 49:262, 49:279, 49:*299*
Kohda, M., 31:112, 31:*172*
Kohl, J. T., 44:223, 44:*280*
Kohler, P., 44:202, 44:*214*

Kohler, W. H., 37:*332*, 49:250, 49:*298*
Kohn, S. R., 45:144, 45:*150*, 45:*151*
Kohn, W., 33:*235*
Kohonen, T., 28:161, 28:*224*, 31:112, 31:*171*, 33:178, 33:180, 33:184, 33:*239*, 34:122, 34:*154*, 34:164, 34:170, 34:176, 34:178, 34:180, 34:185, 34:215, 34:227, 34:*231*, 36:175, 36:177, 36:*196–197*, 36:220, 36:232, 36:*252*, 37:*164*, 37:416, 37:*421*
Kohout, L. J., 24:296, 24:*313*, 24:*314*, 28:*103*
Kohyama, H., 49:37, 49:*67*
Koisina, L., 29:302, 29:*325*
Kojima, S., 38:*184*
Kokol, P., 38:*182*
Kokorin, V. S., 29:300, 29:301, 29:*325*
Kokotovic, P. V., 42:263, 42:*267*
Kokubu, A., 44:183,1*214*
Kolar, O. C., 5:326 (365), 5:*347*
Kolata, G. B., 22:102, 22:*105*, 22:*107*
Kolf, F., 34:301, 34:362, 34:*387*, 34:*390*
Kolin, A., 47:208, 47:*245*
Koll, M. B., 24:300, 24:*314*, 24:*315*
Kollar, C. P., 24:131, 24:*172*
Koller, D., 48:263, 48:*311*
Koller, H. R., 12:*170*
Koller, W., 47:227, 47:*246*
Kolmogorov, A. N., 28:229, 28:*276*, 36:260, 36:320, 36:*329*
Kolodner, J., 49:37, 49:*62*
Kolosick, J. T., 36:120, 36:*197*
Kolshansky, G. V., 1:131, 1:*140*
Kolsky, H. G., 3:78 (2), 3:*152*, 34:86, 34:*108*
Kolvenbach, S., 45:280, 45:*318*
Komarnitskiy, V. A., 18:240, 18:247, 18:*283*
Komatsu, E., 49:34, 49:*62*
Komatsu, K., 38:*193*
Komen, E. R., 44:197, 44:*214*
Komissarchik, E. A., 29:232, 29:*249*
Kompass, E. J., 4:*241*, 4:*242*
Kompella, K., 30:197, 30:*219*
Kompfner, R., 2:196 (46), 2:*291*
Komuri, S., 34:173, 34:*234*
Konda, S., 44:23, 44:50, 44:*55*, 44:*57*
Kondo, T., 43:244, 43:*275*, 44:179, 44:182, 44:*215*

Konečcná, D., **11**:39 (79), **11**:*58*
Konheim, A. G., **17**:207, **17**:*218*, **22**:56, **22**:57, **22**:60, **22**:100, **22**:*105*
Konolige, K., **26**:*43*
Konrad, E., **24**:293, **24**:*311*
Konrad, M., **46**:15, **46**:16, **46**:*31*
Konrad, M. D., **46**:16, **46**:26, **46**:*31*, **46**:*32*
Konsynske, B., **35**:20, **35**:*78*
Konsynski, B., **16**:72, **16**:*124*, **26**:7, **26**:*43*
Konsynski, B. R., **23**:166, **23**:167, **23**:*174*, **40**:193, **40**:245, **40**:*252*
Kontio, J., **46**:41, **46**:55, **46**:61, **46**:66, **46**:73, **46**:82, **46**:84, **46**:89, **46**:92, **46**:*105*
Koons, D. B., **47**:*62*
Koontz, W. L. G., **19**:162, **19**:174, **19**:175, **19**:179, **19**:212, **19**:*222*
Koopmans, T. C., **2**:*372*
Kooy, C., **17**:224, **17**:*281*
Kopac, M. J., **12**:402, **12**:*410*
Kopal, Z., **2**:64 (6. 7), **2**:*125*
Kopal, Z., **3**:39, **3**:*75*
Kopanas, V., **40**:204, **40**:248, **40**:*252*
Kopchok, G. E., **47**:227, **47**:*245*
Kopec, D., **29**:240, **29**:244, **29**:245, **29**:*248*, **37**:173, **37**:*205*
Kopec, G., **31**:100, **31**:152, **31**:*171*
Kopell, N., **42**:244–245, **42**:*267–268*
Kopetz, H., **26**:237, **26**:*278*, **42**:3, **42**:5, **42**:*34*, **49**:310, **49**:*347*
Kopp, G. A., **1**:198 (30), **1**:212 (30), **1**:*228*, **11**:173 (118), **11**:*227*
Kopp, H. G., **11**:173 (118), **11**:*227*
Kopp, H. J., **5**:306, **5**:*331*
Kopp, R. E., **3**:279 (8, 9), **3**:281 (8, 9), **3**:*297*
Kopser, A., **40**:103, **40**:*123*
Koral, K., **43**:244, **43**:*275*
Korb, B., **45**:171, **45**:*194*
Kordon, F., **40**:80, **40**:*124*
Korein, J., **17**:136, **17**:*160*
Korel, B., **26**:356, **26**:357, **26**:*390*, **43**:2–3, **43**:22–23, **43**:38, **43**:*47*
Koren, I., **41**:252, **41**:*253*
Koren, Y., **42**:243, **42**:*268*, **48**:342, **48**:*351*
Korf, R. E., **29**:222, **29**:*249*
Korfhage, R. R., **14**:*76*

Kories, R., **34**:70, **34**:*110*
Korn, G. A., **5**:353 (14), **5**:*376*, **9**:26 (6), **9**:*49*, **14**:196, **14**:*229*
Korneichuk, A. A., **29**:306, **29**:315, **29**:*325*
Korneichuk, V. I., **29**:296, **29**:*325*
Kornerup, P., **24**:112, **24**:113, **24**:119, **24**:*172*, **24**:*175*
Korobov, N. M., **5**:*106*
Korolev, L., **1**:127 (65), **1**:*140*
Korolev, L. N., **29**:253, **29**:*325*
Korolyuk, V. S., **5**:*107*
Korotkin, A. L., **24**:341, **24**:*371*, **24**:*372*
Korpiharju, T., **44**:*217*
Korson, T., **35**:139, **35**:*182*
Kort, F., **3**:325 (45, 46), **3**:328, **3**:330, **3**:335 (45, 46, 47, 48), **3**:*345*, **9**:118 (65), **9**:*175*
Korte, W., **39**:270, **39**:*290*
Kortenkamp, D., **48**:334, **48**:*351*
Korth, H., **48**:153, **48**:*177*
Koruga, D., **31**:277, 1 *321*
Kosai, Y., **3**:30, **3**:*75*
Kosaka, M., **49**:28, **49**:34, **49**:37, **49**:40, **49**:*60*
Kosakoff, M., **4**:37, **4**:*51*
Kosaraju, S. R., **19**:86, **19**:*109*, **26**:97, **26**:*149*
Kosarev, V. P., **18**:247, **18**:*286*
Kosarev, Yu. G., **7**:*116*, **18**:238, **18**:*283*
Koshino, M., **40**:160, **40**:*177*
Kosko, B., **33**:*240*, **37**:131, **37**:153, **37**:*164*
Kosowsky, B. D., **47**:216, **47**:*251*
Kossoff, G., **47**:187, **47**:216, **47**:*246*, **47**:*249*
Kostelianskii, V. M., **29**:*325*
Kostelyansky, V. M., **18**:244, **18**:*286*
Koster, A. S. E., **38**:*190*
Koster, C. H. A., **12**:239 (37), **12**:*284*
Kostka, S., **12**:73, **12**:*112*
Kostrazewski, A., **28**:184, **28**:*222*
Kothapalli, B., **38**:*182*
Kothari, S. C., **26**:166, **26**:176, **26**:183, **26**:186, **26**:190, **26**:191, **26**:197, **26**:*199*, **34**:139, **34**:*154*, **37**:146–148, **37**:155–157, **37**:*164–165*
Kotok, A., **8**:37 (40), **8**:*43*, **18**:60, **18**:*116*,

29:232, **29**:*249*
Kotov, V. E., **29**:310, **29**:320, **29**:*325*, **35**:*323*
Kotowski, J., **31**:*323*
Kottmann, P., **38**:*192*
Koubarakis, M., **39**:118, **39**:*188*, **43**:85, **43**:88, **43**:117–118, **43**:*137*
Kouchakdjian, A., **36**:24, **36**:33, **36**:*40*
Kouchoukos, N. T., **16**:161, **16**:*179*
Koumrian, T., **38**:*191*
Koumura, Y., **44**:183, **44**:*217*
Kouramajian, V., **45**:303, **45**:*316*
Koutsonikos, J., **42**:180–181, **42**:183, **42**:*233*
Koutsoudas, A. M., **1**:111 (39), **1**:114 (43), **1**:*139*, **11**:31, **11**:*56*
Kovacevic, S., **32**:232, **32**:*250*
Kovach, L. D., **4**:146 (34), **4**:148 (34), **4**:*163*
Kovacs, G. T. A., **36**:*254*
Kovalev, N., **5**:66 (36), **5**:*107*
Kovalevich, E. V., **18**:*282*
Kovasznay, L. S. G., **18**:28, **18**:*56*
Koved, L., **47**:123, **47**:*140*
Kowal, J., **35**:*182*, **35**:184
Kowalchuk, J., **22**:84, **22**:*103*
Kowalewski, M., **32**:166, **32**:167, **32**:177, **32**:188, **32**:190, **32**:*195*, **32**:*200*
Kowalski, B. R., **21**:292, **21**:*330*
Kowalski, M. A., **23**:63, **23**:*91*
Kowalski, R. A., **23**:151, **23**:160, **23**:*174*, **26**:18, **26**:*44*
Kowalski, T., **37**:*282–283*
Kowarski, D., **38**:*188*
Koyama, T., **22**:202, **22**:*213*
Koymans, R., **42**:2–4, **42**:*34*
Koza, C., **49**:310, **49**:*347*
Koza, J. R., **45**:161, **45**:165, **45**:178, **45**:181, **45**:183, **45**:190, **45**:*195*, **47**:167, **47**:*181*
Kozaczynski, W., **35**:205, **35**:238, **35**:240, **35**:*253*
Kozaitis, S., **28**:171, **28**:204, **28**:*221*
Kozar, K., **20**:18, **20**:*30*
Kozdrowicki, E. W., **20**:124, **20**:156, **20**:160, **20**:*194*
Kozdrowski, E. W., **34**:*154*
Kozen, D., **26**:127, **26**:131, **26**, *151*
Kozhukhin, G. I., **5**:49, **5**:51 (16), **5**:52 (16), **5**:*106*
Kozirev, S., **29**:*325*
Kozmetsky, G., **20**:7, **20**:14, **20**:*33*
Kozmidiadi, V. A., **5**:54, **5**:*107*
Kozminski, K., **40**:73, **40**:*124*
Kozuma, S., **47**:215, **47**:227, **47**:*244*
KPMG., **44**:50, **44**:*57*
Kraaemer, K. L., **11**:383 (79), **11**:*387*
Kraemer, K., **21**:3, **21**:5, **21**:11, **21**:26, **21**:39, **21**:40, **21**:67, **21**:68, **21**:69, **21**:85, **21**:*87*, **21**:*88*, **21**:*89*
Kraemer, K. L., **19**:257, **19**:258, **19**:266, **19**:290, **19**:300, **19**:303, **19**:309, **19**:310, **19**:311, **19**:318, **19**:319, **19**:321, **19**:*324*, **19**:*325*, **19**:*326*, **19**:*327*, 2021, **20**:*33*, **22**:*105*, **39**:270, **39**:284, **39**:*291*
Kraft, D. H., **24**:292, **24**:293, **24**:294, **24**:295, **24**:296, **24**:297, **24**:298, **24**:301, **24**:302, **24**:303, **24**:305, **24**:*310*, **24**:*311*, **24**:*312*, **24**:*314*, **24**:*317*, **30**:29, **30**:33, **30**:*36*, **31**:*371*
Kraft, G. D., **26**:208, **26**:241, **26**:26:*278*
Kraft, L. G., **36**:235, **36**:*252*
Kraft, P., **19**:261, **19**:318, **19**:*326*, **34**:304, **34**:326, **34**:*387*
Krajewski, K., **32**:167, **32**:177, **32**:190, **32**:*200*
Krakow, W. T., **38**:*194*
Krambeck, R. H., **34**:173, **34**:*230*
Kramer, A. F., **32**:228, **32**:*253*
Kramer, J., **20**:65, **20**:*82*, **43**:84, **43**:*136*, **46**:40, **46**:*104*, **46**:370, **46**:372, **46**:*399*
Kramer, L., **43**:84, **43**:*136*
Kranz, D., **40**:161–162, **40**:168, **40**:*175*, **49**:242, **49**:249, **49**:270, **49**:275, **49**:295, **49**:*299*
Kraska, P. W., **15**:132, **15**:149, **15**:159, **15**:161, **15**:*178*
Krasner, H., **29**:65, **29**:*74*, **36**:*421*, **39**:27, **39**:35, **39**:*48*, **40**:*37*, **41**:51, **41**:57, **41**:*61*, **46**:39, **46**:40, **46**:42, **46**:46, **46**:55, **46**:*103*, **46**:*105*
Krasner, M., **31**:100, **31**:*171*
Krause, J., **33**:150, **33**:*168*, **47**:*62*
Krause, L., **20**:13, **20**:*33*
Krausz, A., **9**:259, **9**:*284*
Kraut, R. E., **39**:270, **39**:274, **39**:*291*,

45:289, 45:312, 45:*316*
Krauwer, S., 49:26, 49:28, 49:41, 49:56, 49:*62*
Kravec, L. G., 11:44, 11:*58*
Kravitz, S. A., 49:279, 49:*299*
Krawczyk, H., 44:223, 44:254, 44:256, 44:*280–281*, 48:237, 48:*253*
Kreifelts, T., 40:195, 40:241, 40:*252*
Krein, M., 3:204 (10a), 3:*272*
Krelle, W., 2:*372*
Kremer, W., 30:249, 30:*169*, 45:209, 45:*265*
Kremkau, F. W., 47:191, 47:199, 47:202, 47:*249*
Kreplin, K., 32:194, 32:*197*
Kreps, P., 26:*443*
Kress, R. L., 43:245, 43:247, 43:249–250, 43:256, 43:263, 43:*276*
Kress, R. W., 9:28 (7), 9:*49*
Krestel, E., 47:190, 47:191, 47:*249*
Kriebel, C. H., 20:12, 20:13, 20:16, 20:*33*, 43:183, 43:185, 43:188, 43:199, 43:201, 43:*209–210*, 43:*212*, 46:115, 46:125, 46:129, 46:130, 46:135, 46:*154*, 46:*155*
Krieger, D., 38:*188*
Kriegman, D. J., 32:*148*
Krieg-Bruckner, B., 33:18, 33:30, 33:57, 33:*64*
Krienen, F., 6:287, 6:*295*
Krier, B., 23:110, 23:*140*
Kriewall, T. J., 38:164, 38:*180*
Krikelis, A., 44:192, 44:*215*
Kriloff, H. Z., 16:196, 16:197, 16:*217*
Krilov, V. V., 29:296, 29:*324*
Krinitskii, N. A., 5:32 (32), 5:33, 5:68 (37a), 5:*106*, 5:*107*
Krinsky, V. I., 31:301, 31:*321*
Krishna, G., 19:177, 19:178, 19:*220*
Krishnakumar, A. S., 29:168, 29:*188*
Krishnamurthy, A., 45:127, 45:143, 45:*150*, 45:*151*, 45:*153*
Krishnamurthy, B., 29:168, 29:*188*
Krishnamurthy, E. V., 35:*322*
Krishnamurthy, G., 49:262, 49:*297*
Krishnaswamy, R., 13:203, 13:205, 13:*226*, 15:19, 15:23, 15:29, 15:*59*, 37:13, 37:*55*
Kristiansen, G. K., 5:*336*
Kritzinger, P. S., 29:145, 29:*187*, 29:*188*

Krivenkov, B. E., 28:214, 28:*224*
Kroemer, H., 9:1 (4), 9:*21*
Kroenke, D. M., 30:44, 30:*83*
Krogdahl, S., 29:98, 29:*188*
Kroger, M. C., 11:320, 11:337, 11:363 (81), 11:*387*
Krogh, A., 37:405–406, 37:410, 37:*421*
Krogh, B., 48:341, 48:*352*, 49:311, 49:*347*
Krogh, B. H., 32:*148*
Krogh, F. T., 15:80, 15:*117*
Krohn, K., 10:38, 10:53 (27), 10:*76*
Krollman, F., 11:46 (93, 94), 11:47, 11:*58*
Kron, G., 2:*372*, 7:55 (37), 7:*114*
Kron, H. H., 43:55, 43:63, 43:72, 43:74, 43:87, 43:*134*
Krone, J., 33:10, 33:57, 33:60, 33:64
Krone, O., 46:364, 46:*399*
Kroner, H., 42:174–176, 42:218, 42:*238*
Kronmal, R., 12:*170*
Kronmal, R. A., 12:*174*
Kronsjo, L., 26:134, 26:*151*
Kropfl, D. A., 42:79, 42:113–114, 42:*116*
Kropfl, W. J., 17:173, 17:*218*
Krothapalli, V. P., 45:54, 45:74, 45:80, 45:90, 45:*101*
Krotkov, E., 34:70, 34:*110*, 43:245, 43:*276*
Kruatrachue, B., 35:295, 35:*322*
Kruchten, P., 49:196, 49:*237*
Krueger, A. B., 43:188, 43:191, 43:203, 43:*212*
Krueger, C. W., 41:17, 41:*61*, 49:143, 49:*189*
Krueger, M. W., 22:203, 22:*213*
Kruger, R. P., 16:174, 16:*179*
Kruger, W., 47:223, 47:*248*
Krulee, G. K., 6:*226*
Krumhansi, C. L., 36:171, 36:*193*
Krumland, R., 15:12, 15:48, 15:*62*
Krumm, H., 29:110, 29:*189*
Krupp, P., 48:7, 48:34, 48:*115*
Kruse, F. H., 5:258 (3), 5:271 (3), 5:*276* (3), 5:*284*
Kruse-Vaucienne, U. M., 18:*287*
Kruskal, C. P., 23:19, 23:*32*, 23:345, 23:*352*, 26:*151*, 26:152, 26:172, 26:176, 26:*197*, 26:*198*, 34:136, 34:140, 34:*154*, 40:165, 40:*177*,

45:57, **45**:*101*
Kruskal, J. B., **19**:122, **19**:123, **19**:130, **19**:202, **19**:203, **19**:*222*, **26**:113, **26**:148, **26**:*151*
Kruskal, V. J., **15**:15, **15**:*61*
Kruskal, W. H., **19**:183, **19**:188, **19**:196, **19**:*220*
Kruy, J. F., **6**:150, **6**:*191*
Kruzela, I., **34**:192, **34**:220, **34**:*230*
Kryloff, N., **3**:*272*
Krylov, V. I., **2**:82, **2**:*127*, **5**:315 (198), **5**:*338*, **10**:82, **10**:*107*
Krysinski, P., **31**:*323*
Kryuchkov, V., **18**:*285*
Krzanowski, W. J., **19**:120, **19**:*222*
Krzywoblocki, M. Z. v., **2**:75, **2**:*128*
Ku, C. T., **26**:303, **26**:*333*
Ku, D., **37**:219, **37**:240, **37**:242–243, **37**:257, **37**:259, **37**:271, **37**:278, **37**:*282*
Kubat, P., **45**:214, **45**:*265*
Kubiatowics, J., **40**:161–162, **40**:168, **40**:*175*, **49**:249, **49**:270, **49**:*295*
Kubicek, H., **34**:303, **34**:319, **34**:377, **34**:*387*
Kubitz, W. J., **26**:69, **26**:*92*
Kubo, R., **42**:243, **42**:*268*
Kubota, T., **36**:248, **36**:*251*
Kučera, H., **10**:189, **10**:*215*
Kucera, L., **26**:105, **26**:113, **26**:*151*
Kuchen, H., **46**:364, **46**:*397*
Kuchukian, A., **29**:264
Kuchukian, A. T., **29**:264, **29**:*325*
Kuck, D., **20**:*191*, **37**:220, **37**:*282*, **41**:235–236, **41**:*252*
Kuck, D. H., **35**:259–260, **35**:*322*
Kuck, D. J., **15**:126, **15**:132, **15**:133, **15**:137, **15**:138, **15**:139, **15**:147, **15**:148, **15**:149, **15**:155, **15**:157, **15**:158, **15**:159, **15**:163, **15**:166, **15**:167, **15**:170, **15**:171, **15**:173, **15**:174, **15**:175, **15**:176, **15**:*176*, **15**:*177*, **15**:*178*, **15**:*179*, **19**:66, **19**:87, **19**:91, **19**:92, **19**:*108*, **19**:*109*, **20**:118, **20**:122, **20**:*194*, **20**:*195*, **23**:296, **23**:297, **23**:299, **23**:302, **23**:*351*, **23**:*352*, **23**:*353*, **26**:98, **26**:103, **26**:*151*, **34**:117, **34**:123, **34**:136, **34**:140, **34**:*152*, **34**:*154–155*, **37**:286, **37**:313, **37**:*331*, **45**:54,

45:57, **45**:58, **45**:*102*, **49**:251, **49**:255, **49**:256, **49**:263, **49**:*296*
Kudoh, H., **34**:161, **34**:173, **34**:198, **34**:*231*
Kudou, M., **36**:248, **36**:*251*
Kudrimoti, A. S., **38**:*183*
Kudryausteva, V., **18**:237, **18**:242, **18**:244, **18**:*285*
Kuehn, H. G., **5**:325 (328, 330), **5**:*345*
Kuehn, J. T., **34**:134–135, **34**:142, **34**:*156*
Kuehn, R. L., **11**:*387*
Kuehn, T. J., **49**:265, **49**:272, **49**:*301*
Kugel, P., **13**:173, **13**:*228*
Kugler, H. J., **41**:12, **41**:*61*, **46**:28, **46**:*31*, **46**:58, **46**:*104*
Kuhlenkamp, K., **34**:300, **34**:370, **34**:*383*
Kuhlman, J. E., **47**:215, **47**:*246*
Kuhn, D. R., **43**:53, **43**:*135*
Kuhn, E., **32**:177, **32**:194, **32**:*198*
Kuhn, H., **2**:314, **2**:*373*, **31**:296, **31**:*321*
Kuhn, H. W., **23**:51, **23**:*91*
Kuhn, K., **38**:*188*, **38**:*192*, **46**:247, **46**:*285*, **47**:49, **47**:50, **47**:*64*
Kuhn, R. H., **26**:103, **26**:*151*, **35**:259–260, **35**:*322*, **37**:286, **37**:313, **37**:*331*
Kuhn, S., **39**:274, **39**:*291*
Kuhn, T., **34**:325, **34**:*388*
Kuhn, T. H., **21**:92, **21**:*153*
Kuhn, T. S., **28**:30, **28**:57, **28**:*65*, **31**:327, **31**:*374*, **37**:359, **37**:415, **37**:*421*, **40**:234, **40**:236, **40**:*252*, **45**:354, **45**:*354*, **46**:73, **46**:*105*
Kuhnert, L., **31**:301, **31**:*321*
Kuhns, J. L., **6**:19, **6**:29, **6**:45, **6**:49 (64), **6**:*86*, **11**:68, **11**:69 (39), **11**:79 (39), **11**:87, **11**:111, **11**:*123*, **11**:*124*
Kuhns, R. C., **20**85 (41), **20**:*113*
Kuiken, C., **2**:353 (20), **2**:356 (20), **2**:*367*
Kuiper, F. K., **19**:203, **19**:*222*, **19**:*223*
Kuiper, R., **42**:2–4, **42**:*34*
Kuipers, B., **38**:82, **38**:*141*
Kukich, K., **24**:314
Kulagina, O. S., **1**:131, **1**:*140*
Kulakovskaya, V. P., **18**:247, **18**:*285*
Kuleshova, V. I., **29**:293, **29**:296, **29**:315, **29**:*325*
Kulikowski, C., **22**:166, **22**:173, **22**:180, **22**:202, **22**:205, **22**:*216*, **38**:81,

38:*143*
Kulikowski, C. A., **19**:121, **19**:*228*, **22**:218, **22**:274, **22**:*292*, **22**:*293*, **26**:*45*
Kulkarni, V. G., **31**:209, **31**:*232*
Kullback, S., **12**:354, **12**:*412*, **36**:287, **36**:*330*
Kulm, G., **18**:154, **18**:*170*
Kuln, R., **42**:9, **42**:*36*
Kumar, B., **44**:231, **44**:*280*, **48**:324, **48**:*351*
Kumar, K., **34**:84–85, **34**:98, **34**:102, **34**:*111*, **46**:44, **46**:*105*, **46**:112, **46**:146, **46**:148, **46**:*155*
Kumar, M., **23**:328, **23**:340, **23**:*353*, **26**:194, **26**:*198*
Kumar, P., **44**:262, **44**:*282*, **48**:173, **48**:*177*
Kumar, R., **32**:*148*
Kumar, S., **11**:83, **11**:*123*
Kumar, V., **26**:143, **26**:*151*, **38**:*186*, **49**:257, **49**:*300*
Kumar, V. P., **26**:*199*
Kume, H., **42**:7, **42**:24, **42**:*35*
Kummer, P., **42**:134, **42**:*236*
Kung, F. K., **34**:279, **34**:*288*
Kung, H., **42**:167, **42**:*236*
Kung, H. T., **15**:148, **15**:*177*, **19**:66, **19**:69, **19**:72, **19**:76, **19**:77, **19**:79, **19**:82, **19**:86, **19**:87, **19**:88, **19**:89, **19**:91, **19**:92, **19**:93, **19**:94, **19**:95, **19**:97, **19**:98, **19**:100, **19**:103, **19**:104, **19**:105, **19**:106, **19**:107, **19**:*108*, **19**:*109*, **19**:*110*, **19**:*111*, **20**:190, **20**:*194*, **21**:93, **21**:148, **21**:*152*, **23**:10, **23**:20, **23**:22, **23**:*32*, **23**:297, **23**:300, **23**:327, **23**:328, **23**:335, **23**:337, **23**:338, **23**:340, **23**:*353*, **23**:*354*, **26**:96, **26**:97, **26**:98, **26**:*149*, **26**:*151*, **28**:109, **28**:118, **28**:130, **28**:131, **28**:131–132, **28**:145, **28**:*146*, **28**:*149*, **30**:16–17, **30**:31, **30**:*34*, **33**:*240*, **34**:126, **34**:129, **34**:*152–153*, **34**:*155*, **38**:198, **38**:205, **38**:212, **38**:231, **38**:*243*, **38**:*244*, **44**:315, **44**:*329*
Kung, S. Y., **28**:154, **28**:173, **28**:*223*, **34**:146, **34**:149, **34**:*155*, **38**:198, **38**:231, **38**:*243–244*
Kunii, T. L., **34**:250, **34**:*284–287*, **34**:*291*

Kunin, J. S., **40**:192–193, **40**:245, **40**:*254*
Kunkel, G. Z., **7**:205, **7**:*207*
Kuno, S., **7**:153 (45), **7**:*179*, **8**:155, **8**:*187*, **13**:183, **13**:190, **13**:*228*, **17**:91, **17**:*160*, **47**:10, **47**:*62*
Kunsawe, F. A., **45**:162, **45**:*195*
Kunt, M., **34**:*287*
Kunz, J. C., **22**:165, **22**:172, **22**:173, **22**:*213*, **38**:166, **38**:169, **38**:*180*
Kunze, J., **11**:40 (81), **11**:*58*
Kunzi, H. P., **2**:*372*
Kuo, B. C., **23**:182, **23**:*251*
Kuo, F. F., **16**:183, **16**:186, **16**:*215*, **16**:*217*, **17**:165, **17**:*216*
Kuo, H. C., **26**:*391*, **47**:216, **47**:*249*
Kuperstein, M., **33**:178, **33**:*237*, **33**:*240*
Kupiec, J., **47**:*62*
Kuppin, M. A., **15**:222, **15**:*236*
Kurak, C. W., Jr., **38**:*193*
Kurematsu, Y., **36**:244, **36**:*252*
Kurita, T., **34**:*287*
Kurki-Suonio, R., **12**:*170*
Kurland, M. A., **28**:230, **28**:233, **28**:*277*
Kurochkin, V. M., **5**:52, **5**:68 (38), **5**:*107*
Kuroda, S. Y., **14**:27, **14**:*42*
Kurose, J. F., **29**:145, **29**:*194*, **47**:321, **47**:*340*
Kurshan, R. P., **29**:*184*
Kurtz, B. D., **43**:70, **43**:85, **43**:112, **43**:115–116, **43**:118, **43**:121, **43**:127, **43**:*134*
Kusch, H., **11**:128 (6), **11**:*163*
Kushilevitz, E., **44**:332–333, **44**:344–345, **44**:*359*
Kushnir, V. E., **29**:305, **29**:*325*
Kuskin, J., **46**:314, **46**:*327*, **49**:242, **49**:249, **49**:250, **49**:270, **49**:*299*
Kuskowski, R. L., **6**:275, **6**:*295*
Kuszmaul, B. C., **49**:280, **49**:*299*
Kutnik, J., **31**:*323*
Kuusela, J., **46**:75, **46**:95, **46**:*102*
Kuutti, K., **34**:366, **34**:*388*, **45**:280, **45**:*318*
Kuvaja, P., **46**:28, **46**:*31*
Kuzara, R., **46**:14, **46**:32 , **46**:50, **46**:*107*
Kuzin, L. T., **18**:246, **18**:*285*
Kuzmak, P. M., **38**:*192*
Kuznetsov, C. O., **29**:293, **29**:*325*
Kuznetsov, V. I., **11**:7 (6), **11**:12 (6), **11**:*54*

Kvasnitskiy, V. N., **18**:243, **18**:247, **18**:*282*
Kwan, O. L., **47**:*248*
Kwan, S. C., **26**:113, **26**:123, **26**:124, **26**:*151*
Kwan, S., **41**:194, **41**:*229*
Kwan, S. P., **42**:2, **42**:11, **42**:*35*
Kwan, T. T., **45**:72, **45**:*101*
Kwan-Liu, M., **47**:227, **47**:*245*
Kwato, M., **33**:*244*
Kweon, S., **43**:245, **43**:*276*
Kwon, M. J., **43**:199, **43**:201, **43**:*213*
Kwong, K., **9**:203 (92), **9**:*238*
Kyburg, H. E., **36**:324, **36**:*330*
Kyner, W. T., **3**:30 (10), **3**:33 (10), **3**:*74*
Kyng, M., **34**:294, **34**:303–304, **34**:313, **34**:319, **34**:322, **34**:324–326, **34**:344–346, **34**:349, **34**:356, **34**:366, **34**:377, **34**:*382*, **34**:*384–385*, **34**:*388*, **36**:382, **36**:*423*, **45**:276, **45**:279, **45**:280, **45**:312, **45**:*315*, **45**:*317*, **45**:*318*
Kyparisis, J., **45**:214, **45**:*265*

L

La Bauve, R. J., **5**:240, **5**:*254*
Laane, R. R., **30**:8, **30**:*34*
Laas, T. E., **47**:227, **47**:*245*
Laasonen, P., **2**:5 (7), **2**:14 (7), **2**:*52*
Labaw, B., **49**:85, **49**:*93*
Labetoulle, J., **17**:207, **17**:*218*
Labrozzi, S., **40**:100, **40**:*125*
Lach, E., **20**:11, **20**:*33*
Lachance, J., **38**:*185*
Lachenbruch, P. A., **12**:341, **12**:364, **12**:*412*, **19**:121, **19**:*223*
Lachman, R., **36**:*425*
Lachover, H., **41**:42, **41**:*61*, **45**:4, **45**:*51*, **46**:42, **46**:82, **46**:*104*
Lacity, C., **47**:344, **47**:*366*
Lacity, M., **47**:344, **47**:350, **47**:362, **47**:*366*
Lacy, P., **5**:323 (266), **5**:*342*
Ladd, D., **49**:112, **49**:*140*
Ladd, S., **33**:175, **33**:180, **33**:*240*
Laddaga, R., **18**:203, **18**:*227*
Ladefoged, P., **1**:205 (18), **1**:211 (27), **1**:*228*, **11**:187, **11**:192 (79), **11**:193 (77, 79), **11**:208,(78), **11**:*225*

Laden, B., **36**:174, **36**:*197*
Laden, H. N., **4**:158, **4**:*167*
Laderman, J., **2**:*367*
Ladgard, H., **33**:120, **33**:*168*
Ladin, R., **39**:115, **39**:*187*
Ladly, K., **38**:*185*
Ladner, S. J., **39**:261, **39**:272, **39**:*291*
Laduzinsky, A. J., **26**:276, **26**:*278*
Laemmel, A., **18**:*171*, **18**:*172*
Laface, P., **31**:112, **31**:139, **31**:149, **31**:153, **31**:165, **31**:*171*
Lafferty, C., **42**:59, **42**75
Lafferty, E. L., **31**:50, **31**:*98*
Lafferty, J. D., **49**:34, **49**:*58*
Lafortune, S., **49**:340, **49**:*347*
Lafue, G., **16**:27, **16**:28, **16**:*54*
Lagemaat, J., **49**:72, **49**:*94*
Lager, D. L., **37**:114, **37**:*117*
Lagnese, E., **37**:277, **37**:*283*
Lagrange, J. L., **10**:89, **10**:*107*
Lah, J., **24**:161, **24**:*172*
Lai, H. C., **32**:27, **32**:28, **32**:29, **32**:30, **32**:31, **32**:34, **32**:52, **32**:54, **32**:60, **32**:62, **32**:64, **32**:65, **32**:67, **32**:72, **32**:74, **32**:75, **32**:83, **32**:97, **32**:99, **32**:*100*, **32**:*101*, **32**:*102*
Lai, J., **47**:51, **47**:*62*
Lai, J. C., **49**:12, **49**:*58*
Lai, J. Y., **47**:227, **47**:*252*
Lai, K.-Y., **45**:286, **45**:302, **45**:*318*
Lai, M. Y., **29**:92, **29**:*189*
Lai, R. C. T., **46**:46, **46**:*106*
Lai, S. J., **48**:122, **48**:*176*
Laikin, M., **5**:238, **5**:*253*
Lain, A., **45**:146, **45**:*151*
Laine, P., **36**:175, **36**:177, **36**:*197*
Laing, R., **47**:*181*
Laio, Y., **37**:240, **37**:*283*
Laird, C., **48**:204, **48**:205, **48**:*217*
Laird, J., **33**:*240*
Laird, J. E., **38**:114, **38**:125, **38**:*141*
Laitenberger, O., **46**:98, **46**:*102*
Lakatos, I., **28**:57, **28**:*65*
Lakin, F., **31**:*97*
Lakoff, G., **15**:186, **15**:*236*, **34**:359, **34**:*388*
Lakshmivarahan, S., **23**:317, **23**:318, **23**:*351*, **26**:103, **26**:*151*, **26**:176, **26**:*197*, **30**:*220*

Lala, J. H., **26**:*278*
Lala, P. K., **40**:71, **40**:*124*
Laliotis, T. L., **21**:94, **21**:*153*
Lallier, K., **5**:326 (354), **5**:*347*
Lal-Gabe, A., **38**:*182*
LaLonde, W. R., **33**:51, **33**:*64*, **43**:62, **43**:104, **43**:108, **43**:*135*
Lam, A., **38**:*192*
Lam, J., **26**:*150*
Lam, K., **24**:294, **24**:*318*
Lam, L., **31**:*171*
Lam, M., **34**:129, **34**:*152*, **34**:*153*, **43**:11, **43**:*48*
Lam, M. S., **38**:198, **38**:*243–244*
Lam, N., **33**:136, **33**:*168*
Lam, S. S., **29**:81, **29**:107, **29**:114, **29**:144, **29**:146, **29**:159, **29**:160, **29**:171, **29**:172, **29**:173, **29**:*186*, **29**:*188*, **29**:*189*, **29**:*192*, **42**:129, **42**:131, **42**:188–190, **42**:*234*, **42**:*236*
Lam, T., **45**:329, **45**:*354*
Lamata, M. T., **36**:294, **36**:297, **36**:*330*
Lamb, D. A., **45**:9, **45**:*51*
Lamb, H., **10**:81, **10**:*107*
Lamb, S. M., **7**:122 (46), **7**:*179*, **8**:156, **8**:*187*, **11**:16 (19), **11**:34 (59, 60, 61), **11**:*54*, **11**:*57*, **24**:260, **24**:*274*, **28**:*149*
Lambek, J., **1**:105, **1**:*138*, **1**:147, **1**:154, **1**:157, **8**:154 (37), **8**:*188*
Lambert, P. F., **19**:121, **19**:*228*
Lamberti, C., **47**:227, **47**:*251*
Lamberton, D. M., **38**:*314*
Lamberts, R. L., **5**:240, **5**:*254*
Lamdan, Y., **34**:271, **34**:278, **34**:*287*
Lamel, L. F., **31**:151, **31**:*174*
Lampel, A., **22**:102, **22**:*105*
Lampert, Robin, **40**:29, **40**:34, **40**:*38*
Lamping, J., **45**:298, **45**:*319*
Lamport, L., **15**:146, **15**:*178*, **19**:101, **19**:105, **19**:*109*, **19**:*110*, **20**:78, **20**:*82*, **26**:279, **26**:405, **26**:*442*, **29**:*189*, **39**:197, **39**:*236*, **40**:75, **40**:*124*, **40**:168, **40**:*177*, **44**:229, **44**:*280*, **49**:273, **49**:*299*
Lampson, B., **21**:229, **21**:*272*
Lampson, B. W., **8**:*43*, **10**:155 (8), **10**:*173*, **12**:28, **12**:29, **12**:*36*, **14**:239, **14**:*272*, **20**:94 (71), **20**:97 (71), **20**:*114*, **20**:224, **20**:231, **20**:*257*, **22**:114, **22**:*160*, **22**:298, **22**:304, **22**:*352*, **24**:*99*, **29**:2, **29**:3, **29**:32, **29**:*44*, **30**:174, **30**:*221*, **32**:177, **32**:191, **32**:*198*, **38**:10, **38**:14, **38**:*71*
Lamsweerde, A., **43**:84–85, **43**:119, **43**:*135*
Lan, M. T., **32**:223, **32**:*250*
Lancaster, F. W., **17**:91, **17**:*160*, **21**:339, **21**:414, **21**:*418*, **24**:283, **24**:*288*, **24**:*314*, **28**:230, **28**:*276*, **31**:346–347, **31**:*371*
Lancaster, K. J., **47**:354, **47**:*366*
Lance, G. N., **11**:90, **11**:91, **11**:*124*, **19**:124, **19**:125, **19**:132, **19**:147, **19**:148, **19**:198, **19**:*223*, **19**:*228*
Lancour, H., **31**:336, **31**:*374*
Lanczos, C., **10**:90, **10**:*107*, **37**:75, **37**:*116*
Land, F., **34**:299, **34**:301, **34**:*388*, **46**:111, **46**:114, **46**:116, **46**:117, **46**:120, **46**:123, **46**:126, **46**:131, **46**:139, **46**:142, **46**:144, **46**:145, **46**:146, **46**:147, **46**:*155*
Land, M., **44**:206, **44**:*215*
Landau, I. Ia., **29**:293, **29**:294, **29**:295, **29**:*327*
Landau, R., **43**:*212*
Landauer, R., **31**:242, **31**:*321*
Landauer, T. K., **29**:57, **29**:58, **29**:62, **29**:*74*, **29**:*75*, **32**:181, **32**:238, **32**:*197*, **32**:*250*, **33**:117, **33**:120, **33**:121, **33**:133, **33**:134, **33**:*167*, **33**:*168*, **36**:352–352, **36**:392, **36**:413–414, **36**:*421*, **36**:*425*. K., **43**:185, **43**:*213*, **47**:42, **47**:43, **47**:44, **47**:*60*, **47**:62
Landauer, W. I., **7**:40, **7**:*114*, **7**:*115*, **12**:157, **12**:*170*
Lande, T. S., **36**:163, **36**:*197*
Landegem, T. V., **42**:218, **42**:*236*
Lander, L. J., **9**:114 (66), **9**:*175*, **10**:*107*, **36**:283, **36**:*330*
Landers, T., **32**:154, **32**:156, **32**:170, **32**:177, **32**:189, **32**:*198*, **32**:*199*, **43**:71, **43**:*138*
Landin, A., **44**:201, **44**:*214*
Landin, P. J., **8**:194, **8**:*244*, **10**:28, **10**:35 (30), **10**:61 (29), **10**:*76*, **10**:*77*, **20**:244, **20**:*257*
Landis, C. P., **21**:279, **21**:*330*
Landis, D., **19**:123, **19**:*227*
Landis, G., **43**:91, **43**:*134*

Landman, H. A., **23**:8, **23**:*32*
Landry, M., **34**:294, **34**:*382*
Landsbergen, J., **49**:28, **49**:*62*
Landskov, D., **24**:102, **24**:109, **24**:114, **24**:147, **24**:149, **24**:150, **24**:153, **24**:160, **24**:*171*, **24**:*172*
Landweber, L. H., **26**:347, **26**:348, **26**:*389*, **29**:95, **29**:*185*
Landweber, P. S., **7**:137 (47), **7**:*179*, **14**:27, **14**:*42*
Landwehr, C. E., **24**:*99*, **29**:2, **29**:32, **29**:*44*, **30**:209, **30**:*220*, **38**:*71*, **42**:23, **42**:*34*
Landwehr, J. M., **19**:180, **19**:196, **19**:206, **19**:*217*, **19**:*219*
Lane, A., **47**:33, **47**:*62*
Lane, D. M., **32**:202, **32**:*251*, **47**:48, **47**:*64*
Lane, S. H., **36**:235, **36**:*252*
Lang, C. A., **7**:*290*, **12**:*281*
Lang, D. E., **20**:180, **20**:*194*
Lang, G. R., **34**:123, **34**:*155*, **44**:207, **44**:*215*
Lang, K., **37**:158, **37**:*164-165*
Lang, R., **29**:245
Lang, T., **26**:*198*, **37**:323, **37**:*332*, **38**:198, **38**:*243*
Langberg, N., **30**:118, **30**:*169*, **45**:214, **45**:*265*
Langdon, G. G., Jr., **19**:*63*, **24**:334, **24**:*371*, **28**:*149*
Langdon, J. L., **9**:190 (4), **9**:212 (9), **9**:*234*
Lange, J. M., **49**:12, **49**:*64*
Langefors, B., **16**:78, **16**:*123*, **20**:14, **20**:*34*
Langer, D., **48**:321, **48**:345, **48**:*352*
Langevin, R. E., **47**:216, **47**:*251*
Langley, P., **28**:34, **28**:*65*
Langlois, R. N., **38**:*314*
Langlotz, C. P., **36**:312, **36**:*328*
Langmuir, I., **2**:228, **2**:*292*
Langmuir, R. V., **2**:197 (49), **2**:*292*
Langridge, R., **5**:279 (58), **5**:281 (58), **5**:*287*
Langton, C., **47**:142, **47**:143, **47**:151, **47**:152, **47**:157, **47**:163, **47**:175, **47**:*181*
Langton, K. B., **38**:*188*
Lanigan, M. J., **8**:18 (38), **8**:*43*

Lanka, S., **35**:18, **35**:*79*
Lanko, A. A., **29**:*325*
Lanning, S., **29**:62, **29**:*76*, **31**:54, **31**:*98*
Lanning, T. R., **36**:382, **36**:*425*
Lano, K., **49**:79, **49**:*93*
Lansky, Paul, **36**:145, **36**:*202*
Lantz, K., **34**:300, **34**:371, **34**:*388*
Lanubile, F., **43**:2, **43**:*47*, **46**:98, **46**:*102*
Lanzara, G., **34**:302, **34**:357–359, **34**:*388*
Lanzetta, J. T., **11**:350, **11**:351, **11**:*387*
LaPadula, L. J., **29**:4, **29**:6, **29**:12, **29**:17–18, **29**:19, **29**:21, **29**:*43*, **29**:*44*, **30**:209, **30**:*217*, **38**:12, **38**:*69*, **44**:245, **44**:265, **44**:*281–282*
Lapedes, A., **33**:184, **33**:205, **33**:240
Lapides, L., **3**:279 (31), **3**:*298*
Lapidus, A., **5**:324 (290, 292), **5**:*343*, **8**:54 (32), **8**:60 (32), **8**:95 (32), **8**:97, **8**:98, **8**:*100*
Lapidus, G., **42**:121, **42**:*236*
Lapis, G., **39**:115, **39**:*187*
Laprie, J. C., **31**:177, **31**:213, **31**:229–230, **31**:*231–232*, **42**:7, **42**:17, **42**:*34*, **45**:221, **45**:222, **45**:223, **45**:*265*
Lapshin, Yu., **18**:243, **18**:*285*
Lapsley, P. D., **37**:114, **37**:*116*
Lari, K., **47**:*62*
Larionov, A. M., **18**:241, **18**:*285*, **29**:259, **29**:260, **29**:264, **29**:*325*
Larkin, F. M., **23**:62, **23**:*91*
Larkin, J., **22**:202, **22**:*213*
LaRocca, F. D., **34**:173, **34**:*230*
LaRowe, R. P., **39**:207, **39**:218–220, **39**:233, **39**:*237*
Larrivee, J. A., **4**:156 (91), **4**:*166*
Larsen, D. L., **22**:202, **22**:*213*
Larsen, I., **18**:193, **18**:*227*
Larsen, J. K., **35**:328, **35**:*370*
Larsen, P. G., **49**:72, **49**:81, **49**:84, **49**:85, **49**:89, **49**:91, **49**:92, **49**:*93*
Larsen, R. N., **6**:*296*
Larsgaard, M. L., **48**:284, **48**:*310*
Larson, A. G., **20**:*194*, **31**:329, **31**:338, **31**:*372*
Larson, F., **16**:*179*
Larson, J. A., **35**:*80*, **41**:268, **41**:276, **41**:*296*
Larson, K. C., **16**:187, **16**:193, **16**:201, **16**:207, **16**:*216*, **17**:172, **17**:*217*

Larson, M., **34**:64–65, **34**:70, **34**:88, **34**:*111*
Larssen, T., **42**:121, **42**:*236*
LaRue, J., **12**:101, **12**:*112*
Larus, J. R., **41**:244, **41**:*253*, **49**:248, **49**:249, **49**:298, **49**:*299*
Lasfargue, Y., **35**:344, **35**:*368*
Lasher, M. E., **28**:198, **28**:*222*
Lashley, K. S., **6**:56 (61), **6**:*86*, **33**:179, **33**:*240*
Laske, E., **36**:*193*
Laske, O. E., **36**:164–166, **36**:*197*
Lasker, E., **18**:76, **18**:*116*
Lasker, G. E., **28**:*104*
Laski, J., **10**:69, **10**:*77*, **26**:356, **26**:357, **26**:*390*, **43**:2–3, **43**:22–23, **43**:38, **43**:*47*
Lassen, P. B., **49**:84, **49**:*92*
Lasserre, P., **43**:188, **43**:199, **43**:*211*, **43**:*213*
Lassiter, T. N., **43**:245, **43**:*276*
Laszelow, C. A., **16**:174, **16**:*180*
Laszewski, Z., **38**:*186*
Lateiner, J. S., **47**:238, **47**:*249*
Latermouille, S., **33**:133, **33**:*168*
Lathrop, J. W., **9**:180, **9**:181 (41), **9**:184 (41), **9**:199 (41), **9**:*236*
Latombe, J. C., **28**:2, **28**:34, **28**:*65*, **48**:341, **48**:*351*
Latour, B., **37**:336, **37**:343, **37**:*421*
Latour, L., **33**:6, **33**:*64*
Latta, G. E., **3**:30 (4), **3**:*74*
Lattin, W. W., **24**:102, **24**:116, **24**:*172*
Lau, L. J., **43**:188, **43**:202, **43**:205, **43**:*213*
Laudan, L., **28**:55, **28**:57, **28**:*65*, **37**:359, **37**:*421*
Laudon, J., **39**:199, **39**:207, **39**:210, **39**:*236*, **40**:161, **40**:168, **40**:170, **40**:*176–177*
Laudon, K., **19**:251, **19**:253, **19**:255, **19**:257, **19**:265, **19**:266, **19**:300, **19**:301, **19**:309, **19**:321, **19**:*326*, **21**:3, **21**:39, **21**:70, **21**:*88*
Lauer, H. C., **26**:*278*
Lauer, P., **15**:230, **15**:*236*
Laughery, K., **8**:155 (12), **8**:*186*, **11**:60 (22), **11**:*123*, **11**:173 (46), **11**:*224*, **13**:176, **13**:*227*, **47**:10, **47**:*60*
Laur, D., **47**:230, **47**:*249*
Laurel, B., **36**:360, **36**:*425*

Lauriere, J. L., **22**:182, **22**:202, **22**:*214*
Lauterbach, K., **45**:6, **45**:*51*
Lauther, U., **37**:*283*
Lautrup, B., **37**:410, **37**:*420*
Lauwereins, R., **40**:107, **40**:*121–122*, **40**:*124*
Lavagno, L., **40**:75, **40**:*122*
Lavazza, L., **46**:41, **46**:77, **46**:*102*
Lavenberg, S. S., **31**:204, **31**:206, **31**:209, **31**:228, **31**:*231–232*, **45**:211, **45**:*265*
Lavender, R. G., **48**:23, **48**:83, **48**:86, **48**:99, **48**:*116*
Lavenier, D., **40**:104, **40**:*124*, **44**:195, **44**:197, **44**:*215–216*
Laverniuk, Iu. A., **29**:281, **29**:*325*
Lavin, M., **49**:254, **49**:266, **49**:*300*
Lavoie, F. J., **11**:218, **11**:*225*
Lavrov, S. S., **5**:48, **5**:62, **5**:*107*
Law, S. A., **39**:253, **39**:*289*
Lawden, D. F., **23**:181, **23**:*251*
Lawler, E. E., **19**:291, **19**:302, **19**:314, **19**:*326*
Lawlor, R. C., **3**:308 (49), **3**:331 (50), **3**:333 (50), **3**:335 (49, 50), **3**:337 (50), **3**:*345*, **6**:18, **6**:*29*, **9**:118 (73), **9**:119, **9**:*176*
Lawrence, A. F., **31**:294, **31**:296, **31**:309, **31**:*319*, **31**:*321*
Lawrence, D., **1**:22 (31), **1**:*42*, **36**:393, **36**:*421–422*
Lawrence, K., **47**:*139*
Lawrence, P. D., **43**:250, **43**:*277*
Lawrence, W., **11**:168, **11**:184 (2), **11**:190 (2, 81), **11**:*222*, **11**:*225*
Lawrie, D., **15**:149, **15**:159, **15**:161, **15**:168, **15**:170, **15**:171, **15**:*178* **40**:157, **40**:*177*
Lawrie, D. H., **19**:92, **19**:*110*, **20**:122, **20**:168, **20**:191, **20**:*194*, **20**:*195*, **23**:297, **23**:*353*, **26**:162, **26**:166, **26**:169, **26**:170, **26**:186, **26**:*198*, **34**:136, **34**:140, **34**:*154–155*, **40**:165, **40**:*177*
Lawson, A., **7**:183 (7), **7**:*193*
Lawson, B., **28**:3, **28**:4, **28**:20, **28**:*65*
Lawson, H. W., **9**:79, **9**:*111*, **24**:*172*
Lawson, V., **24**:219, **24**:*274*
Lawton, T. J., **5**:307 (95), **5**:311 (95), **5**:*331*

Lax, P. D., **1**:64, **1**:*88*, **2**:43, **2**:44 (46), **2**:47, **2**:*54*
Laxer, C., **38**:*193*
Lay, P. M., **46**:129, **46**:*155*
Lay, W. M., **16**:189, **16**:*217*
Layland, J. W., **36**:*252*, **48**:17, **48**:20, **48**:59, **48**:*116*
Laymon, R., **18**:192, **18**:*227*
Layno, S. B., **5**:325 (307a), **5**:*344*
Layton, R., **38**:*186*
Lazarev, A., **29**:*328*
Lazarev, P. I., **31**:292, **31**:*321*
Lazarevich, E. G., **29**:*326*
Lazarou, K. X., **38**:*190*
Lazarus, R. B., **5**:326 (362), **5**:*347*
Lazcano, A., **47**:143, **47**:*182*
Lazear, M., **44**:265, **44**:*282*
Lazowska, E. D., **35**:276, **35**:*320*, **39**:197, **39**:*236*, **40**:159, **40**:*177*
Le Bauve, R. J., **5**:323 (264), **5**:*342*
Le Cun, Y., **33**:184, **33**:*240*, **37**:126, **37**:*164*, **37**:391–392, **37**:399, **37**:405, **37**:*421*
Le Métayer, D., **46**:334, **46**:353, **46**:*396*
Le Moli, G., **29**:170, **29**:*191*
Le Veque, W. J., **6**:136, **6**:*192*
Le, M. T., **48**:122, **48**:171, **48**:174, **48**:*176*
Lea, **26**:40, **26**:*45*
Lea, C., **42**:188, **42**:*237*, **44**:303, **44**:*329*
Lea, M., **39**:266, **39**:*291*
Lea, R. M., **28**:*149*, **34**:170, **34**:189, **34**:197, **34**:*232*
Lea, W. A., **11**:127 (2), **11**:*163*, **11**:169, **11**:196, **11**:*226*, **24**:224, **24**:242, **24**:*274*, **31**:100, **31**:112, **31**:*172*
Leach, P. F., **11**:204, **11**:*228*
Leagus, D. C., **8**:58, **8**:*99*
Leake, D., **46**:412, **46**:*436*
Leaning, M. S., **39**:*104*
Learmonth, G. P., **19**:261, **19**:277, **19**:*326*, **34**:*386*
Leary, F., **9**:249 (16), **9**:*284*
Leary, J. C., **3**:*346*
Leasure, B. R., **35**:259–260, **35**:*322*
Leatherby 48, **47**:*64*
Leavenworth, B. M., **15**:2, **15**:4, **15**:*61*, **20**:*257*
Leavenworth, S. M., **12**:*284*
Leavitt, H., **20**:4, **20**:7, **20**:*34*
Lebedev, P. N., **9**:127 (61), **9**:*175*

Lebedev, S. A., **29**:253, **29**:254, **29**:307
Leben, J., **34**:10, **34**:*56*
Leben, W. R., **18**:203, **18**:*227*
Lebiere, C., **36**:231, **36**:*251*, **37**:128, **37**:*163*
Leblanc, R. J., **35**:278, **35**:*320*, **39**:43, **39**:*48*
LeBlanc, R. J., Jr., **35**:208, **35**:*253*
LeBlanc, T. J., **45**:63, **45**:64, **45**:67, **45**:*101*
Leblang, D. B., **43**:121, **43**:*135*
Lebo, J. A., **12**:351, **12**:*412*
LeBoudec, J., **44**:228, **44**:*280*, **44**:303, **44**:308–309, **44**:*329–330*
Lebowitz, A. I., **9**:118 (74), **9**:*176*
Lebowitz, M., **24**:222, **24**:*275*, **24**:306, **24**:*314*
Lebre La Rovere, R., **35**:343, **35**:*368*
Lecarme, O., **18**:173, **18**:*228*
Lecerf, Y., **8**:154, **8**:*188*
Lechovsky, F. H., **34**:23, **34**:*55*
LeClerc, J. Y., **14**:236, **14**:*272*
Lecussan, B., **44**:197, **44**:*213*
Lederberg, J., **21**:296, **21**:*330*, **22**:166, **22**:183, **22**:*214*, **23**:167, **23**:*174*, **26**:*44*
Lederer, A. L., **44**:62, **44**:86, **44**:108, **44**:111, **44**:114–116, **44**:121, **44**:*124*, **46**:2, **46**:*31*, **46**:123, **46**:*156*
Lederman, D., **31**:*323*, **8**:97 (33), **8**:98, **8**:*101*
Ledford, C., **38**:*194*
Ledgard, H., **29**:51, **29**:52, **29**:*75*, **31**:71, **31**:*97*, **47**:47, **47**:*62*
Ledgard, H. F., **20**:226, **20**:*257*, **36**:54, **36**:*109*
Ledin, R., **39**:112, **39**:115, **39**:*186*
Ledley, R. S., **3**:333 (51), **3**:*345*, **4**:2, **4**:*49*, **4**:142 (14), **4**:153 (14), **4**:*162*, **5**:367 (19), **5**:*377*, **6**:175, **6**:*194*, **8**:226 (13), **8**:243 (13), **8**:*244*, **10**:195, **10**:*215*, **10**:222 (5), **10**:224 (6, 10), **10**:243 (8, 9), **10**:*252*, **22**:218, **22**:*292*, **38**:147, **38**:*180*
Lee, A. J., **48**:231, **48**:*253*
Lee, B., **16**:*179*, **34**:*388*, **37**:317, **37**:323, **37**:325, **37**:329, **37**:*332–333*, **45**:75, **45**:76, **45**:77, **45**:79, **45**:94, **45**:*101*, **46**:290, **46**:*327*
Lee, B. G., **34**:86, **34**:*110*
Lee, C. A., **21**:67, **21**:*87*

Lee, C. C., **20**:85 (46), **20**:*113*
Lee, C. E., **5**:298 (36), **5**:304 (36), **5**:319, **5**:322 (247), **5**:323, **5**:*328*, **5**:*340*
Lee, C. L., **45**:146, **45**:*152*
Lee, C. S. G., **32**:107, **32**:120, **32**:121, **32**:*145*, **35**:108, **35**:122, **35**:*132*
Lee, C., **12**:*170*, **33**:101, **33**:*112*, **38**:*194*, **44**:228, **44**:*280*, **48**:342, **48**:*352*
Lee, C. Y., **2**:388, **2**:400, **2**:*419*, **7**:44, **7**:*114*, **7**:*115*, **28**:120, **28**:122, **28**:146, **28**:*148*, **28**:*149*, **30**:7–8, **30**:*34*, **30**:8, **30**:*36*, **34**:186, **34**:215, **34**:*232*, **38**:*184*
Lee, D., **45**:292, **45**:*316*
Lee, D. L., **34**:*232*
Lee, D. M., **17**:224, **17**:237, **17**:*281*
Lee, E. A., **37**:105, **37**:111, **37**:114, **37**:*116–117*, **40**:92, **40**:*121–122*
Lee, E. K., **47**:301, **47**:320, **47**:*339*
Lee, E. S., **7**:42 (42), **7**:*115*, **29**:59, **29**:*75*
Lee, E., **33**:133, **33**:134, **33**:135, **33**:136, **33**:*168*, **38**:198, **38**:*243*
Lee, E. T., **34**:*288*
Lee, G., **26**:95, **26**:104, **26**:*151*
Lee, H., **32**:52, **32**:*100*
Lee, H. S., **38**:86, **38**:131, **38**:*140*
Lee, I., **32**:*148*
Lee, J., **6**:*295*, **49**:312, **49**:315, **49**:*346*
Lee, J. E., **45**:296, **45**:*316*
Lee, J. K., **39**:197, **39**:*236*
Lee, J.-H., **37**:*282*
Lee, Jye-hoon, **49**:30, **49**:*59*
Lee, J. N., **28**:169, **28**:193, **28**:*221*, **28**:*223*
Lee, J. S. J., **34**:*232*, **38**:*192*
Lee, J. W., **38**:*183*
Lee, J. Y., **47**:226, **47**:*245*
Lee, K., **30**:26, **30**:*34*, **37**:155, **37**:*164*
Lee, K. D., **35**:329, **35**:*368*
Lee, K.-F., **47**:28, **47**:*62*, **47**:*65*
Lee, M., **48**:*115*
Lee, M. H., **35**:83–84, **35**:*133*
Lee, N. S., **36**:312, **36**:*330*
Lee, P., **38**:205, **38**:235–236, **38**:*244*
Lee, P. A., **26**:227, **26**252, **26**:*277*
Lee, P. L., **47**:227, **47**:*252*
Lee, R., **40**:193, **40**:240, **40**:*252*
Lee, R. C., **3**:287 (22), **3**:*297*, **26**:17, **26**:*43*
Lee, R. B.-L., **20**:*194*
Lee, R. C. T., **13**:175, **13**:196, **13**:203, **13**:*226*, **13**:*231*, **15**:31, **15**:32, **15**:33, **15**:*60*, **15**:*61*, **15**:*63*, **19**:122, **19**:154, **19**:*217*, **19**:*223*, **19**:*227*
Lee, R. J., **2**:415, **2**:*419*
Lee, R. L., **40**:165, **40**:*177*
Lee, S. C., **28**:*104*
Lee, S. H., **28**:173, **28**:180, **28**:204, **28**:213, **28**:214, **28**:*221*, **28**:*223*, **28**:*224*, **34**:165, **34**:*229*
Lee, S. Y., **17**:243, **17**:251, **17**:253, **17**:256, **17**:*276*, **17**:*277*, **17**:*280*, **17**:*281*, **28**:*149*, **34**:282, **34**:*288*
Lee, T., **4**:2, **4**:*49*, **24**:302, **24**:*314*
Lee, T. H., **4**:153 (71), **4**:*165*
Lee, T. M. P., **29**:27, **29**:*44*, **46**:272, **46**:*286*
Lee, T. T., **29**:92, **29**:*189*
Lee, W.-F., **34**:228, **34**:*232*
Lee, Y. C., **34**:*288*
Leech, G. N., **15**:233, **15**:*236*
Leech, J., **10**:98 (28), **10**:*107*
Leed, J., **13**:*71*
Leeds, H. D., **4**:146 (48), **4**:*164*
Leeland, S. B., **34**:129, **34**:*155*
Leeman, G. B., **24**:125, **24**:134, **24**:156, **24**:157, **24**:*172*
Leen, J. M., **38**:*181*
Lees, C., **47**:215, **47**:*253*
Lees, M., **2**:16 (19), **2**:22, **2**:27, **2**:40, **2**:46, **2**:*53*, **2**:*54*, **3**:*272*
Lees, W. R., **47**:215, **47**:216, **47**:*244*, **47**:*246*, **47**:*248*, **47**:*250*
LeFevre, M. L., **47**:216, **47**:*245*
Leff, A., **41**:*255*, **41**:292, **41**:*296*
Lefkoff, G., **12**:103, **12**:*112*, **36**:*197*
Lefkovitch, L. P., **19**:140, **19**:*223*
Lefkovitz, D., **7**:*115*, **7**:285 (33), **7**:*289*, **12**:150 (113), **12**:*170*
Lefkowitz, I., **49**:304, **49**:318, **49**:*347*
Lefkowitz, L. S., **40**:191, **40**:193, **40**:195–196, **40**:212, **40**:225, **40**:227, **40**:247, **40**:*250*
Legate, A., **38**:*193*
Legault, R., **18**:5, **18**:8, **18**:*56*
Legavko, A. V., **29**:301, **29**:*325*
Leger, J. R., **28**:213, **28**:*224*
Leger, M., **39**:274, **39**:*289*
Leger, R. M., **3**:*297*
Legge, J. G., **32**:34, **32**:64, **32**:*100*
Legge, K., **46**:144, **46**:*155*

Legget, M., **47**:238, **47**:*249*
LeGuerine, Y., **47**:216, **47**:*251*
Lehiste, I., **11**:181, **11**:*226*
Lehky, S., **37**:405, **37**:*422*
Lehman, J. P., **5**:326 (363), **5**:*347*
Lehman, M. M., **1**:233 (6), **1**:*308*,
  6:155, **6**:156, **6**:157, **6**:163,
  6:*192*, **24**:56, **24**:*59*, **24**:115,
  24:130, **24**:134, **24**:*168*, **24**:*172*,
  28:3, **28**:26–27, **28**:*63*, **28**:*65*,
  46:40, **46**:46, **46**:*106*
Lehman, P. L., **19**:82, **19**:86, **19**:*109*,
  19:*110*, **28**:109, **28**:118, **28**:130,
  28:131, **28**:145, **28**:*149*
Lehman, T., **35**:144, **35**:*182*
Lehman, T. J., **26**:*442*, **28**:109, **28**:144,
  28:*149*
Lehman, W., **17**:90, **17**:*160*
Lehmann, H., **20**:244, **20**:*257*, **49**:12,
  49:40, **49**:62, **49**:*64*
Lehmann, W. P., **1**:118, **1**:*139*, **7**:118
  (48), **7**:141 (40), **7**:*179*, **11**:*53*
Lehmer, D. H., **9**:115, **9**:*176*, **10**:99,
  10:*107*, **22**:*105*, **28**:198, **28**:*224*
Lehmer, E., **9**:115, **9**:*176*
Lehner, P. E., **31**:*97*
Lehoczky, J. P., **42**:13, **42**:15,
  42:*34–35*, **48**:7, **48**:34, **48**:81,
  48:*117*
Lehr, M. A., **37**:369–370, **37**:*424*
Lehrberger, J., **24**:253, **24**:*274*
Lehrer, K., **46**:420, **46**:*436*
Lehrman, L. M., **16**:245, **16**:*331*
Lehtinen, E., **34**:304, **34**:366, **34**:*381*,
  34:*388*, **40**:192, **40**:194, **40**:212,
  40:248, **40**:*249*
Lehtio, P., **34**:176, **34**:*231*
Leibniz, Gottfried, **26**:51
Leibniz, J., **33**:176, **33**:177, **33**:*240*,
  35:*324*, **46**:343, **46**:*399*
Leifker, D. B., **34**:260, **34**:*289*, **38**:131,
  38:*141*
Leighton, F. T., **23**:18, **23**:*32*, **44**:357,
  44:*359*
Leilich, H. O., **19**:*64*, **28**:123, **28**:145,
  28:*149*
Leimdorfer, M., **5**:324 (298), **5**:*343*
Leinbaugh, D. W., **32**:223, **32**:*250*
Leiner, A. L., **3**:82 (11, 12), **3**:*152*, **4**:283
  (13, 14), **4**:*303*

Leiserson, C., **37**:253, **37**:*282*, **43**:223,
  43:225, **43**:239, **43**:*240*, **48**:156,
  48:*176*
Leiserson, C. E., **19**:76, **19**:82, **19**:89,
  19:*110*, **20**:190, **20**:*194*, **26**:97,
  26:*151*, **26**:195, **26**:*197*, **26**:*198*
Leisman, G., **38**:*188*
Leist, K., **34**:*290*
Leiter, J., **21**:342, **21**:*418*
Leith, E. N., **7**:59 (17), **7**:*114*, **28**:190,
  28:193, **28**:*222*
Leive, G., **21**:94, **21**:126, **21**:128, **21**:148,
  21:*153*
Lekan, H. A., **18**:173, **18**:*228*
Leland, R., **45**:148, **45**:*150*
LeLann, G., **20**:41, **20**:*82*
Lelarasmee, E., **26**:295, **26**:*333*
Leler, W., **35**:281, **35**:*322*
Lellouch, J., **16**:176, **16**:*177*
Lemaitre, M., **44**:197, **44**:*213*
Leman, M., **36**:*197*
Lemel, Y., **39**:268, **39**:*289*
Lemke, A., **47**:77, **47**:90, **47**:*138*
Lemke, B., **5**:322 (245, 249), **5**:*340*,
  5:*341*
Lemke, C. E., **2**:321, **2**:322, **2**:323, **2**:*367*,
  2:*373*
Lemke, M., **45**:145, **45**:*149*
Lemko, L. M., **29**:*325*
Lenat, D., **22**:182, **22**:*213*, **26**:40, **26**:*43*
Lenat, D. B., **15**:47, **15**:48, **15**:49, **15**:50,
  15:51, **15**:52, **15**:53, **15**:55, **15**:*61*,
  15:*62*, **22**:164, **22**:*213*, **28**:2, **28**:*64*,
  48:300, **48**:*311*, **49**:24, **49**:*63*
Lendaris, G. G., **28**:218–219, **28**:*224*
Lenfant, J., **26**:*198*
Lengauer, T., **44**:333, **44**:353, **44**:*359*
Lenhard, R., **1**:79 (71), **1**:*89*
Lenihan, S. R., **5**:309 (177, 187, 188),
  5:315 (177), **5**:319 (177), **5**:*336*,
  5:*337*
Lennon, R. E., **22**:*105*
Lennon, W. J., **17**:166, **17**:*218*
Lenoski, D., **39**:199, **39**:207, **39**:210,
  39:*236*, **40**:170, **40**:*176*
Lenoski, D. E., **40**:161, **40**:168, **40**:*177*
Lenstra, A. K., **30**:175, **30**:*221*
Lenzerini, M., **32**:172, **32**:*195*, **35**:40,
  35:*78*, **41**:272, **41**:274–275, **41**:*295*,
  43:62, **43**:108, **43**:*136*

Leo, F. P., **38**:*192*
Leon, A. S., **38**:148, **38**:154, **38**:166, **38**:168–169, **38**:171, **38**:*180*
Leonas, V. V., **29**:*322*
Leonberger, F. J., **28**:154, **28**:173, **28**:*223*
Leondes, C. T., **7**:51, **7**:79, **7**:*113*, **7**:*115*, **15**:*178*
Leong, H. V., **39**:216, **39**:*236*
Leong, M. K., **48**:297, **48**:*311*
Leonov, O. I., **18**:237, **18**:*285*
Leont'ev, D. I., **29**:*325*
Leontief, W., **2**:*373*
Leotta, D., **47**:238, **47**:*249*
Lepley, M., **23**:18, **23**:*32*
Lepore, S., **39**:243, **39**:284, **39**:*291*
Lepper, M. R., **47**:*139*
Lepreau, J., **48**:5, **48**:8, **48**:12, **48**:29, **48**:*115*
Lepselter, M. P., **9**:189, **9**:207 (43), **9**:*236*
Lerman, S. R., **47**:356, **47**:*365*
Lerner, A. Ya, **5**:132, **5**:*220*
Lerner, E. J., **30**:174, **30**:*221*, **34**:175, **34**:*232*
Lescinsky, G., **33**:271, **33**:*304*
LeShack, A. R., **8**:95 (50), **8**:98 (49, 50), **8**:*101*
Leshan, E. J., **5**:307 (102), **5**:309 (173, 188), **5**:325 (102), **5**:*332*, **5**:*336*, **5**:*337*
Lesk, M. E., **11**:61 (57), **11**:74 (57), **11**:82 (57), **11**:102, **11**:*124*, **11**:*125*, **48**:262, **48**:265, **48**:266, **48**:268, **48**:269, **48**:270, **48**:271, **48**:272, **48**:273, **48**:275, **48**:276, **48**:279, **48**:280, **48**:282, **48**:285, **48**:293, **48**:294, **48**:295, **48**:297, **48**:298, **48**:*312*
Leslie, D. C., **5**:301 (57), **5**:*329*
Leslie, I., **44**:286, **44**:*329*
Leslie, R. E., **31**:8, **31**:*97*
Lesourne, J., **2**:364, **2**:*373*
Lesser, R. P., **38**:*190*
Lesser, V., **47**:95, **47**:*138*
Lesser, V. R., **22**:271, **22**:*292*, **31**:120, **31**:124–125, **31**:*172*, **46**:409, **46**:*436*, **49**:313, **49**:*347*
Lessing, I. J., **6**:*296*
Lessing, L., **10**:151 (12), **10**:*174*
Lester, S., **46**:110, **46**:138, **46**:139, **46**:142, **46**:*157*
Lethor, J. P., **47**:211, **47**:*252*

Letov, V., **18**:253, **18**:*285*
Letovsky, S., **35**:243, **35**:*253*, **39**:27, **39**:33, **39**:*48*
Letovsky, Stanley, **40**:2, **40**:*4*, **40**:7–8, **40**:11, **40**:29, **40**:34, **40**:*37–38*
Letsinger, R., **22**:190, **22**:*211*
Lettvin, J. Y., **5**:208, **5**:*225*, **11**:197 (84), **11**:*226*
Letvin, **5**:207
Leu, Y., **32**:168, **32**:*197*, **41**:266–267, **41**:288, **41**:*295–296*
Leung, B., **45**:146, **45**:*152*
Leung, C. K. C., **21**:95, **21**:109, **21**:116, **21**:117, **21**:129, **21**:131, **21**:*151*, **21**:*153*
Leung, H. C., **31**:145, **31**:*172*
Leung, L. A., **38**:*189*
Leung, L., **40**:192, **40**:243, **40**:*250*
Leung, T. K., **29**:*193*
Leung, Y., **36**:317, **36**:*330*
Leutert, W., **2**:44 (48), **2**:*54*, **2**:*373*
Lev, G., **23**:298, **23**:341, **23**:*353*, **26**:*198*
Levaillant, J. M., **47**:216, **47**:*251*
Levein, R. E., **18**:173, **18**:*228*
Levelt, W. G., **35**:280–281, **35**:*322*
Levenberg, K., **5**:246 (80), **5**:251, **5**:*255*
LeVeque, W. J., **22**:64, **22**:67, **22**:70, **22**:73, **22**:77, **22**:78, **22**:79, **22**:*105*
Levering, R., **39**:259, **39**:*291*
Leveson, N., **36**:98, **36**:*109*, **43**:41, **43**:*48*
Leveson, N. G., **22**:136, **22**:*160*, **36**:*40*, **41**:4, **41**:*62*, **42**:4–5, **42**:8–9, **42**:13, **42**:15, **42**:19–20, **42**:*32–34*, **42**:111, **42**:*116*, **44**:4, **44**:33, **44**:*57*
Levesque, H., **43**:59, **43**:*136*
Levi, K. R., **38**:120, **38**:*141*
Levi, S. P., **47**:317, **47**:*338*
Levi, S. T., **42**:5, **42**:15, **42**:*34*, **49**:310, **49**:*347*
Levialdi, S., **34**:*285*, **44**:198, **44**:*213*, **49**:241, **49**:254, **49**:266, **49**:*296*
Levien, R. E., **12**:150 (115), **12**:*171*, **24**:*314*
Levin, D. N., **47**:215, **47**:*246*
Levin, G. M., **29**:130, **29**:*189*
Levin, J., **45**:335, **45**:350, **45**:*354*, **45**:355
Levin, K. D., **16**:201, **16**:*217*, **17**:206, **17**:*219*
Levin, M. F., **8**:54 (37), **8**:*101*, **47**:216, **47**:*251*

Levin, R., **20**:64, **20**:73, **20**:*82*, **20**:85 (28), **20**:*113*, **49**:*237*
Levin, V. K., **18**:241, **18**:*285*, **29**:*325*, **44**:205, **44**:*215*
Levine, A., **18**:202, **18**:203, **18**:*227*, **18**:*228*
Levine, D., **6**:*226*, **48**:8, **48**:9, **48**:15, **48**:16, **48**:17, **48**:25, **48**:27, **48**:29, **48**:52, **48**:54, **48**:72, **48**:73, **48**:*118*
Levine, D. L., **48**:6, **48**:8, **48**:9, **48**:10, **48**:21, **48**:23, **48**:25, **48**:28, **48**:31, **48**:32, **48**:43, **48**:50, **48**:59, **48**:67, **48**:84, **48**:85, **48**:93, **48**:97, **48**:103, **48**:104, **48**:116, **48**:118
Levine, D. M., **19**:122, **19**:123, **19**:*223*
Levine, G. B., **16**:*179*
Levine, L., **41**:150, **41**:*155*
Levine, M., **16**:*179*
Levine, M. D., **5**:324 (282), **5**:*343*, **16**:174, **16**:*180*, **19**:174, **19**:178, **19**:179, **19**:*219*, **32**:113, **32**:114, **32**:*146*, **32**:*148*, **34**:81, **34**:*110*
Levine, N., **2**:*126*
Levine, P. H., **17**:187, **17**:192, **17**:206, **17**:*218*, **44**:269, **44**:*283*
Levine, R. A., **47**:211, **47**:215, **47**:*249*, **47**:*252*
Levine, R. D., **36**:306, **36**:*330*
Levine, S. D., **38**:*193*, **45**:311, **45**:*316*
Levinson, D., **3**:*346*
Levinson, L. E., **31**:*172*
Levinson, S. E., **31**:100, **31**:111–112, **31**:163, **31**:*170*, **31**:*172–173*, **47**:*62*
Levis, A. H., **23**:182, **23**:193, **23**:194, **23**:*251*
Levison, M., **11**:35 (65), **11**:*57*
Levitan, I. B., **31**:275, **31**:*323*
Levitan, S. P., **34**:171, **34**:*229*
Levite, A., **28**:230, **28**:250, **28**:271, **28**:*276*
Levitin, V. V., **18**:244, **18**:*282*
Levitt, H., **47**:*62*
Levitt, J., **40**:74, **40**:*125*
Levitt, K., **21**:99, **21**:108, **21**:*154*
Levitt, K. N., **15**:40, **15**:*60*, **19**:86, **19**:*109*, **19**:*110*, **24**:125, **24**:164, **24**:*174*, **26**:125, **26**:*151*, **26**:*197*, **26**:*279*, **26**:*389*, **29**:7, **29**:23, **29**:32, **29**:*44*, **29**:*45*
Levnina, G. A., **29**:*325*

Levoy, M., **33**:265, **33**:272, **33**:*304*, **47**:224, **47**:227, **47**:230, **47**:238, **47**:*247*, **47**:*249*
Levy, A., **38**:123, **38**:*139*
Levy, C. H., **36**:402, **36**:413–414, **36**:*422*
Levy, D., **18**:61, **18**:64, **18**:71, **18**:77, **18**:106, **18**:107, **18**:*116*
Levy, D. M., **48**:262, **48**:*312*
Levy, D. N. L., **29**:233, **29**:245, **29**:246, **29**:*249*, **37**:186, **37**:*205*
Levy, H. M., **33**:51, **33**:*64*, **35**:276, **35**:*320*
Levy, H. A., **5**:271 (32), **5**:276, **5**:*285*
Levy, P. S., **22**:300, **22**:301, **22**:340, **22**:*351*, **29**:66, **29**:*77*, **33**:*126*, **33**:170
Levy, S., **29**:67, **29**:*74*, **34**:161, **34**:165, **34**:*232*
Levy, W., **37**:131, **37**:*163*
Lew, K., **24**:138, **24**:*174*
Lewellan, J., **5**:323 (266), **5**:*342*
Lewenstein, B. V., **39**:247, **39**:*291*
Lewin, M. H., **12**:*171*
Lewins, J., **5**:308 (119), **5**:*333*
Lewinson, T. M., **19**:180, **19**:*228*
Lewis, B. L., **31**:112, **31**:*170*
Lewis, B. N., **5**:212 (188, 189, 190, 191), **5**:*226*
Lewis, C., **31**:71, **31**:*96*, **36**:386, **36**:393, **36**:*422*, **36**:*425*, **42**:26, **42**:*33*
Lewis, C. A., **32**:228, **32**:229, **32**:*251*
Lewis, C. H., **29**:50, **29**:*74*, **36**:349, **36**:370, **36**:406, **36**:*422*
Lewis, D., **34**:138, **34**:140, **34**:*156*, **44**:207, **44**:*218*
Lewis, D. R., **7**:68 (44), **7**:*115*
Lewis, E. R., **36**:210, **36**:*252*
Lewis, F. J., **16**:*179*
Lewis, G. J., **3**:*345*
Lewis, H. R., **43**:227, **43**:*240*, **47**:28, **47**:*62*
Lewis, J. P., **36**:178, **36**:*197*
Lewis, J. R., **36**:*425*
Lewis, J. W., **16**:150, **16**:*180*
Lewis, P. A., **30**:165, **30**:*168*, **42**:113, **42**:*116*, **45**:221, **45**:222, **45**:*264*
Lewis, P. A. W., **11**:84, **11**:*124*, **37**:63, **37**:*116*
Lewis, P. M., **6**:83 (62), **6**:*86*, **12**:354, **12**:*412*, **14**:22, **14**:*43*, **14**:183,

14:*185*, 21:229, 21:*273*
Lewis, P. M., II., 19:100, 19:*111*
Lewis, P. S., 38:231, 38:*244*
Lewis, R., 18:173, 18:*228*
Lewis, T. G., 21:93, 21:*153*, 24:105, 24:142, 24:143, 24:159, 24:161, 24:*172*, 24:*173*, 35:290, 35:295–296, 35:*321–322*
Lewski, F. H., 42:71, 42:*74*
Leyder, R., 19:*324*
Li, B., 42:11, 42:*36*
Li, C. W., 38:*185*
Li, G.-J., 38:205, 38:212, 38:218, 38:*244*
Li, H. F., 19:66, 19:79, 19:*111*, 20:117, 20:124, 20:131, 20:*195*, 23:296, 23:*353*, 45:66, 45:70, 45:*101*, 49:254, 49:256, 49:257, 49:266, 49:*300*
Li, J., 40:188, 40:237, 40:*254*
Li, K., 35:273, 35:276, 35:*322*, 39:204–205, 39:207, 39:210, 39:222, 39:230, 39:234, 39:*236–237*, 40:163, 40:*177*
Li, Q., 35:307, 35:*322*
Li, T., 48:229, 48:231, 48:253, 48:*254*
Li, V. O., 31:*232*
Li, W., 47:227, 47:*245*
Li, X.-N., 47:238, 47:*249*
Li, X. Q., 38:*191*
Li, Y., 28:184, 28:198, 28:204, 28:*222*, 28:*224*
Li, Z., 33:*240*
Li, Z. A., 47:216, 47:*253*
Liao, I. E., 29:*189*
Liao, W. T., 35:307, 35:*318*
Liaw, B.-C., 44:190, 44:*213*
Liberman, A. M., 1:205 (16), 1:216 (16), 1:*228*, 11:181 (85, 108), 11:191 (85, 86, 108), 11:202 (87), 11:214 (20), 11:*223*, 11:*226*, 11:*227*
Liberman, E. A., 31:242–243, 31:275, 31:277, 31:298, 31:*321–322*
Liberman, V. B., 18:246, 18:*285*
Lichota, T. W., 46:375, 46:*397*
Licht, D. M., 36:336, 36:*426*
Lichten, W., 1:223 (40), 1:*229*, 31:111, 31:*172*
Lichtenberg, F. R., 43:188, 43:199–200, 43:205, 43:*213*
Lichtenberger, W., 4:160 (115), 4:*168*
Lichtenberger, W. W., 8:6 (42), 8:12 (42), 8:19 (42), 8:*43*
Licklider, J. C. R., 6:*226*, 8:7 (5), 8:41, 8:*42*, 8:*44*, 11:169, 11:*173*, 11:345, 11:356, 11:379 (85), 11:*387*, 13:225, 13:*229*, 15:240, 15:*282*, 19:263, 19:266, 19:297, 19:305, 19:*326*, 31:*374*, 32:216, 32:*251*, 34:341, 34:*388*, 37:170, 37:*205*, 48:*312*
Liddell, P., 21:95, 21:109, 21:*150*
Lidinsky, W. P., 20:85 (52), 20:*114*, 42:161, 42:*239*
Liebelt, L. S., 29:52, 29:*75*, 33:132, 33:133, 33:136, 33:*168*
Lieberherr, K., 22:98, 22:*105*, 35:179, 35:*182*
Lieberman, F., 12:104, 12:*112*
Lieberman, H., 33:97, 33:98, 33:*112*, 36:*197*, 37:13, 37:*56*, 43:111, 43:128, 43:*138*, 47:89, 47:*139*, 47:*140*
Lieberstein, H. M., 2:71, 2:72, 2:78, 2:*127*
Liebman, B., 44:164–165, 44:*167*
Liebmann, G., 2:242, 2:*293*, 7:55 (45), 7:*115*
Liebowitz, B. H., 17:164, 17:*218*
Liedel, A. L., 5:326 (386), 5:*348*
Lief, R. C., 38:*182*
Lief, S. B., 38:*182*
Liegeois, A., 33:*240*
Lien, Y. E., 34:*288*, 35:69, 35:*79*
Lientz, B. P., 19:276, 19:291, 19:*326*
Liepins, G. E., 45:176, 45:*195*
Lierman, B., 36:372, 36:*428*
Life, M. A., 36:*426*
Liffick, B. W., 29:63, 29:*73*, 40:196, 40:*250*
Lighthill, J., 13:171, 13:*228*, 37:373, 37:387, 37:*422*
Lighthill, M. J., 10:101, 10:*107*
Lightner, M. R., 32:4, 32:*96*
Ligocki, T., 49:266, 49:*302*
Likert, R., 41:76, 41:*82*
Likharev, K. K., 31:292, 31:*322*
Liklider, J. C. R., 7:281 (19), 7:*288*
Lilja, D. J., 45:58, 45:59, 45:61, 45:63, 45:70, 45:90, 45:*101*, 45:*102*
Liljencrants, J. C. W. A., 11:191 (88), 11:*226*

Lillethun, A., **6**:*295*
Lillienkamp, J. E., **26**:*198*
Lim, B.-H., **40**:161–162, **40**:168, **40**:*175*, **49**:242, **49**:249, **49**:270, **49**:275, **49**:295, **49**:*299*
Lim, G.-C., **34**:341, **34**:*381*
Lim, J. B., **48**:*177*
Lim, J. T., **45**:75, **45**:76, **45**:77, **45**:79, **45**:94, **45**:*101*
Lim, K. Y., **36**:*426*
Limb, J. O., **18**:16, **18**:*56*
Limqueco, J. C., **32**:34, **32**:73, **32**:75, **32**:76, **32**:83, **32**:91, **32**:92, **32**:*100*, **32**:*101*
Lin, A. D., **12**:132 (117), **12**:139 (117), **12**:140 (117), **12**:*171*
Lin, B. S., **34**:250, **34**:*285*, **34**:*288*
Lin, C. J., **46**:3, **46**:14, **46**:*30*
Lin, C. S., **19**:*60*, **19**:*63*, **28**:123, **28**:145, **28**:*150*, **34**:*232*, **48**:300, **48**:302, **48**:303, **48**:*310*
Lin, D., **49**:30, **49**:*59*
Lin, F. J., **29**:117, **29**:120, **29**:149, **29**:155, **29**:166, **29**:181, **29**:183, **29**:*189*
Lin, H. A., **29**:*189*
Lin, H. C., **9**:203 (92), **9**:*238*
Lin, K., **20**:85 (25), **20**:*112*
Lin, K.-S., **37**:111, **37**:*116*
Lin, L. P., **32**:28, **32**:30, **32**:34, **32**:75, **32**:83, **32**:*100*, **32**:*101*
Lin, M., **44**:308, **44**:*329*
Lin, M.-H., **34**:94, **34**:*110*
Lin, Q., **38**:*186*
Lin, S., **37**:*282*
Lin, W., **38**:*189*
Lin, W. T. K., **32**:156, **32**:170, **32**:189, **32**:*199*
Lin, Y., **36**:245, **36**:*252*
Lin, Y. S., **17**:240, **17**:*281*
Lincoln, A. J., **9**:229 (89), **9**:230 (89), **9**:*238*
Lincoln, H., **12**:99, **12**:106, **12**:108, **12**:*113*
Lincoln, H. B., **36**:112, **36**:138, **36**:*197*
Lincoln, J. E., **36**:351, **36**:*419*, **36**:*426*
Lincoln, N. R., **23**:6, **23**:*32*, **34**:118, **34**:120, **34**:*155*
Lincoln, P., **34**:23, **34**:*55*
Lincoln, T., **46**:132, **46**:*155*

Lind, C., **44**:326–327, **44**:*330*
Lind, M., **38**:131, **38**:*141*
Lind, R. A., **12**:*173*
Lindberg, D. A., **16**:148, **16**:*179*, **48**:300, **48**:*311*
Lindberg, D. A. B., **22**:202, **22**:*214*, **38**:166, **38**:*180*
Lindblad, C., **44**:308, **44**:*329*
Lindblom, B., **11**:160 (13), **11**:*163*
Lindbloom, E., **26**:319, **26**:*332*
Linde, R., **19**:*62*
Linde, R. R., **28**:120, **28**:121, **28**:146, **28**:*150*
Lindemann, E., **36**:147, **36**:*197*
Linden, B. L., **9**:118 (79), **9**:*176*
Lindenbaum, S. J., **6**:*296*
Linders, J., **16**:149, **16**:*177*, **37**:265, **37**:*281*
Lindgren, N., **11**:169, **11**:197, **11**:210, **11**:212, **11**:*226*
Lindland, O. A., **45**:10, **45**:24, **45**:*51*
Lindman, H., **11**:350 (45), **11**:*385*, **19**:123, **19**:*223*
Lindquist, A. B., **7**:71 (46), **7**:*115*
Lindquist, C. B., **4**:139 (5), **4**:*161*
Lindquist, R., **1**:82, (78), **1**:*90*
Lindsay, B., **32**:168, **32**:194, **32**:*199*, **35**:144, **35**:*182*, **39**:113, **39**:115, **39**:*186–187*, **39**:*189*
Lindsay, B. G., **32**:174, **32**:177, **32**:194, **32**:*198*
Lindsay, I., **34**:165, **34**:*234*
Lindsay, J., **18**:203, **18**:*225*
Lindsay, J., Jr., **16**:160, **16**:*179*
Lindsay, P. A., **49**:88, **49**:*92*
Lindsay, P. H., **17**:90, **17**:*161*, **31**:364, **31**:*374*
Lindsay, R., **22**:166, **22**:183, **22**:*214*, **23**:167, **23**:*174*, **26**:39, **26**:41, **26**:*44*
Lindsay, R. K., **11**:173 (90), **11**:*226*, **13**:176, **13**:178, **13**:*228*
Lindsey, C. H., **12**:*281*, **13**:29, **13**:*41*
Lindsey, J., **5**:264 (19), **5**:*285*
Lindstrom, G., **34**:149, **34**:*154*, **48**:5, **48**:8, **48**:12, **48**:29, **48**:*115*
Linebarger, R. N., **9**:27 (8), **9**:*49*
Linehan, A., **41**:51, **41**:57, **41**:*61*, **46**:46, **46**:*105*
Linehan, M., **44**:256, **44**:*282*

Linfoot, E. H., **5**:239, **5**:240, **5**:*254*
Ling, D. H. O., **32**:170, **32**:177, **32**:188, **32**:*195*
Ling, H., **12**:*173*
Ling, R. F., **19**:127, **19**:128, **19**:139, **19**:140, **19**:180, **19**:190, **19**:191, **19**:*223*, **49**:266, **49**:*302*
Ling, T., **39**:151, **39**:*188*
Linge, T., **42**:134, **42**:*236*
Lingenfelter, R., **5**:309 (140), **5**:312 (140), **5**:*334*
Linger, R. C., **20**:221, **20**:*257*, **24**:127, **24**:*172*, **24**:363, **24**:*374*, **26**:411, **26**:*442*, **35**:147, **35**:161, **35**:164–165, **35**:167–168, **35**:171–172, **35**:177, **35**:179, **35**:*181–183*, **35**:237, **35**:245–246, **35**:*252*, **36**:6, **36**:8–9, **36**:19, **36**:21–23, **36**:25–27, **36**:31–32, **36**:34, **36**:*39–40*, **36**:56, **36**:*109*, **43**:8, **43**:31, **43**:*48*
Lingoes, J. C., **19**:122, **19**:123, **19**:*223*
Linial, N., **44**:345, **44**:*359*
Link, K. M., **38**:*194*
Linn, J. L., **24**:159, **24**:161, **24**:*172*, **44**:247, **44**:*281*, **48**:249, **48**:*253*
Linn, R. J., **29**:107, **29**:167, **29**:*189*, **29**:*190*
Linsker, R., **33**:175, **33**:*240*
Linsky, V. S., **1**:233 (12), **1**:*308*
Lint, B., **23**:299, **23**:*353*
Linton, D., **30**:177, **30**:183, **30**:*218*
Lintz, J., **19**:211, **19**:*223*
Linvill, W. K., **23**:181, **23**:*251*, **23**:*252*
Liou, J. H., **24**:*314*
Liou, J. I., **19**:213, **19**:214, **19**:*223*
Liow, Y. T., **32**:113, **32**:*146*
Lipaev, V. V., **29**:*325*
Lipeck, U. W., **39**:151, **39**:167, **39**:*188*
Lipinski, H. M., **16**:213, **16**:*219*
Lipkin, L. E., **12**:*412*, **12**:*414*
Lipkin, M., **22**:218, **22**:*292*
Lipkis, J., **49**:311, **49**:*347*
Lipner, S. B., **29**:2, **29**:*44*
Lipovski, G. J., **20**:179, **20**:*195*, **26**:166, **26**:*197*, **26**:*198*, **28**:122, **28**:146, **28**:*148*, **28**:*151*, **34**:141–142, **34**:*155*, **49**:272, **49**:*301*
Lipovski, S. J., **28**:*150*

Lipovsky, J., **21**:92, **21**:*153*
Lipow, M., **18**:*171*, **26**:417, **26**:*441*, **26**:*443*, **30**:101, **30**:*169*, **41**:215, **41**:*229*, **46**:163, **46**:172, **46**:199, **46**:218, **46**:*232*, **46**:*234*
Lippens, P., **37**:*282*
Lippitt, A., **4**:15, **4**:*50*
Lippman, R. P., **33**:184, **33**:186, **33**:*240*, **36**:213, **36**:*252*, **34**:174–175, **34**:*232*, **37**:*164*, **37**:400, **37**:*422*
Lipscomb, W. N., **5**:278 (52), **5**:*286*
Lipsett, R., **37**:210, **37**:*283*, **40**:82, **40**:*124*
Lipsky, L., **17**:*218*
Lipson, H., **5**:258 (8), **5**:266, **5**:270 (5), **5**:272 (5), **5**:282, **5**:*284*
Lipson, J. D., **22**:309, **22**:312, **22**:*350*
Lipton, R., **30**:177–178, **30**:209–211, **30**:*218–219*, **41**:227, **41**:*228*
Lipton, R. J., **19**:274, **19**:*324*, **20**:*256*, **22**:115, **22**:*159*, **22**:298, **22**:*350*, **24**:62, **24**:66, **24**:*99*, **26**:*389*, **26**:*441*, **28**:45, **28**:*64*, **28**:109, **28**:144, **28**:*148*, **29**:32, **29**:*44*, **33**:55, **33**:56, **33**:57, **33**:*63*, **44**:337, **44**:343, **44**:346, **44**:352, **44**:357, **44**: *358*, **44**:*360*, **49**:262, **49**:*297*
Lipvoski, G. J., **19**:*61*, **19**:*62*, **19**:*63*
Lisanke, B. F., **45**:188, **45**:*195*
Lisanke, R., **32**:79, **32**:82, **32**:87, **32**:94, **32**:*100–101*
Lisitsyn, V. G., **18**:243, **18**:247, **18**:*282*
Lisker, L., **1**:212 (31), **1**:*228*, **11**:181, **11**:191 (86), **11**:*226*
Liskov, B., **20**:74, **20**:82, **20**:230, **20**:239, **20**:*257*, **21**:105, **21**:*153*, **22**:114, **22**:*160*, **22**:300, **22**:302, **22**:343, **22**:*352*, **24**:122, **24**:*172*, **28**:12, **28**:*65*, **33**:4, **33**:12, **33**:18, **33**:23, **33**:24, **33**:29, **33**:34, **33**:59, **33**:*64*, **35**:139, **35**:*182*, **43**:91, **43**:*136*, **47**:*291*, **49**:*237*
Liskov, B. H., **22**:298, **22**:302, **22**:341, **22**:*350*, **22**:*352*, **37**:35, **37**:*56*
Lister, T., **44**:82, **44**:108, **44**:*124*
Litaize, D., **44**:196, **44**:*217*
Litecky, C. R., **46**:132, **46**:*156*
Litman, D., **49**:151, **49**:*188*
Litt, J., **49**:254, **49**:*301*
Little, J., **34**:64–65, **34**:70, **34**:88, **34**:*111*
Little, J. C., **24**:338, **24**:*374*

Little, J. D. C., **47**:355, **47**:*366*
Little, W. A., **33**:179, **33**:*240*
Littlefield, D. G., **4**:154 (73), **4**:*165*
Littlefield, R. J., **35**:276, **35**:*320*, **39**:197, **39**:*236*
Littlewood, **26**:418
Littlewood, B., **30**:91–92, **30**:106–108, **30**:112, **30**:136, **30**:163, **30**:*168–169*, **31**:230, **31**:*232*, **36**:*39*, **36**:*40*, **42**:111–112, **42**:*116*, **45**:212, **45**:214, **45**:219, **45**:*266*, **46**:166, **46**:170, **46**:219, **46**:*233*
Littlewood, D. E., **9**:149, **9**:*176*
Littlewood, J. E., **36**:283, **36**:*328*
Littman, D., **39**:33, **39**:*48*
Littman, David C., **40**:8, **40**:29, **40**:34, **40**:*37–38*
Littman, M. S., **49**:284, **49**:286, **49**:289, **49**:290, **49**:*300*
Litwin, W., **30**:26, **30**:*36*, **32**:150, **32**:152, **32**:155, **32**:156, **32**:158, **32**:159, **32**:168, **32**:169, **32**:174, **32**:175, **32**:176, **32**:177, **32**:192, **32**:193, **32**:194, **32**:*197*, **32**:*198*, **32**:*199*, **32**:*200*, **41**:277, **41**:*295*
Liu 207, **47**:*247*
Liu, A., **42**:11, **42**:*36*
Liu, B., **40**:158, **40**:172, **40**:174, **40**:*176*, **40**:*179*
Liu, C., **48**:17, **48**:20, **48**:59, **48**:116, **48**:233, **48**:*253*
Liu, C.-C., **44**:190, **44**:*213*
Liu, C. H., **47**:216, **47**:*249*
Liu, C. L. **23**:306, **23**:*353*, **36**:205, **36**:*252*
Liu, D. Y., **47**:211, **47**:216, **47**:*245*
Liu, G., **45**:214, **45**:*266*
Liu, H., **36**:*253*, **40**:188, **40**:241, **40**:*252*
Liu, J., **44**:308, **44**:*329*, **47**:207, **47**:*247*
Liu, J.-W. S., **19**:*60*
Liu, M. T., **17**:166, **17**:174, **17**:176, **17**:177, **17**:180, **17**:185, **17**:200, **17**:202, **17**:203, **17**:204, **17**:207, **17**:209, **17**:210, **17**:213, **17**:214, **17**:*216*, **17**:*218*, **17**:*219*, **17**:*220*, **20**:85 (33, 36), **20**:*113*, **29**:92, **29**:95, **29**:117, **29**:129, **29**:131, **29**:139, **29**:149, **29**:166, **29**:178, **29**:181, **29**:183, **29**:*186*, **29**:*187*, **29**:*189*, **29**:*190*, **29**:*193*, **42**:129, **42**:131, **42**:166, **42**:186, **42**:190, **42**:192–193, **42**:195–196, **42**:203, **42**:207–208, **42**:216–217, **42**:222, **42**:226, **42**:230, **42**:*234*, **42**:*236–239*
Liu, S., **26**:286, **26**:*333*, **44**:316–317, **44**:*328*
Liu, S.-C., **20**:232, **20**:*256*
Liu, S. H., **34**:*284*
Liu, T. K., **32**:8, **32**:23, **32**:24, **32**:25, **32**:26, **32**:67, **32**:72, **32**:*96*, **32**:*99*, **32**:*101*, **32**:*102*, **32**:*103*
Liu, T. S., **19**:174, **19**:*228*
Liu, W., **38**:*182*
Liu, X., **44**:100, **44**:*124*
Liu, Z.-Q., **38**:*185*, **38**:*193*
Liuzzi, R. A., **28**:*150*
Livadas, P., **43**:13, **43**:*48*
Lively, W. M., **16**:*179*
Liver, B., **38**:114, **38**:*141*
Livesay, R. R., **38**:*190*
Livesey, J., **30**:188, **30**:*218*
Livi, R., **38**:*181–182*, **38**:*189*
Livingston, M., **47**:242, **47**:*247*
Livingston, M. A., **47**:216, **47**:*252*
Livingston, R. T., **11**:*387*
Livintchouk, S. D., **33**:48, **33**:*64*
Livny, M., **35**:*322*, **48**:161, **48**:*175*
Ljungberg, S., **28**:230, **28**:250, **28**:*276*
Llaberia, J. M., **38**:244
Llinar, R. R., **33**:183, **33**:*240*, **33**:242
Lloyd, D. K., **30**:101, **30**:*169*, **42**:123, **42**:*237*
Lloyd, P., **46**:110, **46**:*154*
Lloyd, S. C., **16**:139, **16**:*179*
Lloyd, T., **18**:192, **18**:*227*
Lloyd's Register, **46**:4, **46**:*32*
Lo, A. W., **4**:298 (28), **4**:*303*, **9**:205 (44), **9**:*236*, **11**:232 (2), **11**:*316*
Lo, R., **44**:92, **44**:*124*
Lo, S. C., **34**:146, **34**:149, **34**:*155*, **38**:231, **38**:*244*
Lo, V. M., **39**:191, **39**:196, **39**:198, **39**:*237*
Lo, W. Y., **40**:74, **40**:*124*
Loader, C. R., **42**:50, **42**:59, **42**:74, **42**:*75*
Loan, C. F. V., **43**:261–262, **43**:*277*
Lobdell, G. M., **33**:*235*
Lochbaum, C. C., **29**:59, **29**:*74*
Lochbaum, C. D., **36**:*421*
Lochhead, J., **22**:336, **22**:*350*
Lochovsky, F., **35**:145, **35**:*182*, **40**:192,

40:196, 40:241, 40:*255*
Lochovsky, F. H., 34:*232*, 34:240, 34:*291*, 40:190–191, 40:196, 40:246, 40:*252*, 43:67, 43:69, 43:121, 43:*135*
Lock, E. D., 37:17, 37:*55*
Lock, K., 8:*44*
Løkberg, O. J., 28:186, 28:*222*
Locke, W. N., 11:*53*, 47:2, 47:7, 47:*58*, 47:*62*
Lockemann, P., 23:165, 23:167, 23:*173*, 35:18, 35:*79*
Lockemann, P. C., 22:349, 22:*352*, 34:*291*
Lockhart, N. F., 4:88 (16), 4:*133*
Lockwood, L., 12:98, 12:*113*
Lodeiro, C., 38:*184*
Loden. W. A., 8:70 (1), 8:95 (1), 8:97 (1), 8:98 (1), 8:*99*
Lodi, E., 28:109, 28:118, 28:135, 28:145, 28:*147*
Lodwick, G. S., 16:174, 16:*179*, 22:251, 22:*292*
Loeb, H. L., 2:*373*
Loebenstein, H. M., 5:247 (72), 5:*255*
Loechler, J., 5:325 (333), 5:*345*
Loeckx, J., 26:51, 26:*90*
Loefgren, L., 5:115, 5:120, 5:156, 5:*218*, 5:*219*
Loehr, D., 49:51, 49:*65*
Loeschner, V., 29:264, 29:*325*
Loevinger, L., 3:325, 3:*345*, 9:124, 9:149, 9:*176*
Loewe, R. T., 11:358, 11:*387*
Logan, R. J., 11:372 (90), 11:*387*
Logcher, R. D., 7:125 (5), 7:*177*
Logemann, G., 12:88 (32), 12:89, 12:100, 12:101, 12:*111*, 12:*113*
Logie, A. R., 16:141, 16:*180*
Logmans, H., 17:233, 17:*280*
Logrippo, L., 29:126, 29:*193*, 35:*322*
Loh, H., 35:96, 35:98–99, 35:113, 35:*133*
Loh, L., 47:353, 47:*366*
Lohman, G. M., 32:167, 32:179, 32:184, 32:194, 32:*198*, 32:*199*, 34:*288*
Lohmann, G. M., 39:115, 39:*187*
Lohn, J., 47:167, 47:169, 47:179, 47:*181*
Lohnes, P. R., 19:114, 19:*217*
Lohtio, P., 37:*164*
Lokam, S. V., 44:346, 44:*358*

Lokshin, Ia. P., 29:*330*
Lomakka, G. M., 12:401, 12:*410*
Lomas, M., 44:268, 44:*283*
Lombardi, L. A., 4:16, 4:17, 4:24, 4:39, 4:*51*, 8:*44*, 8:249, 8:261, 8:268, 8:309, *333*, 9:108, 9:*111*, 12:*171*,
Lomonosov, E. G., 1:60 (96), 1:82, 1:*90*
Lomov, Iu. S., 29:261, 29:265, 29:*325*
Lomow, G., 33:87, 33:102, 33:*112*, 35:298, 35:307, 35:*318*, 35:*322*, 49:250, 49:*299*
LONBUILDER User's Guide, 49:*347*
Lonchamp, J., 41:56, 41:*62*
London, M., 32:245, 32:*250*
London, P. E., 22:182, 22:*212*, 37:16, 37:*55*
London, R. L., 13:202, 13:*228*, 15:40, 15:*60*, 15:*62*, 20:223, 20:224, 20:231, 20:240, 20:*257*, 20:*258*, 22:114, 22:136, 22:*160*, 22:161, 22:298, 22:304, 22:328, 22:337, 22:*352*, 22:*353*, 24:131, 24:162, 24:*172*, 24:*174*, 24:*176*, 33:19, 33:48, 33:*64*, 37:35, 37:*57*
Lonergan, W., 4:283 (22), 4:*303*
Long, B. J., 32:237, 32:*249*
Long, D. B., 45:303, 45:*316*, 49:86, 49:*92*
Long, D. M., 42:50, 42:59, 42:74, 42:*75*
Long, F. W., 41:158, 41:*188–189*
Long, J., 36:372, 36:*421*, 36:*423–424*, 36:*426*
Long, J. B., 29:57, 29:*73*, 36:*426*
Long, J. L., 38:164, 38:*180*
Long, J. M., 38:146, 38:148–149, 38:154, 38:156, 38:166, 38:168–169, 38:171, 38:*180*, 38:*182*, 38:*188–189*
Long, N., 21:18, 21:73, 21:*88*
Long, R. W., 5:295 (16), 5:*327*
Longchamp, J., 46:46, 46:47, 46:50, 46:78, 46:79, 46:*106*
Longo, 2:365, 2:*373*
Longo, L. F., 4:15, 4:*50*
Longstaff, F. M., 34:123, 34:*155*, 44:207, 44:*215*
Longstaff, P. S., 34:123, 34:*155*, 44:207, 44:*215*
Longuet-Higgins, H. C., 33:184, 33:*244*
Longuett-Higgins, H. C., 11:185, 11:*230*
Longworth, H., 43:2, 43:*48*

Lonsdale, D., **49**:12, **49**:*63*
Lonseth, A. D., **2**:70 (9. 8), **2**:*127*
Loo, E., **48**:292, **48**:*309*
Loomis, A., **38**:*186*
Loomis, D., **17**:172, **17**:*217*
Loparo, K. A., **35**:95, **35**:97, **35**:99, **35**:*133*
Lopatin, V. S., **29**:300, **29**:301, **29**:315, **29**:*326*
Lopato, G. P., **29**:279, **29**:*326*
Lopez, C. N., **38**:*189*
Lopresti, D. P., **34**:129, **34**:*155*
Lord, R. D., **19**:120, **19**:130, **19**:*223*
Lorensen, B., **47**:224, **47**:*252*
Lorensen, W., **35**:139, **35**:143, **35**:154, **35**:*183*, **41**:142, **41**:*156*, **43**:59, **43**:69–70, **43**:115–116, **43**:*138*, **46**:75, **46**:95, **46**:*107*, **47**:274, **47**:*291*
Lorensen, W. E., **47**:224, **47**:*249*
Lorentz, **5**:205
Lorentz, E., **1**:84, **1**:*90*
Lorentz, G. G., **15**:116, **15**:*117*
Lorenz, K. Z., **5**:224
Lorenzetti, M., **37**:234, **37**:260, **37**:*283*
Lorie, R. A., **17**:206, **17**:*217*, **19**:*109*
Lorin, H., **23**:297, **23**:301, **23**:*353*
Lorin, M., **38**:*183*
Lorton, P. V., Jr., **18**:184, **18**:*229*
Losee, J., **28**:55, **28**:*66*
Losee, R. M., **38**:*193*
Losordo, D. W., **47**:216, **47**:*251*
Lotka, A. J., **31**:330, **31**:334, **31**:337, **31**:*375*, **33**:*240*
Lotkin, M., **2**:15, **2**:17, **2**:*53*
Lotspiech, J. B., **48**:270, **48**:*310*
Lott, C. M., **41**:16, **41**:21–22, **41**:29, **41**:45–46, **41**:50, **41**:*52–53*, **41**:55–56, **41**:*60–62*, **46**:65, **46**:*106*
Lotto, G., **12**:*412*
Lou, L., **47**:*245*
Loucks, W. M., **35**:312, **35**:*323*
Loucopoulos, P., **40**:189–190, **40**:193, **40**:204, **40**:248, **40**:*252*
Louie, A. C. H., **28**:214, **28**:*225*
Louisell, W. H., **2**:196 (47), **2**:*291*
Louri, A., **33**:101, **33**:*112*
Lourie, J. R., **2**:335 (61), **2**:*369*
Lourie, N., **3**:96 (13), **3**:*153*
Loutrel, P. P., **13**:219, **13**:*228*, **16**:32, **16**:*54*

Louv, R., **35**:330, **35**:*368*
Lovász, L., **44**:333, **44**:*360*
Love, H. H., **19**:*61*, **34**:126, **34**:*153*
Love, H. H., Jr., **28**:*148*, **34**:197, **34**:216, **34**:*233*
Love, L. T., **18**:133, **18**:134, **18**:*169*, **18**:*171*, **18**:*172*
Love, R., **5**:352 (13), **5**:368 (13), **5**:*376*, **7**:136 (36), **7**:*178*
Love, T., **29**:49, **29**:51, **29**:52, **29**:54, **29**:*75*, **29**:*76*
Love, W. A., **6**:*296*
Loveland, D. W., **3**:334 (33), **3**:*344*
Lovell, F. M., **5**:258 (9), **5**:271 (9), **5**:273 (9), **5**:*284*
Loveman, D. B., **20**:188, **20**:*194*, **45**:107, **45**:135, **45**:*151*
Loveman, G. W., **43**:188, **43**:199, **43**:201, **43**:*213*, **46**:110, **46**:*156*
Lovingood, J., **9**:246 (4), **9**:*284*
Lövstrand, L., **45**:289, **45**:*316*
Low, C. M., **38**:123, **38**:*141*
Low, G. C., **39**:88, **39**:*105*, **44**:87, **44**:97–98, **44**:109, **44**:115, **44**:*124*
Low, J. R., **14**:69, **14**:*76*, **15**:9, **15**:*60*, **15**:*62*, **34**:222, **34**:*230*, **37**:17, **37**:*6*
Low, P. R., **9**:193, **9**:*236*
Low, S., **44**:261, **44**:*282*
Lowan, A. N., **2**:72, **2**:*128*
Lowe, B., **36**:151, **36**:*197*
Lowe, R. R., **9**:266, **9**:*284*
Lowe, R. T., **7**:254 (8), **7**:*288*
Lowe, T. C., **12**:123 (120), **12**:128 (120), **12**:*171*
Lowenstein, R. A., **40**:185, **40**:*251*
Lowenthal, E. I., **19**:*60*
Lowrance, J. D., **36**:270, **36**:*331*
Lowrance, W. W., **44**:10, **44**:*57*
Lowry, E. S., **3**:87 (4), **3**:*152*
Lowther, B., **42**:28, **42**:*32*
Loy, D. G., **36**:168, **36**:*201*
Loy, P., **35**:158, **35**:*182*
Loyall, J., **49**:110, **49**:111, **49**:112, **49**:*141*
Lozano, M. C., **49**:51, **49**:*63*
Lozano-Perez, T., **33**:*241*, **35**:95, **35**:100, **35**:103, **35**:107, **35**:*133*, **43**:274, **43**:*278*
Lu, C., **5**:281 (61), **5**:*287*
Lu, C. S., **29**:119, **29**:120, **29**:123, **29**:148, **29**:149, **29**:178, **29**:181, **29**:*190*

Lu, F. F., **4**:283 (16), **4**:*303*
Lu, P., **46**:161, **46**:164, **46**:165, **46**:166, **46**:174, **46**:179, **46**:180, **46**:181, **46**:182, **46**:185, **46**:187, **46**:188, **46**:192, **46**:196, **46**:197, **46**:199, **46**:207, **46**:224, **46**:225, **46**:230, **46**:233, **46**:*234*, **47**:216, **47**:*253*
Lu, Q., **44**:262, **44**:*282*
Lu, S., **28**:172, **28**:*222*
Lu, S. Y., **19**:213, **19**:*219*, **19**:*223*
Lu, Y., **48**:297, **48**:*311*
Luan, S.-W., **44**:277, **44**:*283*
Lubachevsky, B., **35**:298, **35**:312, **35**:315–316, **35**:*320*, **35**:*323*, **49**:260, **49**:*298*
Lubars, M. D., **34**:28, **34**:*56*
Lubeck, O., **49**:246, **49**:*301*
Lubin, J. F., **9**:27 (16), **9**:*49*, **12**:*174*
Luby, M., **26**:129, **26**:*151*
Luc Steels, **48**:330, **48**:*353*
Lucal, H. M., **6**:134, **6**:*193*
Lucas, H., **19**:267, **19**:268, **19**:270, **19**:273, **19**:274, **19**:*326*, **34**:298, **34**:300, **34**:*388*
Lucas, H., Jr., **20**:13, **20**:18, **20**:21, **20**:*34*
Lucas, J. G., **37**:114, **37**:*116*
Lucas, P., **10**:38 (32), **10**:49 (32), **10**:*77*, **15**:230, **15**:*236*, **20**:252, **20**:*257*, **24**:154, **24**:*172*, **36**:54, **36**:*109*, **45**:302, **45**:*318*
Lucas, R. W., **16**:140, **16**:141, **16**:*180*
Lucas, S., **40**:103, **40**:*123*
Luccarelli, P., **22**:9, **22**:*43*
Luccio, F., **23**:350, **23**:*352*, **28**:109, **28**:118, **28**:135, **28**:145, **28**:*147*
Luce, D., **5**:129, **5**:*220*
Luce, R., **9**:239, **9**:*284*
Luce, R. D., **5**:218, **5**:*226*
Luce, R. L., **9**:209 (80), **9**:211, **9**:*236*, **9**:*238*
Luchsinger, V., **20**:14, **20**:*31*
Luck, L. D., **4**:146 (41), **4**:148 (41), **4**:*163*
Luckenbaugh, G. L., **30**:178, **30**:*220*, **32**:165, **32**:*198*
Luckham, D., **8**:74 (36), **8**:*101*, **33**:18, **33**:30, **33**:57, **33**:*64*
Luckham, D. C., **15**:31, **15**:37, **15**:*60*, **35**:203, **35**:*253*, **36**:92, **36**:*109*
Luckmann, T., **34**:312, **34**:335, **34**:359, **34**:*382*, **34**:*391*
Lucky, R. W., **37**:369, **37**:*422*
Lucy, F. A., **5**:240, **5**:*254*
Ludke, R. L., **16**:*179*
Ludlow, J. J., **40**:192, **40**:240, **40**:*251*
Ludman, J. E., **28**:216, **28**:*222*
Ludomirsky, A., **47**:215, **47**:*247*
Ludwig, T., **32**:177, **32**:194, **32**:*198*
Luecke, G. L., **21**:160, **21**:*223*
Luef, G., **38**:3, **38**:21, **38**:24, **38**:*71*
Luehrmann, A., **45**:327, **45**:*355*
Luff, P., **45**:280, **45**:290, **45**:*317*
Lufkin, D. H., **16**:280, **16**:286, **16**:*330*, **16**:*335*
Luger, G. F., **22**:201, **22**:202, **22**:*211*, **47**:21, **47**:*62*
Luh, P. B., **49**:313, **49**:*347*
Luhn, H. P., **6**:10, **6**:22 (22, 23), **6**:*29*, **9**:134, **9**:*176*, **11**:65, **11**:68, **11**:*124*, **28**:233, **28**:*276*
Luk, F. T., **34**:129, **34**:*153*
Luk, S. K., **49**:24, **49**:*62*
Lukac, J., **21**:348, **21**:*418*
Lukasiewicz, J., **5**:367 (17), **5**:*377*, **7**:153 (49), **7**:*179*, **31**:337, **31**:375
Lukaszewicz, L., **5**:69 (44), **5**:74 (45), **5**:77 (44), **5**:80 (44, 45), **5**:*107*, **9**:106, **9**:*111*
Lukhovitskaya, E. S., **5**:24 (46), **5**:37, **5**:*107*
Luk'ianov, D. A., **29**:315, **29**:*326*
Lukjanow, A. W., **1**:107 (34), **1**:*138*
Lukoff, H., **4**:283 (16), **4**:*303*
Lukomski, J., **12**:350, **12**:*412*
Lull, Ramoun, **5**:211
Lum, V. W., **19**:*60*
Lum, V. Y., **12**:*171*, **12**:*173*, **17**:206, **17**:*220*, **17**:271, **17**:274, **17**:278, **17**:*280*, **19**:77, **19**:*108*, **34**:*288*, **40**:188, **40**:246, **40**:*252*
Lumelsky, V. J., **32**:*147–148*
Lumetta, S., **45**:127, **45**:*151*
Lumia, R., **32**:129, **32**:*147*, **33**:*234*, **48**:325, **48**:*351*, **49**:246, **49**:*299*
Lumsdaine, A. A., **5**:210 (180), **5**:*225*
Lund, B. A., **47**:12, **47**:54, **47**:*64*
Lund, E., **32**:166, **32**:167, **32**:169, **32**:170, **32**:177, **32**:189, **32**:*200*
Lund, M. A., **36**:*426*

Lundberg, M., **35**:22, **35**:*79*
Lundblade, L., **48**:249, **48**:*253*
Lundeberg, M., **22**:119, **22**:*160*
Lundell, J., **36**:*426*
Lundin, J., **34**:302, **34**:312, **34**:319, **34**:340, **34**:356–358, **34**:361–364, **34**:*381*
Lund-Kristensen, J., **22**:218, **22**:*292*
Lundstrom, L.-E., **34**:204, **34**:*229*
Lundstrom, S., **49**:275, **49**:276, **49**:*300*
Lunin, L. F., **31**:*375*
Lunt, T. F., **29**:29–30, **29**:*44*, **38**:3, **38**:15–16, **38**:39–41, **38**:*69*, **38**:*71*
Luo, D., **40**:188, **40**:241, **40**:*255*
Luo, R. C., **34**:94, **34**:*110*, **35**:96, **35**:98–99, **35**:113, **35**:*133*
Luo, S. M., **38**:*195*
Luotonen, A., **48**:*217*
Lupkeiwcz, S. M., **47**:215, **47**:*247*
Lupkiewicz, S. M., **47**:211, **47**:215, **47**:*244*
Luqi, **40**:46, **40**:*63*, **42**:26, **42**:*34*
Luqui, **49**:70, **49**:*93*
Luria, M., **47**:40, **47**:*66*
Luria, S. M. **38**:*185*
Lurie, O. B., **12**:404, **12**:*412*
Lusk, E., **20**:22, **20**:*29*, **49**:248, **49**:*298*
Lusky, L., **16**:241, **16**:*330*
Lusted, L. B., **3**:333 (51), **3**:*345*, **16**:151, **16**:*180*, **22**:191, **22**:*214*, **22**:218, **22**:*292*
Lusth, J. C., **38**:112, **38**:*139*, **38**:*189*
Lustman, F., **34**:69, **34**:*107*
Luther, H. A., **4**:148 (57), **4**:*164*
Lutsau, V. G., **2**:154 (3), **2**:166 (3), **2**:*289*
Luttges, M. W., **16**:*177*
Lutz, E., **40**:192, **40**:*252*
Lutz, R., **42**:7, **42**:24, **42**:*34*
Luvison, A., **42**:180, **42**:*237*
Luxemberg, H. R., **7**:244 (4), **7**:246 (4), **7**:247 (4), **7**:*287*, **7**:*289*, **11**:*387*
Luzzati, V., **5**:263, **5**:*285*
Lyapunov, A. A., **1**:130 (72), **1**:*140*, **5**:24, **5**:25, **5**:32 (41), **5**:57 , **5**:(41), **5**:68 (28, 41), **5**:102, **5**:*106*, **5**:*107*
Lyddan, R. H., **13**:*107*
Lydon, T., **41**:126, **41**:152, **41**:*156*
Lykos, P. G., **21**:298, **21**:323, **21**:*330*
Lyle, J. R., **42**:45, **42**:51, **42**:*74*, **43**:2, **43**:5–6, **43**:8, **43**:11, **43**:39–40, **43**:42–43, **43**:*46*, **43**:*48*
Lyles, J., **44**:308, **44**:*329*
Lyman, M., **17**:154, **17**:*161*
Lyman, P., **48**:272, **48**:*312*
Lynch, C. J., **11**:332 (91), **11**:*387*, **48**:261, **48**:263, **48**:267, **48**:299, **48**:*312*
Lynch, G., **33**:179, **33**:*241*
Lynch, K. J., **48**:301, **48**:*312*
Lynch, N., **46**:239, **46**:*285*
Lynch, W. C., **29**:89, **29**:*190*
Lyness, J. N., **15**:80, **15**:116, **15**:*117*
Lyngbaek, P., **35**:*181*
Lynn, D. K., **9**:205 (47), **9**:*236*
Lyons, D., **33**:*234*
Lyons, J. C., **9**:156 (87, 88), **9**:*176*, **11**:26 (31), **11**:*55*
Lyons, P. A., **48**:272, **48**:*311*
Lyons, R. E., **26**:276, **26**:*278*
Lysaught, J. P., **4**:159 (106), **4**:*167*
Lytinen, S. L., **49**:5, **49**:*63*
Lyu, M. R., **46**:160, **46**:162, **46**:163, **46**:173, **46**:*232*, **46**:*233*
Lyubimov, A. N., **10**:88 (3), **10**:*106*
Lyubimskii, E. Z., **5**:24 (27, 42), **5**:29 (27), **5**:30 (27), **5**:34 (27), **5**:36 (42), **5**:48, **5**:*52*, **5**:68 (15, 27), **5**:*106*, **5**:*107*
Lyytinen, K., **34**:294, **34**:304, **34**:310, **34**:313, **34**:318, **34**:324, **34**:336, **34**:362, **34**:365–366, **34**:*381*, **34**:*385–388*, **40**:192, **40**:194, **40**:212, **40**:248, **40**:*249*, **40**:*252*

M

Ma, A. L., **17**:174, **17**:200, **17**:202, **17**:*218*
Ma, H.-N. N., **38**:*193*
Ma, K. S., **46**:412, **46**:*436*
Ma, P.-Y., **21**:93, **21**:*153*, **24**:142, **24**:143, **24**:159, **24**:161, **24**:*172*, **24**:*173*
Ma, S. D., **43**:263, **43**:*277*
Ma, W. Y., **48**:300, **48**:301, **48**:*312*
Maass, S., **29**:66, **29**:*76*, **32**:216, **32**:217, **32**:*250*, **36**:406, **36**:*428*
Maass, W., **44**:352, **44**:*358*
Mac an Airchinnigh, M., **33**:12, **33**:*63*
MacAulay, M. A., **38**:*191*, **38**:*193*
MacCallum, R. C., **19**:123, **19**:*223*

Maccini, L. J., **43**:207, **43**:*210*
MacClurg, J., **16**:200, **16**:212, **16**:*218*
MacColl, L. A., **23**:181, **23**:*252*
MacCredie, J. W., **16**:210, **16**:*215*
MacCrimmon, K. R., **44**:10, **44**:14, **44**:25, **44**:*57*
MacDonald, F., **42**:69, **42**:*75*
MacDonald, J., **5**:325 (333), **5**:*345*
MacDonald, J. S., **16**:*181*
Macdonald, N., **24**:233, **24**:*274*, **24**:323, **24**:*374*
Macdonald, R. R., **11**:29 (37), **11**:*55*
Mace, D., **3**:28 (44), **3**:*76*
Macedonia, M. R., **45**:290, **45**:*318*
MacGill, I. F., **38**:*185*
MacGregor, J. N., **29**:59, **29**:*75*, **33**:134, **33**:135, **33**:136, **33**:*168*
Macgregor, R., **32**:166, **32**:177, **32**:*200*
Machell, W., **5**:312 (137), **5**:313 (137), **5**:*334*
Machine Translation, **49**:2, **49**:*63*
Machlup, F., **31**:335, **31**:338–339, **31**:357, **31**:361–362, **38**:249, **38**:*314*
Machol, R. F., **4**:145 (32), **4**:148 (32), **4**:*163*
Machover, C., **7**:263 (10), **7**:*288*
Machrone, B., **23**:169, **23**:*174*
Machulda, J., **26**:276, **26**:*278*
Maciejewski, A. A., **33**:*241*, **49**:244, **49**:*300*
MacIntyre, F., **36**:412, **36**:*426*
Mack, L. A., **47**:227, **47**:*251*
Mack, M. H., **22**:100, **22**:*105*
Mack, R., **32**:228, **32**:229, **32**:*250*, **32**:*251*
Mack, R. L., **29**:62, **29**:66, **29**:67, **29**:*74*, **29**:*75*, **36**:408, **36**:*420*, **36**:*425*
MacKay, **5**:140, **5**:152, **5**:165, **5**:185
Mackay, D. M., **5**:146, **5**:*221*, **5**:*222*, **5**:*223*, **6**:39, **6**:66, **6**:(63) *86*
Mackay, M., **5**:264 (19), **5**:*285*
Mackay, W., **36**:*419*
MacKeeman, W. A., **16**:101, **16**:*123*
Macken, E., **18**:184, **18**:201, **18**:*228*, **18**:*229*
Mackenzie, D., **37**:336–337, **37**:*422*
MacKenzie, H. A., **28**:168, **28**:*226*
Mackenzie, K., **49**:249, **49**:270, **49**:*295*
MacKenzie, R. A., **12**:38 (17), **12**:*72*, **46**:49, **46**:*106*

Mackert, L. F., **32**:167, **32**:179, **32**:194, **32**:*199*
Mackey, W., **35**:307, **35**:*322*
Mackie, C. H., **46**:*32*
MacKie-Mason, J. K., **44**:243, **44**:*281*
Mackinlay, J., **47**:*139*
Mackinlay, J. D., **48**:267, **48**:*313*
Mackinson, T. N., **4**:15, **4**:*50*
Mackworth, A. K., **13**:219, **13**:*228*, **32**:129, **32**:*146*
Mackworth, N. H., **5**:205, **5**:*224*
Maclea, A., **36**:*423*
MacLean, A., **32**:210, **32**:214, **32**:237, **32**:*249*, **45**:274, **45**:289, **45**:*316*
Maclean, C. D., **34**:149, **34**:*153*
MacLean, K., **16**:267, **16**:*331*
MacLean, M. A., **6**:181, **6**:*193*
Maclennan, F., **46**:27, **46**:*32*
Macleod, G. R., **6**:*294*
Macleod, I. A., **24**:*314*
MacNeilage, P. F., **11**:202 (87), **11**:*226*
Macovski, A., **47**:190, **47**:*249*
MacQueen, D. B., **22**:302, **22**:*350*
MacQueen, J. B., **19**:164, **19**:*224*
MacReynolds, R., **49**:251, **49**:*302*
MacSorley, O. L., **6**:157, **6**:166, **6**:174 (41), **6**:175, **6**:*193*
Macukow, B., **33**:*241*
MacWilliams, F., **30**:193–194, **30**:*220*
Madachy, R., **44**:90, **44**:96, **44**:99, **44**:*123*
Madan, R. N., **33**:*238*
Madansky, A., **2**:323, **2**:*373*
Maddison, R. N., **30**:*83*, **34**:294, **34**:296, **34**:306, **34**:*388*
Mader, C. L., **5**:326 (364), **5**:*347*, **21**:12, **21**:*88*
Madhavji, N. H., **41**:13, **41**:*62*, **46**:40, **46**:41, **46**:42, **46**:43, **46**:50, **46**:55, **46**:*104*, **46**:*106*
Madnick, S. E., **9**:56, **9**:*111*, **19**:*60*, **19**:*61*, **28**:258, **28**:*276*, **44**:71, **44**:105–106, **44**:110–111, **44**:121, **44**:*123*, **46**:61, **46**:*101*
Madnik, S. E., **22**:100, **22**:*104*
Madon, D., **47**:143, **47**:179, **47**:*181*
Madore, B., **47**:179, **47**:*181*
Madsen, K. H., **34**:302, **34**:347, **34**:359, **34**:*389*
Maeda, A., **48**:275, **48**:296, **48**:*312*

Maeda, F., **45**:281, **45**:290, **45**:*319*
Maeda, Y., **33**:*239*, **36**:231, **36**:*252*
Maegaard, B., **47**:31, **47**:41, **47**:*62*
Maegawa, H., **17**:240, **17**:*282*
Maehly, H. J., **2**:*125*, **2**:*126*
Maes, P., **40**:227, **40**:*252*, **48**:330, **48**:332, **48**:*352*
Maestre, C., **16**:288, **16**:*330*
Maestrini, P., **28**:109, **28**:118, **28**:135, **28**:145, **28**:*147*
Magassy, K., **1**:96 (12), **1**:*138*
Magee, J., **43**:84, **43**:*136*, **46**:370, **46**:372, **46**:*399*
Magee, M. J., **34**:84, **34**:*107*, **34**:*110*
Magel, K. I., **24**:326, **24**:*374*, **39**:80, **39**:104
Maghout, K., **2**:364, **2**:*373*
Magid, D., **47**:215, **47**:*246*
Magidin, M., **18**:*171*
Maglic, B., **6**:285, **6**:*295*
Magnet, M., **43**:*181*, **43**:181
Magnin, I., **47**:238, **47**:*248*
Magnin, I. E., **47**:238, **47**:*248*
Magnuski, H. S., **19**:176, **19**:*224*
Mago, G. A., **34**:149, **34**:*155*
Magoun, H. W., **5**:*225*
Maguire, M., **32**:231, **32**:*251*
Maguire, S., **46**:29, **46**:*32*
Mahalanobis, P. C., **11**:87, **11**:*124*, **12**:336, **12**:*412*
Mahat, J., **49**:266, **49**:267, **49**:*300*
Mahbod, B., **35**:*181*
Maher, J. H., Jr., **41**:87, **41**:94, **41**:*156*
Mahesh, K., **38**:*142*, **49**:24, **49**:*63*
Maheshwari, S. N., **26**:108, **26**:*152*
Mahfoud, S. W., **45**:174, **45**:*196*
Mahling, D. E., **40**:*252*
Mahmoud, S., **21**:229, **21**:*272*
Mahoney, G. W., **26**:*334*
Mahoney, W. C., **28**:108, **28**:*150*
Mahtab, M. A., **19**:182, **19**:*226*
Mai, L.-P., **34**:173, **34**:*230*
Maier, D., **32**:187, **32**:*199*, **34**:*291*, **35**:59, **35**:63, **35**:*79*, **43**:71, **43**:118, **43**:*137*
Maier, E., **47**:15, **47**:40, **47**:*58*
Maier, J. H., **35**:*368*
Mailhot, F., **37**:*282*
Mailloux, B. J., **12**:239 (37), **12**:*284*
Maine, D. J. W., **24**:161, **24**:*176*
Mairs, C., **42**:158–159, **42**:*237*

Maisl, H., **16**:293, **16**:*330*
Mait, J. N., **28**:206, **28**:*224*
Majhi, A. K., **45**:189, **45**:*196*
Majithia, J. C., **20**:85 (47), **20**:*113*, **20**:*194*, **37**:265, **37**:*281*
Majster, M. E., **22**:335, **22**:336, **22**:*352*
Majumdar, A., **37**:265, **37**:*281*
Mak, G. P., **26**:318, **26**:*333*
Makam, S. V., **26**:211, **26**:*278*
Makarenko, G. I., **18**:268, **18**:*286*
Makgetla, N., **35**:340, **35**:*368*
Makhoul, J., **13**:225, **13**:*232*, **17**:3, **17**:8, **17**:72, **17**:*87*, **18**:202, **18**:*228*, **36**:145, **36**:*198*, **47**:*62*
Makino, J., **44**:183, **44**:*215*
Makios, V., **42**:180–181, **42**:183, **42**:*233*
Makkuni, R., **34**:*288*
Makower, H., **2**:*373*
Maksimenko, V. I., **18**:243, **18**:247, **18**:*282*, **18**:*287*
Malarkey, E. C., **28**:172, **28**:*223*
Malashevich, B. M., **29**:315, **29**:*326*
Malcomb, D., **20**:8, **20**:9, **20**:*34*
Malczynski, L., **32**:303, **32**:*305*
Malek, M., **26**:*198*, **26**:*276*, **26**:*279*, **34**:141–142, **34**:*155*, **34**:170, **34**:*233*
Maleti, P., **26**:*151*
Maley, G. A., **4**:142 (15), **4**:*162*, **32**:6, **32**:65, **32**:*101*
Malhorta, A., **16**:70, **16**:73–4, **16**:*123*
Malhortra, R., **17**:185, **17**:*219*
Malhotra, A., **33**:148, **33**:*168*
Maliarskii, N. M., **29**:268, **29**:*326*
Malik, K., **21**:93, **21**:*153*, **24**:105, **24**:142, **24**:159, **24**:*172*, **24**:*173*
Malik, S., **34**:97, **34**:*110*
Malin, J. T., **36**:348, **36**:*426*, **38**:131, **38**:*141*
Malinconico, S. M., **21**:337, **21**:*418*
Maling, K., **8**:65 (35), **8**:74 (36), **8**:*101*, **9**:195 (48), **9**:*236*
Maliniak, L., **40**:91, **40**:*124*
Mallamici, C. L., **32**:166, **32**:177, **32**:188, **32**:*195*
Maller, V. A., **28**:*150*
Mallery, P., **9**:190 (31), **9**:*235*
Mallows, C. L., **36**:*39*
Malloy, B., **43**:13, **43**:15–16, **43**:*47*
Malm, B., **24**:*172*
Malman, J. H., **17**:184, **17**:195, **17**:*216*

Malmkjaer, K., **47**:*62*
Malone, T. B., **36**:*419*
Malone, T. W., **33**:153, **33**:*168*, **40**:186, **40**:189, **40**:192, **40**:227, **40**:242, **40**:*252*, **43**:207–208, **43**:*210–211*, **43**:*213*, **45**:5, **45**:51, **45**:276, **45**:286, **45**:302, **45**:*318*, **46**:333, **46**:396, **46**:*399*, **47**:*139*
Maloney, D. L., **38**:*192*
Malowany, A. S., **38**:*183*, **38**:*185–186*, **38**:*192*
Malsburg, C. V. D., **33**:178, **33**:181, **33**:*241*, **33**:*244*
Malter, L., **2**:158, **2**:179, **2**:182, **2**:*290*
Malzbender, T., **47**:230, **47**:*249*
Mambrey, P., **45**:280, **45**:*318*
Mamdani, E. H., **22**:202, **22**:*214*, **28**:*104*
Mamikonov, A. G., **18**:246, **18**:*285*
Mamrak, S. A., **16**:194, **16**:210, **16**:*217*
Manaris, B. Z., **47**:3, **47**:12, **47**:13, **47**:17, **47**:25, **47**:30, **47**:31, **47**:38, **47**:51, **47**:*63*
Manasse, L., **40**:152, **40**:*177*
Manasse, M. S., **30**:175, **30**:*221*
Manber, U., **43**:223, **43**:*240*, **49**:275, **49**:*298*
Manchek, W., **45**:141, **45**:*150*
Mancini, A., **13**:*107*
Mancini, P., **16**:174, **16**:*179*
Mandel, J. T., **5**:321 (228), **5**:322 (241), **5**:*339*, **5**:*340*
Mandel, M. J., **43**:*181*, **43**:181, **49**:36, **49**:*68*
Mandelbaum, D., **12**:*171*
Mandelbrot, B. B., **31**:334, **31**:*375*, **33**:268, **33**:*304*, **36**:151, **36**:*198*
Mandell, R. L., **16**:188, **16**:190, **16**:*217*, **17**:184, **17**:*218*
Mandl, T., **44**:199, **44**:*213*
Manganaro, L., **49**:36, **49**:*68*
Mange, D., **47**:143, **47**:*179*, **47**:*181*
Mangione-Smith, W., **41**:248, **41**:251, **41**:*252–253*
Manheimer, W., **4**:156 (81), **4**:*166*
Maniezzo, V., **45**:182, **45**:186, **45**:191, **45**:*194*
Manivannan, S., **33**:68, **33**:*112*
Manjunath, B. S., **48**:300, **48**:301, **48**:*312*
Manley, J. M., **10**:118 (7), **10**:*128*

Mann, F. C., **19**:312, **19**:*326*, **20**:11, **20**:*34*
Mann, W. C., **9**:253 (27), **9**:*284*, **24**:225, **24**:232, **24**:*274*
Mann, W. F., **20**:85 (50), **20**:*113*
Manna, Z., **13**:202, **13**:203, **13**:*228*, **15**:31, **15**:33, **15**:35, **15**:36, **15**:48, **15**:56, **15**:*60*, **15**:*62*, **22**:313, **22**:330, **22**:338, **22**:*352*, **24**:365, **24**:*374*, **26**:406, **26**:*442*, **37**:21, **37**:33–34, **37**:45, **37**:*56*, **47**:*139*
Manne, A. S., **2**:303, **2**:321, **2**:*373*, **3**:185, **3**:*187*
Manning, E. G., **17**:173, **17**:206, **17**:207, **17**:*218*, **17**:*219*, **20**:85 (20), **20**:*112*, **26**:*278*, **33**:101, **33**:*113*
Manning, G., **6**:*295*
Manning, S., **49**:252, **49**:*300*
Mannino, M. V., **32**:165, **32**:172, **32**:*199*, **35**:19, **35**:20, **35**:*78*, **35**:*80*
Mano, Y., **37**:183, **37**:201, **37**:*205*
Manohar, R., **49**:241, **49**:*296*
Manola, F., **34**:*288*, **35**:145, **35**:*182*
Manola, F. A., **34**:249–250, **34**:260, **34**:267, **34**:*289*
Manolakis, D. G., **37**:83–84, **37**:89–90, **37**:93
Manolakos, E. S., **38**:*185*
Mansberg, H. P., **12**:403, **12**:*412*, **12**:*414*
Mansell, R., **48**:266, **48**:270, **48**:*312*
Mansfield, E., **38**:312, **38**:*313*
Mansfield, U., **31**:338–339, **31**:343, **31**:357, **31**:361, **31**:*373*, **38**:*314*
Mansour, N., **45**:184, **45**:*195*
Mantei, M. M., **36**:368, **36**:412–414, **36**:*426*, **45**:289, **45**:*319*
Mantey, P., **37**:368, **37**:*425*
Manuel, T., **30**:26, **30**:*36*, **34**:140, **34**:*155*
Mao, H., **36**:26–27, **36**:*39–41*
Mao, T. W., **20**:74, **20**:*82*
Marable, J. H., **33**:217, **33**:218, **33**:*235*
Maragos, P., **28**:185, **28**:*224*
Marapane, S. B., **32**:110, **32**:114, **32**:120, **32**:123, **32**:126, **32**:128, **32**:133, **32**:139, **32**:*145*, **32**:*146*, **32**:*147*, **35**:82, **35**:86, **35**:88, **35**:*133–134*, **43**:244, **43**:*275*, **43**:275
Marasco, J., **18**:190, **18**:*226*
Marble, C. W., **22**:125, **22**:*159*
Marca, D. A., **41**:*189*, **46**:82, **46**:92,

46:96, 46:*106*
Marcal, P. V., 22:203, 22:*215*
Marceau, C., 33:57, 33:*63*
March, J., 20:6, 20:*34*, 21:27, 21:31, 21:33, 21:*86*
March, J. G., 39:52, 39:105
March, L., 24:127, 24:*173*, 28:3, 28:*66*
March, S., 34:332, 34:337, 34:*383*
Marchad, D. A., 46:118, 46:*156*
Marchall, G., 42:125, 42:*237*
Marchand, M., 35:344, 35:*368*, 46:350, 46:*399*
Marchionini, G., 48:262, 48:267, 48:*311*
Marchuk, A. G., 29:*325*
Marchuk, G. I., 1:76 (98), 1:*90*, 5:306 (90), 5:*331*, 29:267, 29:310, 29:*326*
Marciniak, J., 44:52, 44:*56*
Marcke, K. V., 40:*252*
Marcolongo, R., 2:77, 2:*129*
Marcotty, M., 20:226, 20:*257*, 36:54, 36:*109*
Marcum, T. H., 7:205, 7:*207*
Marcus, A., 33:*304*
Marcus, C. M., 33:*241*
Marcus, L., 24:131, 24:134, 24:*169*
Marcus, M., 2:57 (2. 4), 2:*123*, 21:333, 21:*416*, 47:11, 47:19, 47:20, 47:45, 47:*63*
Marcus, M. P., 4:142 (16), 4:*162*, 47:28, 47:34, 47:35, 47:*63*
Marcus, R. S., 16:212, 16:*217*, 24:287, 24:306, 24:*314*, 30:3, 30:33, 30:*36*
Maréchal, A., 28:175, 28:180, 28:*225*
Maresca, M., 49:254, 49:256, 49:257, 49:259, 49:266, 49:296, 49:*300*
Maretti, E., 9:127 (35a), 9:*174*
Margolis, N., 33:174, 33:*243*
Margolis, T., 49:36, 49:*68*
Margolus, N., 47:162, 47:179, 47:*183*
Margrave, Christopher, 26:50
Mariá Otero, 49:51, 49:*65*
Mariano, M., 36:282–283, 36:*329*
Mariano, M. J., 36:305, 36:*330*
Marick, B., 41:203–205, 41:*228*
Marie, R., 31:211, 31:*231*
Marik, V., 35:97, 35:*132*
Marill, T., 12:354, 12:*412*
Marin, J., 24:197, 24:*215*
Marin, J. K., 13:222, 13:*228*
Marinov, V. G., 18:208, 18:212, 18:*228*

Marion, L., 38:290, 38:*314*
Mark, B., 15:12, 15:48, 15:*62*
Mark, G., 45:297, 45:*319*
Mark, J., 42:162, 42:*239*
Mark, J. A., 43:*213*
Mark, L., 32:156, 32:*199*, 41:277, 41:*295*
Markatos, E. P., 45:63, 45:64, 45:67, 45:*101*
Marke, J. J., 9:121 (34), 9:157 (34, 90), 9:*174*, 9:*176*
Markel, J. D., 18:202, 18:*228*
Markosian, L. Z., 18:193, 18:*227*
Markov, 26:418, 26:419
Markov, A. A., 5:32, 5:*107*, 5:176, 5:214, 5:*223*, 10:14 (37), 10:*77*
Markowitz, H. M., 2:324, 2:*374*, 5:374 (31), 5:*377*, 10:12 (38), 10:*77*
Markowitz, J. A., 47:4, 47:12, 47:22, 47:*63*
Markowitz, V. M., 39:151, 39:188
Markowski, G., 26:*332*
Markowsky, G., 26:323, 26:*333*
Marks, R. J., II, 33:*236*, 33:*242*
Marks, S. L., 4:154 (76), 4:*165*
Markstein, P. W., 41:252, 41:*253*
Markus, M. L., 19:258, 19:303, 19:319, 19:321, 19:*326*, 21:11, 21:32, 21:67, 21:68, 21:*88*, 34:317, 34:319, 34:*389*, 39:252–253, 39:262, 39:266, 39:272, 39:291, 45:271, 45:310, 45:*319*
Markus, R., 43:250–251, 43:*276*
Markus, S., 46:402, 46:404, 46:405, 46:*436*, 46:*438*
Markuson, B. E., 21:406, 21:*418*
Marlett, R., 26:314, 26:*333*
Marley, K., 24:*312*
Marlor, H., 30:*34*
Marlow, W. H., 2:366 (91), 2:*371*
Marlowe, O. J., 5:303 (93, 99), 5:308 (122), 5:309 (174, 175), 5:311 (99, 122), 5:317 (99), 5:318 (99), 5:*331*, 5:*332*, 5:*333*, 5:*336*
Marmor-Squires, A., 41:21–22, 41:46, 41:50, 41:55, 41:*61*
Marom, E., 28:161, 28:*225*
Maron, H. E., 5:137, 5:202, 5:*220*
Maron, M. E., 6:14, 6:19, 6:45, 6:49 (64), 6:*29*, 6:*86*, 6:*226*, 11:61, 11:64, 11:68, 11:69, 11:79,

11:111, 11:*124*, 12:150 (115),
  12:*171*, 24:289, 24:294, 24:*312*,
  24:*314*, 24:*315*, 24:*316*, 30:28,
  30:*36*
Maronna, R., 19:204, 19:*224*
Marple, S. J., Jr., 37:63, 37:102–103,
  37:114, 37:*117*
Marples, D., 29:256, 29:*326*
Marquardsen, P., 45:274, 45:*316*
Marquardt, D., 46:8, 46:*32*
Marr, D., 33:179, 33:*235*, 33:*241*, 34:60,
  34:71, 34:*110*, 36:232, 36:*253*,
  37:371, 37:411, 37:*422*, 43:244,
  43:*275*
Marra, M., 32:106, 32:109, 32:*147*,
  48:324, 48:*353*
Marril, T., 11:211, 11:213, 11:*222*,
  11:*226*
Marriot, F. H. C., 19:180, 19:*224*
Mars, P., 26:49, 26:58, 26:59, 26:*90*,
  26:*91*
Marsan, M. A., 29:145, 29:*190*
Marschak, J., 38:250, 38:259, 38:*314*
Marsden, A., 36:*198*
Marsden, J. R., 46:135, 46:*156*
Marsh, E., 24:253, 24:*274*, 47:40, 47:*66*
Marsh, R. E., 5:273 (38), 5:*286*
Marshak, R. E., 5:303 (66), 5:*330*
Marshall, A. W., 5:323 (269), 5:*342*
Marshall, C. C., 48:262, 48:*312*
Marshall, C. J., 36:388, 36:*420*
Marshall, G., 44:317, 44:*329*, 45:327,
  45:339, 45:*355*
Marshall, P., 46:27, 46:*32*
Marshall, R. J., 47:*59*
Marsiglia, M., 42:176–177, 42:218,
  42:*235*
Marsland, T., 29:224
Marsland, T. A., 18:69, 18:73, 18:*116*,
  18:*117*, 24:119, 24:120, 24:122,
  24:123, 24:*170*, 24:*173*, 29:224,
  29:227, 29:246, 29:*249*, 37:173,
  37:*205*
Martersteck, K. E., 42:40, 42:*75*
Marti, J., 35:307, 35:*323*
Marti, M. A., 49:*66*
Martin, A., 47:12, 47:54, 47:*64*
Martin, A. J., 19:105, 19:*109*
Martin, A. W., 31:50, 31:*97*
Martin, C., 47:*339*

Martin, D., 15:141, 15:*178*, 41:158,
  41:*189*, 45:292, 45:*319*
Martin, D. C., 24:343, 24:*373*
Martin, D. F., 9:292 (10), 9:*353*
Martin, D. W., 34:86, 34:*110*
Martin, E. E., 2:158 (13), 2:175 (28),
  2:*290*, 2:*291*
Martin, E. W., Jr., 4:2, 4:*49*, 4:153 (70),
  4:*165*
Martin, G. P., 48:122, 48:*176*
Martin, H. J., 36:120, 36:*201*
Martin, H. L., 32:122, 32:*147*
Martin, J., 8:*44*, 11:*387*, 12:62 (18),
  12:*72*, 16:247, 16:312, 16:314,
  16:*331*, 20:14, 20:*34*, 22:46, 22:*105*,
  23:257, 23:285, 23:*290*, 31:365,
  31:*375*, 34:10, 34:*56*, 35:22, 35:26,
  35:*79–80*, 35:146, 35:*182*, 35:330,
  35:*368*, 42:45, 42:47, 42:69, 42:*76*,
  43:69–70, 43:85, 43:115, 43:118,
  43:*136*, 47:40, 47:*66*
Martin, J. C., 34:332, 34:*389*
Martin, J. J., 33:23, 33:33, 33:*64*
Martin, M. D., 34:*288*
Martin, P., 47:25, 47:40, 47:52, 47:*63*
Martin, P. A., 38:*313*, 47:41, 47:*61*,
  49:12, 49:*61*
Martin, R. D., 28:214, 28:*225*
Martin, R. J., 46:160, 46:*233*
Martin, R. W., 16:*177*, 47:238, 47:*249*
Martin, S. E., 8:156 (11), 8:*186*
Martin, S. K., 21:343, 21:*419*
Martin, T. B., 11:154, 11:155 (11, 12),
  11:156 (11), 11:*163*, 11:209, 11:*226*
Martin, W. A., 8:63, 8:67, 8:*101*, 10:101,
  10:*107*, 13:225, 13:*228*, 15:12,
  15:48, 15:*62*, 16:70, 16:*123*, 22:181,
  22:*216*
Martin, W. N., 45:169, 45:185, 45:*194*,
  45:*195*
Martinetz, T., 33:*242*
Martinez, J., 48:308, 48:*310*
Martinez, J. P., 48:300, 48:302, 48:303,
  48:*310*
Martinez, R., 38:*183*, 38:*193*
Martini, M. B., 45:221, 45:222, 45:223,
  45:*265*
Martino, M. A., 5:299 (43), 5:325 (305),
  5:*328*, 5:*344*
Martins, H. A., 32:109, 32:*146*

Martynyuk, V. V., **5**:48 (48), **5**:*107*
Martz, B., **34**:*391*
Maruyama, F., **49**:28, **49**:*60*
Maruyama, H., **49**:37, **49**:*63*
Maruyama, K., **15**:132, **15**:133, **15**:*178*, **43**:2, **43**:*48*
Maruyama, T., **32**:109, **32**:*146*
Marvel, O. E., **14**:196, **14**:199, **14**:*229*, **26**:60, **26**:*90*
Marvin, D. A., **5**:279 (58), **5**:281 (58), **5**:*287*
Marx, G. R., **47**:215, **47**:*247*
Marx, G. T., **38**:205, **38**:*314*
Maryanski, F., **34**:241, **34**:*289*, **40**:199, **40**:225, **40**:*253*
Maryanski, F. J., **19**:*60*, **28**:*150*
Marzke, O. T., **6**:26 (26), **6**:*29*
Marzocco, F., **5**:174, **5**:*223*
Masarie, F. E., **38**:165–166, **38**:*180*
Mascarenhas, M., **28**:238, **28**:*278*
Mashayekhi, V., **42**:70, **42**:*75*
Masher, D. P., **12**:*174*
Mashey, J. R., **19**:275, **19**:*326*, **22**:129, **22**:*160*
Mashkovitch, S., **1**:67 (52), **1**:83 (52), **1**:*88*
Masinter, L., **22**:127, **22**:*161*, **45**:298, **45**:*319*, **48**:267, **48**:*313*
Maslak, S. H., **47**:203, **47**:*249*
Mason, **26**:162
Mason, D., **31**:335, **31**:*375*
Mason, E., **21**:342, **21**:*419*
Mason, M. T., **33**:*241*
Mason, R. M., **38**:312, **38**:*314*
Mason, R., **20**:18, **20**:*34*
MasPar, **49**:251, **49**:256, **49**:257, **49**:258, **49**:260, **49**:289, **49**:*300*
Masri, A. E., **19**:*62*
Massalovitch, A., **44**:205, **44**:*215*
Massart, D. L., **21**:*330*
Masse, P., **2**:364, **2**:*374*
Massengill, H. E., **11**:350, **11**:352, **11**:*387*
Massey, J. L., **30**:194, **30**:197, **30**:*221*
Massingill, B., **49**:241, **49**:*296*
Massinter, L., **47**:135, **47**:*140*
Masson, E., **38**:*183*
Masson, G. M., **26**:*198*, **26**:303, **26**:*333*
Massonnet, L., **6**:*296*
Massy, W. F., **17**:165, **17**:*217*

Mastaglio, T., **47**:76, **47**:*139*
MasterCard and Visa, **44**:254, **44**:*282*
Masterman, M., **1**:122 (58, 59, 61), **1**:*139*, **1**:*140*, **11**:36, **11**:*57*
Masters, S. M., **46**:13, **46**:14, **46**:30, **46**:32, **46**:66, **46**:*105*
Masters, T. F., **44**:111, **44**:115, **44**:*124*
Masuda, Y., **35**:330, **35**:*368*, **45**:211, **45**:*267*
Masuyama, A., **26**:*153*
Mataric, M., **48**:331, **48**:*352*
Matejceck, J., **44**:52, **44**:*56*
Matejka, L., **1**:96 (12), **1**:*138*
Mathai, A. M., **36**:287, **36**:*330*
Mathematical Association of America, **24**:*329*, **24**:*374*
Matheron, G., **36**:270, **36**:*330*
Mathes, W., **5**:324 (301), **5**:*343*
Matheson, J. E., **28**:255, **28**:*276*
Matheus, C., **33**:181, **33**:*239*
Mathew, J. G. H., **28**:168, **28**:*226*
Mathew, R. M., **35**:350, **35**:*368*
Mathews, G. E., **3**:304 (55), **3**:*346*
Mathews, J., **46**:45, **46**:*106*
Mathews, M. V., **1**:226 (44), **1**:227 (44), **1**:*229*, **11**:128 (4), **11**:*163*, **11**:204, **11**:*223*, **12**:78, **12**:79, **12**:80, **12**:84, **12**:85, **12**:86, **12**:87, **12**:*113*, **36**:139, **36**:*198*
Mathiassen, L., **34**:294, **34**:300, **34**:302–303, **34**:312, **34**:319, **34**:324, **34**:340, **34**:355–364, **34**:370, **34**:*381–383*, **34**:*386*, **34**:*388–389*
Mathis, R., **24**:326, **24**:*374*
Mathisen, S., **49**:110, **49**:111, **49**:112, **49**:*141*
Mathur, A. P., **46**:164, **46**:*232*
Mathur, F. P., **26**:*277*
Matijasevic, Y., **43**:234, **43**:*240*
Matini, L., **38**:*183*
Matlin, G. L., **20**:16, **20**:*34*
Matocchi, R., **40**:191, **40**:209, **40**:240, **40**:*253*
Matos, V. M., **34**:11, **34**:*56*
Matre, K., **47**:211, **47**:*247*
Matrella, P., **46**:164, **46**:*233*
Matson, J. E., **44**:90–91, **44**:99, **44**:*124*
Matsouka, K., **42**:245, **42**:*268*
Matsubara, T., **46**:8, **46**:*32*
Matsuda, F., **43**:250, **43**:*277*

Matsuda, J., **17**:250, **17**:*281*
Matsumoto, A. S., **33**:48, **33**:*64*
Matsumoto, G., **31**:277, **31**:298, **31**:*322*, **42**:242–243, **42**:*268*
Matsumoto, H., **44**:179, **44**:182, **44**:*215*
Matsumoto, M., **41**:18, **41**:*62*
Matsumoto, Y., **34**:20, **34**:*56*
Matsushita, Y., **45**:281, **45**:290, **45**:*317*, **45**:*319*
Matt, B. J., **30**:202, **30**:208–210, **30**:*218*
Mattelart, A., **35**:345, **35**:*368*
Mattern, C. L., **9**:131 (91), **9**:*176*
Matthes, H., **20**:15, **20**:*32*
Matthews, B. H. C., **6**:65, **6**:*83*
Matthews, C. W., **9**:247 (6), **9**:*284*, **10**:83, **10**:*108*
Matthews, D. R., **28**:271, **28**:*276*
Matthews, G. H., **8**:156, **8**:*188*
Matthews, M., **30**:209, **30**:*221*
Matthies, L., **34**:85, **34**:*110*
Mattingly, I. G., **11**:168 (64), **11**:190 (50, 64, 95), **11**:191 (96), **11**:*224*, **11**:*225*, **11**:*226*
Mattos, N. M., **40**:*252*
Mattox, T., **49**:277, **49**:*297*
Matts, J. P., **38**:148, **38**:154, **38**:166, **38**:168–169, **38**:171, **38**:*180*, **38**:*188–189*
Mattson, E. J., **38**:*189*
Mattson, R. I., **17**:257, **17**:*281*
Matturana, H. R., **5**:207, **5**:208, **5**:*225*
Matula, D. W., **19**:136, **19**:180, **19**:*224*
Maturana, H. R., **11**:197 (84, 97), **11**:*226*
Matveev, O. B., **29**:*325*
Matyas, S. M., **22**:60, **22**:83, **22**:96, **22**:*104*, **22**:*105*, **30**:174, **30**:*221*
Matyskiela, W. W., **31**:*96*
Mauer, D. C., **43**:188, **43**:206–207, **43**:*211*
Maughan, D., **48**:238, **48**:*253*
Maul, M., **43**:251, **43**:*277*
Maurer, G., **47**:216, **47**:*247*
Maurer, H., **45**:302, **45**:*315*, **45**:*319*
Maurer, P. M., **49**:148, **49**:149, **49**:175, **49**:*189*
Maurer, W. D., **12**:139 (132), **12**:140 (132), **12**:*171*, **24**:134, **24**:*156*, **24**:*173*
Mauri, M., **47**:40, **47**:*58*
Mavriplis, D. J., **45**:116, **45**:*150*, **45**:*151*

Max, J., **18**:8, **18**:*56*
Maxemchuk, N., **42**:162, **42**:*237*, **44**:261, **44**:*282*
Maxey, H. D., **11**:186, **11**:*223*
Maxwell, D. J., **47**:211, **47**:*248*, **49**:2, **49**:*63*
Maxwell, H. J., **36**:162, **36**:168, **36**:*198*
Maxwell, M. E., **3**:*298*
Maxwell, T., **33**:*237*
May, C., **39**:27, **39**:38, **39**:43, **39**:45–46, **39**:48
May, J., **8**:67, **8**:*100*
May, R. M., **31**:259–260, **31**:*322*
Mayall, B. H., **12**:296, **12**:298, **12**:395, **12**:*412*, **12**:*413*
Maydan, D., **43**:11, **43**:*48*
Mayeda, W., **20**:*194*
Mayer, A., **31**:*375*
Mayer, F., **30**:209, **30**:*218*
Mayer, G., **32**:121, **32**:*146*, **38**:*189*
Mayer, J., **48**:127, **48**:*177*
Mayer, L., **2**:251, **2**:*293*
Mayer, R. E., **32**:228, **32**:*249*, **32**:*251*
Mayer, R. R., **12**:56 (19), **12**:*72*
Mayer, Richard, **40**:2, **40**:11, **40**:*37*
Mayfield, C. I., **48**:293, **48**:*310*
Mayfield, J., **47**:40, **47**:*66*
Mayhew, D. J., **36**:414–415, **36**:*426*
Mayhew, D. R., **28**:271, **28**:*277*
Maynard Smith, J., **28**:18, **28**:*66*, **31**:254, **31**:*322*
Maynard, A., **20**:7, **20**:*34*
Maynard, C. W., **5**:325 (314), **5**:*344*
Maynard, J., **19**:275, **19**:*326*
Mayntz, R., **46**:141, **46**:*156*
Mayo, J. S., **21**:158, **21**:*224*
Mayr, E., **31**:256, **31**:*322*
Mayr, H. C., **22**:349, **22**:*352*, **23**:165, **23**:167, **23**:*173*
Mays, E., **47**:*139*
Mazeev, M. Ya., **18**:236, **18**:*285*
Mazer, M. S., **40**:*252*
Mazrui, A. A., **35**:340, **35**:*368*
Mazumder, P., **34**:183, **34**:*232*
Mazur, S. A., **29**:64, **29**:66, **29**:67, **29**:*73*
Mazur, Z., **24**:289, **24**:293, **24**:*315*
Mazurkiewicz, A., **5**:74 (45), **5**:80 (45, 49), **5**:*107*
McAdam, D., **23**:256, **23**:*292*, **38**:304, **38**:*315*

McAdams, A. K., **12**:52 (8), **12**:*71*
McAllister, D. F., **38**:*182*
McAnany, E. G., **35**:350, **35**:*368*
McArdle, O., **37**:*282*
McArthur, R., **5**:368 (27), **5**:*377*
McAuley, A. J., **34**:204–205, **34**:*232*
McAuley, D., **44**:286, **44**:*329*
McAuliffe, K. P., **23**:19, **23**:*32*, **26**:*197*, **26**:*198*, **34**:136, **34**:140, **34**:*154–155*, **40**:165, **40**:*176–178*
McBrien, P., **40**:204, **40**:248, **40**:*252*
McBryde, A. M., **38**:*185*
McCabe, D. H., **47**:211, **47**:*249*, **47**:*250*
McCabe, J., **26**:415, **26**:441, **26**:*442*
McCabe, L. B., **9**:118 (89), **9**:*176*
McCabe, T., **39**:41, **39**:*48*, **39**:78, **39**:*105*, **44**:136, **44**:*167*
McCabe, T., Jr., **35**:217, **35**:221, **35**:227, **35**:*253*, **18**:141, **18**:*171*, **24**:52, **24**:*60*, **35**:217, **35**:220–221, **35**:227, **35**:233, **35**:*253*, **42**:27, **42**:*34*, **48**:110, **48**:*117*
McCain, H. G., **33**:*234*, **48**:325, **48**:*351*
McCall, J. A., **41**:67, **41**:*82*, **42**:2, **42**:10, **42**:12, **42**:*34*
McCall, K., **45**:292, **45**:316, **45**:*319*
McCalla, G., **38**:*185*, **47**:18, **47**:41, **47**:*59*
McCallum, W. D., **47**:211, **47**:216, **47**:*245*
McCammon, I. D., **35**:*134*
McCann, H. A., **47**:215, **47**:*249*
McCanne, R., **45**:201, **45**:*265*
McCanny, J. V., **34**:149, **34**:*155*, **44**:191–192, **44**:*216*
McCarn, D. B., **21**:342, **21**:401, **21**:*418*
McCarthy, C. A., **5**:246 (178), **5**:250 (77, 78), **5**:*255*
McCarthy, C. E., **26**:276, **26**:*278*
McCarthy, D. R., **32**:160, **32**:*195*, **34**:247, **34**:*285*, **39**:112, **39**:115, **39**:*186–188*
McCarthy, J., **2**:401, **2**:*419*, **3**:84 (19), **3**:*153*, **7**:282 (25), **7**:*288*, **8**:7 (5, 47), **8**:*42*, **8**:*44*, **8**:*45*, **8**:54 (37), **8**:74 (36), **8**:*101*, **8**:190, **8**:194, **8**:*244*, **8**:249, **8**:258, **8**:*333*, **9**:69 (25), **9**:*111*, **10**:12 (35), **10**:15 (33), **10**:16 (33), **10**:26 (35), **10**:31 (35), **10**:36, **10**:39 (35), **10**:41 (33), **10**:42 (34), **10**:43 (34), **10**:59 (35), **10**:61 (35), **10**:*77*, **11**:210 (99), **11**:212 (99), **11**:*226*, **12**:145, **12**:*171*, **13**:195, **13**:201, **13**:*228*, **22**:301, **22**:*352*, **24**:155, **24**:*173*, **26**:36, **26**:*44*, **26**:52, **26**:*92*, **47**:*291*
McCarthy, P., **42**:63, **42**:*76*
McCarthy, T., **34**:363–364, **34**:*389*, **46**:381, **46**:*399*
McCarty, D. S., **5**:309 (174), **5**:*336*
McCauley, E. J., **14**:260, **14**:*272*
McCauley, J., **15**:186, **15**:191, **15**:232, **15**:*236*, **45**:331, **45**:*355*
McClain, J. O., **19**:188, **19**:*223*, **19**:*224*
McClean, S., **32**:188, **32**:*195*
McClelland, J. L., **31**:241, **31**:*323*, **33**:176, **33**:177, **33**:181, **33**:184, **33**:186, **33**:216, **33**:*243*, **36**:225, **36**:*253*, **37**:121, **37**:126, **37**:*165*, **37**:390, **37**:397, **37**:399, **37**:403, **37**:411, **37**:415, **37**:422, **37**:*424*
McCloghrie, E., **48**:242, **48**:*255*
McCloghrie, K., **48**:241, **48**:252, **48**:*253*
McClone, J. S., **43**:244, **43**:*275*
McClung, D. H., **22**:165, **22**:172, **22**:173, **22**:*213*
McClunz, D. H., **38**:166, **38**:169, **38**:*180*
McClure, B. P., **24**:306, **24**:*317*
McClure, C., **35**:26, **35**:*80*
McClure, D., **10**:*215*
McCluskey, E. J., **26**:301, **26**:328, **26**:329, **26**:*332*, **26**:*333*, **32**:6, **32**:*101*
McColl, D. C., **22**:202, **22**:*214*
McColley, J., **20**:21, **20**:*35*
McCollum, C. J., **44**:265, **44**:*283*
McConkie, A. B., **36**:370, **36**:411, **36**:*428*
McConnell, J. R., **38**:*195*, **42**:132, **42**:136–137, **42**:*237*
McConnell, S., **42**:45, **42**:48, **42**:*76*, **46**:29, **46**:*32*
McConologue, K., **11**:60 (60), **11**:*125*, **11**:173 (98), **11**:*226*
McCord, M. C., **49**:28, **49**:*63*
McCorduck, P., **23**:52, **23**:*91*, **23**:168, **23**:*174*, **33**:175, **33**:*241*, **37**:344–345, **37**:357, **37**:372–374, **37**:*422*, **47**:29, **47**:*62*
McCormick, B., **6**:245, **6**:247, **6**:268, **6**:*294*
McCormick, B. H., **6**:*295*, **7**:35 (47), **7**:*115*, **33**:248, **33**:250, **33**:252, **33**:257, **33**:259, **33**:291, **33**:292,

33:294, 33:299, 33:*304*, 34:250, 34:*285*, 34:*289*, 38:*192*
McCormick, E. J., 4:156 (86), 4:*166*, 6:*226*, 11:329, 11:*387*, 36:337, 36:351, 36:*428*
McCoy, W. H., 29:168, 29:*190*
McCracken, D., 29:59, 29:*76*
McCracken, D. D., 1:(1), 1:*41*, 4:2, 4:*49*, 4:146 (49, 50), 4:153 (71), 4:*164*, 4:*165*, 46:38, 46:*106*, 5:352 (7), 5:368 (21), 5:*376*, 5:*377*, 7:136 (50), 7:*179*
McCracken, W. M., 46:160, 46:*233*
McCray, A. T., 48:303, 48:*312*
McCreary, C. L., 35:292–293, 35:295–296, 35:*323*
McCreight, E., 19:102, 19:*108*, 40:151, 40:*177*
McCrossin, J. M., 48:270, 48:*310*
McCue, G. M., 22:144, 22:*160*
McCulloch, W. S., 2:415, 2:*419*, 5:134, 5:193, 5:207, 5:208, 5:*220*, 5:*225*, 11:197 (84), 11:*226*, 31:242, 31:*322*, 33:179, 33:*241*, 36:213, 36:214, 36:*253*, 37:121, 37:123, 37:135, 37:*164*, 47:9, 47:*62*
McCullough, D., 29:36, 29:38, 29:39, 29:41, 29:*44*, 29:*45*
McCullough, J. D., 8:*44*
McCune, B. P., 15:47, 15:48, 15:49, 15:52, 15:55, 15:*61*, 22:202, 22:*214*, 40:190, 40:*252*
McCurley, K. S., 30:190, 30:197, 30:205, 30:*219*, 30:*221*
McCuskey, R., 31:293, 31:*323*
McDaniel, J., 11:42, 11:*58*
McDaniel, J. C., 31:296, 31:309, 31:*321*
McDermid, J. A., 38:66, 38:*71*, 41:170, 41:*188*, 41:188, 42:2, 42:11, 42:23, 42:28–29, 42:*31–32*, 42:*34*
McDermid, L. A., 43:60, 43:120, 43:*134*
McDermid, W. L., 6:55 (65), 6:*86*
McDermott, D., 26:36, 26:*43*, 26:*44*, 28:53, 28:*63*
McDermott, D. V., 15:4, 15:*63*, 24:244, 24:*274*
McDermott, D. W., 13:201, 13:*231*
McDermott, J., 22:166, 22:176, 22:180, 22:186, 22:202, 22:*212*, 22:*213*, 22:*214*

McDermott, W., 17:154, 17:*161*
McDonald, C. T., 38:176, 38:*180*
McDonald, D., 24:*314*, 48:300, 48:*311*
McDonald, G., 44:228, 44:*280*
McDonald, H. S., 1:226 (44), 1:227 (44), 1:*229*, 44:*216*
McDonald, J., 18:211, 18:*226*, 44:308, 44:*329*, 47:238, 47:*249*
McDonald, J. E., 29:52, 29:*75*, 33:132, 33:133, 33:134, 33:136, 33:*168*, 49:12, 49:26, 49:*68*
McDonald, K., 24:*313*
McDonough, A., 20:10, 20:*34*
McDonough, A. M., 11:326, 11:327, 11:*388*, 12:44 (21), 12:45 (20), 12:50 (20), 12:*72*
McDonough, E., 3:87 (4), 3:*152*
McDougall, W., 6:39, 6:*86*
McDowell, J. K., 38:112, 38:*142*
McEliece, R., 30:189, 30:*217*, 30:*221*
McEliece, R. J., 22:49, 22:64, 22:93, 22:97, 22:*105*, 33:*241*, 36:220, 36:*253*, 37:155, 37:*164*
McEliece, R. M., 22:49, 22:93, 22:*103*
McElwain, C. K., 11:200, 11:*226*
McEwan, C. N., 47:215, 47:*249*
McEwen, G. H., 29:30, 29:*44*
McEwen, R. B., 13:*107*
McEwen, S., 33:133, 33:*168*
McFadden, D., 47:355, 47:356, 47:359, 47:*366*, 47:*367*
McFadden, F., 40:200, 40:225, 40:227, 40:*234–235*, 40:*253*
McFaddin, S., 46:421, 46:*437*
McFarlaine, D., 49:313, 49:*346*
McFarlan, F., 20:10, 20:15, 20:*31*, 20:*34*
McFarlan, F. W., 11:*385*, 12:43 (5), 12:*71*, 47:344, 47:*367*
McFarland, M. C., 40:72, 40:80, 40:*124*
McFarland, M. J., 37:*283*
McFarland, W., 39:242, 39:*289*
McFeeley, R., 46:12, 46:*32*
McGarry, F., 41:15, 41:*59*, 41:67, 41:73, 41:78, 41:*82*
McGarry, F. E., 41:73, 41:*82*, 42:72, 42:*75*, 46:40, 46:47, 46:50, 46:65, 46:72, 46:*102*, 46:*106*, 46:*107*, 46:221, 46:*232*
McGaugh, J. D., 5:313 (154), 5:*335*
McGavran, M. H., 47:190, 47:*246*

McGee, D., **47**:50, **47**:51, **47**:*59*
McGee, R. S., **21**:343, **21**:351, **21**:*420*
McGee, W. C., **1**:7 (7), **1**:23, **1**:*41*, **4**:18 (49, 50), **4**:33, **4**:*51*, **5**:350 (1), **5**:352 (1), **5**:368 (1), **5**:*376*, **12**:*171*
McGhee, R. B., **42**:248, **42**:*268*
McGill, M., **24**:282, **24**:284, **24**:289, **24**:290, **24**:291, **24**:293, **24**:299, **24**:300, **24**:301, **24**:305, **24**:307, **24**:*314*, **24**:*315*, **24**:*316*, **48**:261, **48**:*313*
McGill, M. J., **30**:29–30, **30**:*36*
McGill, W., **6**:47 (67), **6**:48, **6**:82, **6**:*86*
McGillem, T. E., **43**:257, **43**:*277*
McGlamery, B. L., **18**:27, **18**:*56*
McGlashan, S., **47**:*60*
McGoff, C., **34**:*391*
McGoff, C. J., **45**:296, **45**:*318*
McGoff, D., **5**:301 (48), **5**:*329*
McGoldrick, J. P., **38**:*186*
McGowan, C. L., **46**:14, **46**:30, **46**:82, **46**:92, **46**:96, **46**:*106*
McGowan, C., **10**:28, **10**:30 (36), **10**:42, **10**:*77*, **39**:91, **39**:*105*
McGratten, R. J., **5**:326 (352), **5**:*346*
McGraw, G., **48**:201, **48**:*217*
McGraw, J. R., **37**:291, **37**:*332*
McGraw, W. J., **11**:359 (62), **11**:*386*
McGregor, D., **34**:179, **34**:196, **34**:*232*
McGregor, D. R., **19**:*61*
McGregor, J., **35**:139, **35**:*182*
McGrew, J. F., **36**:378, **36**:*426*
McGuire, C. B., **2**:*374*, **38**:*314*
McGuire, T. W., **39**:262, **39**:266, **39**:*290*
McHugh, J., **29**:29–30, **29**:31, **29**:*44*, **29**:*45*
McIlroy, M. D., **12**:*171*, **12**:*284*, **22**:154, **22**:*160*, **33**:1, **33**:4, **33**:*64*
McInnes, S., **34**:179, **34**:196, **34**:*232*
McIntosh, H., **9**:108, **9**:*110*
McIntyre, D. E., **23**:8, **23**:*32*
McIrvine, E. C., **31**:329, **31**:*377*
McIvor, A. M., **43**:245, **43**:247, **43**:250, **43**:*276*
McIvor, R., **35**:343, **35**:*368*
McKay, D., **29**:51, **29**:*76*
McKay, K. G., **11**:*388*
McKay, R. W., **6**:157 (70), **6**:*194*
McKeeman, W. M., **12**:*36*, **12**:*280*, **15**:11, **15**:*62*

McKeithen, K. B., **29**:57, **29**:*75*, **39**:45, **39**:*48*
McKenna, T., **42**:243, **42**:248–249, **42**:*267*
McKenna, T. M., **36**:*201*
McKenney, J., **20**:11, **20**:*34*, **39**:242, **39**:*289*
McKenney, J. L., **17**:165, **17**:*217*
McKeown, D. M., Jr., **34**:*288*
McKeown, J. C., **15**:274, **15**:*282*
McKeown, J. J., **23**:297, **23**:*353*
McKersie, R. B., **39**:259, **39**:*291*, **43**:*213*
McKinley, W., **19**:*323*
McKinney, R., **44**:289, **44**:*329*
McKinnon, F. B., **3**:*346*
McKissick, J., **45**:198, **45**:*266*
McKnight, C., **48**:294, **48**:*312*
McKusick, M. K., **48**:40, **48**:*117*
McLafferty, F. W., **21**:289, **21**:315, **21**:*330*
McLaughlin, D. W., **36**:309, **36**:*330*
McLaughlin, J. F., **28**:267, **28**:*275*
McLaughlin, R. A., **19**:311, **19**:*326*
McLay, R., **10**:258, **10**:*273*
Mclean, C. A., **47**:211, **47**:*246*
McLean, E., **20**:15, **20**:*34*, **34**:*389*
McLean, E. R., **46**:124, **46**:*154*
McLean, G. D., **43**:121, **43**:*135*
McLean, H. R., **26**:*90*
McLean, I. J., **49**:37, **49**:39, **49**:*63*
McLean, J., **29**:22, **29**:23, **29**:*45*, **42**:23, **42**:*35*
McLeisch, M., **33**:175, **33**:178, **33**:*241*
McLellan, G. D. S., **4**:*240*
McLelland, P. M., **12**:29 (2), **12**:33, **12**:*35*
McLendon, J., **44**:32, **44**:*57*
McLeod, D., **32**:154, **32**:177, **32**:192, **32**:*198*, **35**:33, **35**:*79*, **38**:*192*, **39**:118, **39**:*187*, **40**:189, **40**:*251*, **41**:276, **41**:279, **41**:*295*
McLeod, J. H., **3**:*297*, **9**:24 (10), **9**:33 (9, 11), **9**:39 (12, 13), **9**:*49*
McLuhan, M., **11**:366, **11**:*388*
McMahon, H. O., **34**:164, **34**:*233*
McMahon, J., **2**:*132*
McManus, J. M., **47**:321, **47**:*339*
McMaster, I., **15**:196, **15**:*236*
McMilan, K. L., **40**:175, **40**:*177*
McMillan, M. M., **38**:*189*

McMillen, R. J., **26**:166, **26**:184, **26**:*198*, **26**:*199*
McMillin, C. W., **32**:109, **32**:*145*
McMullen, C. T., **32**:4, **32**:*96*, **32**:*97*
McMullin, P., **22**:302, **22**:*350*, **26**:384, **26**:*389*, **33**:56, **33**:58, **33**:*63*, **41**:200, **41**:*228*
McNab, R., **48**:298, **48**:299, **48**:*314*
McNab, R. J., **48**:299, **48**:*312*
McNamara, J., **21**:97, **21**:*150*
McNamara, J. E., **24**:*168*
McNaught, J., **49**:17, **49**:*57*
McNaughton, R., **2**:395, **2**:396, **2**:*419*, **6**:27, **6**:*29*, **14**:19, **14**:*43*
McNaughton, R. F., **4**:267 (5), **4**:275, **4**:*302*
McNeil, B. J., **22**:218, **22**:*293*
McNeil, R. K., **22**:100, **22**:*105*
McNellis, D., **47**:216, **47**:*245*
McNurlin, B. C., **46**:119, **46**:124, **46**:146, **46**:*154*
McPhee, K., **44**:207, **44**:*217*
McPherson, D. D., **47**:216, **47**:*250*
McPherson, J., **39**:115, **39**:*187*
McPheters, L., **47**:*61*
McQueen, L., **38**:*189*
McQuillan, J. M., **17**:165, **17**:168, **17**:*219*, **21**:228, **21**:*272*
McQuillan, J., **44**:228, **44**:*280*
McQuitty, L. L., **19**:140, **19**:141, **19**:181, **19**:*224*
McReynolds, R. C., **7**:11 (60), **7**:*115*, **10**:293 (1), **10**:*296*
McRoberts, M., **33**:68, **33**:*113*
McSharry, M., **41**:93, **41**:*156*
McSkimmin, J. R., **13**:195, **13**:196, **13**:*228*
McWhirter, J. G., **34**:149, **34**:*155*, **44**:191–192, **44**:*216*
Mead, C. A., **2**:*179*, **2**:*291*, **19**:72, **19**:88, **19**:*110*, **19**:*111*, **21**:93, **21**:*151*, **21**:158, **21**:*224*, **23**:3, **23**:5, **23**:10, **23**:*32*, **23**:299, **23**:*353*, **26**:148, **26**:*151*, **28**:5, **28**:*66*, **33**:180, **33**:*241*
Meadow, C. T., **12**:*171*, **24**:306, **24**:*315*, **36**:*423*
Meadow, H. R., **12**:*173*
Meadows, J. W., **6**:*296*
Meager, R. E., **6**:157 (70), **6**:*194*
Mealy, G. H., **2**:388, **2**:*419*, **11**:388, **12**:*171*
Meanor, S. H., **5**:307 (95), **5**:308 (108), **5**:311 (95), **5**:*331*, **5**:*332*
Means, B., **45**:331, **45**:332, **45**:*355*
Meckling, W. H., **47**:344, **47**:352, **47**:*366*
Mecoy, B., **23**:127, **23**:*140*
Medawar, P. B., **28**:55, **28**:*66*
Medema, D. K., **47**:211, **47**:*249*, **47**:*250*
Medin, M., **48**:224, **48**:*254*
Medina-Mora, R., **45**:3, **45**:12, **45**:51, **45**:274, **45**:280, **45**:287, **45**:307, **45**:*319*
Medioni, G., **34**:271, **34**:278, **34**:*290*, **43**:244, **43**:274, **43**:*275*, **43**:*278*
Medress, M. F., **31**:112, **31**:*172*
Medsker, L., **38**:*187*
Medvedev, I. T., **2**:402, **2**:*419*
Medvinskii, A. B., **31**:301
Meehan, G. V., **38**:*189*
Meehan, J. R., **36**:163, **36**:*198*
Meeker, W. F., **11**:205, **11**:*227*
Meetham, A. R., **11**:173, **11**:182, **11**:*227*
Meetze, M. O., Jr., **4**:229 (68), **4**:*240*, **4**:*243*
Megaros, G., **47**:259, **47**:*291*
Meggit, J. E., **6**:182, **6**:185, **6**:*193*
Meghreblian, R. V., **5**:291 (12), **5**:303 (12), **5**:*327*
Mehdian, M., **35**:96, **35**:*133*
Mehl, L., **3**:302, **3**:*346*
Mehler, M., **47**:*367*
Mehlhorn, K., **44**:338, **44**:345, **44**:*360*
Mehra, S. K., **20**:85 (47), **20**:*113*
Mehrabian, A., **16**:260, **16**:*331*
Mehrotra, P., **35**:272, **35**:275, **35**:*322*, **45**:145, **45**:*151*, **46**:365, **46**:*399*
Mehrotra, R., **34**:238, **34**:247, **34**:256, **34**:266, **34**:271, **34**:272, **34**:274, **34**:276, **34**:279, **34**:*286*, **34**:*288*
Mehrotra, S., **48**:153, **48**:*177*
Mehta, D., **26**:*334*
Mehta, M., **47**:227, **47**:*245*
Mei, V., **12**:*172*
Meier, A., **44**:303, **44**:309, **44**:*330*
Meijer, H., **30**:190, **30**:*217*
Meiko, **44**:192, **44**:*216*
Meindl, J. D., **21**:158, **21**:*224*
Meinerzhagen, B., **26**:*333*
Meiron, D., **49**:241, **49**:*296*
Meiron, J., **5**:247, **5**:248, **5**:249, **5**:*255*

Meisel, A., **38**:165, **38**:*180*
Meisel, R. M., **12**:*171*
Meisel, W. S., **47**:13, **47**:*63*
Meister, B., **10**:265 (11), **10**:*273*, **17**:207, **17**:*218*
Meister, D., **31**:10, **31**:*97*, **36**:336–337, **36**:339–340, **36**:349, **36**:352–353, **36**:359, **36**:409, **36**:*426*
Melamed, M. R., **12**:404, **12**:*411*
Melby, A. K., **24**:235, **24**:*274*
Mel'chuk, I. A., **11**:*52*, **11**:*53*
Melen, R., **42**:174, **42**:218, **42**:*234*
Melgarejo, M., **46**:350, **46**:*399*
Melhart, B. E., **42**:5, **42**:19–20, **42**:*33*
Meliksetyan, R., **18**:245, **18**:*285*
Melkus, L., **36**:*427*
Mellen, G. E., **7**:68 (44), **7**:*115*
Melliar-Smith, P. M., **21**:105, **21**:107, **21**:108, **21**:*153*, **24**:121, **24**:122, **24**:125, **24**:164, **24**:*173*, **26**:*278*, **26**:*279*, **29**:103, **29**:104, **29**:129, **29**:*192*, **48**:18, **48**:*116*
Mellichamp, J. M., **44**:90–91, **44**:99, **44**:*124*
Mellis, W., **46**:3, **46**:8, **46**:*32*
Mellish, C., **22**:201, **22**:202, **22**:*211*, **47**:*60*
Mellish, C. S., **23**:160, **23**:*174*, **24**:364, **24**:*371*, **26**:*43*
Mellor, S., **35**:150, **35**:158–159, **35**:*181*, **35**:*183*, **46**:95, **46**:*107*
Mellor, S. J., **47**:*291*
Mellor-Crummey, J. W., **49**:249, **49**:*300*
Mel'nikov, V. A., **29**:253, **29**:254, **29**:*326*
Melnikov, V. A., **44**:204–205, **44**:*216*
Melnitsky, B., **8**:115 (12), **8**:*152*
Melo, W. L., **41**:34–35, **41**:*59*
Melody, W. H., **35**:349, **35**:*368*
Melosh, R. E., **26**:*43*
Melton, E. A., **26**:*198*, **34**:140, **34**:*155*, **40**:165, **40**:*178*
Melton, J. S., **3**:*346*, **9**:157 (92, 93), **9**:*176*
Meltzer, B., **13**:175, **13**:*227*
Menasche, M., **29**:96, **29**:145, **29**:*185*, **29**:*190*
Mendelsohn, M. L., **12**:296, **12**:298, **12**:304, **12**:354, **12**:365, **12**:368, **12**:395, **12**:405, **12**:*412*, **12**:*413*
Mendelson, E., **10**:35 (39), **10**:*77*, **22**:309, **22**:319, **22**:*352*
Mendelson, H., **43**:*212*
Mendelzon, A. O., **40**:190–191, **40**:196, **40**:246, **40**:*252*
Mendenhall, H. E., **2**:249, **2**:*293*
Mendez, R., **49**:246, **49**:*301*
Menees, S. G., **44**:245, **44**:*281*
Meneghetti, D., **5**:323 (262), **5**:*341*
Menen, A., **31**:303, **31**:*322*
Menezes, K. N. P., **41**:251, **41**:*252*
Meng, T., **38**:198, **38**:*243*
Menne, A., **9**:118 (94), **9**:*176*
Menon, J., **26**:*149*
Menon, S., **39**:215, **39**:*235*
Mensh, M., **11**:367, **11**:*388*
Menthon, D. D., **32**:*148*
Menyuk, N., **11**:235 (15), **11**:237 (15), **11**:*317*
Menzi, U., **34**:*290*
Menzilcigoglu, O., **38**:198, **38**:*243–244*
Menzilcioglu, O., **34**:129, **34**:*152*
Mercer, R., **49**:12, **49**:34, **49**:*58*
Mercer, R. L., **31**:100, **31**:111–112, **31**:121, **31**:123, **31**:*170–171*, **47**:9, **47**:11, **47**:18, **47**:19, **47**:20, **47**:21, **47**:*59*, **49**:12, **49**:*63*
Merchant, F., **46**:357, **46**:*399*
Mercier, G., **31**:112, **31**:*172*
Mercurio, V., **35**:179, **35**:*182*
Meredith, J. S., **45**:329, **45**:*354*
Merigan, T. C., **16**:*181*
Merigot, A., **49**:266, **49**:267, **49**:*300*
Merillat, P. D., **30**:212, **30**:*221*
Merkl, D., **38**:67, **38**:*71*
Merkle, R. C., **22**:60, **22**:82, **22**:83, **22**:89, **22**:90, **22**:91, **22**:92, **22**:96, **22**:*105*, **22**:*106*, **30**:185, **30**:189, **30**:*221*, **47**:143, **47**:*182*
Merlin, P. M., **29**:96, **29**:136, **29**:137, **29**:143, **29**:144, **29**:145, **29**:*190*, **42**:191, **42**:*237*
Merlo, E., **31**:126, **31**:151, **31**:*171*, **43**:2, **43**:*48*
Mermet, J., **21**:95, **21**:109, **21**:*150*
Merrifield, B. C., **35**:298, **35**:*323*
Merrill, M. D., **47**:88, **47**:*139*
Merrill, R. D., **13**:*107*
Merrill, R. D., Jr., **6**:180, **6**:*193*
Merrill, R. P., **2**:*374*
Merriman, G. M., **2**:72, **2**:*127*

Mersel, J., **3**:82 (14), **3**:*153*
Mersereau, R. M., **37**:115, **37**:*116*
Merten, A. G., **19**:261, **19**:277, **19**:*326*, **40**:*253*
Merton, D. A., **47**:207, **47**:*247*
Merton, R. K., **37**:395–396, **37**:*422*
Mertz, P., **18**:8, **18**:*56*
Merwin-Daggett, M., **11**:345 (16), **11**:*384*
Merz, E., **47**:216, **47**:*249*
Mesarovic, M. D., **5**:116, **5**:146, **5**:*218*, **13**:175, **13**:*225*, **33**:106, **33**:*112*
Meseguer, J., **29**:32, **29**:33–34, **29**:35, **29**:*44*
Mesiti, M. R., **36**:126, **36**:159, **36**:*194*
Messenheimer, J. A., **38**:*186*
Messer, B., **45**:40, **45**:*51*
Messerschmitt, D. G., **40**:92, **40**:*121–122*
Messing, J. R., **44**:265, **44**:*283*
Messnarz, R., **41**:12, **41**:*61*, **46**:58, **46**:*104*
Meszaros, G., **47**:259, **47**:*291*
Metais, E., **35**:18, **35**:40, **35**:*78*
Metcalf, C. D., **49**:284, **49**:286, **49**:289, **49**:290, **49**:*300*
Metcalf, R. M., **16**:188, **16**:*217*, **21**:228, **21**:*272*
Metcalfe, R., **42**:121, **42**:132, **42**:*234*, **42**:*237*
Metcalfe, R. M., **17**:166, **17**:185, **17**:203, **17**:*217*, **17**:*219*, **20**:49, **20**:*82*, **20**:85 (18, 53), **20**:90 (18), **20**:*112*, **20**:*114*, **22**:156, **22**:*160*
Metford, P. A. S., **34**:123, **34**:*155*, **44**:207, **44**:*215*
Methlie, L. B., **23**:156, **23**:*175*
Metral, A., **4**:*241*
Metrolpolis, N., **6**:137 (44), **6**:*193*
Metropolis, N., **19**:246, **19**:247, **19**:*248*
Metz, C., **48**:243, **48**:*253*
Metz, P., **36**:*198*
Metze, G., **1**:233 (13), **1**:*308*, **6**:156, **6**:157, **6**:158, **6**:175, **6**:*193*, **26**:*278*
Metzger, P., **48**:253, **48**:*254*
Metzger, R. W., **2**:*374*
Meunier, R., **48**:82, **48**:83, **48**:*115*
Meyer, A. R., **14**:2, **14**:4, **14**:22, **14**:26, **14**:*43*, **14**:141, **14**:142, **14**:166, **14**:*184*, **23**:50, **23**:*91*
Meyer, B., **33**:3, **33**:4, **33**:11, **33**:12, **33**:13, **33**:29, **33**:30, **33**:44, **33**:47, **33**:50, **33**:*64*, **34**:22–23, **34**:33, **34**:*56*, **35**:154, **35**:*182*, **43**:58, **43**:86, **43**:90, **43**:112, **43**:*136*, **49**:194, **49**:217, **49**:*237*
Meyer, B. C., **12**:*173*
Meyer, C. H., **22**:60, **22**:83, **22**:96, **22**:*104*, **22**:*105*, **30**:174, **30**:*221*, **47**:216, **47**:*250*
Meyer, C. S., **9**:205 (47), **9**:*236*
Meyer, D., **49**:252, **49**:*300*
Meyer, J. E., **5**:307 (107), **5**:308 (108), **5**:326 (355, 359), **5**:*332*, **5**:*347*
Meyer, J. F., **31**:216, **31**:*232*, **33**:73, **33**:87, **33**:*112*, **33**:*113*
Meyer, L. B., **38**:254, **38**:*214*
Meyer, M. A., **6**:295, **6**:*296*
Meyer, N. D., **47**:344, **47**:350, **47**:*367*
Meyer, T., **47**:169, **47**:*182*
Meyerhoff, A. J., **4**:62, **4**:*132*
Meyer-Wegener, K., **34**:*288*
Meyers, B., **35**:179, **35**:*182*
Meyers, S. N., **47**:216, **47**:*250*
Meylan, R., **12**:106, **12**:*113*
Meystel, A., **33**:*241*
Mezyk, S., **32**:166, **32**:167, **32**:177, **32**:188, **32**:190, **32**:*195*, **32**:*200*
Mezzich, J. E., **19**:195, **19**:205, **19**:206, **19**:*224*
Micali, S., **30**:181–182, **30**:190, **30**:195–200, **30**:202, **30**:*217*, **30**:*220*
Micchelli, C. A., **23**:65, **23**:76, **23**:*90*, **23**:*91*
Miceli, W. J., **28**:173, **28**:198, **28**:*222*, **28**:*225*
Michael, A., **33**:*110*
Michael, J., **38**:*190*
Michael, J. A., **38**:*187*, **38**:*189–190*
Michael, K., **32**:282, **32**:*305*
Michael, P. A., **38**:*193*
Michaelis, P. R., **33**:149, **33**:*167*, **33**:*168*
Michalski, R., **18**:106, **18**:*116*, **24**:200, **24**:*215*, **33**:*241*
Michalski, R. S., **47**:90, **47**:*139*
Michel, P., **37**:*283*
Michelman, P., **32**:*147*
Michener, J., **16**:199, **16**:*217*
Michie, D., **10**:97, **10**:*107*, **18**:77, **18**:106, **18**:*116*, **22**:164, **22**:*210*, **22**:*214*, **22**:*227*, **22**:*293*, **24**:364, **24**:*374*,

29:231, 29:*249*
Michielsen, K., **33**:151, **33**:*168*
Mickey, M. R., **12**:341, **12**:364, **12**:*412*
Microsoft Corp., **41**:143, **41**:*156*, **47**:127, **47**:*139*
Miczo, A., **26**:331, **26**:*333*
Middendorf, W. H., **28**:2, **28**:30, **28**:32, **28**:*66*
Middleton, D., **6**:39, **6**:*86*, **18**:8, **18**:*57*
Middleton, L. T., **38**:*190*
Middleton, M. R., **21**:412, **21**:*419*
Middleton, S., **33**:87, **33**:*112*
Miellou, J. C., **33**:*241*
Migdaloff, B., **49**:12, **49**:*59*
Migliardi, M., **49**:259, **49**:*296*
Miikkulainen, R., **47**:22, **47**:25, **47**:*63*
Mijalski, C., **18**:262, **18**:*285*
Mikaye, T., **24**:293, **24**:*315*
Mikelsons, M., **15**:15, **15**:*62*
Mikhail, O. I., **16**:210, **16**:*215*
Mikhailov, A. S., **36**:218, **36**:*253*
Mikheyev, Yu. A., **18**:243, **18**:247, **18**:*282*
Mikhlyaev, S. V., **28**:214, **28**:*224*
Mikkonen, J., **44**:326–327, **44**:*330*
Miklosko, J., **35**:*323*
Mikus, L. E., **8**:*44*
Milanese, M., **23**:88, **23**:89, **23**:*90*
Milberg, S. J., **44**:54, **44**:*57*
Miles, E. P., Jr., **2**:74, **2**:91, **2**:*128*
Mili, A., **43**:62, **43**:*133*
Milic, L. T., **13**:46, **13**:50, **13**:51, **13**:*70*
Mill, F., **45**:175, **45**:192, **45**:*196*
Mill, J. S., **16**:328, **16**:*331*
Millan, M. R., **18**:198, **18**:*228*
Millar, V., **34**:*391*
Millen, J. K., **24**:*99*, **29**:2, **29**:8, **29**:21, **29**:32, **29**:*43*, **29**:*45*, **30**:18, **30**:*34*, **38**:9, **38**:67, **38**:*71*
Miller, **5**:124
Miller, A. M., **48**:270, **48**:*310*
Miller, A. R., **16**:227, **16**:236, **16**:*331*, **23**:253, **23**:256, **23**:*290*, **38**:*180*
Miller, B., **9**:271 (22), **9**:272 (19,21), **9**:273 (20, 23), **9**:*284*, **43**:2, **43**:*46*
Miller, B. L., **45**:173, **45**:174, **45**:*195*
Miller, B. O., **36**:168–169, **36**:*200*
Miller, C. A., **38**:120, **38**:*141*
Miller, C. E., **3**:186, **3**:*187*
Miller, C. L., **4**:143 (23), **4**:148 (23), **4**:*162*
Miller, D. R., **30**:91, **30**:112, **30**:*168–169*, **45**:205, **45**:*266*
Miller, D. W., **12**:52 (22), **12**:*72*
Miller, E. F., **26**:336, **26**:*390*
Miller, E. F., Jr., **22**:152, **22**:*160*
Miller, E. R., **4**:4 (14), **4**:*49*
Miller, G., **30**:209, **30**:*221*
Miller, G. A., **1**:208, **1**:218, **1**:223 (40), **1**:226, **1**:*228*, **1**:*229*, **2**:409 (18), **2**:*417*, **5**:176, **5**:*223*, **6**:43, **6**:70 (69), **6**:*86*, **11**:173, **11**:*227*, **13**:218, **13**:221, **13**:*228*, **13**:*231*, **18**:155, **18**:*171*, **29**:55, **29**:59, **29**:60, **29**:*75*, **31**:111, **31**:*172*, **31**:332, **31**:363, **31**:*375*, **33**:137, **33**:*169*
Miller, G. I., **22**:86, **22**:*106*
Miller, G. L., **14**:16, **14**:*43*, **23**:18, **23**:*32*, **30**:197, **30**:*219*
Miller, H. G., **33**:150, **33**:*167*
Miller, H. S., **16**:273, **16**:*331*
Miller, J., **16**:200, **16**:212, **16**:*218*, **18**:*171*, **36**:139, **36**:*198*, **42**:69, **42**:*75*
Miller-Jacobs, H. H., **36**:381, **36**:*427*
Miller, J. G., **38**:254, **38**:*314*
Miller, J. R., **36**:367, **36**:393–395, **36**:*424*
Miller, J. S., **21**:47, **21**:*89*
Miller, K. J., **49**:12, **49**:*51*, **49**:*63*, **49**:*68*
Miller, K. W., **41**:222, **41**:*229*, **46**:164, **46**:*234*
Miller, L., **12**:*171*, **23**:317, **23**:318, **23**:*351*
Miller, L. A., **33**:148, **33**:149, **33**:*169*
Miller, L. C., **47**:15, **47**:*63*
Miller, L. L., **26**:*151*, **28**:137, **28**:144, **28**:*149*, **28**:*150*, **30**:2, **30**:*35*, **32**:182, **32**:*198*, **34**:169, **34**:*231*
Miller, L. W., **11**:353, **11**:*385*, **11**:*388*
Miller, M., **18**:215, **18**:218, **18**:*226*
Miller, M. I., **31**:*172*
Miller, M. N., **16**:164, **16**:*180*
Miller, N., **9**:209 (57), **9**:*237*
Miller, R., **38**:165–166, **38**:*180*, **49**:257, **49**:*300*
Miller, R. A., **38**:165, **38**:168–169, **38**:*180*
Miller, R. E., **29**:114, **29**:*186*
Miller, R. H., **6**:*296*, **16**:213, **16**:*219*
Miller, R. I., **5**:326 (360), **5**:*347*
Miller, S. W., **12**:*171*, **34**:*289*, **46**:9, **46**:15, **46**:*30*, **47**:143, **47**:*182*

Miller, T., **28**:230, **28**:*260*, **28**:*277*
Miller, T. K., **38**:*183*, **38**:*188*
Miller, T. K., III., **38**:*184*
Miller, V. E., **43**:207, **43**:*213*
Miller, W. F., **10**:193, **10**:*215*, **13**:218, **13**:*228*, **16**:319, **16**:*330*
Miller, W. T., III, **32**:*148*, **36**:235, **36**:239–240, **36**:243, **36**:*253*
Milligan, G. W., **19**:200, **19**:*224*
Milligan, T., **45**:289, **45**:*319*
Milliman, P., **24**:52, **24**:*59*
Millington, D., **34**:*389*
Millman, P., **29**:49, **29**:52, **29**:54, **29**:*76*
Mills. H., **43**:8, **43**:31, **43**:*48*
Mills, D. L., **16**:187, **16**:189, **16**:*217*, **17**:206, **17**:*219*, **20**:85 (42), **20**:90 (42), **20**:*113*
Mills, D. Q., **43**:207, **43**:*209*
Mills, H., **19**:269, **19**:270, **19**:274, **19**:*326*, **35**:140, **35**:147, **35**:157, **35**:161, **35**:164–165, **35**:171–172, **35**:177, **35**:179, **35**:*181–183*, **36**:53, **36**:100, **36**:*109*
Mills, H. D., **14**:46, **14**:*76*, **20**:221, *257*, **24**:127, **24**:*172*, **24**:363, **24**:*374*, **28**:21, **28**:*66*, **36**:5–9, **36**:19, **36**:21–27, **36**:31–32, **36**:34, **36**:*39–40*, **36**:56, **36**:*109*, **41**:196, **41**:*228*, **42**:48, **42**:*74*
Mills, J., **11**:61 (10), **11**:70 (10), **11**:102 (10), **11**:107 (10), **11**:*123*, **38**:*186*
Mills, J. S., **11**:64, **11**:*124*
Mills, K. L., **29**:167, **29**:*190*
Mills, T. A., **47**:216, **47**:*250*
Mills, W. H., **9**:115 (77), **9**:*176*
Milne, W. E., **2**:5 (6), **2**:36 (6), **2**:*52*
Milner, A., **47**:211, **47**:*248*
Milner, P. M., **5**:205, **5**:*224*, **6**:43, **6**:61 (71), **6**:64, **6**:73, **6**:*86*
Milner, R., **24**:125, **24**:*173*
Milner, R., **26**:404, **26**:*442*, **29**:102, **29**:108, **29**:131, **29**:*190*, **49**:72, **49**:*93*
Milroy, E. J., **47**:216, **47**:*250*
Milsted, K. R., **33**:19, **33**:48, **33**:*64*
Milsum, J. H., **3**:*296*
Miltersen, P. B., **44**:357, **44**:*360*
Milttleman, R., **33**:73, **33**:91, **33**:93, **33**:*112*, **33**:*113*
Mimura, T., **44**:182, **44**:*215*
Min Chen, **47**:224, **47**:*248*

Min, M., **28**:259, **28**:265, **28**:*276*
Min, S. L., **40**:*177*
Minamikawa, T., **22**:202, **22**:*213*
Minc, A., **35**:344, **35**:*368*
Minch, R. P., **40**:196, **40**:243, **40**:*253*
Mingers, J. C., **34**:327, **34**:*389*
Mingle, J. O., **5**:304 (73), **5**:320 (218), **5**:*330*, **5**:*339*
Minina, S. V., **31**:243, **31**:275, **31**:277, **31**:298, **31**:*322*
Minker, J., **12**:*169*, **12**:*171*, **12**:*172*, **13**:195, **13**:196, **13**:*228*, **26**:17, **26**:*44*, **34**:165, **34**:226, **34**:*232*
Minnich, R. G., **39**:212, **39**:214, **39**:234, **39**:*237*, **40**:103, **40**:*123*
Minnick, R. C., **7**:42 (48), **7**:*115*, **9**:202, **9**:203 (49, 50, 51), **9**:*236*, **17**:248, **17**:249, **17**:250, **17**:251, **17**:*281*
Minou, M., **43**:250, **43**:*276*
Minsky, M., **2**:400, **2**:401, **2**:414, **2**:415, **2**:*419*, **5**:174 (109), **5**:177, **5**:*222*, **5**:*223*, **6**:48, **6**:49 (73), **6**:*86*, **6**:*226*, **13**:173, **13**:175, **13**:195, **13**:209, **13**:213, **13**:222, **13**:223, **13**:*229*, **14**:17, **14**:38, **14**:*43*, **15**:52, **15**:55, **15**:*62*, **15**:161, **15**:162, **15**:*178*, **22**:181, **22**:*214*, **26**:35, **26**:*44*, **33**:177, **33**:180, **33**:*241*, **47**:11, **47**:*63*, **47**:96, **47**:*139*
Minsky, M. L., **31**:242, **31**:255, **31**:*322*, **36**:249, **36**:*253*, **37**:124, **37**:*164*, **37**:348–349, **37**:352, **37**:356–363, **37**:367, **37**:372, **37**:380, **37**:383, **37**:391, **37**:393–394, **37**:400–404, **37**:413, **37**:*422*
Minsky, N., **19**:*61*, **24**:*100*, **28**:*150*
Minsky, N. H., **46**:343, **46**:*399*
Minton, G. H., **5**:313 (155), **5**:324 (285), **5**:*335*, **5**:*343*
Minty, G. J., **2**:*374*
Mintz, H. K., **12**:*36*
Mintz, M., **34**:*109*
Mintzer, F., **48**:273, **48**:289, **48**:290, **48**:*311*
Minus, J. S., **11**:350 (124), **11**:*389*
Mirabel, J. A., **5**:326 (346), **5**:*346*
Mirabella, O., **38**:*187*
Mirambet, P., **26**:*90*
Miranda, C., **2**:76, **2**:*129*
Mirani, R., **44**:111, **44**:115, **44**:*124*,

46:123, 46:*156*
Miranker, D. P., 34:141–142, 34:*156*
Miranker, W. L., 19:65, 19:105, 19:*110*, 23:297, 23:*353*, 33:*236*
Mirchandaney, R., 45:110, 45:145, 45:*151*, 45:*152*
Mirenkov, N., 44:184, 44:*216*
Mironov, G. A., 5:68 (37a), 5:*107*
Mirsalehi, M. M., 28:174, 28:198, 28:202, 28:206, 28:211, 28:212, 28:*225*, 34:171, 34:*232*
Mirza, M. J., 43:274, 43:*277*
Mischo, B., 48:263, 48:267, 48:284, 48:300, 48:*314*
Misek, L., 13:58, 13:*70*
Mishchenko, V. A., 29:308, 29:309, 29:*326*
Mishra, D., 39:114, 39:*186*
Misra, J., 33:101, 33:102, 33:*111*, 35:302, 35:310, 35:*320*, 35:*323*, 37:33, 37:*55*, 46:361, 46:*399*, 49:273, 49:*300*
Mistelberger, H., 44:199, 44:*213*
Misunas, D. P., 21:109, 21:*151*, 34:145, 34:*153*
Mitamura, T., 49:12, 49:19, 49:24, 49:39, 49:58, 49:63, 49:*64*
Mitchell, A. E., 4:223 (62), 4:*239*, 4:*240*, 4:*242*, 45:295, 45:*319*
Mitchell, C. D., 47:*61*
Mitchell, C. M., 32:227, 32:245, 32:*251*
Mitchell, D. S., 3:*345*, 9:131 (59), 9:*175*
Mitchell, H. F., 3:82 (6), 3:*152*, 5:321 (228), 5:*339*
Mitchell, J., 22:300, 22:*350*
Mitchell, J. A., 5:313 (158), 5:*335*
Mitchell, J. G., 20:224, 20:231, 20:*257*, 22:114, 22:*160*, 22:298, 22:304, 22:*352*
Mitchell, J. L., 13:*71*, 47:296, 47:*339*
Mitchell, J. N., Jr., 6:167, 6:*193*
Mitchell, M., 47:167, 47:169, 47:*182*
Mitchell, R. W., 19:*60*, 47:227, 47:*250*
Mitchell, T., 24:181, 24:192, 24:203, 24:210, 24:*215*, 33:*241*
Mitchell, T. M., 22:166, 22:*214*, 26:41, 26:*44*, 47:90, 47:*139*
Mitchie, D., 10:99 (13), 10:*107*
Mitchison, G., 37:*162*
Mitiche, A., 34:*110*

Mitra, S., 38:*191*
Mitrani, I., 49:260, 49:*298*
Mitrofanov, V. V., 18:241, 18:*285*
Mitroff, I. I., 20:18, 20:*34*, 23:147, 23:*175*
Mitropolski, Ju. I., 44:204–205, 44:*216*
Mitschang, B., 40:*252*
Mittal, N., 40:69–70, 40:*123*
Mittal, S., 22:202, 22:*211*, 22:227, 22:236, 22:242, 22:244, 22:250, 22:253, 22:255, 22:258, 22:259, 22:262, 22:268, 22:275, 22:285, 22:288, 22:289, 22:*292*, 22:*293*, 29:181, 29:*186*, 38:80, 38:*138*
Mittal, V. O., 47:14, 47:*63*
Mittelstaedt, H., 5:185, 5:*223*
Mittendorf, E. P., 49:14, 49:*63*
Mittermeid, R. T., 46:332, 46:*399*
Mittermeir, R., 26:*443*, 43:53–54, 43:58, 43:62, 43:69, 43:114, 43:118, 43:*133*, 43:*136*, 43:*139*
Mittman, B., 7:125 (9), 7:*177*, 18:61, 18:*116*, 18:*117*, 29:246
Miura, K., 34:120, 34:*155*, 37:115, 37:*116*
Mixon, J., 9:118 (95), 9:*177*
Miyahara, H., 44:317, 44:*330*
Miyai, H., 36:*418*
Miyakawa, T., 38:*184*
Miyake, J., 34:161, 34:173, 34:198, 34:*231*
Miyakoda, K., 1:62 (43), 1:85 (93), 1:*88*, 1:*90*
Miyamota, S., 24:293, 24:*315*
Miyamoto, K., 35:232, 35:236, 35:*251*
Miyazaki, N., 28:140, 28:145, 28:*149*
Miyazaki, Y., 44:90, 44:97, 44:*124*
Miyazawa, T., 37:115, 37:*116*
Mizrahi, H. E., 40:159, 40:*177*
Mizutori, T., 34:*287*
Mjakotina, O. L., 31:298
Mjolsness, E., 33:174, 33:*241*
Moad, J., 46:*156*
Moberg, D., 38:120, 38:126, 38:*141*
Moceyunas, P., 32:4, 32:*96*
Mochizuki, T., 47:215, 47:227, 47:*244*
Mock, O., 4:9 (26), 4:*50*
Mock, T., 20:18, 20:22, 20:*34*
Mockapetris, P. V., 48:234, 48:*254*
Moderazya, J. A., 16:141, 16:*180*

Modet, A., **49**:72, **49**:*93*
Modugno, F., **49**:86, **49**:*92*
Moebus, D., **46**:177, **46**:209, **46**:*232*
Moeller, E., **42**:217, **42**:*237*
Moen, W. E., **48**:267, **48**:*312*
Moerdler, M. L., **34**:66–67, **34**:70, **34**:91, **34**:102, **34**:*110*
Moffat, D., **49**:48, **49**:*56*
Moffett, J. D., **40**:193, **40**:*253*, **45**:332, **45**:*355*, **46**:258, **46**:*286*
Mogensen, P., **45**:280, **45**:*317*
Mogi, A., **49**:278, **49**:*299*
Mogul, J. C., **48**:142, **48**:171, **48**:174, **48**:*177*
Mohammed, I., **46**:241, **46**:*286*
Mohan, C., **32**:168, **32**:194, **32**:*199*
Mohan, L. P., **26**:66, **26**:*91*, **34**:*289*
Mohanty, S. N., **24**:2, **24**:3, **24**:35, **24**:*60*, **44**:115, **44**:*125*
Mohindra, A., **39**:215, **39**:*235*
Mohr, E., **49**:280, **49**:281, **49**:287, **49**:*299*
Mohr, J. M., **19**:179, **19**:209, **19**:*215*
Mohri, A., **35**:93–94, **35**:97, **35**:100, **35**:*133*
Moineraeu, P., **5**:312 (167), **5**:313 (167), **5**:*336*
Moiseenko, V. I., **29**:*329*
Moitra, A., **22**:330, **22**:*352*, **26**:95, **26**:98, **26**:135, **26**:*151*, **26**:*152*, **33**:*238*
Mojdehbakhsh, R., **42**:20, **42**:*35*
Mojena, R., **19**:200, **19**:201, **19**:202, **19**:203, **19**:*224*
Mojon, A., **38**:*184*
Mok, A. K., **42**:15, **42**:*33*
Mok, Y. R., **26**:*442*
Mokate, U. B., **43**:244, **43**:*275*
Moldauer, P. A., **5**:301 (45), **5**:*329*
Mole, G. F., **34**:149, **34**:*156*
Moles, A., **38**:254, **38**:*314*
Molho, L. M., **12**:*36*
Molich, R., **36**:393–394, **36**:*427*
Molina, A. H., **37**:383, **37**:409, **37**:*422*
Molina, E. C., **3**:325, **3**:*346*
Molina, H. G., **41**:*295*
Moll, R. N., **47**:27, **47**:*63*
Mollame, F., **9**:127 (35a), **9**:*174*
Möller, S., **44**:223, **44**:*280*
Molloy, M. K., **29**:145, **29**:*190*
Moloshnaya, T. N., **1**:130, **1**:*140*
Molva, R., **44**:223, **44**:*280*

Monachov, G. D., **1**:233 (12), **1**:*308*
Monahan, B., **49**:84, **49**:*92*
Monahan, M. A., **28**:214, **28**:*225*
Monarch, I., **44**:23, **44**:50, **44**:*55*, **44**:*57*
Monarchi, D. E., **43**:129, **43**:*136*
Monasterio, X., **31**:331, **31**:*375*
Money, A., **46**:117, **46**:122, **46**:125, **46**:127, **46**:139, **46**:143, **46**:*156*
Monforte, F. R., **11**:311 (26), **11**:*317*
Mong, Y., **31**:112, **31**:139, **31**:149, **31**:153, **31**:165, **31**:*171*
Mongiovi, L., **42**:174–175, **42**:218, **42**:*237*
Monin, A., **1**:71 (97), **1**:84 (90), **1**:85, **1**:*90*
Monk, D. L., **36**:351, **36**:*419*
Monro, M., **42**:27–29, **42**:*31*
Montanari, U., **13**:216, **13**:*229*
Monteiro, J., **42**:174, **42**:218, **42**:*235*
Montemagni, S., **49**:12, **49**:*63*
Montgomery, D. B., **28**:234, **28**:244, **28**:*277*
Montgomery, K. L., **21**:347, 21 *418*, **31**:365, **31**:*372*
Montgomery, L. D., **38**:*184–185*
Montgomery, R. W., **38**:*185*
Montgomery, W. D., **6**:*226*
Montmerlo, M. D., **33**:*241*
Mont-Reynaud, B., **36**:123, **36**:*194*
Monty, M. L., **33**:153, **33**:162, **33**:*166*
Mood, A. M., **30**:163, **30**:*169*
Moody, D., **46**:118, **46**:*156*
Moody, J., **33**:204, **33**:*235*, **36**:235, **36**:*253*
Moody, T. S., **33**:118, **33**:*167*
Mooers, C. N., **7**:279 (14), **7**:*288*, **8**:*44*, **11**:72, **11**:*124*, **18**:270, **18**:276, **18**:*285*, **31**:340, **31**:*375*
Moog, R. A., **36**:134, **36**:*198*
Moon, B., **45**:107, **45**:115, **45**:116, **45**:*151*, **45**:*152*
Moon, D., **33**:87, **33**:*114*, **47**:*139*
Moon, S. B., **38**:*193*, **48**:*177*
Mooney, R. J., **37**:*165*
Moor, A. E., **29**:*327*
Moorby, P., **37**:210, **37**:*283*
Moore, A. P., **29**:31, **29**:*45*
Moore, B., **34**:129, **34**:*153*
Moore, C. A., **4**:*241*
Moore, D. H., **17**:183, **17**:*219*

Moore, E. F., **2**:387, **2**:388, **2**:389, **2**:392 (27), **2**:400, **2**:412, **2**:*417*, **2**:*419*, **47**:149, **47**:*182*
Moore, F. R., **12**:85, **12**:86, **12**:87, **12**:*113*, **36**:139, **36**:143, **36**:145–147, **36**:151, **36**:*198*
Moore, G. E., **9**:214 (53), **9**:*237*, **23**:6, **23**:9, **23**:*32*
Moore, J. B., **37**:99, **37**:*115*
Moore, J. D., **47**:14, **47**:*63*, **49**:47, **49**:*59*
Moore, J. H., **30**:188, **30**:196, **30**:*221*
Moore, J. S., **15**:27, **15**:40, **15**:*59*, **24**:131, **24**:*169*
Moore, P. G., **44**:22, **44**:*57*
Moore, P. K., **46**:411, **46**:*437*
Moore, R., **19**:247, **19**:*248*, **29**:210, **29**:*249*, **47**:40, **47**:51, **47**:*63*, **49**:88, **49**:*92*
Moore, R. C., **47**:12, **47**:54, **47**:*63*
Moore, R. E., **36**:263, **36**:*330*
Moore, R. K., **31**:113, **31**:115–116, **31**:123, **31**:*172*
Moore, R. N., **18**:94, **18**:95, **18**:*116*
Moore, R. W., **26**:139, **26**:140, **26**:142, **26**:*151*
Moore, W. L., **28**:246, **28**:*277*
Moorer, J. A., **36**:122, **36**:*198*
Moorhead, T. P., **5**:312 (166), **5**:*336*
Moorhead, W. G., **6**:*295*
Moral, S., **36**:294, **36**:297, **36**:317, **36**:*327*, **36**:*330*
Morales, J., **38**:*191*
Moran, S., **43**:223, **43**:*240*
Moran, T., **33**:120, **33**:121, **33**:144, **33**:*166*, **33**:*169*, **36**:372, **36**:*420*, **45**:289, **45**:292, **45**:*316*, **45**:*319*
Moran, T. P., **29**:55, **29**:58, **29**:*73*, **29**:*75*, **32**:223, **32**:224, **32**:225, **32**:228, **32**:229, **32**:*249*, **32**:*250*, **32**:*251*, **40**:196, **40**:*250*
Moranda, P. B., **30**:89–90, **30**:112, **30**:136, **30**:*168–169*, **36**:*39*, **45**:205, **45**:207, **45**:208, **45**:265, **45**:*266*, **46**:166, **46**:167, **46**:218, **46**:*233*
Moranda, P. L., **46**:166, **46**:167, **46**:168, **46**:218, **46**:223, **46**:*233*
Moravec, H., **48**:320, **48**:*352*
Moreau, M., **47**:227, **47**:*253*
Morehead, D. R., **24**:*315*

Morehen, J., **36**:*193*
Morel, J.-M., **41**:19, **41**:*62*
Morelli, R. A., **38**:*187*
Moreton, R., **46**:112, **46**:114, **46**:115, **46**:*156*
Morey, L. C., **19**:204, **19**:*224*
Morgan, C. P., **6**:155, **6**:*193*
Morgan, C. T., **36**:*420*
Morgan, D. E., **26**:238, **26**:*278*
Morgan, G., **34**:306, **34**:319, **34**:*383*, **39**:248, **39**:*289*, **44**:2, **44**:53, **44**:*57*, **46**:73, **46**:*103*
Morgan, H. L., **16**:150, **16**:*178*, **17**:206, **17**:*219*
Morgan, M. G., **44**:26, **44**:*57*
Morgan, N., **36**:206, **36**:*253*
Morgan, O. E., **11**:200, **11**:*227*
Morgan, R. T., **3**:320, **3**:*346*, **9**:157, **9**:*177*
Morgenbrod, H. G., **40**:185–186, **40**:191, **40**:*253*
Morgenstern, M., **15**:12, **15**:48, **15**:*62*, **29**:29, **29**:*44*, **38**:67, **38**:*71*
Morgenstern, O., **11**:350, **11**:374 (148), **11**:*390*
Morgenthaler, D. G., **32**:106, **32**:*109*, **32**:*147*, **32**:*148*, **48**:324, **48**:*353*
Mori, H., **3**:*297*
Mori, K., **6**:*295*, **43**:244, **43**:*275*, **44**:90, **44**:97, **44**:*124*, **49**:335, **49**:*347*
Mori, M., **35**:98, **35**:*133*
Mori, R., **44**:261, **44**:*282*
Mori, S.-I., **44**:184, **44**:*216*
Moriarty, J. D., **34**:280, **34**:*290*
Moriconi, M., **26**:413, **26**:*442*, **49**:112, **49**:*141*
Moriizuma, T., **31**:301, **31**:*322*
Morimoto, M., **37**:115, **37**:*116*
Morison, R., **29**:245
Morison, W. L., **23**:270, **23**:*291*
Morisue, M., **34**:165, **34**:*232*
Morita, I. T., **21**:378, **21**:*420*
Morita, K.-I., **37**:115, **37**:*116*
Moritz, W. E., **47**:211, **47**:*249*, **47**:*250*
Morningstar, M., **18**:222, **18**:*229*
Morowitz, H., **47**:*182*
Morozov, V. N., **28**:160, **28**:161, **28**:168, **28**:170, **28**:*221*, **28**:*223*
Morozov, Yu. I., **5**:48 (67), **5**:*108*
Morris, A. H., **16**:*178*, **40**:189, **40**:*253*

Morris, C. W., **31**:328, **31**:*375*
Morris, D. A., **30**:27, **30**:*36*
Morris, D., **7**:138 (8), **7**:*177*, **8**:155 (6), **8**:*186*, **21**:97, **21**:127, **21**:140, **21**:*153*
Morris, E., **41**:158, **41**:*189*
Morris, E. J., **41**:90, **41**:151, **41**:*156*, **41**:158, **41**:186, **41**:*188–189*
Morris, J., **8**:154 (45), **8**:163 (45), **8**:*188*, **22**:337, **22**:*351*
Morris, J. B., **15**:8, **15**:*62*
Morris, J. H., **22**:310, **22**:*352*, **30**:4–5, **30**:*35*
Morris, J. H., Jr., **20**:228, **20**:*257*
Morris, J. M., **22**:300, **22**:*351*
Morris, J. N., **40**:100, **40**:*125*
Morris, L. R., **37**:60, **37**:*116*
Morris, N. M., **47**:*139*
Morris, P. H., **22**:202, **22**:*214*
Morris, R., **12**:121 (142), **12**:132 (142), **12**:139 (142), **12**:140 (142), **12**:142, **12**:*172*, **22**:60, **22**:*106*, **44**:315, **44**:*329*
Morris, R. J. T., **48**:270, **48**:*310*
Morris, R. T., **48**:224, **48**:*254*
Morris, T., **45**:290, **45**:291, **45**:*318*
Morrison, C. J., **43**:182, **43**:185, **43**:188, **43**:191, **43**:193–195, **43**:*210*, **43**:*213*
Morrison, C. R., **32**:4, **32**:*96*
Morrison, D., **3**:53 (29), **3**:54 (28), **3**:56 (30), **3**:66 (30), **3**:*75*
Morrison, D. F., **12**:336, **12**:363, **12**:*412*
Morrison, D. J., **7**:*290*
Morrison, E., **26**:51, **26**:*91*, **37**:168, **37**:*204*
Morrison, J., **40**:225, **40**:*251*
Morrison, M. E., **18**:70, **18**:*116*, **18**:*117*, **40**:225, **40**:*251*
Morrison, P., **26**:51, **26**:*91*, **37**:168, **37**:*204*
Morrissey, J. H., **8**:*43*
Morrow, R. H., **17**:244, **17**:245, **17**:*281*
Mors, R., **48**:292, **48**:*309*
Morse, A. S., **42**:263, **42**:*267*
Morse, S. P., **12**:*166*
Morton, H., **37**:362–363, **37**:410, **37**:*419*
Morton, J., **29**:57, **29**:*73*, **32**:237, **32**:*249*
Morton, M. S., **39**:265, **39**:*291*
Morton, R., **33**:*304*
Morzenti, A., **41**:29, **41**:*59*, **46**:40, **46**:77, **46**:82, **46**:92, **46**:*101*

Moscarini, M., **32**:172, **32**:*195*
Mosco, V., **38**:305, **38**:*315*
Mosconi, M., **49**:256, **49**:*295*
Mosekidle, E., **44**:200, **44**:*213*
Moser, H. E., **18**:215, **18**:*226*
Moser, L., **48**:18, **48**:*116*
Moses, A. M., **39**:266, **39**:*290*
Moses, F. L., **33**:122, **33**:*169*
Moses, J., **10**:101, **10**:*108*, **22**:166, **22**:202, **22**:*214*
Mosier, D., **31**:71, **31**:73, **31**:*98*
Mosier, J. N., **32**:231, **32**:*253*, **33**:118, **33**:141, **33**:165, **33**:*170*, **36**:395, **36**:401, **36**:412, **36**:*429*
Moskalik, A., **47**:216, **47**:*250*
Moskowitz, H., **23**:144, **23**:*174*
Moslehi, B., **28**:171–172, **28**:*225*
Mosley, V., **41**:125, **41**:*155*
Moss, E., **22**:114, **22**:*160*, **33**:4, **33**:*64*
Moss, J. E. B., **43**:62, **43**:*136*
Moss, T. A., **9**:259, **9**:*284*
Mössenböck, H., **43**:58, **43**:*136*
Mostardi, T., **32**:166, **32**:177, **32**:188, **32**:*195*
Mosteller, F., **5**:129, **5**:*220*, **10**:188, **10**:*216*, **28**:253, **28**:*277*
Mostert, P., **48**:292, **48**:*309*
Mostow, **26**:40
Mostow, J., **28**:3, **28**:20, **28**:34, **28**:*66*, **29**:183, **29**:*190*, **37**:171, **37**:*205*, **47**:3, **47**:13, **47**:*63*
Motiwalla, L. F., **40**:193, **40**:*253*
Motley, R. W., **46**:166, **46**:169, **46**:*232*
Motomura, M., **34**:161, **34**:202, **34**:204
Moto-Oka, T., **24**:131, **24**:*171*
Motornyj, V. P., **23**:79, **23**:*91*
Motorola ReFLEX Fact Sheet, **48**:127, **48**:131, **48**:*177*
Motro, A., **32**:172, **32**:181, **32**:*199*
Motschig-Pitrik, R., **43**:56, **43**:62, **43**:88, **43**:100, **43**:114, **43**:116, **43**:118, **43**:122–124, **43**:*136*
Motschnig-Pitrik, R., **46**:332, **46**:*399*
Mott, N. F., **2**:158 (11), **2**:235 (11), **2**:*290*
Motzkin, T. S., **2**:*374*, **37**:145–146, **37**:*164*
Mouine, J., **38**:*185–186*
Moulaert, S. R., **47**:216, **47**:*250*
Mouland, P., **21**:405, **21**:*419*
Moulder, R., **19**:*62*, **28**:120, **28**:145,

28:*150*
Moulding, M., **49**:194, **49**:195, **49**:*237*
Moulinoux, C., **24**:307, **24**:*315*, **30**:26, **30**:*36*
Mount, B. H., **5**:295 (16), **5**:*327*
Mountcastle, V. W., **28**:238, **28**:*275*
Mountford, L. A., **5**:309 (196), **5**:*338*
Mountford, M. D., **19**:180, **19**:182, **19**:187, **19**:*224*
Moura, L., **47**:227, **47**:*248*
Moursund, D., **24**:342, **24**:343, **24**:344, **24**:345, **24**:346, **24**:347, **24**:349, **24**:354, **24**:*371*, **24**:*374*
Moussu, L., **34**:170, **34**:*230*
Movaghar, A., **33**:73, **33**:*112*
Mowen, J. C., **44**:28, **44**:*57*
Mowery, D. C., **28**:272, **28**:*275*
Mowle, F. J., **20**:*192*
Mowrey, A. L., Jr., **5**:307 (106), **5**:326 (371), **5**:*332*, **5**:*348*
Mowshowitz, A., **19**:313, **19**:314, **19**:*326*, **38**:257–258, **38**:260–261, **38**:264, **38**:299, **38**:311–312, **38**:*315*, **39**:274, **39**:*292*
Moxham, J. G., **12**:*172*
Moy, J., **48**:230, **48**:*254*
Moyle, K. L., **9**:207 (73), **9**:*237*
Mozer, M. C., **36**:178–179, **36**:*198*
Mozkowski, B., **24**:131, **24**:*173*
Mpistos, G., **42**:243, **42**:*268*
Mraz, R., **49**:145, **49**:150, **49**:152, **49**:153, **49**:161, **49**:171, **49**:174, **49**:175, **49**:188, **49**:*189*
Mu, M., **46**:421, **46**:*437*
MuangKhot, B., **44**:245, **44**:262, **44**:267, **44**:*281*
Muatnoz, A., **38**:*183*
Mucciardi, A. N., **19**:174, **19**:*224*
Mucha, J., **26**:330, **26**:*332*
Muchnick, S. S., **22**:298, **22**:337, **22**:*351*
Mück, T., **35**:51, **35**:*80*
Muckenhirn, C., **48**:239, **48**:240, **48**:*253*
Mudge, J. C., **21**:97, **21**:*150*, **24**:117, **24**:*168*, **24**:*173*
Mudge, T. N., **34**:138, **34**:*155*, **34**:269–270, **34**:*291*, **40**:155, **40**:*177–178*
Mueck, T. A., **39**:107, **39**:147, **39**:150–151, **39**:167, **39**:*186*, **39**:*188*
Muellen, F. E., **5**:295 (19), **5**:301 (19), **5**:*327*
Mueller, E. W., **2**:155 (5), **2**:161 (14), **2**:166, **2**:167, **2**:169 (21), **2**:170, **2**:171 (25), **2**:172 (25), **2**:178, **2**:221, **2**:226, **2**:227, **2**:*289*, **2**:*290*, **2**:*292*
Mueller, I. I., **13**:*107*
Mueller, P., **6**:*86*
Mueller, R. A., **24**:160, **24**:161, **24**:166, **24**:*171*, **24**:*173*, **28**:16, **28**:36, **28**:38, **28**:*66*
Muhammad, T., **49**:277, **49**:*297*
Muhlenbein, H., **45**:191, **45**:*195*
Mukherjee, A., **28**:117, **28**:*150*, **30**:*36*
Mukherjee, P., **49**:84, **49**:*93*
Mukherjee, R., **47**:315, **47**:*339*, **47**:*340*
Mukhin, I. S., **1**:127 (66), **1**:130 (72), **1**:*140*
Mukhopadhayay, T., **46**:115, **46**:*154*
Mukhopadhyay, A., **19**:*61*, **19**:73, **19**:*110*, **23**:351, **23**:*353*, **28**:*150*, **30**:5, **30**:12, **30**:14–15, **30**:*34*, **30**:*36*
Mukhopadhyay, T., **43**:185, **43**:188, **43**:199, **43**:201, **43**:*209*, **43**:*211*, **44**:91, **44**:103, **44**:*125*, **46**:113, **46**:*156*
Mukkamala, R., **38**:40, **38**:*70*
Mularz, D., **49**:192, **49**:*237*
Mularz, D. E., **49**:*237*
Mulazzani, M., **49**:310, **49**:*347*
Mulbacher, J., **24**:103, **24**:*169*
Mulder, M. C., **24**:335, **24**:367, **24**:*373*, **24**:*374*, **31**:318, **31**:*320*, **34**:324, **34**:364, **34**:*389*
Mulgaonkar, P. G., **34**:280, **34**:*289–290*
Mullarney, A., **35**:307, **35**:*324*
Mullen, J. B., **44**:33, **44**:*58*
Mullen, J. G., **41**:288, **41**:*295*
Mullen, J. W., **4**:9, **4**:*50*
Mullen, T., **48**:261, **48**:263, **48**:285, **48**:*309*
Mullens, R. C., **7**:287 (41), **7**:*289*
Muller, A., **34**:183–184, **34**:204, **34**:*231*
Muller, D. E., **6**:157 (70), **6**:*194*, **15**:132, **15**:*178*, **23**:312, **23**:313, **23**:*353*
Müller, H. A., **43**:72, **43**:85, **43**:102, **43**:*135*, **43**:*137*
Müller, H. R., **4**:223 (62), **4**:*239*, **4**:*240*, **4**:*242*
Müller, M., **37**:187, **37**:*204*

Muller, R. J., **43**:69–70, **43**:*139*
Muller, U. A., **44**:202, **44**:*214*
Muller-Plathe, F., **44**:202, **44**:*214*
Mullery, A. P., **7**:176 (58), **7**:*179*, **16**:201, **16**:202, **16**:*217*, **17**:206, **17**:*219*
Mulligan, J. H., **37**:156, **37**:*165*
Mulligan, R. M., **36**:*427*
Mullin, J. P., **4**:15, **4**:*50*
Mulmuley, K., **26**:127, **26**:*152*
Mulvey, J. M., **44**:53, **44**:57
Mumby, D., **31**:*373*
Mumford, E., **19**:267, **19**:268, **19**:270, **19**:274, **19**:290, **19**:293, **19**:312, **19**:313, **19**:314, **19**:*324*, **19**:*326*, **21**:11, **21**:69, **21**:*89*, **34**:301, **34**:322, **34**:365, **34**:377, **34**:*382*, **34**:*389*
Mumm, B., **47**:215, **47**:*247*
Mummert, L. B., **44**:262, **44**:*282*, **48**:122, **48**:142, **48**:*177*
Mun, I. K., **21**:315, **21**:*330*
Munafo, M., **42**:135, **42**:*237*
Munakata, T., **47**:5, **47**:*63*
Muncher, E., **29**:71, **29**:*76*
Mundie, C., **34**:140, **34**:*155*
Mungee, S., **48**:7, **48**:8, **48**:9, **48**:10, **48**:15, **48**:16, **48**:17, **48**:20, **48**:21, **48**:25, **48**:27, **48**:29, **48**:30, **48**:31, **48**:32, **48**:52, **48**:54, **48**:55, **48**:72, **48**:73, **48**:82, **48**:91, **48**:93, **48**:101, **48**:116, **48**:117, **48**:*118*
Munk, M. E., **21**:289, **21**:*331*
Munk, P. L., **47**:216, **47**:*251*
Munk-Madsen, A., **34**:302, **34**:312, **34**:319, **34**:340, **34**:356–358, **34**:361–364, **34**:*381*
Munkres, J., **2**:333, **2**:*374*
Munn, W. J., **12**:*172*
Munnis, P. E., **41**:76, **41**:*82*
Munro, I., **14**:2, **14**:*42*, **14**:141, **14**:142, **14**:166, **14**:*185*, **26**:134, **26**:*152*
Munro, M., **20**:26, **20**:*34*
Munsey, C. J., **6**:*226*
Munson, J., **13**:225, **13**:*229*
Munson, J. H., **6**:252, **6**:*294*
Munson, J. K., **2**:360 (162), **2**:*374*
Muntz, R. R., **17**:206, **17**:*216*, **31**:218, **31**:*232*, **37**:323, **37**:*332*, **47**:307, **47**:308, **47**:321, **47**:*338*
Muppala, J., **31**:204–205, **31**:207–209, **31**:216, **31**:*231*
Murakami, K., **28**:140, **28**:145, **28**:*149*, **44**:184, **44**:*216*
Murakami, N., **35**:232, **35**:236, **35**:*251*
Muraki, K., **49**:28, **49**:34, **49**:37, **49**:59, **49**:*64*
Muralidhar, K., **46**:135, **46**:*156*
Muralidharan, S., **33**:4, **33**:23, **33**:28, **33**:33, **33**:47, **33**:49, **33**:51, **33**:52, **33**:*64*
Muramatsu, S. K., **47**:211, **47**:216, **47**:*245*
Muraoka, Y., **15**:132, **15**:133, **15**:146, **15**:148, **15**:149, **15**:159, **15**:174, **15**:*178*
Murarka, S., **16**:26, **16**:*54*
Muraszkiewicz, M., **28**:*150*
Murata, M., **44**:317, **44**:*330*
Murata, T., **46**:59, **46**:82, **46**:92, **46**:*106*
Murayuma, H., **34**:120, **34**:*156*
Murcott, N., **5**:239, **5**:*254*
Murdick, R., **20**:2, **20**:13, **20**:*34*
Murdocca, M., **34**:161, **34**:165, **34**:*232*
Murdock, L., **46**:44, **46**:*105*
Murenko, L. L., **29**:300, **29**:*326*
Muresan, L. V., **22**:192, **22**:*215*
Murnaghan, F. D., **2**:*125*
Muroga, S., **32**:1, **32**:3, **32**:6, **32**:8, **32**:9, **32**:17, **32**:18, **32**:19, **32**:21, **32**:23, **32**:24, **32**:25, **32**:26, **32**:27, **32**:28, **32**:29, **32**:30, **32**:31, **32**:34, **32**:52, **32**:54, **32**:59, **32**:62, **32**:64, **32**:65, **32**:66, **32**:67, **32**:72, **32**:73, **32**:74, **32**:75, **32**:76, **32**:78, **32**:83, **32**:85, **32**:87, **32**:91, **32**:*96*, **32**:*97*, **32**:*99*, **32**:*101*, **32**:*102*, **32**:*103*, **40**:69, **40**:71, **40**:*124*, **44**:355, **44**:*360*
Murota, K., **23**:51, **23**:*91*
Murphy, B. T., **9**:190 (54), **9**:212, **9**:226 (36), **9**:*236*, **9**:237
Murphy, D. L., **9**:56, **9**:*110*
Murphy, D. P., **17**:10, **17**:*86*
Murphy, D. W., **9**:211 (56), **9**:*237*
Murphy, E. A., Jr., **4**:156 (87), **4**:*166*
Murphy, E. D., **32**:227, **32**:245, **32**:*251*
Murphy, J. S., **4**:156 (88), **4**:*166*
Murphy, M., **22**:*43*
Murphy, R. W., **1**:15, **1**:*41*

Murphy, S. C., **40**:82, **40**:*125*, **48**:230, **48**:250, **48**:252, **48**:253, **48**:*254*
Murphy, T., **23**:108, **23**:111, **23**:132, **23**:*140*
Murray, B. T., **40**:75, **40**:*124*
Murray, D. E., **9**:228 (8), **9**:*234*
Murray, J. P., **34**:174, **34**:*232*
Murray, K., **32**:232, **32**:*250*
Murray, R. L., **5**:307 (106), **5**:326 (371), **5**:*332*, **5**:*348*
Murray, W. R., **38**:*141*
Murray, W., **36**:231, **36**:*251*
Murrel, S., **29**:51, **29**:*75*
Murtha, J. C., **9**:292 (11), **9**:296 (11), **9**:*353*, **34**:169, **34**:226, **34**:*232*
Murveit, H., **47**:52, **47**:*60*
Musa, J., **31**:230, **31**:*232*
Musa, J. D., **26**:417, **26**:418, **26**:*442*, **30**:85, **30**:88, **30**:90, **30**:92–93, **30**:98, **30**:103–104, **30**:106–107, **30**:109, **30**:112, **30**:119, **30**:124, **30**:135, **30**:156, **30**:162–163, **30**:165–166, **30**:*168–169*, **36**:*39*, **36**:*40*, **39**:26, **39**:*48*, **41**:212, **41**:*228*, **42**:16, **42**:18, **42**:*33*, **42**:*35*, **42**:78, **42**:82, **42**:85–87, **42**:*91*, **42**:97, **42**:111, **42**:*116*, **45**:199, **45**:200, **45**:205, **45**:219, **45**:265, **45**:*266*, **46**:160, **46**:163, **46**:164, **46**:165, **46**:166, **46**:169, **46**:173, **46**:177, **46**:181, **46**:210, **46**:*233*
Musaelian, Sh., **1**:*89*
Musaelian, V., **29**:*326*
Musavi, M. T., **37**:*165*
Musen, P., **3**:30, **3**:*75*, **8**:97, **8**:*100*
Musgrave, A., **28**:57, **28**:*65*
Musha, T., **42**:243, **42**:*268*
Musman, H.-G., **11**:128 (7), **11**:*163*
Musser, D. R., **20**:220, **20**:*257*, **21**:117, **21**:*152*, **22**:302, **22**:304, **22**:307, **22**:309, **22**:319, **22**:322, **33**:47, **33**:58, **33**:*65*, **36**:52, **36**:*109*
Mussey, J. L., **10**:115 (10), **10**:*128*
Mussio, P., **38**:*183*, **38**:*193*
Mustard, R. A., **16**:129, **16**:130, **16**:*180*
Muth, P., **26**:314, **26**:*333*
Muthukrishnan, C., **35**:90–91, **35**:110, **35**:*133*
Muzychkin, P. A., **29**:*326*
Myaeng, S., **48**:297, **48**:*312*

Myasnikov, V. A., **18**:234, **18**:237, **18**:245, **18**:247, **18**:253, **18**:254, **18**:262, **18**:*285*
Myer, E. P., **4**:157 (94), **4**:*166*
Myers, A. J., **16**:51, **16**:*54*
Myers, B. A., **32**:231, **32**:*251*, **33**:158, **33**:*169*, **36**:412–413, **36**:*427*, **47**:*139*
Myers, C., **19**:312, **19**:*326*
Myers, C. A., **11**:368, **11**:*388*
Myers, C. S., **31**:112, **31**:117, **31**:*172*
Myers, D., **35**:90–91, **35**:110, **35**:*133*
Myers, E. A., **42**:45, **42**:47, **42**:51, **42**:75
Myers, G., **39**:79, **39**:84, **39**:*105*
Myers, G. A., **38**:*185*
Myers, G. J., **18**:232, **18**:*285*, **21**:94, **21**:97, **21**:128, **21**:137, **21**:139, **21**:142, **21**:*153*, **22**:115, **22**:118, **22**:*160*, **24**:124, **24**:*173*, **26**:336, **26**:340, **26**:341, **26**:354, **26**:386, **26**:387, **26**:*390*, **26**:411, **26**:412, **26**:417, **26**:422, **26**:*442*, **26**:*443*, **28**:*150*, **30**:98, **30**:*169*, **41**:197, **41**:225, **41**:*228*, **43**:52, **43**:86, **43**:*137–138*, **49**:149, **49**:*189*
Myers, J. D., **38**:165–166, **38**:168–169, **38**:*180*
Myers, W., **17**:225, **17**:239, **17**:*281*, **41**:91, **41**:*156*
Myhill, J., **2**:382, **2**:394, **2**:408, **2**:412, **2**:*419*, **14**:27, **14**:*43*, **47**:149, **47**:*182*
Myhrhaug, B., **22**:300, **22**:*350*
Myhrvold, N. P., **47**:317, **47**:*338*
Mykhlin, S. G., **2**:*131*, **2**:*132*
Mylopoulos, J., **39**:118, **39**:*188*, **43**:59, **43**:62, **43**:71, **43**:85, **43**:88, **43**:108, **43**:117–118, **43**:*133–137*, **43**:*139*
Mylopoulos, J. L., **42**:2, **42**:9–11, **42**:*35*
Mynichenko, A. P., **18**:247, **18**:*286*
Myrhaug, B., **33**:4, **33**:*63*
Mysliwetz, B., **32**:*148*
Myszewski, M., **8**:53 (5), **8**:78 (6), **8**:80 (5), **8**:92 (6), **8**:*99*
Mzoughi, A., **44**:196, **44**:*217*

N

Naamad, A., **41**:42, **41**:*61*, **45**:4, **45**:*51*, **46**:42, **46**:82, **46**:*104*
Nabokov, V., **10**:166, **10**:*174*
Naccache, N. J., **31**:152–153, **31**:*172*

Nachbar, D. W., **33**:133, **33**:*168*
Nadeau, D. R., **47**:232, **47**:*246*
Nadel, E. M., **12**:403, **12**:*412*
Nadel, L., **33**:174, **33**:*241*, **37**:410, **37**:*422*
Nadis, S., **48**:260, **48**:*312*
Nadler, D., **28**:268, **28**:*277*
Nadler, M., **6**:151, **6**:*193*
Naemura, K., **32**:17, **32**:*99*
Naeymi-Rad, F., **38**:*184*, **38**:*193–194*
Naeymirad, S., **38**:*194*
Naffath, N., **40**:*251*
Naga, N. M., **20**:*194*
Nagai, H., **34**:170, **34**:*231*, **34**:*235*
Nagano, H., **35**:232, **35**:236, **35**:*251*
Naganuma, J., **34**:161, **34**:*232*
Nagao, M., **49**:24, **49**:37, **49**:38, **49**:43, **49**:63, **49**:64, **49**:66, **49**:*67*
Nagasawa, S., **37**:115, **37**:*116*
Nagashima, T., **33**:*243*
Nagata, M., **34**:*289*
Nagel, H. H., **34**:*291*
Nagel, J. H., **38**:*184*
Nagel, L. W., **26**:295, **26**:*333*
Nagel, P. M., **45**:211, **45**:*266*
Nagel, R., **16**:26, **16**:*54*
Nagel, S. S., **3**:331, **3**:335 (61, 62), **3**:*346*, **9**:118 (97), **9**:*177*
Nagle, H. T., **38**:*182*, **38**:*186*
Nagle, J. F., **31**:300, **31**:*322*
Nagle, T., **31**:300, **31**:*322*
Nagosky, J., **12**:106, **12**:*113*
Nagy, G., **10**:205, **10**:208, **10**:*216*, **19**:162, **19**:*217*, **32**:223, **32**:*250*, **34**:*289*, **34**:*292*
Nahavandi, A. N., **5**:326 (368, 369), **5**:*347*
Naheshwari, **26**:113
Naiman, M. L., **23**:8, **23**:*33*
Nair, V. N., **42**:105–106, **42**:113–114, **42**:*116–117*
Naito, K., **32**:6, **32**:*99*
Naito, S., **49**:*189*
Nakabayashi, K., **44**:202, **44**:*212*
Nakada, H., **44**:182, **44**:*217*
Nakagawa, T., **32**:25, **32**:27, **32**:28, **32**:31, **32**:52, **32**:62, **32**:65, **32**:67, **32**:97, **32**:*100*, **32**:*101*, **32**:*102*
Nakagome, Y., **34**:173, **34**:*234*
Nakahira, D., **49**:242, **49**:249, **49**:250, **49**:270, **49**:*299*
Nakajima, J., **44**:182, **44**:*215*
Nakajima, T., **49**:311, **49**:*348*
Nakajo, T., **42**:7, **42**:24, **42**:*35*
Nakakura, Y., **44**:182, **44**:*215*
Nakamura, H., **44**:184, **44**:*215*
Nakamura, K., **24**:293, **24**:*315*, **32**:67, **32**:72, **32**:*102*, **34**:171, **34**:*233*
Nakamura, M., **42**:121, **42**:*237*
Nakamura, R., **42**:121, **42**:*237*
Nakanani, M., **45**:170, **45**:185, **45**:186, **45**:*194*
Nakatani, L. H., **33**:157, **33**:*169*
Nakatsu, K., **5**:279 (55), **5**:*287*
Nakatsu, R., **31**:112, **31**:*172*
Nakayama, K., **24**:293, **24**:*315*
Nakazawa, K., **44**:184, **44**:*215*
Nakazima, K., **37**:115, **37**:*116*
Nakazuru, T., **37**:115, **37**:*116*
Nalebuff, B., **44**:26, **44**:*56*
Nalwa, V., **32**:112, **32**:*146*
Nam, C. W., **32**:6, **32**:34, **32**:*102*
Nam, K., **47**:344, **47**:*365*
Naman, J., **12**:*172*
Namioka, A., **45**:312, **45**:*320*
Nanassy, T., **29**:267, **29**:*326*
Nancarrow, C., **36**:153, **36**:*202*
Nance, R. E., **33**:85, **33**:*113*, **45**:116, **45**:*152*
Nanda, N. C., **47**:215, **47**:216, **47**:*247*, **47**:*250*
Nandhakumar, N., **34**:70–71, **34**:83, **34**:91–92, **34**:94–105, **34**:*107–111*
Nanodata Corporation, **24**:120, **24**:*161*, **24**:*173*
Nanus, B., **28**:268, **28**:*275*
Naoi, S., **48**:333, **48**:342, **48**:345, **48**:*352*
Naokazu, Y., **34**:*291*
Naor, M., **44**:223, **44**:254, **44**:*280–281*, **44**:344, **44**:*359*
NAP., **44**:3, **44**:7, **44**:12, **44**:22, **44**:33, **44**:*58*
Napalkov, A., **5**:207, **5**:215 (165), **5**:*225*
Napier, H. A., **47**:48, **47**:*64*
Narain, S., **33**:73, **33**:*113*
Narashimhan, R., **8**:226 (17), **8**:228 (17), **8**:243 (16, 17), **8**:*244*
Narasimhan, B., **34**:*55*
Narasimhan, R., **2**:389, **2**:*420*, **6**:*295*,

7:89 (49), 7:109, 7:*115*, 10:36, 10:*77*, 10:193, 10:*216*, 13:217, 13:*229*
Narayan, V. K., 28:233, 28:*275*
Narayana, S., 45:127, 45:141, 45:*149*
Narayanan, H. R., 38:93, 38:*139*, 38:*141*
Narayanan, P. S., 47:*339*
Narayanaswamy, K., 43:80, 43:*137*
Narborough-Hall, C. S., 36:*426*
Nardi, D., 40:194, 40:216, 40:246, 40:*249*, 43:62, 43:108, 43:*136*
Narendra, K. S., 33:*241*, 34:101, 34:*108*, 36:239, 36:*253*, 42:264, 42:*268*
Narendra, P. M., 19:162, 19:174, 19:179, 19:210, 19:211, 19:212, 19:*222*, 19:*224*
Narita, S., 49:278, 49:*299*
Naroditskaya, L., 18:244, 18:*285*
Narraway, J. J., 26:*199*
Narraway, M., 42:121, 42:*234*
Narten, T., 48:223, 48:*254*
Narud, J. A., 9:209 (57), 9:*237*
NASA Software Engineering Laboratory, 44:134, 44:*167*
Nash, D. M., 47:216, 47:*246*
Nash, J., 49:257, 49:*301*
Nash, J. G., 34:129, 34:*155*, 34:*195*, 34:*233*
Nash, J. P., 6:157 (70), 6:*194*
Nash, S. C., 29:109, 29:167, 29:*190*
Nash-Webber, B. L., 13:139, 13:161, 13:*168*, 13:184, 13:*232*, 17:3, 17:6, 17:8, 17:17, 17:55, 17:71, 17:72, 17:*86*, 17:*87*, 17:91, 17:*162* (*see also*, Webber, B. L., 17:(*87*))
Nassimi, D., 20:*195*, 23:339, 23:340, 23:341, 23:*353*, 26:*150*, 26:166, 26:179, 26:*198*
Natarajan, S., 42:5, 42:*35*
Natarajan, T., 37:83–84, 37:89–90, 37:93, 37:108, 37:*115*
Nath, D., 26:108, 26:113, 26:*152*
Nather, V., 5:295, 5:296 (28, 29), 5:*327*
Nation, W. G., 49:244, 49:*300*
National Academy Press, 44:3, 44:7, 44:12, 44:22, 44:33, 44:*58*
National Aeronautical Laboratory, 44:187, 44:*216*
National Bureau of Standards, 30:183, 30:191, 30:*221–222*, 41:*189*

National Center for Educational Statistics, 24:343, 24:*374*
National Computing Centre, 34:*389*
National Council of Teachers of Mathematics, 24:344, 24:345, 24:346, 24:348, 24:353, 24:354, 24:*374*, 45:338, 45:347, 45:*355*
National Institute of Standards and Technology, 48:222, 48:226, 48:227, 48:238, 48:250, 48:*254*
National Research Center of Intelligent Computing System, 44:188, 44:211, 44:*216*
National Research Council, 35:337, 35:345, 35:353, 35:*368*
National Security Industrial Association, 44:33, 44:*58*
National Survey, 24:342, 24:*374*
Nattiez, J.-J., 36:*198*
Nau, D. S., 24:364, 24:*374*
Naughton, J., 28:4, 28:*63*
Nault, B., 47:352, 47:*367*
Naumann, J. D., 34:300, 34:341, 34:370–371, 34:*389*
Naumov, B. N., 18:244, 18:*285*, 29:280, 29:288, 29:289, 29:320, 29:317–318, 29:*326*
Naumov, V. V., 18:241, 18:242, 18:267, 18:*285*
Naur, P., 5:352 (5), 5:353 (5), 5:368 (5, 23), 5:*376*, 5:*377*, 7:146 (68), 7:*180*, 8:233 (18), 8:237, 8:*244*, 8:*245* 10:11 (41), 10:28 (42), 10:37, 10:60 (42), 10:*77*, 18:232, 18:*282*, 21:105, 21:*153*, 34:*389*, 44:4, 44:*58*
Naval Air Warfare Center, 41:188, 41:*189*
Navarro, J. J., 38:*244*
Navarro, S. O., 4:147 (53), 4:*164*
Navarro-Gonzalez, R., 47:143, 47:*180*, 47:*182*
Navathe, S. B., 32:172, 32:*195*, 32:*197*, 32:*199*, 35:2–3, 35:7, 35:9, 35:18, 35:20, 35:24, 35:28, 35:30, 35:35–36, 35:40, 35:42, 35:51, 35:59, 35:*78–80*, 38:45–46, 38:*69*, 38:*71*, 39:111, 39:116, 39:146–147, 39:151, 39:162, 39:*186*, 39:*188–189*, 41:272, 41:274–275, 41:*295*
Navinchandra, D., 38:131, 38:*141*

Navlakha, J. K., **33**:57, **33**:*63*
Nayak, P., **38**:123, **38**:*140*
Nayar, S. K., **38**:*191*
Naylor, A. W., **40**:197, **40**:*253*
Naylor, T. H., **31**:216–217, **31**:*232*
Naylor, W. C., **38**:*189*
Nazarian, R. A., **38**:*186*
Nazif, A. M., **34**:81, **34**:*110*
NCIC., **44**:188, **44**:211, **44**:*216*
Neal, A. S., **33**:159, **33**:*166*
NEC., **44**:182, **44**:*216*
Nedobejkine-Maksimenko, N., **11**:38 (72), **11**:*57*
Nee, C. J., **14**:257, **14**:*272*
Needham, J., **26**:50, **26**:*91*
Needham, R. M., **1**:122 (59), **1**:*139*, **6**:27, **6**:*29*, **6**:51 (75, 76), **6**:52, **6**:*86*, **11**:64, **11**:66, **11**:78, **11**:85, **11**:94, **11**:*124*, **21**:97, **21**:128, **21**:*154*, **22**:95, **22**:*106*, **24**:116, **24**:*176*, **44**:268, **44**:*283*, **48**:222, **48**:238, **48**:*254*
Neelakantan, K., **44**:186, **44**:*216*
Neely, R. B., **31**:120, **31**:*171*, **42**:23, **42**:*32–33*
Neesen, J., **30**:173, **30**:*222*
Neff, M. S., **49**:12, **49**:58, **49**:*64*
Neff, R., **36**:*427*
Neft, D., **28**:154, **28**:*225*
Negoita, C. V., **24**:293, **24**:*315*, **28**:*104*
Negri, P., **18**:106, **18**:*116*
Negrini, R., **44**:198, **44**:*213*, **49**:266, **49**:*296*
Negroponte, N., **16**:28, **16**:*54*, **23**:100, **23**:*140*
Nehari, Z., **2**:73, **2**:77, **2**:82, **2**:*128*, **2**:*129*, **2**:*130*
Nehemkis, P., **28**:271, **28**:*275*
Nehnevapa, J., **16**:211, **16**:*219*
Neier, A., **16**:273, **16**:*331*
Neighbors, J. M., **34**:*56*, **37**:12, **37**:*56*, **43**:73, **43**:*137*
Neilsson, N. J., **24**:364, **24**:*374*
Neiman, R. A., **46**:151, **46**:*156*
Neimark, E. D., **11**:350, **11**:362 (104), **11**:*388*
Neimat, M., **35**:*181*
Nejelski, P., **16**:245, **16**:*331*
Nejmeh, B. A., **41**:52, **41**:*63*, **46**:77, **46**:*104*

Nejmeh, B., **41**:167, **41**:*189*
Nelsen, E. A., **24**:11, **24**:*60*
Nelson, A. L., **11**:154,(11, 12), **11**:155 (11, 12), **11**:156,(11,12), **11**:*163*, **11**:209 (94), **11**:*226*
Nelson, D. L., **20**:85 (57), **20**:*114*, **26**:258, **26**:*278*
Nelson, E., **26**:420, **26**:*442*, **26**:*443*, **41**:215, **41**:*229*, **46**:163, **46**:171, **46**:199, **46**:201, **46**:218, **46**:233, **46**:*234*
Nelson, E. A., **32**:216, **32**:*251*
Nelson, E. C., **12**:*280*
Nelson, G., **36**:138, **36**:188, **36**:*198*, **36**:*202*
Nelson, G. L., **36**:134, **36**:138, **36**:*198*
Nelson, H., **29**:245
Nelson, H. L., **20**:*195*, **29**:219, **29**:222, **29**:*249*
Nelson, J. A., **23**:13, **23**:*33*
Nelson, P., **47**:*367*
Nelson, R., **29**:227, **29**:244, **29**:245
Nelson, R. J., **23**:308, **23**:*351*
Nelson, R. R., **43**:*213*
Nelson, T., **48**:188, **48**:*217*
Nelson, T. H., **10**:164 (5), **10**:166 (15), **10**:*173*, **10**:*174*
Nelson, T. J., **17**:260, **17**:*280*
Nelson, T. R., **47**:187, **47**:211, **47**:215, **47**:216, **47**:220, **47**:222, **47**:227, **47**:237, **47**:*250*, **47**:*251*
Nelson, V. P., **31**:210, **31**:*232*, **42**:7, **42**:17, **42**:*35*
Nelson, W. L., **36**:*198*
Nemat, M., **38**:*193*
Nenadal, Z., **17**:182, **17**:*217*
Neo, B. S., **44**:111, **44**:115, **44**:*124*
Neo, P., **34**:276, **34**:*286*
Nerbonne, J., **49**:48, **49**:*64*
Nerheim, R., **36**:121, **36**:*201*
Nerlove, S. B., **19**:122, **19**:123, **19**:*226*
Nerode, A., **2**:382 (84), **2**:394 (84), **2**:402, **2**:*419*, **2**:*420*, **8**:194, **8**:*245*
Nesbit, J., **31**:362, **31**:*375*
Nesbit, R. A., **9**:33 (14), **9**:*49*
Nesi, P., **42**:14, **42**:*31*
Ness, S., **22**:313, **22**:330, **22**:*352*
Nesson, S., **39**:112, **39**:*186*
Nesterov, P. V., **29**:315, **29**:*326*
Nestor, J., **37**:277, **37**:*283*

Netherwood, D. B., **2**:384, **2**:*420*
Netter, K., **49**:21, **49**:22, **49**:28, **49**:48, **49**:62, **49**:*64*
Nettheim, N., **36**:183., **36**:*194*
Netzer, P., **43**:2, **43**:*46*
Neuhauser, C. J., **24**:119, **24**:*173*
Neuhold, E., **17**:206, **17**:*220*, **21**:229, **21**:*273*
Neuhold, E. J., **32**:174, **32**:175, **32**:*197*, **33**:12, **33**:*63*
Neuman, B. C., **44**:223, **44**:*280*, **48**:222, **48**:238, **48**:*254*
Neuman, P. G., **42**:2, **42**:11, **42**:*35*
Neumann, A. J., **16**:184, **16**:211, **16**:*218*
Neumann, M. J., **6**:*296*
Neumann, P. G., **8**:34 (15), **8**:*42*, **12**:75, **12**:*111*, **12**:*168*, **14**:239, **14**:*271*, **16**:186, **16**:*218*, **21**:99, **21**:*154*, **29**:7, **29**:23, **29**:29, **29**:*44*, **29**:*45*, **38**:64, **38**:*71*, **44**:3, **44**:54, **44**:*58*
Neumann, S., **47**:342, **47**:*367*
Neureuther, A. R., **26**:286, **26**:*334*
Neuschel, R., **20**:11, **20**:*35*
Neustadt, L. W., **3**:278 (24), **3**:*297*
Nevala, R. D., **9**:209 (74), **9**:*237*, **9**:*238*
Nevatia, R., **32**:111, **32**:*146*, **43**:274, **43**:*278*
Neveling, U., **31**:335, **31**:*377*
Neviaser, M., **41**:21–22, **41**:46, **41**:50, **41**:55, **41**:*61*
Nevill-Manning, C., **48**:299, **48**:*314*
Neville, R. G., **26**:*91*
Neville, S. M., **26**:*278*
Nevison, C., **35**:298, **35**:*323*
Nevo, I., **38**:*185*, **38**:*193*
New, P. F., **16**:166, **16**:*180*
Newberry, S. P., **2**:242, **2**:*293*
Newborn, M. M., **18**:61, **18**:62, **18**:95, **18**:97, **18**:105, **18**:109, **18**:*115*, **18**:*117*, **29**:198, **29**:210, **29**:211, **29**:226, **29**:227, **29**:231, **29**:233, **29**:234, **29**:237, **29**:238, **29**:245, **29**:*248*
Newby, G. B., **48**:273, **48**:*313*
Newcomb, S. R., **36**:128, **36**:*196*
Newcomb, W. B., **11**:200, **11**:*227*
Newcomer, J. M., **20**:222, **20**:223, **20**:228, **20**:*258*
Newell, A., **1**:172, **1**:173, **1**:*192*, **4**:37 (65), **4**:*51*, **5**:173, **5**:176, **5**:177 (116), **5**:180, **5**:185, **5**:187, **5**:*222*, **5**:*223*, **5**:352 (8), **5**:*376*, **7**:146 (68), **7**:150 (51), **7**:*179*, **7**:*180*, **8**:*333*, **9**:56 (28), **9**:84 (28), **9**:102 (28), **9**:*111*, **10**:12 (43), **10**:*77*, **10**:100, **10**:*108*, **12**:73, **12**:*113*, **12**:238 (12), **12**:280 (12), **12**:*283*, **13**:181, **13**:197, **13**:220, **13**:222, **13**:*226*, **13**:*229*, **18**:60, **18**:95, **18**:*117*, **19**:107, **19**:*110*, **20**:6, **20**:8, **20**:*35*, **20**:*36*, **21**:94, **21**:95, **21**:96, **21**:100, **21**:109, **21**:114, **21**:117, **21**:*150* **21**:*153*, **22**:164, **22**:176, **22**:*214*, **24**:124, **24**:*168*, **24**:*174*, **24**:*175*, **24**:181, **24**:*215*, **24**:327, **24**:*374*, **26**:*44*, **28**:14, **28**:36, **28**:38, **28**:*66*, **29**:48, **29**:53, **29**:55, **29**:56, **29**:58, **29**:59, **29**:64, **29**:71, **29**:*73*, **29**:*75*, **29**:*76*, **29**:198, **29**:211, **29**:*249*, **32**:224, **32**:225, **32**:248, **32**:*249*, **32**:*251*, **33**:*166*, **33**:176, **33**:*242*, **34**:302, **34**:*390*, **36**:204, **36**:*253*, **36**:372, **36**:*420*, **37**:381–382, **37**:*422*, **38**:114, **38**:120, **38**:125, **38**:*140–141*, **40**:196, **40**:*250*, **47**:10, **47**:17, **47**:*63*
Newell, A. F., **11**:218, **11**:*227*, **11**:359, **11**:*388*
Newell, E. E., **20**:49, **20**:*82*, **20**:102 (74), **20**:*114*
Newell, M. E., **16**:16, **16**:*54*, **21**:188, **21**:*223*
Newey, M. C., **12**:*284*
Newhall, E. E., **10**:124 (4), **10**:*128*, **11**:232 (10, 11, 12, 13), **11**:238 (12), **11**:242 (12), **11**:250 (12), **11**:255 (10, 11, 19), **11**:266 (20), **11**:301 (10, 12, 13), **11**:311 (26), **11**:*317*, **17**:170, **17**:171, **17**:207, **17**:*216*, **17**:*217*, **17**:*219*, **17**:*221*
Newhouse, V. L., **7**:41 (50), **7**:*115*
Newlon, R., **22**:202, **22**:*213*
Newman, B. G., **4**:*241*
Newman, E. A., **11**:217 (107), **11**:*227*, **34**:71, **34**:*111*
Newman, E. B., **18**:155, **18**:*171*
Newman, I., **44**:345, **44**:*360*, **49**:257, **49**:*300*
Newman, M., **34**:298, **34**:319, **34**:324, **34**:336, **34**:365, **34**:*386*, **34**:*390*
Newman, P., **44**:286, **44**:304, **44**:308,

44:315, 44:317, 44:*329–330*
Newman, R., 34:19, 34:*56*
Newman, W. C., 40:76, 40:*125*
Newman, W. H., 28:266, 28:268, 28:*278*
Newman, W. L., 21:405, 21:*419*
Newman, W. M., 16:2, 16:9, 16:*54*, 40:185, 40:197–198, 40:*253*
Newman, W. N., 21:173, 21:*224*
Newmeyer, F. J., 47:*64*
Newsweek, 37:342, 37:*422*
Newton, A., 40:89, 40:*123*
New York Times, 37:341–342, 37:380, 37:*422*
The New Yorker, 37:342, 37:*424*
Ney, D. R., 47:215, 47:*246*
Ney, H., 31:112, 31:117, 31:*170*, 31:*172*, 47:*64*, 49:*64*
Neyman, J., 6:51 (77), 6:*86*
Ng, B., 37:111, 37:*116*
Ng, C. T., 32:109, 32:*145*
Ng, D. T., 48:301, 48:303, 48:308, 48:310, 48:*311*
Ng, F. K., 19:2, 19:*59*, 19:*64*
Ng, K. H., 47:216, 47:*250*
Ng, K. J., 47:216, 47:*250*
Ng, P. A., 30:62, 30:*83*, 40:189, 40:244, 40:*255*, 43:53, 43:*137–138*
Ng, T. D., 48:300, 48:302, 48:303, 48:*310*
Ng, Y. H., 34:171, 34:*233*
Ng, Y. W., 26:211, 26:*278*
Nguyen, D. H., 36:240, 36:*253*
Nguyen, H. B., 19:*63*, 28:118, 28:123, 28:*151*
Ngwenyama, O., 34:304, 34:313, 34:339, 34:362, 34:364, 34:*385*, 34:*390*
Ni, L., 38:201, 38:*244*
Ni, L. M., 20:118, 20:177, 20:179, 20:*193*, 20:*195*, 45:57, 45:59, 45:*102*
Niamir, B., 15:12, 15:48, 15:*62*
Nibblett, G. B. F., 16:288, 16:*331*
Nicely, P. E., 1:218, 1:*229*
Nicholas, G. S., 16:150, 16:*180*
Nicholls, H. R., 35:83–84, 35:*133*
Nicholls, P., 19:122, 19:*218*
Nichols, C. R., 2:*374*
Nichols, D. A., 44:245, 44:*281*, 45:298, 45:*315*, 45:*319*
Nichols, M. A., 49:252, 49:270, 49:272, 49:*300*
Nicholson, G. L., 31:297, 31:*323*
Nicholson, R. M., 11:359, 11:*388*
Nickels, T., 28:55, 28:*66*
Nickerson, R., 36:*427*
Nickolls, J., 49:255, 49:257, 49:*300*
Niclou, R., 38:*185*
Nicol, D. M., 45:110, 45:145, 45:*151*
Nicola, V. F., 31:209, 31:*232*
Nicolaides, P. L., 13:118, 13:165, 13:*167*
Nicolas, B., 32:158, 32:*199*
Nicolau, A., 26:95, 26:*152*, 35:*321*
Nicolescu, M., 2:77, 2:*129*
Nicolis, G., 31:243, 31:290, 31:*322*
Nicolovius, R., 2:*132*
Nicolson, P., 2:18 (22), 2:*53*
Nicolson, R. B., 5:301 (50), 5:*329*
Nida, E. A., 11:*53*
Nielsen, H., 48:*217*
Nielsen, J., 29:66, 29:*75*, 36:345, 36:393–397, 36:*427*, 36:*429*, 42:26, 42:*35*
Nielsen, J. W., 17:235, 17:*281*
Nielsen, M., 49:72, 49:*93*
Nielsen, P., 34:302, 34:324, 34:357, 34:360, 34:364, 34:*386*, 34:*389*
Nielson, G. M., 33:118, 33:257, 33:*305*
Niemann, H., 19:122, 19:*224*, 38:*189*
Niemela, L. Q., 6:275, 6:*295*
Niemeyer, P., 48:202, 48:*218*
Nierstrasz, O., 40:192, 40:194, 40:196, 40:227, 40:242, 40:247, 40:*251*, 40:*254*, 43:58, 43:*137*, 46:334, 46:*398*
Niervergelt, J., 32:27, 32:*102*
Niessen, S., 49:*64*
Nievergelt, J., 8:243 (16, 17), 8:*244*, 9:106, 9:*111*, 11:383 (105), 11:*388*, 37:176–177, 37:186–187, 37:*204–205*
Nightingale, J. S., 29:168, 29:169, 29:*190*
Nigram, A., 17:278, 17:*280*
Nigro, J. P., 3:278 (34), 3:*298*
Nii, H. P., 22:165, 22:172, 22:173, 22:182, 22:202, 22:*213*, 22:*214*, 38:166, 38:169, 38:*180*, 46:332, 46:*397*
Nijssen, G. M., 35:7, 35:51–52, 35:*80*
Nikaido, T., 34:220, 34:*233*
Nikhil, R. S., 37:292, 37:305, 37:313, 37:*331–332*, 46:290, 46:294, 46:300,

46:308, 46:312, 46:*327*
Nikitin, A. M., 29:*328*
Nikitin, A. N., 29:296, 29:*326*
Nikolayeva, G. M., 1:129, 1:*140*
Nikolskij, S. M., 23:87, 23:*91*
Nikravesh, P. E., 47:215, 47:*250*
Nilles, J., 35:330, 35:*368*
Nilsen, K., 35:279, 35:*318*
Nilson, E. N., 10:287 (1), 10:*289*
Nilsson, A., 22:119, 22:*160*, 35:22, 35:*79*
Nilsson, A. A., 38:*193*
Nilsson, E., 32:256, 32:*305*
Nilsson, M., 49:280, 49:284, 49:285, 49:*300*
Nilsson, N., 18:95, 18:*117*, 24:181, 24:*215*, 48:320, 48:321, 48:350, 48:*352*
Nilsson, N. J., 13:175, 13:196, 13:197, 13:198, 13:212, 13:214, 13:215, 13:218, 13:*227*, 13:*229*, 15:31, 15:37, 15:*60*, 15:*62*, 22:185, 22:193, 22:194, 22:*212*, 22:*214*, 26:24, 26:35, 26:*43*, 26:*44*, 26:139, 26:140, 26:*152*, 29:201, 29:*249*, 32:225, 32:*250*, 37:355, 37:371–372, 37:374, 37:398, 37:*423*
Nilsson, N. T., 12:328, 12:*412*
Ning, J. Q., 35:205, 35:238, 35:240–242, 35:*252–253*
Nirenburg, S., 47:14, 47:*65*, 49:2, 49:5, 49:12, 49:20, 49:24, 49:37, 49:40, 49:60, 49:63, 49:64, 49:*65*
Nisan, N., 44:333, 44:344–346, 44:349, 44:351, 44:355–357, 44:*358–360*
Nisand, G., 47:211, 47:*246*
Nisand, I., 47:211, 47:*246*
Nisbet, A., 35:179, 35:*182*
Nishida, T., 28:*104*
Nishikawa, H., 34:173, 34:*234*
Nishimichi, Y., 34:161, 34:173, 34:198, 34:*231*
Nishimura, H., 11:40 (82), 11:*58*
Nishitana, Y., 2:174 (27), 2:*291*
Nishiyama, H., 44:183, 44:*214*
Nissen, H.-E., 34:324, 34:*390*
Nissen, V., 45:191, 45:*195*
Nissim, S., 9:222 (6), 9:*234*
Nissman, D. B., 38:*185*
NIST., 40:185, 40:197, 40:244, 40:247, 40:*253*, 41:139, 41:*156*, 41:160, 41:188, 41:*189*
Nitzan, D., 4:75, 4:*132*, 11:239 (17), 11:317, 32:106, 32:109, 32:120, 32:129, 32:*146*
Nitzberg, B., 39:196, 39:198, 39:*237*
Nix, L. S., 9:118 (99), 9:*177*
Nixon, B., 42:2, 42:9–11, 42:*32*, 42:*35*
Nixon, R., 28:173, 28:*221*
Nixon, W. C., 2:154 (2), 2:166 (2), 2:*289*
Nkrumah, K., 35:340, 35:*368*
Noam, E., 35:350, 35:*368*
Noble, B., 48:173, 48:*177*
Noble, B. B., 48:127, 48:*177*
Noble, B. D., 48:167, 48:*177*
Noble, D., 19:313, 19:314, 19:*326*
Noda, T., 5:318 (212), 5:319 (212), 5:*338*
Nodtvedt, E., 24:*315*
Noerr, P. L., 21:375, 21:*419*, 21:*421*
Nogi, T., 44:182, 44:*215*
Noguchi, S., 29:*192*
Nolan, J. F., 8:37 (51), 8:*44*, 8:49, 8:64, 8:65 (40), 8:*101*, 12:*172*
Nolan, R., 20:15, 20:19, 20:*31*, 20:*32*, 20:*33*, 20:*34*, 20:*35*
Nolan, R. L., 16:325, 16:326, 16:*330*, 19:279, 19:*323*, 20:16, 20:*30*, 46:113, 46:119, 46:128, 46:*155*, 47:344, 47:*367*
Nomiyama, H., 49:34, 49:37, 49:*64*
Nomura, M., 44:183, 44:*216*
Nora, S., 35:344, 35:*368*
Norberg, A. L., 37:409, 37:*423*
Norden, 44:94, 44:*124*
Nordhagen, E., 35:155, 35:*183*
Nordman, C. E., 5:279 (55), 5:*287*
Nordmark, E., 48:223, 48:*254*
Noreault, T., 24:300, 24:*314*, 24:*315*
Norgren, P. E., 12:402, 12:*411*
Norigoe, M., 29:116, 29:*188*
Norman, A. B., 13:37, 13:*41*
Norman, A. C., 34:149, 34:*153*
Norman, A. R. D., 23:257, 23:*290*
Norman, D. A., 13:*229*, 17:90, 17:*161*, 29:56, 29:61, 29:63, 29:67, 29:*75*, 31:47, 31:*97*, 31:364, 31:*374*, 32:202, 32:206, 32:228, 32:*251*, 32:*252–253*, 33:126, 33:*169*, 33:205, 33:*243*, 36:337–338, 36:359, 36:*421*,

36:*427*, 47:35, 47:*58*
Norman, K. L., 32:204, 32:217, 32:218, 32:220, 32:228, 32:229, 32:233, 32:234, 32:239, 32:242, 32:245, 32:247, 32:*252*, 33:*169*, 36:*427*, 38:147, 38:*180*
Norman, R. J., 34:*56*, 38:312, 38:*315*
Norrie, M., 32:167, 32:185, 32:*199*
Norris, G. D., 46:147, 46:148, 46:*156*
Norris, M. J., 22:86, 22:*107*
North, G., 33:178, 33:181, 33:*242*
North, J. C., 17:236, 17:*282*
North, R. L., 31:65, 31:*97*
Northcutt, J. D., 21:*150*
Northouse, R. A., 19:179, 19:*218*
Northrop, A., 19:257, 19:300, 19:303, 19:321, 19:*326*
Norton, A., 40:165, 40:*178*
Norton, D., 20:15, 20:*34*
Norton, D. P., 43:206, 43:*212*, 46:122, 46:124, 46:125, 46:*155*
Norton, J. C., 16:213, 16:*216*
Norton, P., 6:*295*
Norton, V. A., 26:194, 26:*198*, 34:140, 34:*155*, 34:174, 34:*233*
Norvig, P., 47:13, 47:15, 47:17, 47:19, 47:20, 47:21, 47:22, 47:29, 47:*61*, 47:*65*
Norweiler, T. R. F., 10:82, 10:*108*
Norwood, R. E., 4:*242*
Nose, Y., 38:*184*
Notargiacomo, L., 44:265, 44:*283*, 46:242, 46:*286*
Note, S., 37:280, 37:*283*
Notess, M., 36:360, 36:*420*, 36:*426*
Nothman, M. H., 3:*297*
Notkin, D. S., 22:131, 22:*160*
Notkin, D., 43:76, 43:121, 43:*135*, 46:39, 46:*106*, 49:86, 49:*92*
Notz, W. A., 3:82 (12), 3:*153*, 4:283 (13, 14), 4:*303*, 9:192, 9:195, 9:*237*, 9:*238*, 22:94, 22:*104*
Nounou, N., 29:146, 29:*190*, 29:*191*, 29:*194*
Nouthen, A., 31:112, 31:*172*
Novák, P., 11:39 (79), 11:*57*
Novák, V., 36:266, 36:*330*
Novak, B., 38:*182*
Novak, G., 22:202, 22:*214*
Novak, S., 29:265, 29:267, 29:*326*

Nováková, M., 5:*107*
Nove, Alec, 18:249, 18:*285*
Novick, M., 22:*43*
Novikoff, A., 5:132, 5:*220*
Novikov, I., 18:252, 18:255, 18:*286*
Novikov, N., 18:237, 18:*286*
Novobilski, A., 35:226, 35:232, 35:*253*
Novozhilov, V., 18:266, 18:*286*
Nowak, J. S., 26:*278*
Nowatzyk, A., 29:229, 29:236, 29:245, 37:173, 37:*204*, 46:324, 46:*327*
Nowatzyk, A. G., 49:257, 49:*300*
Noyce, R. N., 9:193 (60), 9:*237*, 21:158, 21:*224*
Noyelle, T., 43:197, 43:206, 43:*213*
Nozaki, A., 32:17, 32:*99*
Nozoka, Y., 26:*153*
NSFNET Backbone Traffic Distribution Statistics, 48:*218*
Ntafos, S., 41:206, 41:220, 41:*228–229*, 49:150, 49:*189*
Ntafos, S. C., 26:338, 26:356, 26:370, 26:*389*, 26:*390*, 36:*39*, 42:103, 42:*116–117*, 46:173, 46:*234*
Nudd, G., 49:267, 49:*300*
Nudell, B., 24:181, 24:*215*
Nugent, C. E., 45:191, 45:*195*
Nukushina, H., 6:*296*
Nunamaker, J., 35:20, 35:78, 40:195, 40:242, 40:*254*
Nunamaker, J. E., 24:328, 24:336, 24:*374*
Nunamaker, J. F., 16:72, 16:77, 16:78, 16:*123*, 16:*124*, 34:384, 34:*391*, 40:*181*, 40:191, 40:193–196, 40:199, 40:212, 40:223, 40:227, 40:239, 40:*249*, 42:43, 42:*76*, 45:296, 45:*315*, 45:*319*, 48:304, 48:*313*
Nunamaker, J. F., Jr., 34:56
Nunamaker, T. A., 6:*295*
Nunn, M., 5:246, 5:*255*
Nurminen, M., 34:294, 34:*382*
Nursey-Bray, P. F., 35:340, 35:*370*
Nuseibeh, B., 46:40, 46:*104*
Nussbaum, A., 35:334, 35:*370*
Nussbaum, B., 36:*427*
Nussbaum, E., 26:*277*
Nutt, G. J., 20:179, 20:*195*, 21:*87*, 40:185–186, 40:198, 40:207, 40:241, 40:*251*

Nyanchama, M., **46**:247, **46**:*286*
Nyberg, E., **49**:12, **49**:19, **49**:24, **49**:39, **49**:58, **49**:63, **49**:*64*
Nyce, J. M., **48**:260, **48**:*312*
Nye, A., **34**:19, **34**:*56*
Nyein, W. C., **16**:72, **16**:*124*
Nygaard, K., **10**:13 (11), **10**:45 (11), **10**:*76*, **20**:228, **20**:*256*, **22**:300, **22**:*350*, **33**:4, **33**:*63*, **33**:87, **33**:*111*, **34**:303, **34**:356, **34**:*390*
Nyguen, H. T., **28**:*103*
Nylin, W. C., Jr., **18**:*170*
Nyman, T. H., **19**:261, **19**:277, **19**:*324*
Nyquist, H., **31**:333, **31**:*375*
Nystrom, P., **34**:*386*

O

Oakley, J. D., **21**:118, **21**:*153*
Oaksford, M., **37**:414, **37**:*420*
Oard, D. W., **49**:54, **49**:59, **49**:*64*
Oates, T., **46**:409, **46**:*437*
Oatley, C. W., **2**:246 (77), **2**:249 (77), **2**:*293*
Obenza, R., **48**:17, **48**:20, **48**:59, **48**:*116*
Obermarck, R., **32**:168, **32**:194, **32**:*199*
Obermeier, K. K., **47**:3, **47**:4, **47**:7, **47**:9, **47**:10, **47**:11, **47**:12, **47**:13, **47**:14, **47**:15, **47**:16, **47**:18, **47**:22, **47**:*64*
Oberst, B. B., **38**:146, **38**:156, **38**:*180*
Object Management Group, **41**:187, **41**:*189*, **48**:3, **48**:6, **48**:11, **48**:19, **48**:20, **48**:80, **48**:*117*
Oblak, J. M., **49**:313, **49**:*347*
Oblow, E. M., **33**:217, **33**:218, **33**:*235*, **33**:*242*
O'Brien, G., **2**:18 (23), **2**:*53*
O'Brien, J., **45**:299, **45**:*315*
O'Brien, J. A., **11**:370 (106), **11**:*388*
O'Brien, J. T., **38**:42, **38**:*70*
O'Brien, R. D., **37**:379
O'Brien, T. C., **8**:*42*
Obukhov, A., **1**:67, **1**:71 (58, 97), **1**:*88*, **1**:*89*, **1**:*90*
Ochimizu, K., **46**:40, **46**:*106*
Ochoa, E., **28**:185, **28**:*225*
Ockerbloom, J., **43**:53, **43**:*134*
O'Connell, M. R., **9**:229 (89), **9**:230 (89), **9**:*238*

O'Connor, J. D., **11**:181 (108), **11**:191 (108), **11**:*227*
O'Day, V., **35**:227, **35**:235, **35**:*251*
Odden, J., **13**:118, **13**:165, **13**:*168*
Odegaard, S., **47**:211, **47**:*247*
Odell, J. J., **43**:69–70, **43**:85, **43**:114–115, **43**:118, **43**:*136–137*
Odell, P. L., **19**:114, **19**:162, **19**:180, **19**:*218*
O'Dell, T. H., **17**:224, **17**:*281*
Odet, C. L., **47**:224, **47**:*246*
Odijk, J., **49**:28, **49**:*62*
Odintsov, B. V., **18**:241, **18**:*285*
Odlyzko, A. M., **30**:189, **30**:196–197, **30**:*218–219*, **30**:*221*, **48**:266, **48**:*312*
O'Donnell, J. T., **34**:149, **34**:*155*
Oeffinger, T. R., **17**:275, **17**:*280*
Oegrim, L., **34**:366, **34**:*390*
Oestreicher, D., **16**:213, **16**:*218*
Oettinger, A., **13**:190, **13**:*228*, **21**:220, **21**:*224*
Oettinger, A. G., **1**:20, **1**:*42*, **1**:96 (12), **1**:112, **1**:*138*, **1**:*139*, **2**:409, **2**:*420*, **7**:153 (45), **7**:154 (52), **7**:*179*, **8**:155 (34, 40), **8**:*187*, **8**:*188*, **11**:31 (47, 49), **11**:*53*, **11**:56, **17**:91, **17**:*160*, **47**:10, **47**:*62*, **47**:*64*
Ofelt, D., **49**:242, **49**:249, **49**:250, **49**:270, **49**:*299*
Ofer, K. D., **21**:375, **21**:*417*
Offen, R. J., **44**:119, **44**:121, **44**:*124*
Ofili, O. E., **47**:215, **47**:*250*
Oflazer, K., **28**:109, **28**:118, **28**:123, **28**:125, **28**:126, **28**:145, **28**:*150*
Ofori-Dwumfuo, G. O., **32**:177, **32**:190, **32**:*197*
Ogden, W. C., **33**:145, **33**:147, **33**:148, **33**:149, **33**:150, **33**:*169*
Ogden, W. F., **29**:5, **29**:12, **29**:21, **29**:*45*, **33**:57, **33**:*63*, **34**:1, **34**:*57*, **39**:*49*, **40**:69–70, **40**:75, **40**:*125*
Ogilvie, J. C., **19**:202, **19**:*217*
Ogino, S., **49**:*63*
Ogorek, M., **35**:89, **35**:*133*
O'Gorman, L., **34**:265, **34**:*287*, **44**:261, **44**:*282*
Ogura, A., **49**:278, **49**:*299*
Ogura, T., **34**:161, **34**:200, **34**:*232–233*
Oh, C. H., **34**:81, **34**:105, **34**:*111*

Oh, H., **37**:146–148, **37**:155–157, **37**:*164–165*
Oh, S., **33**:*242*
Oh, Y., **17**:174, **17**:180, **17**:181, **17**:*219*
O'Hallaron, D., **38**:198, **38**:*243*
O'Halloran, C., **21**:334, **21**:*419*
O'Handley, D. A., **18**:20, **18**:24, **18**:27, **18**:*56*
O'Hara, A. C., **46**:46, **46**:55, **46**:*107*
Ohara, Y., **42**:161, **42**:*239*
Ohba, M., **30**:92, **30**:112, **30**:*170*, **45**:199, **45**:200, **45**:218, **45**:219, **45**:220, **45**:*266*, **45**:*267*, **46**:166, **46**:168, **46**:*235*
Ohbo, N., **34**:*291*
Ohbuchi, R., **47**:242, **47**:*244*, **47**:*252*
Ohkubo, M., **45**:314, **45**:*318*
Ohman, S. E. G., **11**:160 (14), **11**:*163*
Ohno, T., **34**:173, **34**:*234*
Ohringer, L., **7**:189 (16), **7**:*193*
Ohsaki, J., **44**:317, **44**:*330*
Ohta, N., **44**:182, **44**:*217*
Ohta, Y., **34**:*111*
Ohtsuki, T., **34**:170, **34**:*234*
Oivo, M., **41**:51, **41**:*62*
Oja, E., **34**:176, **34**:*231*, **37**:*164*
Ojala, M. P., **21**:345, **21**:398, **21**:*419*
Okabayashi, I., **44**:182, **44**:*215*
Okada, K., **45**:281, **45**:290, **45**:*317*, **45**:*319*
Okada, M., **17**:240, **17**:*282*
Okada, T., **35**:98, **35**:*133*
Okai, **47**:216, **47**:*244*
Okai, T., **47**:215, **47**:227, **47**:*244*
Okakzaki, A., **43**:244, **43**:*275*
Okamoto, M., **31**:299, **31**:*322*
Okamoto, T., **44**:182, **44**:*215*
O'Kane, K. C., **16**:141, **16**:147, **16**:*180*, **38**:147, **38**:*180*
Okaya, Y., **5**:259, **5**:*284*
O'Keefe, J. A., **3**:29 (32), **3**:*75*
O'Keefe, M. T., **38**:205, **38**:212, **38**:*244*
O'Keefe, R., **33**:68, **33**:*113*
Oki, Y., **35**:232, **35**:236, **35**:*251*
Ökland, H., **1**:66, **1**:*88*
Okrent, D., **5**:326 (362), **5**:*347*
Okuda, T., **19**:213, **19**:*224*
Okumoto, K., **26**:419, **26**:*441*, **30**:88, **30**:91–93, **30**:98, **30**:103–104, **30**:106–107, **30**:109, **30**:112–113, **30**:119, **30**:135–136, **30**:156, **30**:162–163, **30**:*168–169*, **31**:230, **31**:*232*, **36**:*39*, **39**:26, **39**:*48*, **41**:212, **41**:*228*, **42**:16, **42**:*35*, **42**:78, **42**:82, **42**:85–87, **42**:91, **42**:*116*, **45**:199, **45**:200, **45**:201, **45**:205, **45**:209, **45**:211, **45**:214, **45**:216, **45**:217, **45**:219, **45**:*265*, **45**:*266*, **46**:160, **46**:163, **46**:165, **46**:166, **46**:168, **46**:169, **46**:181, **46**:195, **46**:213, **46**:216, **46**:223, **46**:224, **46**:*232*, **46**:*233*, **49**:28, **49**:37, **49**:*64*
Okumura, K., **29**:156, **29**:157, **29**:158, **29**:159, **29**:160, **29**:*191*, **42**:129, **42**:131, **42**:184, **42**:191, **42**:*237*
Okumura, S., **37**:115, **37**:*116*
Okutomi, M., **43**:244, **43**:*275*
Olafsson, M., **21**:135, **21**:136, **21**:148, **21**:*151*, **24**:119, **24**:120, **24**:121, **24**:135, **24**:163, **24**:*170*, **29**:227, **29**:236, **29**:245, **29**:*249*
Olagunju, D. A., **38**:*193*
Olaravria, J. M., **14**:*229*
Olazaran, M., **37**:356, **37**:*423*
Oldehoeft, A. E., **37**:291, **37**:*331*
Oldehoeft, R. R., **18**:*171*, **18**:*172*
Oldfield, D. G., **12**:*414*
Oldfield, J., **34**:172, **34**:*231*, **34**:*233*
Oldham, W. G., **21**:158, **21**:*224*
O'Leary, D. E., **48**:301, **48**:*312*
O'Leary, P. W., **47**:215, **47**:*252*
Oleinick, P. N., **19**:93, **19**:*110*
Oleksiak, R. E., **9**:229 (89), **9**:230 (89), **9**:*238*
Olender, K., **39**:43, **39**:*49*
Olhoeft, J. E., **5**:324 (300), **5**:*343*
Oliga, J. C., **34**:362, **34**:*390*
Olin, K., **48**:334, **48**:351, **48**:*352*
Oliner, S. D., **43**:188, **43**:190–191, **43**:200, **43**:202–203, **43**:*213*
Olive, J., **12**:100 (7), **12**:*110*
Oliver, B. M., **10**:114 (12), **10**:*128*, **21**:158, **21**:*224*
Oliver, E. J., **19**:*62*, **28**:145, **28**:*146*, **28**:*150*
Oliver, G. A., **8**:13 (33), **8**:19 (33), **8**:*43*
Oliver, P., **10**:137, **10**:*143*, **19**:277, **19**:278, **19**:*326*

Olivetti., **45**:287, **45**:*319*
Olle, T. W., **23**:161, **23**:*175*, **34**:294, **34**:296, **34**:*390*
Olmstead, D. L., **15**:191, **15**:*236*
Olmsted, C. M., **16**:175, **16**:*182*
Olsder, G., **49**:340, **49**:*347*
Olsen, D. M., **16**:144, **16**:*180*
Olsen, D. R., **19**:120, **19**:*219*, **32**:231, **32**:232, **32**:*252*
Olsen, H. A., **31**:359, **31**:*374*
Olsen, J., **48**:264, **48**:*313*
Olsen, M. B., **49**:12, **49**:31, **49**:*65*
Olsen, R., **16**:*178*
Olsen, T. M., **5**:307 (94), **5**:308 (113, 114, 115), **5**:*331*, **5**:*332*, **5**:*333*
Olson, D., **47**:*291*
Olson, G. M., **45**:279, **45**:295, **45**:*319*
Olson, H. F., **11**:153, **11**:*163*, **11**:186 (110, 111), **11**:205, **11**:*227*
Olson, H., **12**:75, **12**:*113*
Olson, I., **44**:265, **44**:*282*
Olson, J. R., **36**:352–353, **36**:*418*, **40**:*253*
Olson, J. S., **45**:279, **45**:295, **45**:*319*
Olson, K., **45**:331, **45**:*355*
Olson, M., **20**:21, **20**:*35*, **26**:3, **26**:*43*, **32**:216, **32**:*252*, **44**:269, **44**:*283*, **46**:135, **46**:*155*
Olson, M. H., **31**:21, **31**:*96*, **39**:270, **39**:*292*
Olson, P. L., **32**:161, **32**:177, **32**:187, **32**:*195*
Olson, T., **46**:44, **46**:*106*
Olsson, R. A., **35**:279, **35**:*318*
Olstad, B., **47**:227, **47**:*252*
Olthoss, W., **35**:178, **35**:*183*
Olukotun, K. A., **40**:74, **40**:*125*
O'Malley, O., **49**:150, **49**:*189*
O'Malley, S., **49**:144, **49**:149, **49**:187, **49**:*188*
Oman, P., **39**:36, **39**:*48*, **42**:28, **42**:*32*
Oman, P. W., **35**:224, **35**:226, **35**:228, **35**:*253*
Oman, Paul W., **40**:29, **40**:31, **40**:34, **40**:*37*
Ombrellaro, P. A., **5**:302 (61), **5**:*330*
Omohundro, S. M., **33**:181, **33**:*242*
Omolayole, J. O., **34**:*289*
Omololu, A. O., **32**:170, **32**:177, **32**:193, **32**:*199*
Ondis, H. B., **5**:325 (331), **5**:*345*

O'Neil, H. F., **29**:54, **29**:*76*
O'Neil, P. E., **41**:291, **41**:*295*
O'Neill, D., **22**:119, **22**:*160*
Ong, H., **30**:197, **30**:*221*
Onnoha, D., **16**:26, **16**:*54*
Ono, K., **16**:205, **16**:*219*, **43**:2, **43**:*48*
Ono, S., **44**:182–183, **44**:*216–217*
Onsi, M., **20**:16, **20**:*29*
Onyshkevich, B., **49**:12, **49**:24, **49**:*65*
Ooka, H., **34**:161, **34**:202, **34**:204, **34**:*232*
Oomman, J., **33**:*239*
Ooms, V. D., **35**:331, **35**:*368*
Oonishi, Y., **34**:*289*
Opferman, D. C., **15**:171, **15**:*178*, **26**:*198*
Opler, A., **7**:173 (53), **7**:*179*, **8**:*44*, **12**:*172*, **9**:233, **9**:*237*,
Oppelland, H., **34**:301, **34**:362, **34**:364, **34**:*387*, **34**:*390*
Oppen, D. C., **14**:26, **14**:*43*
Oppenheim, A. V., **31**:102, **31**:*172*, **36**:145, **36**:*198*, **37**:75, **37**:83–84, **37**:89–90, **37**:93, **37**:108, **37**:114, **37**:*117*
Oppenheimer, P., **34**:64–65, **34**:70, **34**:88, **34**:*111*
Oppermann, E. B., **20**:21, **20**:*31*
Oppitz, M., **43**:62, **43**:*136*
Oprishko, A. A., **29**:293, **29**:*326*
Optner, S., **20**:14, **20**:*35*
Optner, S. L., **12**:41 (23), **12**:*72*
Orchard-Hays, W., **2**:*374*, **4**:4, **4**:*49*
Orcutt, S. E., **23**:338, **23**:339, **23**:*353*
Orden, A., **20**:8, **20**:*35*
Ordway, F., **5**:258 (4), **5**:*284*
O'Reilly, M. P., **37**:114, **37**:*116*
O'Reilly, T., **34**:19, **34**:56
Oren, T. I., **33**:71, **33**:72, **33**:73, **33**:75, **33**:92, **33**:*111*, **33**:*113*
Orenstein, J. A., **34**:249–250, **34**:260, **34**:267, **34**:288–289
Orford, J. D., **19**:180, **19**:*224*
Organick, E. I., **4**:144 (25), **4**:147 (53), **4**:148 (25, 56), **4**:*163*, **4**:*164*, **10**:61, **10**:62 (44), **10**:72, **10**:*78*, **14**:232, **14**:239, **14**:*272*, **21**:93, **21**:*153*, **24**:348, **24**:*372*
Orgel, L., **47**:142, **47**:143, **47**:152, **47**:180, **47**:*182*
Orland, H., **33**:*242*

Orlando, S., **46**:364, **46**:*398*
Orlicky, J., **20**:14, **20**:*35*
Orlikowski, W. J., **39**:267, **39**:278, **39**:*292*, **45**:312, **45**:*319*
Orlitsky, A., **44**:333, **44**:355, **44**:*360*
Orman, H., **48**:*254*
Orna, E., **46**:118, **46**:*156*
Ornburn, S. B., **35**:208, **35**:*253*, **39**:43, **39**:*48*
Ornstein, S. M., **16**:212, **16**:*218*, **17**:166, **17**:167, **17**:*218*, **19**:69, **19**:*109*
Oró, J., **47**:143, **47**:*182*
Orr, D., **49**:311, **49**:*347*
Orr, K., **35**:146, **35**:*183*
Orrison, W. W., **38**:*194*
Ortega, J. M., **33**:*242*
Ortiz, R., **48**:137, **48**:167, **48**:*177*
Orwell, G., **16**:262, **16**:*332*
Orwig, R., **45**:296, **45**:*315*, **48**:303, **48**:304, **48**:310, **48**:*313*
Osada, M., **38**:*193*
Osaki, S., **30**:92, **30**:112, **30**:*170*, **45**:199, **45**:200, **45**:214, **45**:218, **45**:219, **45**:*267*, **46**:166, **46**:168, **46**:*235*
Osborn,, **46**:247, **46**:*286*
Osborn, J. J., **22**:165, **22**:172, **22**:173, **22**:*213*, **38**:166, **38**:169, **38**:*180*
Osborn, R. K., **5**:324 (299, 300), **5**:*343*
Osborne, C., **6**:*295*
Osborne, D. J., **33**:121, **33**:*169*
Osborne, K., **47**:10, **47**:*60*
Osborne, W., **42**:29, **42**:*35*
Osgood, C. E., **15**:191, **15**:*236*, **38**:256, **38**:*315*
O'Shea, T., **22**:203, **22**:*214*, **39**:266, **39**:*291*
Osherson, D., **33**:178, **33**:*242*
Oshima, M., **43**:249, **43**:274, **43**:*276*
Osler, P., **34**:171, **34**:191, **34**:*234*
Ossanna, F. J., **8**:*44*
Ostapenko, G. P., **29**:*327*
Ostapko, D. L., **18**:*171*
Osterhaug, A., **35**:*323*
Osterman, P., **43**:188, **43**:191, **43**:*213*
Osterweil, L., **41**:30–32, **41**:*62–63*,
Osterweil, L. J., **26**:353, **26**:*389*, **26**:*390*, **26**:*391*, **26**:*423*, **26**:*442*, **39**:116, **39**:*188*, **41**:28, **41**:47, **41**:55, **41**:*61*, **41**:*63*, **46**:39, **46**:40, **46**:46, **46**:47, **46**:55, **46**:*106*

Ostrand, T. J., **26**:351, **26**:*391*, **41**:203, **41**:*227*, **49**:149, **49**:150, **49**:188, **49**:*189*
Ostrom, E., **45**:298, **45**:*319*
Ostrovskii, M. A., **29**:283, **29**:285, **29**:293, **29**:*327*
Ostrovskii, V. P., **29**:296, **29**:*326*
Ostrovsky, R., **44**:345, **44**:*359*
Ostrowski, A. M., **3**:224, **3**:*272*
Oswald, V. A., Jr., **1**:119, **1**:121, **1**:*139*
Othera, H., **45**:211, **45**:*266*
O'Toole, J., **46**:307, **46**:*326*
Ott, L., **43**:2, **43**:44, **43**:*46*, **43**:*48*
Ott, N., **49**:40, **49**:*62*
Ottaman, T. A., **26**:97, **26**:*152*
Otten, K. W., **11**:198, **11**:200, **11**:205, **11**:*227*, **11**:368, **11**:*388*, **17**:90, **17**:*161*, **31**:329, **31**:332, **31**:*375*, **47**:*64*
Otten, R. H. J. M., **32**:4, **32**:*96*
Ottenstein, K. J., **18**:152, **18**:*169*, **18**:*171*, **35**:291, **35**:*321*, **43**:3, **43**:12–13, **43**:*46*, **43**:*48*
Ottenstein, L. M., **18**:137, **18**:*171*, **43**:3, **43**:12–13, **43**:*48*
Ottmann, T. A., **26**:293, **26**:*332*
Otto, C. M., **47**:238, **47**:*249*
Otto, S. W., **29**:226, **29**:227, **29**:245, **29**:*248*, **45**:141, **45**:*152*
Ottoson, H., **3**:279 (18), **3**:*297*
Ouasemzadeh, H., **26**:*334*
Ould, M. A., **46**:82, **46**:97, **46**:*106*
Ourston, D., **35**:238–239, **35**:247, **35**:*253*
Ousterhout, J. K., **26**:293, **26**:*332*, **48**:204, **48**:*218*, **49**:102, **49**:*141*
Ovchinnikov, Yu, **18**:269, **18**:*286*
Over, J., **41**:21, **41**:29, **41**:*60*, **45**:4, **45**:5, **45**:*51*, **46**:39, **46**:40, **46**:41, **46**:42, **46**:43, **46**:46, **46**:55, **46**:72, **46**:76, **46**:77, **46**:82, **46**:*102*, **46**:*103*
Over, J. W., **46**:41, **46**:43, **46**:44, **46**:72, **46**:*102*, **46**:*106*
Overgaard, G., **46**:95, **46**:*105*
Overstreet, C. M., **33**:85, **33**:*113*
Overton, K. J., **35**:84, **35**:102–103, **35**:*133*
Oviatt, S., **47**:49, **47**:50, **47**:51, **47**:*59*, **47**:*64*
Oviatt, S. L., **47**:*59*

Ovshinsky, S. R., **9**:6 (5), **9**:*21*
Owe, O., **33**:18, **33**:30, **33**:57, **33**:*64*
Owechko, Y., **28**:161, **28**:*225*
Owen, P. R., **4**:*241*, **10**:83, **10**:*108*
Owens, P. J., **12**:*173*
Owens, P. W., **12**:*173*
Owens, R. M., **20**:*195*, **49**:242, **49**:258, **49**:*302*
Owicki, S., **19**:101, **19**:*111*, **29**:103, **29**:104, **29**:*188*, **40**:172, **40**:174, **40**:*177*
Owre, S., **49**:86, **49**:*93*
Oxborrow, E. A., **32**:170, **32**:177, **32**:190, **32**:*199*, **32**:*200*
Oxford Micro Devices Inc., **49**:242, **49**:*301*
Oxley, S., **5**:240, **5**:*254*
Oyang, Y.-J., **44**:189, **44**:*216*
Ozaki, H., **35**:93–94, **35**:97, **35**:100, **35**:*133*
Ozakio, S., **6**:*296*
Özdamar, Ö., **38**:*182*, **38**:*189*
Ozden, B., **47**:311, **47**:312, **47**:321, **47**:*339*
Ozekici, S., **45**:201, **45**:214, **45**:*266*
Ozerova, E. F., **5**:58, **5**:*105*
Ozkarahan, A. E., **28**:109, **28**:118, **28**:123, **28**:126, **28**:145, **28**:*150*
Ozkarahan, E. A., **19**:*63*, **28**:118, **28**:123, **28**:145, **28**:*150*, **28**:*151*
Ozsoyoglu, Z. M., **21**:237, **21**:*273*
Ozturan, C., **46**:411, **46**:*437*

P

Paap, K. R., **33**:125, **33**:135, **33**:138, **33**:*169*
Pace, A. V., **5**:308 (108), **5**:*332*
Pace, J., **44**:303, **44**:309, **44**:*330*
Pacelli, M., **8**:302, **8**:*333*
Pacheco, M., **34**:174–175, **34**:*234*
Packard, V., **16**:262, **16**:*332*
Packer, J. S., **38**:*185*
Packwood, N., **47**:169, **47**:*182*
Packwood, R., **49**:267, **49**:*300*
Padegs, A., **24**:116, **24**:*169*
Padmanabhan, K., **26**:186, **26**:*198*
Padmanabhan, V. N., **48**:142, **48**:171, **48**:174, **48**:*177*
Padua, D., **35**:*321*

Padua, D. A., **20**:*195*, **23**:297, **23**:*353*, **26**:103, **26**:*151*, **37**:286, **37**:313, **37**:*331*, **45**:54, **45**:*102*
Paducheva, E. V., **11**:*52*
Padulo, L., **33**:72, **33**:*110*, **33**:*113*
Paek, E. G., **28**:154, **28**:161, **28**:186, **28**:*223*, **28**:*225*
Paek, S., **47**:300, **47**:304, **47**:326, **47**:332, **47**:333, **47**:*339*, **47**:*340*
Paepcke, A., **48**:267, **48**:270, **48**:286, **48**:287, **48**:299, **48**:*313*
Page, E., **37**:131, **37**:*165*
Page, G., **41**:15, **41**:*59*, **41**:67, **41**:73, **41**:78, **41**:*82*, **46**:50, **46**:72, **46**:*102*, **46**:*106*
Page, G. T., **42**:72, **42**:*75*
Page, J., **46**:221, **46**:*232*
Page, R. L., **19**:176, **19**:*225*
Pagels, M., **48**:12, **48**:*115*
Pager, D., **14**:139, **14**:*185*
Paggio, P., **49**:13, **49**:*57*
Pagli, L., **28**:109, **28**:118, **28**:135, **28**:145, **28**:*147*
Paige, M. R., **26**:344, **26**:*390*, **39**:79, **39**:*105*
Paige, R. C., **26**:*152*
Painter, J. A., **13**:55, **13**:*70*, **47**:227, **47**:*245*
Paivio, A., **29**:56, **29**:*76*
Pajerski, R., **41**:15, **41**:*59*, **41**:67, **41**:73, **41**:78, **41**:*82*, **46**:50, **46**:72, **46**:*102*, **46**:*106*, **46**:221, **46**:*232*
Pakzad, S. H., **30**:2, **30**:*35*, **32**:182, **32**:*198*, **34**:169, **34**:*231*, **48**:122, **48**:134, **48**:136, **48**:137, **48**:139, **48**:140, **48**:141, **48**:144, **48**:145, **48**:153, **48**:*176*
Palacios, F. G., **17**:206, **17**:*216*
Palais, S. M., **7**:31 (65), **7**:*116*
Palakal, M., **31**:126, **31**:151, **31**:*171*
Palanivel, T., **36**:*427*
Palay, A., **29**:229, **29**:235, **29**:245, **29**:*248*
Palazzo, S., **29**:170, **29**:*191*
Palen, L., **45**:305, **45**:*317*
Palermo, C. J., **7**:59 (17), **7**:*114*
Palermo, D. S., **15**:191, **15**:*236*
Palermo, F., **34**:*289*
Palermo, G., **8**:302, **8**:*333*
Paliac, M. D., **38**:171, **38**:*180*
Pallett, D. S., **47**:12, **47**:54, **47**:*64*

Palley, N., **16:***177*
Palma, J., **46:**161, **46:**164, **46:**166, **46:**174, **46:**179, **46:**180, **46:**181, **46:**182, **46:**183, **46:**185, **46:**187, **46:**188, **46:**192, **46:**196, **46:**197, **46:**199, **46:**205, **46:**207, **46:**210, **46:**217, **46:**219, **46:**222, **46:**223, **46:**230, **46:***234*
Palme, J., **19:**275, **19:**292, **19:***327*, **21:**36, **21:***89*, **22:**301, **22:***352*
Palmer, C., **36:**185–188, **36:***195*, **36:***198*
Palmer, E. R., **44:**261, **44:***282*
Palmer, J., **33:***234*
Palmer, M., **22:**201, **22:**202, **22:***211*, **49:**12, **49:**24, **49:**41, **49:**42, **49:***65*
Palmer, R. C., **30:***36*
Palmer, R. G., **5:**312 (144), **5:***334*, **37:**156, **37:***164*, **37:**405–406, **37:**410, **37:***421*
Palmer, R. P., **21:**343, **21:**344, **21:***419*, **42:**174, **42:***239*
Palmieri, J. A., **9:**211 (10), **9:***234*
Palmour, V. E., **21:**339, **21:***419*
Pan, B., **38:***189*
Pan, S. S., **26:**7, **26:**17, **26:***44*
Pan, V., **26:**134, **26:***149*, **26:***152*
Panara, R. B., **42:**2, **42:**10, **42:**12, **42:***33*
Panda, D. P., **18:**40, **18:***56*, **19:**210, **19:***225*
Pandian, N., **47:**215, **47:***250*
Pandian, N. G., **47:**215, **47:**233, **47:***247*, **47:***250*, **47:***252*
Panel of University Education in Information Processing, **24:**328, **24:***375*
Paneth, F., **2:**228 (62), **2:***292*
Panevová, J., **24:**225, **24:***274*
Panferov, B. I., **29:***326*
Panfilov, A. V., **31:**301
Pang, C. Y., **26:**124, **26:***150*
Pang, J. B. R., **47:**309, **47:***340*
Pangrie, B., **37:***283*
Panko, R. R., **40:**237, **40:***253*
Pankoke-Babatz, U., **45:**280, **45:***318*, **45:***319*
Pankowicz, Z. L., **11:**47 (97), **11:**48 (97), **11:***58*
Pankratov, V. S., **29:***327*
Panlilio-Yap, N. M., **44:**91, **44:***123*
Panov, D. Y., **1:**125 (63), **1:**127 (67), **1:**128, **1:**130 (72), **1:***140*
Pantages, A., **23:**281, **23:***291*
Panti, M., **40:**194, **40:**216, **40:**246, **40:***249*
Pao, H. C., **9:**229 (89), **9:**230 (89), **9:***238*
Pao, Y., **37:**125, **37:***165*
Papachristou, C. A., **32:**6, **32:***102*, **34:**171, **34:***233*
Papadimitriou, C., **41:**261, **41:***295*, **44:**344, **44:***360*
Papadimitriou, C. H., **19:**94, **19:**95, **19:**97, **19:**100, **19:***111*, **43:**227, **43:***240*, **47:**28, **47:***62*
Papadopoulos, G. A., **46:**390, **46:***399*
Papadopoulos, G. M., **37:**295–296, **37:**299, **37:***332*, **46:**308, **46:**312, **46:***327*
Papamarcos, M., **40:**145, **40:**162, **40:***178*
Papamichalis, P., **37:**111, **37:***117*
Papathomas, M., **46:**334, **46:***400*
Papert, S., **5:**141, **5:***221*, **13:**173, **13:**209, **13:**225, **13:***229*, **18:**201, **18:**217, **18:***227*, **24:**344, **24:***375*, **31:**242, **31:***322*, **33:**180, **33:***241*, **45:**325, **45:**328, **45:***355*, **47:**11, **47:***63*
Papert, S. A., **36:**249, **36:***253*, **37:**124, **37:***164*, **37:**348–349, **37:**352, **37:**356–363, **37:**367, **37:**380, **37:**383, **37:**386, **37:**391, **37:**393, **37:**400–404, **37:**413, **37:***422–423*
Papian, W. N., **1:**36 (44), **1:***42*, **11:**232 (1), **11:***316*
Papoulis, A., **14:***229*
Papp, F., **11:***53*
Pappalardo, A. N., **22:**125, **22:***159*
Pappas, M., **49:**261, **49:***302*
Paradies, F., **9:**118 (100), **9:***177*
Paramore, B., **36:**371, **36:**381, **36:***421*
Parashar, M., **45:**143, **45:***152*
Parasuraman, B., **20:***195*
Pardo, R., **17:**174, **17:**176, **17:**203, **17:**204, **17:**207, **17:**209, **17:**213, **17:**214, **17:***216*, **17:***219*
Parent, C., **32:**177, **32:**191, **32:***199–200*, **39:**151, **39:***188*
Parent, R. E., **16:**26, **16:**28, **16:**44, **16:***54*
Pareschi, R., **46:**355, **46:***396*
Pargellis, A., **47:**167, **47:***182*
Parhami, B., **19:***61*, **28:**122, **28:**146, **28:***150*, **34:**165, **34:**168, **34:**186, **34:**217, **34:**226, **34:***233*, **49:**242,

49:*301*
Paripati, P. K., **35**:96, **35**:98, **35**:*133*
Paris, C., **47**:16, **47**:*64*, **49**:43, **49**:*65*
Paris, J. B., **36**:308, **36**:*330*
Paris, N., **49**:275, **49**:*299*
Paris, S. R., **23**:13, **23**:*33*
Parisi, G., **33**:178, **33**:*242*
Park, D. C., **8**:74 (36), **8**:*101*, **33**:*242*, **38**:*190*
Park, N., **37**:275, **37**:*283*
Park, R. E., **24**:31, **24**:47, **24**:*60*
Park, T., **47**:180, **47**:*180*
Parke, F., **16**:39, **16**:*54*
Parke, N. G., III., **2**:*125*
Parker, A., **21**:94, **21**:95, **21**:111, **21**:117, **21**:118, **21**:126, **21**:128, **21**:129, **21**:148, **21**:*150*, **21**:*153*, **37**:275, **37**:*282–283*
Parker, A. C., **24**:102, **24**:*173*
Parker, D. B., **16**:250, **16**:314, **16**:*332*, **33**:*242*, **36**:231, **36**:*253*, **37**:126, **37**:*165*, **37**:399, **37**:*423*, **42**:22, **42**:*35*
Parker, D. S., **26**:166, **26**:176, **26**:184, **26**:187, **26**:*198*, **26**:*199*
Parker, E. B., **21**:345, **21**:*419*
Parker, E. F., **16**:130, **16**:*180*
Parker, J. B., **5**:323 (272), **5**:324 (272), **5**:325 (272), **5**:*342*
Parker, J. L., **19**:*61*, **28**:121, **28**:146, **28**:*150*
Parker, K. J., **5**:301 (44), **5**:*328*, **47**:227
Parker, M. M., **46**:118, **46**:127, **46**:133, **46**:143, **46**:*156*
Parker, R. H., **21**:340, **21**:*419*
Parker, T., **34**:*56*
Parker-Rhodes, A. F., **6**:27, **6**:51 (78), **6**:*30*, **6**:*87*, **11**:36, **11**:*57*, **11**:83, **11**:94, **11**:*124*
Parkin, G., **30**:183, **30**:*218*
Parkin, T. R., **4**:154 (76), **4**:*165*, **9**:114 (66), **9**:*175*, **10**:*107*
Parkinson, D., **49**:254, **49**:*301*
Parkinson, S., **33**:137, **33**:138, **33**:*170*
Parlermo, C. J., **28**:190, **28**:*222*
Parmullo, J. N., **7**:181 (2), **7**:*192*
Parnas, D., **35**:140, **35**:165, **35**:*183*
Parnas, D. L., **21**:92, **21**:99, **21**:108, **21**:136, **21**:*153*, **22**:301, **22**:*352*, **22**:*353*, **24**:106, **24**:121, **24**:122, **24**:127, **24**:*173*, **26**:338, **26**:*390*, **26**:411, **26**:429, **26**:*442*, **29**:6, **29**:8, **29**:*45*, **32**:230, **32**:*252*, **33**:6, **33**:*65*, **36**:6, **36**:24, **36**:*40*, **41**:194, **41**:*229*, **42**:2–3, **42**:5–6, **42**:11, **42**:15, **42**:*35*, **42**:*37*, **42**:45–46, **42**:51, **42**:*76*, **43**:52, **43**:55, **43**:86, **43**:91, **43**:*137*
Parr, F. N., **24**:24, **24**:*60*, **44**:94, **44**:*124*
Parrette, J. R., **5**:307 (95), **5**:311 (95), **5**:*331*
Parrish, S. M., **13**:55, **13**:*70*, **13**:*71*
Parrott, B., **18**:252, **18**:*286*
Parry, M., **45**:6, **45**:*51*
Parsons, D. J., **43**:188, **43**:196–198, **43**:*213*
Parsons, H. M., **11**:320 (108), **11**:328 (108), **11**:365, **11**:*388*
Parsons, R., **45**:145, **45**:*152*
Parsytec, **44**:194, **44**:*216*
Partee, B. H., **17**:76, **17**:*87*, **18**:201, **18**:*228*
Parter, S. V., **3**:228, **3**:*272*, **5**:317 (207), **5**:*338*
Parthasarathy, K., **36**:239, **36**:*253*
Parthasarthy, K., **33**:*241*
Parton, D., **32**:228, **32**:*252*
Partridge, C., **48**:233, **48**:*255*
Partridge, D., **37**:411, **37**:*423*
Partsch, H., **22**:316, **22**:319, **22**:322, **22**:*353*, **29**:132, **29**:*191*
Parulekar, R., **45**:133, **45**:*152*
Parulkar, G., **48**:8, **48**:9, **48**:15, **48**:16, **48**:17, **48**:22, **48**:25, **48**:27, **48**:29, **48**:52, **48**:54, **48**:72, **48**:73, **48**:115, **48**:117, **48**:*118*
Parulkar, G. M., **48**:9, **48**:10, **48**:15, **48**:22, **48**:25, **48**:31, **48**:34, **48**:115, **48**:*116*
Parviz, B., **36**:305, **36**:312, **36**:318, **36**:322, **36**:*329*
Parzen, E., **19**:130, **19**:*225*
Pascal, Blaise, **26**:51, **26**:89
Pasierski, T., **47**:216, **47**:*250*
Pask, G., **4**:159 (108), **4**:*167*, **5**:119 (16, 17), **5**:139, **5**:151 (60), **5**:155 (84), **5**:157, **5**:210 (179), **5**:212 (185, 186, 187, 189, 190, 192), **5**:216 (16), **5**:*219*, **5**:*221*, **5**:*222*, **5**:*225*, **5**:*226*, **6**:27, **6**:51 (78a), **6**:*30*, **6**:*87*
Paskman, M., **3**:279 (27), **3**:*298*
Pasquini, A., **46**:164, **46**:*233*

Pass, N. J., **48**:270, **48**:*310*
Passafiume, J. F., **46**:160, **46**:*233*
Passafiume, J. J., **17**:206, **17**:*219*
Pasterkamp, G., **47**:190, **47**:216, **47**:*249*, **47**:*250*
Pastore, J. O., **47**:216, **47**:*251*
Patane, J. R., **47**:344, **47**:348, **47**:350, **47**:*367*
Patel, J., **35**:287, **35**:292, **35**:295, **35**:*319*, **40**:145, **40**:162, **40**:*178*
Patel, J. H., **20**:133, **20**:140, **20**:141, **20**:176, **20**:178, **20**:190, **20**:*192*, **20**:*195*, **26**:159, **26**:172, **26**:192, **26**:193, **26**:*198*, **34**:183, **34**:*232*
Patel, N. R., **8**:29 (54), **8**:*44*
Patel, R. V., **36**:240, **36**:*253*
Paterson, M. S., **23**:22, **23**:*33*
Patijn, M., **47**:227, **47**:*245*
Patil, R. S., **22**:202, **22**:*214*, **38**:88, **38**:*141*
Patil, S., **34**:149, **34**:*154*
Patnaik, L. M., **37**:315, **37**:*332*, **45**:151, **45**:166, **45**:189, **45**:*196*
Pato, J., **44**:277, **44**:*283*
Paton, N., **39**:115, **39**:*186*
Patrick, E. A., **19**:123, **19**:177, **19**:179, **19**:*221*, **19**:*225*, **22**:218, **22**:*293*
Patrick, R. L., **7**:146 (31), **7**:*178*, **8**:*44*
Patt, Y. N., **12**:155, **12**:*172*, **24**:*174*, **41**:248, **41**:*253*
Pattee, H. H., **31**:289, **31**:316, **31**:*322*
Patterson, A. L., **5**:262, **5**:*285*
Patterson, D. A., **21**:93, **21**:97, **21**:116, **21**:*152*, **21**:*153*, **23**:8, **23**:*32*, **23**:*33*, **24**:102, **24**:103, **24**:131, **24**:134, **24**:138, **24**:139, **24**:146, **24**:156, **24**:158, **24**:159, **24**:164, **24**:*173*, **24**:*174*, **47**:301, **47**:320, **47**:*339*, **49**:242, **49**:245, **49**:246, **49**:258, **49**:*298*
Patterson, G. W., **2**:396, **2**:*420*
Patterson, M., **26**:134, **26**:*152*,
Patterson, N., **22**:49, **22**:93, **22**:*106*
Patterson, R. H., **28**:198, **28**:*222*
Patterson, T. N. L., **15**:80, **15**:*117*
Patterson, W. W., **34**:218, **34**:*233*
Pattichis, C. S., **38**:*190*
Patton, P. C., **20**:83 (3), **20**:*112*
Pauch, **47**:48, **47**:*64*
Pauker, S. G., **22**:166, **22**:202, **22**:*213*, **22**:*216*, **22**:218, **22**:219, **22**:240, **22**:274, **22**:*293*
Paul, A., **38**:*185*
Paul, G., **20**:117, **20**:124, **20**:*195*
Paul, J. L., **16**:174, **16**:*180*
Paul, M. C., **2**:388, **2**:*420*, **41**:19, **41**:*63*
Paul, R., **32**:121, **32**:*146*, **45**:221, **45**:222, **45**:*265*
Paul, R. J. A., **3**:*298*
Paul, R. P., **32**:*148*, **33**:190, **33**:*242*
Paul, S. K., **21**:414, **21**:*419*
Paul, W. J., **2**:223, **2**:*292*, **44**:193, **44**:*215*
Paulin, P., **37**:214, **37**:251, **37**:*283*
Paulin, P. G., **37**:*283*
Paulish, D. J., **38**:*182*
Paulk, M. C., **41**:98, **41**:117, **41**:126, **41**:*156*, **44**:34, **44**:*58*, **46**:3, **46**:9, **46**:12, **46**:14, **46**:15, **46**:16, **46**:26, **46**:27, **46**:30, **46**:31, **46**:32, **46**:44, **46**:53, **46**:58, **46**:66, **46**:*103*, **46**:*106*, **46**:*107*
Paull, M. C., **28**:120, **28**:122, **28**:146, **28**:*149*, **30**:8, **30**:*36*
Paulos, J. J., **38**:*183–184*
Paulus, E., **11**:198, **11**:*227*, **19**:204, **19**:*225*
Pava, C., **34**:301, **34**:*390*, **39**:257, **39**:*292*
Pavan, A., **44**:308, **44**:*329*
Pavel, J. R., **29**:170, **29**:*191*
Pavel, M., **33**:153, **33**:155, **33**:158, **33**:*167*
Pavlidis, T., **15**:117, **15**:*117*, **18**:16, **18**:55, **18**:*56*, **32**:113, **32**:116, **32**:*146*, **34**:*289*
Pavlov, I. P., **5**:207, **5**:*225*
Pavy, H. G., Jr., **47**:216, **47**:*253*
Pawlak, Z., **36**:324, **36**:*330*
Pawley, G. S., **37**:131, **37**:*166*
Payand, C., **21**:95, **21**:109, **21**:*150*
Paykel, E. S., **19**:206, **19**:*225*
Payne, C. T., **21**:343, **21**:351, **21**:*420*
Payne, G. C. F., **19**:258, **19**:*324*
Payne, L. E., **2**:78, **2**:*129*, **2**:*132*
Payne, M., **3**:7 (33), **3**:36 (33), **3**:*75*
Payne, S. J., **32**:237, **32**:*252*, **40**:196, **40**:248, **40**:*253*
Payton, D., **48**:327, **48**:330, **48**:333, **48**:334, **48**:335, **48**:337, **48**:339, **48**:340, **48**:351, **48**:*352*
Peaceman, D. W., **2**:37 (38), **2**:49 (62), **2**:*53*, **2**:*54*, **3**:193, **3**:211, **3**:262, **3**:*271*

Peach, M. O., **2**:*124*
Peacock, J., **33**:101, **33**:*113*
Peake, D. G., **21**:343, **21**:*420*
Pearl, J., **24**:181, **24**:209, **24**:*215*, **24**:*216*, **26**:139, **26**:*152*, **29**:222, **29**:224, **29**:*249*, **34**:89, **34**:*111*, **37**:203, **37**:*205*, **38**:75, **38**:81, **38**:*142*
Pearl, Judea, **26**:*44*,
Pearlman, A. S., **47**:211, **47**:*249*, **47**:250
Pearlman, J., **13**:218, **13**:*227*
Pearlman, W. A., **38**:*191*
Pearlmutter, B. A., **33**:205, **33**:216, **33**:*242*
Pearlstein, S., **46**:45, **46**:*107*
Pearson, A. C., **47**:216, **47**:*250*
Pearson, J., **5**:320 (218u), **5**:321 (219, 226, 227), **5**:*339*
Pearson, J. C., **34**:71, **34**:98, **34**:*109*, **34**:*111*
Pearson, K., **11**:87, **11**:*124*
Pease, M. C., **15**:171, **15**:*179*, **19**:90, **19**:*111*, **20**:166, **20**:*195*, **26**:166, **26**:*198*, **34**:170, **34**:*230*
Peavler, J. M., **13**:68, **13**:69, **13**:*70*
Peay, E. R., **19**:136, **19**:*225*
Pecherer, R. M., **21**:233, **21**:*273*
Pecheux, F., **40**:91, **40**:*123*
Peck, J. E. L., **12**:239 (37), **12**:*284*, **48**:202, **48**:*218*
Peckham, J., **34**:241, **34**:*289*, **40**:199, **40**:225, **40**:*253*
Pedersen, E., **45**:292, **45**:*316*, **45**:*319*
Pedersen, J. O., **48**:267, **48**:*313*
Pedersen, K., **1**:78 (69), **1**:*89*
Pedersen, T. J., **10**:118 (5), **10**:*128*
Pedgen, C. D., **33**:75, **33**:*113*
Pednault, E. P. D., **22**:192, **22**:*215*
Pedrycz, W., **28**:*103*
Peebles, R. W., **16**:206, **16**:*218*, **17**:173, **17**:206, **17**:207, **17**:*218*, **17**:*219*, **20**:85 (20), **20**:*112*
Peek, J. B., **23**:8, **23**:*32*
Peek, R. P., **48**:273, **48**:*313*
Peet, W. J., **3**:*298*
Peeters, P., **49**:313, **49**:*346*
Peffers, K. G., **43**:188, **43**:206–207, **43**:*211*
Pegah, M., **38**:110–111, **38**:119–120, **38**:*142*
Pegram, J. B., **7**:*290*

Pehlke, R. D., **4**:144 (28), **4**:148 (28), **4**:*163*
Pei, T., **44**:303, **44**:*330*
Peindl, R. D., **38**:*185*
Peir, J.-K., **44**:189, **44**:*216*
Peisner, D., **38**:*186*
Peitgen, H. O., **33**:*305*
Pekarich, S. P., **37**:111, **37**:*116*
Pelagatti, G., **21**:266, **21**:269, **21**:*273*, **32**:151, **32**:154, **32**:159, **32**:166, **32**:*196*, **41**:281, **41**:*295*
Pelagatti, S., **46**:364, **46**:*398*
Peledov, G. V., **18**:241, **18**:267, **18**:*285*, **18**:*286*
Peleg, S., **19**:87, **19**:*111*
Pelevsky, M., **3**:*297*
Pellegrin, D., **37**:130, **37**:*163*
Pellegrini, C., **38**:*183*
Pellionisz, A. J., **33**:178, **33**:212, **33**:214, **33**:*242*
Pellom, B., **47**:*61*
Pelton, W., **4**:157 (95), **4**:*167*
Penchot, J., **2**:364, **2**:*374*
Pendelbury, E. D., **5**:323 (231), **5**:*341*
Pendergraft, D. B., **37**:156, **37**:*164*
Pendergraft, E. D., **7**:212 (10), **7**:*238*, **11**:16 (22), **11**:*55*
Pendersen, **16**:151, **16**:*178*
Penedo, M. H., **34**:*57*, **41**:23, **41**:47, **41**:52, **41**:55, **41**:*61–62*, **43**:60, **43**:*137*, **46**:41, **46**:*107*
Penfield, W., **6**:44 (79), **6**:56 (80), **6**:64 (79, 80), **6**:*87*
Peng, S., **26**:*150*
Peng, T., **19**:*62*, **28**:120, **28**:121, **28**:146, **28**:*150*
Peng, Y., **47**:142, **47**:154, **47**:155, **47**:156, **47**:158, **47**:159, **47**:163, **47**:179, **47**:*182*
Penman, R., **39**:284, **39**:*292*
Pennebaker, W. B., **47**:296, **47**:*339*
Pennell, J. P., **36**:354–355, **36**:*430*
Penniman, W. D., **21**:411, **21**:*421*
Pennings, J. M., **19**:319, **19**:*324*, **21**:67, **21**:*87*
Pennington, F. M., **33**:122, **33**:*168*
Pennington, N., **39**:27–28, **39**:31, **39**:*48*, **40**:2, **40**:*4*, **40**:6, **40**:17, **40**:19, **40**:31, **40**:33–34, **40**:*37*, **49**:99, **49**:*141*
Penny, S. K., **5**:325 (310), **5**:*344*

Pennycook, B., **36**:121, **36**:*195*
Pennypacker, J., **24**:187, **24**:*216*
Pennywitt, K. E., **35**:89, **35**:*133*
Penrod, D., **18**:84, **18**:*117*
Penrose, L. S., **2**:412, **2**:*420*, **47**:142, **47**:143, **47**:*182*
Pensak, L., **2**:235 (71), **2**:251, **2**:*293*
Peoples, J., **6**:*295*
Peperstraete, J. A., **40**:107, **40**:*121–122*, **40**:*124*
Pepinsky, H. B., **11**:328 (108a), **11**:*388*
Pepinsky, R., **5**:258, **5**:275 (44), **5**:*284*, **5**:*286*
Pepper, P., **22**:300, **22**:316, **22**:319, **22**:322, **22**:*350*, **22**:*353*
Peral, J., **29**:118, **29**:*191*
Peralta, R., **30**:186, **30**:*218*
Perby, M., **34**:303, **34**:*383*
Percival, I., **33**:178, **33**:*242*
Pereira, C. N., **47**:18, **47**:41, **47**:*61*, **47**:*64*
Pereira, F. C. N., **24**:259, **24**:*275*, **49**:12, **49**:*61*
Perennou, G., **31**:112, **31**:*172*
Perera, I. A., **26**:377, **26**:*390*
Peretto, P., **33**:*242*
Perey, C., **45**:288, **45**:*319*
Perez De Celis, C., **32**:191, **32**:*199–200*
Perez-Mendez, V., **6**:*295*, **6**:*296*
Periman, R., **42**:133, **42**:*237*
Perin, C., **45**:312, **45**:*319*
Perkins, C. L., **40**:146, **40**:*177*
Perkins, H. A., **9**:227, **9**:*237*
Perkins, J., **38**:*192*
Perkins, S. T., **5**:322 (248), **5**:*341*
Perkinson, R. C., **30**:*83*
Perkowski, M., **38**:*193*
Perl, M. L., **6**:*296*
Perl Journal, The, **48**:209, **48**:*218*
Perles, M., **7**:137 (2), **7**:*177*
Perlis, **38**:*97*, **38**:*142*
Perlis, A., **22**:115, **22**:*159*, **28**:45, **28**:*64*, **35**:169, **35**:*180*
Perlis, A. J., **1**:15 (20), **1**:*41*, **8**:54 (41), **8**:61 (41), **8**:*101*, **9**:52 (29, 31), **9**:84, **9**:*111*, **10**:68 (45), **10**:77, **12**:172, **12**:238 (18), **12**:239 (18), **12**:*283*, **15**:2, **15**:*62*, **19**:*324*, **20**:205, **20**:*256*, **20**:*257*, **20**:*258*, **22**:298, **22**:*350*, **24**:327, **24**:*374*, **33**:3, **33**:7, **33**:55, **33**:56, **33**:57, **33**:*63*, **34**:1, **34**:*55*,
43:62, **43**:*133*, **49**:143, **49**:*188*
Perlman, G., **33**:132, **33**:134, **33**:136, **33**:146, **33**:*169*, **36**:*427*
Perlman, R., **42**:123, **42**:*237*, **44**:227, **44**:236, **44**:*279–280*
Perlov, I., **18**:258, **18**:*286*
Perneski, A. J., **17**:244, **17**:245, **17**:*281*
Pernici, B., **32**:164, **32**:172, **32**:*196*, **40**:185, **40**:188–189, **40**:191, **40**:194, **40**:198–199, **40**:206–207, **40**:209, **40**:230, **40**:234, **40**:240, **40**:246, **40**:248, **40**:*249–250*, **40**:*253*
Pernul, G., **35**:40, **35**:*80*, **38**:3, **38**:9, **38**:20–22, **38**:24, **38**:31, **38**:45–46, **38**:50, **38**:61, **38**:67, **38**:*71*, **39**:116, **39**:147, **39**:162, **39**:*188*
Perreault, L. E., **38**:146, **38**:177, **38**:*180*
Perricone, B. T., **26**:400, **26**:*441*
Perrier, J., **47**:174, **47**:175, **47**:*182*
Perring, M. A., **47**:226, **47**:*246*
Perrolle, J., **39**:274, **39**:277–278, **39**:*292*
Perron, R., **30**:80, **30**:*83*, **34**:140, **34**:*155*
Perrone, M., **49**:312, **49**:315, **49**:*346*
Perrott, R. H., **35**:260, **35**:*323*
Perrow, C., **19**:258, **19**:319, **19**:*327*, **21**:17, **21**:73, **21**:*89*, **36**:411, **36**:*427*, **39**:247, **39**:*292*
Perry, C. L., **4**:146 (44), **4**:*164*
Perry, D. E., **22**:131, **22**:*160*, **41**:31, **41**:*62*, **42**:54–55, **42**:*76*, **43**:53, **43**:55, **43**:76, **43**:81–82, **43**:*134*, **43**:*137*
Perry, D. L., **40**:71, **40**:82, **40**:*125*
Perry, G., **32**:109, **32**:*146*
Perry, J. H., Jr., **7**:182, **7**:*192*
Perry, J. L., **19**:266, **19**:*327*, **21**:39, **21**:*89*
Perry, J. W., **4**:37 (69), **4**:*51*, **31**:335, **31**:340, **31**:*372*, **31**:*375*
Perry, M. N., **3**:85 (15), **3**:*153*
Perry, T. S., **39**:261, **39**:269, **39**:*292*
Perry, W., **6**:*226*
Perry, W. E., **11**:320 (108), **11**:328 (108a), **11**:*388*
Perschke, S., **47**:31, **47**:41, **47**:*62*
Person, C., **31**:330, **31**:*375*
Personnaz, L., **36**:220, **36**:*253*, **37**:*165*
Perstein, M., **4**:157 (94), **4**:*166*
Pertersen, K., **48**:122, **48**:142, **48**:171, **48**:173, **48**:*176*
Perterson, T., **48**:129, **48**:*177*

Perucca, J. R., **11**:232 (10, 12), **11**:238 (12), **11**:242 (12), **11**:250 (12), **11**:255 (10), **11**:301 (10, 12), **11**:311 (26), **11**:*317*
Pervyskin, E. K., **18**:*286*
Perzanowski, D., **47**:40, **47**:*66*
Pesavento, U., **47**:*182*
Pesch, H., **26**:388, **26**:*390*
Peschi, R., **42**:218, **42**:*236*
Peshkess, Z., **23**:8, **23**:*32*
Peter, R., **8**:194, **8**:206, **8**:*245*
Petermann, C., **45**:303, **45**:*316*
Peters, B., **12**:7, **12**:15 (17), **12**:*36*
Peters, G., **46**:120, **46**:123, **46**:140, **46**:150, **46**:151, **46**:*156*
Peters, L., **45**:13, **45**:*51*
Peters, S., **15**:190, **15**:*236*
Petersdorf, R. G., **22**:232, **22**:*293*
Petersen, H. E., **12**:2, **12**:*36*, **16**:250, **16**:*332*
Petersen, K., **39**:207, **39**:210, **39**:222, **39**:*236–237*
Petersen, T. A., **36**:146, **36**:*202*, **40**:100, **40**:*125*, **44**:200, **44**:*213*
Peterson, C., **31**:42, **31**:*96*, **34**:129, **34**:*153*, **38**:198, **38**:*243*
Peterson, D. P., **18**:8, **18**:*57*
Peterson, G., **35**:180, **35**:*183*
Peterson, G. E., **1**:193 (3), **1**:204 (14), **1**:208 (14), **1**:210 (14), **1**:*227*, **1**:*228*, **11**:186, **11**:*230*
Peterson, G. R., **21**:93, **21**:95, **21**:116, **21**:*152*
Peterson, H. E., **6**:55 (60, 65), **6**:*86*, **7**:42 (36), **7**:*114*
Peterson, H. P., **3**:82 (8), **3**:*152*
Peterson, I., **48**:259, **48**:260, **48**:*313*
Peterson, J., **38**:*142*
Peterson, J. L., **33**:*113*, **40**:207, **40**:239, **40**:*253*, **42**:20, **42**:*35*
Peterson, L., **36**:*419*, **42**:217, **42**:*239*
Peterson, L. D., **26**:234, **26**:*278*, **38**:*190*
Peterson, L. L., **48**:12, **48**:*115*
Peterson, O., **10**:186 (13), **10**:*216*
Peterson, R. E., **5**:312 (141), **5**:*334*
Peterson, R. M., **34**:98, **34**:*111*
Peterson, W. D., **5**:326 (355), **5**:*347*
Peterson, W. W., **1**:25 (35), **1**:*42*, **10**:115 (10), **10**:*128*, **12**:*172*, **14**:188, **14**:*229*, **22**:49, **22**:64, **22**:81, **22**:93, **22**:*106*, **26**:234, **26**:276, **26**:*279*
Pethia, R., **41**:125, **41**:*155*
Pethia, R. D., **41**:*156*
Petri, B., **44**:289, **44**:*330*
Petri, C. A., **5**:200, **5**:*224*
Petrick, S., **13**:183, **13**:*229*
Petrick, S. R., **11**:200, **11**:*227*, **12**:*169*, **17**:91, **17**:160, **17**:*161*
Petrie, C. R., **30**:24, **30**:*35*
Petrie, G., **13**:*107*
Petrie, T., **47**:*58*
Petrie, W. M. F., **8**:108 (7), **8**:*152*
Petritz, R. L., **9**:181, **9**:184 (64), **9**:*237*, **9**:287 (12), **9**:292 (12), **9**:*353*
Petroni, M., **38**:*183*, **38**:*185–186*, **38**:*192*
Petropavlovskii, V. P., **29**:*328*
Petrov, A. P., **18**:238, **18**:*286*
Petrov, M., **29**:273, **29**:*327*
Petrovic, R., **14**:191, **14**:*229*
Petrucci, K. E., **38**:*189*
Petrucci, P., **38**:*189*
Petry, F. E., **13**:203, **13**:205, **13**:*226*, **15**:19, **15**:23, **15**:*59*, **15**:*62*, **24**:290, **24**:*311*
Petschauer, R. J., **9**:287 (14), **9**:*353*
Pettibone, J., **5**:301 (49), **5**:*329*
Pettigrew, A. M., **19**:259, **19**:267, **19**:268, **19**:274, **19**:309, **19**:*326*, **19**:*327*, **21**:11, **21**:31, **21**:32, **21**:39, **21**:69, **21**:*89*, **34**:324, **34**:*390*
Pettis, K., **19**:120, **19**:*225*
Petzval, J., **5**:235, **5**:*253*
Peucker, T., **13**:*107*
Peuguet, D. J., **34**:*289*
Peuschel, B., **41**:38–39, **41**:53, **41**:*62*
Pevnev, N. I., **18**:246, **18**:*286*
Peyghambarian, N., **28**:168, **28**:*225*
Peyravi, H., **26**:*197*
Peyravian, M., **42**:188, **42**:*237*
Peyrin, F. C., **47**:224, **47**:*246*
Pfab, J. M., **6**:290, **6**:*296*
Pfaltz, J. L., **12**:315, **12**:*413*
Pfeffer, J., **21**:67, **21**:*89*, **34**:324, **34**:*390*
Pfeifer, C. J., **5**:308 (109, 110), **5**:*332*
Pfeiffer, J. E., **3**:305, **3**:*346*
Pfeiffer, R. A., **5**:325 (317), **5**:*344*
Pfenninger, W., **4**:207 (29), **4**:*241*
Pfister, G. F., **26**:194, **26**:*198*, **34**:140, **34**:*155*, **34**:174, **34**:*233*, **40**:164–165, **40**:*176*, **40**:*178*, **49**:247, **49**:*301*

Pfitzmann, A., **30**:196, **30**:*221*, **44**:223, **44**:255, **44**:261, **44**:276, **44**:280, **44**:*282*
Pfitzmann, B., **30**:196, **30**:*221*
Pfleeger, S. L., **41**:5, **41**:12, **41**:55, **41**:*62*, **44**:90, **44**:*124*, **44**:127–128, **44**:131–134, **44**:136, **44**:141–144, **44**:146–147, **44**:151, **44**:154, **44**:156, **44**:159–161, **44**:*167*, **46**:65, **46**:*107*, **46**:162, **46**:*233*, **49**:94, **49**:195, **49**:198, **49**:*237*
Pfleeger Lawrence, S., **39**:91, **39**:*105*
Pfluger, N., **48**:344, **48**:*353*
Phelps, C. V., **29**:145, **29**:*191*
Phelps, D. F., **17**:259, **17**:*279*
Philbin, P. P., **21**:383, **21**:*417*
Philippsen, M., **49**:276, **49**:*301*
Philips, M. D., **36**:371, **36**:373, **36**:381, **36**:*427*
Phillips, B., **34**:*289*
Phillips, D. C., **5**:259 (11), **5**:275 (41), **5**:278 (41), **5**:279 (41), **5**:*284*, **5**:*286*, **32**:129, **32**:*146*, **43**:244, **43**:*275*, **47**:227, **47**:*244*
Phillips, J. A., **12**:*172*
Phillips, L. D., **31**:42, **31**:*96*
Phillips, M., **46**:3, **46**:14, **46**:*30*
Phillips, N., **1**:59 (30, 33), **1**:60 (33), **1**:61 (40), **1**:67 (50), **1**:74 (61), **1**:75 (40), **1**:83 (82), **1**:84 (84), **1**:85 (82), **1**:86 (61, 99), **1**:*87*, **1**:*88*, **1**:*89*, **1**:*90*
Phillips, R. W., **41**:76, **41**:*82*, **46**:41, **46**:43, **46**:72, **46**:*102*
Phipps, T., **44**:326–327, **44**:*330*
Phister, M., Jr., **4**:142 (17), **4**:*162*, **29**:269, **29**:292, **29**:*327*
Phoha, S., **48**:145, **48**:*176*
Piaget, J., **5**:205, **5**:*224*, **31**:331, **31**:*375*
Piasetski, L., **18**:106, **18**:*117*
Piatetsky-Shapiro, G., **48**:301, **48**:*313*
Piatkowski, R. F., **29**:83, **29**:*191*
Picard, M. H., **47**:211, **47**:*252*
Picardi, M. C., **33**:133, **33**:*170*
Piccialli, A., **36**:144, **36**:*195*
Pichon, G., **42**:121, **42**:*235*
Pick, G. P., **7**:66 (6), **7**:*113*
Pick, R., **26**:*44*
Pickard, L., **44**:132–133, **44**:144, **44**:161, **44**:*167*
Pickens, J. R., **16**:211, **16**:*218*

Picker, R., **47**:216, **47**:*246*, **47**:*253*
Pickering, J., **39**:248, **39**:*292*
Pickering, W., **5**:307 (96a), **5**:*331*
Picket, M., **15**:79, **15**:*117*
Pickworth, J., **5**:264 (19), **5**:*285*
Picone, M., **2**:69, **2**:70 (9.1), **2**:72, **2**:*126*, **2**:*127*, **2**:*131*
Picot, P. A., **47**:227, **47**:*250*, **47**:*253*
Pidgeon, C., **42**:29, **42**:*31*
Pieper, J., **34**:129, **34**:*153*
Pier, K. A., **45**:292, **45**:*316*, **46**:290, **46**:*327*
Piera, F., **35**:341, **35**:*367*
Pierce, A. R., **21**:357, **21**:359, **21**:*421*
Pierce, J. R., **6**:37, **6**:*87*, **10**:83, **10**:84, **10**:100 (40), **10**:*108*, **10**:114 (12), **10**:115 (8), **10**:117 (8), **10**:*128*, **11**:221, **11**:*227*, **17**:173, **17**:*219*, **20**:82, **20**:102 (73), **20**:*114*, **24**:218, **24**:247, **24**:272, **24**:*275*, **36**:139, **36**:*198*
Pierce, R., **31**:*375*
Pierce, R. A., **17**:183, **17**:*219*
Pierce, W. S., **38**:*186*
Pierre, L. V., **40**:98, **40**:*121*
Pierrel, J. M., **31**:112, **31**:*171*
Pierzchata, E., **38**:*193*
Piessen, R., **15**:80, **15**:*117*
Pietrogrande, M., **38**:*193*
Piezer, D. B., **15**:191, **15**:*236*
Pigoski, T. M., **42**:27, **42**:*35*
Pigot, D., **2**:326, **2**:327 (168), **2**:364, **2**:*374*
Pike, B., **47**:102, **47**:109, **47**:110, **47**:*139*
Pike, K. L., **1**:201, **1**:*228*
Pilling, D. E., **5**:258 (9), **5**:271 (9), **5**:273 (9), **5**:*284*
Pillutla, R., **38**:*186*
Piloty, R., **21**:95, **21**:113, **21**:117, **21**:144, **21**:145, **21**:*154*
Pin, F. G., **33**:175, **33**:*239*
Pinckney, T., **48**:122, **48**:*176*
Pineda, F. J., **33**:201, **33**:202, **33**:205, **33**:207, **33**:209, **33**:216, **33**:231, **33**:*242*
Pines, M., **7**:281 (23), **7**:*288*
Pines, S., **3**:7 (33), **3**:36, **3**:*75*
Pingali, K., **35**:272, **35**:275, **35**:*323*, **45**:121, **45**:*152*
Pingali, K. K., **37**:313, **37**:*331*

Pingrey, D. E., **46**:135, **46**:*156*
Pini, R., **47**:227, **47**:*251*
Pinker, S., **31**:71, **31**:*97*
Pinkerton, R. C., **12**:75, **12**:*113*
Pinkus, A., **23**:62, **23**:*91*
Pinsker, M., **26**:162, **26**:*198*
Pinson, E. N., **10**:120 (1), **10**:*128*, **22**:154, **22**:*160*
Pinson, S., **22**:164, **22**:*215*
Pinter, S. S., **44**:261, **44**:*282*
Pinto, J., **39**:33, **39**:*48*
Pinto, Jeannine, **40**:8, **40**:29, **40**:34, **40**:*37–38*
Pipe, G. R., **35**:338, **35**:*370*
Pipe, R. G., **16**:288, **16**:291, **16**:*332*
Pipeberger, H. V., **16**:173, **16**:*179*, **16**:*182*
Pipelot, Pierre, **26**:50
Piper, D., **48**:238, **48**:*254*
Pippenger, N., **23**:298, **23**:341, **23**:*353*, **26**:*198*
Piradesh, H., **32**:184, **32**:194, **32**:*198*, **39**:115, **39**:*188*
Pirahesh, M. H., **32**:189, **32**:*196*
Pirbhai, I. A., **41**:108, **41**:130, **41**:142, **41**:*156*, I. A., **42**:14, **42**:*33*
Pircher, P. A., **43**:69–70, **43**:*139*
Pirmukhamedov, A. N., **18**:246, **18**:*286*
Pirolli, P., **47**:*139*
Pirotte, A., **14**:139, **14**:*184*
Pirow, P. C., **35**:343, **35**:*370*
Pirtle, M. W., **8**:6 (42), **8**:12 (42), **8**:19 (42), **8**:*43*
Pisano, E. D., **47**:216, **47**:242, **47**:*247*, **47**:*252*
Pis'mennyi, V. V., **29**:*326*
Pistorius, C. A., **2**:184 (43), **2**:*291*
Piszczalski, M., **36**:123, **36**:*198*
Pitkow, J., **48**:181, **48**:212, **48**:*218*
Pitman, H. W., **2**:158 (13), **2**:*290*
Pitoura, E., **48**:*177*
Pitrik, R., **43**:62, **43**:100, **43**:118, **43**:*137*
Pitt, D. A., **26**:66, **26**:*91*, **42**:127, **42**:134–135, **42**:167–168, **42**:*235*, **42**:*237*
Pitt, L., **33**:*238*
Pittel, T. S., **33**:35, **33**:45, **33**:*65*
Pittges, J., **38**:*142*
Pittman, J., **47**:50, **47**:51, **47**:*59*
Pittman, K., **48**:300, **48**:*311*
Pittman, T., **22**:300, **22**:301, **22**:340, **22**:*351*
Pitts, D., **35**:278, **35**:*323*
Pitts, W., **2**:415, **2**:*419*, **5**:134, **5**:171, **5**:193, **5**:*220*, **31**:242, **31**:*322*, **37**:121, **37**:123, **37**:135, **37**:*164*
Pitts, W. H., **11**:197 (84), **11**:*226*, **33**:179, **33**:*241*, **36**:213, **36**:214, **36**:*253*, **47**:9, **47**:*62*
Pivovarov, G. Yu., **44**:203, **44**:*215*
Pizano, A., **34**:249, **34**:264, **34**:*287*, **34**:*289*
Pizer, S. M., **47**:215, **47**:238, **47**:242, **47**:*246*, **47**:*247*
Piziali, R. L., **47**:215, **47**:*246*
Place, P., **42**:9, **42**:*35*
Plangsiri, B., **32**:34, **32**:64, **32**:*102*
Plas, A., **34**:145, **34**:*155*, **44**:195, **44**:*216*
Plasneijer, **43**:33, **43**:*45*
Plate, T., **49**:12, **49**:26, **49**:*68*
Plath, W. J., **11**:25, **11**:*55*, **17**:91, **17**:*161*
Plato, **10**:68, **10**:*77*
Platoff, M. A., **35**:220, **35**:226, **35**:*253*, **43**:2, **43**:*48*
Platt, J. C., **33**:191, **33**:192, **33**:*242*
Platt, W., **28**:235, **28**:260, **28**:262, **28**:*277*
Platzman, G., **1**:66, **1**:68, **1**:72, **1**:*88*, **1**:*89*
Plauger, P. J., **22**:152, **22**:*160*
Pleshakov, P. S., **18**:243, **18**:*286*
Pleshko, P., **9**:225, **9**:226, **9**:*237*
Pless, I., **6**:263, **6**:265, **6**:*295*
Pleszkoch, M. G., **35**:168, **35**:181, **35**:237, **35**:245–246, **35**:*252*, **36**:25, **36**:*39*
Plimpton, S., **45**:148, **45**:*150*
Plotkin, G. D., **24**:205, **24**:*216*
Plout, D. C., **31**:128, **31**:*172*
Plowman, L., **45**:301, **45**:*320*
Plugge, W. R., **3**:85 (15), **3**:*153*
Plummer, D. C., **48**:223, **48**:*254*
Pneuli, A., **16**:82, **16**:*124*, **29**:103, **29**:*191*, **39**:130, **39**:145, **39**:*187–188*, **41**:42, **41**:*61*, **45**:4, **45**:*51*, **46**:42, **46**:82, **46**:*104*
Poage, J. F., **9**:93 (14), **9**:*110*
Podell, H., **21**:*89*
Podgurski, A., **26**:*389*, **41**:206, **41**:*229*
Podlovchenko, R. I., **5**:33, **5**:*107*
Podraza, G. V., **9**:222 (6), **9**:*234*
Poggio, T., **34**:64–65, **34**:70, **34**:88, **34**:*111*

Pogorelyi, S. D., **29**:305, **29**:306, **29**:*327*
Pogran, K. T., **20**:85 (14, 63), **20**:*112*, **20**:*114*
Pogudin, Iu. M., **29**:*327*
Pohl, **43**:222–223, **43**:*240*
Pohl, I., **13**:215, **13**:*229*
Pohlig, S. C., **22**:74, **22**:84, **22**:*106*
Pohm, A. V., **17**:233, **17**:*282*, **20**:85 (45, 46), **20**:*113*
Poigjaner, L., **14**:*228*
Poincare, H., **31**:*375*
Pointer, L., **41**:235–236, **41**:*252*
Poirot, J. L., **24**:352, **24**:353, **24**:354, **24**:355, **24**:*375*, **24**:*376*
Poisson, **26**:419
Polak, E., **11**:362, **11**:*390*
Polak, W., **33**:57, **33**:*63*
Poland, C. B., **12**:*172*
Polansky, R. B., **7**:*290*
Polaschek, M. L., **39**:151, **39**:167, **39**:*188*
Poli, R., **38**:*189*
Poliac, M., **38**:*182*, **41**:42, **41**:*61*
Poliac, M. O., **38**:*189*
Politi, M., **45**:4, **45**:*51*, **46**:42, **46**:82, **46**:*104*
Polk, W., **48**:*253*
Pollack, A., **47**:349, **47**:*367*
Pollack, B. W., **13**:183, **13**:*227*
Pollack, I., **1**:217 (35), **1**:218, **1**:*229*, **11**:354 (117), **11**:*389*
Pollak, B., **48**:17, **48**:20, **48**:59, **48**:*116*
Pollar, C., **44**:111, **44**:115, **44**:*124*
Pollard, J. M., **22**:80, **22**:*106*, **30**:197, **30**:*221*
Pollitt, A. S., **24**:*315*
Pollitt, S., **40**:190, **40**:*253*
Pollock, S., **40**:192, **40**:242, **40**:*253*
Polocher, J., **16**:*122*
Polonsky, I. P., **7**:212 (5), **7**:220 (5), **7**:*238*, **8**:61 (17), **8**:*100*, **9**:92 (11, 12), **9**:93 (12, 14), **9**:*110*
Polosin, A. N., **29**:302, **29**:*327*
Polson, P., **29**:60, **29**:71, **29**:*76*, **36**:393, **36**:*425*
Polson, P. G., **32**:226, **32**:*251*, **36**:383, **36**:395, **36**:*427*
Poltrock, S. E., **36**:359, **36**:362, **36**:369, **36**:410, **36**:*423*, **36**:*428*, **45**:312, **45**:*320*
Polya, G., **28**:239, **28**:*277*, **36**:283, **36**:*328*

Pólya, G., **2**:*130*, **2**:*131*, **10**:100, **10**:*108*, **10**:258, **10**:265, **10**:*273*
Polya, J., **5**:168, **5**:*222*
Polyani, M., **31**:331, **31**:*375*
Polychronopoulos, C. D., **35**:*323*, **37**:323, **37**:*332*, **45**:54, **45**:57, **45**:58, **45**:72, **45**:*101*, **45**:*102*, **45**:146, **45**:*152*
Polzella, D. J., **36**:336, **36**:*426*
Pomerene, J. H., **1**:233 (2), **1**:*308*, **6**:148, **6**:149 (25), **6**:*191*, **6**:*192*
Pomerleau, D., **48**:321, **48**:324, **48**:351, **48**:*352*
Pomper, I. H., **12**:*173*
Pomraning, G. C., **5**:303 (69), **5**:304 (70, 74), **5**:305 (81), **5**:*330*, **5**:*331*
Poncelet, C. G., **5**:313 (154), **5**:*335*
Pondy, L. R., **23**:147, **23**:*175*
Pong, F., **46**:324, **46**:*327*
Ponnamperuma, C., **47**:143, **47**:*182*
Ponnusamy, R., **45**:107, **45**:111, **45**:115, **45**:116, **45**:145, **45**:146, **45**:*150*, **45**:*151*, **45**:*152*
Ponomarev, V. M., **44**:204, **44**:*216*
Poole, F., **40**:188, **40**:241, **40**:*252*
Poole, J. E., **43**:11, **43**:42, **43**:*48*
Poom, K. E., **29**:296, **29**:*327*
Poore, J. H., **24**:349, **24**:351, **24**:*375*, **35**:172, **35**:*183*, **36**:6–7, **36**:12, **36**:24, **36**:26–27, **36**:31, **36**:33, **36**:*39–41*, **46**:165, **46**:*234*
Pope, H. E., **38**:165, **38**:168–169, **38**:*180*
Pope, S. T., **36**:*198–199*
Popek, G. J., **22**:96, **22**:*105*, **22**:*106*, **22**:304, **22**:*352*, **24**:*100*, **30**:172, **30**:*221*, **35**:273, **35**:278, **35**:*321*, **39**:224, **39**:232, **39**:*236*
Popek, G. L., **20**:224, **20**:231, **20**:257, **22**:114, **22**:*160*, **22**:298, **22**:*352*, **35**:278, **35**:*324*, **48**:167, **48**:170, **48**:*177*
Popescu-Zeletin, R., **20**:85 (19), **20**:*112*, **32**:151, **32**:160, **32**:169, **32**:194, **32**:*198*, **32**:*200*, **41**:270, **41**:*295*
Popetchitelev, E. P., **12**:404, **12**:*412*
Pople, A., **36**:*198*
Pople, H. E., **22**:166, **22**:202, **22**:*215*, **22**:221, **22**:240, **22**:274, **22**:*293*, **23**:168, **23**:*175*
Popov, A. A., **29**:300, **29**:*327*

Popov, U. M., **28**:160, **28**:*221*
Popovic, D., **49**:318, **49**:*347*
Popovic, I., **36**:*199*
Popovich, S. S., **39**:116, **39**:*188*
Popowich, F., **29**:224, **29**:227, **29**:*249*, **47**:48, **47**:49, **47**:50, **47**:*61*
Popp, F. A., **31**:300, **31**:*322*
Popp, R. L., **47**:*245*
Poppel, H. L., **40**:183, **40**:*253*
Poppelbaum, W. J., **9**:10 (8), **9**:11 (7), **9**:12 (9), **9**:14 (6), **9**:18 (9), **9**:*21*, **14**:187, **14**:190, **14**:199, **14**:202, **14**:216, **14**:*229*, **26**:49, **26**:52, **26**:56, **26**:58, **26**:60, **26**:61, **26**:63, **26**:65, **26**:66, **26**:67, **26**:69, **26**:*90*, **26**:*91*
Popper, K., **29**:54, **29**:63, **29**:*76*, **34**:312, **34**:*390*
Popper, K. R., **24**:130, **24**:*174*, **28**:32, **28**:55, **28**:57, **28**:*66*, **31**:331, **31**:*375*
Popplestone, R. J., **13**:201, **13**:202, **13**:218, **13**:*226*, **13**:*229*, **43**:251, **43**:274, **43**:*277–278*
Popsuev, A. N., **29**:*327*
Porat, M. U., **31**:362, **31**:*375*, **38**:249, **38**:*315*, **43**:186, **43**:191, **43**:*213*
Porcello, L. J., **7**:59 (17), **7**:*114*, **28**:190, **28**:192, **28**:193, **28**:*221*, **28**:222
Pordy, L., **16**:173, **16**:*180*
Porejail, D. J., **6**:*226*
Poritsky, H., **2**:80, **2**:101, **2**:118, **2**:*129*, **2**:*133*
Port, E., **44**:308, **44**:*329*
Porter, A. A., **28**:180, **28**:*225*, **42**:46, **42**:54, **42**:59–60, **42**:63, **42**:65, **42**:67, **42**:*76*, **46**:198, **46**:200, **46**:233, **46**:*234*
Porter, J., **44**:326–327, **44**:*330*
Porter, M., **34**:*391*
Porter, M. E., **28**:230, **28**:233, **28**:237, **28**:*277*, **43**:207, **43**:*213*
Porter, R. E., **3**:78 (16), **3**:*153*, **4**:283 (21), **4**:*303*
Posakony, G., **47**:238, **47**:*248*
POSCH Group, **38**:*189*
Posner, E. C., **33**:127, **33**:*241*, **36**:220, **36**:*253*, **37**:155, **37**:*164*
Posner, I., **45**:295, **45**:*319*
Posner, M. I., **32**:221, **32**:*252*
Posner, M. J. M., **17**:207, **17**:*216*
Post, B. Q., **45**:297, **45**:*320*

Post, C. T., Jr., **16**:141, **16**:*180*
Post, D. L., **20**:62, **20**:82
Post, E., **23**:168, **23**:*175*
Post, E. L., **2**:397, **2**:*420*, **24**:82, **24**:85, **24**:*100*
Postak, J. N., **24**:13, **24**:*60*
Postal, P., **7**:140, **7**:*179*
Postal, P. M., **8**:230 (9), **8**:*244*, **15**:186, **15**:*236*, **15**:*237*
Postel, J. B., **16**:187, **16**:197, **16**:*218*, **17**:203, **17**:*217*, **29**:96, **29**:*191*, **42**:132, **42**:*237*, **44**:223, **44**:*280*, **48**:222, **48**:243, **48**:*254*
Postel, T., **48**:*254*
Postley, J. A., **6**:8, **6**:*30*, **12**:*172*
Postman, L., **6**:39 (9), **6**:*84*, **29**:57, **29**:*76*
Potamianos, S., **39**:115, **39**:*188*
Potash, L. M., **33**:122, **33**:*169*
Potember, R. S., **31**:243, **31**:*322*
Potenza, J., **22**:*43*
Pothen, A., **45**:148, **45**:*149*, **45**:*152*
Potisuk, S., **47**:*61*
Potocki, A., **42**:128, **42**:148, **42**:183, **42**:*235*
Potter, A., **31**:56, **31**:*97*
Potter, J. L., **26**:86, **26**:*92*, **34**:*233*
Potter, R. K., **1**:198, **1**:208 (26), **1**:212, **1**:*228*, **11**:173, **11**:188 (117), **11**:*227*
Potter, S. S., **36**:348, **36**:*426*
Pottier, B., **40**:104, **40**:*122*, **40**:*124*, **44**:195, **44**:*216*
Potts, C., **41**:28, **41**:*62*
Pouliquen, P. O., **34**:176, **34**:*229*
Poulsen, G., **18**:184, **18**:*228*
Pounds, W., **20**:12, **20**:*35*
Pourmedhdi, S., **38**:*185–186*
Pouzin, L., **16**:194, **16**:*218*, **17**:165, **17**:*219*, **42**:121, **42**:*237*
Powell, B., **6**:256, **6**:*294*
Powell, C. F., **2**:172, **2**:203 (53), **2**:204 (55), **2**:215 (55), **2**:218 (26), **2**:*290*, **2**:*292*
Powell, J., **28**:*64*, **34**:*56*
Powell, J. A., **28**:2, **28**:*65*
Powell, J. D., **23**:182, **23**:184, **23**:185, **23**:187, **23**:192, **23**:*251*, **24**:352, **24**:353, **24**:355, **24**:*375*, **24**:*376*, **42**:251, **42**:*267*
Powell, M. L., **41**:*253*

Powers, D. A., **2**:155 (4), **2**:221, **2**:*289*
Powers, D. M., **20**:117, **20**:*191*
Powers, J. E., **47**:208, **47**:*245*
Powers, R., **20**:20, **20**:*35*
Pozefsky, D. P., **29**:109, **29**:*191*
Pozzi, **2**:364, **2**:*374*
Pozzi, G. P., **5**:326 (370), **5**:*348*
Pozzi, S., **40**:189, **40**:*250*
Pozzo, M. M., **30**:210, **30**:*221*
Prabhakar, S., **38**:127, **38**:*142*
Prabhu, G. M., **26**:*197*
Prabhu, P., **36**:372, **36**:*421*
Prade, H., **36**:266, **36**:274, **36**:283, **36**:297, **36**:312, **36**:317–319, **36**:*327–328*
Pradhan, D. K., **20**:167, **20**:*195*, **26**:*198*, **26**:320, **26**:331, **26**:*334*
Praehoffer, H., **33**:73, **33**:91, **33**:93, **33**:*113*
Prager, J., **31**:124, **31**:*172*
Prager, W., **2**:*131*, **2**:320, **2**:*371*, **2**:*374*, **10**:261 (18), **10**:262, **10**:265 (11), **10**:270 (14, 15), **10**:272 (15), **10**:*273*
Prahalad, C. K., **44**:53, **44**:*57*
Prahalada Rao, B. P., **45**:169, **45**:*195*
Prakash, A., **26**:*443*, **30**:87, **30**:*169*, **40**:69, **40**:*125*, **42**:16, **42**:18, **42**:*35*, **43**:58, **43**:61, **43**:*137*, **48**:137, **48**:142, **48**:*177*
Prakash, S., **38**:*194*
Pralahad, C. K., **46**:44, **46**:*107*
Pramanik, S., **30**:15, **30**:*36*
Prampolini, F., **38**:*184*
Prasad, B., **38**:*185*
Prasad, J., **44**:62, **44**:86, **44**:108, **44**:111, **44**:114–116, **44**:121, **44**:*124*, **46**:2, **46**:*31*
Prasada, B., **18**:11, **18**:*56*
Prata, A., **28**:154, **28**:186, **28**:*223*
Prather, R. E., **39**:69, **39**:*105*
Prati, F., **47**:216, **47**:227, **47**:*245*, **47**:*252*
Pratt, A. D., **31**:330, **31**:*376*
Pratt, D., **48**:300, **48**:*311*
Pratt, M., **49**:253, **49**:*301*
Pratt, T. W., **30**:4, **30**:*36*, **45**:9, **45**:12, **45**:20, **45**:*51*
Pratt, V., **14**:6, **14**:31, **14**:39, **14**:*43*
Pratt, V. R., **30**:4–5, **30**:*35*, **43**:220–222, **43**:239, **43**:*240*
Pratt, W. K., **18**:16, **18**:27, **18**:28, **18**:40, **18**:48, **18**:55, **18**:*57*, **47**:221, **47**:*250*
Preas, B., **37**:234, **37**:260, **37**:*283*
Prechelt, L., **43**:53, **43**:*138*
Preece, D. A., **42**:113, **42**:*117*
Pregibon, D., **46**:199, **46**:200, **46**:211, **46**:222, **46**:*232*
Pregidbon, D., **42**:114, **42**:*116*
Preiser, S., **5**:322 (242), **5**:*340*
Preiss, B. R., **35**:312, **35**:*323*
Premerlani, W., **43**:59, **43**:69–70, **43**:115–116, **43**:*138*, **46**:75, **46**:95, **46**:*107*, **47**:274, **47**:*291*
Premerlani, W. J., **30**:*82*, **35**:139, **35**:143, **35**:154, **35**:*183*, **41**:142, **41**:*156*
Premkumar, U. V., **26**:159, **26**:*198*
Prendergast, K. A., **28**:235, **28**:*278*, **38**:*316*
Prenter, P. M., **36**:235, **36**:*253*
Prentice, A. E., **48**:270, **48**:*313*
Preparata, F. P., **15**:132, **15**:*178*, **23**:11, **23**:19, **23**:*33*, **23**:305, **23**:312, **23**:313, **23**:341, **23**:346, **23**:348, **23**:350, **23**:*353*, **26**:132, **26**:*152*
Prerau, D., **36**:120, **36**:*199*
Preschern, K., **43**:90, **43**:*137*
Presley, M., **33**:101, **33**:103, **33**:104, **33**:*112*, **35**:298, **35**:*320*
Presnukhin, D. L., **29**:315, **29**:*327*
Presnukhin, L. N., **29**:*326*
Press, L., **44**:227, **44**:*280*
Press, W. H., **33**:*242*, **35**:108, **35**:*133*, **36**:*253*, **43**:261–264, **43**:*277*
Pressburger, M., **14**:25, **14**:26, **14**:*43*
Pressman, A., **4**:142 (18), **4**:*162*
Pressman, C., **22**:*43*
Pressman, R. S., **31**:8, **31**:*97*, **34**:*56*, **35**:201, **35**:205, **35**:214, **35**:217, **35**:*253*, **41**:118, **41**:125, **41**:*156*
Presson, P. E., **26**:*440*
Presti, A. J., **11**:188, **11**:*227*
Preston, K., **28**:204, **28**:205, **28**:*225*, **47**:146, **47**:*182*
Preston, K., Jr., **12**:402, **12**:404, **12**:*411*, **12**:*412*
Preston, M. G., **11**:*388*
Presuhn, R., **48**:242, **48**:*255*
Pretorius, D. H., **47**:187, **47**:211, **47**:215, **47**:216, **47**:220, **47**:227, **47**:237,

47:*250*, 47:*251*
Prewitt, J. M. S., **12**:296, **12**:297, **12**:298, **12**:299, **12**:301, **12**:304, **12**:305, **12**:311, **12**:315, **12**:321, **12**:338, **12**:354, **12**:365, **12**:368, **12**:374, **12**:375, **12**:376, **12**:379, **12**:380, **12**:387, **12**:389, **12**:390, **12**:392, **12**:395, **12**:405, **12**:*412*, **12**:*413*
Pribam, K., **5**:176 (111), **5**:*223*
Pribram, K. H., **13**:221, **13**:*228*
Price, B. A., **49**:98, **49**:105, **49**:106, **49**:*141*
Price, C. J., **38**:131, **38**:*140*
Price, J. E., **9**:203, **9**:*237*
Price, J. R., **6**:*226*
Price, M. O., **9**:121 (34), **9**:157 (34), **9**:*174* **48**:173, **48**:*177*
Price, W. L., **20**:42, **20**:*82*, **23**:297, **23**:*352*
Pridgen, P., **32**:228, **32**:*252*
Pridor, A., **29**:*185*
Priece, J., **47**:13, **47**:46, **47**:53, **47**:54, **47**:*64*
Priese, L., **47**:149, **47**:*182*
Priest, W. C., **38**:264, **38**:*315*
Prieto-Diaz, R., **33**:7, **33**:46, **33**:*65*, **34**:31, **34**:*56*, **43**:73, **43**:*137*
Prieto-Díaz, R., **41**:5, **41**:17–18, **41**:*62*
Prietula, M. J., **44**:103, **44**:*125*
Prigge, R. D., **20**:214, **20**:*258*
Prigogine, I., **31**:243, **31**:290, **31**:*322*
Prim, R. C., **19**:152, **19**:*225*, **26**:113, **26**:115, **26**:148, **26**:*152*
Prince, T. R., **11**:377, **11**:*388*, **20**:10, **20**:*35*
Prinetto, P., **40**:80, **40**:*122*
Pringle, J. W. S., **5**:163, **5**:*222*
Prinoth, R., **29**:136, **29**:137, **29**:*191*
Prins, J., **43**:2–3, **43**:12–13, **43**:36, **43**:*47*, **49**:261, **49**:*301*
Prinz, W., **45**:280, **45**:*318*
Pritchett, C. H., **32**:259, **32**:*304*
Pritsker, A. A. B., **33**:70, **33**:*113*
Proakis, J. G., **37**:83–84, **37**:89–90, **37**:93, **37**:*117*
Probert, R., **26**:388, **26**:*391*
Probert, R. L., **14**:140, **14**:145, **14**:*184*, **29**:*193*
Probst, D., **31**:113, **31**:120–123, **31**:*170*
Proce, W. G., **16**:*178*
Proctor, J. H., **11**:362 (112), **11**:365, **11**:*388*
Proctor, P. H., **16**:144, **16**:*180*
Proeme, A., **20**:15, **20**:*32*
Prokhorov, N. L., **29**:283, **29**:285, **29**:289, **29**:291, **29**:293, **29**:294, **29**:295, **29**:296, **29**:*325*, **29**:*327*
Prokop, J. S., **10**:131, **10**:*143*, **20**:22, **20**:*35*
Proleiko, V. M., **29**:315, **29**:*327*
Prosen, R. J., **5**:258 (3), **5**:264 (19), **5**:271 (3), **5**:276 (3), **5**:*284*, **5**:*285*
Prosser, R. T., **4**:274 (7), **4**:*302*
Protopopescu, V., **33**:190–191, **33**:210, **33**:*235*, **33**:*237*
Protsenko, I. G., **29**:283, **29**:285, **29**:300, **29**:*324*
Pruchnik, P., **22**:202, **22**:*212*
Prucnal, P. R., **49**:257, **49**:*300*
Pruett, J., **7**:125 (62), **7**:128 (18), **7**:*178*, **7**:*180*
Pruslin, D., **36**:120, **36**:*199*
Pruvost, N., **5**:326 (365), **5**:*347*
Pryce, N., **48**:31, **48**:87, **48**:95, **48**:101, **48**:*118*
Prycker, M., **42**:167, **42**:173–174, **42**:*237*, **44**:286, **44**:*330*
Pryor, D. V., **39**:212, **39**:*237*
Prywes, N. S., **7**:40 (51), **7**:*115*, **7**:280 (16), **7**:*288*, **8**:6 (57), **8**:34 (57), **8**:37 (57), **8**:*44*, **12**:*170*, **12**:*172*, **16**:58, **16**:71, **16**:76, **16**:82, **16**:89, **16**:102, **16**:108, **16**:*124*, **16**:*125*, **20**:243, **20**:*258*, **37**:17, **37**:*55*
Przgyenda, A. B., **44**:228, **44**:*280*
Przhiialkovskii, V. V., **29**:259, **29**:264, **29**:267, **29**:*325*, **29**:*328*
Przybocki, M. A., **47**:12, **47**:54, **47**:*64*
Przybylski, S., **40**:132, **40**:*178*
Przytula, K. W., **34**:129, **34**:*155*
Psaltis, D., **28**:154, **28**:161, **28**:174, **28**:186, **28**:187, **28**:198, **28**:208, **28**:*221*, **28**:*223*, **28**:*225*, **33**:180, **33**:*242*, **36**:224, **36**:*253*
Pu, C., **32**:168, **32**:*199*, **41**:*255*, **41**:271, **41**:292, **41**:*295–296*
Pu, P., **43**:258, **43**:263, **43**:*277*
Puckette, M., **36**:137–138, **36**:147, **36**:*199*
Pudlák, P., **44**:346, **44**:352, **44**:*358*, **44**:*360*

Puerta, M. C., **49**:50, **49**:*65*
Pugh, E. W., **17**:233, **17**:*282*
Pugh, J. M., **43**:62, **43**:104, **43**:108, **43**:*135*, **49**:17, **49**:*57*
Pugh, W. M., **38**:*190*, **43**:11, **43**:*48*
Puhr, G. E., **43**:129, **43**:*136*
Pull, I. C., **5**:325 (307), **5**:*344*
Pulley, L. B., **43**:188, **43**:196–197, **43**:*213*
Pun, L., **5**:116, **5**:*218*
Puranik, R., **46**:3, **46**:14, **46**:*30*
Purcell, C. J., **20**:*195*
Purcell, S., **18**:218, **18**:*226*
Purday, J., **48**:294, **48**:*313*
Purdin, T., **35**:279, **35**:*318*
Purdom, P., **49**:145, **49**:146, **49**:148, **49**:175, **49**:*189*
Purdy, A., **43**:71, **43**:118, **43**:*137*
Purdy, G. B., **22**:91, **22**:*106*, **30**:211, **30**:*221*
Purtilo, J. M., **43**:55, **43**:82–84, **43**:*137*, **46**:378, **46**:398, **46**:*400*
Purton, R. F., **11**:204, **11**:*227*
Purushothaman, S., **29**:119, **29**:*191*
Purut, C. M., **38**:*186*
Pusateri, T., **48**:233, **48**:*254*
Puschner, P., **42**:3, **42**:5, **42**:*34*
Pustejovsky, J., **49**:12, **49**:57, **49**:*65*
Putmam, L. H., **24**:19, **24**:22, **24**:23, **24**:30, **24**:31, **24**:*60*
Putnam, D. T., **24**:19, **24**:22, **24**:30, **24**:31, **24**:*60*
Putnam, G., **5**:322 (253), **5**:323 (253), **5**:*341*
Putnam, H., **43**:234, **43**:*240*
Putnam, L. H., **30**:154, **30**:*169*, **36**:97, **36**:*109*, **44**:94, **44**:99, **44**:110–111, **44**:*124*
Pyarali, I., **48**:6, **48**:8, **48**:40, **48**:82, **48**:91, **48**:93, **48**:100, **48**:104, **48**:116, **48**:*117*
Pyatibratov, A. P., **18**:240, **18**:247, **18**:*283*
Pyburn, P. J., **43**:*211–212*
Pycock, J., **45**:299, **45**:*315*
Pyke, T. M., **16**:211, **16**:*218*
Pyke, T. N., Jr., **8**:6 (58), **8**:12 (58), **8**:28 (58), **8**:32 (58), **8**:*44*
Pykett, C. E., **19**:122, **19**:*225*
Pykhtin, V. Ia., **29**:274, **29**:*326*, **29**:*328*
Pyle, L. D., **2**:*374*

Pyle, R. S., **5**:326 (360, 361), **5**:*347*
Pylyshyn, Z. W., **13**:175, **13**:*229*, **29**:56, **29**:*76*, **37**:411–413, **37**:*421*, **47**:22, **47**:23, **47**:*60*
Pyne, I. B., **2**:360 (174, 175), **2**:*374*, **3**:185, **3**:*187*

Q

Qadah, G. Z., **28**:109, **28**:115, **28**:116, **28**:142, **28**:143, **28**:144, **28**:145, **28**:*150*
Qian, N., **37**:405, **37**:*423*
Quaintance, M. K., **31**:12, **31**:*97*
Quarterman, J. S., **48**:40, **48**:*117*
Quastler, H., **6**:47 (67), **6**:48, **6**:82, **6**:*86*, **6**:*226*
Quatse, J. T., **20**:85 (29), **20**:*113*
Queille, J.-P., **49**:97, **49**:112, **49**:*141*
Quercia, V., **48**:180, **48**:*218*
Querido, A., **11**:38 (76), **11**:*57*
Quillian, M. R., **13**:136, **13**:141, **13**:*167*, **13**:186, **13**:188, **13**:*229*
Quine, W. V., **31**:330, **31**:*376*, **34**:335, **34**:*391*
Quinlan, D., **45**:145, **45**:*149*, **45**:*152*
Quinlan, J. R., **26**:15, **26**:*44*
Quinn, J. L., **26**:*278*
Quinn, M. J., **26**:123, **26**:124, **26**:*152*, **49**:252, **49**:270, **49**:271, **49**:*298*
Quinn, T. M., **26**:257, **26**:*277*, **26**:*278*
Quint, S. R., **38**:*186*
Quinton, P., **31**:112, **31**:*172*, **38**:201, **38**:*244*
Quisquater, J.-J., **30**:187, **30**:192, **30**:202, **30**:213, **30**:*217*, **30**:*219–220*

R

Raab, F. H., **47**:216, **47**:*251*
Rabaey, J., **48**:122, **48**:171, **48**:174, **48**:*176*
Raben, J., **13**:62, **13**:63, **13**:*70*, **13**:*71*
Rabin, M. O., **2**:398, **2**:407, **2**:*420*, **14**:6, **14**:26, **14**:31, **14**:39, **14**:*42*, **14**:*43*, **15**:*118*, **22**:87, **22**:97, **22**:98, **22**:101, **22**:*106*, **23**:53, **23**:*91*, **26**:127, **26**:*152*, **30**:195–196, **30**:*221*
Rabiner, L. R., **31**:103, **31**:106, **31**:108,

31:110, 31:112, 31:117, 31:123,
   31:163, 31:*172–173*, 36:*39*, 36:145,
   36:*199*, 37:94–95, 37:*116*, 47:11,
   47:21, 47:22, 47:23, 47:*64*
Rabinowitz, G., 5:322 (242), 5:*340*
Rabinowitz, P., 2:56, 2:64 (6. 8, 6. 9, 6.
   14, 6. 15), 2:86, 2:100, 2:118, 2:121,
   2:*123*, 2:*125*, 23:62, 23:*91*
Rabitti, F., 34:*289*, 38:67, 38:*71*
Rabitti, F. A., 40:192, 40:242, 40:*254*
Rabitz, H., 28:216, 28:*222*
Rachford, H. H., 2:18 (21), 2:37 (21, 38),
   2:40 (21), 2:49 (62), 2:*53*, 2:*54*,
   3:193, 3:205, 3:211, 3:219, 3:262,
   3:*271*, 3:*272*
Rackoff, C., 30:200, 30:202, 30:*220*
Rada, R., 45:293, 45:*317*
Radecki, T., 24:282, 24:293, 24:300,
   24:*315*, 24:*316*, 30:29–30, 30:*36*
Rademacher, H., 325, 3:*75*
Rader, C. M., 37:60, 37:115, 37:*116*
Rader, J. A., 41:*83*, 41:90, 41:122,
   41:151, 41:*156*
Radford, K., 20:13, 20:*35*
Radhill, J. R., 8:73 (4), 8:*108*
Radice, R. A., 41:76, 41:*82*, 46:46, 46:55,
   46:*107*
Radin, G., 35:179, 35:*182*
Radkowski, E. J., 7:285 (31), 7:*289*
Radkowsky, A., 5:294, 5:295 (14), 5:296,
   5:313 (168), 5:*327*, 5:*336*
Radley, J.-P. A., 1:215 (33), 1:216 (33),
   1:*228*, 11:186 (51), 11:*224*
Radner, R., 2:*375*, 38:250, 38:*314*
Radnor, M., 20:21, 20:*35*
Radoy, C. H., 20:179, 20:*195*
Raev, V. K., 29:*325*
Raffel, J. E., 23:8, 23:*33*
Rafiq, O., 29:*185*
Ragan, D. P., 38:*186*
Ragan, J. W., 31:54, 31:*98*
Ragan, L., 9:118 (103), 9:*177*
Ragazzini, J. R., 9:24 (15), 9:*49*, 23:181,
   23:183, 23:190, 23:194, 23:*252*
Raghavan, R., 37:154, 37:*162*
Raghavendra, C. S., 26:166, 26:184,
   26:187, 26:189, 26:*198*, 26:*199*
Raghbati (Arjomandi), E., 26:105,
   26:*152*
Ragland, C., 31:69, 31:*97*

Rahman, A., 21:296, 21:*331*
Rahnejat, H., 35:96, 35:*133*
Raibert, 42:243, 42:248, 42:*268*
Raibert, M. H., 33:*242*
Raiffa, H., 5:218, 5:*226*, 9:239, 9:*284*
Raikov, D. D., 29:*328*
Raimbault, F., 40:104, 40:*124*, 44:195,
   44:*216*
Raines, J., 16:*179*
RAISE Language Group, 49:72, 49:79,
   49:*94*
Raj, K. V., 33:51, 33:*65*
Rajala, S. A., 38:*194*
Rajan, J., 37:277, 37:*283*
Rajavelu, A., 37:*165*
Rajchman, J. A., 4:298 (28), 4:*303*,
   11:232 (2), 11:*316*
Rajgopal, K., 38:*194*
Rajkumar, R., 42:13, 42:*36*, 48:7, 48:34,
   48:81, 48:*117*
Rajlich, V., 35:226, 35:232, 35:*253*
Rakhimov, A. T., 29:276, 29:277,
   29:278
Rakoczi, L. L., 11:*388*
Rakovskii, M. E., 29:280, 29:*328*
Rakovsky, M., 18:241, 18:243, 18:245,
   18:247, 18:*286*
Ralescu, D. A., 28:*104*
Ralston, A., 2:325, 2:*375*, 19:114,
   19:*218*, 23:62, 23:*91*, 24:323,
   24:333, 24:*375*
Ralston, T., 41:196, 41:*228*, 49:88, 49:*92*
Ralya, T., 48:17, 48:20, 48:59, 48:*116*
Ramachandran, U., 39:197, 39:215,
   39:*237*
Ramadge, P. J., 49:340, 49:*347*
Ramadoss, N. S., 37:315, 37:*332*
Ramakrishnan, K. R., 38:*194*, 44:*330*
Ramakrishnan, N., 46:412, 46:419,
   46:420, 46:421, 46:435, 46:*436*,
   46:*437*
Ramalingam, G., 43:2, 43:33, 43:*46*,
   43:*48–49*
Ramamoorthi, C. V., 23:296, 23:*353*
Ramamoorthy, C., 35:142, 35:*183*
Ramamoorthy, C. V., 12:*167*,
   19:66, 19:79, 19:*111*, 20:117,
   20:124, 20:131, 20:*195*, 24:134,
   24:146, 24:149, 24:156, 24:*172*,
   24:*174*, 26:241, 26:*279*, 26:342,

26:*390*, 26:394, 26:396, 26:403,
26:404, 26:413, 26:414, 26:418,
26:420, 26423, 26:424, 26:429,
26:430, 26:434, 26:*442*, 26:*443*,
28:33, 28:*66*, 29:135, 29:143,
29:173, 29:*191*, 30:87, 30:135,
30:*169*, 40:69, 40:*125*, 42:16,
42:18, 42:*35*, 43:58, 43:61,
43:*137*, 45:205, 45:*266*
Ramamritham, K., 36:205, 36:*254*,
41:291, 41:293, 41:*295*, 42:2–4,
42:6, 42:13, 42:*36*, 48:35, 48:*117*,
49:310, 49:*348*
Ramamurthy, K., 44:111, 44:115, 44:*124*
Raman, S., 45:189, 45:*196*
Ramanathm, S., 42:217, 42:*238*
Ramaswamy, K., 47:216, 47:238, 47:*245*,
47:*251*
Rambidi, N. G., 31:241, 31:296, 31:*322*
Ramcharan, S., 16:144, 16:*178*, 16:*180*
Ramer, A., 36:283, 36:285, 36:290,
36:296–297, 36:*329*–*330*
Ramesh, A. V., 31:206, 31:208, 31:*233*
Ramesh, N., 34:279, 34:*290*
Ramesh, S., 39:130, 39:*187*
Ramirez, J. A., 16:101, 16:*124*
Ramirez, M., 38:*191*
Ramirez, R., 40:74, 40:*125*
Ramo, S., 2:238, 2:*293*
Ramon, Y., 33:179, 33:181, 33:*235*
Ramos, S., 42:15, 42:*35*
Ramsay, J. O., 19:123, 19:*225*
Ramsby, G., 38:*192*
Ramsdell, B., 48:249, 48:*253*
Ramsey, H. R., 31:13, 31:28, 31:71,
31:*97*, 32:237, 32:*250*, 40:31, 40:*36*
Ramsey, J., 41:205, 41:*229*
Ramsey, M., 48:284, 48:*310*
Ramsperger, N. G., 40:191, 40:195,
40:247, 40:*251*–*252*
Rand, W. M., 19:203, 19:*225*
Randall, J. K., 12:83, 12:*113*
Randall, J. M., 23:8, 23:*32*
Randall, R. H., 9:24 (15), 9:*49*
Randell, B., 12:*174*, 18:232, 18:*282*,
26:256, 26:*277*, 26:*278*, 44:4, 44:*58*
Randell, T. M., 12:*166*
Randolph, L., 40:165, 40:*177*
Raney, G. N., 2:402, 2:*420*
Rangan, P., 42:217, 42:*238*

Ranganathan, M., 45:136, 45:*152*
Ranganathan, P., 40:188, 40:244, 40:*250*
Rangayyan, R. M., 38:*185*, 38:*193*
Rangel, J. L., 14:24, 14:*43*
Ranka, S., 45:145, 45:*149*
Rankin, L., 34:129, 34:*153*
Rankin, R., 47:227, 47:*250*
Rankin, R. N., 47:216, 47:*251*
Ranney, M., 29:63, 29:*76*
Rao, C. R., 6:51 (81), 6:*87*, 11:87,
11:*124*, 12:328, 12:329, 12:333,
12:334, 12:335, 12:336, 12:348,
12:354, 12:363, 12:*413*
Rao, H. R., 47:344, 47:*365*
Rao, K. R., 37:75, 37:78, 37:115,
37:*115*
Rao, M. R., 19:162, 19:*225*
Rao, N. S. V., 33:*239*, 38:*194*
Rao, P., 49:311, 49:*348*
Rao, R., 45:286, 45:302, 45:*318*, 45:*320*,
48:267, 48:*313*
Rao, S., 44:295, 44:315, 44:*330*
Rao, T. R. N., 6:136, 6:*193*
Rao, V. R., 19:188, 19:207, 19:220,
19:*223*, 19:*224*
Raphael, B., 7:210, 7:*238*, 8:249, 8:268,
8:*333*, 9:57, 9:*110*, 11:60, 11:*124*,
13:*167*, 13:177, 13:*227*, 13:*229*,
15:4, 15:31, 15:*59*, 15:*61*, 37:374,
37:*423*
Rapoport, A., 19:127, 19:182, 19:*219*,
19:*225*
Rapp, B. A., 21:400, 21:402, 21:*417*
Rapp, F., 16:151, 16:*180*
Rappa, M. A., 37:406, 37:408, 37:410,
37:*423*
Rappaport, A. T., 11:350, 11:352,
11:*388*, 32:233, 32:*252*
Rapps, S., 26:356, 26:356, 26:*390*,
41:206, 41:*229*, 43:37, 43:*49*
Ras, Z. W., 24:282, 24:*316*
Rasbech, M., 34:302, 34:312, 34:319,
34:340, 34:356–358, 34:361–364,
34:*381*
Rasche, R. H., 13:59, 13:*70*
Rash, W., 47:13, 47:*64*
Rashevsky, N., 5:156, 5:*222*
Rashid, R., 39:204, 39:*236*
Rashid, R. F., 35:274, 35:278, 35:*324*,
47:317, 47:*338*

Rasiowa, H., **10**:19, **10**:33 (49), **10**:35 (49), **10**:*77*
Raskin, J., **12**:107, **12**:*113*, **21**:177, **21**:*224*
Rasmussen, J., **36**:344, **36**:*428*
Rasmussen, S., **47**:143, **47**:*181*, **47**:*182*
Raso, D. J., **5**:324 (297), **5**:*343*
Rasoumovski, G., **1**:127 (65), **1**:*140*
Rastogi, A., **44**:308, **44**:*329*
Rastogi, K. B., **21**:378, **21**:383, **21**:*417*, **21**:*420*
Rastogi, R., **47**:311, **47**:312, **47**:321, **47**:*339*
Rastorguev, A. A., **29**:306, **29**:315, **29**:*325*
Rasure, J., **38**:*192*
Rath, G. J., **47**:78, **47**:*139*
Rather, L. J., **21**:410, **21**:*420*
Rathie, P. N., **36**:287, **36**:*330*
Rathjen, B., **44**:200, **44**:*213*
Rathswohl, E. J., **31**:330, **31**:*376*
Ratner, D., **48**:167, **48**:170, **48**:*177*
Ratoosh, F., **11**:350 (124), **11**:*389*
Rau, L. F., **47**:12, **47**:14, **47**:15, **47**:16, **47**:45, **47**:*59*
Rauch-Hindin, W. B., **28**:*277*
Raud, R. K., **29**:*328*
Raulefs, P., **13**:203, **13**:*229*, **13**:*230*
Rault, D. F. G., **45**:133, **45**:*152*
Rauscher, T. G., **20**:220, **20**:*256*, **21**:93, **21**:*150*, **24**:102, **24**:*168*
Rautenbach, P. W., **34**:145, **34**:*156*, **44**:191, **44**:*217*
Raven, P. H., **19**:113, **19**:*225*
Ravenscroft, D., **32**:4, **32**:*96*
Raver, N., **12**:*172*
Ravi, C. V., **15**:169, **15**:170, **15**:*179*
Ravi, T. M., **37**:323, **37**:*332*
Ravich, R. D., **11**:*53*
Ravishankar, C. V., **34**:*284*
Ravishankar, M., **39**:229, **39**:*235*, **40**:161–162, **40**:168, **40**:*176*
Rawcliffe, R. D., **28**:190, **28**:*226*
Rawool, N. M., **47**:207, **47**:*247*
Rawson, E. G., **20**:85 (18), **20**:90 (18), **20**:*112*
Ray, B., **46**:177, **46**:190, **46**:209, **46**:*232*, **46**:*233*
Ray, L. C., **11**:69 (39), **11**:79 (39), **11**:*124*
Ray, N., **33**:144, **33**:*169*

Ray, R., **32**:109, **32**:*146*
Ray, S. R., **24**:*312*
Ray, T., **47**:142, **47**:*182*
Ray, W. A., **34**:130, **34**:135, **34**:*155*
Raychaudhuri, D., **44**:326–327, **44**:*330*
Ray-Chaudhuri, D. K., **12**:*166*
Raykov, L. D., **18**:241, **18**:*285*, **18**:*286*
Raymond, F. H., **23**:181, **23**:*252*
Raymond, J., **24**:119, **24**:*168*
Raymond, S., **16**:132, **16**:*180*
Rayner, D., **29**:168, **29**:170, **29**:*187*, **29**:*191*, **29**:*195*
Rayton, D. W., **32**:*148*
Rayward, B. W., **31**:339, **31**:*376*
Raz, R., **44**:344–345, **44**:356, **44**:*359–360*
Razborov, A. A., **44**:341, **44**:344, **44**:356, **44**:*360*
Raze, C., **17**:119, **17**:120, **17**:122, **17**:130, **17**:143, **17**:*160*, **17**:*161*
Razouk, R. R., **29**:96, **29**:145, **29**:*191*
Razvi, S., **47**:216, **47**:*251*
Reach, R., 396 (13), **3**:*153*
Read, D. A., **45**:72, **45**:*101*
Reagan, J. W., **12**:402, **12**:*413*
Reames, C. C., **17**:166, **17**:174, **17**:176, **17**:177, **17**:185, **17**:210, **17**:*219*, **17**:*220*
Rebane, R. V., **29**:*327*
Rebek, J., **47**:142, **47**:180, **47**:*180*, **47**:*181*
Rebman, A. K., **35**:90–91, **35**:110, **35**:*133*
Reboh, R., **22**:166, **22**:180, **22**:205, **22**:*215*, **26**:*43*
RECAST., **35**:51, **35**:*80*
Reddaway, S. F., **34**:123, **34**:*155*, **44**:191, **44**:*217*
Redding, R. E., **36**:372, **36**:*428*
Reddy, A., **44**:315, **44**:*330*
Reddy, D. J., **34**:*288*
Reddy, D. R., **11**:205, **11**:210 (99), **11**:212 (99), **11**:*226*, **11**:*227*, **31**:120, **31**:124–125, **31**:*171–172*
Reddy, G. R., **42**:27, **42**:*33*
Reddy, R., **13**:225, **13**:*229*, **24**:*174*, **47**:3, **47**:13, **47**:*64*, **48**:266, **48**:*313*
Reddy, S. M., **26**:*199*, **26**:315, **26**:322, **26**:*334*
Reddy, S. P., **38**:*184*
Reddy, Y. V., **33**:68, **33**:*113*
Redfield, S., **28**:116, **28**:*147*

Redheffer, R., **5**:306 (86), **5**:*331*
Redmon, K. C., **24**:321, **24**:*375*
Redmond, J., **28**:168, **28**:*226*
Redmond, R. F., **5**:326 (351), **5**:*346*
Redwine, S. T., **24**:367, **24**:*372*, **26**:386, **26**:*391*
Redwine, S., **41**:87, **41**:*156*
Reed, C. E., **16**:140, **16**:*181*
Reed, D. P., **20**:85 (14), **20**:*112*, **42**:132, **42**:135, **42**:168, **42**:*235*
Reed, G. M., **29**:146, **29**:*191*
Reed, I. S., **16**:321, **16**:*332*, **26**:*332*
Reed, J., **26**:*443*
Reed, M. J. P., **21**:405, **21**:*420*
Reed, S. K., **14**:234, **14**:*272*
Reed, W. A., **26**:*277*
Reed, W. G., **12**:*171*
Reeder, F., **49**:51, **49**:*65*
Reeds, J. A., **11**:186 (124), **11**:*228*
Reeker, L. H., **13**:171, **13**:*226*, **15**:187, **15**:190, **15**:191, **15**:196, **15**:198, **15**:217, **15**:224, **15**:228, **15**:*235*, **15**:*237*, **17**:90, **17**:*161*, **47**:*64*
Reenskaug, T., **35**:154, **35**:155, **35**:*183*
Rees, J., **48**:122, **48**:129, **48**:142, **48**:167, **48**:170, **48**:*176*
Reese, J. D., **49**:86, **49**:*92*
Reeve, M., **34**:149, **34**:*153*
Reeves, A., **49**:260, **49**:*302*
Reeves, C. M., **8**:97 (8), **8**:98, **8**:*99*, **8**:*100*
Regan, E. J., **38**:287, **38**:*315*
Reggia, J. A., **22**:202, **22**:*215*, **38**:166, **38**:*181*
Reggia, J., **47**:142, **47**:154, **47**:155, **47**:156, **47**:158, **47**:159, **47**:160, **47**:163, **47**:165, **47**:166, **47**:167, **47**:169, **47**:175, **47**:178, **47**:179, **47**:*180*, **47**:*181*, **47**:*182*
Reghbati, H. K., **26**:299, **26**:314, **26**:331, **26**:*332*, **26**:*334*, **40**:69, **40**:71, **40**:*125*
Reghizzi, S., **49**:146, **49**:*188*
Rego, V. J., **46**:164, **46**:*232*
Rehak, D. R., **28**:3, **28**:20, **28**:30, **28**:*66*
Reibman, A., **31**:206–208, **31**:216, **31**:229, **31**:*231–232*
Reich, L., **16**:142, **16**:151, **16**:*181*
Reich, P. A., **47**:27, **47**:28, **47**:*64*
Reichenbach, H., **15**:193, **15**:*237*
Reichenberger, K., **48**:262, **48**:*311*

Reichert, M., **38**:*188*
Reichman, N., **38**:205, **38**:*314*
Reid, B. K., **20**:222, **20**:223, **20**:228, **20**:*258*
Reid, J. J. E., **28**:168, **28**:*226*
Reid, N., **30**:163, **30**:*168*
Reid, P. A., **13**:37, **13**:*40*
Reif, J. H., **26**:112, **26**:*152*, **49**:259, **49**:*296*
Reif, R., **34**:171, **34**:191, **34**:*234*
Reifer, D. J., **18**:254, **18**:*286*, **39**:89, **39**:*105*
Reiffen, B., **6**:*88*
Reifler, E., **1**:102, **1**:103, (19, 21, 22, 23, 24), **1**:*138*
Reigel, E. W., **15**:142, **15**:*177*
Reigeluth, C. M., **47**:77, **47**:86, **47**:*139*
Reiger, C., **38**:*136*, **38**:*142*
Reiher, P., **35**:298, **35**:307, **35**:313, **35**:*321–322*, **35**:*324*, **48**:167, **48**:170, **48**:*177*
Reihing, J. V., Jr., **5**:326 (356), **5**:*347*
Reilly, D., Jr., **24**:323, **24**:*375*
Reilly, E. D., Jr., **5**:312 (149), **5**:315 (149), **5**:317 (149), **5**:318 (149), **5**:*335*
Reilly, N. P., **31**:54, **31**:*97*
Reilly, R. E., **38**:*194*
Reimer, J. B., **37**:111, **37**:*116*
Reimers, B., **47**:216, **47**:*252*
Rein, G. L., **39**:275, **39**:*289*, **46**:46, **46**:82, **46**:97, **46**:*107*
Reinefeld, A., **29**:*249*
Reinert, D., **42**:20, **42**:*31*
Reinfeld, F., **29**:224, **29**:240, **29**:*250*
Reinfeld, N., **2**:*375*
Reingold, E. M., **32**:27, **32**:*102*
Reinhard, H. P., **2**:223 (58), **2**:*292*
Reinhardt, S., **34**:120, **34**:*155*, **49**:248, **49**:249, **49**:*298*
Reinhardt, U. E., **16**:129, **16**:131, **16**:*180*
Reinstein, H. C., **22**:180, **22**:181, **22**:*213*, **22**:*215*
Reintjes, J. F., **24**:287, **24**:306, **24**:*314*, **30**:33, **30**:*36*
Reisbeck, G., **11**:*388*
Reischuk, R., **44**:344, **44**:*359*
Reiser, B. J., **29**:63, **29**:*76*, **47**:77, **47**:78, **47**:134, **47**:*139*
Reiser, K., **48**:334, **48**:*351*

Reiser, M., **43**:58, **43**:*137*
Reisig, W., **45**:*51*
Reisis, D., **49**:257, **49**:*300*
Reisner, P., **32**:224, **32**:230, **32**:*252*, **33**:141, **33**:142, **33**:143, **33**:145, **33**:*169*, **36**:*428*, **47**:*139*
Reitan, D. K., **2**:*131*
Reiter, A., **12**:*168*
Reiter, J. E., **26**:13, **26**:*44*
Reiter, R., **17**:17, **17**:55, **17**:71, **17**:*86*, **26**:36, **26**:*44*
Reithinger, N., **47**:15, **47**:40, **47**:*58*
Reitman, J. S., **29**:57, **29**:*75*, **39**:45, **39**:*48*
Reitman, W. R., **2**:414, **2**:*420*, **13**:221, **13**:*230*
Reitwiesner, G. W., **1**:92, **1**:93, **1**:137 (3), **1**:*137*, **1**:234 (14), **1**:*308*, **6**:149, **6**:164, **6**:175, **6**:*193*
Reizer, N., **46**:44, **46**:*106*
Rekhter, T., **48**:231, **48**:*254*
Rekoff, M. G., Jr., **35**:200, **35**:*253*
Reley, V., **2**:317, **2**:*375*
Relles, D. A., **19**:181, **19**:*217*
Rem, M., **19**:88, **19**:*110*, **46**:338, **46**:*400*
Remde, J. R., **36**:*421*
Remenyi, D., **46**:117, **46**:122, **46**:125, **46**:127, **46**:139, **46**:143, **46**:*156*
Remer, M., **4**:*241*
Remes, E., **3**:261, **3**:*272*
Remez, E., **2**:*126*
Remund, R. N., **20**:*195*
Ren, S., **46**:359, **46**:*400*
Renaud, P., **40**:75, **40**:*121*
Renert, P. F., **35**:67, **35**:*80*
Renesse, R. van, **35**:280, **35**:*323*
Rennels, D. A., **26**:276, **26**:*277*, **26**:*279*
Rennert, P. F., **43**:123, **43**:*139*
Reno, T. J., Jr., **5**:301 (54), **5**:*329*
Rényi, A., **36**:276, **36**:287, **36**:321, **36**:*330*
Renyi, A., **19**:127, **19**:*218*
Repka, L., **48**:249, **48**:*253*
Replogle, J., **5**:309 (192), **5**:*337*
Repo, A. J., **38**:311, **38**:*315*
Repp, B. H., **36**:185, **36**:*199*
Reps, T., **43**:2–3, **43**:12–13, **43**:16–17, **43**:20, **43**:35–36, **43**:40, **43**:43, **43**:*46–49*
Resanov, V. V., **29**:*325*
Rescher, N., **44**:8, **44**:22, **44**:*58*
Rescigno, A., **31**:259, **31**:*322*

Resnick, A., **11**:73, **11**:109, **11**:111, **11**:*124*
Resnick, M., **45**:298, **45**:*315*
Resnick, P., **28**:239, **28**:*276*, **46**:410, **46**:*437*
Rest, A. L., **42**:121, **42**:*235*
Restle, F., **13**:221, **13**:*230*
Retinger, C.-T., **49**:51, **49**:*65*
Rettberg, R. D., **34**:140, **34**:*156*
Retz, D. L., **16**:200, **16**:212, **16**:*218*, **17**:184, **17**:185, **17**:*220*
Reubenstein, H. B., **37**:38, **37**:*56*
Reuhkala, E., **31**:112, **31**:*171*
Reupke, W. A., **38**:*182*
Reuss, H. L., **34**:*289*
Reuss, J., **34**:250, **34**:*285*
Reuter, A., **41**:288, **41**:*295*, **48**:123, **48**:124, **48**:137, **48**:146, **48**:*176*
Reuter, H. H., **29**:57, **29**:*75*
Revesman, M. E., **47**:*139*
Revesz, E., **24**:324, **24**:*375*
Revzin, I. I., **11**:*53*, **47**:*64*
Rew, R. K., **33**:*305*
Rey, A., **38**:*184*
Rey, H. R., **38**:*186*
Reyneri, L. M., **44**:186, **44**:198, **44**:*213–214*
Reynolds, G. T., **6**:*296*
Reynolds, J., **10**:34 (51), **10**:61 (51), **10**:68 (51), **10**:*77*
Reynolds, J. C., **9**:109 (32), **9**:*111*, **10**:69, **10**:*77*, **12**:*172*, **24**:365, **24**:*375*
Reynolds, J. K., **48**:*254*
Reynolds, P. F., **35**:309, **35**:*323*
Reynolds, R. R., **2**:117, **2**:*133*, **36**:147, **36**:*202*
Reynolds, W. C., **5**:326 (341), **5**:*346*
Reza, F. M., **36**:287, **36**:*330*
Rezanov, V. V., **18**:244, **18**:*286*, **44**:203, **44**:*215*
Rhea, T. L., **36**:134, **36**:*198*
Rheaume, D. P., **43**:245, **43**:*276*
Rheinboldt, W. C., **33**:*242*
Rhoades, D. G., **36**:393, **36**:*428*
Rhoades, W. A., **5**:309 (185), **5**:*337*
Rhode, J. G., **19**:291, **19**:302, **19**:314, **19**:*326*
Rhode, M. L., **34**:*287*
Rhodes, H. H., **5**:326 (339), **5**:*346*
Rhodes, I., **8**:155 (1, 41, 42), **8**:*186*,

8:*188*, 11:24 (25), 11:32 (54), 11:*55*, 11:*56*
Rhodes, J. B., 21:326, 21:*330*
Rhodes, J. E., 28:175, 28:*225*
Rhodes, L. J., 10:38, 10:53 (27), 10:*76*
Rhodes, W. T., 28:154, 28:185, 28:194, 28:206, 28:207, 28:*222*, 28:*223*, 28:*225*
Rhyne, J. R., 32:231, 32:*252*, 45:295, 45:*320*
Riabov, Ia., 29:286, 29:*328*
Ribas, F., 49:12, 49:*58*
Ribeiro Filho, J. 'L., 45:166, 45:*195*
Ribeiro, J. C. D., 34:172, 34:*233*
Ribeiro, S. T., 9:12 (10), 9:*21*, 14:190, 14:*229*
Riccabona, M., 47:211, 47:*251*
Ricci, F., 38:*139*
Rice, D. E., 10:164 (5, 19), 10:*173*, 10:*174*
Rice, J. R., 3:260, 3:261, 3:262, 3:*271*, 3:*272*, 15:78, 15:79, 15:115, 15:*117*, 15:*118*, 18:136, 18:*171*, 19:236, 19:247, 19:*248*, 46:402, 46:404, 46:405, 46:406, 46:410, 46:411, 46:412, 46:417, 46:420, 46:421, 46:*436*, 46:*437*, 46:*438*
Rice, M. D., 43:64, 43:67, 43:83, 43:*137*, 46:332, 46:*400*
Rice, R., 9:193, 9:*237*
Rice, R. E., 39:247, 39:257, 39:261, 39:267, 39:288, 39:290, 39:*292-293*, 45:289, 45:*316*
Rice, T., 7:*115*
Rich, C., 34:*56*, 35:237-238, 35:243-244, 35:*253*, 37:36-37, 37:*56*
Rich, E. A., 24:363, 24:364, 24:*375*, 47:*61*, 47:81, 47:*140*
Richard P. J., 35:344, 35:*367*
Richard, W. D., 47:226, 47:*251*
Richards, D., 33:178, 33:*242*, 45:169, 45:185, 45:*194*, 45:*195*, 47:169, 47:*182*
Richards, G. D., 33:*243*
Richards, J. T., 29:67, 29:*74*, 36:402, 36:413-414, 36:*422*
Richards, M., 12:*281*, 20:10, 20:*35*
Richards, M. A., 40:106, 40:*125*
Richards, P. K., 41:67, 41:*82*
Richards, P. S., 31:348, 31:*376*
Richards, R. K., 4:142 (19), 4:*162*, 47:216, 47:*248*
Richardson, D. J., 26:347, 26:348, 26:383, 26:384, 26:385, 26:386, 26:387, 26:388, 26:*389*, 26:*391*, 49:150, 49:*189*
Richardson, I. W., 31:259, 31:*322*
Richardson, J., 35:144, 35:*181*
Richardson, L. F., 1:55 (21), 1:71, 1:*87*, 2:24 (31), 2:*53*
Richardson, M. F., 42:15, 42:*31*
Richardson, S. B., 35:298, 35:*323*
Richardson, S. D., 49:37, 49:*65*
Richardson, W. C., 16:131, 16:*180*
Richardt, J., 13:*71*
Richens, R. H., 1:119, 1:*139*
Richer, I., 44:228, 44:*280*
Richmond, W., 47:*367*
Richmond, W. B., 47:344, 47:352, 47:*367*
Richter, C., 34:23, 34:*55*
Richter, H., 18:69, 18:*117*
Richter, P. H., 33:*305*
Richtmyer, R. D., 1:64 (45, 46), 1:75 (46), 1:*88*, 2:43, 2:44 (46, 47), 2:*54*, 5:294 (15), 5:295 (17), 5:321 (233), 5:323 (270), 5:324 (270, 286, 290), 5:325 (270, 315), 5:*327*, 5:*340*, 5:*342*, 5:*343*, 5:344
Rick, W., 12:296, 12:*413*
Rickards, D., 47:216, 47:*250*
Rickey, D. W., 47:227, 47:*250*, 47:*253*
Ricossa, 2:365, 2:*373*
Ricour, D. H., 12:*172*
Riddell, R. J., 19:127, 19:*225*
Riddle, R. T., 38:*181*
Riddle, W., 41:23, 41:52, 41:*62*, 41:87, 41:*156*
Riddle, W. E., 22:152, 22:*160*, 24:106, 24:*174*, 24:367, 24:*372*, 46:55, 46:77, 46:*104*, 46:*107*
Riddles, A. J., 9:118 (104), 9:*177*
Rideout, D. J., 24:161, 24:*174*
Rideout, T. B., 36:370, 36:*428*
Ridge, J. C., 35:*254*
Riedl, J., 42:70, 42:*75*
Rief, H., 5:325 (325, 326), 5:*345*
Riegel, R., 21:47, 21:*89*
Rieger, C., 13:190, 13:*230*, 18:201, 18:*228*

Riel, A., **35**:179, **35**:*182*
Riel, M., **45**:352, **45**:*355*
Rielly, D. L., **36**:228, **36**:*253*
Rieman, J., **6**:393, **36**:*425*
Riemer, J. W., **19**:294, **19**:*327*
Riesbeck, C., **13**:190, **13**:*230*, **18**:201, **18**:*228*
Riesbeck, C. K., **24**:244, **24**:*274*, **40**:223, **40**:239, **40**:*254*
Riesz, R. R., **11**:186 (27), **11**:*223*
Rifkin, S., **42**:51, **42**:*76*
Rigal, J. L., **35**:344, **35**:*370*
Rigau, G., **49**:12, **49**:*58*
Rigby, P. G., **46**:*32*
Riggs, R., **48**:3, **48**:*118*
Rigler, A. K., **5**:326 (348), **5**:*346*
Rigterink, P. V., **38**:*182*
Riittinen, H., **31**:112, **31**:*171*
Rijsdijk, P., **30**:173, **30**:*222*
Riley, C. A., **36**:370, **36**:411, **36**:*428*
Riley, M., **20**:13, **20**:*30*
Riley, V., **34**:*55*
Rimmer, M. T., **34**:123, **34**:*155*, **44**:207, **44**:*215*
Rin, N. A., **16**:71, **16**:82, **16**:101, **16**:102, **16**:*124*
Rinde, J., **42**:121, **42**:*238*
Rine, D. C., **24**:354, **24**:*373*
Ring, D., **14**:187, **14**:205, **14**:211, **14**:*229*, **26**:59, **26**:*91*
Riordan, D., **38**:*191*, **38**:*193*
Riordan, H. E., **4**:187 (18), **4**:188 (18), **4**:189 (18), **4**:190 (18), **4**:191 (18), **4**:192 (18), **4**:139 (18), **4**:*240*
Riordan, J. S., **21**:229, **21**:*272*
Rioux, M., **43**:251, **43**:*277*
Ripley, B. D., **19**:129, **19**:*221*, **19**:225, **46**:199, **46**:222, **46**:*234*
Rippy, D. E., **8**:24 (59), **8**:*44*
Risch, T., **39**:112, **39**:*188*
Riseman, E., **32**:*148*, **34**:93, **34**:*107–108*, **49**:266, **49**:*302*
Rising, L., **47**:*291*
Risset, J.-C., **36**:139, **36**:*198*
Rissland, E., **40**:235, **40**:*254*, **47**:88, **47**:*140*
Rist, Robert S., **40**:*4*, **40**:*30*, **40**:*34*, **40**:*37*
Ristad, E. S., **47**:57, **47**:*64*
Risti, H. A., **5**:324 (285), **5**:*343*
Ritchie, B., **49**:88, **49**:*92*

Ritchie, C. J., **47**:227, **47**:*251*
Ritchie, D., **48**:16, **48**:*117*
Ritchie, D. M., **22**:129, **22**:*160*, **30**:4, **30**:*35*, **49**:260, **49**:*299*
Ritchie, R. W., **2**:409, **2**:*420*
Rittel, H. W., **28**:31, **28**:*66*
Ritter, H., **33**:*242*
Ritzenthaler, S., **42**:121, **42**:*235*
Ritzman, R. E., **42**:243, **42**:248–249, **42**:*267*
Rivera, J. M., **47**:211, **47**:*252*
Rivest, R., **30**:187, **30**:195–200, **30**:*200–221*, **33**:*242*, **43**:223, **43**:225, **43**:239, **43**:*240*, **48**:156, **48**:176, **48**:226, **48**:*254*
Rivest, R. L., **22**:67, **22**:68, **22**:69, **22**:80, **22**:85, **22**:86, **22**:88, **22**:*102*, **22**:*106*, **23**:50, **23**:*91*, **43**:221–222, **43**:239, **43**:*240*, **44**:229–230, **44**:*280*
Rivett, P., **12**:48 (1), **12**:53 (1), **12**:60 (1), **12**:62 (1), **12**:63 (1), **12**:*71*
Rivlin, A., **16**:229, **16**:246, **16**:271, **16**:*332*
Rivlin, E., **38**:97, **38**:*142*
Rivlin, J. M., **22**:203, **22**:*215*
Rivlin, R., **33**:*305*
Rivlin, T. J., **23**:65, **23**:*91*
Rizk, O. A., **49**:12, **49**:*58*
Rizki, M. M., **31**:306, **31**:*322*
Roach, J. W., **35**:96, **35**:98, **35**:*133*
Roach, S. S., **35**:*370*, **43**:186, **43**:188–189, **43**:192–194, **43**:*213*, **46**:110, **46**:*156*
Roads, C., **36**:143–144, **36**:175, **36**:*199*
Robb, R. A., **47**:238, **47**:*251*
Robbins, D., **4**:37 (70), **4**:*52*
Robert, S., **38**:*194*
Robertazzi, T., **42**:166, **42**:*234*
Roberts, A., **6**:275, **6**:278, **6**:*295*
Roberts, B. R., **26**:35, **26**:*44*, **22**:202, **22**:*213*
Roberts, C. S., **30**:25, **30**:*34*, **46**:82, **46**:97, **46**:*106*
Roberts, D. C., **12**:*171*, **19**:*60*, **19**:*62*, **30**:18, **30**:20, **30**:31, **30**:*35–36*, **48**:180, **48**:*218*
Roberts, F. E., **16**:174, **16**:*179*, **39**:*105*
Roberts, G. T., **14**:196, **14**:*228*
Roberts, J. A., **26**:*277*, **38**:*181*
Roberts, J. B. G., **35**:298, **35**:*323*

Roberts, K. S., **32:***147*, **35:**103, **35:***133*
Roberts, L., **6:**56, **6:**64 (80), **6:***87*, **10:**124 (11), **10:***128*, **21:**228, **21:***273*, **41:**125, **41:***155*, **42:**121, **42:***238*, **44:**317, **44:***330*
Roberts, L. A., **36:**349, **36:***424*
Roberts, L. G., **16:**187, **16:***218*, **17:**165, **17:***220*, **37:**371, **37:***423*, **42:**121, **42:**133, **42:***238*
Roberts, M. de V., **1:**171 (6), **1:***192*, **18:**60, **18:***115*
Roberts, N., **24:**348, **24:**350, **24:***375*
Roberts, R. B., **22:**181, **22:***215*, **22:**244, **22:***293*, **26:**190, **26:**191, **26:***197*, **26:***199*
Roberts, T. L., **36:**350, **36:***419*
Roberts, W. J., **5:**324 (296), **5:***343*
Robertson, A. V., **21:**296, **21:***330*
Robertson, D. D., **47:**215, **47:***246*
Robertson, G., **19:**107, **19:***110*, **29:**59, **29:***76*
Robertson, G. G., **38:**202, **38:***244*, **48:**267, **48:***313*
Robertson, J. E., **1:**233 (10, 13), **1:***308*, **6:**156, **6:**157 (57), **6:**167 (58), **6:**169, **6:**170, **6:**172, **6:**174, **6:**175, **6:***193*, **6:***194*
Robertson, Scott P., **40:**2, **40:**27, **40:**30, **40:**34, **40:***37*
Robertson, J. H., **5:**263, **5:**264 (19), **5:***285*
Robertson, J. M., **5:**270 (26), **5:***285*
Robertson, S. E., **24:**289, **24:**292, **24:**294, **24:***316*
Robey, D., **19:**313, **19:***327*, **39:**252, **39:***291*
Robillard, P. N., **13:**63, **13:**64, **13:***70*, **17:**207, **17:***220*
Robins, T., **16:**142, **16:**151, **16:***181*
Robinson, A. R., **21:**328, **21:***331*
Robinson, B. M., **21:**334, **21:**406, **21:***420*
Robinson, C. M., **26:**66, **26:***92*
Robinson, D. Z., **28:**175, **28:***223*
Robinson, E. A., **37:**61, **37:**63, **37:***117*
Robinson, G. A., **5:**277 (49), **5:***286*, **31:**274, **31:***322*
Robinson, J., **8:**154 (43, 45), **8:***188*, **15:**31, **15:***62*, **43:**234, **43:***240*
Robinson, J. A., **13:**141, **13:***167*, **13:**195, **13:***230*, **17:**55, **17:***87*, **26:**17, **26:**35, **26:***44*
Robinson, J. J., **15:**229, **15:***237*, **17:**81, **17:**82, **17:***87*
Robinson, J. T., **19:**98, **19:**100, **19:**106, **19:**107, **19:***110*, **19:***111*
Robinson, L., **20:**220, **20:***258*, **21:**99, **21:**108, **21:***154*, **24:**125, **24:**164, **24:***174*, **29:**7, **29:**23, **29:**32, **29:***44*, **29:***45*, **45:**296, **45:***316*
Robinson, M., **40:**168, **40:***178*, **45:**2, **45:***51*
Robinson, R. A., **17:**184, **17:***220*
Robinson, S. K., **18:***171*, **39:**270, **39:***290*
Robison, D. E., **3:**50, **3:***74*, **33:**4, **33:***63*
Robson, D., **34:**22, **34:**33, **34:***55*, **35:**143, **35:***181*, **42:**27–29, **42:***31*, **43:**58, **43:**71, **43:**108, **43:***135*, **47:**123, **47:***138*
Roby, T. B., **11:**350, **11:***388*
Rochange, C., **44:**196, **44:***217*
Roche, E. M., **35:**332, **35:**335, **35:**338, **35:**342–343, **35:***370*
Rochester, N., **3:**81, **3:***153*
Rochkind, M. J., **22:**131, **22:***160*
Rochlis, J. A., **30:**172, **30:**179, **30:**208, **30:**210, **30:***219*, **38:**8, **38:***71*
Rockafellar, R. T., **2:***375*
Rockart, J. F., **43:**207, **43:***209*, **43:***213*
Rockmore, A. J., **22:**202, **22:***214*, **36:**123, **36:***195*
Rockoff, M. L., **16:**141, **16:***182*
Rockoff, T., **49:**258, **49:***301*
Rockstroh, J., **36:**154, **36:***199*
Rockstrom, A., **29:**109, **29:***191*
Rockwell, R. C., **48:**264, **48:**268, **48:***313*
Rodden, T., **45:**279, **45:***320*
Rodeck, C. H., **47:**215, **47:***246*
Rodeh, M., **26:***152*
Rodemich, E. R., **33:***241*, **36:**220, **36:***253*
Roder, N., **31:**359, **31:***374*
Roderer, N. K., **21:**341, **21:**348, **21:***420*
Roderick, L., **49:**38, **49:***61*
Rodet, X., **36:**144, **36:***199*
Rodger, J. C., **34:***111*
Rödl, V., **44:**346, **44:**352, **44:***358*, **44:***360*
Rodrigues, J., **6:**39 (9), **6:***84*, **7:**280 (15), **7:***288*
Rodriguez, J. M., **42:**128, **42:**145, **42:**183, **42:***238*
Rodriguez, T. K., **45:**290, **45:**291, **45:***318*

Rodrique, G., **49**:253, **49**:*301*
Rodríguez, H., **49**:12, **49**:*58*
Roe, A., **4**:159 (109), **4**:*167*
Roe, D. B., **47**:*64*
Roe, M. F. H., **31**:*376*
Roeder, J., **36**:167–168, **36**:*199*
Roelandt, J. R. T. C., **47**:215, **47**:216, **47**:227, **47**:*245*, **47**:*251*, **47**:*252*
Roemer, M. I., **16**:131, **16**:*181*
Roeseler, A., **39**:17, **39**:19, **39**:*49*
Roesgen, J. P., **37**:111, **37**:*117*
Roesner, D., **38**:*188*, **38**:*192*
Roesser, R. P., **20**:*195*
Roffinella, D., **42**:180, **42**:*238*
Roger, K., **38**:*183*, **38**:*185*, **38**:*186*, **38**:*192*
Rogers, A., **35**:272, **35**:275, **35**:*323*, **45**:121, **45**:152, **45**:335, **45**:352, **45**:*355*, **48**:126, **48**:127, **48**:131, **48**:*177*
Rogers, D. F., **16**:9, **16**:*53*
Rogers, D. J., **6**:20 (31), **6**:*30*, **19**:180, **19**:191, **19**:*228*
Rogers, E., **38**:*194*
Rogers, E. M., **35**:328, **35**:*370*, **39**:267, **39**:*293*, **45**:336, **45**:337, **45**:*355*
Rogers, H., **10**:15, **10**:*77*, **33**:175, **33**:*242*
Rogers, H., Jr., **24**:93, **24**:*100*, **43**:227, **43**:233, **43**:*241*
Rogers, J., **36**:154, **36**:*199*
Rogers, J., Jr., **14**:6, **14**:10, **14**:27, **14**:*43*
Rogers, J. B., **24**:342, **24**:348, **24**:*375*
Rogers, J. L., **4**:159 (104, 107, 110), **4**:*167*
Rogers, T. J., **44**:41, **44**:*58*
Rogers, Y., **33**:121, **33**:*169*, **47**:13, **47**:46, **47**:53, **47**:54, **47**:*64*
Roggio, R. F., **38**:*194*
Rogriguez, J. E., **12**:*283*
Rohatgi, V. K., **45**:223, **45**:*267*
Rohlf, F. J., **19**:152, **19**:159, **19**:174, **19**:180, **19**:183, **19**:204, **19**:*221*, **19**:*225*
Rohmer, J., **19**:*62*, **28**:*148*
Rohn, P. H., **9**:157 (104a), **9**:*177*
Rohnert, H., **48**:82, **48**:83, **48**:*115*
Rohr, J. A., **26**:*277*
Rohrbacher, D., **26**:86, **26**:*92*
Rohrer, C., **49**:9, **49**:21, **49**:*60*
Rohrlich, J. A., **33**:157, **33**:*169*

Roi, N., **29**:276
Rold, M. D., **47**:216, **47**:*250*
Rolin, H., **39**:151, **39**:*188*
Rollett, J. S., **5**:271 (29), **5**:277, **5**:278, **5**:*285*, **5**:*286*
Rollins, E. J., **43**:40, **43**:*47*
Rolskov, B., **34**:319, **34**:*389*
Rolund, M. W., **26**:*277*
Rom, A. R., **8**:70 (42), **8**:*101*
Roman, G.-C., **46**:336, **46**:*400*
Romanelli, E., **28**:266, **28**:268, **28**:*278*
Romano, D., **42**:176–177, **42**:218, **42**:*235*
Romanov, V. Iu., **29**:305, **29**:306, **29**:*328*
Romanovskaya, L. M., **18**:237, **18**:*281*
Romashkin, F. Z., **29**:*328*
Romashko, T., **24**:341, **24**:*372*
Rombach, **44**:63, **44**:68, **44**:75–76, **44**:120, **44**:*123*
Rombach, D., **44**:29, **44**:55
Rombach, H. D., **39**:16, **39**:*47*, **41**:*1*, **41**:5, **41**:8, **41**:12, **41**:14, **41**:16, **41**:18–19, **41**:21–23, **41**:28–29, **41**:45–47, **41**:50, **41**:53, **41**:55–57, **41**:*59–63*, **41**:67, **41**:78, **41**:*82*, **46**:39, **46**:40, **46**:42, **46**:50, **46**:55, **46**:65, **46**:77, **46**:80, **46**:82, **46**:92, **46**:102, **46**:105, **46**:106, **46**:107, **46**:174, **46**:*232*
Romeiro, G. F., **11**:102, **11**:*124*
Romer, P. M., **43**:203, **43**:*213*
Romero, A., **29**:63, **29**:*76*
Romero, B. A., **47**:215, **47**:*247*
Romney, A. K., **19**:122, **19**:123, **19**:*226*
Romonowski, T. A., **6**:275, **6**:*295*
Ronchi, V., **6**:*226*
Rooholamini, R., **44**:303–305, **44**:*330*
Rook, P., **44**:36, **44**:*58*, **49**:*237*
Roome, W. D., **35**:307–308, **35**:*321*
Rooney, K. L., **5**:324 (296), **5**:*343*
Roos, B. W., **5**:296 (30), **5**:*327*
Roos, D., **41**:77, **41**:*82*
Roossin, P. S., **49**:34, **49**:*58*
Root, R. W., **45**:289, **45**:*316*, **45**:*320*
Roper, M., **42**:69, **42**:*75*
Rosasco, K., **38**:*186*
Rosay, G., **43**:17, **43**:*49*
Roscheisen, M., **48**:267, **48**:270, **48**:286, **48**:287, **48**:299, **48**:*313*
Roscoe, A. W., **29**:146, **29**:*191*
Rose Hulman Institute of Technology,

24:364, 24:*375*
Rose, F., 37:253, 37:*282*, 38:120, 38:*141*
Rose, G. F., 2:393, 2:*420*, 22:*43*
Rose, J., 31:*376*
Rose, L. L., 24:*318*, 28:238, 28:*278*, 31:333–334, 31:371, 31:*378*, 36:277, 36:325, 36:*332*, 38:*316*
Rose, M., 48:241, 48:*252*
Rose, M. E., 2:15, 2:22, 2:47, 2:53, 2:*54*
Rose, M. T., 42:128, 42:145, 42:183, 42:*238*
Rose, R. P., 5:326 (361), 5:*347*
Roseberry, R. J., 5:311 (131), 5:*333*
Rosebrugh, C., 37:*281*
Rosebush, J., 33:250, 33:263, 33:264, 33:265, 33:272, 33:275, 33:276, 33:286, 33:*304*
Rosen, B. K., 48:30, 48:*115*
Rosen, C., 37:345–346, 37:355, 37:371–374
Rosen, E., 44:228, 44:*280*
Rosen, J. B., 2:323, 2:*375*, 3:185 (17), 3:*187*
Rosen, J. M., 36:*254*
Rosen, R., 5:120, 5:155, 5:*219*, 5:*222*, 31:259, 31:*323*, 47:149, 47:*182*
Rosen, S., 5:251, 5:*255*, 10:30 (53), 10:*77*, 16:184, 16:*218*, 20:85 (43), 20:*113*, 47:354, 47:*367*
Rosen, S. J., 36:*41*
Rosenberg, A., 8:4, 8:*44*
Rosenberg, A. E., 31:112, 31:*173*
Rosenberg, A. I., 26:*152*
Rosenberg, A. L., 23:11, 23:*33*
Rosenberg, C. R., 33:*243*, 37:122, 37:157, 37:*165*, 37:404, 37:*424*
Rosenberg, D., 34:319, 34:365, 34:*390*, 36:381, 36:386, 36:412, 36:*428*, 36:*430*
Rosenberg, J. M., 23:256, 23:*292*, 33:27, 33:28, 33:29, 33:64, 33:156, 33:160, 33:*166*
Rosenberg, R. L., 21:51, 21:*89*, 32:154, 32:156, 32:170, 32:177, 32:189, 32:*198*
Rosenberg, V., 31:*376*
Rosenblatt, F., 2:415, 2:*420*, 5:135, 5:142, 5:*220*, 6:43, 6:49 (82), 6:59, 6:87, 6:*226*, 13:209, 13:*230*, 31:242, 31:*323*, 33:179, 33:186, 33:*243*, 36:222, 36:232, 36:*253*, 37:121, 37:124, 37:*165*, 37:339–340, 37:342, 37:345, 37:347–350, 37:357, 37:379–380, 37:385, 37:391, 37:*420*, 37:*423*, 47:9, 47:*64*
Rosenblatt, J. K., 32:*148*, 48:321, 48:327, 48:330, 48:332, 48:333, 48:334, 48:335, 48:339, 48:340, 48:345, 48:351, 48:*352*
Rosenblith, W. A., 11:*173*
Rosenblitt, D., 45:286, 45:302, 45:*318*
Rosenbloom, P. C., 2:*132*
Rosenbloom, P. S., 38:114, 38:125, 38:*141*
Rosenblum, D. S., 42:50, 42:55, 42:*76*
Rosenblum, L., 44:204, 44:*217*, 47:223, 47:*248*
Rosenblum, L. S., 43:188, 43:191, 43:193, 43:*210*
Rosenblum, M., 49:242, 49:249, 49:250, 49:270, 49:*299*
Rosenboom, D., 12:85, 12:*113*
Rosenburg, D. P., 6:177, 6:179 (24), 6:*192*
Rosendale, J. V., 46:365, 46:*397*
Rosendale, J. van, 45:145, 45:*151*
Rosenfeld, A., 6:242, 6:265, 6:*226*, 6:*294*, 6:*295*, 12:315, 12:*413*, 18:7, 18:16, 18:27, 18:28, 18:40, 18:48, 18:55, 18:*56*, 18:*57*, 19:87, 19:*111*, 19:123, 19:210, 19:212, 19:*219*, 19:225, 19:*226*, 32:110, 32:115, 32:*146*, 32:*147*, 34:60, 34:*111*, 35:88, 35:*134*, 38:97, 38:*142*, 43:244, 43:273, 43:*275*
Rosenfeld, E., 37:387, 37:405, 37:410, 37:*419*
Rosenfeld, M., 23:349, 23:350, 23:*351*
Rosenfield, A., 13:*107*, 13:218, 13:*230*
Rosenfield, K., 47:216, 47:*251*
Rosenkrantz, D. J., 19:100, 19:*111*, 21:229, 21:*273*
Rosenman, J. G., 47:215, 47:*246*
Rosenschein, S. J., 33:*243*, 36:163, 36:*195*, 48:332, 48:336, 48:*352*
Rosenson, L., 6:*295*
Rosenstiel, W., 37:*281*
Rosenthal, A., 31:265, 31:*320*, 39:112, 39:115, 39:*186*, 39:*188*

Rosenthal, R., **16**:212, **16**:*218*, **17**:195, **17**:*220*, **38**:*194*
Rosenthal, R. S., **28**:112, **28**:115, **28**:*151*
Rosenthal, W. D., **34**:86, **34**:*111*
Rosenthall, G., **16**:131, **16**:*180*
Rosenzweig, J. E., **12**:41 (16), **12**:*72*, **20**:10, **20**:11, **20**:*33*, **20**:*35*
Rosetta, M. T., **49**:28, **49**:*65*
Rosetti, D. J., **31**:178, **31**:205, **31**:212, **31**:*232*
Rosier, I., **17**:242, **17**:*280*
Rosier, L. L., **17**:242, **17**:*280*, **17**:*281*
Rosin, R. F., **7**:41 (54), **7**:112 (55), **7**:*115*, **9**:80, **9**:*111*, **21**:93, **21**:*154*, **24**:104, **24**:105, **24**:113, **24**:164, **24**:*171*, **24**:*174*
Roske-Hofstrand, R. J., **33**:125, **33**:135, **33**:138, **33**:*169*
Rosler, L., **12**:84, **12**:*113*
Rosner, R., **33**:174, **33**:*239*, **37**:131, **37**:*164*
Rosove, P., **34**:297, **34**:*391*
Ross, D., **16**:59, **16**:*124*, **20**:205, **20**:*258*
Ross, D., Jr., **13**:59, **13**:*70*
Ross, D. T., **7**:144 (55), **7**:147 (56), **7**:*179*, **7**:280 (15), **7**:283 (28), **7**:*288*, **9**:68, **9**:*111*, **12**:216 (31), **12**:*283*, **12**:*284*, **22**:118, **22**:*161*, **26**:400, **26**:412, **26**:*443*, **43**:68, **43**:*137*
Ross, G. J. S., **19**:152, **19**:*220*, **19**:*226*
Ross, J. R., **15**:230, **15**:*237*
Ross, J., **20**:13, **20**:*34*
Ross, K. M., **29**:59, **29**:*76*
Ross, K. W., **47**:321, **47**:*339*
Ross, P. J., **44**:23, **44**:*58*
Ross, P. W., **11**:205, **11**:*228*
Ross, R. M., **21**:348, **21**:*420*
Ross, R. R., **6**:*294*
Ross, S. M., **45**:215, **45**:216, **45**:*267*, **47**:344, **47**:*367*
Ross, T. L., **36**:*199*, **46**:383, **46**:*400*
Rossak, W., **43**:53–54, **43**:62, **43**:114, **43**:118–119, **43**:*135–136*, **43**:*138*
Rossay, G., **43**:17, **43**:40, **43**:*49*
Rossby, C.-G., **1**:58, **1**:59 (26, 27), **1**:80 (74), **1**:*87*, **1**:*89*
Rossi, D. D., **35**:89, **35**:*132*, **46**:350, **46**:352, **46**:*398*
Rossi, S., **46**:44, **46**:93, **46**:*107*
Rossigno, S., **42**:243–244, **42**:*267*

Rössler, O. E., **31**:282, **31**:287, **31**:290, **31**:299, **31**:*323*
Rossmann, M. G., **5**:278 (52), **5**:281, **5**:*286*, **5**:*287*
Rossol, F. C., **17**:235, **17**:*280*
Rossol, L., **43**:245, **43**:249, **43**:*276*
Rosson, M. B., **29**:50, **29**:63, **29**:66, **29**:67, **29**:*73*, **29**:*76*, **36**:388, **36**:406, **36**:412–413, **36**:*420*, **36**:*427–428*
Rostek, L., **48**:262, **48**:*311*
Rostie, E., **40**:161, **40**:*178*
Rote, G., **38**:231, **38**:*244*
Rotello, V., **47**:142, **47**:180, **47**:*181*
Rotemberg, J. J., **46**:111, **46**:*156*
Rotenberg, A., **5**:324 (290, 292), **5**:*343*
Roth, B., **4**:9 (27), **4**:*50*
Roth, J. P., **26**:303, **26**:*334*
Roth, J. V., **38**:*185*, **38**:*193*
Roth, M., **19**:205, **19**:*219*
Roth, N. K., **46**:46, **46**:55, **46**:*107*
Roth, S. F., **47**:3, **47**:13, **47**:*63*
Roth, S. I., **47**:216, **47**:*250*
Rothberg, A., **42**:133, **42**:*239*
Rothberg, J., **33**:73, **33**:*113*
Rothenberg, D. H., **12**:*172*, **24**:213, **24**:*216*
Rothenberg, J., **16**:213, **16**:*218*
Rothermel, G., **43**:13, **43**:15–16, **43**:*47*
Rothgeb, J. E., **36**:162, **36**:*199*
Rothmann, E. M., **31**:205, **31**:211, **31**:*231*
Rothnie, J. B., **17**:*220*, **19**:100, **19**:*108*, **21**:229, **21**:*273*
Roth-Tabak, Y., **32**:*148*
Rothschild, W. E., **28**:230, **28**:233, **28**:*277*
Rotten, D., **47**:216, **47**:*251*
Roualt, J., **11**:38 (74), **11**:*57*
Rouat, J., **31**:126, **31**:151, **31**:*171*
Roubine, O., **20**:220, **20**:*258*
Roudaud, B., **49**:50, **49**:*65*
Rouff, C., **42**:26, **42**:*36*
Rougelot, R., **16**:16, **16**:*54*
Roullet, G., **42**:180, **42**:*237*
Rounds, W. C., **29**:5, **29**:12, **29**:21, **29**:*45*
Rouom, H. R., Jr., **4**:*239*
Rouse, S. H., **31**:*376*
Rouse, W. B., **24**:*315*, **31**:61–63, **31**:*98*, **31**:*376*, **32**:203, **32**:206, **32**:209, **32**:*251*, **32**:*252*, **36**:340, **36**:351,

36:*428*, 38:311, 38:*315*, 47:*139*
Rousseau, A., 38:*192*
Roussopoulos, N., 26:*443*, 32:156, 32:*199*, 34:260, 34:262, 34:267, 34:*289–290*, 41:277, 41:*295*
Routh, D., 3:62, 3:*74*
Rovick, A., 38:*190*
Rovick, A. A., 38:*187*, 38:*190*
Rovinsky, B. M., 2:154 (3), 2:166 (3), 2:*289*
Rovner, P., 15:8, 15:*60*
Rovner, P. D., 34:221, 34:*230*
Rowe, A. J., 7:*290*, 20:8, 20:9, 20:*34*
Rowe, J. C., 43:245, 43:247, 43:250–251, 43:*276*
Rowe, L. A., 17:172, 17:*217*, 32:184, 32:*200*, 34:*56*, 37:17, 37:*56*
Rowe, P. G., 28:3, 28:*66*
Rowe, W. D., 44:6, 44:28, 44:*58*
Rowland, B. R., 26:430, 26:*443*
Rowley, D. E., 36:393, 36:*428*
Rowstron, A., 46:342, 46:*400*
Roy, J., 34:13, 34:*54*
Roy, S. C., 38:*194*
Roy, S. N., 12:344, 12:*409*
Royce, W. W., 26:394, 26:396, 26:*443*, 31:8, 31:*98*, 40:46, 40:*63*, 41:11, 41:*63*, 46:38, 46:*107*
Roychowdhury, V. P., 44:355–356, 44:*360*
Rozenberg, D. P., 6:135, 6:*193*, 9:253 (24), 9:*284*
Rozenblat, G. D., 35:227, 35:235, 35:*253*
Rozenblit, J., 33:109, 33:*113*
Rozentsveyg, V. Y., 1:128, 1:*140*
Rozentsveyg, V. Yu., 11:*53*
Rozewski, C. M., 38:*183*
Rozier, M., 49:311, 49:*347*
Rozonoer, L. I., 2:385 (1), 2:402 (1), 2:403 (1), 2:*416*
Rua, M., 45:289, 45:*320*
Rua, P., 47:216, 47:*251*
Ruane, T. F., 5:311 (131), 5:*333*
Rubanov, V. O., 29:*328*
Ruben, B. D., 31:*376*
Ruben, L., 16:137, 16:*178*
Rubenstein, A., 20:21, 20:*35*
Rubenstein, H., 11:354 (117), 11:*389*
Rubenstein, R., 36:349, 36:381, 36:395, 36:401, 36:*428*

Rubey, R. J., 12:210, 12:*284*, 20:63, 20:*82*
Rubin, A. I., 2:360 (162), 2:*374*
Rubin, D. K., 26:*277*
Rubin, J., 11:95, 11:*124*, 19:180, 19:208, 19:*219*, 19:*226*, 47:227, 47:*245*
Rubin, J. M., 47:205, 47:*251*
Rubin, J. R., 47:216, 47:*247*
Rubin, L. F., 35:*253*
Rubin, M. L., 18:173, 18:*227*
Rubin, Z. Z., 18:161, 18:*171*
Rubini, S., 40:104, 40:*122*, 40:*124*, 44:195, 44:*216*
Rubinoff, M., 2:388, 2:*420*, 4:276, 4:*302*, 7:51, 7:*115*, 15:*178*, 16:151, 16:*180*
Rubinshtein, G. S., 2:366, 2:*375*
Rubinstein, C. B., 18:16, 18:*56*
Rubinstein, P., 38:10, 38:*72*
Rubinstein, R., 18:215, 18:219, 18:*226*
Rubio, S. H., 47:238, 47:*249*
Ruche, S. H., 38:*193*
Rudell, R., 32:4, 32:82, 32:81, 32:94, 32:*96*, 32:*97*, 32:*98*
Rudich, S., 44:345, 44:*359*
Rudin, H., 26:*443*, 29:81, 29:83, 29:115, 29:145, 29:156, 29:171, 29:176, 29:181, 29:187, 29:191, 29:192, 29:*194*
Rudin, T., 29:145, 29:*186*
Rudins, G., 18:234, 18:*286*, 29:253, 29:*328*
Rudman, S. E., 45:311, 45:*316*
Rudnicky, A. I., 47:*65*
Rudolf, J. A., 34:126, 34:*156*
Rudolph D. C., 45:*102*
Rudolph, G., 45:167, 45:*196*
Rudolph, J. A., 19:*61*, 28:121, 28:*151*
Rudolph, L., 23:19, 23:*32*, 26:*197*, 34:136, 34:140, 34:*154*, 40:147, 40:149, 40:152, 40:*177–178*, 46:312, 46:*325*
Rudolph, L. O., 26:*332*
Rueckert, U., 34:174, 34:*230*
Ruehli, A. E., 26:*333*
Rueppel, R. A., 30:181, 30:*221*
Rugaber, S., 35:208, 35:*253*, 39:43, 39:*48*
Ruggles, L., 24:282, 24:*312*
Ruhleder, K., 45:278, 45:*318*
Ruina, J. P., 28:190, 28:*226*
Ruiz, P., 12:84, 12:*112*

Ruiz-Mier, S., **33**:87, **33**:*113*
Rukavishnikov, V. D., **29**:293, **29**:*328*
Rule, J., **19**:306, **19**:321, **19**:*327*, **21**:39, **21**:*89*, **43**:181, **43**:*209*
Rule, J. B., **23**:255, **23**:256, **23**:*292*, **38**:304, **38**:*315*
Rulifson, J. F., **12**:*279*, **13**:201, **13**:202, **13**:*230*, **15**:4, **15**:8, **15**:*62*
Rumbaugh, J., **21**:109, **21**:*154*, **35**:139, **35**:143, **35**:154, **35**:*183*, **41**:142, **41**:*156*, **43**:59, **43**:69–70, **43**:114–116, **43**:*138*, **46**:75, **46**:95, **46**:*107*, **47**:274, **47**:*291*
Rumbaugh, J. E., **30**:*82*
Rumelhart, D. E., **31**:128, **31**:140–141, **31**:167, **31**:*173*, **31**:241, **31**:*323*, **32**:228, **32**:*252–253*, **33**:176, **33**:*177*, **33**:181, **33**:184, **33**:186, **33**:205, **33**:216, **33**:*243*, **36**:169, **36**:171, **36**:178, **36**:*199*, **36**:204, **36**:225, **36**:228, **36**:*253–254*, **37**:121, **37**:126, **37**:65, **37**:386, **37**:390, **37**:397, **37**:399, **37**:401, **37**:403, **37**:411, **37**:415, **37**:*422–424*, **47**:29, **47**:*65*
Ruml, J., **45**:191, **45**:*195*
Runciman, C., **32**:207, **32**:*250*
Rundensteiner, E. A., **48**:261, **48**:263, **48**:285, **48**:*309*
Ruoff, A. L., **4**:146 (42), **4**:*163*
Ruopp, R., **45**:330, **45**:334, **45**:*355*
Ruppin, E., **47**:*182*
Rusanov, V. V., **10**:88 (3), **10**:*106*
Ruse, M., **28**:18, **28**:*66*
Rush, J. E., **21**:336, **21**:343, **21**:377, **21**:386, **21**:407, **21**:408, **21**:409, **21**:*416*, **21**:*420*, **24**:*316*, **31**:353–354, **31**:356, **31**:*372*, **48**:270, **48**:*313*
Rush, L., **36**:123, **36**:*194*
Rushby, J., **29**:33, **29**:34, **29**:35, **29**:*45*, **49**:86, **49**:*93*
Rusinkiewicz, M., **32**:165, **32**:*199*, **48**:150, **48**:151, **48**:161, **48**:162, **48**:175, **48**:*176*
Ruske, G., **31**:112, **31**:*173*
Ruspini, E. H., **19**:178, **19**:*226*
Russ, J. C., **47**:221, **47**:*251*
Russel, G. O., **1**:197 (9), **1**:*227*
Russel, J. B., **2**:63, **2**:*124*
Russel, R. M., **26**:83, **26**:*92*
Russell, B., **5**:216, **5**:*226*, **15**:233, **15**:*237*, **18**:*228*
Russell, E. C., **15**:141, **15**:*179*
Russell, F. A., **9**:24 (15), **9**:*49*
Russell, G. W., **6**:54, **6**:*88*, **42**:52, **42**:56, **42**:71, **42**:*76*
Russell, J. J., **6**:246, **6**:*296*
Russell, K. R., **38**:*185*
Russell, L. A., **4**:70, **4**:87, **4**:88 (16), **4**:*132*, **4**:*133*, **11**:270 (21), **11**:*317*
Russell, R. M., **20**:*195*, **34**:120, **34**:*156*
Russell, S., **8**:74 (36), **8**:*101*, **47**:29, **47**:*65*
Russell, W. E., **24**:13, **24**:*60*
Rustin, R., **16**:183, **16**:*218*, **19**:294, **19**:*327*
Ruston, H., **18**:150, **18**:*171*
Rutenbar, R. A., **49**:279, **49**:*299*
Ruth, B. H., **5**:315 (197), **5**:*338*
Ruth, G., **15**:*282*, **16**:70, **16**:74, **16**:78, **16**:*124*, **20**:243, **20**:*257*
Ruth, G. R., **37**:10, **37**:*56*
Rutherford, B. D., **16**:141, **16**:175, **16**:*181*, **16**:*182*
Rutihauser, H., **21**:105, **21**:*154*
Rutishauser, H., **2**:89, **2**:*133*
Rutz, R. F., **4**:88 (16), **4**:*133*
Ruwet, N., **36**:*199*
Rux, P. T., **34**:126, **34**:*153*
Ruzo, W. L., **38**:10, **38**:*70*
Ruzzo, W. L., **14**:181, **14**:*184*, **23**:22, **23**:*33*, **24**:66, **24**:73, **24**:81, **24**:90, **24**:*99*, **26**:113, **26**:123, **26**:124, **26**:*151*, **29**:2, **29**:12, **29**:*44*, **44**:268, **44**:*283*
Ryan, L. D., **14**:194, **14**:199, **14**:*229*, **26**:60, **26**:*92*
Ryan, T., **35**:*181*
Rybak, F. M., **12**:*172*
Rybnik, J., **32**:177, **32**:191, **32**:*196*
Ryder, J. L., **19**:*60*
Ryder, K., **42**:127, **42**:*238*
Rypka, D. J., **21**:381, **21**:*417*

S

Saab, E., **38**:*183*, **38**:*192*
Saalbach, C. P., **5**:309 (174), **5**:*336*
Saari, D. G., **23**:81, **23**:*91*
Saaty, T. L., **2**:322, **2**:*375*
Sabeh, R., **11**:*389*
Sabella, P., **47**:227, **47**:*251*

Sabharwal, A. S., **33**:175, **33**:*239*
Sabirov, A., **18**:266, **18**:*286*
Sable, J., **12**:*172*
Sable, J. D., **12**:*172*
Sabnani, K. K., **29**:104, **29**:109–110, **29**:168, **29**:170, **29**:*184*, **29**:*187*, **29**:*188*, **29**:*192*, **49**:148, **49**:*189*
Sacca, D., **32**:172, **32**:*197*
Sacco, G. M., **22**:96, **22**:*103*
Sacco, L., **30**:204, **30**:*221*
Saccone, M., **32**:190, **32**:*200*
Sacerdoti, E. D., **32**:225, **32**:*253*, **40**:190, **40**:*251*, **47**:10, **47**:35, **47**:36, **47**:37, **47**:*61*
Sachs, A. M., **6**:*295*
Sachs, M. B., **31**:137, **31**:*172–174*
Sachs, P., **39**:258, **39**:*289*
Sachs, W. M., **24**:293, **24**:*316*
Sachse, W., **34**:171, **34**:*231*
Sackman, H., **11**:325, **11**:365, **11**:367, **11**:*389*, **19**:270, **19**:*326*, **34**:337, **34**:*391*
Sacks, B., **38**:*194*
Sacks, E. P., **38**:78, **38**:80, **38**:*142*
Sadayappan, P., **45**:54, **45**:74, **45**:80, **45**:90, **45**:*101*
Sadler, L., **49**:21, **49**:23, **49**:26, **49**:28, **49**:41, **49**:46, **49**:47, **49**:48, **49**:56, **49**:*65*
Sadok, D. F. H., **44**:247, **44**:*281*
Saerens, M., **36**:224, **36**:*253*
Saettler, P., **11**:362 (120), **11**:380, **11**:*389*
Safabakhsh, R., **32**:109, **32**:*146*
Safanov, V., **29**:*328*
Saffiotti, A., **48**:342, **48**:*353*
Safir, A., **22**:166, **22**:202, **22**:205, **22**:*216*, **22**:274, **22**:*293*, **26**:*45*
Safonov, V. O., **29**:*328*
Safra, S., **44**:357, **44**:*360*
Safran, M., **45**:287, **45**:*316*
Safranek, R., **32**:129, **32**:*146*
Sag, I. A., **24**:217, **24**:*275*
Sagalowicz, D., **40**:190, **40**:*251*, **47**:10, **47**:35, **47**:36, **47**:37, **47**:*61*
Sage, A. P., **31**:3, **31**:54, **31**:61–63, **31**:*98*, **36**:312, **36**:*331*
Sager, J. C., **49**:17, **49**:*57*
Sager, N., **8**:154 (45), **8**:155 (46), **8**:163 (45), **8**:*188*, **11**:15, **11**:*54*, **11**:172, **11**:*228*, **17**:100, **17**:101, **17**:116, **17**:119, **17**:120, **17**:122, **17**:126, **17**:134, **17**:149, **17**:152, **17**:154, **17**:*159*, **17**:*160*, **17**:*161*, **24**:259, **24**:*275*., **47**:*65*
Sagerer, G., **38**:*189*
Sagiv, J., **31**:296, **31**:*323*
Sagiv, M., **43**:17, **43**:*49*
Sah, C. T., **9**:183 (86), **9**:*238*
Saha, D., **44**:308, **44**:*328*
Sahay, P. N., **26**:380, **26**:381, **26**:*391*
Sahner, R., **31**:204–205, **31**:207–208, **31**:211, **31**:216, **31**:*232*
Sahni, S., **23**:297, **23**:301, **23**:339, **23**:340, **23**:341, **23**:*352*, **23**:*353*, **28**:15, **28**:*65*
Sahni, S. H., **20**:*195*
Sahni, S. K., **26**:100, **26**:128, **26**:131, **26**:133, **26**:*150*, **26**:*151*, **26**:166, **26**:179, **26**:*198*, **26**:320, **26**:*333*
Saiedian, H., **43**:55, **43**:82, **43**:121, **43**:*139*, **46**:50, **46**:*107*, **49**:70, **49**:*94*
Saiedian, S., **46**:14, **46**:*32*
Sainrat, P., **44**:196, **44**:*217*
Sainte-Marie, P., **13**:63, **13**:64, **13**:*70*
Saito, H., **49**:38, **49**:*65*
Saito, M., **17**:240, **17**:*282*
Sakaguichi, T., **48**:275, **48**:296, **48**:*312*
Sakai, I., **11**:40 (83), **11**:*58*
Sakai, S., **37**:299, **37**:*332*, **44**:183, **44**:185, **44**:*215*, **44**:*217*, **46**:308, **46**:312, **46**:314, **46**:326, **46**:*327*
Sakai, T., **11**:40 (84), **11**:*58*, **11**:204 (127, 128), **11**:205, **11**:210, **11**:*228*, **20**:85 (51), **20**:*113*, **31**:299, **31**:*322*
Sakamoto, S., **47**:216, **47**:*244*
Sakamoto, T., **18**:185, **18**:*228*
Sakamura, K., **24**:*174*, **49**:310, **49**:*347*
Sakane, H., **44**:183, **44**:*215*, **46**:308, **46**:312, **46**:314, **46**:*326*, **46**:*327*
Sakas, G., **47**:224, **47**:226–7, **47**:*251*
Sakauchi, M., **34**:*290*
Sakoe, H., **31**:117, **31**:*173*
Sakurai, A., **32**:30, **32**:31, **32**:*102*
Salamon, Z., **31**:*323*
Salehi, J. D., **47**:321, **47**:*340*
Salem, A. M., **40**:98, **40**:*121*
Salem, K., **32**:168, **32**:*195*, **48**:151, **48**:161, **48**:*175*
Salerno, D., **38**:*189*
Salerno, D. M., **38**:*186*

Salerno, L., **39**:243, **39**:*292*
Salisbury, A. B., **19**:261, **19**:276, **19**:*323*, **21**:93, **21**:98, **21**:*154*, **24**:102, **24**:105, **24**:124, **24**:*174*
Salisbury, K. J., **33**:*241*
Salkoff, M., **8**:154 (45), **8**:163 (45), **8**:166 (47), **8**:*188*, **17**:126, **17**:*161*
Salmon, S. R., **21**:342, **21**:343, **21**:344, **21**:345, **21**:*420*
Salmond, J. W., **9**:116, **9**:*177*
Salomon, G., **46**:111, **46**:*156*, **47**:81, **47**:*140*
Salter, F., **6**:150, **6**:*194*
Saltman, R. G., **32**:262, **32**:291, **32**:297, **32**:298, **32**:300, **32**:*305*
Salton, G., **6**:20, **6**:*30*, **11**:61, **11**:74, **11**:82, **11**:101, **11**:102, **11**:107, **11**:*124*, **11**:*125*, **11**:173, **11**:*228*, **24**:282, **24**:284, **24**:290, **24**:291, **24**:293, **24**:294, **24**:298, **24**:299, **24**:300, **24**:301, **24**:304, **24**:305, **24**:306, **24**:307, **24**:*316*, **24**:*317*, **24**:*318*, **30**:29–30, **30**:*36*, **31**:*376*, **40**:189, **40**:*253*, **48**:261, **48**:301, **48**:*313*
Saltykov, A. L., **18**:268, **18**:*286*
Saltz, J. H., **45**:107, **45**:110, **45**:111, **45**:114, **45**:115, **45**:116, **45**:117, **45**:118, **45**:120, **45**:121, **45**:127, **45**:133, **45**:135, **45**:136, **45**:142, **45**:144, **45**:145, **45**:146, **45**:147, **45**:149, **45**:*149*, **45**:*150*, **45**:*151*, **45**:*152*, **45**:*153*
Saltzer, J. H., **8**:*44*, **13**:6, **13**:*41*, **14**:237, **14**:*272*, **16**:248, **16**:*332*, **20**:85 (63), **20**:*114*, **44**:268, **44**:*283*
Saluja, K. K., **26**:322, **26**:*334*
Salustri, A., **47**:215, **47**:*251*
Salvador, C. H., **38**:*183*
Salvendy, G., **36**:335, **36**:*428*
Salveson, M., **20**:7, **20**:9, **20**:*35*
Salzer, H., **2**:64 (6. 5), **2**:*125*
Salzer, J. M., **23**:181, **23**:*252*
Salzman, L. F., **8**:108 (8), **8**:*152*
Samadani, R., **34**:*291*
Samadi, B., **19**:102, **19**:*111*
Samadzadeh, M. H., **43**:55, **43**:82, **43**:121, **43**:*139*
Samalam, V., **44**:316–317, **44**:*328*
Samarati, P., **46**:271, **46**:*286*

Samarskii, A. A., **29**:255, **29**:*328*
Sameh, A. H., **15**:133, **15**:137, **15**:139, **15**:148, **15**:155, **15**:175, **15**:*177*, **15**:*179*, **19**:66, **19**:*111*, **23**:8, **23**:*32*, **26**:103, **26**:*152*, **34**:136, **34**:140, **34**:*154–155*
Samelson, K., **1**:15 (20), **1**:*41*, **5**:367 (18), **5**:*377*, **7**:146 (57), **7**:*179*, **8**:193, **8**:*245*, **8**:249, **8**:302, **8**:*333*, **20**:205, **20**:*257*
Samet, H., **34**:239, **34**:267, **34**:*290*
Samet, S., **37**:315, **37**:321, **37**:*332*
Samiotu, A., **49**:12, **49**:*58*
Sammet, J. E., **4**:5 (22), **4**:*50*, **7**:146 (68), **7**:*180*, **8**:50 (45), **8**:51 (45, 46, 47), **8**:53 (5, 43), **8**:78, **8**:80, **8**:92 (6), **8**:94 (45), **8**:*99*, **8**:*101*, **9**:52 (36), **9**:*111*, **10**:13 (54), **10**:*78*, **13**:165, **13**:*167*, **15**:2, **15**:4, **15**:*61*, **16**:58, **16**:*124*, **20**:204, **20**:205, **20**:206, **20**:208, **20**:209, **20**:210, **20**:240, **20**:*257*, **20**:*258*, **24**:324, **24**:*375*
Sammon, J. W., **19**:122, **19**:*226*
Sammon, J. W., Lt., **7**:63 (56), **7**:*115*
Sammon, W. L., **28**:230, **28**:233, **28**:*277*
Sammut, C., **24**:187, **24**:206, **24**:213, **24**:*215*, **24**:*216*
Sampson, P., **12**:354, **12**:*413*
Sams, B. H., **4**:37, **4**:*51*
Samson, P., **7**:287 (37), **7**:*289*
Samuel, **5**:187
Samuel, A., **4**:156 (89), **4**:*166*, **6**:49 (83a), **6**:*87*, **7**:279 (13), **7**:*288*, **8**:*44*, **9**:116, **9**:*177*, **13**:206, **13**:*230*, **15**:47, **15**:*62*, **22**:236, **22**:*293*, **24**:181, **24**:*216*
Samuel, A. L., **1**:167 (10), **1**:176, **1**:179 (10), **1**:181 (10), **1**:183 (10), **1**:*192*, **2**:414, **2**:*420*, **24**:267, **24**:*275*, **26**:39, **26**:*45*
Samuels, W. B., **38**:*194*
Samuelson, P., **2**:*369*, **33**:9, **33**:10, **33**:*64*, **35**:220, **35**:223, **35**:*253*, **48**:271, **48**:*313*
Samurçay, R., **39**:*48*
Samvelian, P., **49**:28, **49**:*58*
Sancha, T., **36**:*419*
Sanchez, A., **26**:17, **26**:*44*
Sanchez, E., **28**:*130*, **28**:*104*
Sandberg, A., **34**:303, **34**:313, **34**:*383*, **34**:*385*, **34**:*391*

Sandberg, R. O., **5**:326 (366), **5**:*347*
Sandberg, W. R., **31**:54, **31**:*98*
Sander, T. S., **47**:224, **47**:*251*
Sanders, A. F., **22**:202, **22**:*213*
Sanders, D., **20**:3, **20**:13, **20**:14, **20**:*35*
Sanders, J. A., **38**:*194*, **46**:7, **46**:*32*
Sanders, M. S., **36**:337, **36**:351, **36**:*428*
Sanders, N. P., **21**:414, **21**:*418*
Sanders, P., **49**:284, **49**:*301*
Sanders, R., **42**:131, **42**:*238*
Sanders, W. H., **33**:73, **33**:*112*, **33**:*113*, **38**:*183*
Sanders, W. R., **18**:202, **18**:203, **18**:*227*, **18**:*228*
Sanderson, A. C., **32**:109, **32**:*146*
Sandewall, E., **19**:280, **19**:*327*, **21**:41, **21**:*89*, **22**:127, **22**:*161*
Sandewall, E. J., **13**:190, **13**:*230*
Sandfort, R. M., **17**:247, **17**:248, **17**:249, **17**:250, **17**:251, **17**:*281*, **17**:*282*
Sandhu, R., **38**:3, **38**:15–16, **38**:41, **38**:*70*
Sandhu, R. S., **46**:237, **46**:241, **46**:247, **46**:256, **46**:257, **46**:258, **46**:261, **46**:269, **46**:270, **46**:271, **46**:275, **46**:*286*
Sandin, D. J., **33**:271, **33**:*304*
Sandini, G., **32**:*148*
Sandler, Y. M., **31**:241, **31**:296, **31**:*322*
Sandomirskii, V. B., **31**:241, **31**:*321*
Sandri, C. S., **36**:317–318, **36**:*328*
Sandritter, W., **12**:296, **12**:*413*
Sanfilippo, A., **49**:*66*
Sanford, J. R., **8**:53 (2), **8**:*99*
Sanford, V., **13**:*107*
Sangiovanni-Vincentelli, A., **26**:*333*, **32**:4, **32**:82, **32**:91, **32**:94, **32**:*96*, **32**:*97*, **32**:*98*, **37**:256, **37**:268, **37**:*282*, **40**:75, **40**:*122*
Sangren, W. C., **5**:289 (1, 2), **5**:295, **5**:296 (28, 29, 30), **5**:*326*, **5**:*327*
Sankar, C. S., **36**:*428*
Sannella, D. T., **22**:302, **22**:*350*
Sano, H., **36**:174, **36**:*200*
Sansoe, C., **44**:198–199, **44**:*213–214*
Sansom, R., **44**:308, **44**:*328*
Santago, P., **38**:*194*
Santal, A., **43**:32, **43**:*46*
Santel, D., **38**:*182*
Santhanam, R., **46**:135, **46**:*156*

Santos, S. M. dos, **18**:198, **18**:*228*
Sanyal, B., **34**:*290*
Sanz, J., **49**:244, **49**:*297*
Sapin, P. M., **47**:216, **47**:*248*
Sapir, E., **17**:96, **17**:*161*
Saracco, R., **29**:109, **29**:*191*, **29**:*192*
Saracelli, K. D., **41**:22, **41**:28, **41**:45, **41**:56, **41**:*63*
Saracevic, T., **31**:335, **31**:352, **31**:356, **31**:*376*, **48**:263, **48**:268, **48**:*313*
Sarapkin, A., **18**:243, **18**:*286*
Sard, A., **23**:87, **23**:*91*
Sargeant, J., **37**:313–315, **37**:*332*
Sargent, L. F., **2**:*369*
Sargent, R. G., **33**:85, **33**:103, **33**:*111*
Saridis, G. N., **33**:*243*
Sarikaya, B., **29**:168, **29**:*185*, **29**:*192*
Sarin, S., **31**:*97*, **39**:112, **39**:115, **39**:*186*
Sarin, S. K., **45**:274, **45**:287, **45**:308, **45**:*314*
Sarkar, V., **35**:286, **35**:295, **35**:*318*, **35**:*323*, **37**:325, **37**:327, **37**:*332*
Sarkisian, T. E., **29**:*325*
Sarma, V. V. S., **36**:317, **36**:*326*
Sarrazin, D. B., **26**:276, **26**:*279*
Sarson, T., **22**:135, **22**:*159*, **30**:56, **30**:*83*, **34**:299, **34**:367, **34**:*385*, **35**:10, **35**:22, **35**:*79*, **43**:68, **43**:*134*
Sarti, A., **47**:227, **47**:*251*
Sartirana, E., **38**:*193*
Sarwate, D. V., **26**:*150*
Sasaki, Y., **1**:51, **1**:*86*
Sasao, T., **17**:250, **17**:*281*
Sasaoka, M., **42**:121, **42**:*237*
Sashidar, T., **35**:*80*
Sasov, A. Iu., **29**:296, **29**:*328*
Sasso, W. C., **40**:*253*
Sassone, P. G., **38**:312, **38**:*314*, **46**:128, **46**:130, **46**:131, **46**:*156*
Sastry, S., **33**:*240*
Sata, J., **28**:2, **28**:*66*
Sathaye, A., **31**:205, **31**:229, **31**:*232–233*
Satkus, D., **5**:326 (362), **5**:*347*
Sato, K., **43**:250, **43**:*277*
Sato, M., **32**:109, **32**:*146*, **44**:183, **44**:185, **44**:*215*, **44**:*217*, **46**:308, **46**:312, **46**:314, **46**:326, **46**:*327*
Sato, S., **49**:37, **49**:*66*
Satoh, H., **34**:173, **34**:*234*
Satoh, K., **47**:216, **47**:*244*

Satterthwaite, E., **12**:233 (39), **12**:*284*
Satterthwaite, E. H., **22**:300, **22**:*351*
Satterthwaite, E. H., Jr., **40**:*178*
Satterwaite, E. H., **20**:228, **20**:*257*
Satti, J. A., **38**:*186*
Sattley, K., **7**:163 (11), **7**:*177*
Satyanarayanan, M., **23**:296, **23**:*353*, **44**:245, **44**:261–262, **44**:*281–282*, **48**:122, **48**:141, **48**:142, **48**:167, **48**:173, **48**:*177*
Sauer, A., **5**:321, **5**:*339*
Sauer, T., **38**:*192*
Sauer, W. J., **19**:206, **19**:*219*
Sauers, R., **29**:63, **29**:*73*
Saul, J. S., **35**:340, **35**:348, **35**:*370*
Saulsbury, A., **46**:324, **46**:*327*
Saunders, J. E., **47**:211, **47**:*248*
Saunders, J. H., **34**:22–23, **34**:33, **34**:*56*
Saunders, L. F., **37**:*282*
Saunders, R., **19**:129, **19**:*226*
Saunders, R. J., **35**:340, **35**:348, **35**:*370*
Saunier, P., **30**:87, **30**:*169*
Saupe, D., **33**:*305*
Savage, C. D., **26**:108, **26**:111, **26**:113, **26**:114, **26**:*152*, **34**:170, **34**:*234*
Savage, L. J., **11**:350 (45), **11**:*385*, **11**:*389*, **22**:190, **22**:*215*
Savage, T. E., **11**:73, **11**:109, **11**:111, **11**:*124*
Savas, M. A., **12**:*172*
Savchenko, T. A., **18**:240, **18**:*287*
Savel'ev, A. Ia., **29**:272, **29**:294, **29**:295, **29**:297, **29**:*328*
Savinkov, V. M., **29**:*322*
Savinov, V. I., **29**:301, **29**:*328*
Savir, J., **26**:301, **26**:321, **26**:323, **26**:*332*, **26**:*334*
Savitch, W. J., **14**:4, **14**:27, **14**:*43*
Savitt, D. A., **19**:*61*, **34**:197, **34**:216, **34**:*233*
Savoretti, F., **49**:146, **49**:*188*
Sawabe, T., **44**:182, **44**:*217*
Sawan, M., **38**:*185*, **38**:*186*
Sawdon, W. A., **39**:212–213, **39**:233, **39**:*235*
Sawicki, S., **5**:80 (62), **5**:*107*
Sawin, H. S., **38**:148, **38**:154, **38**:166, **38**:168–169, **38**:171, **38**:*180*
Sawtelle, D. S., **29**:63, **29**:66, **29**:*74*
Sawyer, H. S., **12**:402, **12**:*410*

Sawyer, J., **1**:59 (34), **1**:*87*
Saxe, J., **37**:253, **37**:*282*
Saxena, A. R., **21**:99, **21**:*154*
Sayani, H. H., **20**:14, **20**:*36*, **35**:26, **35**:*80*
Saylor, J., **24**:106, **24**:*174*
Sayre, D., **5**:282, **5**:*287*
Sayre, K. M., **11**:212, **11**:*228*
Sayward, F., **20**:*258*, **41**:227, **41**:*228*
Sayward, F. G., **26**:*389*, **26**:*441*, **49**:262, **49**:*297*
Scacchi, W., **19**:263, **19**:270, **19**:271, **19**:275, **19**:276, **19**:277, **19**:278, **19**:280, **19**:287, **19**:290, **19**:292, **19**:293, **19**:303, **19**:319, **19**:320, **19**:*325*, **19**:*327*, **21**:6, **21**:11, **21**:21, **21**:23, **21**:37, **21**:39, **21**:40, **21**:43, **21**:57, **21**:64, **21**:66, **21**:69, **21**:74, **21**:81, **21**:*87*, **21**:*88*, **21**:*89*, **34**:324, **34**:*387*, **35**:203, **35**:210, **35**:*252*, **39**:284–285, **39**:*291*, **43**:80, **43**:82, **43**:*137–138*
Scagliola, C., **31**:112, **31**:*173*
Scaletti, C., **36**:139, **36**:149, **36**:*200*
Scalzi, C. A., **3**:87 (4), **3**:*152*
Scanlon, D. A., **35**:232, **35**:*253*
Scantlebury, R. A., **11**:217 (107), **11**:*227*, **29**:*185*
Scarborough, D. L., **36**:168–169, **36**:*200*
Scardamalia, M., **47**:81, **47**:*137*
Scarf, H., **2**:*366*
Scarff, F., **44**:13, **44**:16, **44**:36–37, **44**:41, **44**:*56*
Scarl, D. B., **6**:*296*
Scarr, R. W. A., **11**:205 (132), **11**:209, **11**:*228*
Scattergood, M., **37**:379, **37**:418
Scelza, D. A., **19**:107, **19**:*109*
Scha, R. J. H., **33**:*170*
Schäafer, W., **46**:41, **46**:*106*
Schabes, Y., **49**:26, **49**:56, **49**:*66*
Schach, S. R., **44**:88, **44**:90, **44**:*124*
Schachter, B. J., **19**:210, **19**:212, **19**:*226*
Schacter, B. J., **18**:40, **18**:*57*
Schacter, P., **17**:76, **17**:*87*
Schade, J. P., **5**:207, **5**:*225*
Schaefer, C., **37**:210, **37**:*283*, **40**:82, **40**:*124*, **49**:*238*
Schaefer, D. H., **28**:171, **28**:*225*, **49**:266, **49**:*301*
Schaefer, E. A., **5**:308 (113), **5**:*332*

Schaefer, H., **10**:267, **10**:268, **10**:269, **10**:*273*
Schaefer, M., **16**:80, **16**:*124*, **29**:28, **29**:*44*
Schaefer, M. T., **24**:*174*
Schaefer, R., **39**:222, **39**:*237*, **40**:163, **40**:*177*
Schaefer, W. A., **24**:354, **24**:*373*
Schaeffer, D. D., **29**:12, **29**:*45*
Schaeffer, J., **29**:211, **29**:224, **29**:227, **29**:236, **29**:245, **29**:246, **29**:*249*, **29**:*250*, **37**:173, **37**:*205*
Schäfer, W., **41**:13, **41**:38–39, **41**:53, **41**:*62*
Schaen, S. E., **16**:304, **16**:311, **16**:*329*
Schaen, S. I., **29**:12, **29**:*45*
Schafer, B., **16**:200, **16**:212, **16**:*218*
Schafer, B. W., **17**:184, **17**:*220*
Schafer, G., **34**:302, **34**:339, **34**:351, **34**:*391*
Schafer, R. E., **26**:*443*, **46**:166, **46**:168, **46**:*233*
Schafer, R. W., **31**:102–103, **31**:106, **31**:108, **31**:110–123, **31**:*172–173*, **36**:145, **36**:*198*, **37**:75, **37**:83–84, **37**:89–90, **37**:93, **37**:108, **37**:114, **37**:*117*
Schaffer, H., **47**:216, **47**:*252*
Schaffer, K. F., **38**:165, **38**:*180*
Schaffer, S., **36**:167, **36**:188, **36**:*200*
Schaffer, W. A., **46**:128, **46**:*156*
Schaffert, C., **20**:230, **20**:239, **20**:*257*, **22**:114, **22**:*160*, **35**:139, **35**:*182*
Schaffert, J. C., **33**:4, **33**:*64*
Schalkoff, R. J., **34**:60, **34**:*111*
Schalkwyk, J., **47**:23, **47**:25, **47**:*65*
Schaller, H., **26**:*390*
Schank **47**:17, **47**:*65*
Schank, R., **17**:90, **17**:*161*
Schank, R. C., **13**:136, **13**:*168*, **13**:175, **13**:176, **13**:179, **13**:185, **13**:190, **13**:222, **13**:*230*, **15**:184, **15**:229, **15**:*237*, **18**:201, **18**:*228*, **24**:222, **24**:*275*, **40**:214, **40**:223, **40**:230, **40**:239, **40**:*253–254*, **49**:19, **49**:*66*
Schanning, B., **22**:84, **22**:*103*
Schantz, R. E., **17**:184, **17**:187, **17**:195, **17**:*216*, **48**:18, **48**:34, **48**:*118*
Schar, R., **47**:*58*
Scharf, A., **16**:7, **16**:*54*
Scharfetter, D. L., **21**:93, **21**:*154*

Schattner, P., **47**:236, **47**:*247*
Schatz, B. R., **48**:263, **48**:264, **48**:267, **48**:278, **48**:284, **48**:299, **48**:300, **48**:301, **48**:302, **48**:303, **48**:304, **48**:306, **48**:308, **48**:310, **48**:311, **48**:313, **48**:*314*
Schatzoff, M., **31**:201, **31**:205, **31**:*231*
Schäuble, **49**:14, **49**:*63*
Schauer, R. F., **7**:176 (58), **7**:*179*
Schauser, K., **49**:248, **49**:271, **49**:*297*
Schauser, K. E., **46**:290, **46**:295, **46**:*326*
Schay, G., **12**:*172*, **12**:*173*
Schayes, M.-C., **43**:84–85, **43**:119, **43**:*135*
Schechter, S., **5**:295 (26), **5**:*327*
Scheerer, D., **44**:193, **44**:*215*
Scheevel, M., **43**:67, **43**:*139*
Scheiderman, N., **38**:*184*
Scheifler, R. W., **22**:341, **22**:*350*, **33**:4, **33**:*64*, **34**:19, **34**:*56*
Schell, E. D., **2**:*371*
Schell, R. R., **29**:29–30, **29**:*44*, **38**:15–16, **38**:39–41, **38**:*69*, **38**:*71–72*
Schell, W., **40**:46, **40**:*63*
Schellenberg, J. D., **38**:*189*
Schelleng, J. C., **29**:71, **29**:*75*
Scheller, A., **42**:217, **42**:*237*
Schenk, A., **49**:28, **49**:*62*
Schenken, J. D., **12**:*173*
Schenker, H., **36**:162, **36**:192, **36**:*200*
Schepers, J., **43**:53, **43**:*138*
Scher, J. M., **5**:110 (1), **5**:*218*
Scherer, F., **43**:*213*
Scherlis, W. L., **28**:45, **28**:*66*
Scherr, A. L., **14**:233, **14**:*272*, **23**:297, **23**:*353*
Scherrer, D. K., **22**:132, **22**:*160*
Schertler, M., **48**:238, **48**:*253*
Scherzer, L., **29**:235, **29**:244
Scherzer, T., **29**:235, **29**:244
Scheurich, C., **34**:136–137, **34**:*153*, **39**:197–198, **39**:*236–237*, **40**:129, **40**:164, **40**:169, **40**:*176*
Schiødt, N., **12**:91, **12**:*113*
Schiattarella, F., **48**:273, **48**:289, **48**:290, **48**:*311*
Schick, G. J., **30**:90, **30**:92, **30**:106, **30**:112, **30**:*169*, **45**:208, **45**:*267*, **46**:166, **46**:168, **46**:*233*
Schickard, Wilhelm, **26**:51

Schicker, P., **16**:198, **16**:*218*, **17**:196, **17**:*220*, **21**:387, **21**:*420*
Schiebe, L. H., **20**:107 (77), **20**:*114*
Schiefler, B., **22**:114, **22**:*160*
Schiff, D., **5**:305 (78), **5**:*330*
Schiffer, M., **2**:71 (10. 9), **2**:74, **2**:*127*
Schild, A., **4**:275, **4**:*302*
Schilier, R. E., **2**:229 (65), **2**:*292*
Schiller, A., **38**:268, **38**:*315*
Schiller, H. I., **35**:339, **35**:*370*, **38**:268, **38**:*315*
Schillinger, E. H., **15**:241, **15**:*282*
Schimmel, D., **49**:253, **49**:256, **49**:258, **49**:259, **49**:264, **49**:269, **49**:295, **49**:296, **49**:*298*
Schimmel, D. E., **49**:269, **49**:*301*
Schindler, S., **29**:95, **29**:*192*
Schissler, L. R., **19**:*60*
Schizas, C. M., **38**:*190*
Schkolnick, M., **19**:102, **19**:*108*
Schlaeppi, H. P., **21**:92, **21**:95, **21**:*154*
Schlag, P. M., **47**:216, **47**:*248*
Schlankser, M., **20**:*195*
Schlechtendahl, E. G., **28**:2, **28**:20, **28**:*64*
Schlemmer, R. A., **43**:53, **43**:*139*
Schlesinger, C., **49**:14, **49**:*61*
Schlichting, H., **4**:205 (31), **4**:*241*
Schlichting, R. D., **26**:405, **26**:*443*
Schlimmer, J. C., **46**:408, **46**:*437*
Schloss, W. A., **36**:123, **36**:*195*
Schlosser, R., **20**:11, **20**:*35*
Schlutter, H., **34**:149, **34**:*154*, **44**:193, **44**:*215*
Schmeier, S., **47**:40, **47**:*59*
Schmid, A. A., **38**:265, **38**:*315*
Schmid, B., **22**:86, **22**:*107*
Schmid, E., **13**:*107*
Schmid, H. H., **3**:288 (30), **3**:*298*, **13**:*108*
Schmidt, A. H., **33**:*304*
Schmidt, D., **47**:290, **47**:*291*
Schmidt, D. C., **48**:3, **48**:6, **48**:7, **48**:8, **48**:9, **48**:10, **48**:12, **48**:13, **48**:15, **48**:16, **48**:17, **48**:18, **48**:20, **48**:21, **48**:22, **48**:23, **48**:25, **48**:27, **48**:28, **48**:29, **48**:30, **48**:31, **48**:32, **48**:38, **48**:40, **48**:43, **48**:50, **48**:52, **48**:54, **48**:55, **48**:58, **48**:59, **48**:67, **48**:72, **48**:73, **48**:80, **48**:81, **48**:82, **48**:83, **48**:84, **48**:85, **48**:86, **48**:87, **48**:89, **48**:91, **48**:92, **48**:93, **48**:95, **48**:97, **48**:98, **48**:99, **48**:100, **48**:101, **48**:102, **48**:103, **48**:104, **48**:105, **48**:107, **48**:112, **48**:113, **48**:115, **48**:116, **48**:117, **48**:*118*
Schmidt, E., **5**:323 (255), **5**:*341*, **44**:338, **44**:345, **44**:*360*
Schmidt, J., **29**:*185*
Schmidt, J. D., **9**:225, **9**:227, **9**:*237*
Schmidt, J. P., **39**:130, **39**:*187*
Schmidt, J. W., **43**:59, **43**:*134*
Schmidt, K., **45**:270, **45**:*315*
Schmidt, U. J., **28**:173, **28**:*225*
Schmidt, W., **22**:*43*
Schmierer, H. F., **21**:351, **21**:*420*
Schmit, L. A., Jr., **10**:269 (2), **10**:*272*
Schmitt, W. F., **4**:283 (15), **4**:*303*
Schmolze, J. G., **34**:23, **34**:*55*
Schmucker, K. J., **28**:*104*, **47**:21, **47**:*65*
Schmutz, H., **34**:*290*
Schneck, R. E., **21**:67, **21**:*87*
Schneck, R. H., **21**:67, **21**:*87*
Schneeir, B., **42**:23, **42**:*35*
Schneider, F. B., **26**:405, **26**:*442*, **26**:*443*, **43**:67, **43**:*133*
Schneider, G. M., **16**:183, **16**:186, **16**:199, **16**:200, **16**:*217*, **16**:*218*, **17**:165, **17**:*218*, **42**:45, **42**:47, **42**:69, **42**:*76*
Schneider, K., **43**:192, **43**:*214*
Schneider, L., **34**:319, **34**:324, **34**:*383*, **45**:302, **45**:*318*
Schneider, M. G., **21**:228, **21**:*272*, **28**:82, **28**:94, **28**:*104*, **36**:212, **36**:*252*, **36**:267, **36**:*329*, **48**:238, **48**:*253*
Schneider, P., **32**:6, **32**:65, **32**:*98*
Schneider, R. H., **38**:*182*
Schneider, V. B., **18**:137, **18**:*169*, **18**:*171*
Schneider, W., **28**:*225*, **47**:227, **47**:*248*
Schneiderman, B., **19**:295, **19**:*327*, **31**:73, **31**:*98*, **34**:345, **34**:*391*, **42**:25, **42**:*35*
Schneidewind, N. F., **24**:*375*, **30**:90, **30**:112, **30**:*170*, **42**:28, **42**:*36*, **45**:219, **45**:*267*, **46**:166, **46**:169, **46**:170, **46**:217, **46**:*233*
Schneier, B., **48**:238, **48**:*254*
Schneiker, C., **31**:293, **31**:*323*
Schneiter, J. L., **35**:84, **35**:104, **35**:*133*
Schnelle, H., **11**:209 (149), **11**:211 (149), **11**:*229*
Schnettler, F. J., **11**:313 (27), **11**:*317*

Schnitger, G., **44**:341, **44**:344–345, **44**:*359*
Schnitt, D. L., **39**:256, **39**:*292*
Schnorr, C., **30**:197, **30**:*221*
Schnupp, P., **26**:*390*
Schnur, J. A., **16**:166, **16**:*180*
Schöbi, P., **30**:197, **30**:*221*
Schoch, J., **42**:137, **42**:*238*
Schockley, W. R., **46**:272, **46**:*286*
Schodl, W., **42**:174–176, **42**:218, **42**:*238*
Schoen, D., **34**:359, **34**:*381*, **34**:*391*
Schoenberg, I. J., **37**:145–146, **37**:*164*
Schoffstaff, M. L., **48**:241, **48**:*252*
Schofield, C., **44**:103–104, **44**:*124*
Schofield, I. S., **38**:*190*
Schofield, J., **47**:*140*
Schoichet, S., **40**:192–193, **40**:245, **40**:*254*
Scholes, J., **34**:327, **34**:350–351, **34**:373, **34**:*383*
Scholl, D. A., **5**:207, **5**:*225*
Scholten, C. S., **35**:310, **35**:*320*
Scholz, F. W., **45**:211, **45**:*266*
Schoman, K. E., Jr., **22**:118, **22**:*161*
Schon, D. A., **28**:4, **28**:*66*
Schonberg, E., **20**:232, **20**:*256*, **34**:279, **34**:*287*, **37**:15, **37**:*56*, **45**:54, **45**:56, **45**:57, **45**:58, **45**:59, **45**:63, **45**:*101*
Schoner, G., **42**:244, **42**:246, **42**:*268*
Schönhage, A., **23**:51, **23**:*91*
Schoolman, H. M., **21**:400, **21**:402, **21**:*417*
Schoonard, J., **29**:67, **29**:*74*, **36**:402, **36**:413–414, **36**:*422*
Schorr, H., **8**:61, **8**:65 (48), **8**:*101*, **12**:145, **12**:*173*
Schorre, D. V., **12**:*279*
Schossberger, F. V., **2**:215 (56), **2**:*292*
Schostak, R. E., **26**:*279*
Schot, J. W., **5**:307 (97), **5**:311 (97), **5**:312 (138), **5**:317 (97), **5**:318 (97), **5**:*332*, **5**:*334*
Schotola, T., **31**:112, **31**:*173*
Schott, B., **28**:242, **28**:*278*
Schouten, D., **45**:146, **45**:*152*
Schouten, J. F., **11**:188, **11**:*228*
Schouwen, J., **42**:2, **42**:11, **42**:*35*
Schowe, A., **24**:149, **24**:*176*
Schrader, A. M., **31**:329, **31**:343, **31**:*376*
Schreckenghost, D. L., **36**:348, **36**:*426*

Schrefl, M., **35**:51, **35**:*79*, **43**:52, **43**:*134*
Schreft, M., **32**:175, **32**:174, **32**:*197*
Schreiber, F. A., **21**:266, **21**:269, **21**:*273*
Schreiber, R., **34**:129, **34**:*154*, **45**:107, **45**:135, **45**:*151*
Schreider, P. R., **26**:*334*
Schreider, Y. A., **31**:330, **31**:335, **31**:*376*
Schreier, O., **2**:57, **2**:66, **2**:*123*
Schreiffer, J. R., **31**:295, **31**:*323*
Schreyer, L.-A., **47**:226–7, **47**:*251*
Schriefer, K., **21**:394, **21**:*420*
Schrijver, A., **38**:208, **38**:213–214, **38**:*244*
Schrimpf, H., **3**:96 (13), **3**:*153*
Schroder, E., **29**:245
Schroder, H. M., **12**:43 (24), **12**:*72*
Schroder, K. M., **47**:216, **47**:*248*
Schroder, P., **47**:223, **47**:*248*
Schroeder, H. M., **11**:359 (122), **11**:*389*
Schroeder, M. C., **16**:248, **16**:*332*
Schroeder, M. D., **14**:237, **14**:*272*, **22**:95, **22**:*106*, **48**:222, **48**:238, **48**:*254*
Schroeder, M. R., **11**:175, **11**:184, **11**:187 (134), **11**:*228*, **36**:146–147, **36**:*200*
Schroeder, R. G., **20**:17, **20**:22, **20**:*29*, **20**:*35*
Schroeder, W., **47**:224, **47**:*252*
Schroeppel, R., **22**:89, **22**:*106*
Schroit, D., **36**:350, **36**:*419*
Schubert, E. J., **32**:6, **32**:*102*
Schubert, G. A., **3**:328, **3**:*346*
Schubert, K., **49**:2, **49**:19, **49**:63, **49**:*66*
Schubert, L. K., **13**:203, **13**:*230*
Schuchardt, B., **43**:71, **43**:118, **43**:*137*
Schuffels, C., **48**:303, **48**:*310*
Schugurensky, C. M., **14**:*229*
Schuler, B., **23**:110, **23**:*140*
Schuler, D., **45**:312, **45**:*320*
Schull, W. J., **12**:346, **12**:*411*
Schulten, K., **33**:*242*
Schultz, A. C., **29**:51, **29**:*75*, **40**:31, **40**:34, **40**:*36*
Schultz, G., **42**:154, **42**:*238*
Schultz, J., **19**:189, **19**:190, **19**:191, **19**:192, **19**:199, **19**:*221*
Schultz, J. R., **16**:140, **16**:152, **16**:*180*, **19**:127, **19**:180, **19**:*226*
Schultz, R., **45**:13, **45**:*51*
Schultze, C. L., **39**:243, **39**:*289*
Schum, D. A., **11**:350 (135), **11**:*389*
Schumacher, E. F., **21**:157, **21**:193,

21:*224*
Schumacher, K., **34**:174, **34**:*230*
Schumacker, F., **40**:204, **40**:248, **40**:*252*
Schumacker, R. A., **16**:36, **16**:*55*
Schurick, J. M., **33**:117, **33**:*167*
Schurmann, G., **42**:217, **42**:*237*
Schuster, A., **49**:257, **49**:*300*
Schuster, H., **47**:179, **47**:*181*
Schuster, L., **34**:332, **34**:337, **34**:*383*
Schuster, S. A., **19**:*63*, **28**:118, **28**:123, **28**:145, **28**:*150*, **28**:*151*
Schutz, A., **34**:359, **34**:*391*
Schutz, H. A., **26**:404, **26**:408, **26**:*443*
Schutz, W., **42**:3, **42**:5, **42**:*34*
Schutzenberger, M. P., **7**:154 (15), **7**:*178*
Schwab, T., **47**:77, **47**:90, **47**:*138*
Schwabe, D., **29**:*192*
Schwaertzel, H. G., **40**:185–186, **40**:191, **40**:*253*
Schwalbe, J., **40**:175, **40**:*177*
Schwall, U., **49**:26, **49**:*57*
Schwan, K., **49**:310, **49**:*347*
Schwanke, R. W., **35**:220, **35**:226, **35**:*253*
Schwans, K., **19**:107, **19**:*109*
Schwarcz, R. M., **11**:173 (138), **11**:*228*, **13**:177, **13**:188, **13**:*230*, **15**:40, **15**:*63*, **15**:196, **15**:*237*
Schware, R., **35**:340, **35**:345, **35**:348, **35**:350, **35**:*370*
Schwartz, A. P., **35**:315, **35**:*323*, **46**:131, **46**:*156*
Schwartz, E. S., **9**:292 (13), **9**:*353*
Schwartz, J., **7**:73, **7**:*115*, **35**:304, **35**:*320*
Schwartz, J. H., **36**:210, **36**:*252*
Schwartz, J. I., **5**:368 (30), **5**:*377*, **8**:6 (66), **8**:9 (65, 66), **8**:*44*, **8**:*45*, **8**:217 (24), **8**:*245*
Schwartz, J. P., **32**:204, **32**:228, **32**:*252*, **32**:*253*
Schwartz, J. T., **15**:4, **15**:8, **15**:9, **15**:*62*, **20**:*196*, **20**:232, **20**:*256*, **34**:271, **34**:279, **34**:*287*, **37**:15, **37**:*56*
Schwartz, J. W., **11**:334, **11**:357 (9), **11**:*383*
Schwartz, M., **17**:165, **17**:168, **17**:*220*, **20**:14, **20**:15, **20**:*35*, **20**:*36*, **21**:228, **21**:*273*, **29**:104, **29**:*192*
Schwartz, M. D., **38**:*194*

Schwartz, P., **44**:23, **44**:25, **44**:*58*
Schwartz, R., **17**:3, **17**:8, **17**:72, **17**:*87*, **31**:100, **31**:*171*, **47**:*62*
Schwartz, R. D., **16**:246, **16**:271, **16**:319, **16**:329
Schwartz, R. F., **16**:262, **16**:*329*
Schwartz, R. L., **24**:125, **24**:164, **24**:*173*, **29**:103, **29**:104, **29**:129, **29**:*192*
Schwartz, R. M., **31**:102–103, **31**:111, **31**:*173–174*
Schwartz, S. L., **47**:215, **47**:233, **47**:*250*, **47**:*252*
Schwartz, T. J., **37**:409–410, **37**:*421*
Schwartz, W. B., **22**:202, **22**:*214*, **22**:218, **22**:240, **22**:274, **22**:*293*, **38**:88, **38**:*141*
Schwartzmann, D. H., **19**:120, **19**:*226*
Schwarz, J. B., **9**:205 (78), **9**:*238*
Schwarz, P., **19**:107, **19**:*109*, **34**:140, **34**:*154*
Schwarzschild, K., **5**:236, **5**:*253*
Schwatz, R., **48**:209, **48**:*218*
Schwederski, T., **34**:134–135, **34**:142, **34**:*156*, **44**:170, **44**:*215*, **49**:265, **49**:272, **49**:*301*
Schwefel, H.-P., **45**:161, **45**:*194*
Schweiger, D. M., **31**:54, **31**:*98*
Schweizer, B., **36**:322, **36**:*330*
Schwemin, A. J., **6**:*294*
Schwetje, D., **44**:289, **44**:*330*
Schwetman, H. D., **21**:263, **21**:*273*
Schwind, C. B., **24**:*317*
Sciama, A., **2**:86, **2**:*133*
Scidmore, A. K., **12**:155, **12**:*173*
Science Applications International Corporation (SAIC), **49**:51, **49**:*66*
Sciore, E., **43**:121, **43**:*138*
Sclabassi, R. J. **38**:*188*
Sclove, S. L., **19**:175, **19**:186, **19**:*226*
Scodel, A., **11**:350, **11**:*389*
Sconzo, P., **8**:95 (50), **8**:98, **8**:*101*
Scott, A. C., **22**:166, **22**:172, **22**:202, **22**:*215*, **22**:*216*, **22**:267, **22**:*293*
Scott, A. J., **19**:175, **19**:180, **19**:186, **19**:*226*
Scott, B. E., **49**:51, **49**:*66*
Scott, B. J., **11**:29 (39), **11**:*55*
Scott, D., **2**:398, **2**:407, **2**:*420*, **24**:155, **24**:*174*, **31**:*97*, **36**:54, **36**:*109*, **40**:60, **40**:*63*, **49**:43, **49**:*65*

Scott, D. S., **28**:45, **28**:*66*, **35**:311, **35**:*318*
Scott, E. L., **6**:51 (77), **6**:*86*
Scott, J., **29**:245, **44**:315, **44**:*329*
Scott, J. C., **47**:13, **47**:*65*
Scott, J. J., **18**:98, **18**:*117*
Scott, M. L., **35**:278, **35**:*319*, **49**:249, **49**:*300*
Scott, N. R., **4**:142 (20), **4**:144 (30), **4**:148 (30), **4**:153 (30), **4**:*162*, **4**:*163*
Scott, R. H., **5**:323 (280), **5**:325 (280), **5**:*342*, **19**:279, **19**:*323*, **20**:16, **20**:*30*
Scott, T. R., **26**:*334*
Scott, W., **44**:202, **44**:*214*
Scott, W. F., **4**:286 (26), **4**:*303*
Scott, W. G., **12**:41 (25), **12**:*72*
Scott, W. R., **16**:166, **16**:*180*, **28**:241, **28**:*277*, **39**:245–246, **39**:250, **39**:*292*
Scott Morton, M., **20**:27, **20**:28, **20**:*33*, **20**:*36*, **21**:11, **21**:*88*
Scott Morton, M. S., **23**:141, **23**:142, **23**:*174*, **23**:*175*, **34**:300, **34**:341, **34**:370, **34**:*387*, **34**:*391*, **43**:207, **43**:*209*, **43**:*214*, **46**:111, **46**:*156*
Scott Morton, S., **20**:18, **20**:*32*
Scovil, H. E. D., **17**:248, **17**:252, **17**:*280*
Scrimger, J. N., **38**:*191*, **38**:*193*
Scriven, M., **6**:34 (84), **6**:*87*
Scrocco, F. P., **32**:166, **32**:177, **32**:188, **32**:*195*
Scwabl, W., **49**:310, **49**:*347*
SDS Baseline Documentation Version 1. 1, **49**:*347*
Seaberg, C., **23**:142, **23**:*175*
Seaberg, R. A., **23**:142, **23**:*175*
Seaman, P. H., **12**:*173*
Sear, E., **6**:150, **6**:*194*
Searle, B. W., **18**:184, **18**:220, **18**:*228*, **18**:*229*
Searle, J., **40**:192, **40**:212, **40**:240, **40**:248, **40**:*254*
Searleman, J. E., **22**:202, **22**:*213*
Sebeok, T., **36**:*200*
Sebesteyen, G., **11**:85, **11**:*125*, **11**:204, **11**:*228*
Sebestyen, G. S., **6**:50 (85), **6**:*87*, **6**:*225*, **7**:61 (59), **7**:*115*, **12**:363, **12**:*413*, **19**:121, **19**:174, **19**:*226*
Sebrechts, M. M., **29**:59, **29**:*73*
Sechler, R. F., **9**:211 (70), **9**:*237*
Sechvinsky, V., **5**:215 (165), **5**:*225*

Secor, S. M., **42**:243, **42**:*268*
Secret, A., **48**:*217*
Sedelow, S. Y., **13**:*71*
Sedgewick, R., **44**:337, **44**:343, **44**:*360*
Sedlák, J., **5**:92, **5**:95 (52), **5**:*107*
Sedmak, R. M., **26**:328, **26**:*334*
Seeber, R. R., **7**:71 (46), **7**:*115*
Seeds, R. B., **9**:190 (71), **9**:207 (73), **9**:209 (74), **9**:212, **9**:*237*, **9**:*238*
Seeds, W. E., **5**:279 (58), **5**:281 (58), **5**:*287*
Seeger, J. A., **7**:54 (30), **7**:*114*
Seelbach, W. C., **6**:55 (60), **6**:*86*, **7**:42 (36), **7**:*114*, **9**:209 (57), **9**:*237*
Seeliger, O., **48**:329, **48**:*353*
Seering, W. P., **38**:134, **38**:*143*
Seewaldt, T., **36**:383–384, **36**:*419*, **40**:66, **40**:*121*
Segal, B. M., **5**:312 (143), **5**:*334*
Segal, M. E., **42**:29, **42**:*33*
Segal, M. K., **42**:29, **42**:*36*
Segall, A., **42**:220, **42**:*238*
Segall, Z., **40**:147, **40**:149, **40**:*178*
Segarra, J. M., **12**:403, **12**:*412*
Segers, R., **37**:*282*
SEI., **41**:160, **41**:188, **41**:*189*
Seidel, J. P., **5**:235, **5**:*253*, **40**:109, **40**:*124*
Seidel, R. J., **11**:381, **11**:*389*, **18**:173, **18**:*227*, **24**:345, **24**:*375*
Seidman, A., **35**:340, **35**:*368*
Seidman, S. B., **43**:64, **43**:67, **43**:83, **43**:*137*, **46**:332, **46**:*400*
Seidmann, A., **47**:343, **47**:344, **47**:*367*
Seidwitz, E., **35**:150, **35**:154, **35**:*183*
Seifert, W. W., **4**:143 (23), **4**:148 (23), **4**:*162*
Seighart, P., **23**:256, **23**:257, **23**:274, **23**:*292*
Seipel, P., **23**:281, **23**:282, **23**:*292*
Seitz, C. L., **34**:134–135, **34**:*156*
Seitz, F., **11**:*389*
Sejnowski, M., **49**:272, **49**:*301*
Sejnowski, T. J., **31**:128, **31**:*171*, **33**:174, **33**:186, **33**:*233*, **33**:*243*, **37**:122, **37**:131, **37**:133–134, **37**:152, **37**:157, **37**:*162–63*, **37**:*165*, **37**:389–390, **37**:397–398, **37**:404, **37**:405, **37**:414, **37**:*419–420*, **37**:*423–424*

Selby, R., **35**:177, **35**:*183*, **44**:90, **44**:96, **44**:*99*, **44**:*123*
Selby, R. W., **34**:*56*, **36**:24, **36**:*41*, **41**:5, **41**:8, **41**:31, **41**:*62–63*, **41**:200, **41**:*227*, **42**:71, **42**:*74*, **46**:198, **46**:200, **46**:*233*
Selby, W., **47**:343, **47**:*366*
Selengut, D. S., **5**:304 (71), **5**:306 (84), **5**:307, **5**:*330*, **5**:*331*, **5**:*332*
Selfridge, J. A., **6**:43 (70), **6**:*86*
Selfridge, J. L., **9**:115 (77), **9**:*176*
Selfridge, O. D., **5**:174, **5**:176, **5**:177, **5**:195, **5**:*222*, **5**:*223*
Selfridge, O. G., **1**:226, **1**:*229*, **6**:43 (86), **6**:48, **6**:49 (73), **6**:*86*, **6**:*87*, **40**:235, **40**:*254*, **47**:*140*
Selfridge-Field, E., **36**:113, **36**:121, **36**:126–127, **36**:156, **36**:192, **36**:*196*
Selic, B., **42**:14, **42**:*36*
Selinger, P. G., **21**:231, **21**:233, **21**:265, **21**:*273*
Selivanov, Iu. P., **29**:264, **29**:265, **29**:*328*, **29**:*330*
Selker, T., **47**:76, **47**:81, **47**:86, **47**:123, **47**:*140*
Sell, P. J., **38**:*72*
Selleck, C. B., **43**:245, **43**:247, **43**:250–251, **43**:*276*
Selleck, J., **12**:94, **12**:*113*
Sellen, A. J., **45**:289, **45**:290, **45**:*317*, **45**:*319*, **45**:*320*
Sellers, E. F., **26**:302, **26**:303, **26**:*334*
Sellis, T., **34**:262, **34**:267, **34**:*290*
Selmer, K. S., **23**:274, **23**:*293*
Selvidge, J., **31**:42, **31**:*96*
Selzer, H., **47**:227, **47**:*252*
Selznik, P., **21**:17, **21**:*89*
Sembugamoorthy, V., **38**:84, **38**:89, **38**:112, **38**:132, **38**:*142*
Semenkov, O. I., **29**:*328*
Semik, V. P., **18**:244, **18**:*283*
Semon, N. S., **17**:248, **17**:250, **17**:251, **17**:*281*
Semon, W., **6**:137 (1), **6**:177, **6**:*191*
Semon, W. L., **15**:141, **15**:142, **15**:*177*, **17**:248, **17**:249, **17**:250, **17**:251, **17**:*281*
Sendrow, M., **22**:96, **22**:*106*
Senechalle, D., **11**:16 (21), **11**:*55*
Seneff, S., **31**:130, **31**:135

Senewseib, N., **20**:11, **20**:*31*
Senft, C., **49**:310, **49**:*347*
Senko, M. E., **12**:*169*, **12**:*172*, **12**:*173*
Senn, J., **20**:13, **20**:22, **20**:*31*, **20**:*36*, **34**:294, **34**:342, **34**:*384*, **34**:*391*
Senn, J. A., **30**:56, **30**:*83*
Sennett, C. T., **42**:21, **42**:23, **42**:*36*
Senzig, D. N., **15**:161, **15**:*179*, **20**:*196*
Seo, K., **28**:*149*
Seppala, Y., **12**:*173*
Sequent Computers Systems, Inc., **40**:161, **40**:165, **40**:*178*
Séquin, C. H., **23**:8, **23**:*32*, **23**:*33*
Sequin, C., **24**:102, **24**:*174*
Serafini, M., **16**:*181*
Seraji, H., **33**:*243*
Serbin, S., **43**:274, **43**:*278*
Serebriakoff, V., **6**:39 (87), **6**:*87*
Sericola, B., **31**:211, **31**:*231*
Serlin, O., **26**:269, **26**:270, **26**:276, **26**:*279*, **41**:238, **41**:*253*
Serra, A., **26**:*197*
Serra, J., **28**:185, **28**:*225*, **29**:167, **29**:*192*
Serruys, P. W., **47**:216, **47**:227, **47**:*245*, **47**:*252*
Seshan, S., **48**:122, **48**:142, **48**:171, **48**:174, **48**:176, **48**:*177*
Seshu, S., **9**:195 (75), **9**:*238*
Sesonke, A., **5**:291 (13), **5**:*327*
SET Laboratories, Inc., **39**:53, **39**:79, **39**:*105*
Setchvinsky, **5**:207
Sethi, H. R., **20**:85 (26), **20**:*113*
Sethi, I. K., **34**:279, **34**:*290*
Sethi, R., **30**:5, **30**:*34*, **37**:216, **37**:220, **37**:*281*
Sethuraman, R., **46**:381, **46**:*399*
Seto, D. B., **42**:263, **42**:*268*
Sevcik, K. C., **19**:*63*, **45**:66, **45**:70, **45**:*101*
Sevcik, K. L., **26**:244, **26**:*279*
Sevinc, S., **33**:*113*
Seviora, R., **35**:239, **35**:248–249, **35**:*253*
Seward, H. H., **16**:325, **16**:326, **16**:*330*
Seward, J. B., **47**:215, **47**:216, **47**:*244*, **47**:*247*, **47**:*252*
Sewell, R. R., **48**:301, **48**:302, **48**:303, **48**:304, **48**:310, **48**:*311*
Sewell, W. E., **2**:79 (12. 7), **2**:*129*
Seybold, P., **36**:*423*
Seymour, P. D., **44**:344, **44**:*358*

Seymour, R., **11**:358, **11**:*386*
Seymour, R. J., **28**:173, **28**:*225*
Seymour, W., **29**:51, **29**:52, **29**:*75*, **33**:120, **33**:*168*, **47**:47, **47**:*62*
Sezaki, N., **16**:174, **16**:*181*
Sgall, J., **44**:345, **44**:*359*
Sgall, P., **11**:39 (79), **11**:*58*
Sgarro, A., **30**:194, **30**:*222*
Sha, L., **42**:13, **42**:*36*, **48**:7, **48**:34, **48**:81, **48**:*117*
Shackel, B., **36**:345–347, **36**:359, **36**:*421*, **36**:*428–429*, **42**:24, **42**:*36*
Shackle, G. L. S., **36**:256, **36**:312, **36**:*330*
Shafer, G., **22**:197, **22**:*215*, **34**:80, **34**:*111*, **36**:256, **36**:268–270, **36**:274, **36**:*330–331*
Shafer, P., **12**:*173*
Shafer, S. A., **32**:106, **32**:109, **32**:129, **32**:*147*, **34**:82, **34**:*110*, **43**:244, **43**:*275*, **48**:324, **48**:333, **48**:338, **48**:*353*, **49**:144, **49**:187, **49**:*188*
Shaffer, E., **19**:175, **19**:199, **19**:*226*
Shaffer, L. H., **36**:*200*
Shaginyan, A. L., **2**:79, **2**:*129*
Shah, D., **46**:291, **46**:305, **46**:314, **46**:*326*
Shah, J., **43**:244, **43**:*275*
Shah, U. B., **38**:*191*
Shahabuddin, P., **47**:316, **47**:317, **47**:318, **47**:*339*
Shahdad, M., **28**:5, **28**:60, **28**:*66*
Shaheen, S. I., **32**:114, **32**:*146*
Shahmehri, N., **43**:2, **43**:*47*
Shain, M., **16**:131, **16**:*181*
Shain, R. B., **5**:309 (186), **5**:*337*
Shakhnov, V. A., **29**:315, **29**:*327*, **29**:*328*
Shalev, M., **39**:130, **39**:145, **39**:*188*
Shamir, A., **22**:67, **22**:68, **22**:69, **22**:80, **22**:85, **22**:86, **22**:88, **22**:89, **22**:91, **22**:92, **22**:102, **22**:*106*, **30**:187, **30**:189, **30**:195, **30**:197, **30**:202, **30**:212–213, **30**:*220–222*, **44**:230, **44**:*280*
Shamir, E., **7**:137 (2), **7**:*177*
Shamir, J., **28**:172, **28**:173–174, **28**:*225*, **33**:*243*
Shamp, G. C., **38**:166, **38**:*180*
Shan, M. K., **34**:282, **34**:*288*, **35**:*181*
Shan, Y., **42**:243, **42**:*268*
Shanathikumar, J. G., **30**:249, **30**:*170*
Shang, W., **38**:199, **38**:201–202, **38**:207, **38**:210–213, **38**:235–236, **38**:*243–245*
Shank, H., **14**:10, **14**:16, **14**:*42*
Shank, R., **15**:40, **15**:*62*
Shankar, A. U., **29**:107, **29**:114, **29**:144, **29**:146, **29**:172, **29**:173, **29**:*189*, **29**:*192*, **42**:188–189, **42**:*236*
Shankar, K. S., **20**:239, **20**:*258*, **24**:134, **24**:156, **24**:*174*
Shankar, M., **38**:*143*
Shankar, N., **49**:86, **49**:*93*
Shankar, P., **34**:*291*
Shanley, R. J., **19**:182, **19**:*226*
Shanno, D. F., **36**:229, **36**:*254*
Shannon, C. E., **1**:166, **1**:*192*, **1**:206, **1**:*228*, **2**:384, **2**:392 (27), **2**:401, **2**:402, **2**:414, **2**:*417*, **2**:*420*, **5**:116, **5**:215, **5**:*219*, **6**:38, **6**:40 (89), **6**:48, **6**:54 (88), **6**:*87*, **10**:36 (55), **10**:*78*, **10**:114 (12), **10**:*128*, **16**:248, **16**:*332*, **18**:59, **18**:*117*, **18**:124, **18**:*172*, **20**:15, **20**:*36*, **22**:50, **22**:51, **22**:53, **22**:56, **22**:60, **22**:*106*, **26**:52, **26**:*92*, **29**:198, **29**:199, **29**:*250*, **30**:183, **30**:203, **30**:*222*, **31**:261, **31**:*323*, **31**:328, **31**:333, **31**:*376*, **36**:260, **36**:287, **36**:*331*, **37**:172, **37**:*205*, **38**:253, **38**:*315*, **44**:356, **44**:*360*, **47**:9, **47**:*65*
Shannon, R. E., **33**:70, **33**:*113*
Shannon, R. R., **7**:285 (31), **7**:*289*
Shannon, W. N., III, **16**:163, **16**:*181*
Shanstrom, R., **5**:326 (374), **5**:*348*
Shanthikumar, J. G., **45**:208, **45**:210, **45**:*267*
Shantz, R., **16**:212, **16**:*215*
Shao, M. Y. C., **47**:211, **47**:216, **47**:*248*
Shapiro, A., **17**:98, **17**:*159*
Shapiro, D., **5**:322 (253), **5**:323 (253), **5**:*341*
Shapiro, D. G., **24**:306, **24**:*317*, **40**:190, **40**:*252*
Shapiro, E., **24**:191, **24**:192, **24**:202, **24**:203, **24**:*216*, **35**:284, **35**:*323–324*, **45**:287, **45**:*316*
Shapiro, E. Y., **26**:15, **26**:*45*
Shapiro, H. M., **12**:403, **12**:*414*
Shapiro, I., **3**:50 (36), **3**:*75*
Shapiro, L., **38**:*190*
Shapiro, L. G., **19**:211, **19**:*226*, **34**:263,

34:279, 34:280, 34:*286*, 34:*289–290*
Shapiro, L. N., **46**:162, **46**:*233*
Shapiro, M., **3**:186, **3**:*187*
Shapiro, N., **2**:392 (27), **2**:*417*
Shapiro, N. Z., **16**:299, **16**:*333*
Shapiro, P. A., **13**:111, **13**:*167*
Shapiro, R. M., **7**:99, **7**:*116*
Shapiro, S. C., **3**:279 (31), **3**:*298*, **13**:188, **13**:*230*, **47**:18, **47**:*65*
Shapley, D., **22**:102, **22**:*106*, **22**:*107*
Shapley, L. S., **2**:*375*
Shar, L. E., **20**:*192*, **20**:*196*
Sharir, M., **34**:279, **34**:*287*
Sharma, D., **32**:6, **32**:*97*
Sharma, M. K., **38**:*185*
Sharma, P., **48**:233, **48**:*253*
Sharma, R. L., **12**:*173*
Sharma, S. D., **45**:107, **45**:115, **45**:147, **45**:*151*, **45**:*152*, **45**:*153*
Sharon, O., **42**:220, **42**:*238*
Sharp, D. H., **47**:9, **47**:11, **47**:22, **47**:*60*
Sharp, H., **47**:13, **47**:46, **47**:53, **47**:54, **47**:*64*
Sharp, J., **4**:5 (23), **4**:*50*, **7**:145 (4), **7**:*177*
Sharp, J. C., **47**:215, **47**:*249*
Sharp, R. M., **49**:30, **49**:*66*
Sharpe, W., **20**:16, **20**:*36*
Sharples, M., **45**:301, **45**:*320*
Sharrock, W., **45**:280, **45**:313, **45**:*315*
Shastri, L., **31**:128, **31**:*173*
Shastry, S. K., **16**:71, **16**:80, **16**:82, **16**:*124*, **16**:*125*
Shattuck, D. P., **47**:215, **47**:*252*
Shaughnessy, R. N., **46**:7, **46**:*32*
Shave, M. R., **32**:190, **32**:*200*
Shavitt, I., **8**:97 (8), **8**:*99*
Shavlik, J. W., **37**:*165*
Shaw, A. C., **10**:193, **10**:*215*, **13**:218, **13**:*228*, **19**:213, **19**:*226*, **21**:94, **21**:99, **21**:*154*, **24**:118, **24**:135, **24**:*176*, **24**:363, **24**:*377*
Shaw, C., **24**:181, **24**:*215*
Shaw, C. J., **5**:352 (10, 11), **5**:368 (10), **5**:*376*, **7**:146 (68), **7**:173 (59), **7**:*179*, **7**:*180*, **10**:20 (6), **10**:*76*, **11**:359 (102), **11**:*388*
Shaw, C. L., **32**:202, **32**:*250–251*
Shaw, D., **31**:*372*, **37**:*56–57*, **46**:303, **46**:*327*
Shaw, D. E., **15**:25, **15**:28, **15**:47, **15**:48, **15**:49, **15**:52, **15**:55, **15**:*61*, **15**:*62*, **34**:133, **34**:135, **34**:142, **34**:*156*
Shaw, E., **28**:137, **28**:*151*
Shaw, G. L., **33**:179, **33**:*240*
Shaw, H. J., **28**:171, **28**:171–172, **28**:*224*, **28**:*225*
Shaw, J. C., **1**:172 (7), **1**:173 (8), **1**:*192*, **5**:173, **5**:176 (115), **5**:*222*, **5**:*223*, **7**:150 (51), **7**:*179*, **8**:5 (69), **8**:11 (68), **8**:*45*, **9**:102 (27), **9**:*111*, **18**:60, **18**:95, **18**:*117*, **20**:6, **20**:*35*, **22**:125, **22**:*161*, **29**:198, **29**:211, **29**:*249*
Shaw, M., **20**:222, **20**:223, **20**:228, **20**:239, **20**:*258*, **22**:136, **22**:*161*, **22**:298, **22**:300, **22**:301, **22**:303, **22**:304, **22**:328, **22**:*353*, **24**:162, **24**:*174*, **24**:*176*, **24**:333, **24**:*375*, **33**:4, **33**:27, **33**:34, **33**:57, **33**:*64*, **34**:297, **34**:*391*, **35**:139, **35**:*183*, **37**:35, **37**:171, **37**:*205*, **41**:2, **41**:*63*, **43**:53, **43**:*138*, **46**:2, **46**:32, **46**:383, **46**:*400*
Shaw, M. J., **45**:173, **45**:174, **45**:*195*
Shaw, M. L. G., **36**:346, **36**:*406*, **36**:*422*
Shaw, R. F., **26**:69, **26**:*92*, **31**:340, **31**:*376*, **38**:*186*
Shaw, S. W., **34**:84–85, **34**:98, **34**:102, **34**:*111*
Shcolten, C. S., **19**:105, **19**:*109*
Shearme, J. N., **11**:168 (64), **11**:190 (64), **11**:204, **11**:*225*, **11**:*228*
Sheehan, F. H., **47**:238, **47**:*249*
Sheehan, M., **36**:191, **36**:*201*
Sheer, S., **11**:357 (129), **11**:*389*
Sheheen, T. W., **5**:322 (248), **5**:*341*
Sheil, B. A., **24**:363, **24**:*375*, **29**:54, **29**:*76*, **40**:35, **40**:*37*
Sheingold, D. H., **37**:66, **37**:*117*
Sheingold, K., **45**:338, **45**:*355*
Shekhovtsev, K., **29**:302, **29**:*328*
Shekita, E., **35**:144, **35**:*181*, **39**:115, **39**:*187*
Sheldon, R. G., **40**:146, **40**:*177*
Shell, P., **49**:12, **49**:*60*
Shelley, C. A., **21**:289, **21**:*331*
Shelton, H., **2**:197 (49), **2**:*292*
Shen, J. P., **26**:*199*, **49**:247, **49**:*302*
Shen, S., **49**:272, **49**:*301*
Shen, V. Y., **18**:131, **18**:151, **18**:161,

18:*172*, 24:5, 24:27, 24:52, 24:*60*,
  39:*104*, 40:69, 40:71, 40:*122*, 44:70,
  44:90, 44:93, 44:98, 44:100, 44:*123*,
  46:39, 46:40, 46:46, 46:55, 46:*103*,
Shen, Y., 47:227, 47:*247*
Sheng, O. R., 40:*181*, 40:191,
  40:193–196, 40:199, 40:212, 40:223,
  40:227, 40:239, 40:242, 40:*249*,
  40:*254*
Shenhar, A., 41:150, 41:*155*
Shenitzer, A., 2:*125*
Shenker, S., 44:326, 44:*330*
Shepard, B. M., 38:*192*
Shepard, R. G., 28:214, 28:*225*
Shepard, R. N., 19:122, 19:123, 19:124,
  19:*217*, 19:*222*, 19:*226*
Shepherd, M., 48:300, 48:*311*
Shepherd, W. G., 2:181 (39), 2:*291*
Shepherdson, J. C., 2:400, 2:407, 2:*420*
Sheppard, L. C., 16:161, 16:*179*, 16:*181*
Sheppard, M. J., 44:71, 44:103–104,
  44:*123–124*
Sheppard, R. J., 47:211, 47:*248*
Sheppard, S., 42:26, 42:*36*
Sheppard, S. B., 18:*172*, 24:52, 24:*59*,
  29:49, 29:52, 29:54, 29:*76*
Sheppard, S. V., 35:226, 35:229, 35:*252*
Shepperd, M., 42:28, 42:*36*
Shera, J. H., 4:37 (69), 4:*51*, 11:62,
  11:*125*, 31:326, 31:338–339, 31:364,
  31:*376*
Sheraga, R. J., 24:159, 24:160, 24:*174*,
  28:5, 28:*66*
Sherburne, R. W., 23:8, 23:*32*
Sheremetyeva, S., 47:14, 47:*65*
Sherer, S. A., 44:33, 44:*51*, 44:*58*
Sherertz, D. D., 22:114, 22:*161*
Sheridan, P. B., 33:148, 33:*168*, 49:14,
  49:*63*
Sheridan, T. B., 32:203, 32:206, 32:*253*,
  33:*243*
Sherif, C. W., 31:*376*
Sherif, J. S., 42:56, 42:*75*
Sherif, M., 31:*376*
Sherlock, S., 22:232, 22:*293*
Sherman, C., 38:*183*
Sherman, D. N., 17:207, 17:209, 17:*216*,
  17:*218*
Sherman, K. R., 38:*185*
Sherman, M., 33:27, 33:28, 33:29, 33:*64*

Sherman, P. M., 4:146 (52), 4:*164*
Sherman, R., 35:302, 35:*320*, 39:130,
  39:*187*, 41:42, 41:*61*, 45:4, 45:*51*,
  46:42, 46:82, 46:*104*
Sherman, R. H., 20:85 (54), 20:90 (54),
  20:*114*
Sherr, A. L., 8:*45*
Sherrard, H., 6:*296*
Sherry, M., 11:15, 11:24, 11:31 (48),
  11:*54*, 11:*55*, 11:*56*
Sherwin, C. W., 28:190, 28:*226*
Sherwood, B. A., 15:266, 15:*282*, 18:176,
  18:*228*
Sheth, A., 34:*290*, 41:266–268, 41:*276*,
  41:*296*, 48:150, 48:162, 48:*176*
Sheth, S., 47:216, 47:*247*
Shetty, C. M., 2:*375*
Sheu, D. J., 44:189, 44:*216*
Sheu, P., 35:142, 35:*183*
Shew, L. F., 17:242, 17:*280*, 17:*281*
Shewhart, W. A., 41:75, 41:*82*
Shewmake, D. T., 22:137, 22:*161*
Shi, Q. Y., 34:280–282, 34:*285*
Shi, Z., 40:188, 40:241, 40:*255*
Shiau, L. E., 32:25, 32:*101*
Shibata, M., 26:*333*, 36:*200*
Shibayama, S., 28:140, 28:145, 28:*149*
Shiboyama, E., 33:97, 33:*114*
Shieber, S. M., 49:26, 49:*66*
Shih, J. C., 42:57, 42:*75*
Shikano, K., 31:*173*, 37:158, 37:*165*
Shiller, F. F., 18:236, 18:*285*
Shilling, J. J., 43:123, 43:*138*
Shiloach, Y., 23:298, 23:342, 23:345,
  23:*353*, 26:100, 26:108, 26:110,
  26:113, 26:*149*, 26:*152*
Shimada, I., 33:*243*
Shimada, T., 37:*332*
Shimano, B., 32:121, 32:*146*
Shimazu, H., 36:*200*
Shimeall, T. J., 42:20, 42:32, 42:*34*,
  43:41, 43:*48*
Shimizu, A., 5:306 (85, 89), 5:*331*
Shimizu, T., 24:*174*, 44:182, 44:*217*
Shimogaki, H., 34:*287*
Shimomura, T., 43:2, 43:*49*
Shimono, T., 26:303, 26:*333*
Shimura, M., 28:*105*
Shimuzu, H., 42:245, 42:*268*
Shin, D., 37:155, 37:*164*

Shin, H., **34**:170, **34**:*233*
Shin, I., **38**:*187*
Shin, K. G., **49**:310, **49**:*347*
Shinagel, M., **13**:56, **13**:*70*
Shindle, W. E., **2**:*375*, **12**:*171*
Shiner, G., **1**:103 (20), **1**:*138*
Shinghal, R., **31**:152–153, **31**:*172*
Shinozaki, T., **32**:67, **32**:*102*
Shiobara, M., **42**:157–158, **42**:161, **42**:*238–239*
Shipman, D., **32**:157, **32**:*199*, **34**:243, **34**:*290*
Shipman, D. W., **31**:112, **31**:*173*, **35**:50, **35**:*80*
Shirai, Y., **16**:27, **16**:*55*, **43**:249, **43**:274, **43**:*276*
Shiratori, N., **29**:*192*
Shirayanagi, K., **37**:201, **37**:*205*
Shirazi, B., **30**:2, **30**:*35*, **32**:182, **32**:*198*, **34**:169, **34**:*231*, **37**:317, **37**:323, **37**:329, **37**:*332–333*, **45**:75, **45**:94, **45**:*101*
Shirey, D., **31**:343, **31**:*373*
Shirokov, F., **29**:275, **29**:279, **29**:280, **29**:316, **29**:*328*
Shirvaikar, M. V., **37**:*165*
Shiu, M., **34**:*286*
Shiun, J. N., **4**:*242*
Shivalingiah, A., **48**:69, **48**:*115*
Shiveley, R. R., **34**:126, **34**:*153*
Shiwen, Y., **49**:48, **49**:*66*
Shkamarda, A. N., **29**:293, **29**:294, **29**:295, **29**:*328*
Shklovsky-Kordy, N. E., **31**:275, **31**:277, **31**:298, **31**:*322*
Shlaer, S., **35**:150, **35**:*183*
Shmueli, O., **39**:115, **39**:*187*
Shnayderman, I. B., **18**:247, **18**:*286*
Shneiderman, B., **20**:244, **20**:*258*, **24**:344, **24**:365, **24**:*375*, **29**:49, **29**:51, **29**:54, **29**:55, **29**:57, **29**:59, **29**:60, **29**:63, **29**:*76*, **32**:202, **32**:204, **32**:228, **32**:230, **32**:235, **32**:242, **32**:245, **32**:246, **32**:*252*, **32**:*253*, **33**:144, **33**:151, **33**:*166*, **33**:*169*, **33**:*170*, **36**:*429*, **40**:2, **40**:*4*, **40**:11, **40**:*37*, **47**:46, **47**:47, **47**:*65*, **49**:144, **49**:*189*
Shneier, M., **49**:246, **49**:*299*
Shneier, R., **32**:129, **32**:*147*
Shnitman, V. Z., **44**:204–205, **44**:*216*

Shoch, J., **20**:102 (72), **20**:*114*, **42**:127, **42**:132, **42**:*234*, **42**:*238*
Shoch, J. F., **20**:84 (11), **20**:105 (11), **20**:*112*
Shock, C. T., **45**:133, **45**:*152*
Shockley, W., **17**:252, **17**:*280*, **29**:29–30, **29**:*44*
Shockley, W. R., **38**:15–16, **38**:39–41, **38**:*69*, **38**:*71*
Shoemaker, C. B., **5**:264 (19), **5**:265 (20), **5**:*285*
Shoemaker, D. P., **5**:265 (20), **5**:275 (42), **5**:276 (42), **5**:277 (50), **5**:281 (61), **5**:283 (42, 43), **5**:*285*, **5**:*286*, **5**:*287*
Shoemaker, H. L., **11**:323 (128), **11**:*389*
Shoemaker, V., **5**:277 (50), **5**:*286*
Shoens, K. A., **34**:*56*
Shoffner, R. M., **12**:*173*
Shoham, Y., **46**:408, **46**:*437*, **48**:263, **48**:*311*
Shohat, J. A., **2**:62, **2**:*124*
Shohers, A. L., **18**:243, **18**:247, **18**:*282*
Shohukin, B. A., **18**:246, **18**:*285*
Sholl, D. A., **6**:35, **6**:63, **6**:64 (90), **6**:*87*
Shooman, M. L., **18**:*171*, **18**:*172*, **30**:89, **30**:101, **30**:112, **30**:125, **30**:136, **30**:*170*, **31**:205, **31**:*232*, **41**:211, **41**:215, **41**:*229*, **45**:210, **45**:*267*, **46**:166, **46**:167, **46**:*234*
Shoquist, M. C., **20**:85 (41), **20**:*113*
Shore, J. E., **36**:307–309, **36**:324, **36**:*331*
Short, J., **39**:267, **39**:*292*, **43**:198, **43**:*211*, **45**:288, **45**:*320*
Short, R. D., **19**:179, **19**:*219*
Shortell, A. V., **7**:280 (17), **7**:*288*
Shortell, A. V., Jr., **8**:*45*
Shortley, D., **3**:229, **3**:*272*
Shortley, G., **5**:316 (202), **5**:*338*
Shortliffe, E. H., **16**:171, **16**:*181*, **22**:166, **22**:172, **22**:194, **22**:202, **22**:*212*, **22**:*215*, **22**:*216*, **22**:221, **22**:267, **22**:274, **22**:*293*, **23**:151, **23**:168, **23**:*174*, **26**:13, **26**:39, **26**:*45*, **38**:146, **38**:165, **38**:168–169, **38**:177, **38**:*180*, **43**:117, **43**:*134*, **47**:95, **47**:*138*
Shoshani, A., **16**:202, **16**:203, **16**:208, **16**:*218*, **16**:*219*, **39**:151, **39**:*188*
Shostak, R. E., **24**:131, **24**:*175*
Shotov, A. E., **29**:*325*
Shoulders, K. R., **2**:156 (7a), **2**:232 (68),

2:*289*, 2:*292*, 6:35 (91), 6:*87*
Shoup, R., 23:128, 23:*140*
Shoureshi, R., 36:224, 36:*250*
Shouxuan, Z., 34:*290*
Shreider, Yu. A., 5:54, 5:57, 5:68 (53, 54), 5:*107*
Shriesheim, C., 23:143, 23:*173*
Shriner, R., 36:381, 36:*423*
Shrinivasan, P. N., 47:*61*
Shrira, L., 26:95, 26:*152*
Shrivastava, S. K., 42:17, 42:*36*
Shriver, B. D., 21:93, 21:*151*, 24:102, 24:103, 24:104, 24:112, 24:113, 24:119, 24:121, 24:136, 24:144, 24:149, 24:153, 24:159, 24:*170*, 24:*171*, 24:*172*, 24:*175*, 28:2, 28:3, 28:5, 28:16, 28:*63*, 28:*64*, 33:257, 33:*305*, 35:143, 35:*183*
Shtarkman, V. S., 5:24 (55), 5:37, 5:43 (55), 5:*107*
Shtul-Trauring, A., 46:42, 46:82, 46:*104*
Shtull-Trauring, A., 41:42, 41:*61*, 45:4, 45:*51*
Shu, C., 46:41, 46:*107*
Shu, D., 34:195, 34:*233*, 49:257, 49:*301*
Shu, J. C., 42:129, 42:190, 42:*238*
Shu, N. C., 17:206, 17:*220*, 40:188, 40:246, 40:*252*
Shu, W., 49:281, 49:*301*
Shub, M., 23:51, 23:*91*, 30:182, 30:*217*
Shubin, S. H., 16:*177*
Shudde, R., 5:301 (56), 5:*329*
Shufler, S. L., 5:302 (65), 5:*330*
Shuford, E. H., 11:350 (152), 11:*389*, 11:*390*
Shukuya, S., 42:157-158, 42:*238*
Shull, F., 46:98, 46:*102*
Shulman, A. D., 39:284, 39:*292*
Shultz, G., 20:8, 20:*35*, 20:*37*
Shuman, F., 1:60 (37), 1:67 (51), 1:79 (72), 1:85 (92), 1:*88*, 1:*89*, 1:*90*
Shumate, M. S., 3:*298*
Shumway, D. G., 29:5, 29:12, 29:21, 29:*45*
Shumway, M., 49:144, 49:153, 49:*189*
Shura-Bura, M. R., 5:24 (27), 5:29 (27), 5:30 (27), 5:34 (27), 5:38, 5:48 (64), 5:*52*, 5:68 (27, 28), 5:*106*, 5:*108*, 18:233, 18:234, 18:236, 18:266, 18:268, 18:*283*

Shure, K., 5:323 (267), 5:*342*
Shurtleff, D. A., 21:411, 21:*420*
Shurygin, V. A., 5:60, 5:62 (56), 5:*107*
Shute, S. J., 40:189-190, 40:*254*
Shutt, J. J., 19:*62*
Shyu, L.-Y., 38:*184*
Siatkowski, R. E., 31:*319*
Sibert, J., 32:231, 32:*252*
Sibley, E., 38:15, 38:*70*
Sibley, W. L., 47:*138*
Sibor, V., 35:223, 35:*254*
Sibson, R., 11:87 (28), 11:*123*, 19:114, 19:132, 19:134, 19:143, 19:155, 19:156, 19:157, 19:180, 19:195, 19:198, 19:199, 19:*221*, 19:*226*, 19:*227*
Sicard, P., 32:*148*
Sichel, D. E., 43:188, 43:190-191, 43:200, 43:202-203, 43:*213*
Sicot, J.-P., 11:232 (9), 11:*317*
Siddle, N. C., 47:216, 47:*244*
Sidebothan, R. N., 44:245, 44:*281*
Sideris, A., 36:224, 36:*253*
Sidhu, D. P., 29:134, 29:176, 29:*185*, 29:*192*, 29:*193*
Sidorowich, J. J., 33:236
Sieber, J., 11:350 (83), 11:351 (83), 11:*387*
Sieber, W., 22:202, 22:*216*
Sieburg, J., 9:140, 9:*177*
Sieburth, J. M., 36:412, 36:*426*
Siegal, J., 49:332, 49:338, 49:*347*
Siegel, D., 43:188, 43:193, 43:195, 43:*214*
Siegel, E. R., 24:222, 24:*273*, 24:*310*
Siegel, J., 39:262, 39:266, 39:*290*
Siegel, H. J., 20:165, 20:*196*, 26:86, 26:*92*, 26:166, 26:172, 26:183, 26:184, 26:186, 26:189, 26:*196*, 26:*198*, 26:*199*, 34:134-135, 34:139, 34:142, 34:*152*, 34:*156*, 49:244, 49:252, 49:255, 49:257, 49:265, 49:270, 49:272, 49:300, 49:301, 49:*302*
Siegel, M. A., 15:274, 15:*282*
Siegel, P., 4:156 (90), 4:*166*
Siegel, S. G., 11:350, 11:351, 11:*389*, 22:119, 22:*159*, 39:2, 39:*47*
Siegelaub, A. B., 16:144, 16:*178*, 16:*180*
Siegfeldt, H. J., 9:118 (43), 9:*174*
Siegrist, K., 36:*41*

Sienkiewicz, O. C., **2**:321 (133), **2**:*373*
Siewiorek, D., **37**:*283*, **40**:77, **40**:*121*
Siewiorek, D. P., **21**:93, **21**:94, **21**:95, **21**:116, **21**:117, **21**:118, **21**:120, **21**:126, **21**:128, **21**:148, **21**:149, **21**:*150*, **21**:*153*, **21**154, **24**:115, **24**:*175*, **26**:209, **26**:220, **26**:*278*, **26**:*279*, **28**:14, **28**:*66*, **31**:205, **31**:*233*, **40**:95, **40**:*121*
Siganporia, R., **38**:*185*
Sigel, E., **38**:*315*
Sigillito, V. G., **38**:*187*
Sigmon, A. H., **33**:151, **33**:*166*
Sigmon, T., **45**:334, **45**:*354*
Signaevskii, V. A., **29**:283, **29**:285, **29**:*328*
SIGPLAN., **35**:*183*
Sigurd, B., **49**:30, **49**:*66*
Sih, G. C., **37**:114, **37**:*116*
Siklóssy, L., **15**:27, **15**:48, **15**:*62*, **15**:*63*, **15**:193, **15**:*237*
Siklossy, L., **13**:175, **13**:*231*, **37**:12, **37**:*57*
Sikorski, K., **23**:57, **23**:58, **23**:78, **23**:*91*
Sikorski, R., **10**:19, **10**:33 (49), **10**:35 (49), **10**:*77*
Silberschatz, A., **32**:169, **32**:177, **32**:179, **32**:187, **32**:*195*, **41**:277, **41**:280, **41**:*295*, **47**:311, **47**:312, **47**:321, **47**:*339*, **48**:148, **48**:151, **48**:153, **48**:156, **48**:161, **48**:175, **48**:*177*
Silcock, N., **36**:*426*
Siljak, D., **14**:191, **14**:*229*
Sillander, T., **46**:44, **46**:93, **46**:*107*
Silver, M., **12**:40 (12), **12**:*72*
Silverman, **28**:235
Silverman, B. W., **19**:129, **19**:*225*, **19**:*227*
Silverman, D., **34**:307, **34**:*391*
Silverman, H., **22**:202, **22**:*213*
Silverstein, J., **38**:268, **38**:289, **38**:*315*
Silverthorn, M., **46**:77, **46**:*103*
Silvester, J. A., **31**:228, **31**:*232*
Sim, G. A., **5**:275 (45), **5**:*286*
Simar, R., Jr., **37**:111, **37**:*117*
Simborg, D. W., **38**:170, **38**:*181*
Simchony, T., **34**:66, **34**:*111*
Simcoe, R., **44**:303, **44**:315, **44**:*329–330*
Sime, M. E., **32**:237, **32**:*253*
Simi, M., **40**:219, **40**:245, **40**:*251*, **43**:62, **43**:108, **43**:*136*
Simila, J., **46**:28, **46**:*31*

Simitis, S., **9**:115, **9**:*177*
Simkin, D. K., **36**:*427*
Simmons, G. J., **22**:46, **22**:47, **22**:84, **22**:86, **22**:95, **22**:98, **22**:100, **22**:*107*, **30**:174, **30**:176, **30**:180, **30**:183, **30**:193–194, **30**:212, **30**:214–215, **30**:*222*
Simmons, J. K., **20**:21, **20**:*31*
Simmons, M., **49**:246, **49**:*301*
Simmons, P. M., **46**:112, **46**:116, **46**:123, **46**:124, **46**:129, **46**:138, **46**:139, **46**:140, **46**:142, **46**:144, **46**:*157*
Simmons, R., **48**:325, **48**:326, **48**:327, **48**:*353*
Simmons, R. E., **8**:156, **8**:*188*
Simmons, R. F., **6**:24 (33), **6**:*30*, **8**:*45*, **11**:60, **11**:*125*, **11**:173 (98, 138), **11**:*226*, **11**:*228*, **13**:176, **13**:177, **13**:188, **13**:189, **13**:190, **13**:*230*, **15**:40, **15**:*63*, **15**:*237*, **17**:4, **17**:*87*, **17**:91, **17**:*161*, **24**:222, **24**:*275*
Simms, P., **46**:17, **46**:*30*
Simon, C. P., **23**:81, **23**:*91*
Simon, D. F., **35**:357, **35**:*371*
Simon, D. P., **22**:202, **22**:*213*
Simon, H., **7**:150 (51), **7**:*179*, **13**:175, **13**:202, **13**:221, **13**:222, **13**:*229*, **13**:*230*, **13**:*231*, **20**:6, **20**:8, **20**:*34*, **20**:*35*, **20**:*36*, **33**:84, **33**:*113*, **33**:176, **33**:*242*, **34**:302, **34**:*390*, **36**:204, **36**:*253*, **47**:10, **47**:17, **47**:*63*, **48**:327, **48**:338, **48**:*353*
Simon, H. A., **1**:172 (7), **1**:*192*, **5**:173, **5**:176 (115), **5**:198, **5**:*222*, **5**:*223*, **9**:114, **9**:*177*, **11**:359 (102), **11**:*388*, **12**:73, **12**:*113*, **15**:48, **15**:*63*, **15**:207, **15**:*236*, **18**:60, **18**:95, **18**:109, **18**:*117*, **19**:263, **19**:266, **19**:280, **19**:297, **19**:299, **19**:306, **19**:309, **19**:*327*, **21**:5, **21**:11, **21**:24, **21**:31, **21**:*87*, **21**:*89*, **21**:96, **21**:109, **21**:*153*, **21**:*154*, **22**:164, **22**:176, **22**:202, **22**:*213*, **22**:*214*, **23**:143, **23**:*175*, **24**:107, **24**:127, **24**:129, **24**:*175*, **24**:181, **24**:*215*, **24**:327, **24**:*374*, **26**:2, **26**:3, **26**:40, **26**:*44* **26**:*45*, **28**:1, **28**:2, **28**:3, **28**:6, **28**:7, **28**:15, **28**:32, **28**:34, **28**:35, **28**:36, **28**:38, **28**:*66*, **28**:*67*, **29**:56–57, **29**:64, **29**:*74*, **29**:*75*, **29**:183, **29**:*193*, **29**:198,

29:211, 29:*249*, 31:365, 31:367,
31:*376*, 36:390–391, 36:*421*,
37:171–172, 37:*205*, 37:381, 37:*422*,
38:78, 38:*142*, 39:52, 39:*105*
Simon, H. D., 45:148, 45:*149*, 45:*152*
Simon, J., 14:6, 14:30, 14:31, 14:*42*,
14:*43*, 26:*151*
Simon, J. C., 19:123, 19:*227*
Simon, J. L., 46:98, 46:*107*
Simon, M., 16:175, 16:*181*
Simon, T., 32:225, 32:226, 32:231,
32:*253*, 32:*254*
Simon, W. E., 36:231, 36:*254*
Simonelli, N. M., 36:339–340, 36:*429*
Simonett, D. S., 19:211, 19:*223*
Simoni, R., 40:172, 40:*175*, 49:242,
49:248, 49:249, 49:250, 49:270,
49:295, 49:*299*
Simons, R. S., 26:148, 26:*153*
Simonton, D. K., 36:*200*
Simpkins, Q. W., 9:287 (14), 9:*353*
Simpson, D. H., 47:208, 47:*245*
Simpson, E. V., 38:*193*
Simpson, G. A., 21:412, 21:*420*
Simpson, W., 48:223, 48:253, 48:*254*
Sinaiko, H. W., 11:357 (134), 11:*389*
Sinak, L. J., 47:215, 47:*249*
Sincovec, R., 28:33, 28:*67*, 35:154,
35:*183*
Sinden, F. W., 2:361, 2:*375*
Sinex, D. G., 31:130, 31:*173*
Singer, A., 31:71, 31:*97*, 33:120, 33:*168*,
47:47, 47:*62*
Singer, J. R., 6:*226*
Singer, M. J., 32:204, 32:*252*
Singer, S. J., 16:132, 16:152, 16:*181*,
31:297, 31:*323*
Singers, A., 29:51, 29:52, 29:*75*
Singh, B., 46:46, 46:82, 46:97, 46:*107*
Singh, M. G., 33:*114*
Singh, R., 32:217, 32:218, 32:220,
32:*252*, 40:71, 40:82, 40:84, 40:*125*
Singhal, M., 48:137, 48:142, 48:*177*
Singham, A. W., 35:340, 35:*371*
Singleton, J. A., 5:142, 5:*221*
Singpurwalla, N. D., 30:118, 30:*169*,
45:214, 45:*264*, 45:*265*
Sinha, S., 49:*237*
Sinitsin, N. V., 29:*328*
Sinkel, K., 43:71, 43:*133*

Sinkov, G. J., 22:56, 22:57, 22:*107*
Sinnott, M. J., 4:144 (28), 4:148 (28),
4:*163*
Sint, M., 24:103, 24:105, 24:*175*
Sintz, R. H. P. H., 20:*196*
Sipior, J. C., 44:53, 44:*58*
Sipkova, V., 45:147, 45:*150*
Sipper, M., 47:174, 47:175, 47:*182*
Sipser, M., 44:344–345, 44:356,
44:*359–360*
Sirbu, M., 40:192–193, 40:245, 40:*254*
Sirini, V. P., 37:286, 37:*332*
Sirletti, B., 34:176, 34:*234*
Siroux, J., 31:112, 31:*172*
Siskind, J. M., 23:10, 23:*33*
Sisson, N., 33:137, 33:138, 33:*170*
Sisson, P. L., 7:254 (8), 7:*288*
Sisson, W. H., 26:*278*
Sitaram, D., 47:315, 47:316, 47:317,
47:318, 47:*339*
Sites, R. L., 20:187, 20:*196*
Sitton, G., 11:199, 11:200, 11:204 (139),
11:*228*
Siu, D., 44:317, 44:*328*
Siu, K.-Y., 44:317, 44:*330*, 44:355–356,
44:*360*
Siu, S. C., 47:211, 47:*252*
Sivaguranathan, Y., 43:34, 43:*46*
Siy, H. P., 42:54, 42:59–60, 42:63, 42:*76*
Sizer, R., 35:330, 35:*367*
Sjogren, D., 34:347–348, 34:*385*
Skala, H. J., 28:*104*
Skaperdas, D., 15:251, 15:*281*
Skatrud, R. O., 12:29 (19c), 12:*36*
Skellett, A. M., 2:181, 2:192, 2:*291*
Skelly, P., 21:95, 21:113, 21:117, 21:144,
21:145, 21:*154*
Skienna, S. S., 29:217, 29:*250*
Skikano, K., 37:*165*
Skiko, E. J., 7:188 (15), 7:*193*
Skillicorn, D. B., 34:117, 34:*156*, 44:193,
44:*217*, 46:363, 46:*400*
Skilling, H. G., 18:*286*
Skilling, J., 36:306, 36:*331*
Skinner, B. F., 4:159 (111), 4:*167*, 5:205,
5:*224*, 15:191, 15:*237*, 31:334,
31:*376*
Skinner, F. G., 8:106 (6), 8:*152*
Skinner, G., 48:167, 48:170, 48:*177*
Skinner, T., 31:103, 31:*173*

Skinner, T. E., **31**:112, **31**:*172*
Skjellum, A., **49**:248, **49**:*298*
Sklansky, J. , **6**:154, **6**:157, **6**:*194*, **16**:174, **16**:*177*, **18**:55, **18**:*57*
Sklansky, M., **47**:215, **47**:*250*
Sklar, A., **36**:322, **36**:*330*
Sklar, D. F., **49**:119, **49**:*141*
Skolnik, M. I., **6**:*226*
Skorton, D. J., **47**:215, **47**:*250*
Skovira, R. J., **31**:*376*
Skovorodin, V., **18**:234, **18**:*283*
Skow, J., **23**:110, **23**:*140*
Skramstad, H. K., **3**:278 (33, 34), **3**:288 (35, 38), **3**:*298*
Skrivan, J. A., **45**:211, **45**:*266*
Skwarecki, E., **29**:63, **29**:*72*
Skyum, S., **26**:134, **26**:*153*
Slack, W. V., **16**:140, **16**:141, **16**:*181*
Slade, A. E., **34**:164, **34**:*233*
Slagle, J. R., **8**:60 (51), **8**:66, **8**:78, **8**:*101*, **10**:101, **10**:*108*, **13**:173, **13**:175, **13**:177, **13**:196, **13**:206, **13**:207, **13**:209, **13**:215, **13**:*231*, **15**:31, **15**:*63*, **18**:95, **18**:*117*, **19**:122, **19**:154, **19**:*223*, **19**:*227*, **26**:139, **26**:140, **26**:*152*, **29**:210, **29**:*250*, **38**:148, **38**:154, **38**:166, **38**:168–169, **38**:177, **38**:*180*, **38**:*188–189*
Slamecka, V., **11**:368 (131a), **11**:*389*, **31**:330, **31**:333–334, **31**:360, **31**:*375*, **31**:*377*
Slaney, M., **37**:114, **37**:*117*
Slate, D. J., **18**:61, **18**:98, **18**:*117*, **29**:217, **29**:222, **29**:234, **29**:235, **29**:239, **29**:*250*
Slator, B. M., **33**:152, **33**:*170*, **47**:3, **47**:12, **47**:13, **47**:30, **47**:31, **47**:45, **47**:*63*, **47**:*65*
Slaughter, S., **47**:343, **47**:*365*
Slavenburg, G. A., **40**:150, **40**:168, **40**:*176*
Slawson, W., **12**:81, **12**:82, **12**:*113*
Sleator. D. D., **40**:152, **40**:*177*
Slee, V. N., **16**:151, **16**:*181*
Sleeman, D., **47**:77, **47**:82, **47**:*140*
Sleeth, J. D., **2**:158 (12), **2**:*290*
Slesnick, W. E., **15**:240, **15**:*282*
Sless, D., **39**:284, **39**:*292*
Slind, K., **49**:250, **49**:*299*

Sloane, J. J. A., **22**:60, **22**:*106*
Sloane, N., **30**:193–194, **30**:*220*
Slobodianiuk, A. I., **29**:*327*
Slobodyanskiy, M. G., **2**:*132*
Slocum, J., **26**:*43*, **40**:190, **40**:*251*, **47**:8, **47**:9, **47**:10, **47**:15, **47**:19, **47**:35, **47**:36, **47**:37, **47**:*61*, **47**:*65*, **49**:2, **49**:44, **49**:66, **49**:*67*
Sloman, M., **43**:84, **43**:*136*
Sloman, M. S., **40**:193, **40**:*253*, **46**:258, **46**:*286*
Slomer, **29**:235
Slonczewski, J., **17**:242, **17**:*280*
Slotine, J. E., **33**:*234*
Slotine, J. J., **33**:*243*
Slotnick, D. L., **7**:11 (60), **7**:*115*, **9**:297 (15, 16), **9**:*353*, **10**:293 (1), **10**:*296*, **19**:66, **19**:*108*, **23**:8, **23**:*32*, **23**:296, **23**:*351*, **28**:113, **28**:121, **28**:123, **28**:*151*, **34**:123, **34**:*152*, **34**:186, **34**:*233*, **49**:251, **49**:255, **49**:256, **49**:263, **49**:*296*
Slotnick, D., **9**:18 (11), **9**:*21*, **15**:158, **15**:*176*, **49**:251, **49**:*302*
Slottow, H. G., **15**:248, **15**:253, **15**:*282*
Sluarczuk, M. M. G., **36**:354–355, **36**:*430*
Slusher, C. E., **49**:284, **49**:286, **49**:288, **49**:289, **49**:290, **49**:*302*
Slutz, D. R., **17**:257, **17**:*281*
Sly, W. G., **5**:275, **5**:283 (43), **5**:*286*
Smaalders, B., **46**:291, **46**:305, **46**:314, **46**:*326*
Smagorinsky, J., **1**:62 (42), **1**:74 (62), **1**:86 (62), **1**:*88*, **1**:*89*
Smale, S., **23**:51, **23**:*91*, **23**:*92*
Small, D. W., **33**:151, **33**:*170*
Small, I. S., **49**:98, **49**:105, **49**:106, **49**:*141*
Small, J. C., **16**:245, **16**:*330*
Smalley, D. A., **21**:411, **21**:*420*
Smalz, R., **31**:286, **31**:*323*
Smarr, L. L., **33**:269, **33**:297, **33**:*305*
Smart, W. M., **3**:4 (37), **3**:*75*
Smets, P., **36**:270, **36**:317, **36**:319, **36**:*331*
Smieja, F. J., **33**:*243*
Smiley, J. W., **5**:302 (63), **5**:*330*
Smimi, E., **40**:161, **40**:*178*
Smirnitskii, E. K., **29**:256, **29**:*329*
Smirnov, E. B., **29**:293, **29**:294, **29**:295, **29**:296, **29**:*327*

Smirnov, G. D., **29**:*326*
Smirnova, I. M., **2**:385 (1), **2**:402 (1), **2**:403 (1), **2**:*416*
Smith, A., **47**:149, **47**:*182*
Smith, A. B., **17**:224, **17**:*282*
Smith, A. J., **28**:46, **28**:47, **28**:*67*, **35**:276, **35**:*324*, **40**:132, **40**:152, **40**:166, **40**:*178*
Smith, A. M. O., **10**:83, **10**:84, **10**:100 (40), **10**:*108*, **43**:188, **43**:197–198, **43**:207, **43**:*211*
Smith, A. R., III., **19**:86, **19**:*111*
Smith, B., **15**:47, **15**:48, **15**:52, **15**:*61*, **22**:174, **22**:203, **22**:*211*, **22**:*213*, **36**:147, **36**:*197*, **46**:290, **46**:*327*
Smith, B. H., **13**:48, **13**:*71*
Smith, B. J., **20**:*196*, **21**:95, **21**:*152*
Smith, B. M., **3**:308, **3**:*346*
Smith, C. F., **7**:*290*
Smith, C. P., **9**:118 (89), **9**:*176*, **24**:29, **24**:52, **24**:*59*, **24**:*60*
Smith, C. R., **36**:306, **36**:*328*, **36**:*331*
Smith, D., **38**:*183*, **41**:158, **41**:*189*
Smith, D. B., **41**:186, **41**:*189*
Smith, D. C., **28**:109–110, **28**:*151*, **33**:154, **33**:*170*, **36**:350, **36**:395, **36**:*429*
Smith, D. C. P., **19**:*63*, **22**:135, **22**:*161*, **32**:163, **32**:172, **32**:190, **32**:*199*, **34**:186, **34**:*234*, **39**:148, **39**:*188*, **43**:70, **43**:108, **43**:118, **43**:*138*
Smith, D. K., **9**:84, **9**:*111*
Smith, D. M., **2**:*375*, **38**:*191*
Smith, D. R., **6**:73 (92), **6**:*87*, **28**:21, **28**:*64*, **37**:12, **37**:*57*
Smith, D. W., **19**:275, **19**:*326*, **23**:100, **23**:*140*, **28**:123, **28**:145, **28**:*150*, **34**:161, **34**:165, **34**:*232*, **35**:*34*, **35**:80, **35**:90–91, **35**:110, **35**:*133*
Smith, E. D., **11**:186 (47), **11**:*224*
Smith, E. E., **11**:330, **11**:*389*
Smith, E. R., **46**:98, **46**:*105*
Smith, F., **13**:221, **13**:*231*
Smith, F. D., **29**:109, **29**:*191*
Smith, G., **22**:202, **22**:*216*, **47**:52, **47**:*65*
Smith, G. B., **21**:326, **21**:*330*
Smith, G. W., **26**:*278*, **38**:46, **38**:*72*
Smith, H., **18**:249, **18**:*286*
Smith, H. C., **30**:*83*
Smith, H. J., **44**:54, **44**:*57*

Smith, I., **47**:50, **47**:51, **47**:*59*
Smith, I. P., **38**:*194*
Smith, J., **35**:34, **35**:*80*, **38**:*186*, **49**:261, **49**:*301*
Smith, J. A. S., **5**:273 (36), **5**:*286*
Smith, J. B., **34**:23, **34**:*56*
Smith, J. E., **26**:317, **26**:319, **26**:320, **26**:*334*
Smith, J. L., **1**:233 (3), **1**:*308*, **3**:82 (12), **3**:*153*, **4**:283 (13, 14), **4**:*303*, **6**:146, **6**:151, **6**:163, **6**:*194*, **12**:*168*, **17**:228, **17**:237, **17**:*280*, **22**:59, **22**:94, **22**:*104*, **22**:*107*, **40**:128, **40**:144, **40**:*178*
Smith, J. M., **19**:*63*, **21**:230, **21**:*273*, **28**:109–110, **28**:123, **28**:145, **28**:*150*, **28**:*151*, **32**:156, **32**:163, **32**:170, **32**:172, **32**:189, **32**:190, **32**:*199*, **34**:186, **34**:*234*, **35**:278, **35**:*324*, **39**:148, **39**:*188*, **43**:71, **43**:105, **43**:108, **43**:118, **43**:*138*, **45**:186, **45**:*195*
Smith, J. W., **22**:202, **22**:*211*, **22**:236, **22**:250, **22**:253, **22**:259, **22**:268, **22**:275, **22**:285, **22**:289, **22**:*292*, **22**:*293*
Smith, J. W., Jr., **22**:269, **22**:*293*, **38**:*138*, **38**:142
Smith, K., **35**:144–145, **35**:*180*, **38**:17, **38**:*72*, **38**:*186*, **45**:335, **45**:*355*
Smith, K. C. A., **2**:246 (77), **2**:249 (77), **2**:*293*, **19**:*63*, **28**:118, **28**:123, **28**:145, **28**:*150*, **28**:*151*
Smith, K. F., **33**:2, **33**:*63*
Smith, K. U., **36**:339, **36**:*429*
Smith, L., **35**:284, **35**:*322*, **36**:113, **36**:*200*
Smith, L. A., **48**:299, **48**:*312*
Smith, L. C., **24**:306, **24**:*314*, **24**:*317*
Smith, L. W., **2**:*375*, **4**:39, **4**:*52*
Smith, M., **43**:2, **43**:*48*, **48**:69, **48**:*115*
Smith, M. A., **48**:262, **48**:279, **48**:280, **48**:300, **48**:301, **48**:*314*
Smith, M. F., **38**:*194*
Smith, M. G., **9**:192, **9**:*238*, **26**:*332*
Smith, M. J., **24**:336, **24**:*375*, **36**:*428*
Smith, N., **2**:323 (66a), **2**:*369*
Smith, N. M., **3**:185 (9), **3**:*187*
Smith, O. D., **7**:287 (39), **7**:*289*, **46**:225, **46**:*232*
Smith, O. K., **3**:28, **3**:31 (41), **3**:63, **3**:64,

3:*75*
Smith, P., **42**:256, **42**:*267*
Smith, P. H., Jr., **13**:55, **13**:62, **13**:*71*
Smith, P. J., **40**:189–190, **40**:*254*
Smith, P. K., **38**:*186*
Smith, P. L., **38**:*187*
Smith, R., **30**:27, **30**:*36*, **31**:216, **31**:229, **31**:*232*
Smith, R. A., **32**:6, **32**:*102*
Smith, R. B., **5**:308 (108), **5**:*332*, **43**:111, **43**:*139*
Smith, R. E., **23**:275, **23**:*293*
Smith, R. G., **46**:407, **46**:*435*
Smith, R. L., **18**:183, **18**:193, **18**:198, **18**:202, **18**:208, **18**:212, **18**:*228*, **18**:*229*
Smith, R. M., **31**:206, **31**:208, **31**:*233*, **45**:110, **45**:145, **45**:*151*
Smith, R. V., **20**:*196*
Smith, S., **12**:52 (8), **12**:*71*
Smith, S. A., **36**:308, **36**:*331*
Smith, S. D., **28**:168, **28**:*226*
Smith, S. F., **33**:*111*
Smith, S. G., **15**:261, **15**:263, **15**:276, **15**:*282*
Smith, S. L., **11**:358, **11**:*389*, **31**:71, **31**:73, **31**:*98*, **32**:231, **32**:*253*, **33**:118, **33**:141, **33**:165, **33**:*170*, **36**:395, **36**:401, **36**:412, **36**:*429*
Smith, S. M., **20**:85 (69), **20**:90 (69), **20**:*114*
Smith, S. P., **19**:196, **19**:197, **19**:210, **19**:*221*, **19**:*227*
Smith, S. T., **18**:176, **18**:*228*
Smith, S. W., **47**:208, **47**:216, **47**:221, **47**:*245*, **47**:*252*, **47**:*253*
Smith, T., **5**:231, **5**:*252*
Smith, T. B., III., **26**:*278*
Smith, T. M., **24**:321, **24**:*375*
Smith, T. R., **48**:267, **48**:282, **48**:284, **48**:310, **48**:*314*
Smith, W., **38**:*184*
Smith, W. E., **31**:205, **31**:211, **31**:*231*
Smith, W. M., **38**:*193*
Smith, W. R., **9**:209 (74), **9**:*238*
Smith, Y., **7**:250 (7), **7**:*288*
Smithson, M., **36**:256–257, **36**:*331*
Smithson, S., **46**:126, **46**:*155*
Smoke, W., **11**:31, **11**:*56*
Smolensky, P., **37**:390, **37**:397, **37**:399, **37**:403, **37**:414–415, **37**:*424*
Smoliar, S., **36**:163, **36**:*200*
Smoliar, S. W., **21**:108, **21**:117, **21**:*152*, **36**:163, **36**:*195*
Smolyak, S. A., **23**:62, **23**:77, **23**:*92*
Smotherman, M., **31**:205, **31**:229, **31**:*231*
Smythe, C., **35**:*252*
Sneath, P. H. A., **6**:51 (93), **6**:*87*, **11**:68, **11**:83, **11**:86, **11**:*125*, **12**:*413*, **19**:114, **19**:117, **19**:180, **19**:182, **19**:186, **19**:187, **19**:199, **19**:*227*
Snedecor, G. W., **2**:68, **2**:*125*
Sneff, S., **31**:*173*
Sneiderman, R., **22**:202, **22**:*212*
Snelbecker, G. E., **47**:78, **47**:*140*
Snell, B. M., **24**:219, **24**:*275*
Snell, J. L., **12**:*170*, **19**:118, **19**:*222*, **36**:*39*
Snelling, C. R., Jr., **21**:289, **21**:*331*
Snelling, M., **14**:139, **14**:*184*
Snir, M., **23**:19, **23**:*32*, **26**:172, **26**:176, **26**:*197*, **26**:*198*, **34**:136, **34**:140, **34**:*154*, **40**:165, **40**:*177*, **43**:223, **43**:*240*, **45**:141, **45**:*152*
Snow, C. P., **43**:180, **43**:*214*
Snow, E., **21**:*154*
Snow, E. A., **24**:115, **24**:*175*
Snow, R. E., **18**:213, **18**:*227*
Snowberry, K., **33**:137, **33**:138, **33**:*170*
Snowdon, R., **41**:56, **41**:*60*, **46**:46, **46**:*103*
Snowdon, R. A., **15**:169, **15**:*177*
Snyder, A., **20**:230, **20**:239, **20**:*257*, **33**:4, **33**:51, **33**:*64*, **35**:139, **35**:178, **35**:*182–183*, **43**:105, **43**:110–111, **43**:*138*, **49**:*237*
Snyder, A. J., **38**:*186*
Snyder, J. E., **47**:216, **47**:*252*
Snyder, L., **23**:8, **23**:10, **23**:12, **23**:13, **23**:21, **23**:22, **23**:*32*, **23**:*33*, **24**:62, **24**:66, **24**:81, **24**:*99*, **34**:117, **34**:134–135, **34**:*154*, **34**:*156*, **44**:203, **44**:*213*, **49**:244, **49**:*302*
Snyder, M. V., **15**:80, **15**:*117*
Snyder, T. R., **41**:14, **41**:*61*
Snyder, W. E., **34**:170, **34**:*234*, **38**:*192*, **38**:*194*
So, H. H., **26**:403, **26**:*442*
So, K. M., **26**:*199*, **40**:164, **40**:*176*
Soames, R. W., **38**:*194*
Soare, R. I., **43**:22, **43**:233, **43**:*241*

Sobel, I., **13**:218, **13**:*227*
Sobierajski, L. M., **47**:238, **47**:*248*
Sobol, I. M., **43**:264, **43**:*277*
Sobol, M. G., **43**:188, **43**:*211*
Sobolev, S. L., **5**:66, **5**:*107*
Soden, J., **20**:15, **20**:*34*, **34**:*389*
Sodini, C., **34**:171, **34**:191, **34**:*234*
Sodini, C. G., **34**:202, **34**:231, **34**:*234*
Soe, L., **39**:*291*
Soenjoto, J., **45**:211, **45**:*265*
Soergel, D., **11**:65, **11**:*125*
Sofer, A., **30**:91, **30**:*168*, **45**:214, **45**:*266*
Soffa, M. L., **43**:37, **43**:*46*
Soffer, B. H., **28**:161, **28**:*225*
Sofge, D., **37**:*424*
Software Engineering Institute, **41**:*82*, **44**:23, **44**:35, **44**:51–52, **44**:*58*
Software Productivity Institute, **44**:36, **44**:*58*
Sohi, G., **46**:324, **46**:*327*
Sohie, G. R. L., **37**:111, **37**:*117*
Sohlenlkamp, M., **45**:280, **45**:*318*
Sohn, K., **48**:*177*
Sohn, L. B., **35**:334, **35**:*371*
Sokal, R. R., **11**:83, **11**:86, **11**:*125*, **12**:*413*, **19**:113, **19**:114, **19**:117, **19**:180, **19**:182, **19**:*227*
Sokil-Melgar, J., **47**:227, **47**:*246*
Sokol, L., **35**:315, **35**:*324*
Sokol, P. K., **38**:307, **38**:*315*
Sokolnikoff, I. S., **2**:*127*
Sokolov, S., **29**:*325*
Sokolowski, S., **22**:338, **22**:*353*
Sokolskaya, J. L., **2**:184, **2**:*291*
Sokolsky, M., **46**:55, **46**:*105*
Sol, H. G., **34**:294, **34**:296, **34**:*390*, **40**:194, **40**:220, **40**:243
Solanes, M., **5**:312 (167), **5**:313 (167), **5**:*336*
Solla, S. A., **33**:*240*
Sollin, M., **26**:113, **26**:*152*
Solmitz, F., **6**:242, **6**:*295*
Solntseff, N., **38**:*188*
Solo, D., **48**:*253*
Solomatin, N. M., **29**:*329*
Solomenko, E., **18**:265, **18**:*286*
Solomon, C. J., **24**:348, **24**:*376*
Solomon, G., **45**:337, **45**:*355*
Solomon, H., **19**:121, **19**:*219*
Solomon, M., **38**:162, **38**:*181*

Solomon, R. J., **21**:412, **21**:*416*
Solomon, R. L., **6**:39 (94), **6**:*87*
Solomonides, C., **23**:297, **23**:*352*
Solomonoff, R., **5**:193, **5**:*223*, **15**:17, **15**:*63*
Solomonoff R. J., **13**:173, **13**:*231*, **28**:229, **28**:*277*
Solorzano, M. R., **34**:94, **34**:*109*
Solovay, R., **14**:39, **14**:*41*, **22**:80, **22**:*107*, **23**:53, **23**:*92*
Solov'ev, G. N., **29**:315, **29**:316, **29**:317, **29**:*329*
Solow, R. M., **2**:*369*, **43**:*180*, **43**:180
Soloway, E., **22**:336, **22**:*350*, **29**:63, **29**:*73*, **29**:*76*, **32**:237, **32**:238, **32**:*253*, **35**:243, **35**:*253*, **39**:27, **39**:30, **39**:33, **39**:*48*, **45**:339, **45**:*355*, **47**:80, **47**:*137*, **48**:261, **48**:263, **48**:285, **48**:*309*, **49**:99, **49**:*141*
Soloway, Elliot, **40**:2, **40**:*4*, **40**:8–9, **40**:14, **40**:19, **40**:27, **40**:29, **40**:31, **40**:34, **40**:*36–38*
Soloway, E. M., **32**:237, **32**:*250*
Somani, A. K., **26**:97, **26**:*152*
Somberg, B. L., **33**:133, **33**:*170*
Somers, H., **49**:2, **49**:37, **49**:38, **49**:39, **49**:61, **49**:*67*
Somers, H. L., **49**:17, **49**:*57*
Somers, H. M., **16**:128, **16**:129, **16**:*181*
Somerville, A. J., **38**:*186*
Somia, M. M., **16**:187, **16**:188, **16**:189, **16**:190, **16**:*219*
Sommer, F., **2**:82, **2**:*130*
Sommerfeld, B., **44**:277, **44**:*283*
Sommerfelt, A., **8**:106 (4), **8**:*152*
Sommerhalder, R., **44**:202, **44**:*212*
Sommerlad, P., **48**:82, **48**:83, **48**:*115*
Sommerville, I., **24**:118, **24**:135, **24**:*175*, **28**:33, **28**:*67*, **35**:201–202, **35**:205, **35**:*254*, **41**:19, **41**:*63*, **42**:9, **42**:17, **42**:27–29, **42**:*36*, **46**:368, **46**:*400*
Sommpolinsky, H., **37**:*164*
Sompolinsky, H., **33**:*234*
Son, K., **26**:320, **26**:*334*
Sondhi, M. M., **31**:112, **31**:163, **31**:*172–173*
Song, H., **38**:67, **38**:*70*
Song, J., **34**:294, **34**:296, **34**:306, **34**:*388*
Song, S. M., **36**:245, **36**:*252*
Song, S. W., **19**:105, **19**:*110*, **28**:109,

28:114, 28:115, 28:118, 28:131,
28:133, 28:135, 28:145, 28:*151*,
38:198, 38:*244*
Sontag, E. D., 37:154, 37:*165*
Sood, A. K., 32:*147*, 32:*148*
Soquet, A., 36:224, 36:*253*
Soraiz, K., 48:204, 48:205, 48:*217*
Sorgaard, P., 34:302, 34:312, 34:319, 34:340, 34:356–358, 34:361–364, 34:*381*
Soroka, B. J., 38:*191*
Sorumgard, S., 46:98, 46:*102*
Sosa, G. L., 43:*212*
Soskin, M. S., 31:293, 31:*324*
Soucek, B., 33:176, 33:181, 33:*243*
Soucek, M., 33:176, 33:181, 33:*243*
Souder, J. J., 7:285 (36), 7:*289*
Soukup, J., 47:*292*
Soule, S., 18:69, 18:*117*
Soules, G., 47:*58*
Soundararajan, N., 26:405, 26:*443*, 29:130, 29:*193*
Soupizet, J. F., 35:341, 35:*367*
Southard, J. F., 11:350, 11:*389*
Southard, J. R., 23:10, 23:*33*
Southerland, D. G., 38:*185*
Southwell, R., 1:77 (64), 1:*89*
Sowa, J. F., 47:30, 47:38, 47:*65*
Sowizral, H., 22:166, 22:182, 22:212, 33:102, 33:*112*
Spaccapietra, S., 32:177, 32:191, 32:*199–200*, 32:*200*, 39:151, 39:*188*
Spacciapietra, S., 35:40, 35:*78*
Spadafora, A., 42:121, 42:*236*
Spadafora, I., 49:146, 49:*188*
Spafford, E., 43:2, 43:*45*
Spain, R. J., 7:*290*
Spandorfer, L. M., 4:283 (16), 4:*303*, 9:201 (77), 9:203 (77), 9:204 (79), 9:205 (78), 9:232 (14), 9:233 (14), 9:*235*, 9:*238*
Spangenberg, K., 7:55 (63), 7:*115*
Spanier, J., 5:323 (273, 274), 5:324 (273, 274), 5:325 (273, 274, 318, 328, 329, 330, 331), 5:*342*, 5:*344*, 5:*345*
Sparacio, F. J., 40:136, 40:*177*
Sparck Jones, K., 6:27, 6:*29*, 11:78, 11:84, 11:101, 11:*124*, 24:289,
24:300, 24:*316*, 24:*317*, 47:10, 47:12, 47:18, 47:54, 47:*61*, 47:*65*
Spärck Jones, K., 1:122 (59), 1:*139*, 6:46, 6:*87*
Sparks, R. A., 5:258 (3), 5:269, 5:271 (3), 5:276 (3), 5:277 (46), 5:278, 5:279 (56), 5:282 (66), 5:*284*, 5:*285*, 5:*286*, 5:*287*
Sparrell, C. J., 47:*62*
Spears, J., 32:124, 32:*125*
Spears, R., 39:266, 39:*291*
Spears, W. M., 45:172, 45:*195*
Specht, D. F., 36:228, 36:*254*
Speck, K. R., 31:243, 31:*322*
SPECS Consortium., 40:81–82, 40:*121*
Spector, L. S., 44:210, 44:*217*, 48:328, 48:*353*
Spector, W. B., 38:*182*
Speiser, J. M., 28:207, 28:*226*, 34:129, 34:*153*
Spence, C. D., 34:71, 34:98, 34:*109*, 34:*111*
Spencer, A. E., 42:40, 42:*75*
Spencer, C. C., 12:402, 12:*413*
Spencer, D. D., 24:344, 24:348, 24:354, 24:*376*
Spencer, G. H., 5:249 (75), 5:250 (76), 5:*255*
Spencer, J., 23:50, 23:*91*
Spencer, M., 5:280 (59), 5:*287*
Spencer, R. C., 2:*125*
Sperner, E., 2:57, 2:66, 2:*123*
Spevack, M., 13:56, 13:*71*
Sphar, C. D., 5:308 (112), 5:*332*
Spickelmier, R., 40:89, 40:*123*
Spiegel, J., 6:*225*, 11:*384*
Spiegel, P., 9:209, 9:*238*
Spieker, B., 44:345, 44:*360*
Spier, M. J., 10:72, 10:*78*, 22:153, 22:*159*, 39:38, 39:*49*
Spillane, R., 45:191, 45:*195*
Spiller, W. K., 38:*193*
Spillers, W. R., 28:2, 28:3, 28:*67*
Spilling, P., 46:388, 46:*397*
Spine, T. M., 36:*422*
Spinrad, R. J., 6:*296*
Spinzer, D., 47:216, 47:*252*
Spirk, A. P., 26:*390*
Spitalnik, R., 28:230, 28:233, 28:*277*

Spitzen, J., **22**:333, **22**:*353*
Spivey, J. M., **33**:12, **33**:18, **33**:19, **33**:*64*, **36**:92, **36**:*109*
Spolsky, B., **11**:*53*, **47**:*60*
Sponaugle, J., **49**:275, **49**:277, **49**:278, **49**:296, **49**:*297*
Spong, M. W., **33**:*243*
Spooner, D. L., **32**:169, **32**:*200*
Spraberry, M. N., **16**:162, **16**:*181*
Spracklen, D., **29**:233, **29**:235, **29**:236, **29**:244, **29**:245
Spracklen, K., **29**:233, **29**:235, **29**:236, **29**:244, **29**:245, **29**:246
Spragins, J. D., **17**:207, **17**:*220*
Sprague, R., **23**:142, **23**:*175*, **49**:310, **49**:*347*
Sprague, R. E., **12**:62 (26), **12**:*72*
Sprague, R. H., **26**:3, **26**:7, **26**:8, **26**:42, **26**:*45*, **40**:195, **40**:*254*
Spreitzer, M., **48**:122, **48**:142, **48**:171, **48**:173, **48**:*176*
Sprenger, H., **4**:207 (28), **4**:*241*
Spriggs, S., **2**:215 (56), **2**:*292*
Springer, A. L., **12**:*282*
Springer, C. H., **32**:288, **32**:289, **32**:*304*, **32**:*305*
Springer, D., **37**:265, **37**:*283*
Springer, E. W., **9**:141 (110), **9**:154 (110), **9**:*177*, **16**:276, **16**:*332*
Springer, G. K., **16**:150, **16**:*178*
Springer, J. F., **20**:85 (27), **20**:*113*
Springsteel, F., **34**:*285*
Spritzer, G. A., **22**:202, **22**:*213*
Sprott, D. A., **4**:9 (25), **4**:*50*
Sproull, L., **39**:243, **39**:261–263, **39**:266, **39**:268, **39**:272, **39**:282, **39**:*289*, **39**:*292*
Sproull, R. F., **16**:2, **16**:9, **16**:36, **16**:*54*, **16**:*55*, **21**:173, **21**:*224*, **24**:102, **24**:*171*
Sprowl, J. A., **30**:2, **30**:*36*–*37*
Spruth, W. G., **12**:*173*
Spurzheim, G., **6**:39 (20), **6**:*84*
Squire, J. S., **7**:31, **7**:110 (64), **7**:*116*
Squires, J., **22**:30, **22**:*43*
Squires, R. K., 329 (32), **3**:*75*
Sreenivasan, K., **19**:209, **19**:*227*
Sridhar, T., **26**:324, **26**:*334*
Sridharan, N. S., **13**:216, **13**:*231*, **22**:181, **22**:*215*

Srini, K., **38**:*186*
Srini, V., **34**:143, **34**:145, **34**:*156*
Srinivas, M., **45**:166, **45**:187, **45**:190, **45**:*195*, **45**:*196*
Srinivasa, N., **38**:*194*
Srinivasan, A., **31**:21, **31**:*98*, **34**:332, **34**:*387*
Srinivasan, C. V., **2**:389, **2**:*420*, **15**:48, **15**:*63*
Srinivasan, E., **38**:*182*
Srinivasan, K., **44**:101, **44**:*124*
Srinivasan, R., **47**:238, **47**:*245*
Srinivasan, V., **47**:354, **47**:*366*
Sriram, D., **28**:3, **28**:20, **28**:30, **28**:*66*, **29**:183, **29**:*193*
Srivas, M. K., **28**:21, **28**:*64*
Srivastava, J. N., **19**:120, **19**:*227*
Srivastava, M., **40**:76, **40**:*125*
Srodawa, R. J., **12**:*282*
St. Jacques, J. M., **37**:155, **37**:*162*
Stabell, C. B., **43**:*214*
Stabler, E. P., **4**:70, **4**:81, **4**:83, **4**:*132*, **9**:260 (25), **9**:*284*
Stachour, P. D., **38**:41–43, **38**:*70*, **38**:72
Stadbauer, H., **38**:131, **38**:*142*
Stadelmann, M., **40**:196, **40**:227, **40**:247, **40**:*251*
Stadlen, S., **23**:274, **23**:*293*
Staehler, R. E., **26**:214, **26**:*279*
Stafford, D., **29**:245
Stage, J., **34**:294, **34**:*382*
Stahl, F. A., **22**:100, **22**:*104*, **24**:*312*
Stahlbrandt, C. A., **6**:*295*
Staib, L. H., **34**:101, **34**:*108*
Stal, M., **48**:82, **48**:83, **48**:*115*
Stalk, G., Jr., **42**:73, **42**:*76*, **46**:53, **46**:*107*
Stalling, W., **29**:80, **29**:84, **29**:85, **29**:*193*
Stallings, W., **24**:365, **24**:*376*, **38**:268, **38**:*307*, **38**:*316*, **42**:125, **42**:140, **42**:142, **42**:146, **42**:*238*, **44**:286, **44**:*330*, **48**:127, **48**:131, **48**:*177*
Stallman, R., **33**:87, **33**:*114*
Stallman, R. M., **22**:202, **22**:*215*, **37**:45, **37**:*57*, **41**:245, **41**:*253*
Stallybrass, O., **28**:30, **28**:*63*
Stamey, T. A., **47**:211, **47**:*252*
Stanback, S., **29**:245
Stanchev, P., **34**:*289*
Standard Performance Evaluation Corporation (SPEC), **41**:236,

41:238, 41:*253*
Standish Group, The, 342, 47:*367*
Standish, 44:50, 44:*58*
Standish, T. A., 8:54 (41), 8:61 (41), 8:*101*, 9:52 (31), 9:*111*, 10:42 (57), 10:*78*, 12:*284*, 14:53, 14:*76*, 22:309, 22:*353*
Stanfel, L. E., 12:155, 12:*173*
Stanfill, C., 30:27–28, 30:*37*
Stanford Digital Libraries Group, 48:287, 48:*311*
Stanford Linear Accelerator Center, 40:153, 40:*178*
Stangret, C., 32:191, 32:*197*
Staniszkis, W., 32:151, 32:152, 32:166, 32:167, 32:177, 32:188, 32:190, 32:*195*, 32:*200*
Stankovic, J., 17:164, 17:*220*
Stankovic, J. A., 24:102, 24:105, 24:*175*, 24:*176*, 36:205, 36:*254*, 42:2–4, 42:6, 42:13, 42:*36*, 48:13, 48:35, 48:117, 48:*118*, 49:310, 49:*348*
Stanley, G. L., 28:218–219, 28:*224*
Stansfield, S. A., 35:104, 35:106, 35:*134*
Stanton, T. S., 9:273 (9), 9:*284*
Stanwood, R. H., 6:22, 6:*28*
Staples, M., 49:119, 49:*141*
Stapleton, R. A., 29:315, 29:*329*
Stapp, H., 31:316, 31:*323*
Star, S. L., 37:336, 37:*424*, 40:195, 40:*251*
Starbuck, W., 34:*386*
Stark, G., 46:224, 46:225, 46:*234*
Stark, K., 29:57, 29:*76*
Stark, L., 38:97, 38:*142*, 38:*185*
Stark, M., 35:150, 35:154, 35:*183*
Stark, R. H., 5:236, 5:*253*, 5:295 (21), 5:313 (21), 5:316 (21), 5:*327*
Starkier, M., 36:147, 36:*197*
Starkweather, T., 45:187, 45:*195*
Starling, M. K., 21:313, 21:315, 21:316, 21:*330*
Starr, M. K., 12:52 (22), 12:*72*
STARS Program Office, 41:158, 41:171, 41:171, 41:187–188, 41:*189*
Stasko, J., 49:99, 49:104, 49:106, 49:140, 49:*141*
State, A., 47:216, 47:232, 47:242, 47:*247*, 47:*252*
Stathis, J., 44:91, 44:96, 44:*124*
Statland, N., 20:16, 20:*36*
StatSci, 46:222, 46:*234*
Staudach, A., 47:216, 47:*252*
Staudhammer, J., 16:51, 16:*55*
Stauffer, A., 47:143, 47:179, 47:*181*
Staveren, J. M. van, 35:280, 35:*323*
Stavrianos, L. S., 35:340, 35:*371*
Stavroudis, O. N., 5:239, 5:240, 5:*254*
Stay, J. F., 43:69, 43:*138*
Stead, W. W., 16:139, 16:*179*
Steadman, P., 24:127, 24:*175*
Stearns, L., 23:256, 23:*292*, 38:304, 38:*315*
Stearns, R. E., 10:38, 10:53 (22), 10:*76*, 14:22, 14:*43*, 14:183, 14:*185*, 19:100, 19:*111*, 21:229, 21:*273*
Stearns, S. D., 37:99–101, 37:*117*
Stebbins, G. L., 31:256, 31:*323*
Steel, T. B., 8:141 (14), 8:*152*
Steel, T. B., Jr., 4:38, 4:39, 4:*52*
Steele, E., 49:36, 49:*68*
Steele, G., 22:190, 22:*212*, 39:268, 39:*293*
Steele, G., Jr., 19:105, 19:*111*, 45:107, 45:135, 45:*151*, 49:252, 49:260, 49:*298*
Steele, J. M., 20:85 (43), 20:*113*
Steels, L., 38:112, 38:*142*, 40:195, 40:*254*
Steele, L. R., 5:324 (302), 5:*344*
Steen, E., 47:227, 47:*252*
Steen, L. A., 31:*377*
Steensgaard, B., 43:34, 43:*49*
Steeves, T., 44:308, 44:*329*
Stefanelli, R., 44:198, 44:*213*, 49:266, 49:*296*
Steffen, E. F. M., 19:105, 19:*109*
Stefik, M., 22:164, 22:181, 22:201, 22:202, 22:*215*, 29:62, 29:*76*, 31:54, 31:*98*, 43:110, 43:*138*
Steig, D. B., 12:*167*
Steige, G., 28:123, 28:145, 28:*149*
Steiger, R., 15:52, 15:*61*, 40:186, 40:*251*
Steiglitz, K., 28:216, 28:*222*
Stein, C. W., 7:287 (42), 7:*289*
Stein, D., 46:303, 46:*327*, 48:69, 48:*115*
Stein, F., 34:271, 34:278, 34:*290*
Stein, L. A., 43:111, 43:128, 43:*138*
Stein, M. L., 3:279 (36), 3:*298*
Stein, P., 1:170 (5), 1:*192*, 18:60, 18:*116*,

29:198, **29**:*249*
Stein, P. G., **12**:403, **12**:*414*
Steinacker, M., **29**:95, **29**:*192*
Steinberg, H. A., **5**:325 (313, 321, 323), **5**:*344*, **5**:*345*
Steinberg, J., **16**:246, **16**:271, **16**:319, **16**:*329*
Steinberg, J. C., **1**:208 (26), **1**:*228*
Steinberg, L. I., **15**:47, **15**:48, **15**:49, **15**:52, **15**:55, **15**:*61*
Steinbruggen, R., **29**:132, **29**:*191*
Steinbuch, K., **5**:124, **5**:*219*
Steiner, E., **49**:54, **49**:*67*
Steiner, H., **47**:216, **47**:*252*
Steiner, J. G., **35**:274, **35**:*319*, **39**:197, **39**:*235*
Steiner, K. H., **11**:128 (7), **11**:*163*
Steiner, M., **44**:254, **44**:256, **44**:*281*
Steiner, T. O., **47**:216, **47**:*251*
Steinman, J., **35**:298, **35**:*324*
Stelhorn, W. H., **19**:*61*, **19**:*64*
Stellakis, H. M., **38**:*185*
Stellhorn, W. H., **15**:175, **15**:*179*, **30**:6–7, **30**:18, **30**:25, **30**:31, **30**:*35*, **30**:*37*
Stellmacher, I., **32**:231, **32**:*251*
Stelloh, R. T., **11**:371 (136), **11**:*389*
Stelovsky, Jan, **40**:31, **40**:*36*
Stelwagon, W. B., **12**:*173*
Stelzer, D., **46**:3, **46**:8, **46**:*32*
Stemple, D. W., **22**:336, **22**:*353*, **33**:144, **33**:145, **33**:*170*
Stenberg, W., **24**:348, **24**:*372*
Stender, J., **35**:*254*
Stenning, V. N., **29**:98, **29**:*193*
Stenson, H. H., **19**:122, **19**:*227*
Stenström, P., **40**:128, **40**:156–157, **40**:*178*
Stenstrom, P., **34**:137, **34**:*156*, **46**:324, **46**:*326*
Stentz, A., **34**:84, **34**:*111*, **48**:324, **48**:333, **48**:338, **48**:345, **48**:351, **48**:352, **48**:*353*
Stenzel, W. J., **26**:69, **26**:*92*
Stepanov, A. A., **33**:47, **33**:58, **33**:*65*
Stephanou, H. E., **36**:312, **36**:*331*
Stephenson, C. M., **20**:*196*
Stephenson, R., **3**:333 (69), **3**:*346*
Stephenson, W., **19**:114, **19**:124, **19**:126, **19**:180, **19**:*217*
Stepniewski, W., **32**:177, **32**:191, **32**:*196*

Sterling, T., **19**:295, **19**:301, **19**:321, **19**:*327*
Sterling, T. D., **21**:6, **21**:70, **21**:73, **21**:*89*
Stern, N., **24**:351, **24**:*376*
Stern, R. A., **22**:30, **22**:*43*, **24**:351, **24**:*376*
Sternberg, R. J., **28**:240, **28**:*277*, **32**:210, **32**:*253*
Sternglass, E. J., **2**:180, **2**:233, **2**:*291*
Sternheim, E., **40**:71, **40**:82, **40**:84, **40**:*125*
Stetson, D. M., **38**:*185*, **38**:*190*
Stetten, K. J., **7**:*290*
Stetyick, K. A., **31**:243, **31**:*322*
Steuber, W., **16**:132, **16**:*180*
Stevens, A. L., **18**:216, **18**:*228*, **47**:77, **47**:132, **47**:*138*
Stevens, K. N., **11**:181, **11**:202, **11**:*224*, **11**:*228*, **16**:260, **16**:*335*, **31**:*173*
Stevens, M. E., **6**:27 (34), **6**:*30*, **9**:119, **9**:122 (110a), **9**:125 (110a), **9**:129 (110a), **9**:143 (110a), **9**:*177*, **11**:70, **11**:*125*
Stevens, S. M., **48**:262, **48**:279, **48**:280, **48**:300, **48**:301, **48**:*314*
Stevens, S. S., **11**:173, **11**:*228*, **31**:337, **31**:*377*
Stevens, W. P., **26**:411, **26**:412, **26**:*443*, **43**:52, **43**:*138*
Stevens, W. Y., **24**:105, **24**:*175*
Stevenson, D., **19**:73, **19**:92, **19**:*108*, **19**:*110*, **23**:323, **23**:*351*
Stevenson, D. A., **12**:*173*
Stevenson, D. K., **20**:*196*
Stevenson, J. P., **38**:148, **38**:154, **38**:166, **38**:168–169, **38**:171, **38**:*180*
Stevenson, T., **39**:267, **39**:*293*
Steward, E. H., **17**:170, **17**:*220*
Stewart, B., **42**:126–127, **42**:134, **42**:*235*
Stewart, D. B., **48**:23, **48**:38, **48**:*118*
Stewart, F., **21**:37, **21**:78, **21**:*89*
Stewart, H. B., **33**:*243*
Stewart, I. N., **42**:244, **42**:246, **42**:248, **42**:*267*
Stewart, K. R., **24**:13, **24**:*60*
Stewart, L. C., **40**:*178*
Stewart, R., **19**:309, **19**:*327*
Stewart, R. A., **3**:186, **3**:*187*
Stewart, R. M., **5**:140, **5**:*221*
Stewart, W. J., **31**:206, **31**:209, **31**:*233*
Stibitz, G. R., **4**:156 (91), **4**:*166*

Stickel, M. E., **29**:222, **29**:*250*
Stickels, K. R., **47**:215, **47**:*252*
Sticklen, J., **38**:110–112, **38**:119–120, **38**:*142–143*
Sticklen, J. H., **38**:134, **38**:*142*
Stiefel, E. L., **2**:68, **2**:*126*, **3**:261, **3**:*272*, **5**:316 (203), **5**:*338*
Stieg, C. S., **42**:54, **42**:*76*
Stiege, G., **19**:*64*
Stierand, I., **44**:223, **44**:*280*
Sties, M., **34**:*290*
Stifle, J., **15**:*282*
Stifler, W. W., Jr., **26**:*92*
Stigleitner, H., **15**:230, **15**:*236*
Stigler, G. J., **20**:16, **20**:36
Stiglic, B., **38**:*182*
Stiles, H. E., **6**:19, **6**:*30*, **6**:48, **6**:*87*, **11**:67, **11**:*125*
Stiller, B., **44**:*330*
Stillinger, F. H., **21**:296, **21**:*331*
Stillman, N., **19**:*62*
Stinchcombe, M., **36**:234, **36**:*251*
Stinson, D. R., **30**:194, **30**:*222*
Stinson, M. C., **33**:*243*
Stiroh, K., **43**:180, **43**:182, **43**:187–188, **43**:191, **43**:202–204, **43**:*212*
Stob, M., **33**:178, **33**:*242*
Stock, O., **47**:*65*
Stocker, P. M., **32**:190, **32**:*200*
Stockett, M. H., **38**:*191*
Stockham, T. G., Jr., **18**:28, **18**:*57*
Stockman, B., **42**:166, **42**:*238*
Stockman, G., **34**:76, **34**:*109*, **43**:245, **43**:250, **43**:274, **43**:*276*, **43**:*278*
Stockmeyer, L. J., **14**:2, **14**:4, **14**:6, **14**:8, **14**:21, **14**:31, **14**:39, **14**:*42*, **14**:*43*, **23**:350, **23**:*354*, **26**:*152*
Stockwell, R. P., **17**:76, **17**:*87*
Stoeger, K. J., **38**:*181*
Stognii, A. A., **5**:52 (58, 59), **5**:53, **5**:54 (59), **5**:95, **5**:*107*
Stohr, E. A., **23**:166, **23**:*175*, **33**:151, **33**:*168*
Stok, L., **37**:265, **37**:*283*
Stokes, N., **34**:294, **34**:296, **34**:306, **34**:*388*
Stokes, R., **15**:158, **15**:*176*
Stokes, R. A., **19**:66, **19**:*108*, **20**:116, **20**:*196*, **23**:296, **23**:*351*, **34**:123, **34**:*152*, **34**:*155*, **49**:251, **49**:255, **49**:256, **49**:263, **49**:*296*
Stolfo, S., **34**:133, **34**:135, **34**:141–142, **34**:*156*
Stoll, C., **38**:8, **38**:*72*, **48**:251, **48**:*254*
Stoller, D., **20**:8, **20**:*36*
Stoltzfus, J. C., **34**:*288*
Stolurow, S. M., **4**:159 (112), **4**:*168*
Stolyarov, G. K., **18**:237, **18**:*281*
Stolzy, J. L., **42**:20, **42**:*34*
Stone, H. S., **19**:66, **19**:90, **19**:*111*, **20**:166, **20**:*196*, **21**:97, **21**:*152*, **23**:296, **23**:323, **23**:340, **23**:351, **23**:*354*, **26**:96, **26**:*152*, **26**:162, **26**:*199*, **34**:172, **34**:*234*
Stone, J. D., **29**:52, **29**:*75*, **33**:132, **33**:133, **33**:136, **33**:*168*
Stone, J. J., **2**:*375*
Stone, M., **23**:254, **23**:*294*
Stone, P. J., **13**:222, **13**:*228*, **24**:197, **24**:*215*
Stone, R. L., **2**:320, **2**:*375*
Stone, S. P., **5**:309 (140, 176, 177), **5**:312 (139, 140), **5**:315 (177), **5**:318 (139), **5**:319 (177), **5**:*334*, **5**:*336*
Stone, W. W., **5**:325 (305, 317), **5**:*344*
Stonebraker, M., **17**:206, **17**:*220*, **21**:226, **21**:229, **21**:233, **21**:237, **21**:257, **21**:258, **21**:260, **21**:270, **21**:*272*, **21**:*273*, **26**:430, **26**:*443*, **32**:184, **32**:185, **32**:*200*, **35**:144, **35**:*183*, **38**:10, **38**:*72*, **39**:115, **39**:*188*
Stonebraker, M. R., **28**:*148*
Stonebreaker, M., **19**:63, **19**:100, **19**:*111*
Stoneman, P., **43**:199, **43**:201, **43**:*213*
Stoner, W. W., **28**:198, **28**:201, **28**:*223*
Stoney, W., **12**:104, **12**:*114*
Stonier, T., **36**:260, **36**:*331*
StorageTek, **49**:154, **49**:*189*
Storey, T. F., **26**:*278*
Storey, V. C., **43**:114, **43**:116, **43**:*136*, **43**:*138*
Stormon, C. D., **34**:172, **34**:212, **34**:*231*, **34**:*233–234*
Storrøsten, M., **45**:279, **45**:295, **45**:*319*
Storrer, A., **49**:26, **49**:*57*
Stotts, D. P., **40**:190, **40**:*254*
Stotz, R., **7**:*290*
Stout, C., **45**:334, **45**:335, **45**:*354*
Stout, Q., **49**:256, **49**:257, **49**:*300*
Stout, T. M., **49**:318, **49**:*348*

Stoy, J. E., **22**:313, **22**:*353*, **24**:155, **24**:*175*
Stoyenco, A. D., **42**:3, **42**:*36*
Strachey, C., **4**:255 (4), **4**:*302*, **8**:6, **8**:*45*, **10**:56 (58), **10**:*78*, **24**:155, **24**:*174*, **36**:54, **36**:*109*
Strachey, C. S., **1**:175, **1**:*192*
Stramm, B., **35**:295, **35**:*324*
Strand, E. M., **38**:*190*
Strand, T. C., **28**:186, **28**:*226*
Strandness, D. E., Jr., **47**:211, **47**:216, **47**:*246*, **47**:*248*
Strang, G., **38**:207–208, **38**:*244*, **43**:261–262, **43**:*277*
Strang, W. T., **2**:22, **2**:44, **2**:*53*, **2**:*54*
Strassburg, B., **21**:411, **21**:*420*
Strassen, V., **14**:140, **14**:145, **14**:*185*, **23**:53, **23**:*92*
Strasser, W., **47**:227, **47**:*246*
Strassman, P., **39**:*293*, **44**:4, **44**:26, **44**:35, **44**:*58*, **46**:118, **46**:124, **46**:131, **46**:*157*
Strassman, P. A., **19**:260, **19**:309, **19**:*327*, **38**:268, **38**:*316*
Strassmann, P. A., **43**:188, **43**:196–197, **43**:*214*
Strat, T. M., **36**:270, **36**:*331*
Strater, F., **20**:13, **20**:*30*, **34**:298, **34**:*383*
Strater, F. R., **21**:11, **21**:*86*
Stratton, W. R., **5**:326 (367), **5**:*347*
Straub, P., **45**:13, **45**:19, **45**:22, **45**:25, **45**:33, **45**:35, **45**:40, **45**:41, **45**:44, **45**:46, **45**:47, **45**:50, **45**:*51*, **45**:*52*
Straughan, K., **47**:227, **47**:*248*
Strauss, A., **19**:319, **19**:*327*, **21**:17, **21**:73, **21**:84, **21**:*89*
Strauss, D. J., **19**:126, **19**:129, **19**:*227*
Strauss, H. J., **32**:294, **32**:*305*
Strauss, J. S., **19**:196, **19**:206, **19**:*217*, **19**:*227*
Strauss, W., **17**:235, **17**:*280*
Strawn, J., **36**:*199*
Strawser, P. R., **28**:109, **28**:*147*
Stray, S. J., **46**:145, **46**:*154*
Strebendt, R. E., **15**:149, **15**:159, **15**:161, **15**:175, **15**:*178*, **15**:*179*
Strecker, H., **32**:110, **32**:*145*
Street, G. B., **31**:243, **31**:*323*
Streeter, D., **19**:297, **19**:*327*
Streeter, L. A., **33**:122, **33**:*170*

Streeter, V. L., **4**:144 (29), **4**:148 (29), **4**:*163*
Streibl, N., **28**:202, **28**:*221*
Streitz, N. A., **45**:297, **45**:*319*, **45**:*320*, **48**:262, **48**:*311*
Strelich, T., **41**:158, **41**:*189*
Strenfert, S., **12**:43 (24), **12**:*72*
Streupert, S., **11**:359 (122), **11**:*389*
Strevens, P. D., **11**:176, **11**:181, **11**:190 (143), **11**:*228*
Strickland, S. G., **33**:73, **33**:*111*
Strickland, T. J., Jr., **38**:*194*
Strikwerda, S., **47**:227, **47**:*245*
Stringer, J., **2**:*376*
Stringini, L., **42**:111–112, **42**:*116*
Strishka, V. Ch., **29**:*322*
Stritter, S., **24**:120, **24**:*175*
Strizhkov, G. M., **18**:248, **18**:*282*
Strock, L. W., **7**:*290*
Strohm, G., **22**:202, **22**:*212*
Strom, R., **26**:95, **26**:*153*
Strong, C. L., **4**:229 (68), **4**:*240*, **4**:*243*
Strong, G., **47**:56, **47**:*65*
Strong, J. P., **28**:171, **28**:*225*
Strong, K., **28**:260, **28**:*277*
Stroud, A. H., **2**:60 (4. 7), **2**:*124*
Stroud, J. M., **18**:129, **18**:*172*, **24**:26, **24**:*60*
Stroulia, E., **38**:121, **38**:125–126, **38**:*143*
Stroustrup, B., **33**:4, **33**:*65*, **33**:87, **33**:*114*, **34**:22–23, **34**:33, **34**:*55–56*, **35**:143, **35**:*183*, **43**:58, **43**:71, **43**:*138*, **49**:194, **49**:217, **49**:*238*
Strssen, V., **22**:80, **22**:*107*
Strube, A. R., **9**:211 (70), **9**:*237*
Struble, R., **3**:30, **3**:*75*
Struch, H. P., **5**:326 (336), **5**:*345*
Struck, D. J., **13**:*108*
Strum, E. C., **8**:*43*
Strumwasser, M. J., **32**:288, **32**:289, **32**:*304*
Strzalkowski, T., **24**:*311*
Stuart, A., **12**:*412*
Stuart, R., **36**:*422*
Stuart, R. D., **31**:327, **31**:*377*
Stuart, R. N., **5**:309 (176), **5**:*336*
Stubblefield, W. A., **47**:21, **47**:*62*
Stubbs, C. D., **17**:170, **17**:*218*
Stubbs, D. F., **33**:38, **33**:*65*
Stubbs, H. L., **1**:212 (29), **1**:213 (29),

1:216 (29), 1:218 (29), 1:*228*, 11:128 (3), 11:*163*, 11:206, 11:*230*
Stuck, B., 35:315, 35:*324*
Stucki, L. G., 26:342, 26:*391*
Stucki, P., 34:*290*
Stuckle, E. D., 43:60, 43:*137*
Stumberger, D. E., 49:12, 49:*56*
Stumm, M., 34:138, 34:140, 34:*156*, 35:276, 35:278, 35:*324*, 39:201, 39:*237*, 44:207–208, 44:*218*, 45:66, 45:70, 45:*101*
Stunkel, C. B., 41:244, 41:*253*
Sturdevant, K., 35:298, 35:307, 35:313, 35:*321–322*
Sturges, L., 4:5 (23), 4:*50*, 7:145 (4), 7:*177*
Sturgis, H. E., 2:400, 2:*420*, 21:229, 21:*272*
Stuttgen, H. J., 34:178, 34:186, 34:188, 34:219, 34:227, 34:*234*
Styer, D. L., 36:248, 36:*254*
Stytz, M. R., 38:*192*, 38:*194*
Su, H. M., 45:72, 45:90, 45:*102*
Su, K. Y., 49:34, 49:58, 49:*67*
Su, S. P., 20:*193*
Su, S. Y. C., 32:67, 32:*98*
Su, S. Y. H., 32:6, 32:*98*
Su, S. Y. W., 18:198, 18:*228*, 19:*61*, 19:*62*, 19:*63*, 28:114, 28:115, 28:123, 28:145, 28:*151*, 30:2, 30:*37*, 34:186, 34:*234*, 35:9, 35:*80*
Su, W. P., 31:295, 31:*323*
Su, Y. H., 32:6, 32:34, 32:*102*
Suarez, F. R., 34:*286*
Suarez, P., 5:301 (52), 5:309 (172), 5:*329*, 5:*336*
Suaya, R., 35:*324*
SUBD., 29:*329*
Subrahmanyam, P. A., 22:328, 22:*353*, 29:119, 29:*191*
Subramaniam, S., 45:63, 45:64, 45:67, 45:68, 45:70, 45:71, 45:92, 45:*102*
Subramanian, G. H., 44:96, 44:*124*
Suchman, L., 21:55, 21:*89*, 29:62, 29:65, 29:*76*, 31:54, 31:*98*, 45:279, 45:311, 45:313, 45:*320*
Suchman, L. A., 40:186, 40:192, 40:194, 40:*254*
Suchoff, B., 12:104 (77), 12:105, 12:106, 12:*114*
Suci, G. J., 38:256, 38:*315*
Suda, T., 44:315, 44:*329*, 48:83, 48:107, 48:*118*
Sueyoshi, T., 44:184, 44:*216*
Sugata, E., 2:174, 2:*291*
Sugeno, M., 28:*104*, 36:256, 36:267, 36:*331*
Suggs, M. C., 5:309 (175), 5:*336*
Sugi, M., 31:296, 31:*323*
Sugimoto, S., 48:275, 48:296, 48:*312*
Sugimura, R., 49:39, 49:*61*
Sugraman, R., 22:60, 22:102, 22:*107*
Suh, K. C., 33:*238*
Suh, S., 49:30, 49:*59*
Sukert, A., 26:*443*
Sukert, A. N., 30:92, 30:106, 30:*170*
Sukhanov, A. A., 31:241, 31:*321*
Sukharev, A. G., 23:58, 23:*92*
Sulim, M., 29:275, 29:*329*
Sullivan, F., 23:351, 23:*351*
Sullivan, J. E., 18:138, 18:*168*
Sullivan, J. G., 5:325 (327), 5:*345*
Sullivan, W. E., 34:98, 34:*111*
Sumita, E., 49:37, 49:*67*
Sumita, H., 49:37, 49:*67*
Sumita, U., 45:210, 45:211, 45:*267*
Summers, J., 43:258, 43:263, 43:*277*
Summers, P., 15:*63*
Summers, P. D., 15:25, 15:27, 15:*63*, 37:12, 37:*57*
Summers, R. C., 38:10, 38:*69*
Summers, S. E., 2:242 (75), 2:*293*
Summit, R. K., 31:340, 31:*377*
Sumner, F. H., 1:227 (46), 1:*229*, 8:18 (38), 8:*43*, 21:126, 21:127, 21:*152*
Sun Microsystems Corporation, 34:19, 34:*56*, 46:402, 46:*437*, 48:187, 48:200, 48:*218*
Sun, J., 38:111, 38:*143*, 40:76, 40:*125*
Sun, Y. N., 47:226, 47:*245*
Sun, Z., 26:329, 26:*334*
Sundaresan, N., 45:127, 45:135, 45:*153*
Sundberg, J., 36:180, 36:181, 36:185, 36:*195*, 36:*200*
Sundblad, Y., 34:303, 34:319, 34:345, 34:349, 34:377, 34:*382*, 34:*385*
Sunde, S., 32:295, 32:*305*
Sunderam, V., 45:141, 45:*150*
Sundheim, B., 47:12, 47:*59*

Sundstrom, R., **42**:154, **42**:*238*
Sunguroff, A., **15**:12, **15**:48, **15**:*62*
Sunshine, C., **16**:190, **16**:*219*, **42**:127, **42**:133, **42**:135, **42**:167–168, **42**:*238*
Sunshine, C. A., **29**:81, **29**:89, **29**:104, **29**:110, **29**:*186*, **29**:*193*
Su-Sung, **26**:50
Suonio, R., **42**:2–3, **42**:13, **42**:*36*
Suppe, F., **28**:55, **28**:*67*, **31**:361, **31**:*377*
Suppes, P., **3**:305 (65), **3**:309 (65), **3**:*346*, **10**:105, **10**:*108*, **11**:371 (137), **11**:*389*, **15**:241, **15**:273, **15**:*282*, **18**:183, **18**:184, **18**:190, **18**:193, **18**:195, **18**:197, **18**:198, **18**:201, **18**:203, **18**:207, **18**:208, **18**:220, **18**:222, **18**:*227*, **18**:*228*, **18**:*229*, **24**:349, **24**:*376*, **36**:*200*, **47**:60, **47**:78, **47**:*140*
Surendran, N., **48**:7, **48**:10, **48**:*117*
Surkov, E. M., **18**:247, **18**:*286*
Sussenguth, E., **24**:136, **24**:*170*
Sussenguth, E. H., **21**:92, **21**:*152*
Sussenguth, E. H., Jr., **12**:129 (183), **12**:151, **12**:153 (183), **12**:155 (183), **12**:*173*
Susskind, A. K., **3**:*298*
Sussman, A., **45**:107, **45**:133, **45**:135, **45**:136, **45**:142, **45**:144, **45**:149, **45**:*149*, **45**:*150*, **45**:*151*, **45**:*152*
Sussman, G., **22**:190, **22**:*212*, **47**:84, **47**:95, **47**:*140*
Sussman, G. A., **22**:202, **22**:*215*
Sussman, G. J., **13**:201, **13**:*231*, **15**:4, **15**:6, **15**:47, **15**:55, **15**:*63*, **22**:202, **22**:*215*
Sussman, G. L., **22**:202, **22**:*212*
Sussman, J., **17**:184, **17**:195, **17**:*216*
Sussmann, H. J., **37**:*165*
Sutcliffe, A., **42**:25–26, **42**:*36*
Sutcliffe, J. P., **11**:83, **11**:*125*
Sutcliffe, R., **1**:54 (20), **1**:59, **1**:*87*
Sutherland, E. W., **31**:274, **31**:*322*
Sutherland, G., **13**:217, **13**:*226*
Sutherland, G. L., **21**:296, **21**:*330*
Sutherland, I., **33**:248
Sutherland, I. E., **7**:282 (27), **7**:*288*, **11**:359, **11**:381, **11**:*389*, **13**:136, **13**:*168*, **16**:25, **16**:28, **16**:36, **16**:*55*, **19**:72, **19**:*111*, **21**:158, **21**:*224*
Sutherland, J., **40**:192–193, **40**:245, **40**:*254*
Sutherland, N. S., **11**:202 (145), **11**:212 (145), **11**:*228*
Sutton, A. A., **7**:182 (5), **7**:*193*
Sutton, J., **20**:28, **20**:*30*, **34**:129, **34**:*153*
Sutton, R., **36**:248, **36**:*250*
Sutton, R. S., **33**:186, **33**:*235*, **33**:*243*, **36**:239–240, **36**:243, **36**:*253*, **37**:152, **37**:*165*
Sutton, S., **30**:209, **30**:*221*
Sutton, S. M., Jr., **41**:28, **41**:32, **41**:*63*
Suvorov, A. E., **29**:*327*
Suwa, M., **43**:249, **43**:*276*
Suyani, H., **16**:*125*
Suzuki, H., **44**:317, **44**:326–327, **44**:*330*
Suzuki, K., **26**:*442*, **34**:170, **34**:*234*, **49**:28, **49**:*60*
Suzuki, R., **33**:*239*, **33**:*244*, **36**:231, **36**:244, **36**:*252*
Suzuki, T., **44**:*330*
Svejgaard, B., **12**:91, **12**:*113*
Svensson, B., **34**:192, **34**:220, **34**:*230*
Sventek, J. S., **22**:132, **22**:*160*
Sviokla, J. J., **28**:259, **28**:*277*
Svoboda, A., **5**:101, **5**:*107*, **6**:177, **6**:*194*, **28**:197, **28**:*226*
Swaim, K., **13**:56, **13**:57, **13**:*70*
Swain, F. E., **6**:147 (17), **6**:*192*
Swallow, G., **44**:228, **44**:*280*
Swami, A., **48**:263, **48**:*309*
Swaminathan, B., **46**:381, **46**:*399*
Swan, R. J., **20**:84 (12), **20**:85 (12), **20**:*112*, **21**:93, **21**:*154*
Swanson, D., **24**:304, **24**:*311*, **24**:*317*
Swanson, D. R., **9**:143, **9**:*177*
Swanson, E. B., **19**:276, **19**:291, **19**:*326*
Swanson, P., **17**:224, **17**:236, **17**:239, **17**:*282*
Swanson, R. A., **6**:*296*
Swanson, R. C., **15**:168, **15**:*179*
Swartout, W., **22**:166, **22**:202, **22**:*215*, **22**:*216*, **37**:17, **37**:*56–57*
Swartout, W. R., **15**:25, **15**:28, **15**:*62*
Swartzlander, **28**:117
Swarz, R. S., **26**:209, **26**:*279*, **31**:205, **31**:*233*
Swayze, X., **9**:117, **9**:*177*
Sweazey, P., **40**:152, **40**:*178*
Swed, R. E., **12**:*173*
Sweda, R., **20**:15, **20**:*36*

Swee, R. S., **32**:25, **32**:*96*
Sweeney, D. W., **28**:185, **28**:*225*
Sweeney, J. P., **4**:122 (27), **4**:*133*
Sweeney, P. F., **43**:123, **43**:*138*
Sweet, J., **37**:131, **37**:*163*
Sweet, W. L., **39**:91, **39**:*105*, **46**:3, **46**:*31*
Sweezy, P. M., **35**:340, **35**:*371*
Swenne, C. A., **16**:173, **16**:*181*
Swenson, K. D., **41**:56, **41**:*63*, **45**:*52*
Swensson, C., **23**:7, **23**:*33*
Swerling, P., **3**:50 (43), **3**:56, **3**:*75*
Swets, J. A., **11**:102, **11**:*125*, **11**:350, **11**:*389*, **24**:294, **24**:*317*, **31**:337, **31**:*377*
Swianiewicz, J., **5**:42 (61), **5**:71 (17), **5**:80 (17, 61, 62), **5**:*106*, **5**:*107*
Swierenga, S. J., **36**:351, **36**:*419*
Swift, C. J., **4**:9 (26), **4**:*50*
Swift, J. W., **42**:244–245, **42**:*267*
Swihart, S. J., **21**:337, **21**:*420*
Swindle, G. F., **12**:41 (11), **12**:62 (11), **12**:*72*
Swinehart, D., **13**:202, **13**:*231*, **15**:9, **15**:*60*, **44**:308, **44**:*329*
Swinehart, D. C., **34**:222, **34**:*230*
Swinnerton-Dyer, H. P. F., **9**:115, **9**:*172*, **9**:*177*, **10**:*106*
Swobodnik, W., **38**:*188*, **38**:*192*
Sy, K., **42**:135, **42**:157–158, **42**:*237–238*
Sycara, K., **38**:131, **38**:*141*
Syh, H. W., **38**:*194*
Sykes, D., **37**:12, **37**:*57*
Symanski, J. J., **34**:129, **34**:*153*
Symes, L. R., **18**:*172*
Symonds, A. J., **12**:*173*
Symons, C. R., **39**:89, **39**:*105*
Symons, F. J. W., **29**:*193*
Symons, M. J., **19**:175, **19**:180, **19**:186, **19**:*226*
Symons, V., **46**:141, **46**:*157*
Symosek, P., **34**:85, **34**:102, **34**:*108*
Synder, A., **22**:114, **22**:*160*
Synge, J. L., **2**:57, **2**:84, **2**:109, **2**:118, **2**:*123*, **2**:*131*, **2**:*132*, **5**:235, **5**:*253*, **10**:258, **10**:*273*
Synnott, W. R., **28**:*277*
Synopsys, **40**:97, **40**:*125*
Syre, J. C., **34**:145, **34**:*155*, **44**:195, **44**:*216*
Syri, A., **45**:280, **45**:*318*

Szabó, N. S., **28**:197, **28**:199, **28**:*226*
Szabo, N. S., **6**:177, **6**:179 (67, 68), **6**:181 (68), **6**:*194*
Szabo, Z., **38**:*190*
Szac, M., **5**:322 (251), **5**:*341*
Szamitastechnika, **29**:264, **29**:*328*
Sze, D., **42**:166, **42**:*238*
Sze, S. M., **9**:208 (38), **9**:229, **9**:*236*
Szegedy, M., **44**:346, **44**:349, **44**:*358*
Szegö, G., **2**:61 (5. 2), **2**:62, **2**:81, **2**:82, **2**:*124*, **2**:*130*, **2**:*131*
Szelag, R., **30**:177, **30**:183, **30**:*218*
Szemeredi, E., **44**:352, **44**:*358*
Szermer, W., **43**:2, **43**:*47*
Sziklai, G. C., **6**:*226*
Szolovits, P., **13**:118, **13**:120, **13**:165, **13**:166, **13**:*167*, **13**:*168*, **22**:166, **22**:181, **22**:202, **22**:*214*, **22**:*216*, **22**:218, **22**:219, **22**:*293*, **38**:88, **38**:*141*
Szorc, P., **5**:80 (63), **5**:*108*
Szpakowicz, S., **40**:189–190, **40**:*254*
Szu, H. H., **28**:168, **28**:173, **28**:*226*, **33**:181, **33**:186, **33**:187, **33**:*243*, **34**:165, **34**:*229*, **38**:*187*
Szuprowicz, B. O., **29**:*329*
Szurkowski, E., **20**:85 (61), **20**:90 (61), **20**:*114*
Szygena, A., **16**:*179*
Szymanski, T. G., **14**:8, **14**:*42*, **31**:112, **31**:*170*

T

Ta, N. P., **38**:*186*
Tabata, K., **48**:275, **48**:296, **48**:*312*
Tabbara, M. R., **47**:227, **47**:*245*
Tabet, R. M., **37**:*282*
Tachmindji, A. J., **31**:50, **31**:*98*
Tada, S., **43**:249, **43**:251, **43**:*276*
Tadakatsu, A., **5**:306 (89), **5**:*331*
Taebel, D. A., **21**:4, **21**:*86*
Taff, L. M., **44**:82, **44**:113, **44**:115–116, **44**:*124*
Taft, E., **2**:184, **2**:*291*, **42**:127, **42**:132, **42**:*234*, **42**:*238*
Taft, E. A., **14**:53, **14**:55, **14**:*76*
Taft, H., **6**:242, **6**:265, **6**:*295*
Taga, G., **42**:245, **42**:*268*
Taggart, W. M., Jr., **21**:11, **21**:19, **21**:*89*

Taggert, K. A., **20**:*195*
Taghizadeh, M. R., **28**:168, **28**:*226*
Tagliarini, G., **37**:131, **37**:*165*
Tague, B. A., **8**:53 (10), **8**:70 (10), **8**:*99*, **22**:154, **22**:*160*
Tahani, V., **24**:293, **24**:*317*
Tai, A., **28**:198, **28**:*226*
Taibleson, M., **16**:142, **16**:151, **16**:*181*
Taiji, M., **44**:183, **44**:*215*
Taira, R. K., **38**:*187*
Taivalsaari, A., **46**:98, **46**:*107*
Tajalli, H., **30**:209, **30**:*218*
Takada, T., **33**:97, **33**:*114*
Takagi, K., **45**:170, **45**:185, **45**:186, **45**:*194*
Takagi, N., **23**:351, **23**:*354*
Takagi, T., **28**:*104*
Takahara, Y., **33**:106, **33**:*112*
Takahashi, K., **17**:252, **17**:*282*, **29**:*192*, **34**:170, **34**:*231*, **34**:*235*
Takahashi, N., **42**:242–243, **42**:*268*, **44**:183, **44**:*214*
Takahashi, T., **37**:115, **37**:*116*
Takahashi, Y., **23**:182, **23**:*251*
Takahasi, H., **6**:178 (69), **6**:*194*
Takala, J., **44**:*217*
Takamatsu, Y., **26**:*333*
Takao, Y., **34**:*290*
Takashi 216, **47**:*244*
Takashima, Y., **36**:*200*
Takasu, M., **17**:240, **17**:*282*
Takata, H., **34**:173, **34**:*234*
Takata, M., **35**:93–94, **35**:97, **35**:100, **35**:*133*
Takatani, S., **38**:*184*
Takeda, E., **28**:*104*
Takeda, H., **38**:131, **38**:*143*
Takeda, M., **28**:189, **28**:*226*
Takeguchi, T., **28**:*104*
Takekawa, T., **19**:121, **19**:*221*
Taketani, Y., **47**:215, **47**:227, **47**:*244*
Takeuchi, Y., **47**:227, **47**:*247*
Takizawa, M., **21**:266, **21**:267, **21**:*273*, **32**:177, **32**:189, **32**:*200*
Takizuka, T., **24**:152, **24**:*175*
Takoudis, C., **46**:405, **46**:*436*
Tal, A. A., **2**:385 (1), **2**:402 (1), **2**:403 (1), **2**:416, **4**:195 (22), **4**:197 (22), **4**:*240*
Talacko, J., **2**:*376*
Talavage, J., **33**:87, **33**:*113*

Talbot, A. D., **36**:128, **36**:*200*
Talbot, T., **28**:2, **28**:*64*
Talmadge, R., **9**:251, **9**:*284*
Talov, I. L., **29**:*329*
Tam, M.-C., **35**:278, **35**:*324*
Tamaru, K., **20**:85 (58), **20**:*114*, **34**:170, **34**:*235*
Tamati, T., **11**:40 (85), **11**:*58*
Tamayo, P., **47**:*182*
Tamesada, T., **34**:191, **34**:*231*
Tamir, Y., **39**:226, **39**:229, **39**:*237*
Tammelo, I., **3**:*346*
Tampa, F. W., **16**:80, **16**:*123*
Tamura, E., **24**:152, **24**:*175*
Tamura, H., **34**:*291*
Tamura, P. N., **28**:214, **28**:*226*
Tamura, S., **49**:313, **49**:*347*
Tamura, T., **34**:173, **34**:*234*
Tan, C. J., **24**:*175*
Tan, S. T., **18**:106, **18**:*117*
Tan, Y. M., **37**:50, **37**:*57*
Tanaka, A. K., **39**:111, **39**:*189*
Tanaka, E., **19**:213, **19**:*224*
Tanaka, H., **24**:131, **24**:*171*, **28**:140, **28**:145, **28**:*148*, **49**:280, **49**:284, **49**:285, **49**:*300*
Tanaka, K., **28**:*105*, **28**:*151*
Tanaka, M., **34**:251, **34**:*291*
Tanaka, R. I., **6**:177, **6**:179, **6**:181 (68), **6**:*194*, **28**:197, **28**:199, **28**:*226*
Tanaka, S., **45**:290, **45**:*317*, **45**:*319*
Tanaka, Y., **26**:97, **26**:*153*
Tancrell, R. H., **4**:89, **4**:*133*
Tandri, S., **45**:66, **45**:*70*, **45**:*101*
Tanenbaum, A. S., **20**:229, **20**:*258*, **21**:344, **21**:386, **21**:387, **21**:400, **21**:411, **21**:412, **21**:*420*, **24**:104, **24**:124, **24**:*175*, **24**:365, **24**:*376*, **28**:14, **28**:*67*, **29**:80, **29**:84, **29**:85, **29**:*193*, **35**:274, **35**:279–281, **35**:*318–319*, **35**:*322–324*, **39**:197, **39**:*235*, **39**:*237*, **40**:151, **40**:*178*, **49**:311, **49**:332, **49**:*348*
Tang, C. K., **40**:136, **40**:*178*
Tang, D. T., **16**:210, **16**:*216*, **22**:99, **22**:*105*, **40**:75, **40**:*124*
Tang, G. Y., **34**:253, **34**:*291*
Tang, J. C., **36**:360, **36**:*420*, **45**:289, **45**:290, **45**:291, **45**:292, **45**:*316*, **45**:*318*, **45**:320

Tang, J.-X., **38**:*189*
Tang, P., **45**:56, **45**:*102*
Tanida, J., **28**:168, **28**:186, **28**:204, **28**:*224*, **28**:*226*
Tanimoto, S., **49**:266, **49**:*302*
Tanimoto, T. T., **6**:20, **6**:51 (97), **6**:*30*, **6**:*87*, **11**:88, **11**:*125*
Tank, D. W., **33**:180, **33**:191, **33**:*238*, **37**:130–131, **37**:*164–165*
Tankca, R. I., **7**:49, **7**:*116*
Tannenbaum, M., **6**:179 (29), **6**:*192*
Tannenbaum, P. H., **38**:256, **38**:*315*
Tanner, W. P., Jr., **31**:337, **31**:*377*
Tanner, M. C., **38**:*102*, **38**:*106–107*
Tanner, W. P., Jr., **11**:350 (139), **11**:*389*
Tanniru, M., **23**:166, **23**:*175*
Tanrikulu, M., **10**:261 (18), **10**:*273*
Tantzen, R. G., **4**:142 (21), **4**:*162*
Tao, T. F., **38**:39, **38**:*72*
Taosong, H., **47**:238, **47**:*248*
Tapper, C., **9**:117, **9**:121 (116), **9**:123, **9**:132, **9**:139, **9**:152, **9***178*
Tapscott, D., **40**:185, **40**:198, **40**:*254*
Tarabrina, B. V., **29**:315, **29**:*323*
Taranenko, V. B., **31**:293, **31**:*324*
Taranenko, Yu., **18**:258, **18**:*286*
Tarantino, L., **32**:181, **32**:*197*
Tarantola, A., **36**:309, **36**:*331*
Tardo, J. J., **22**:302, **22**:*351*, **36**:92, **36**:*108*
Targett, D., **46**:111, **46**:114, **46**:116, **46**:117, **46**:120, **46**:123, **46**:126, **46**:131, **46**:139, **46**:142, **46**:144, **46**:145, **46**:146, **46**:147, **46**:*155*
Tarig, M. A., **18**:*172*
Tarjan, R. E., **14**:20, **14**:*42*, **26**:100, **26**:111, **26**:112, **26**:113, **26**:115, **26**:*150*, **26**:*153*, **43**:221–222, **43**:239, **43**:*240*, **44**:357, **44**:*360*
Tarjan, R., **5**:124, **5**:*219*
Tarski, A., **15**:226, **15**:*237*
Tartar, J., **24**:150, **24**:160, **24**:161, **24**:*170*
Tarter, M. E., **12**:*174*
Tarter, M. F., **12**:*170*
Tasman, P., **6**:17, **6**:*30*
Tassiulas, L., **44**:303–304, **44**:*329*
Tasso, C., **38**:86, **38**:131, **38**:*138–139*, **49**:12, **49**:*61*
Tatarskaia, M. C., **1**:60 (96), **1**:82, **1**:*90*
Tate, D. P., **15**:158, **15**:*177*, **20**:*193*
Tate, G., **39**:88, **39**:*105*
Tate, V. D., **31**:339, **31**:*377*
Tateishi, M., **2**:174 (27), **2**:*291*
Tater, D., **31**:*98*
Tatman, J. L., **22**:269, **22**:*293*
Taub, A. H., **6**:157 (70), **6**:*194*
Taube, J. C., **38**:*186*
Taube, M., **6**:10, **6**:*30*, **31**:*377*
Taube, M. A., **11**:73, **11**:*125*
Tauber, J. A., **48**:122, **48**:131, **48**:132, **48**:141, **48**:142, **48**:171, **48**:*176*
Taulbee, O. E., **16**:211, **16**:*219*, **31**:*374*
Taule, M., **49**:*66*
Taunton, B. W., **12**:*174*
Taussky, O., **5**:325, **5**:*344*
Tausworthe, R. C., **14**:196, **14**:*229*
Tavakoli, N., **38**:*191*, **38**:*195*
Tavangarian, D., **34**:181, **34**:*234*
Taveras, J. M., **16**:166, **16**:*180*
Tavolato, P., **36**:383–384, **36**:412, **36**:*429*
Tawara, K., **38**:*193*
Tawbi, W., **42**:215, **42**:*217*, **42**:*235*
Tawel, R., **33**:215, **33**:*243*
Taylor, A. E., **2**:57, **2**:*123*, **6**:*295*
Taylor, C., **47**:143, **47**:*181*, **48**:300, **48**:*311*
Taylor, C. A., **5**:258 (8), **5**:*284*
Taylor, C. J., **38**:*192*, **47**:226, **47**:*245*
Taylor, D., **46**:405, **46**:*436*
Taylor, D. J., **26**:238, **26**:*278*
Taylor, E. F., **11**:169 (146), **11**:*229*
Taylor, F. W., **36**:342, **36**:*429*
Taylor, G. A., **33**:122, **33**:*170*
Taylor, G. L., **26**:63, **26**:66, **26**:*92*
Taylor, H., **24**:353, **24**:*376*
Taylor, H. F., **28**:210, **28**:*226*
Taylor, H. M., **46**:167, **46**:*233*
Taylor, J., **20**:11, **20**:*36*
Taylor, K. J. W., **47**:202, **47**:*252*
Taylor, M., **29**:245
Taylor, M. C., **32**:167, **32**:177, **32**:190, **32**:*197*
Taylor, N. R., **44**:95, **44**:97, **44**:*124*
Taylor, P., **46**:111, **46**:112, **46**:129, **46**:138, **46**:147, **46**:150, **46**:151, **46**:*157*
Taylor, R., **15**:9, **15**:*60*, **20**:22, **20**:*29*, **36**:*39*, **41**:210, **41**:220, **41**:*228*, **42**:103, **42**:*116*, **49**:150, **49**:*188*

Taylor, R. H., **33**:*241*, **34**:222, **34**:*230*
Taylor, R. L., **12**:*36*
Taylor, R. N., **26**:353, **26**:*390*, **26**:*391*, **41**:31, **41**:*63*
Taylor, R. P., **24**:341, **24**:352, **24**:353, **24**:355, **24**:*375*, **24**:*376*, **45**:*354*, **40**:31, **40**:*36*
Taylor, R. S., **31**:332, **31**:335, **31**:348, **31**:362, **31**:*377*, **38**:311, **38**:*316*
Taylor, R. W., **11**:345, **11**:*387*, **34**:98, **34**:*108*
Taylor, S. M., **12**:126 (195), **12**:151 (195), **12**:*174*
Taylor, W. K., **5**:132, **5**:174 (110), **5**:*220*, **5**:*223*, **7**:136 (61), **7**:*180*, **33**:*243*
Tchuente, M., **47**:146, **47**:*180*
TCSEC., **38**:38, **38**:62–63, **38**:*72*
TDI., **38**:38, **38**:62, **38**:*72*
Teacher, C. F., **11**:209, **11**:*229*
Teaford, H. L., **5**:307 (98), **5**:309 (98), **5**:313 (98), **5**:318 (98), **5**:*332*
Teager, H. M., **3**:84 (18, 19), **3**:*153*, **8**:45
Teague, S. M., **38**:*185*
Technion, **44**:206, **44**:*217*
Tector, C., **47**:242, **47**:*252*
Tedesco, A., **5**:326 (385), **5**:*348*
Teichroew, D., **1**:62 (4), **1**:*163*, **9**:27 (16), **9**:*49*, **20**:220, **20**:*258*, **22**:152, **22**:*161*, **24**:327, **24**:*376*, **26**:400, **26**:*443*, **35**:26, **35**:*80*
Teichrow, D., **12**:*174*, **16**:65, **16**:72, **16**:*125*
Teig, M., **6**:55 (60), **6**:*86*, **7**:42 (36), **7**:*114*
Teitel, R. J., **5**:309 (195), **5**:*338*
Teitelman, W., **7**:285 (35), **7**:*289*, **9**:108, **9**:*110*, **17**:10, **17**:*86*, **22**:127, **22**:*161*, **33**:154, **33**:*170*, **47**:135, **47**:*140*
Teitlebaum, R. C., **33**:164, **33**:*170*
Teitleman, W., **21**:*89*
Tekla, P., **23**:95, **23**:113, **23**:*140*
Tel Aviv University, **44**:206, **44**:*217*
Tellier, H., **4**:18 (50), **4**:*51*
Tempesti, G., **47**:143, **47**:174, **47**:179, **47**:*181*, **47**:*182*
Templaars, S., **36**:144, **36**:*196*
Templeton, M., **32**:166, **32**:167, **32**:169, **32**:170, **32**:177, **32**:189, **32**:*196*, **32**:*200*

Templeton, M., **49**:12, **49**:*67*
Tempo, R., **23**:88, **23**:89, **23**:*90*
ten Hagen, P. J. W., **44**:200, **44**:*217*
Tenczar, P., **15**:259, **15**:266, **15**:*282*
Tenenbaum, J. M., **13**:218, **13**:*227*, **34**:250, **34**:*287*
Teng, A. Y., **29**:92, **29**:120, **29**:148, **29**:149, **29**:160, **29**:166, **29**:178, **29**:*193*
Teng, F. C., **26**:*391*
Tennant, H. R., **29**:59, **29**:*76*, **33**:150, **33**:*170*
Tennant, R., **48**:264, **48**:267, **48**:*314*
Tennenbaum, S., **2**:382 (84), **2**:394 (84), **2**:*419*
Tennenhouse, D., **44**:286, **44**:308, **44**:*329*
Tennenhouse, D. L., **48**:27, **48**:29, **48**:115, **48**:*118*
Tenney, R. L., **29**:107, **29**:167, **29**:176, **29**:*185*, **29**:*193*, **29**:*194*
Tennison, M. B., **38**:*186*
Tenorio, M., **36**:224, **36**:*250*
Teorey, T., **34**:242, **34**:*291*, **35**:150, **35**:*183*
Teorey, T. J., **30**:*83*, **36**:368, **36**:412–414, **36**:*426*, **39**:146–147, **39**:*189*
ter Haar Romeny, B. M., **47**:190, **47**:216, **47**:*249*, **47**:*250*
ter Haar, G., **47**:240, **47**:*252*
Terada, H., **34**:173, **34**:*234*
Terasawa, S., **5**:318 (212), **5**:319 (212), **5**:*338*
Terbough, G., **20**:6, **20**:*31*
Terekhov, Iu. V., **29**:268, **29**:*326*
Terhardt, E., **36**:*201*
Terman, L. M., **9**:225, **9**:226, **9**:*237*, **21**:158, **21**:*224*
Termini, S., **28**:*104*, **36**:299, **36**:*327*
Ter-Israelian, V. A., **29**:*325*
Terrel, J., **41**:51, **41**:57, **41**:*61*, **46**:46, **46**:*105*
Terris, M. K., **47**:211, **47**:*252*
Terry, A., **22**:201, **22**:*212*
Terry, D., **48**:122, **48**:142, **48**:171, **48**:173, **48**:*176*
Tesauro, G., **33**:184, **33**:*243*, **37**:405, **37**:*424*
Tesler, L., **22**:126, **22**:*161*
Tetzlaff, W., **47**:*339*

Teukolsky, S. A., **33**:*242*, **35**:108, **35**:*133*, **36**:*253*, **43**:261–264, **43**:*277*
Tevanian, A., **35**:274, **35**:278, **35**:*324*
Tewari, R., **47**:315, **47**:*339*, **47**:*340*
Tewinkel, G. C., **13**:*107*
Thachenkary, C. S., **40**:185, **40**:194, **40**:*254*
Thacker, C. P., **40**:*178*
Thadani, S., **38**:127, **38**:*143*
Thakoor, A. P., **33**:215, **33**:*243*
Thaler, D., **48**:233, **48**:*253*
Tham, K. W., **38**:86, **38**:131, **38**:*140*
't Hart, J., **11**:188 (135), **11**:*228*
Thatcher, J. W., **22**:310, **22**:312, **22**:316, **22**:324, **22**:*351*, **47**:149, **47**:150, **47**:156, **47**:*182*
Thatte, S. M., **26**:316, **26**:*334*
Thayer, L. P., **24**:19, **24**:30, **24**:31, **24**:*60*
Thayer, R., **41**:215, **41**:*229*
Thayer, R. A., **26**:422, **26**:*443*
Thayer, R. H., **46**:49, **46**:107, **46**:163, **46**:199, **46**:*234*
Thayer, S. M., **43**:263, **43**:*277*
Thayer, T. A., **18**:138, **18**:*171*, **18**:*172*
Thazhuthaveetil, M. J., **40**:*127*, **40**:158–160, **40**:174, **40**:*175*, **40**:*179*
The, K. S., **29**:91, **29**:*187*, **34**:23, **34**:*55*
Thebaut, S. M., **24**:5, **24**:42, **24**:*60*
Theier, M., **48**:122, **48**:142, **48**:171, **48**:173, **48**:*176*
Theil, H., **36**:306, **36**:*331*
Theimer, T., **42**:174–176, **42**:218, **42**:*238*
Theis, D. J., **20**:124, **20**:156, **20**:160, **20**:*194*, **20**:*196*, **34**:*154*
Theiss, H., **31**:328, **31**:*377*
Thekkath, R., **46**:317, **46**:*327*
Thelen, E., **36**:188–189, **36**:*201*
Theobald, K. B., **46**:317, **46**:*327*
Theodoulidis, B., **40**:204, **40**:248, **40**:*252*
Therrien, C. W., **34**:60, **34**:88, **34**:*111*
Thesaurus Musicarum Latinarum, **36**:151, **36**:*201*
Thevenod-Fosse, P., **26**:301, **26**:*332*
Thiel, G., **35**:278, **35**:*324*
Thierauf, R. J., **26**:3, **26**:*45*, **31**:44–45, **31**:*98*
Thiesse, F., **47**:325, **47**:326, **47**:*338*
Thimbleby, H. W., **32**:207, **32**:*250*
Thinking Machines Corporation, **49**:250, **49**:272, **49**:275, **49**:277, **49**:*302*
Thistle, J. G., **49**:340, **49**:*348*
Thom, A., **10**:85 (42), **10**:*108*
Thom, R., **31**:259, **31**:*323*
Thomae, D., **40**:100, **40**:*125*
Thomae, D. A., **40**:100, **40**:*125*
Thoman, R. E., **7**:*289*
Thomas, A. T., **20**:135, **20**:*192*, **20**:*196*
Thomas, A. W., **5**:326 (335), **5**:*345*
Thomas, D., **21**:93, **21**:94, **21**:126, **21**:128, **21**:148, **21**:149, **21**:*153*, **21**:*154*, **37**:210, **37**:265, **37**:277, **37**:*283*
Thomas, D. E., **24**:127, **24**:*175*, **28**:34, **28**:*67*
Thomas, D. H., **5**:308 (123), **5**:*333*
Thomas, D. T., **28**:163, **28**:*221*
Thomas, D. V., **46**:114, **46**:116, **46**:122, **46**:123, **46**:125, **46**:134, **46**:141, **46**:143, **46**:144, **46**:146, **46**:147, **46**:148, **46**:*155*
Thomas, E. C., **31**:*171*
Thomas, F. H., **11**:*386*
Thomas, G., **32**:168, **32**:*198*, **41**:279, **41**:281, **41**:*296*
Thomas, G. M., **5**:124, **5**:*219*
Thomas, I., **41**:52, **41**:*63*, **41**:167, **41**:*189*
Thomas, J., **36**:351, **36**:*419*, **44**:308, **44**:*329*
Thomas, J. C., **29**:62, **29**:66, **29**:*73*, **32**:230, **32**:*249*, **33**:143, **33**:*170*
Thomas, J. R., **18**:*287*
Thomas, J. W., **43**:76, **43**:*138*
Thomas, L. J. Jr., **16**:157, **16**:158, **16**:*181*
Thomas, L. M., **3**:28, **3**:*76*
Thomas, M., **46**:40, **46**:47, **46**:65, **46**:*107*
Thomas, M. L., **39**:256, **39**:*293*
Thomas, M. M., **38**:*189*
Thomas, R., **46**:241, **46**:247, **46**:257, **46**:*286*
Thomas, R. E., **37**:313, **37**:*331*
Thomas, R. H., **16**:187, **16**:196, **16**:197, **16**:207, **16**:212, **16**:*219*, **17**:184, **17**:195, **17**:199, **17**:206, **17**:*216*, **17**:*220*, **21**:229, **21**:*273*, **34**:173, **34**:*230*
Thomas, R. L., **16**:249, **16**:*332*
Thomas, S. C., **49**:12, **49**:31, **49**:*65*

Thomas, S. W., **48**:291, **48**:*314*
Thomas, T., **30**:209, **30**:*221*
Thomas, W., **44**:100–102, **44**:*123*
Thomas, W. H. B., **9**:157 (118), **9**:*178*
Thomas, W. J., **26**:*197*
Thomasian, A., **20**:179, **20**:*196*
Thomasma, T., **33**:93, **33**:*114*
Thomason, M. G., **19**:123, **19**:*219*, **42**:96, **42**:*117*
Thomason, R. H., **49**:47, **49**:*59*
Thompson, B., **16**:174, **16**:*179*, **49**:12, **49**:*67*
Thompson, B. G., **38**:*191*
Thompson, B. H., **16**:73, **16**:*125*, **17**:90, **17**:*162*, **47**:10, **47**:*65*
Thompson, B. J., **28**:213, **28**:*226*
Thompson, C. D., **19**:86, **19**:91, **19**:107, **19**:*109*, **19**:*111*, **23**:18, **23**:*33*, **23**:327, **23**:328, **23**:335, **23**:337, **23**:338, **23**:340, **23**:*354*, **38**:231, **38**:*244*, **44**:332, **44**:*360*
Thompson, C. W., **29**:59, **29**:*76*
Thompson, D. A., **12**:*174*
Thompson, D. W., **5**:326 (341), **5**:*346*, **31**:*377*
Thompson, F. B., **7**:125 (62, 63, 64), **7**:128 (18), **7**:129,(63), **7**:142, **7**:*178*, **7**:*180*, **13**:116, **13**:118, **13**:134, **13**:150, **13**:165, **13**:166, **13**:*167*, **13**:*168*, **13**:177, **13**:*231*, **15**:195, **15**:232, **15**:*237*, **16**:73, **16**:*125*, **17**:90, **17**:*162*, **47**:10, **47**:*65*, **49**:12, **49**:*67*
Thompson, G., **32**:169, **32**:187, **32**:*195*
Thompson, G. L., **4**:146 (40), **4**:148 (40), **4**:*163*
Thompson, G. R., **32**:161, **32**:177, **32**:179, **32**:187, **32**:*195*, **41**:277, **41**:280, **41**:*295*
Thompson, H., **20**:9, **20**:28, **20**:*36*
Thompson, H. G., **48**:151, **48**:*175*
Thompson, H. K. Jr., **16**:139, **16**:*179*, **19**:122, **19**:*227*
Thompson, H. S., **49**:23, **49**:*65*
Thompson, J. D., **21**:79, **21**:*89*
Thompson, J. E., **18**:16, **18**:*56*
Thompson, J. M. T., **33**:*243*
Thompson, K., **22**:129, **22**:*160*, **29**:224, **29**:228, **29**:232, **29**:234, **29**:235, **29**:236, **29**:237, **29**:238, **29**:239, **29**:244, **29**:246, **29**:*248*, **29**:*250*, **38**:8, **38**:*72*
Thompson, M., **16**:151, **16**:*177*
Thompson, P., **1**:51, **1**:59 (35), **1**:82, **1**:86 (95), **1**:*87*, **1**:*88*, **1**:*90*
Thompson, P. B., **44**:10, **44**:*58*
Thompson, R. G., **19**:*61*
Thompson, R. L., **31**:288, **31**:*321*
Thompson, W. E., **45**:214, **45**:*267*
Thomsen, D. J., **38**:36, **38**:*72*, **46**:256, **46**:*286*
Thomson, C., **44**:207, **44**:*217*
Thomson, R., **41**:17, **41**:*60*
Thoresen, K., **34**:294, **34**:*382*
Thorisson, K. R., **47**:*62*
Thorn, G. W., **22**:232, **22**:*293*
Thornburg, G., **24**:161, **24**:*171*
Thorne, J. P., **11**:172, **11**:*229*, **13**:184, **13**:*231*
Thornton, C., **9**:84 (30), **9**:*111*, **9**:188 (81), **9**:217 (81), **9**:*238*
Thornton, J. E., **20**:117, **20**:*196*, **42**:125, **42**:*239*
Thorpe, C., **32**:106, **32**:109, **32**:129, **32**:*147*, **43**:244, **43**:*275*, **48**:324, **48**:332, **48**:333, **48**:338, **48**:341, **48**:352, **48**:*353*
Thorson, A. R., **21**:354, **21**:*420*
Thorton, J. E., **20**:85 (60), **20**:*114*
Thortrup, H., **36**:*429*
Thrall, R. M., **3**:205, **3**:*272*
Thuau, G., **40**:80, **40**:*125*
Thune, N., **47**:211, **47**:*247*
Thuraisingham, B., **38**:41, **38**:43, **38**:*72*, **48**:7, **48**:34, **48**:*115*
Thuraisingham, M. B., **38**:67, **38**:*70*, **38**:*72*
Thurber, K. J., **20**:83 (1), **20**:84 (6), **20**:85, **20**:105 (6), **20**:*111*, **20**:*112*, **20**:*118*, **20**:*196*, **21**:234, **21**:*273*, **28**:*147*, **30**:8, **30**:*37*, **34**:169, **34**:184, **34**:187–188, **34**:213, **34**:215, **34**:226–227, **34**:*234*
Thurmair, G., **49**:28, **49**:*67*
Thurow, L., **43**:189, **43**:*214*
Thuss, J., **43**:2, **43**:*48*
Thwaites, B., **10**:79 (44), **10**:88 (43, 45), **10**:*108*
Tian, J., **46**:161, **46**:163, **46**:164, **46**:165, **46**:166, **46**:173, **46**:174, **46**:177, **46**:179, **46**:180, **46**:181, **46**:182,

46:183, 46:185, 46:187, 46:188, 46:192, 46:196, 46:197, 46:198, 46:199, 46:200, 46:205, 46:206, 46:207, 46:209, 46:210, 46:217, 46:219, 46:222, 46:223, 46:224, 46:225, 46:227, 46:230, 46:*233*, 46:*234*
Tichy, N., 28:268, 28:*277*
Tichy, W. F., 43:53, 43:72, 43:77, 43:102, 43:108, 43:*138*, 49:276, 49:*301*
Ticulka, F., 2:215 (56), 2:*292*
Tiechroew, D., 11:358, 11:*390*, 20:14, 20:*36*
Tieman, L. R., 32:187, 32:*196*
Tiemann, B., 44:202, 44:*217*
Tien, H. T., 31:243, 31:301, 31:*323*
Tietz, L. C., 26:63, 26:*92*
Tilanus, P. A. J., 29:109, 29:*192*
Tilinin, D. A., 29:305, 29:307, 29:*329*
Till, D., 35:*321*
Tillman, H. G., 11:209, 11:211 (149), 11:*229*
Tillman, H. N., 39:261, 39:272, 39:*291*
Tillmann, C., 49:*64*
Timlinson, R. T., 17:196, 17:*221*
Timofeyev, Yu. A., 18:241, 18:267, 18:*285*
Tinaztepe, C., 16:71, 16:74, 16:*124*, 16:*125*
Tinbergen, N., 5:205, 5:*224*
Ting, P. D., 21:233, 21:*272*, 40:66, 40:*124*
Ting, T. C., 46:247, 46:*285*
Tinker, R., 45:330, 45:*355*
Tip, F., 43:32–33, 43:*46*, 43:*49*
Tippett, J. T., 28:196, 28:*226*
Tirole, J., 47:344, 47:*366*
Tirri, H., 32:168, 32:169, 32:194, 32:*197*, 32:*199*
Tirtaamadja, E., 42:174, 42:*239*
Tisato, F., 46:377, 46:*400*
T"so, T. Y., 48:222, 48:238, 48:*254*
Tistarelli, M., 32:*148*
Tits, K., 36:175, 36:*177*, 36:*197*
Tittle, C., 49:150, 49:*189*
Titus, J., 3:*76*
Titus, J. P., 9:118 (119), 9:*178*, 11:44, 11:48 (91), 11:*58*, 47:8, 47:*66*
Tjoa, A. M., 35:40, 35:51, 35:67, 35:*79–80*, 38:9, 38:20, 38:22, 38:50, 38:*71*, 43:123, 43:*139*
Tkach, Y. Y., 31:241, 31:*321*
To, H. W., 46:339, 46:364, 46:*398*
To, V. T., 34:*287*
Tobagi, F., 42:162, 42:*239*
Tobagi, F. A., 47:309, 47:*340*
Tobey, R. G., 8:53 (5), 8:58, 8:78, 8:80 (5), 8:83, 8:85 (53), 8:87 (54), 8:92 (6, 53, 54), 8:94, 8:95, 97, 8:98 (49, 50, 52), 8:*99*, 8:*101*
Tobias, M., 5:311 (132, 133), 5:312 (133, 147, 148), 5:313 (162), 5:318 (133), 5:319, 5:*334*, 5:*335*, 5:*339*
Tobin, M., 46:27, 46:*32*
Toboada, J., 43:250, 43:*276*
Tocher, K. D., 1:233 (9), 1:*308*, 6:163, 6:174, 6:*194*
Toda, M., 5:157, 5:*222*, 11:350, 11:*390*
Todd, J., 5:325, 5:*344*, 7:*116*
Todd, N. P., 36:*201*
Todd, P. M., 36:168–169, 36:178, 36:185, 36:*193*, 36:*201*
Todd, S. J., 19:*61*, 21:226, 21:*273*, 23:317, 23:*354*
Todt, F., 5:309 (189), 5:*337*
Todua, K. S., 31:241, 31:296, 31:*322*
Toffler, A. W., 31:362, 31:*377*, 39:269, 39:*293*
Toffoli, T., 33:174, 33:*243*, 47:146, 47:162, 47:179, 47:*180*, 47:*183*
Toft, F., 42:180, 42:*237*
Togagi, F., 42:162, 42:*235*
Toivanen, T., 5:308 (124), 5:*333*
Tokerud, B., 44:200, 44:*217*
Tokoro, M., 20:85 (58), 20:*114*, 24:151, 24:152, 24:*175*, 33:*114*
Tokuda, H., 49:311, 49:*348*
Tokudua, T., 34:173, 34:*234*
Tokura, N., 32:67, 32:72, 32:*102*
Tokutsu, I., 43:188, 43:202, 43:205, 43:*213*
Tolat, V. V., 36:240, 36:248, 36:*254*
Tolksdorf, R., 46:348, 46:350, 46:395, 46:*400*
Tolle, K. M., 48:301, 48:*311*
Tolles, W. E., 12:402, 12:403, 12:*410*, 12:*414*
Tolliver, D. E., 24:306, 24:*317*

Tolliver, W. E., **4:**139 (7), **4:**140 (7), **4:***162*
Tolnay, T., **23:**137, **23:***140*
Tolstoi, A., **2:**366, **2:***376*
Tolstosheev, V. V., **18:**259, **18:***287*
Tolstov, V., **29:***329*
Tolstykh, B. L., **29:**297, **29:**298, **29:**300, **29:**301, **29:***329*
Toman, C. A., **42:**54, **42:**59–60, **42:**63, **42:***76*
Tomasulo, R. M., **4:**88 (16), **4:***133*, **20:***196*
Tomatsu, T., **42:**157–158, **42:***238*
Tombe, L. des, **49:**19, **49:**26, **49:**28, **49:**56, **49:**61, **49:***67*
Tomboulian, S., **49:**261, **49:***302*
Tombs, N. C., **9:**183, **9:***238*
Tomek, I., **16:***181*
Tomijima, A. U., **33:**9, **33:***65*
Tomilin, A. N., **44:**204–205, **44:***216*
Tomita, M., **49:**2, **49:**5, **49:**20, **49:**24, **49:**38, **49:**64, **49:***65*
Tomita, S., **44:**184, **44:***216*
Tomiyama, T., **38:**131, **38:***143*
Tomizuka, M., **23:**182, **23:***251*
Tomlinson, C., **35:**139, **35:**167, **35:***181*, **43:**67, **43:***139*
Tomlinson, R. S., **34:**140, **34:***156*
Tompa, F. W., **12:**225 (35), **12:**272 (35), **12:***284*, **14:***76*, **40:**190, **40:***254*, **48:**293, **48:***310*
Tompkins, C. B., **6:**38, **6:***87*
Tompkins, E., **2:**215 (56), **2:***292*
Tompkins, G. E., **19:**276, **19:**291, **19:***326*
Tompkins, H. E., **24:**367, **24:***376*
Tompkins, W. J., **38:***195*
Tompson, D. W., **5:**322 (248), **5:***341*
Tompson, H., **47:**35, **47:***58*
Tong, F., **28:***151*
Tong, P., **10:**267, **10:***273*
Tong, R. M., **24:**306, **24:***317*, **40:**190, **40:***252*
Tong, S., **5:**324 (289), **5:***343*, **47:**211, **47:**216, **47:***246*, **47:***252*
Tonge, F. M., **7:**150 (51), **7:***179*, **8:***333*, **10:**12 (43), **10:***77*, **37:**17, **37:***56*
Tonik, A. B., **4:**283 (15), **4:***303*, **9:**204 (79), **9:**230 (83), **9:***238*
Tonkonogy, J. M., **38:***190*
Tooley, F. A. P., **28:**168, **28:***225–226*, **28:***226*
Toomarian, N., **33:**184, **33:**190–191, **33:**210, **33:**216, **33:**217, **33:**232, **33:**233, **33:***234*, **33:***235*, **33:***237*, **33:***243*, **33:***244*
Toombs, D., **19:***61*
Toong, H. D., **21:**158, **21:***224*
Topmiller, D. A., **36:**336, **36:***421*
Topolyanskiy, D. B., **2:***131*
Toppano, E., **38:**86, **38:**131, **38:***138–139*
Toppel, B. J., **5:**326 (373, 382), **5:***348*
Torgashev, V. A., **18:**245, **18:***283*, **44:**204, **44:***216*
Torgerson, W. S., **19:**123, **19:***227*
Torii, K., **14:**107, **14:***185*
Torkkola, K., **36:**175, **36:**177, **36:***197*
Torn, A. I., **19:**179, **19:***227*
Tornheim, L., **3:**205, **3:***272*
Tornqvist, L., **2:***376*
Toronto, A. F., **3:**333 (69), **3:***346*
Torre, E. D., **11:**205, **11:***229*
Torre, L., **11:**38 (72), **11:***57*
Torrero, E. A., **24:**363, **24:***376*
Torres, R., **36:***427*
Torsun, I. S., **18:***171*
Toru, G., **9:**228 (35), **9:***236*
Tosh, W., **11:**35 (63), **11:***57*
Toshizawa, S., **42:**242, **42:***268*
Toth, S., **38:**97, **38:**111, **38:**119, **38:**130, **38:***143*
Totty, B. K., **45:**72, **45:***101*
Tou, J. T., **12:***414*, **19:**121, **19:***227*
Toumoulin, C., **47:***245*
Toups, T. L., **38:**42, **38:***70*
Touretzky, D., **33:**186, **33:***244*
Toussaint, G. T., **19:**123, **19:***227*
Touzeau, P., **45:**13, **45:***52*
Toverud, M., **44:**200, **44:***217*
Towell, E., **45:**298, **45:***320*
Towell, G. G., **37:***165*
Towell, J. F., **45:**298, **45:***320*
Tower, D. B., **6:**35, **6:***87*
Towle, R., **15:**133, **15:**144, **15:**146, **15:**148, **15:**149, **15:**155, **15:**159, **15:**161, **15:**163, **15:***177*, **15:***178*, **15:***179*
Townes, J. R., **16:**174, **16:***179*
Townley, J. A., **14:**75, **14:**128, **14:***185*, **26:***389*
Townsend, G., **35:**279, **35:***318*

Townshend, J., **45**:133, **45**:*152*
Towsley, D., **35**:292–293, **35**:295–296, **35**:*324*, **47**:321, **47**:*340*
Toy, W. N., **26**:208, **26**:229, **26**:233, **26**:240, **26**:241, **26**:245, **26**:250, **26**:264, **26**274, **26**:276, **26**:*277*, **26**:*278*, **26**:*279*
Toyoura, J., **34**:161, **34**:202, **34**:204, **34**:*232*
Trabb Pardo, L., **20**:205, **20**:*257*
Trace, D., **38**:*194*
Trace, D. A., **38**:*184*, **38**:*193*
Trachtenberg, M., **30**:104, **30**:*170*, **39**:26, **39**:*49*, **45**:205, **45**:*267*
Tracy, P., **19**:*323*
Tracz, W., **33**:3, **33**:6, **33**:*65*, **34**:1, **34**:*56–57*
Trahey, G. E., **38**:*195*, **47**:208, **47**:216, **47**:221, **47**:*252*
Traiger, I. L., **17**:206, **17**:*217*, **17**:257, **17**:*281*, **19**:*109*, **26**:*43*, **28**:*147*
Trainor, W. L., **18**:264, **18**:*287*
Trajtenberg, M., **43**:202, **43**:206, **43**:*210*, **43**:*214*
Trakhtenbrot, B. A., **2**:388, **2**:396, **2**:*420*
Trakhtenbrot, M., **41**:42, **41**:*61*
Trakhtenbrot, M. B., **45**:4, **45**:*51*
Trakin, R., **23**:110, **23**:*140*
Trammell, C. J., **36**:23, **36**:*40*, **36**:*41*
Transaction Processing Council (TPC), **41**:235–236, **41**:241, **41**:*253*
Trantham, F. M., Jr., **5**:312 (146), **5**:318 (146), **5**:*334*
Trapanotto, V., **47**:216, **47**:*247*
Trapp, R., **22**:202, **22**:*213*
Traub, J. F., **23**:40, **23**:41, **23**:43, **23**:50, **23**:51, **23**:52, **23**:54, **23**:57, **23**:59, **23**:60, **23**:61, **23**:64, **23**:65, **23**:67, **23**:69, **23**:70, **23**:71, **23**:72, **23**:74, **23**:76, **23**:77, **23**:79, **23**:80, **23**:81, **23**:82, **23**:83, **23**:84, **23**:85, **23**:86, **23**:87, **23**:89, **23**:*92*
Traub, W. G., **40**:185, **40**:*251*
Traum, D., **49**:26, **49**:31, **49**:53, **49**:*59*
Traum, M. M., **11**:205, **11**:*229*
Trautmann, C., **38**:*182*
Travis, I., **24**:*317*
Travis, L., **5**:174, **5**:*223*
Treacy, M. E., **43**:185, **43**:*211*
Trecordi, V., **42**:174–175, **42**:218, **42**:*237*, **44**:313, **44**:*328*
Tredennick, N., **24**:106, **24**:119, **24**:120, **24**:*175*
Trefftz, E., **2**:*130*
Treinish, L. A., **33**:280, **33**:282, **33**:286, **33**:287, **33**:*305*
Treleaven, P. C., **34**:143, **34**:145, **34**:149, **34**:*156*, **34**:174–175, **34**:*234*, **44**:191, **44**:*217*
Trelevan, P. C., **45**:166, **45**:*195*
Trembour, A., **35**:345, **35**:*370*
Trenary, R., **31**:286, **31**:*323*
Trench, W., **2**:47, **2**:*54*
Trenz, S. A., **38**:*189*
Tresser, N., **23**:122, **23**:*140*
Tretiak, O. J., **18**:11, **18**:*56*
Treu, M., **48**:273, **48**:289, **48**:290, **48**:*311*
Treu, S., **16**:211, **16**:*219*
Treuer, R., **26**:329, **26**:*334*
Trevelyan, J. P., **32**:106, **32**:*147*
Trevillyan, L., **32**:4, **32**:97, **32**:*102*
Trevino, H., **38**:*183*
Trevor, J., **45**:279, **45**:*320*
Tribus, M., **6**:83 (100), **6**:*88*, **31**:329, **31**:*377*, **36**:306, **36**:*330–331*
Trickey, H., **37**:223, **37**:*283*
Tricoles, G. P., **28**:214, **28**:*222*
Triebwasser, S., **9**:*238*
Triendl, E., **32**:*148*
Triestman, S. N., **31**:275, **31**:*323*
Trifonov, N. P., **5**:38, **5**:48 (64), **5**:*108*
Trigg, R. H., **45**:302, **45**:*320*
Trillas, E., **28**:*104*
Trinchero, C., **42**:180, **42**:*238*
Tripathi, S., **44**:308, **44**:*328*
Trivedi, A. K., **45**:210, **45**:*267*
Trivedi, K. S., **26**:210, **26**:*279*, **31**:183–185, **31**:201, **31**:203–209, **31**:211, **31**:213, **31**:216, **31**:218, **31**:229, **31**:*231–233*, **40**:69–70, **40**:*123*
Trivedi, M. M., **32**:108, **32**:110, **32**:114, **32**:115, **32**:120, **32**:123, **32**:126, **32**:128, **32**:129, **32**:131, **32**:133, **32**:139, **32**:*145*, **32**:*146*, **32**:*147*, **32**:*148*, **35**:82, **35**:86, **35**:88–90, **35**:100–101, **35**:122, **35**:*132–134*, **43**:244–245, **43**:263, **43**:273–274, **43**:*275–278*
Trivedi, Y., **40**:71, **40**:82, **40**:84, **40**:*125*

Troester, G., **44**:202, **44**:*217*
Trofimchuk, M., **18**:254, **18**:257, **18**:*287*
Trolan, J. K., **2**:175 (28), **2**:*291*
Trombley, W., **32**:256, **32**:*305*
Troop, R. E., **19**:*61*, **34**:197, **34**:216, **34**:*233*
Troster, J., **46**:161, **46**:174, **46**:180, **46**:198, **46**:200, **46**:209, **46**:219, **46**:222, **46**:223, **46**:227, **46**:230, **46**:*234*
Troullinos, N. B., **34**:213, **34**:*229*
Trowbridge, L., **12**:106, **12**:*114*
Trowbridge, L. M., **36**:*201*
Troy, J. L., **20**:118, **20**:*193*
Truax, B., **36**:144, **36**:*201*
Truby, H. M., **11**:199, **11**:*229*
Trucco, E., **38**:*139*
Trueblood, K. N., **5**:258 (3), **5**:263, **5**:164 (19), **5**:271 (3, 30), **5**:273 (37), **5**:276 (3), **5**:*284*, **5**:*285*, **5**:*286*
Trueswell, R. W., **21**:337, **21**:*421*
Truex, D., **34**:324, **34**:335, **34**:344, **34**:366, **34**:*391*
Truitt, T. D., **9**:27 (16), **9**:*49*, **11**:*390*
Trujillo, A., **49**:12, **49**:26, **49**:*67*
Trunk, G. V., **19**:120, **19**:*227*
Truong, H., **44**:303, **44**:308–309, **44**:*329–330*
Truong, T., **37**:*282*
Trussell, H. J., **36**:317, **36**:*327*
Truter, M. R., **5**:258 (9), **5**:271 (9), **5**:273 (9), **5**:*284*
Truxal, C., **23**:95, **23**:113, **23**:*140*
Tryon, R. C., **19**:114, **19**:*227*
Tsai, C. S., **28**:195, **28**:*226*, **34**:171, **34**:191, **34**:*234*
Tsai, J. J., **35**:*254*, **43**:55, **43**:*139*
Tsai, J. J.-P., **35**:*254*
Tsai, J. P., **42**:11, **42**:*36*
Tsai, W. T., **38**:67, **38**:*70*, **42**:20, **42**:35, **42**:45, **42**:47, **42**:69–70, **42**:*75–76*, **43**:58, **43**:61, **43**:*137*
Tsao, T., **33**:175, **33**:*239*
Tsao-Wu, N. T., **15**:171, **15**:*178*, **26**:*198*
Tsay, M.-S., **34**:173, **34**:*230*
Tschanz, M., **17**:*217*
Tse, B. K. P., **26**:59, **26**:*92*
Tse, T. H., **40**:191, **40**:*254*
Tseng, C., **37**:*283*, **45**:117, **45**:*151*

Tseng, D., **48**:334, **48**:351, **48**:*352*
Tseng, P. S., **34**:129, **34**:*153*
Tseng, S. S., **38**:*188*, **38**:*190*
Tseng, V. P., **35**:19, **35**:*80*
Tseyi, S., **16**:27, **16**:*55*
Tsiakals, J., **46**:8, **46**:*32*
Tsiang, S. H., **26**:259, **26**:*279*
Tsichritzis, D. C., **46**:278, **46**:280, **46**:*286*
Tsichritzis, D., **26**:*279*, **34**:240, **34**:*291*, **40**:185, **40**:190, **40**:192, **40**:194, **40**:202, **40**:217, **40**:223, **40**:242–243, **40**:245, **40**:*254*
Tsin, Y. H., **26**:111, **26**:112, **26**:*153*
Tsoi, V. N., **29**:*328*
Tsokos, C. P., **19**:118, **19**:*220*
Tsoni, E., **28**:216, **28**:*222*
Tsotsos, J. K., **22**:202, **22**:*216*
Tsoukalas, L. H., **46**:409, **46**:*437*
Tsoukalas, M. Z., **42**:103, **42**:*117*, **46**:173, **46**:*234*, **49**:150, **49**:*189*
Tssai, W.-T., **26**:*443*
Tsubaya, I., **17**:240, **17**:*282*
Tsuchiya, M., **24**:149, **24**:*174*, **24**:*175*, **24**:*176*
Tsuchiya, S., **35**:98, **35**:*133*
Tsuda, J., **16**:27, **16**:*55*
Tsudik, G., **44**:223, **44**:248, **44**:254, **44**:256, **44**:279, **44**:*280–283*
Tsujii, J., **49**:24, **49**:26, **49**:38, **49**:56, **49**:61, **49**:*67*
Tsujimoto, T., **34**:170, **34**:*235*
Tsukishima, T., **6**:*296*
Tsukita, S., **31**:277, **31**:298, **31**:*322*
Tsukuda, K., **35**:144–145, **35**:*180*
Tsunekawa, S., **43**:244, **43**:*275*
Tsunoda, Y., **28**:198, **28**:201, **28**:*224*
Tsunoyama, M., **49**:*189*
Tsypkin, Y. Z., **33**:176, **33**:*244*
Tsypkin, Ya. Z., **23**:181, **23**:*251*, **23**:*252*
Tu, J. C., **19**:*61*, **28**:108, **28**:*147*, **30**:8, **30**:*34*
Tuchman, W. L., **22**:60, **22**:83, **22**:96, **22**:*104*
Tuck, R., **24**:138, **24**:*174*, **49**:252, **49**:*299*
Tucker, A. W., **2**:303, **2**:314, **2**:*373*, **2**:*376*, **31**:318, **31**:*320*
Tucker, L. W., **38**:202, **38**:*244*
Tucker, S. G., **24**:105, **24**:136, **24**:*175*
Tuckerman, B., **22**:100, **22**:*105*

Tuecke, J. E., **5**:325 (317), **5**:*344*
Tueni, M., **40**:188, **40**:191, **40**:195–196, **40**:227, **40**:237, **40**:239, **40**:*249*, **40**:*254–255*
Tufankji, R., **38**:112, **38**:*142*
Tufte, E. R., **33**:*305*
Tuhrim, S., **38**:166, **38**:*181*
Tukey, J. W., **4**:146 (35), **4**:148 (35), **4**:*163*, **6**:4, **6**:*30*, **19**:179, **19**:*219*, **28**:253, **28**:*277*, **37**:62, **37**:75–76, **37**:103, **37**:*116–117*
Tullsen, D. M., **46**:308, **46**:318, **46**:*327*
Tully, C. J., **34**:294, **34**:296, **34**:*390*
Tung, C., **17**:253, **17**:261, **17**:266, **17**:271, **17**:274, **17**:278, **17**:*280*, **17**:*281*, **17**:*282*, **19**:*60*, **19**:*77*, **19**:*108*
Tunis, C. J., **1**:227 (46), **1**:*229*, **11**:128 (8), **11**:*163*
Tuomenoksa, L. S., **26**:*278*
Tuplan, Y., **30**:197, **30**:*222*
Tupman, J., **35**:307, **35**:313, **35**:*322*
Tur, M., **28**:171–172, **28**:*225*
Turan, G., **44**:351, **44**:*359*
Turco, G., **32**:166, **32**:167, **32**:177, **32**:188, **32**:190, **32**:*195*, **32**:*200*
Turing, A., **13**:213, **13**:*231*
Turing, A. M., **2**:397, **2**:399, **2**:406, **2**:*421*, **6**:*227*, **10**:14, **10**:78, **10**:100, **10**:*108*, **11**:169, **11**:*229*, **18**:59, **18**:*117*, **26**:51, **26**:*92*, **28**:229, **28**:*277*, **29**:198, **29**:*250*, **31**:363, **31**:*377*, **37**:172, **37**:*205*, **47**:29, **47**:*66*
Turk, M. A., **32**:106, **32**:109, **32**:*147*, **48**:324, **48**:*353*
Turkle, S., **45**:337, **45**:352, **45**:*356*
Turn, R., **6**:162 (16), **6**:*191*, **7**:70 (69), **7**:79 (21), **7**:*114*, **7**:*116*, **12**:2, **12**:*36*, **15**:141, **15**:*177*, **16**:191, **16**:*219*, **16**:250, **16**:298, **16**:299, **16**:313, **16**:315, **16**:316, **16**:317, **16**:318, **16**:324, **16**:*330*, **16**:*332*, **16**:*333*, **23**:256, **23**:257, **23**:275, **23**:280, **23**:*293*
Turnbull, D. E., **4**:*240*
Turnbull, D. H., **47**:216, **47**:*252*
Turnbull, J. R., **9**:211 (70), **9**:*237*
Turner, A., **46**:39, **46**:46, **46**:*102*
Turner, A. F., **16**:174, **16**:*179*
Turner, A. J., **31**:318, **31**:*320*
Turner, C., **42**:217, **42**:*239*

Turner, D., **39**:23–24, **39**:*47*
Turner, D. A., **49**:280, **49**:*302*
Turner, J., **44**:308, **44**:*328*, **48**:238, **48**:*253*
Turner, J. A., **33**:151, **33**:*168*
Turner, J. S., **48**:22, **48**:*117*
Turner, L., **7**:136 (61), **7**:*180*
Turner, M. E., **19**:182, **19**:*227*
Turner, P. A., **36**:*429*
Turner, R., **28**:53, **28**:*67*
Turner, W. S., **31**:8, **31**:*97*
Turney, J. L., **34**:269–270, **34**:*291*
Turnoff, M., **16**:214, **16**:*219*
Turoff, M., **19**:253, **19**:255, **19**:257, **19**:*325*, **21**:11, **21**:39, **21**:*87*, **39**:280, **39**:*290*
Turski, W., **5**:70 (22, 23), **5**:80 (22, 23), **5**:88 (22, 23, 65, 66), **5**:*106*, **5**:*108*
Turtle, H., **21**:411, **21**:*421*, **40**:255
Tusera, D., **19**:*62*
Tushman, M., **28**:268, **28**:*277*
Tushman, M. L., **28**:246, **28**:266, **28**:268, **28**:*277*, **28**:*278*
Tutte, W. T., **26**:127, **26**:*153*
Tverdokhleb, P. E., **28**:214, **28**:*224*
Tversky, A., **11**:349 (46), **11**:351, **11**:*385*
Twaddell, W., **21**:209, **21**:*224*
Twaddle, W. F., **1**:206, **1**:*228*
Twichcell, B., **35**:144–145, **35**:*180*
Twichell, B. C., **34**:13, **34**:*54*
Twite, A., **46**:117, **46**:122, **46**:125, **46**:127, **46**:139, **46**:143, **46**:*156*
Twomey, S., **23**:89, **23**:*92*
Tygar, J., **44**:261, **44**:*282*
Tyler, D. A., **13**:*107*
Tyler, G. W., **2**:*124*
Tymes, L. R., **16**:187, **16**:195, **16**:212, **16**:*219*
Tynan, C. K., **39**:241, **39**:*289*
Tyrell, T., **48**:335, **48**:*353*
Tyror, J. G., **5**:307 (96), **5**:*331*
Tyson, J. A., **47**:179, **47**:*181*
Tyson, W. M., **29**:222, **29**:*250*
Tzen, T., **38**:201, **38**:*244*
Tzen, T. H., **45**:57, **45**:59, **45**:*102*
Tzeng, D. C. S., **19**:123, **19**:*227*
Tzeng, H.-Y., **44**:317, **44**:*330*
Tzeng, N. F., **26**:*199*

U

Uber, G. T., **18**:143, **18**:*170*
Ucci, D. R., **38**:*184*
Uchida, K., **34**:120, **34**:*155*
Uchida, T., **32**:3, **32**:*102*
Uchiyama, T., **32**:109, **32**:*146*
Udelson, B. J., **2**:196, **2**:*291*
Udupa, J., **47**:224, **47**:*252*
Uebbing, J., **29**:60, **29**:*76*
Uehara, T., **24**:131, **24**:*175*
Uglow, D., **23**:256, **23**:*292*, **38**:304, **38**:*315*
Ugol'kov, V. N., **29**:315, **29**:*324*
Uhlenbeck, G. E., **19**:127, **19**:*225*
Uhlendorf, V., **47**:208, **47**:*245*
Uhr, L., **5**:195, **5**:197, **5**:*223*, **11**:204, **11**:*229*, **49**:244, **49**:*302*
Uhrig, R. E., **46**:409, **46**:*437*
Ujaldon, M., **45**:146, **45**:147, **45**:*152*, **45**:*153*
Ukena, K., **16**:174, **16**:*181*
Ulam, S., **1**:170 (5), **1**:*192*, **18**:60, **18**:*116*, **29**:198, **29**:*249*
Ulanoff, L., **39**:267, **39**:*293*
Uldall, E., **11**:190 (153), **11**:*229*
Ulery, B. T., **41**:22, **41**:*62*
Ulery, K. D., **37**:111, **37**:*116*
Ulgen, D. M., **33**:93, **33**:*114*
Ulich, E., **32**:210, **32**:*253*
Ullman, J., **37**:216, **37**:220, **37**:*281*, **44**:268, **44**:*283*, **44**:344, **44**:*358*, **47**:176, **47**:*181*
Ullman, J. D., **10**:14 (23), **10**:*76*, **14**:2, **14**:5, **14**:8, **14**:9, **14**:13, **14**:22, **14**:28, **14**:32, **14**:*41*, **14**:*42*, **14**:82, **14**:83, **14**:103, **14**:106, **14**:116, **14**:127, **14**:132, **14**:166, **14**:177, **14**:182, **14**:183, **14**:*184*, **14**:*185*, **15**:17, **15**:*61*, **16**:80, **16**:*122*, **19**:76, **19**:86, **19**:89, **19**:*108*, **22**:62, **22**:63, **22**:88, **22**:*103*, **22**:337, **22**:*350*, **23**:297, **23**:301, **23**:306, **23**:*351*, **24**:66, **24**:73, **24**:81, **24**:*98*, **24**:*99*, **24**:129, **24**:145, **24**:*168*, **24**:363, **24**:*376*, **26**:6, **26**:*45*, **26**:51, **26**:*90*, **26**:*149*, **29**:2, **29**:12, **29**:*44*, **30**:4–5, **30**:*34–35*, **32**:168, **32**:187, **32**:*197*, **32**:*199*, **40**:72, **40**:120, **40**:*124*, **42**:206, **42**:214, **42**:*236*, **43**:123, **43**:*139*, **44**:348, **44**:*359*, **47**:89, **47**:106, **47**:*139*
Ullman, L. R., **5**:193, **5**:*223*
Ullman, R. J., **2**:*367*, **2**:*372*
Ulman, J. D., **38**:10, **38**:*70*
Ulmschneider, J., **24**:*313*
Ulrich, B. D., **36**:188–189, **36**:*201*
Ulrich, F. C., **44**:23, **44**:*55*
Ulrich, K. T., **38**:134, **38**:*143*
Ulrich, W., **26**:259, **26**:*279*, **34**:298, **34**:362, **34**:*391*
Uluakar, T., **21**:357, **21**:359, **21**:*421*
Umano, M., **24**:*317*
Umbaugh, L. D., **29**:95, **29**:120, **29**:*193*
Umeda, Y., **38**:131, **38**:*143*
Umehira, M., **44**:326–327, **44**:*330*
Underhill, L. H., **5**:298 (37), **5**:302 (37), **5**:322 (37), **5**:323 (261), **5**:*328*, **5**:*341*
UNESCO., **24**:340, **24**:*376*, **31**:*377*
Ungar, D., **43**:111, **43**:128, **43**:*138–139*
Ungeheuer, G., **11**:209 (149), **11**:211 (149), **11**:*229*
Unger, B., **35**:307, **35**:*318*, **49**:250, **49**:*299*
Unger, J., **35**:298, **35**:*322*
Unger, N., **33**:102, **33**:*112*
Unger, S., **2**:388, **2**:*420*, **49**:251, **49**:254, **49**:*302*
Unger, S. H., **7**:34, **7**:*116*, **7**:220 (11), **7**:*238*
United Nations Centre on Transnational Corporations, **35**:340, **35**:*371*
United Nations, **35**:334, **35**:*371*
United States Trade Representative, **35**:357, **35**:*371*
UNIX News International, **44**:193, **44**:*217*
Unk, J. M., **12**:*174*
Unnikrishnan, A., **34**:*291*
Uno, Y., **33**:*244*, **36**:231, **36**:*252*
Unold, R., **11**:360 (145), **11**:*390*
Unruh, J. D., **23**:12, **23**:13, **23**:*32*
Unsworth, J., **48**:272, **48**:*314*
Upchurch, E., **49**:272, **49**:*301*
Upfal, E., **26**:*151*
Uphoff, N. T., **21**:76, **21**:*87*
Upitis, R., **24**:344, **24**:*376*
Upson, C., **33**:250, **33**:*305*
Ural, H., **26**:388, **26**:*391*, **29**:*193*

Urano, Y., **16**:205, **16**:*219*
Urban, G. L., **47**:344, **47**:357, **47**:*366*
Urban, J. E., **26**:384, **26**:*391*
Urban, W. R., **3**:288 (38), **3**:*298*
Urbano, J. A., **34**:129, **34**:*154*
Urbanski, J., **34**:129, **34**:*153*
Urbanus, F. R., **5**:308 (110), **5**:*332*
Uretsky, M., **20**:17, **20**:*30*, **20**:*32*
Uribe, G., **11**:197 (97), **11**:*226*
Urnes, T., **45**:280, **45**:*317*
Urushidani, S., **44**:*330*
Ury, W., **28**:237, **28**:*271*, **28**:*275*
US Air Force, **46**:28, **46**:32, **46**:*33*
U. S. Computer Systems Laboratory, **44**:229, **44**:*280*
U. S. Commerce Dept., **44**:210, **44**:*217*
U. S. Congress, Office of Technology Assessment, **38**:268, **38**:305, **38**:312, **38**:*316*, **45**:339, **45**:341, **45**:342, **45**:*356*
U. S. Department of Defense, **30**:174, **30**:*222*, **31**:212, **31**:*233*, **44**:36, **44**:*58*
U. S. Department of Health and Education, Office of Education, **24**:338, **24**:*376*
U. S. National Commission on Libraries and Information Science, **38**:265, **38**:*316*
Ushikubo, T., **38**:*184*
Uskov, A. V., **29**:232, **29**:*247*
Uspensky, J. V., **22**:64, **22**:65, **22**:79, **22**:*107*
Ussery, C., **37**:210, **37**:*283*, **40**:82, **40**:*124*
Usuda, Y., **29**:135, **29**:173, **29**:*191*, **43**:58, **43**:61, **43**:*137*
Utgoff, P. E., **24**:181, **24**:*215*
Uthe, P. M., Jr., **5**:326 (342), **5**:*346*
Uttal, W. R., **4**:159, **4**:*168*, **15**:240, **15**:*283*
Utter, D. F., Jr., **34**:*288*
Uttley, A. M., **5**:124, **5**:137, **5**:138, **5**:194 (28), **5**:207, **5**:*219*, **5**:*220*, **6**:54, **6**:71, **6**:*88*
Uvieghara, G. A., **34**:173, **34**:*234*
Uyeda, K. M., **36**:367, **36**:370, **36**:393–395, **36**:*424*, **36**:*428*
Uysal, M., **45**:114, **45**:116, **45**:*150*
Uzawa, H., **2**:323 (7), **2**:*366*, **2**:*376*, **3**:185 (2), **3**:*186*

V

Vaaraniemi, S., **46**:98, **46**:*107*
Vaccari, E., **33**:*111*
Vadasz, L., **9**:214, **9**:*238*
Vagianos, L., **31**:342, **31**:348, **31**:*377*
Vagnucci, A. H., **38**:*186*
Vaishnavi, V. K., **33**:*239*
Vajda, S., **2**:*376*
Valach, M., **6**:177, **6**:*194*, **28**:197, **28**:*226*
Valacich, J. S., **42**:43, **42**:70, **42**:*75–76*, **45**:296, **45**:*319*
Valckenaers, P., **49**:313, **49**:346, **49**:*348*
Valdes, J., **28**:109, **28**:144, **28**:*148*
Valduriez, P., **28**:*151*
Valenzuela, W. A., **16**:*181*
Valero, M., **26**:*198*, **38**:198, **38**:*234–244*
Valero-Garcia, M., **38**:*244*
Valett, J. D., **41**:22, **41**:51, **41**:*60*, **41**:*62*, **41**:74, **41**:*82*
Valiant, L. G., **14**:79, **14**:140, **14**:141, **14**:*185*, **23**:298, **23**:302, **23**:341, **23**:344, **23**:*353*, **23**:*354*, **26**:128, **26**:134, **26**:*153*, **26**:*198*, **33**:*244*, **37**:128, **37**:*165*
Valkenburg, R. J., **43**:245, **43**:247, **43**:250, **43**:*276*
Vallee, J., **16**:213, **16**:214, **16**:*219*, **35**:330, **35**:*371*
Vallejos, C., **49**:266, **49**:*301*
Valli, G., **38**:*189*
van-Bemmel, J., **16**:173, **16**:*181*
van Bosse, J. G., **32**:6, **32**:*97*
Van Brussel, H., **49**:313, **49**:346, **49**:*348*
Van Cott, H. P., **36**:339, **36**:343, **36**:351, **36**:371, **36**:381, **36**:*421*, **36**:*429*
van Dam, A., **10**:164 (5, 23), **10**:168 (22), **10**:*173*, **10**:*174*, **12**:*168*, **12**:279 (36), **12**:*284*, **17**:164, **17**:*220*, **23**:128, **23**:*140*, **33**:*304*, **47**:223, **47**:*246*
van de Heijden, A. M. J., **17**:233, **17**:*280*
Van De Riet, E. K., **4**:92, **4**:103, **4**:105 (24), **4**:121, **4**:122 (24), **4**:129 (24), **4**:*133*
van de Riet, R. P., **22**:114, **22**:*161*
Van den Bout, D. E., **40**:100, **40**:*125*
van den Herik, J., **37**:190, **37**:*205*
van der Aalst, W. M. P., **45**:13, **45**:33, **45**:50, **45**:*52*
van der Eijk, P., **49**:28, **49**:*67*

van der Mark, J., **42**:245, **42**:256, **42**:*268*
van der Merwe, I., **46**:247, **46**:*286*
van der Meulen, S. G., **13**:29, **13**:*41*
van der Poel, K. G., **44**:88, **44**:90, **44**:*124*
van der Pol, B., **42**:245–246, **42**:256, **42**:*268*
van Dijk, D., **47**:216, **47**:*250*
Van Dijk, Teun A., **40**:6, **40**:*37*
Van Dongen, V., **38**:201, **38**:*244*
Van Duyn, J., **31**:25, **31**:*98*
Van Dyke, K. S., **23**:8, **23**:*32*
van Eijk, P. H. J., **29**:109, **29**:*193*
van Emden, M. H., **26**:18, **26**:*44*, **26**:*45*
van Es, G., **34**:366, **34**:*381*
van Eyck, W., **30**:173, **30**:*222*
Van Geel, W. C., **2**:184, **2**:*291*
van Genabith, J., **49**:*59*
van Genuchten, M. J. I. M., **44**:71, **44**:87, **44**:97, **44**:*123*
van Gunsteren, W. F., **44**:202, **44**:*214*
van Herreweghen, E., **44**:223, **44**:*280*
Van Horn, E. C., **10**:72, **10**:*76*, **14**:234, **14**:*271*
Van Horn, R., **20**:8, **20**:13, **20**:20, **20**:*33*, **20**:*36*
Van Horn, R. L., **4**:2, **4**:*49*, **4**:153 (68), **4**:*165*
van Meerbergen, J., **37**:*282*
van Melle, B., **45**:292, **45**:*319*
van Melle, W., **22**:166, **22**:172, **22**:173, **22**:180, **22**:194, **22**:202, **22**:*215*, **22**:*216*, **22**:278, **22**:*293*, **23**:168, **23**:*175*, **26**:13, **26**:*45*
Van Meter, D., **6**:39 (68), **6**:*86*
van Mierop, D., **24**:131, **24**:*134*, **24**:*169*
Van Ness, J. W., **19**:198, **19**:*219*
van Nifterick, W., **44**:*214*
van Noord, G., **49**:28, **49**:*67*
Van Norton, R., **5**:295 (17), **5**:*327*
Van Rijsbergen, C. J., **19**:181, **19**:*227*, **24**:288, **24**:291, **24**:293, **24**:*313*, **24**:*317*
Van Rosendale, J., **35**:272, **35**:275, **35**:*322*
Van Ryzin, J. N., **19**:114, **19**:*227*
van Schouwen, **41**:194, **41**:*229*
Van Scoy, F. L., **23**:350, **23**:*354*
Van Slack, T., **42**:58, **42**:*75*
van Sluysters, R. C., **36**:232, **36**:*250*
van Slype, G., **49**:40, **49**:43, **49**:*67*

Van Tassel, T., **4**:154 (74), **4**:*165*
Van Tilbor, H. C. A., **22**:49, **22**:93, **22**:*103*
van Tilborg, H., **30**:189, **30**:*217*
van Tilborg, J., **30**:190, **30**:*222*
Van Voorhis, D., **23**:308, **23**:*354*
Van Warren, I., **35**:298, **35**:*321*
Van Wegan, B., **46**:118, **46**:*157*
Van Wijngaarden, A., **10**:12 (61), **10**:45 (61), **10**:49 (61), **10**:61 (61), **10**:*78*
Vanaken, J., **20**:*196*
VanBrunt, E. E., **16**:132, **16**:137, **16**:146, **16**:152, **16**:*178*, **16**:*181*
Vance, C., **44**:188, **44**:*214*
Vancil, R. F., **12**:41 (3), **12**:*71*
VanCura, L. J., **16**:140, **16**:141, **16**:*181*
Vand, V., **5**:275 (44), **5**:*286*
Vandebo, P., **34**:294, **34**:*382*
Vandemeulebroecke, A., **34**:176, **34**:*234*
Vander Linden, K., **47**:16, **47**:*64*
Vander Lugt, A. B., **28**:180, **28**:*226*
Vander Meulen, S. G., **12**:*281*
Vander Wiel, S. A., **42**:50, **42**:59, **42**:74, **42**:*75–76*
Vanderbilt, D. H., **10**:72, **10**:*78*, **12**:26, **12**:*36*
Vanderburgh, A., **28**:196, **28**:*226*
Vanderkulk, W., **26**:276, **26**:*278*
Vanderslice, R., **28**:*149*
Vanderwende, L., **49**:12, **49**:37, **49**:63, **49**:*65*
Vandewalle, J., **30**:189, **30**:*219*, **37**:*282*
Vandoren, V. J., **49**:*348*
Vanek, L., **35**:227, **35**:233, **35**:*254*
VanHorn, E. C., **8**:*43*
Vanker, A. D., **22**:202, **22**:*214*
Vanlommel, E., **19**:*324*
Vanneschi, M., **20**:180, **20**:*192*, **46**:364, **46**:*398*
Vannier, M. W., **47**:215, **47**:*246*
Vans, A. M., **39**:29, **39**:33, **39**:35, **39**:*49*, **40**:*1*, **40**:*4*, **40**:19, **40**:21, **40**:29, **40**:34, **40**:*38*, **49**:99, **49**:*141*
VanTassel, D., **12**:29, **12**:*36*
Vapnik, V. N., **5**:132 (42), **5**:*220*
Var, R. E., **5**:326 (342), **5**:*346*
Varadarajan, R., **29**:41, **29**:*43*
Varadhan, K., **48**:229, **48**:*253*
Varady, P., **12**:341, **12**:*410*
Varanasi, M. R., **24**:334, **24**:*371*

Vardi, M. Y., **26**:406, **26**:*443*, **32**:168, **32**:187, **32**:*197*, **32**:*199*
Varga, D., **11**:40 (80), **11**:*58*
Varga, L. Z., **46**:408, **46**:*437*
Varga, R. S., **2**:15, **2**:40, **2**:*53*, **2**:*54*, **3**:191, **3**:192 (19), **3**:196, **3**:197 (1), **3**:203, **3**:204 (19), **3**:205 (1), **3**:206 (1), **3**:226, **3**:227, **3**:228 (20, 21), **3**:229 (11), **3**:230 (19), **3**:240, **3**:*271*, **5**:291 (10), **5**:295 (22), **5**:312 (22), **5**:313 (151, 161), **5**:315 (10, 161), **5**:316 (10, 22, 151, 200, 201), **5**:317 (206, 209), **5**:318 (151, 213, 215), **5**:*326*, **5**:*327*, **5**:*335*, **5**:*338*, **5**:*339*
Varghese, J., **24**:160, **24**:*166*, **24**:*173*, **28**:16, **28**:36, **28**:38, **28**:*66*
Vargofcak, D., **5**:309 (184, 185), **5**:319 (184), **5**:*337*
Vari, A., **28**:*104*
Varian Data Machines, **24**:112, **24**:*176*
Varian, H. R., **44**:243, **44**:*281*, **46**:410, **46**:*437*
Varma, A., **26**:189, **26**:*199*
Vasarhelyi, M., **20**:18, **20**:*34*
Vasco, A., **42**:135, **42**:*237*
Vasconcellos, M., **49**:54, **49**:*68*
Vasil'ev, G. F., **2**:185 (44), **2**:*291*
Vasilenko, S. N., **29**:301, **29**:*325*
Vasilevskij, A. L., **11**:44 (89), **11**:*58*
Vassiliou, Y., **33**:151, **33**:*168*
Vastola, E. F., **16**:142, **16**:151, **16**:*181*
Vasudevan, N., **30**:178, **30**:*220*
Vaswani, P. K. T., **11**:80, **11**:*125*
Vasyuchkova, T. D., **18**:240, **18**:*287*
Vaudin, G., **49**:267, **49**:*300*
Vaughan, W. S., Jr., **11**:325, **11**:*390*
Vaughn, L., **4**:157 (95), **4**:*167*
Vauquois, B., **11**:38 (75), **11**:*53*, **11**:*57*, **49**:*68*
Vazirani, U. V., **26**:127, **26**:*151*, **26**:*152*
Vazsony, A., **8**:*45*
Vazsonyi, A., **2**:*376*, **20**:7, **20**:14, **20**:*36*
Veaner, A. B., **21**:345, **21**:*421*
Veasey, L. G., **3**:333 (69), **3**:*346*
Vecchi, M. P., **33**:*239*, **36**:229, **36**:*252*, **45**:158, **45**:170, **45**:*196*
Vedel, E., **34**:319, **34**:*389*
Veen, A. H., **37**:286, **37**:295, **37**:*332*
Veenhuis, A. A. M., **35**:338, **35**:*370*
Veeraraghavan, M., **31**:204–205, **31**:216, **31**:218, **31**:*231*, **31**:*233*
Vegdahl, S. R., **24**:160, **24**:*176*, **37**:291, **37**:*32*
Veidenbaum, A. V., **40**:166–167, **40**:*176*, **40**:*178*
Veidinger, L., **2**:*126*
Veijalainen, J., **32**:151, **32**:156, **32**:160, **32**:168, **32**:194, **32**:*197*, **32**:*200*, **48**:142, **48**:151, **48**:*178*
Veillon, G., **11**:38 (75), **11**:*57*
Veitsman, V., **29**:298, **29**:*329*
Vekua, I. N., **2**:73, **2**:74 (11. 10), **2**:75, **2**:*128*
Velichko, V. M., **11**:209, **11**:*229*
Velikhov, E. P., **29**:252, **29**:275, **29**:276, **29**:309, **29**:310, **29**:311, **29**:313, **29**:318, **29**:319, **29**:*329*
Vellasco, M., **34**:174–175, **34**:*234*
Vellet, A. D., **47**:216, **47**:*251*
Vemuri, R., **45**:188, **45**:189, **45**:*195*
Vemuri, V., **36**:204, **36**:206, **36**:222, **36**:228, **36**:235, **36**:240, **36**:248–249, **36**:*250*, **36**:*252*, **36**:*254*
Venable, J., **34**:*391*
Venables, W. N., **46**:199, **46**:222, **46**:*234*
Vencovska, A., **36**:308, **36**:*330*
Venema, W., **48**:224, **48**:*254*
Venetsanopoulos, A. N., **17**:170, **17**:207, **17**:*219*, **17**:*221*
Venkataraman, G., **36**:219, **36**:*254*, **44**:186, **44**:*216*
Venkataraman, S. T., **33**:*237*, **33**:*238*, **33**:*244*, **42**:249, **42**:251, **42**:260, **42**:264–265, **42**:*268*
Venkatesh, A., **39**:271, **39**:*293*
Venkatesh, G. A., **43**:31–32, **43**:*46*, **43**:*49*
Venkatesh, S. S., **33**:*241*, **36**:220, **36**:*253*
Venkatesh, Y. V., **34**:*291*
Venkatraman, N., **47**:353, **47**:*366*
Verber, C. M., **28**:210, **28**:211, **28**:*226*
Verbinski, V. V., **5**:232 (268), **5**:*342*
Vercoe, B., **36**:139, **36**:147, **36**:149, **36**:*201*
Vere, S., **24**:202, **24**:*216*
Vergo, J., **47**:51, **47**:*62*
Verhoeff, J., **11**:69, **11**:*125*
Verity, J. W., **32**:*305*
Verlage, M., **41**:*1*, **41**:28–29, **41**:45, **41**:53, **41**:56, **41**:*60*, **41**:*63*, **46**:82, **46**:*107*

Verlande, M., **47**:227, **47**:*248*
Verleysen, M., **34**:176, **34**:*234*
Verma, P., **42**:113–114, **42**:*116*
Verma, T. S., **38**:75, **38**:*142*
Vermeland, R. E., **45**:116, **45**:*151*
Vermeulen, P., **47**:*65*
Vermillion, W. H., **12**:*173*
Vernam, G. S., **30**:203, **30**:*222*
Verner, J., **39**:88, **39**:*105*
Verner, V. D., **29**:297, **29**:*329*
Vernieres, F., **26**:*92*
Vernon, A., **42**:127, **42**:*239*
Vernon, M. K., **29**:145, **29**:*188*, **40**:*178*
Verplank, B., **33**:154, **33**:*170*, **36**:350, **36**:395, **36**:*429*
Verplank, W. L., **33**:154, **33**:*170*, **36**:350, **36**:*419*
Verrall, J. L., **30**:91, **30**:108, **30**:112, **30**:136, **30**:*169*, **45**:212, **45**:214, **45**:*266*, **46**:166, **46**:170, **46**:219, **46**:*233*
Verriest, E. I., **28**:211, **28**:*223*, **28**:*225*
Verrijn-Stuart, A. A., **34**:294, **34**:296, **34**:*390*
Vertelney, L., **47**:89, **47**:*140*
Vescovi, M., **38**:89, **38**:120, **38**:*140*, **38**:*143*
Vessey, I., **39**:27, **39**:34, **39**:*49*, **40**:*4*, **40**:10, **40**:29, **40**:31, **40**:33–34, **40**:*38*
Vessey, J. T., **46**:401, **46**:*437*
Vetter, M., **30**:*83*
Vetter, R., **44**:285, **44**:287, **44**:316, **44**:*330*
Vetterling, W. T., **35**:108, **35**:*133*, **36**:*253*, **43**:261–264, **43**:*277*
Veyrunes, J., **11**:38 (75), **11**:*57*
Vezza, A., **19**:263, **19**:266, **19**:297, **19**:305, **19**:*326*
Vicario, E., **40**:68, **40**:*121*
Vicens, P. J., **11**:200, **11**:204, **11**:210 (99, 158), **11**:210 (158), **11**:212 (99), **11**:*226*, **11**:*229*
Vicente, K. J., **32**:210, **32**:*253*, **36**:*429*
Vicinanza, S., **44**:103, **44**:114, **44**:*124–125*
Vick, C. R., **26**:400, **26**:408, **26**:413, **26**:*441*
Vickery, B. C., **6**:9, **6**:*30*, **24**:*317*
Vidal, E., **49**:*64*

Vidal, J. J., **19**:120, **19**:*226*
Vidal, J. M., **48**:261, **48**:263, **48**:285, **48**:*309*
Vidal, V. M. P., **32**:165, **32**:172, **32**:*196*
Vidyasagar, M., **33**:*243*
Vidyasankar, K., **32**:169, **32**:*200*
Viergever, M. A., **38**:*190*, **47**:190, **47**:*249*
Vigdorchik, G. V., **29**:305, **29**:*329*
Vigier, P., **32**:158, **32**:159, **32**:169, **32**:175, **32**:176, **32**:193, **32**:*199*, **32**:*200*
Viitanen, J., **44**:*217*
Vijaykumar, T., **46**:324, **46**:*327*
Viljamaa, P., **47**:*292*
Viljoen, N., **44**:206, **44**:*217*
Villalba, M., **34**:64–65, **34**:70, **34**:88, **34**:*111*
Villemin, F. Y., **34**:149, **34**:*156*
Vin, H., **47**:319, **47**:324, **47**:*340*
Vin, H. M., **47**:*340*
Vincena, K., **36**:383–384, **36**:412, **36**:*429*
Vincken, K. L., **38**:*190*
Vinek, G., **35**:51, **35**:67, **35**:*80*, **39**:151, **39**:*188*, **43**:123, **43**:*139*, **46**:40, **46**:77, **46**:*104*
Vinod, H. D., **19**:162, **19**:*228*
Vinograd, C., **5**:*226*
Vinogradov, I. M., **22**:64, **22**:67, **22**:73, **22**:77, **22**:78, **22**:*107*
Vinokurov, V., **29**:256, **29**:*329*
Vinoski, S., **48**:3, **48**:25, **48**:97, **48**:*118*
Vinsonhaler, J., **18**:184, **18**:*229*
Vinter, S. T., **29**:41, **29**:*43*
Vinton, C., **42**:131, **42**:*238*
Viredaz, M., **44**:202, **44**:*212*
Virzi, R., **36**:*429*
Visa, **48**:248, **48**:*255*
Visaggio, G., **43**:2, **43**:*46–47*
Vishkin, U., **23**:298, **23**:342, **23**:345, **23**:350, **23**:*353*, **23**:*354*, **26**:100, **26**:108, **26**:111, **26**:112, **26**:130, **26**:133, **26**:135, **26**:*149*, **26**:*152*, **26**:*153*
Visner, S., **5**:323 (263b), **5**:*342*
Viso, E., **18**:*171*
Vissers, C. A., **29**:107, **29**:109, **29**:126, **29**:*193*, **29**:*194*, **49**:72, **49**:*94*
Vitalari, N., **20**:3, **20**:*36*, **39**:271, **39**:*293*
Vitali, F., **46**:350, **46**:*395*
Vitányi, P., **47**:149, **47**:*183*

Vitek, J., **40**:196, **40**:227, **40**:247, **40**:*251*
Viterbi, **47**:20, **47**:*65*
Vitter, J. S., **26**:148, **26**:*153*
Vivian, W. E., **28**:190, **28**:193, **28**:*222*
Vlcek, J., **5**:88, **5**:*106*, **5**:*107*
Vlissides, **47**:257, **47**:274, **47**:279, **47**:285, **47**:287, **47**:290, **47**:*291*
Vlissides, J., **47**:*292*, **48**:23, **48**:57, **48**:82, **48**:86, **48**:87, **48**:103, **48**:105, **48**:*115*
Voas, J., **41**:222–223, **41**:226, **41**:*228*
Voas, J. M., **41**:222, **41**:*229*, **46**:164, **46**:*234*
Vodiankin, A., **29**:*329*
Vodicka, V., **2**:117, **2**:*133*
Voedisch, A., **4**:*241*
Voegeli, O., **17**:242, **17**:*280*
Voelker, M., **31**:293, **31**:*323*
Voermans, W. T., **17**:233, **17**:*280*
Vogel, D., **34**:*384*, **34**:*391*
Vogel, D. R., **42**:43, **42**:*76*, **45**:296, **45**:*319*
Vogel, M., **47**:215, **47**:*252*
Vogel, S., **49**:*64*
Vogel, W., **2**:*375*
Vogeli, B. R., **18**:*265*, **18**:*283*
Voidrot, J.-F., **49**:97, **49**:112, **49**:*141*
Voigt, R. G., **19**:79, **19**:*111*, **46**:402, **46**:*437*
Volder, J. E., **6**:186, **6**:*194*
Volf, J., **35**:97, **35**:*132*
Volin, V. S., **44**:204, **44**:*213*
Volinez, G., **5**:249, **5**:*255*
Volk, E. R., **5**:312 (143), **5**:326 (337), **5**:*334*, **5**:*345*
Volkenstein, M. V., **31**:292, **31**:296, **31**:*323*
Voll, J., **48**:69, **48**:*115*
Vollmann, T. E., **45**:191, **45**:*195*
Vollsness, A. O., **36**:163, **36**:*197*
Volokobinskii, M., **2**:179, **2**:*291*
Voloshin, Yu. M., **5**:24 (68), **5**:49, **5**:51 (16), **5**:52 (16), **5**:*106*, **5**:*108*
Volper, D. J., **26**:*150*
Volterra, V., **2**:49, **2**:*54*
Voltz, R. A., **34**:269–270, **34**:*291*
Volz, R. A., **40**:197, **40**:*253*
von Ardenne, M., **2**:187 (44a), **2**:237, **2**:*291*, **9**:7 (12), **9**:*21*
von Bertalanffy, L., **5**:116, **5**:*218*, **11**:362, **11**:*390*

von Birgelen, C., **47**:216, **47**:227, **47**:*245*, **47**:*252*
von Bochman, G., **49**:147, **49**:148, **49**:*188*
von der Malsburg, C., **37**:348, **37**:*424*
von Eicken, T., **45**:127, **45**:*151*, **46**:290, **46**:295, **46**:*326*, **49**:248, **49**:271, **49**:*297*
von Foerster, H., **5**:110 (3, 4), **5**:116, **5**:132, **5**:135, **5**:*218*, **5**:*220*, H., **37**:377, **37**:*424*
von Forester, H., **31**:242, **31**:*324*
von Halle, B., **30**:74–75, **30**:*82*
von Hanxleden, R., **45**:120, **45**:146, **45**:147, **45**:*150*, **45**:*151*, **49**:261, **49**:*302*
von Henke, F. W., **33**:18, **33**:30, **33**:57, **33**:*64*, **35**:203, **35**:*253*, **36**:92, **36**:*109*
Von Herzen, B. P., **47**:227, **47**:*248*
Von Hippel, A., **2**:155 (4), **2**:221 (4), **2**:*289*
von Holdt, R. E., **7**:285 (34), **7**:*289*
von Keller, T. G., **11**:209, **11**:*229*
von Kempelen, W., **11**:185, **11**:*229*
von Kiedrowski, G., **47**:180, **47**:*183*
von Mayrhauser, A., **39**:1–2, **39**:4–5, **39**:9–10, **39**:12, **39**:17, **39**:19–20, **39**:23, **39**:29, **39**:33–35, **39**:39–41, **39**:43, **39**:*48–49*, **40**:*1*, **40**:*4*, **40**:19, **40**:21, **40**:29, **40**:34, **40**:*38*, **41**:17, **41**:*63*, **46**:174, **46**:*234*, **49**:99, **49**:141, **49**:144, **49**:145, **49**:146, **49**:150, **49**:152, **49**:153, **49**:171, **49**:174, **49**:175, **49**:187, **49**:188, **49**:189, **49**:*190*
von Mises, R., **12**:333, **12**:*414*
von Neumann, **26**:52, **26**:221
von Neumann, J., **1**:52 (13), **1**:65 (13), **1**:*87*, **1**:232 (1), **1**:*308*, **2**:392, **2**:402 (113), **2**:414 (109, 111, 113), **2**:415, **2**:*421*, **5**:156, **5**:*222*, **6**:147, **6**:149, **6**:167 (8), **6**:*191*, **6**:*227*, **9**:17, **9**:*21*, **11**:338 (14a), **11**:350, **11**:372 (148), **11**:*384*, **11**:*390*, **14**:187, **14**:*230*, **19**:86, **19**:*111*, **31**:242, **31**:*324*, **37**:169, **37**:172, **37**:*205*, **47**:142, **47**:146, **47**:149, **47**:156, **47**:173, **47**:174, **47**:*183*
von Ramm, O. T., **47**:208, **47**:215, **47**:216, **47**:221, **47**:226, **47**:*244*,

47:*252*, 47:*253*
von Reichardt, W., **5**:207, **5**:*225*
von Senden, M., **11**:202 (162), **11**:*229*
von Solms, S. H., **46**:247, **46**:*286*
Von Winkle, W. A., **28**:214, **28**:*222*
von Zahn, U., **2**:223 (58), **2**:*292*
vonder Muehll, H., **44**:202, **44**:*214*, **44**:*217*
Vonderohe, R. H., **20**:85 (44), **20**:*113*
Vonderrohe, R. H., **17**:166, **17**:*216*
Vondy, D. R., **5**:319 (216), **5**:*339*
Vonesh, M. J., **47**:216, **47**:*250*
Vonnegut, K., **34**:*391*
Voorbraak, F., **36**:319, **36**:*331*
Voorhees, E., **24**:*317*
Vora, C., **20**:168, **20**:191, **20**:*194*
Vorchheimer, B., **36**:370, **36**:*429*
Vorhaus, A. H., **12**:149 (20), **12**:*166*
Vorob'ev, A. D., **29**:305, **29**:*330*
Vorwerk, D., **47**:227, **47**:*248*
Vosbury, N. A., **26**:412, **26**:*443*
Vose, M. D., **45**:176, **45**:*195*
Vose, W. F., **47**:238, **47**:*247*
Voskresenskiy, G. P., **10**:88 (3), **10**:*106*
Voss, C., **49**:12, **49**:26, **49**:60, **49**:*68*
Voss, R. F., **36**:151, **36**:*201*, **49**:14, **49**:26, **49**:*60*
Vossen, P., **49**:12, **49**:*58*
Vossler, C., **5**:195, **5**:197, **5**:*223*, **11**:204, **11**:*229*
Votaw, D. F., **2**:*376*
Votta, L. G., **42**:43, **42**:45–46, **42**:50, **42**:52, **42**:54, **42**:59–61, **42**:63, **42**:65, **42**:67, **42**:74, **42**:*75–76*
Votteri, B. A., **22**:165, **22**:172, **22**:173, **22**:*213*, **38**:166, **38**:169, **38**:*180*
Voyush, V. I., **18**:*282*
Vranesic, Z., **34**:138, **34**:140, **34**:*156*, **44**:207–208, **44**:*218*
Vranish, J. M., **35**:90, **35**:*134*
Vrooman, H. T., **21**:405, **21**:*420*
Vsevolodov, N. N., **31**:293, **31**:*324*
Vuillemin, J., **22**:313, **22**:330, **22**:*352*, **23**:341, **23**:*353*
Vuong, S. T., **29**:96, **29**:114, **29**:117, **29**:181, **29**:*188*, **29**:*194*
Vyazalov, L. H., **5**:48 (67), **5**:*108*
Vyshnevskii, Iu. L., **29**:310, **29**:*330*
Vyssotsky, V. A., **8**:13 (11, 77), **8**:18 (77), **8**:32 (11), **8**:*42*, **8**:*45*

W

Wachendorf, F., **5**:241, **5**:*254*
Wacholder, E., **33**:217, **33**:*244*
Wachspress, E. L., **3**:193, **3**:194, **3**:195, **3**:196, **3**:204, **3**:206 (24), **3**:211, **3**:232, **3**:260, **3**:262, **3**:*272*, **5**:308 (116, 117), **5**:312 (145, 146a), **5**:313 (150), **5**:315 (145, 150), **5**:316 (145), **5**:318 (145, 150), **5**:319 (146a), **5**:*333*, **5**:*334*, **5**:*335*, **5**:*339*
Wachtel, M. M., **2**:180 (35), **2**:233 (35), **2**:*291*
Wacker, E. B., **11**:202, **11**:208 (60), **11**:212 (60), **11**:214, **11**:*225*
Wactlar, H. D., **8**:67, **8**:70 (30), **8**:78 (30), **8**:95 (55), **8**:97 (55), **8**:*100*, **8**:*102*, **48**:262, **48**:279, **48**:280, **48**:300, **48**:301, **48**:*314*
Wada, H., **34**:120, **34**:*156*
Wada, T., **38**:*195*
Waddell, W., Jr., **3**:306, **3**:*346*
Wade, B., **26**:*43*
Wade, B. W., **38**:10, **38**:*70*
Wade, J. P., **34**:171, **34**:191, **34**:202, **34**:*231*, **34**:*234*
Wade, J. W., **5**:326 (380), **5**:*348*
Wade, M., **35**:96, **35**:98, **35**:*133*
Wadge, W. W., **24**:156, **24**:*168*
Wadsworth, B., **6**:*295*
Wagers, R., **28**:230, **28**:260, **28**:*278*
Wagner, A., **24**:109, **24**:131, **24**:134, **24**:141, **24**:164, **24**:165, **24**:*170*, **24**:*175*, **28**:21, **28**:41, **28**:*64*
Wagner, E. G., **22**:310, **22**:312, **22**:316, **22**:324, **22**:*351*
Wagner, G., **16**:152, **16**:*181*
Wagner, H. M., **2**:303, **2**:322, **2**:323, **2**:*376*, **12**:39 (28), **12**:48 (27), **12**:52 (28), **12**:*72*
Wagner, K., **28**:161, **28**:174, **28**:*225*, **49**:72, **49**:*93*
Wagner, M., **29**:245, **43**:2, **43**:*48*
Wagner, R. A., **19**:213, **19**:*228*
Wagner, R. K., **28**:240, **28**:*277*
Wagner, R. R., **35**:51, **35**:*79*
Wagner, T. D., **40**:161, **40**:*178*
Wagnon, G., **24**:161, **24**:*176*
Wagoner, W. L., **30**:90, **30**:112, **30**:*170*
Wagschal, J. J., **33**:217, **33**:218, **33**:*234*

Wah, B. W., **28**:127, **28**:145, **28**:*151*, **38**:199, **38**:202, **38**:205, **38**:218, **38**:230, **38**:232–233, **38**:235, **38**:*243–244*
Wahl, A. C., **21**:298, **21**:*330*
Wahl, M., **48**:240, **48**:*255*
Waibel, A., **31**:*173*, **47**:15, **47**:40, **47**:*66*, **49**:40, **49**:*68*
Waidner, M., **44**:254, **44**:256, **44**:261, **44**:*281–282*
Waite, W. M., **12**:145, **12**:*173*
Waitzman, D., **48**:233, **48**:*255*
Wakahara, Y., **29**:116, **29**:136, **29**:*188*
Wakatani, A., **44**:182, **44**:*215*
Wakayama, H., **42**:161, **42**:*239*
Wake, N., **37**:158–159, **37**:*163*
Wakefield, J. S., **38**:161, **38**:*181*
Wakeman, L., **41**:171, **41**:*189*
Waksman, A., **15**:40, **15**:*60*, **19**:86, **19**:*109*, **26**:*197*, **26**:*199*
Waku, S., **35**:93–94, **35**:97, **35**:100, **35**:*133*
Walbran, V. A., **5**:309 (171), **5**:*336*
Wald, A., **12**:341, **12**:*414*
Wald, L. D., **30**:8, **30**:*37*, **34**:169, **34**:188, **34**:215, **34**:*226*, **34**:*234*
Waldbusser, S., **48**:241, **48**:*252*
Walden, D. C., **16**:190, **16**:*219*, **17**:165, **17**:166, **17**:167, **17**:168, **17**:184, **17**:187, **17**:195, **17**:*217*, **17**:*218*, **17**:*219*, **17**:*221*, **20**:73, **20**:*82*
Walden, W., **1**:170 (5), **1**:*192*, **18**:60, **18**:*116*, **29**:198, **29**:*249*
Waldenstein, R. H., **24**:300, **24**:*316*
Waldinger, R. J., **13**:201, **13**:202, **13**:203, **13**:*228*, **13**:*230*, **13**:*231*, **15**:4, **15**:8, **15**:31, **15**:32, **15**:33, **15**:35, **15**:36, **15**:40, **15**:47, **15**:48, **15**:49, **15**:52, **15**:55, **15**:56, **15**:*60*, **15**:*61*, **15**:*62*, **15**:*63*, **22**:338, **22**:*352*, **37**:21, **37**:34, **37**:45, **37**:*56*
Waldman, H., **20**:3, **20**:*36*
Waldo, J., **48**:3, **48**:*118*
Waldron, C. A., **47**:190, **47**:*246*
Waldschmidt, D., **34**:227, **34**:*234*
Walford, R. B., **26**:*278*
Waligora, S., **41**:15, **41**:*59*, **41**:67, **41**:73, **41**:78, **41**:*82*, **46**:50, **46**:72, **46**:*102*, **46**:*106*, **46**:221, **46**:*232*
Walk, K., **20**:252, **20**:*257*, **24**:154, **24**:*172*, **36**:54, **36**:*109*
Walker, A. C., **10**:269, **10**:*273*, **28**:168, **28**:*226*
Walker, A. M., **21**:411, **21**:*420*
Walker, B., **23**:317, **23**:318, **23**:*351*, **35**:278, **35**:*324*
Walker, C. F., **44**:23, **44**:*55*
Walker, D., **28**:4, **28**:*63*
Walker, D. E., **8**:156, **8**:*188*, **11**:173 (163, 164), **11**:*229*, **13**:183, **13**:*232*, **17**:90, **17**:91, **17**:*162*, **31**:112, **31**:*173*, **31**:342, **31**:*377*
Walker, D. W., **45**:141, **45**:*152*
Walker, J. A., **44**:24, **44**:52, **44**:*57*
Walker, M. A., **18**:*172*
Walker, M. R., **2**:317, **2**:*372*
Walker, P. D., **11**:344 (150), **11**:*390*
Walker, R., **37**:276, **37**:277, **37**:*281*, **37**:*283*
Walker, R. M., **11**:186 (30), **11**:*223*
Walker, S., **30**:176, **30**:*222*
Walker, T., **34**:170, **34**:*230*
Walker, T. G., **6**:*295*
Walker, T. P., **12**:*173*
Walkowicz, J. L., **20**:214, **20**:*258*
Walkup, E. A., **40**:75, **40**:*122*
Wall D. W., **41**:*253*
Wall, L. C., **12**:*410*, **48**:209, **48**:*218*
Wallace, D., **35**:179, **35**:*184*, **42**:9, **42**:29, **42**:*36*
Wallace, D. L., **10**:188, **10**:*216*
Wallace, D. R., **33**:53, **33**:*65*, **43**:11, **43**:42, **43**:*48*
Wallace, E. M., **12**:*174*
Wallace, J. J., **21**:95, **21**:111, **21**:117, **21**:129, **21**:*153*, **26**:214, **26**:266, **26**:*279*
Wallace, R., **48**:261, **48**:263, **48**:285, **48**:*309*
Wallace, T. P., **35**:117–118, **35**:*134*
Wallace, V. L., **32**:230, **32**:*250*
Wallach, M. A., **11**:350, **11**:*387*
Wallanu, K. C., **41**:139, **41**:*155*
Wallenstein, H., **22**:*43*
Wallentine, V. E., **19**:*60*, **35**:307, **35**:314–315, **35**:*319*
Waller, W. G., **24**:293, **24**:303, **24**:*314*, **24**:*317*
Wallerstein, I., **35**:*371*
Walley, P., **36**:324, **36**:*331*

Wallich, P., **23**:95, **23**:113, **23**:*140*
Wallis, L., **34**:*234*
Wallis, P. J. L., **33**:25, **33**:27, **33**:29, **33**:30, **33**:53, **33**:*63*
Wallmeier, E., **44**:318, **44**:325, **44**:*328*
Walls, J., **49**:145, **49**:171, **49**:174, **49**:*189*
Walser, R., **34**:250, **34**:*285*
Walsh, J. L., **2**:62 (5. 3), **2**:78, **2**:79, **2**:80 (13. 2), **2**:82, **2**:83, **2**:*124*, **2**:*129*, **2**:*130*, **10**:287 (1), **10**:*289*, **22**:102, **22**:*107*
Walsh, P., **46**:118, **46**:*156*
Walston, C. E., **9**:115, **9**:*178*, **18**:131, **18**:132, **18**:*172*, **19**:280, **19**:*327*, **24**:13, **24**:22, **24**:33, **24**:*60*, **44**:89, **44**:*124*
Walter, B., **29**:96, **29**:144, **29**:145, **29**:*194*
Walter, C. M., **7**:*289*
Walter, D. C., **38**:*189*
Walter, G. O., **10**:147 (26), **10**:*174*
Walter, I. M., **34**:*291*
Walter, K. G., **29**:5, **29**:12, **29**:21, **29**:*45*
Walter, S., **47**:224, **47**:*251*
Walter, W. G., **5**:157, **5**:207, **5**:*222*, **6**:65 (103), **6**:*88*
Walters, G. F., **41**:67, **41**:*82*
Walters, R., **5**:250 (77), **5**:*255*
Walther, G. H., **29**:54, **29**:*76*
Walton, J. J., **8**:95 (56), **8**:98 (56), **8**:*102*
Walton, R. E., **39**:259, **39**:264–265, **39**:*291*, **39**:*293*, **43**:*213*
Waltrous, R. L., **31**:128, **31**:*173*
Waltz, D. J., **17**:90, **17**:91, **17**:*162*, **30**:28, **30**:*37*, **33**:176, **33**:*244*
Wan, E. A., **36**:*254*
Wand, M., **22**:312, **22**:316, **22**:*353*
Wand, Y., **43**:86, **43**:*139*
Waner, S., **31**:242, **31**:*321*
Wang, **33**:104, **33**:*114*
Wang, A., **32**:4, **32**:*98*
Wang, A. C., **18**:173, **18**:*229*
Wang, A. R., **32**:4, **32**:82, **32**:91, **32**:94, **32**:*97*
Wang, B. L., **35**:355, **35**:*371*
Wang, C., **32**:169, **32**:*200*
Wang, C. H., **38**:*190*
Wang, E. T. G., **47**:343, **47**:*367*
Wang, G.-N., **38**:*195*
Wang, H., **2**:380, **2**:383 (10), **2**:389, **2**:396, **2**:400, **2**:*416*, **2**:*421*
Wang, J., **49**:287, **49**:*302*
Wang, J.-S., **44**:190, **44**:*213*
Wang, J. T. L., **40**:189, **40**:244, **40**:*255*
Wang, K., **38**:*187*
Wang, K-Y., **34**:135, **34**:*154*
Wang, L., **45**:148, **45**:*152*
Wang, M., **37**:*332–333*
Wang, N.-H., **46**:405, **46**:*436*
Wang, P. P., **28**:*104*, **32**:177, **32**:191, **32**:*198*
Wang, S., **38**:*193*
Wang, S.-Y., **11**186, **11**:*228*, **11**:*230*
Wang, T. P., **38**:*186*
Wang, W. H., **40**:156, **40**:160, **40**:*176*
Wang, X. F., **47**:216, **47**:*253*
Wang, Y., **32**:*148*, **36**:6, **36**:*40*, **37**:156, **37**:*165*, **39**:112, **39**:*187*
Wang, Y. F., **34**:73–77, **34**:102, **34**:*111*
Wang, Y. R., **28**:258, **28**:*276*
Wang, Ye-Yi, **49**:40, **49**:*68*
Wang, Z., **23**:51, **23**:*91*, **36**:267–268, **36**:324, **36**:*332*
Wangler, B., **40**:204, **40**:248, **40**:*252*
Wanlass, C. L., **11**:232 (3), **11**:*316*
Wanlass, F. M., **9**:183 (86), **9**:*238*
Wanlass, S. D., **11**:232 (3), **11**:*316*
Wann, D. F., **26**:196, **26**:*197*, **26**:*199*
Wann, L. S., **47**:215, **47**:*252*
Warburton, C. R., **12**:*168*
Ward, B., **40**:103, **40**:*123*
Ward, B. T., **44**:53, **44**:*58*
Ward, F., **33**:*305*
Ward, J., **46**:111, **46**:112, **46**:129, **46**:138, **46**:147, **46**:150, **46**:151, **46**:*157*
Ward, J. E., **7**:283 (28), **7**:*288*
Ward, J. H., Jr., **12**:388, **12**:*414*, **19**:150, **19**:*228*
Ward, L. E., Jr., **2**:*376*
Ward, M., **34**:*291*
Ward, M. R., **43**:245, **43**:249, **43**:*276*
Ward, P., **32**:166, **32**:167, **32**:169, **32**:177, **32**:189, **32**:*200*, **35**:150, **35**:158–159, **35**:*181*, **35**:*184*, **46**:95, **46**:*107*
Ward, P. T., **42**:14, **42**:*36–37*
Ware, W. H., **12**:3, **12**:9, **12**:*36*, **16**:242, **16**:*335*, **18**:234, **18**:*287*, **23**:255, **23**:256, **23**:*293*
Warford, J. J., **35**:340, **35**:348, **35**:*370*
Warga, J., **2**:*377*
Warger, A., **38**:170, **38**:*181*

Wargo, P., **2:**181 (39), **2:***291*
Warman, E. A., **28:**2, **28:***66*
Warmuth, M. K., **33:***242*
Warner, H. R., **3:**333 (69), **3:***346*, **16:**141, **16:**175, **16:***181*, **16:***182*
Warner, M., **23:**254, **23:***294*
Warner, R. M., Jr., **9:**182, **9:**200 (87), **9:***238*, **9:**287 (17), **9:***353*
Warner, S. L., **16:**320, **16:***335*
Warnier, J. D., **26:**411, **26:**412, **26:***443*
Warnock, T., **29:**245
Warren, D., **22:**182, **22:***216*, **24:**259, **24:***275*, **38:**41, **38:***71*
Warren, D. W., **5:**367 (16), **5:***377*
Warren, J. D., **35:**291, **35:***321*, **43:**3, **43:**13, **43:***46*
Warren, P. S., **47:**216, **47:***246*, **47:***253*
Warren, R. W., **4:**222 (50, 60), **4:***242*
Warren, S., **16:**222, **16:**243, **16:**255, **16:***335*
Warrington, J. A., **5:**326 (386), **5:***348*
Warschko, T., **49:**276, **49:***301*
Warshall, S., **7:**99, **7:***116*, **7:**163 (65, 66), **7:***180*, **14:**52, **14:***76*, **16:**106, **16:***125*
Warshaw, S. D., **6:**275, **6:***295*
Warslow, M., **9:**266, **9:***284*
Wartik, S. P., **34:***57*
Warty, P., **42:**79, **42:***116*
Warwick, W. J., **38:***189*
Waser, J., **5:**279 (54), **5:***286*
Washizu, K., **2:***132*
Wasilkowski, G. W., **23:**40, **23:**43, **23:**50, **23:**51, **23:**59, **23:**64, **23:**65, **23:**67, **23:**69, **23:**70, **23:**76, **23:**78, **23:**82, **23:**83, **23:**85, **23:**87, **23:**89, **23:**90, **23:**91, **23:***92*
Waskell, E., **32:**256, **32:***304*
Waskow, J., **38:**305, **38:***315*
Wasley, R. S., **12:***71*
Wasmundt, K. C., **28:**204, **28:***222*
Wasou, W., **2:**13, **2:**22, **2:***52*, **3:**191 (8), **3:**195 (8), **3:**263 (8), **3:***271*, **5:**315 (199), **5:***338*
Wasowski, S., **29:***330*
Wasserman, A., **24:**127, **24:***171*, **41:**165, **41:**188, **41:***189*
Wasserman, A. I., **22:**114, **22:**119, **22:**131, **22:**136, **22:**137, **22:**149, **22:**153, **22:***159*, **22:***160*, **22:***161*, **36:**415, **36:***429,* **43:**69–70, **43:***139*

Wasserman, H., **49:**246, **49:***301*
Wasserman, J. J., **12:**31, **12:***36*
Wasserman, P. D., **33:***244*
Wasserman, R., **4:**286 (26), **4:***303*
Watanabe, H., **49:**37, **49:***63*
Watanabe, S., **12:**363, **12:***414*, **13:**218, **13:***231*, **19:**121, **19:***221*, **19:***228*, **36:**305, **36:***332*
Watanabe, T., **31:***171*
Wataya, H., **49:**335, **49:***348*
Waterman, D., **22:**166, **22:**182, **22:***212*
Waterman, D. A., **13:**212, **13:***231*, **22:**164, **22:**176, **22:**203, **22:***213*, **22:***216*, **26:***44*, **28:**2, **28:***64*, **28:**258, **28:***278*, **38:**166, **38:**168–169, **38:***177*, **38:***181*, **43:**117, **43:***139*
Waters, J. R., **6:***296*
Waters, R., **34:***56*
Waters, R. C., **37:**38, **37:**50, **37:***56–57*, **47:**86, **47:***140*
Waterworth, J. A., **36:***420*
Watkins, G. S., **16:**22, **16:***55*
Watkins, S. A., **11:**186 (27), **11:***223*
Watkins, S. W., **16:**214, **16:***219*, **17:**195, **17:***220*
Watkinson, G., **16:**140, **16:**141, **16:***180*
Watson, E. J., **10:**89, **10:***108*
Watson, G. N., **10:**82, **10:***108*
Watson, H. C., **5:**275 (41), **5:**278 (41), **5:**279 (41), **5:***286*
Watson, H. J., **23:**142, **23:***175*, **40:**195, **40:***254*
Watson, I., **34:**145, **34:***156*, **34:**173, **34:***231*, **34:***233*, **37:**286–287, **37:**292–293, **37:**295, **37:***331*, **44:**191, **44:***218*
Watson, J. K., **19:***61*, **19:***62*
Watson, P. G., **15:***283*
Watson, R. C., **16:**167, **16:***182*
Watson, R. W., **16:**213, **16:***216*
Watson, T., **48:**167, **48:**171, **48:**172, **48:**177, **48:***178*
Watson, V., **33:**282, **33:**293, **33:**295, **33:***305*
Watson, W. J., **15:**158, **15:***179*, **20:***196*, **20:***197*, **34:**118, **34:**120, **34:***156*
Watt, A., **47:**227, **47:***253*
Watt, D. H., **24:**345, **24:***376*

Watt, M., **47**:227, **47**:*253*
Watt, W. C., **12**:*412*, **13**:218, **13**:*231*, **33**:147, **33**:*170*
Wattanabe, S., **5**:129, **5**:*219*
Watters, R. J., **26**:214, **26**:*279*
Watts, L., **43**:207, **43**:*214*
Watts, T. L., **6**:*295*
Wauchope, K., **47**:40, **47**:*66*
Waugh, M., **45**:335, **45**:*355*
Wauters, P., **40**:107, **40**:*124*
Waxman, B. D., **16**:141, **16**:*182*
Waxman, J., **33**:143, **33**:*167*
Way, A., **49**:48, **49**:*56*
Way, E. C., **36**:305, **36**:*329*
Waychoff, R., **7**:136 (61), **7**:*180*
Wayner, P., **34**:193, **34**:212, **34**:*234*
Weaver, G. E., **46**:332, **46**:*400*
Weaver, J. B., **9**:118 (43), **9**:*174*
Weaver, W. E., **1**:102, **1**:137 (17), **1**:*138*, **5**:116 (14), **5**:215 (14), **5**:*219*, **6**:38, **6**:40, **6**:48 (89), **6**:*87*, **10**:36 (55), **10**:*78*, **20**:15, **20**:*36*, **31**:328, **31**:333, **31**:*376–377*, **36**:257, **36**:*331–332*, **47**:7, **47**:*66*, **48**:260, **48**:*314*
Webb, J., **38**:198, **38**:*243*
Webb, J. A., **34**:129, **34**:*152–153*, **38**:198, **38**:*243*
Webb, J. W., **32**:228, **32**:*253*
Webb, K. W., **2**:322, **2**:*375*
Webb, N. J., **44**:187, **44**:*214*
Webber, B. L., **47**:10, **47**:18, **47**:*61*
Webber, M. J., **36**:306, **36**:*332*
Webber, M. M., **28**:31, **28**:*66*
Webber, W. R. S., **38**:*187*, **38**:*190*
Webby, R., **44**:92, **44**:*124*
Weber, C. F., **33**:217, **33**:218, **33**:*235*
Weber, C. V., **2**:*130*, **41**:98, **41**:117, **41**:126, **41**:*156*, **46**:9, **46**:12, **46**:32, **46**:44, **46**:53, **46**:58, **46**:66, **46**:*106*, **46**:*107*
Weber, D. G., **29**:41, **29**:*43*
Weber, E. V., **7**:188 (15), **7**:*193*
Weber, G., **47**:216, **47**:*249*
Weber, H., **12**:*280*
Weber, J., **38**:306, **38**:*316*
Weber, R., **43**:86, **43**:*139*
Weber, V., **47**:22, **47**:25, **47**:*66*
Webre, N., **6**:*295*
Webre, N. W., **33**:38, **33**:*65*
Webster, D., **34**:30, **34**:*55*

Webster, I. W., **16**:141, **16**:*180*
Webster, R., **44**:52, **44**:*56*
"Webster's New World Dictionary of Computer Terms", **37**:59, **37**:*117*
Wechsler, A., **16**:156, **16**:157, **16**:*178*
Wechsler, H., **32**:*148*
Wecker, S., **17**:185, **17**:206, **17**:*219*, **17**:*221*
Wedekind, J., **49**:21, **49**:22, **49**:24, **49**:28, **49**:*62*
Wedel, J., **35**:298, **35**:307, **35**:313, **35**:*321–322*
Weed, L. L., **16**:149, **16**:*182*, **38**:161, **38**:*181*
Weeks, D. G., **19**:123, **19**:*216*
Weeks, G. D., **33**:149, **33**:*167*
Weeks, M., **48**:69, **48**:*115*
Weeks, W. T., **26**:295, **26**:*334*
Weeldreyer, J., **35**:35, **35**:*79*
Weems, C., **34**:195, **34**:*233*, **49**:266, **49**:*302*
Weems, C. C., **46**:332, **46**:*400*, **49**:259, **49**:*298*
Weerawarana, S., **46**:402, **46**:404, **46**:405, **46**:411, **46**:412, **46**:415, **46**:417, **46**:421, **46**:*436*, **46**:*437*, **46**:*438*
Wegbreit, B., **10**:58, **10**:66, **10**:*78*, **14**:56, **14**:71, **14**:*75*, **14**:*76*, **22**:333, **22**:*353*
Wegener, H. A. R., **9**:229, **9**:230, **9**:*238*
Wegman, M. N., **22**:91, **22**:94, **22**:95, **22**:*107*, **30**:194, **30**:*222*, **48**:30, **48**:*115*
Wegner **47**:28, **47**:*45*
Wegner, N., **43**:58, **43**:69, **43**:105, **43**:112, **43**:*139*
Wegner, P., **10**:16 (55), **10**:23 (63), **10**:29 (65), **10**:35 (65), **10**:39 (64), **10**:41 (65), **10**:45 (25), **10**:61, **10**:71 (64), **10**:*76*, **10**:*78*, **13**:118, **13**:160, **13**:*168*, **18**:232, **18**:*287*, **21**:94, **21**:105, **21**:*154*, **24**:105, **24**:106, **24**:134, **24**:154, **24**:*176*, **28**:60, **28**:*67*, **35**:142–143, **35**:*181*, **35**:*183–184*, **43**:112, **43**:*134*
Wegner, P. N., **46**:333, **46**:334, **46**:*400*
Wehn, N., **40**:80, **40**:*123*
Wehner, G. K., **2**:229, **2**:*292*
Wehr, L. A., **19**:*60*
Wehrli, E., **49**:30, **49**:*68*

Wehrmeister, R., **49**:240, **49**:250, **49**:*296*
Wehrung, D. A., **44**:10, **44**:14, **44**:25, **44**:*57*
Wei, G.-Q., **43**:263, **43**:*277*
Wei, L., **48**:233, **48**:*253*
Wei, Y. H., **37**:309–310, **37**:330, **37**:*331*
Weibel, A., **37**:158, **37**:*165*
Weick, K. E., **40**:237, **40**:*255*
Weicker, R. P., **41**:234–235, **41**:*253*
Weide, B. W., **33**:28, **33**:33, **33**:51, **33**:*64*, **34**:1, **34**:*57*, **39**:*49*, **40**:69–70, **40**:75, **40**:*125*
Weiderhold, G., **26**:*45*
Weidner, T., **24**:102, **24**:*176*
Weigend, A. S., **36**:204, **36**:228, **36**:*254*
Weik, M. H., **1**:92, **1**:93, **1**:137 (3), **1**:*137*
Weil, M., **16**:*177*
Weil, W. H., **22**:349, **22**:*352*
Weiland, F., **35**:298, **35**:307, **35**:313, **35**:*320*, **35**:*322*
Weill, L., **43**:188, **43**:199, **43**:205, **43**:207, **43**:*214*
Weill, P., **46**:110, **46**:114, **46**:116, **46**:117, **46**:133, **46**:139, **46**:*155*, **46**:*157*
Wein, M., **16**:19, **16**:20, **16**:*55*
Weinberg, A. M., **5**:291 (11), **5**:297 (35), **5**:298 (35), **5**:303 (11), **5**:*327*, **5**:*328*, **31**:*377*
Weinberg, A., **49**:12, **49**:*59*
Weinberg, C. B., **28**:234, **28**:244, **28**:*277*
Weinberg, G. M., **4**:146 (48), **4**:*164*, **32**:235, **32**:*253*, **42**:*75*, **44**:32, **44**:*57*
Weinberg, P. L., **12**:155, **12**:*173*
Weinberg, S., **12**:*166*
Weinberg, V., **30**:56, **30**:*83*, **34**:299, **34**:*391*, **35**:10, **35**:*80*
Weinberger, A., **1**:233 (3), **1**:*308*, **3**:82 (12), **3**:*153*, **4**:283 (13, 14), **4**:*303*, **6**:146, **6**:151, **6**:163, **6**:*194*
Weinberger, H. F., **2**:78, **2**:*132*
Weinberger, N. M., **36**:*201*
Weinberger, P. J., **26**:*440*
Weindling, M. N., **9**:204, **9**:*238*
Weiner, J. M., **12**:354, **12**:*414*
Weiner, J. R., **3**:82 (6), **3**:*152*
Weiner, N., **5**:116, **5**:163, **5**:193, **5**:199, **5**:*218*, **33**:175, **33**:176, **33**:*244*
Weingarten, A., **12**:*174*
Weingarten, D., **34**:123, **34**:*152*

Weingarten, F. W., **22**:102, **22**:*107*
Weingarten, R., **42**:154, **42**:*234*
Weinreb, D., **33**:87, **33**:*114*
Weinreich, U., **24**:*275*
Weinstein, A., **2**:*130*, **2**:*131*
Weinstein, S., **33**:178, **33**:*242*
Weinstein, W., **5**:231, **5**:238, **5**:*252*, **5**:*254*
Weinstock, C. B., **26**:225, **26**:272, **26**:*279*, **42**:17, **42**:*33*, **46**:375, **46**:*397*
Weintraub, M. A., **38**:124, **38**:*143*
Weinwurm, G., **20**:9, **20**:*36*
Weir, D., **42**:133, **42**:*239*
Weisben, C. R., **33**:175, **33**:*239*
Weisbuch, G., **37**:*165*
Weise, D., **43**:34, **43**:*49*
Weiser, M., **32**:204, **32**:*252*, **33**:9, **33**:*65*, **45**:121, **45**:*153*, **47**:4, **47**:*66*, **49**:110, **49**:112, **49**:*141*
Weiser, M. D., **43**:2–3, **43**:11, **43**:18, **43**:38–39, **43**:*48–49*
Weiser, S. P., **40**:190–191, **40**:196, **40**:246, **40**:*252*
Weisfeld, M., **2**:62, **2**:*124*
Weisman, P. R., **38**:*189*
Weiss, A., **35**:298, **35**:315, **35**:*320*, **35**:*323*, **45**:57, **45**:*101*
Weiss, A. D., **7**:283 (29), **7**:*289*
Weiss, A. H., **31**:50, **31**:*98*
Weiss, D., **35**:140, **35**:*183*, **39**:71, **39**:*104*, **44**:140, **44**:*166*
Weiss, D. J., **18**:186, **18**:*229*
Weiss, D. M., **41**:67, **41**:*82*, **42**:45–46, **42**:51, **42**:*76*
Weiss, E., **22**:91, **22**:95, **22**:*104*
Weiss, E. C., **31**:338, **31**:*377*
Weiss, G., **2**:64 (6. 14), **2**:*125*, **2**:181, **2**:*291*
Weiss, H., **4**:2, **4**:*49*, **4**:153 (71), **4**:*165*
Weiss, J., **19**:122, **19**:*224*, **26**:*198*, **34**:140, **34**:*155*, **40**:165, **40**:*178*
Weiss, L., **47**:*140*
Weiss, M., **21**:*89*
Weiss, N., **47**:*58*
Weiss, P., **40**:191, **40**:*252*
Weiss, S., **22**:166, **22**:173, **22**:180, **22**:202, **22**:205, **22**:*216*, **22**:274, **22**:*293*, **38**:81, **38**:*143*
Weiss, S. F., **34**:23, **34**:*56*
Weiss, S. M., **26**:15, **26**:*45*
Weiss, S. N., **41**:218, **41**:*229*

Weiss, W. J., **38**:*186*
Weissenberg, G., **2**:251 (82), **2**:*293*
Weissman, C., **8**:*45*, **9**:69 (39), **9**:*111*,**12**:11, **12**:27, **12**:*36*
Weissman, L., **29**:51, **29**:*76*
Weitzendorf, T., **43**:196–197, **43**:*214*
Weizenbaum, J., **8**:39, **8**:*45*, **9**:84, **9**:116, **9**:*111*, **9**:*178*,**10**:12 (66), **10**:*78*, **12**:*174*, **13**:171, **13**:176, **13**:178, **13**:224, **13**:231, **23**:131, **23**:138, **23**:*140*, **24**:271, **24**:*275*, **47**:10, **47**:33, **47**:42, **47**:*66*
Weksel, W., **16**:141, **16**:*182*
Welch, B. L., **12**:328, **12**:*414*, **45**:292, **45**:*316*, **48**:122, **48**:142, **48**:171, **48**:173, **48**:176, **48**:201, **48**:*218*
Welch, P. D., **37**:63, **37**:*116*
Welch, R. V., **38**:131, **38**:*143*
Weld, D., **38**:78, **38**:93, **38**:*143*
Weldon, E. J., Jr., **26**:234, **26**:276, **26**:*279*
Weldon, L. J., **32**:245, **32**:*252*, **33**:151, **33**:*169*, **33**:*170*
Welford, A. T., **5**:205, **5**:*224*
Welke, R. J., **34**:296, **34**:*391*, **46**:44, **46**:*105*
Wellekens, C. J., **31**:128, **31**:*170*
Wellekens, J., **31**:112, **31**:*170*
Wellenius, B., **35**:340, **35**:348, **35**:*370*
Weller, D. R., **17**:171, **17**:*221*, **34**:*289*
Weller, E. F., **42**:57, **42**:71, **42**:*76*
Welles, K., II., **40**:76, **40**:*123*
Wellford, H., **17**:287, **17**:*316*
Wellings, A. J., **42**:15, **42**:*31*
Wellington, B., **48**:230, **48**:*254*
Wellisch, H., **31**:328, **31**:343, **31**:348, **31**:*377*
Wellman, B., **45**:289, **45**:*319*
Wellman, M. P., **48**:261, **48**:263, **48**:285, **48**:309, **48**:*311*
Wells, D., **30**:177, **30**:183, **30**:*218*
Wells, D. K., **26**:65, **26**:*92*
Wells, D. L., **22**:100, **22**:101, **22**:*103*
Wells, H. G., **48**:260, **48**:*314*
Wells, H. N., Jr., **6**:*227*
Wells, J. C., **11**:181, **11**:191, **11**:*230*
Wells, J. W., **12**:233 (39), **12**:*284*
Wells, M., **1**:170 (5), **1**:*192*, **18**:60, **18**:*116*, **29**:198, **29**:*249*
Wells, M. B., **5**:326 (362), **5**:*347*, **8**:67, **8**:*102*

Wells, O. C., **2**:246 (77), **2**:249 (77), **2**:*293*
Wells, P. N. T., **47**:191, **47**:202, **47**:203, **47**:208, **47**:240, **47**:*253*
Wells, P. T. N., **47**:202, **47**:*252*
Wells, R., **8**:154 (51), **8**:*188*
Wells, R. S., **36**:349, **36**:*424*
Wells, S., **18**:184, **18**:190, **18**:*227*
Wells, W. M., III., **32**:*148*
Welsch, R. J., **26**:430, **26**:*443*
Welsh, H. F., **3**:82 (6), **3**:*152*
Welsh, J., **35**:360, **35**:*324*
Welty, C., **22**:336, **22**:*353*, **33**:144, **33**:145, **33**:*170*
Wen, C. P., **45**:143, **45**:*150*, **45**:*153*
Wendland, F. W., **26**:*278*
Wendler, C., **20**:12, **20**:*37*
Wendroff, B., **29**:236, **29**:245
Wenker, J., **12**:89, **12**:92, **12**:*114*, **36**:113, **36**:*201*
Wensley, J. H., **26**:213, **26**:225, **26**:272, **26**:273, **26**:276, **26**:*279*
Wenstrup, F. D., **5**:309 (180), **5**:*337*
Wentz, W. B., **12**:402, **12**:*413*
Werbos, P. J., **36**:239–240, **36**:243, **36**:*253*, **37**:392–395, **37**:*424*
Werbos, P., **33**:*244*, **36**:204, **36**:239, **36**:242, **36**:*254*
Wermter, S., **47**:22, **47**:25, **47**:*66*
Werner, J., **23**:10, **23**:*33*
Werner, W., **12**:350, **12**:*409*
Werschulz, A. G., **23**:63, **23**:80, **23**:82, **23**:*91*, **23**:92
Wersig, G., **31**:335, **31**:*377*
Weschler, J. G., **38**:*188*
Wessells, M. B., **21**:411, **21**:*420*
Wessler, B., **21**:228, **21**:*273*, **42**:121, **42**:*238*
Wessler, B. D., **16**:187, **16**:*218*, **17**:165, **17**:*220*
Wesson, R., **46**:409, **46**:*438*
West, C. H., **26**:*443*, **29**:91, **29**:111, **29**:114, **29**:115, **29**:116, **29**:121, **29**:171, **29**:176, **29**:181, **29**:*192*, **29**:*194*
West, D., **33**:102, **33**:*112*, **35**:298, **35**:*322*
West, G. P., **3**:278 (1), **3**:*296*, **3**:*298*, **4**:298 (27), **4**:*303*
West, J., **35**:307, **35**:*324*
West, L. P., **17**:169, **17**:*221*

West, M. J., **44**:245, **44**:*281*
Westerberg, A. W., **28**:2, **28**:*67*
Westervelt, F. H., **8**:*42*, **38**:*186*
Westervelt, R. M., **33**:*241*
Westin, A. F., **9**:118 (122), **9**:*178*, **16**:223, **16**:230, **16**:237, **16**:241, **16**:243, **16**:258, **16**:260, **16**:272, **16**:275, **16**:276, **16**:277, **16**:280, **16**:286, **16**:*335*, **17**:283, **17**:284, **17**:285, **17**:290, **17**:*316*, **23**:253, **23**:255, **23**:256, **23**:258, **23**:261, **23**:262, **23**:269, **23**:270, **23**:285, **23**:*294*, **35**:359, **35**:*371*, **38**:147, **38**:*181*
Westland, C., **44**:90, **44**:96, **44**:99, **44**:*123*
Weston, P., **12**:126 (195), **12**:151 (195), **12**:*174*
Weszka, J. S., **18**:40, **18**:*57*
Wetherbe, J. C., **20**:14, **20**:16, **20**:19, **20**:*35*, **20**:*37*
Wetherell, A., **6**:*295*
Wetherell, C., **23**:297, **23**:*354*
Wetherell, E., **5**:324 (292), **5**:*343*
Wexler, K., **15**:189, **15**:190, **15**:*235*, **15**:*236*, **15**:*237*
Weyer, S., **48**:300, **48**:*311*
Weyhrauch, R. W., **22**:182, **22**:*216*
Weyl, H., **3**:202, **3**:*273*, **10**:190, **10**:*216*
Weyl, S., **34**:250, **34**:*287*
Weyman, A. E., **47**:211, **47**:215, **47**:*249*, **47**:*252*
Weymouth, T. E., **34**:250, **34**:265, **34**:*286*
Weyrausch, R., **26**:36, **26**:*45*
Weyuker, E., **39**:68, **39**:*105*, **41**:218, **41**:*228*
Weyuker, E. J., **26**:350, **26**:351, **26**:353, **26**:356, **26**:357, **26**:368, **26**:370, **26**:388, **26**:*389*, **26**:*390*, **26**:*391*, **41**:205–206, **41**:210, **41**:218, **41**:220, **41**:*228–229*, **42**:103, **42**:*117*, **43**:37, **43**:*49*, **46**:165, **46**:173, **46**:*232*, **46**:*234*, **49**:150, **49**:*190*
Whalen, J. F., **6**:*296*
Whalen, T., **28**:242, **28**:*278*, **33**:133, **33**:*168*
Whang, P. Y. C., **37**:*116*
Whang, S., **47**:344, **47**:*367*
Wharton, C., **36**:367, **36**:393–395, **36**:*424–425*, **36**:*429*
Wheel, L., **34**:209, **34**:*234*

Wheeler, D. J., **1**:233 (5), **1**:*308*, **10**:11 (67), **10**:*78*
Wheeler, M. D., **43**:274, **43**:*278*
Wheeler, S., **16**:230, **16**:*335*
Wheeler, T., **33**:6, **33**:64
Wheeler, W., **42**:154, **42**:*234*
Whelan, J. N., **9**:118 (43), **9**:*174*
Wherrett, B. S., **28**:168, **28**:*226*
Whewell, W., **28**:55, **28**:*67*
Whinston, A. B., **23**:142, **23**:144, **23**:146, **23**:147, **23**:148, **23**:150, **23**:151, **23**:157, **23**:163, **23**:165, **23**:167, **23**:*173*, **23**:*174*, **26**:*44*, **47**:344, **47**:*367*, **48**:263, **48**:266, **48**:267, **48**:272, **48**:274, **48**:*311*
Whipple, J. M., **13**:*108*
Whisler, T. L., **11**:367, **11**:*390*, **19**:313, **19**:314, **19**:*327*, **20**:4, **20**:7, **20**:8, **20**:21, **20**:*34*, **20**:*35*, **20**:*37*
White, A. A., **19**:206, **19**:*208*
White, D., **36**:240, **36**:*252*, **37**:*424*
White, G. M., **31**:113, **31**:*173*
White, H., **18**:257, **18**:*287*, **36**:234, **36**:*251*
White, H. E., **28**:191–192, **28**:*224*
White, H. J., **34**:165, **34**:*234*
White, H. S., **6**:242, **6**:260, **6**:*294*, **6**:*295*, **31**:346, **31**:*377*
White, I., **33**:*244*
White, J. A., **46**:134, **46**:*154*
White, J. E., **16**:188, **16**:190, **16**:196, **16**:*219*, **17**:199, **17**:200, **17**:*221*
White, J. G., **5**:264 (19), **5**:*285*
White, J. R., **32**:122, **32**:*147*
White, L. J., **26**:344, **26**:369, **26**:371, **26**:375, **26**:376, **26**:377, **26**:378, **26**, 380, **26**:381, **26**:386, **26**:*390*, **26**:*391*, **40**:69, **40**:71, **40**:*125*
White, M. C., **21**:375, **21**:*419*, **21**:*421*
White, N. H., **33**:151, **33**:*168*
White, P., **6**:*294*
White, R., **34**:138, **34**:140, **34**:*156*, **44**:207, **44**:*218*
White, R. A., **47**:227, **47**:*245*
White, R. F., **19**:180, **19**:*228*
White, R. M., Jr., **32**:221, **32**:*250*
White, S., **44**:261, **44**:*282*
White, W. B., **2**:*377*
Whitehead, A., **15**:233, **15**:*237*
Whitehead, A. N., **5**:216, **5**:*226*

Whitehouse, D., **35**:330, **35**:*367*
Whitehouse, H. J., **28**:207, **28**:*226*
Whitelaw, M. W., **16**:206, **16**:*217*
Whitelock, P., **49**:20, **49**:21, **49**:31, **49**:33, **49**:38, **49**:61, **49**:*68*
Whitemore, B., **31**:*378*
Whiteside, J., **29**:48, **29**:51, **29**:52, **29**:65, **29**:66, **29**:67, **29**:71, **29**:*75*, **29**:*76*, **29**:*77*, **31**:71, **31**:*97*, **33**:116, **33**:120, **33**:126, **33**:*168*, **33**:*170*, **36**:349, **36**:370, **36**:389–390, **36**:*422*, **36**:*429*, **47**:*140*
Whiteside, J. A., **47**:47, **47**:*62*
Whiteside, R., **35**:*324*
Whitfield, I. C., **11**:197 (167), **11**:*230*
Whitin, T. M., **2**:303, **2**:*376*
Whiting-O'Keefe, Q. E., **38**:170, **38**:*181*
Whiting, P. G., **44**:187, **44**:*212*
Whiting, R., **46**:116, **46**:124, **46**:*157*
Whitley, D., **12**:*174*, **45**:187, **45**:*189*, **45**:*195*
Whitmire, S. A., **39**:89, **39**:*105*
Whitmore, G. D., **13**:*108*
Whitney, D. E., **33**:*244*
Whitney, R. A., **49**:24, **49**:*62*
Whitney, T., **21**:177, **21**:*224*
Whitney, V. K. M., **16**:205, **16**:*219*
Whittaker, E. T., **5**:277 (49), **5**:*286*, **10**:82, **10**:*108*
Whittaker, J. A., **36**:6–7, **36**:21, **36**:31, **36**:33, **36**:*40–41*, **42**:96, **42**:*117*, **46**:165, **46**:*234*
Whittaker, S., **45**:290, **45**:*320*
Whittemore, B. J., **20**:16, **20**:*37*, **36**:277, **36**:325, **36**:*332*
Whitten, I. H., **48**:299, **48**:*312*
Whitten, J. L., **30**:56, **30**:*83*
Whitten, W. B., II, **36**:382–383, **36**:*419*
Whittingham, T. A., **47**:216, **47**:*248*
Whitton, M. C., **47**:216, **47**:232, **47**:242, **47**:*247*, **47**:*252*
Whorf, B. L., **11**:2 (2), **11**:*54*
Whyle, L., **31**:*378*
Wichmann, B. A., **41**:234–235, **41**:*252*
Wick, D. T., **36**:*430*
Wick, G. C., **5**:321 (231), **5**:*340*
Wick, M. R., **38**:*189*
Wick, M. W., **38**:148, **38**:154, **38**:166, **38**:168–169, **38**:171, **38**:*180*
Wickelgren, W. A., **13**:225, **13**:*231*

Wickens, C. D., **33**:133, **33**:*170*
Wicklein, J., **21**:414, **21**:*421*
Widdoes, L. C., **34**:140, **34**:*156*
Widdoes, L. C., Jr., **40**:136, **40**:*178*
Widmann, R. L., **13**:68, **13**:*71*
Widom, J., **39**:111, **39**:115, **39**:*186*, **39**:*189*
Widrow, B., **5**:134, **5**:*220*, **33**:174, **33**:186, **33**:*244*, **36**:208, **36**:224, **36**:240, **36**:248, **36**:*253–254*, **37**:99–101, **37**:*117*, **37**:121, **37**:*165–166*, **37**:340, **37**:354, **37**:367–370, **37**:407, **37**:*424–425*
Wied, G. L., **12**:403, **12**:*414*, **19**:118, **19**:182, **19**:*216*
Wiedenbach, E., **31**:*373*
Wiedenbeck, S., **39**:27, **39**:*49* **40**:9, **40**:31, **40**:34, **40**:*38*
Wiederhold, **26**:6
Wiederhold, G., **32**:164, **32**:172, **32**:*196*, **34**:*291*, **38**:146, **38**:177, **38**:*180*, **48**:258, **48**:274, **48**:*314*
Wiedmann, C., **15**:6, **15**:*63*
Wieland, F., **35**:298, **35**:*321*, **35**:*324*
Wiener, E. L., **36**:341, **36**:*424*
Wiener, F. B., **9**:115, **9**:*178*
Wiener, L., **35**:155, **35**:*184*
Wiener, M. J., **30**:188, **30**:*222*
Wiener, N., **2**:*124*, **2**:415, **2**:*421*, **18**:59, **18**:*117*, **20**:6, **20**:14, **20**:*37*
Wiener, R., **28**:33, **28**:*67*, **35**:154, **35**:*183*
Wienshall, D., **34**:64–65, **34**:70, **34**:88, **34**:*111*
Wierman, M., **36**:286, **36**:322, **36**:*329*
Wiesel, T. N., **5**:207, **5**:*225*, **11**:197 (65), **11**:*225*
Wiesen, R. A., **11**:350, **11**:*390*
Wiesner, J. B., **4**:143 (22), **4**:148 (22), **4**:*162*
Wigand, R., **43**:196–197, **43**:*214*
Wigderson, A., **26**:128, **26**:129, **26**:*151*, **44**:256, **44**:344–345, **44**:356–357, **44**:*359–360*
Wigner, E. P., **5**:291 (11), **5**:297 (32), **5**:303 (11), **5**:*327*, **5**:*328*
Wiig, K., **16**:156, **16**:157, **16**:*178*
Wijnen, B., **48**:242, **48**:252, **48**:*255*
Wijshoff, H. A. J., **45**:147, **45**:*149*
Wikner, N. F., **5**:323 (263a), **5**:*342*
Wilber, W., **21**:180, **21**:*224*

Wilbur-Ham, M. C., **29**:*185*
Wilby, W. P. L., **6**:50 (19), **6**:*84*
Wilcox, G. L., **38**:*189*
Wilcox, R. H., **9**:253 (27), **9**:*284*
Wilcox, T., **12**:*281*
Wilczek, F., **33**:204, **33**:*235*
Wild, C., **49**:153, **49**:*190*
Wilde, N., **35**:227, **35**:234, **35**:*254*
Wileden, J. C., **41**:31, **41**:*63*, **43**:55, **43**:58, **43**:78, **43**:87, **43**:99, **43**:101–102, **43**:*139*
Wilensky, H. L., **28**:234, **28**:*278*, **34**:331, **34**:334, **34**:340, **34**:*392*
Wilensky, R., **40**:223, **40**:239, **40**:*254*, **47**:37, **47**:40, **47**:*66*, **48**:281, **48**:300, **48**:*314*
Wiley, P., **34**:135, **34**:*157*, **38**:198, **38**:*243*
Wiley, W. J., **28**:208, **28**:*223*
Wilf, H. S., **2**:325, **2**:*375*, **5**:323 (278), **5**:325 (278), **5**:*342*, **19**:114, **19**:*218*
Wilkerson, B., **35**:155, **35**:*184*
Wilkes, J. O., **4**:148 (57), **4**:*164*
Wilkes, M. V., **8**:21 (80), **8**:*45*, **10**:11 (67), **10**:*78*, **12**:*174*, **21**:97, **21**:128, **21**:*154*, **24**:102, **24**:104, **24**:116, **24**:*176*
Wilkes, M., **15**:83, **15**:*118*
Wilkins, D. E., **32**:225, **32**:*253*
Wilkins, J. E., Jr., **5**:303 (68), **5**:*330*
Wilkins, L. C., **18**:16, **18**:*57*
Wilkins, M. H. F., **5**:279, **5**:281 (58), **5**:*287*
Wilkinson, K. W., **28**:127, **28**:145, **28**:*147*
Wilkinson, P. T., **29**:*185*
Wilks, A. R., **46**:222, **46**:*232*
Wilks, S. S., **12**:347, **12**:354, **12**:358, **12**:*414*, **19**:121, **19**:130, **19**:*228*
Wilks, Y., **13**:194, **13**:*231*, **17**:98, **17**:*159*, **37**:411–412, **37**:*423*, **37**:*425*, **47**:17, **47**:*66*, **49**:12, **49**:19, **49**:24, **49**:26, **49**:36, **49**:40, **49**:60, **49**:64, **49**:*68*
Will, R., **16**:*179*
Willard, D. G., **20**:85 (16), **20**:*112*
Willcocks, L., **46**:110, **46**:116, **46**:117, **46**:138, **46**:139, **46**:142, **46**:*157*, **47**:362, **47**:*366*
Willcocks, R., **47**:344, **47**:350, **47**:*366*
Willebeek-LeMair, M., **49**:260, **49**:*302*

Willems, J. L., **16**:*182*
Willet, M., **22**:*107*
Willey, E. L., **4**:5 (19), **4**:*50*
William, R. J., **31**:167
Williams, A. C., **2**:297 (223), **2**:299, **2**:*369*, **2**:*377*
Williams, B., **13**:170, **13**:*231*
Williams, C. A., **21**:47, **21**:*89*
Williams, C. E., **16**:260, **16**:*335*
Williams, D., **48**:69, **48**:*115*
Williams, E., **2**:74, **2**:91, **2**:*128*, **39**:267, **39**:*292*, **45**:288, **45**:*320*
Williams, E. L., **36**:370, **36**:*428*
Williams, F., **39**:267, **39**:*293*
Williams, G. W., **19**:206, **19**:*228*, **36**:350, **36**:*430*
Williams, H. C., **22**:80, **22**:86, **22**:87, **22**:101, **22**:*107*, **30**:196, **30**:198, **30**:*222*
Williams, H. T., Jr., **5**:313 (155), **5**:*335*
Williams, J., **22**:302, **22**:*351*
Williams, J. G., **31**:361, **31**:*378*
Williams, J. H., Jr., **6**:16, **6**:*30*
Williams, J. S., Jr., **5**:326 (359), **5**:*347*
Williams, K., **47**:*183*
Williams, L., **20**:11, **20**:*34*
Williams, L. H., **8**:70 (58), **8**:*102*, **16**:194, **16**:*219*
Williams, L. K., **19**:312, **19**:*326*
Williams, M. D., **29**:62, **29**:*77*
Williams, M. E., **31**:338, **31**:*378*, **38**:268, **38**:289, **38**:*316*
Williams, P. M., **36**:307, **36**:309, **36**:*332*
Williams, R., **35**:350, **35**:*371*
Williams, R. C., **44**:24, **44**:52, **44**:*57*
Williams, R. D., **34**:*233*
Williams, R. E., **5**:124, **5**:*219*
Williams, R. J., **31**:128, **31**:140–141, **31**:*173*, **33**:205, **33**:216, **33**:*243*, **33**:*244*, **36**:169, **36**:171, **36**:178, **36**:*199*, **37**:121, **37**:*166*, **37**:386, **37**:390, **37**:397, **37**:399, **37**:401, **37**:403, **37**:415, **37**:*423–424*
Williams, R. L., **36**:231, **36**:*254*
Williams, R. P., **17**:248, **17**:250, **17**:251, **17**:*282*
Williams, S. B., **12**:151 (10), **12**:*166*
Williams, T. J., **49**:318, **49**:*348*
Williams, T. L., **42**:244, **42**:*268*
Williams, W. J., **33**:184, **33**:186, **33**:*243*

Williams, W. T., **11**:83, **11**:86, **11**:90, **11**:91, **11**:*124*, **19**:124, **19**:125, **19**:132, **19**:147, **19**:148, **19**:198, **19**:*223*, **19**:*228*
Williamson, O. E., **47**:344, **47**:*367*
Williges, B. H., **32**:231, **32**:*254*, **33**:141, **33**:163, **33**:164, **33**:*171*
Williges, R., **36**:391, **36**:*421*
Williges, R. C., **32**:210, **32**:231, **32**:*253*, **32**:*254*, **33**:141, **33**:163, **33**:164, **33**:*171*
Willis, D., **2**:415, **2**:*421*
Willis, G. D., **5**:134, **5**:142, **5**:*220*
Willis, R. R., **41**:14, **41**:*61*
Willis, T. C., **12**:107, **12**:*114*
Willke, M. G., **1**:12 (13), **1**:*41*
Wills, L. M., **35**:237–238, **35**:243–244, **35**:*253*, **37**:28, **37**:*57*
Willshaw, D., **37**:121, **37**:*163*
Willshaw, D. G., **11**:185, **11**:*230*
Willshaw, D. J., **33**:184, **33**:*244*
Wilmoth, R., **45**:116, **45**:*152*
Wilms, P. F., **39**:115, **39**:*187*
Wilnai, D., **34**:208, **34**:211, **34**:*235*
Wilner, W. T., **24**:102, **24**:*173*, **47**:*61*
Wilpon, J. G., **31**:112, **31**:*173*, **47**:57, **47**:*66*
Wilsey, P. A., **28**:7, **28**:10, **28**:51, **28**:*64*, **49**:284, **49**:285, **49**:286, **49**:287, **49**:288, **49**:289, **49**:290, **49**:291, **49**:292, **49**:295, **49**:296, **49**:297, **49**:298, **49**:*302*
Wilson, A. G., **36**:306, **36**:*332*
Wilson, A. N., **3**:278 (42), **3**:279 (42), **3**:*298*
Wilson, A. W., **39**:207, **39**:218–220, **39**:233, **39**:*237*
Wilson, A. W., Jr., **40**:161, **40**:*178*
Wilson, B., **40**:209, **40**:*255*, **45**:280, **45**:294, **45**:303, **45**:*317*, **45**:*320*
Wilson, D., **42**:21–22, **42**:*32*
Wilson, D. C., **44**:38, **44**:*58*
Wilson, D. D., **43**:181, **43**:185, **43**:198, **43**:*214*
Wilson, D. M., **42**:248, **42**:*268*
Wilson, D. R., **29**:2, **29**:26, **29**:*43*, **38**:35, **38**:*69*
Wilson, G., **46**:339, **46**:*398*
Wilson, G. A., **42**:18, **42**:*35*
Wilson, G. V., **37**:131, **37**:*166*
Wilson, H. A., **11**:*384*
Wilson, H. R., **5**:279 (58), **5**:281 (58), **5**:*287*
Wilson, I., **11**:362, **11**:*390*
Wilson, J., **36**:381, **36**:386, **36**:*430*, **38**:43, **38**:*72*
Wilson, J. B., **6**:175, **6**:*194*
Wilson, K. G., **33**:*244*, **38**:*190*
Wilson, M., **11**:362, **11**:*390*, **32**:214, **32**:*249*
Wilson, M. L., **30**:60, **30**:*83*, **30**:*83*
Wilson, M. W., **20**:124, **20**:*195*
Wilson, P. F., **44**:23, **44**:*58*
Wilson, R., **36**:391, **36**:*421*
Wilson, R. A., **9**:123, **9**:125, **9**:148, **9**:152 (125), **9**:153 (125), **9**:157 (125), **9**:*178*
Wilson, R. C., **4**:148 (59), **4**:*164*
Wilson, R. L., **46**:135, **46**:*156*
Wilson, T. L., **12**:*173*
Wilson, W., **2**:*125*
Wimbrow, J. H., **14**:233, **14**:*272*
Winborn, R. C., **47**:216, **47**:*245*
Winder, R. O., **6**:49 (104), **6**:*88*
Windley, P. F., **4**:37, **4**:*51*, **12**:*174*
Winett, J. M., **8**:*45*
Winfree, A. T., **31**:301, **31**:*324*
Wing, G. M., **5**:306 (88), **5**:*331*
Wing, J., **23**:194, **23**:*251*, **35**:161, **35**:*184*, **49**:70, **49**:72, **49**:93, **49**:*94*
Wing, J. M., **33**:12, **33**:18, **33**:19, **33**:29, **33**:*63*, **33**:*65*, **36**:46, **36**:92, **36**:*108–109*, **46**:375, **46**:*397*, **49**:70, **49**:72, **49**:86, **49**:92, **49**:*93*
Wing, O., **9**:204, **9**:*235*
Wingfield, C. G., **24**:24, **24**:58, **24**:*60*
Winiwarter, W., **38**:50, **38**:*71*
Winkler, J. H., **7**:182 (6), **7**:*193*, **42**:127, **42**:134, **42**:167–168, **42**:*237*
Winkler, S., **16**:191, **16**:193, **16**:*219*
Winkler, T. C., **49**:112, **49**:*141*
Winklmann, K., **23**:50, **23**:*91*
Winner, B., **49**:192, **49**:*237*
Winner, R. I., **36**:354–355, **36**:*430*
Winograd, **5**:216
Winograd, S., **15**:133, **15**:*179*, **31**:261, **31**:308, **31**:*324*, **33**:175, **33**:179, **33**:*244*, **37**:76, **37**:*117*
Winograd, T., **13**:136, **13**:139, **13**:157, **13**:*168*, **13**:176, **13**:179, **13**:199,

13:222, 13:*231*, 14:*76*, 15:4, 15:6, 15:40, 15:48, 15:*63*, 15:196, 15:*237*, 16:73, 16:*125*, 17:74, 17:81, 17:*87*, 17:90, 17:*162*, 18:*229*, 20:242, 20:243, 20:*259*, 22:181, 22:*211*, 24:218, 24:233, 24:247, 24:259, 24:260, 24:*275*, 26:35, 26:*43*, 29:65, 29:71, 29:*77*, 29:235, 31:328, 31:*378*, 33:175, 33:*244*, 34:336, 34:347, 34:362, 34:*392*, 36:*201*, 36:*422*, 38:311, 38:*316*, 45:3, 45:12, 45:*51*, 45:274, 45:280, 45:287, 45:307, 45:*319*, 47:4, 47:5, 47:18, 47:21, 47:29, 47:35, 47:37, 47:*58*, 47:*66*, 47:69, 47:84, 47:95, 47:*140*, 48:267, 48:270, 48:286, 48:287, 48:299, 48:*313*

Winold, H., 36:188–189, 36:*201*
Winslett, M., 38:17, 38:*72*, 48:272, 48:*310*
Winsor, D. C., 34:138, 34:*155*, 40:155, 40:*177*
Winsor, D. W., 40:155, 40:*178*
Winston, A., 26:*43*
Winston, P., 24:200, 24:*216*, 24:364, 24:*376*, 28:235, 28:*278*
Winston, P. C., 13:209, 13:222, 13:*231*
Winston, P. H., 38:*316*, 47:18, 47:66, 47:95, 47:*140*
Winston, P. M., 18:*57*
Wintrobe, M. M., 12:288, 12:289, 12:*414*, 22:232, 22:*293*
Wintz, P., 19:210, 19:*219*, 34:60, 34:*109*, 37:115, 37:*116*
Wintz, P. A., 18:7, 18:14, 18:16, 18:27, 18:28, 18:40, 18:48, 18:55, 18:*56*, 18:*57*, 35:117–118, 35:*134*
Wiorkowski, J. J., 36:*39*, 42:103, 42:*116*
Wipke, W. T., 22:202, 22:*216*
Wiren, J., 1:212, 1:213, 1:216, 1:218, 1:*228*, 11:128 (3), 11:*163*, 11:206, 11:*230*
Wirfs-Brock, R., 35:155, 35:*184*
Wirsing, M., 22:316, 22:319, 22:320, 22:322, 22:*353*
Wirth, H., 12:232 (38), 12:235 (38), 12:*284*
Wirth, M., 19:180, 19:191, 19:*228*
Wirth, N., 5:352 (13), 5:368 (13), 5:*376*, 7:136 (36), 7:*178* 10:12 (68), 10:*78*,
12:233 (39), 12:*280*, 12:*284*, 14:*76*, 20:203, 20:207, 20:228, 20:229, 20:230, 20:*257*, 20:*259*, 21:105, 21:117, 21:128, 21:131, 21:135, 21:136, 21:*152*, 22:114, 22:*161*, 22:298, 22:*353*, 24:158, 24:162, 24:*171*, 24:*176*, 26:411, 26:*443*, 28:21, 28:23, 28:41, 28:*65*, 28:*67*, 36:27, 36:*41*, 37:33, 37:*57*, 43:57–58, 43:71, 43:73, 43:*136*, 43:*139*

Wisby, R. A., 13:*72*
Wischnewsky, M. B., 38:*187*
Wise, D. S., 23:19, 23:*33*, 26:195, 26:*199*
Wise, H., 2:228, 2:*292*
Wise, J. A., 31:342, 31:*378*
Wise, K., 21:11, 21:69, 21:74, 21:*89*
Wise, R. A., 38:*187*
Wise, T., 35:144–145, 35:*180*
Wiseman, C., 28:230, 28:*278*
Wiseman, N. E., 34:*233*
Wiseman, S., 38:46, 38:*72*
Wish, M., 19:122, 19:*217*
Wishart, D., 2:251 (82), 2:*293*, 19:132, 19:134, 19:161, 19:164, 19:167, 19:199, 19:202, 19:*228*
Wiszniewski, B. W., 26:356, 26:382, 26:*391*
Witbrock, M., 37:*116*
Withington, F. G., 1:37 (46), 1:*42*, 21:11, 21:29, 21:79, 21:*89*
Witkam, T., 49:2, 49:*63*
Witkin, N., 12:*174*
Witmer, E. A., 8:70 (1), 8:95 (1), 8:97 (1), 8:98 (1), 8:*99*
Witt, B., 24:127, 24:*172*, 24:363, 24:*374*, 35:164, 35:171, 35:*182*, 40:45, 40:*63*, 43:8, 43:31, 43:*48*
Witt, B. I., 20:221, 20:*257*, 36:6, 36:9, 36:22, 36:27, 36:*40*
Witten, I. H., 47:70, 47:83, 47:86, 47:89, 47:*140*, 48:298, 48:299, 48:*314*
Wittenber, J., 38:*182*
Wittenburg, K., 47:*61*
Wittgenstein, L., 31:315, 31:*324*, 31:330, 31:*378*, 33:*244*
Wittie, L. D., 20:85 (24), 20:105 (24), 20:*112*
Wittlich, G., 36:121, 36:*201*

Wittlich, G. E., **36**:113, **36**:120, **36**:191, **36**:*201*
Wittmayer, W. R., **20**:*197*
Wittwert, C., **38**:*187*
Witzgall, C., **2**:*126*, **2**:323, **2**:*377*, **3**:186, **3**:*187*
Wixon, D., **29**:48, **29**:65, **29**:65, **29**:66, **29**:71, **29**:*76*, **29**:*77*, **33**:126, **33**:*170*, **47**:*140*
Wixon, D. R., **36**:391, **36**:*421*
Wladawsky, I., **15**:12, **15**:15, **15**:*61*, **16**:59, **16**:*123*
Wnuk, A., **33**:68, **33**:93, **33**:*111*
Wo, Y. K., **14**:199, **14**:202, **14**:*230*, **26**:60, **26**:*92*
Woelk, D., **35**:*180*, **38**:67, **38**:*71*
Woest, P. J., **40**:150, **40**:163, **40**:168, **40**:*177*
Woetzel, G., **40**:195, **40**:241, **40**:*252*
Wohlleber, W. H., **22**:349, **22**:*352*
Wohlstetter, R., **11**:355 (154), **11**:*390*
Wohltjen, H., **31**:*319*
Wojtkowski, W., **34**:10, **34**:*55*
Wolcott, P., **29**:308, **29**:309, **29**:*330*, **44**:203–204, **44**:*213–214*, **44**:*218*
Woledge, R. C., **42**:243, **42**:*268*
Wolf, A., **33**:178, **33**:*245*
Wolf, A. K., **8**:155 (12), **8**:*186*, **11**:60 (22), **11**:*123*, **11**:173 (46), **11**:*224*, **13**:176, **13**:*227*, **47**:10, **47**:*60*
Wolf, A. L., **41**:31, **41**:*63*, **42**:50, **42**:*76*, **43**:55, **43**:58, **43**:78, **43**:87, **43**:99, **43**:101–102, **43**:*139*, **46**:41, **46**:*103*
Wolf, B., **5**:312 (137), **5**:313 (137), **5**:*334*
Wolf, C. G., **45**:295, **45**:*320*
Wolf, D. E., **5**:308 (113), **5**:*332*, **19**:152, **19**:166, **19**:175, **19**:185, **19**:186, **19**:*220*
Wolf, E. N., **43**:191, **43**:*209*
Wolf, H., **3**:7 (33), **3**:36 (33), **3**:*75*
Wolf, J., **17**:3, **17**:8, **17**:72, **17**:*87*
Wolf, J. J., **20**:85 (36), **20**:*113*
Wolf, P. D., **38**:*193*
Wolf, R. J., **24**:*317*
Wolf, S., **41**:38, **41**:*62*
Wolf, W. H., **5**:312 (141), **5**:*334*, **37**:276, **37**:*282*
Wolfe, A., **5**:295 (17), **5**:*327*, **49**:247, **49**:*302*
Wolfe, J. H., **19**:175, **19**:185, **19**:186, **19**:206, **19**:207, **19**:*228*
Wolfe, M. J., **35**:259–260, **35**:*233*, **35**:*324*
Wolfe, P., **2**:297 (48), **2**:322, **2**:323, **2**:324, **2**:*368*, **2**:*377*, **3**:185, **3**:186 (22), **3**:*187*
Wolfe, R. N., **5**:240, **5**:*254*, **17**:236, **17**:*282*
Wolff, H., **40**:104, **40**:*125*
Wolff, M., **26**:66, **26**:*92*
Wolff, P., **1**:80 (76), **1**:*89*
Wolff, R. S., **47**:215, **47**:*253*
Wolffram, S., **47**:146, **47**:*180*
Wolfram, S., **31**:291, **31**:*324*, **47**:135, **47**:*140*, **47**:146, **47**:*183*
Wolfson, H. J., **32**:*147*, **34**:271, **34**:278–279, **34**:*286–287*
Wolkenstein, N., **9**:108 (7), **9**:*110*
Woll, R., **38**:*182*
Wollrath, A., **48**:3, **48**:*118*
Wollschlager, M., **47**:215, **47**:*247*
Wolper, P., **26**:406, **26**:*442*, **26**:*443*
Wolpert, L., **31**:280, **31**:*324*
Wolski, A., **32**:177, **32**:193, **32**:*200*, **48**:142, **48**:151, **48**:*178*
Wolverton, R. W., **16**:*125*, **19**:276, **19**:*327*, **24**:2, **24**:8, **24**:*60*, **30**:90, **30**:92, **30**:106, **30**:112, **30**:*169*, **45**:208, **45**:267, **46**:166, **46**:168, **46**:*233*
Womack, J. P., **41**:77, **41**:*82*
Won, H., **19**:206, **19**:*228*
Wong, A. K. C., **19**:174, **19**:*228*, **38**:*187*
Wong, A., **24**:300, **24**:*316*, **24**:*317*, **37**:*116*
Wong, C., **37**:240, **37**:*283*
Wong, C. K., **17**:266, **17**:*282*, **22**:91, **22**:96, **22**:99, **22**:*104*, **22**:*105*, **23**:350, **23**:*352*
Wong, E., **21**:226, **21**:229, **21**:233, **21**:237, **21**:240, **21**:257, **21**:258, **21**:260, **21**:265, **21**:*272*, **21**:*273*, **26**:*443*, **28**:*148*, **32**:156, **32**:170, **32**:189, **32**:*199*
Wong, H. K., **39**:118, **39**:*188*
Wong, H. K. T., **43**:108, **43**:118, **43**:*133*
Wong, H., **43**:71, **43**:88, **43**:117, **43**:*137*, **49**:36, **49**:*68*
Wong, H. W., **33**:101, **33**:*113*
Wong, J., **42**:127, **42**:*239*
Wong, K. K., **32**:158, **32**:193, **32**:*200*
Wong, L. T., **26**:329, **26**:*334*

Wong, M.-Y., **46**:177, **46**:209, **46**:*232*
Wong, S. K. M., **30**:30, **30**:33, **30**:*37*
Wong, S. Y., **1**:233 (2), **1**:*308*, **6**:148, **6**:149 (25), **6**:*192*
Wong, V., **48**:334, **48**:*351*
Wong, W. E., **46**:173, **46**:*232*
Wong, Y., **38**:201, **38**:*244*
Wonham, W. M., **49**:340, **49**:*347*
Wonnacott, D., **43**:11, **43**:*48*
Woo, C., **40**:192, **40**:196, **40**:241, **40**:*255*
Woo, C. C., **40**:192, **40**:*255*
Woo, C. W., **38**:*190*
Wood, A., **46**:342, **46**:*400*
Wood, C., **38**:10, **38**:*69*
Wood, C. C., **45**:301, **45**:*320*
Wood, D., **49**:248, **49**:249, **49**:*298*
Wood, D. A., **40**:146, **40**:*177*
Wood, D. C., **17**:165, **17**:*221*, **20**:85 (21), **20**:*112*
Wood, D. P., **41**:*156*
Wood, H., **16**:214, **16**:*219*, **38**:*185*
Wood, J., **34**:294, **34**:296, **34**:306, **34**:*388*
Wood, J. R., **9**:278 (28), **9**:*284*
Wood, M., **42**:69, **42**:*75*
Wood, S., **39**:274, **39**:*293*
Wood, S. L., **47**:215, **47**:*253*
Wood, W., **41**:125, **41**:*155*
Wood, W. G., **24**:150, **24**:152, **24**:*176*, **41**:*156*
Woodbury, M. A., **19**:122, **19**:*227*
Woodcock, B., **5**:*222*
Woodcock, J. C. P., **49**:72, **49**:79, **49**:*94*
Woodcock, R., **6**:50 (19), **6**:*84*
Woodfield, S., **33**:25, **33**:*63*
Woodfield, S. N., **18**:148, **18**:*172*, **43**:70, **43**:85, **43**:112, **43**:115–116, **43**:118, **43**:121, **43**:127, **43**:*134*
Woodford, H. A., **11**:*390*
Woodger, M., **5**:368 (24), **5**:*377*, **8**:193, **8**:233, **8**:*245*
Woodham, R. J., **43**:244, **43**:*275*
Wood-Harper, A. T., **34**:298, **34**:302, **34**:339, **34**:351, **34**:*381*, **34**:*392*
Woodman, I., **46**:26, **46**:*33*
Woodruf, R., **16**:142, **16**:151, **16**:*181*
Woodruff, H. B., **21**:289, **21**:*331*
Woods, D. D., **36**:348, **36**:*426*
Woods, R., **21**:367, **21**:368, **21**:*421*
Woods, W., **18**:201, **18**:*229*
Woods, W. A., **8**:*45*, **11**:173 (170),
11:*230*, **13**:139, **13**:158, **13**:161, **13**:*168*, **13**:177, **13**:178, **13**:183, **13**:184, **13**:225, **13**:*229*, **13**:*232*, **15**:40, **15**:*63*, **15**:194, **15**:*237*, **17**:3, **17**:4, **17**:5, **17**:6, **17**:7, **17**:8, **17**:9, **17**:55, **17**:65, **17**:67, **17**:69, **17**:72, **17**:74, **17**:*87*, **17**:91, **17**:*162*, **31**:112, **31**:*174*, **33**:146, **33**:*171*, **47**:10, **47**:17, **47**:27, **47**:34, **47**:35, **47**:36, **47**:37, **47**:38, **47**:*66*
Woodson, W. E., **6**:*227*, **36**:351, **36**:*430*
Woodward, J. P. L., **29**:28, **29**:*44*
Woodward, M. R., **26**:356, **26**:370, **26**:*391*
Woodward, P. M., **6**:38, **6**:*88*, **12**:*174*
Woodward, T., **16**:141, **16**:147, **16**:*180*
Woody, L. M., **28**:154, **28**:172, **28**:214, **28**:*223*
Wooldridge, D., **8**:*102*
Wooldridge, M., **46**:408, **46**:*438*
Woolfson, M. M., **5**:282 (66), **5**:*287*
Woolley, D. R., **45**:326, **45**:*356*
Woon, P. A., **28**:235, **28**:*278*
Wooster, H., **31**:338, **31**:*378*
Workman, D. A., **32**:230, **32**:*254*
Workman, K. B., **38**:*192*
World Bank, **35**:347–348, **35**:351, **35**:*371*
Worley, J. H., **46**:55, **46**:*103*
Worley, J. S., **38**:*194*
Worlton, J., **5**:322 (247), **5**:*340*
Woronowicz, M. S., **45**:133, **45**:*152*
Worster, T., **44**:318, **44**:325, **44**:*328*
Worthy, R. M., **19**:*61*, **28**:108, **28**:*147*, **30**:8, **30**:*34*
Wortman, D. B., **12**:*280*, **15**:11, **15**:*62*, **16**:101, **16**:*123*
Wortman, P. M., **16**:170, **16**:*182*
Wortzman, D., **3**:285 (43), **3**:*298*
Wos, L., **5**:326 (381), **5**:*348*
Wozencraft, J. M., **6**:*88*, **10**:31 (70), **10**:59 (70), **10**:*78*
Woźniakowski, H., **23**:40, **23**:41, **23**:43, **23**:50, **23**:51, **23**:54, **23**:57, **23**:59, **23**:61, **23**:63, **23**:64, **23**:65, **23**:67, **23**:69, **23**:70, **23**:71, **23**:72, **23**:74, **23**:76, **23**:77, **23**:79, **23**:80, **23**:81, **23**:82, **23**:83, **23**:84, **23**:85, **23**:86, **23**:87, **23**:89, **23**:*91*, **23**:92

Wraith, S. M., **22**:172, **22**:*216*, **22**:267, **22**:*293*
Wreder, K., **38**:*190*
Wrench, J. W., **2**:*125*
Wright, **29**:234, **29**:235
Wright, C. H., **31**:329, **31**:331, **31**:361, **31**:*378*
Wright, G., **21**:74, **21**:*87*
Wright, J. B., **2**:384, **2**:389, **2**:391, **2**:395 (24), **2**:398, **2**:*416*, **2**:*417*, **5**:367 (16), **5**:*377*, **22**:310, **22**:312, **22**:316, **22**:*351*
Wright, M. H., **36**:231, **36**:*251*
Wright, P., **32**:246, **32**:*254*
Wright, R. E., **3**:*298*
Wright, S., **31**:253, **31**:*324*
Wright, W., **12**:75, **12**:*111*
Wright, W. E., **19**:198, **19**:*228*
Wrigley, C., **24**:323, **24**:*376*
Wrigley, H. E., **5**:307 (96), **5**:*331*
Wroblewski, D., **47**:*61*
Wrubel, M. H., **1**:1 (4), **1**:*41*
Wrycza, S., **35**:36, **35**:*80*
Wu, A., **37**:*282*, **38**:44, **38**:*70*
Wu, B. P. F., **9**:211 (91), *238*
Wu, C., **23**:299, **23**:*354*, **26**:161, **26**:166, **26**:167, **26**:172, **26**:176, **26**:*197*, **26**:*199*
Wu, C. H., **47**:216, **47**:*249*
Wu, C. L., **20**:167, **20**:*197*
Wu, C. T., **34**:180, **34**:*235*, **34**:*288*
Wu, D., **47**:40, **47**:*66*, **49**:12, **49**:36, **49**:40, **49**:*68*
Wu, E-Shi, **18**:199, **18**:*229*
Wu, H., **24**:294, **24**:298, **24**:*316*, **24**:*317*, **24**:*318*, **30**:*36*
Wu, J., **45**:117, **45**:118, **45**:*153*, **47**:*180*
Wu, K. L., **41**:292, **41**:*296*
Wu, L., **49**:120, **49**:*141*
Wu, M.-Y., **45**:145, **45**:*149*, **49**:281, **49**:*301*
Wu, W. H., **28**:173, **28**:*221*
Wu, Y. C., **38**:*184*
Wu, Z., **38**:*195*, **49**:41, **49**:42, **49**:*65*
Wuerker, R. F., **2**:197 (49), **2**:*292*
Wulf, W. A., **12**:231 (40), **12**:*284*, **19**:69, **19**:*111*, **20**:85 (28), **20**:*113*, **20**:222, **20**:223, **20**:228, **20**:*258*, **22**:136, **22**:*161*, **22**:297, **22**:298, **22**:328, **22**:*353*, **23**:296, **23**:*354*, **24**:162, **24**:*174*, **24**:*176*, **37**:35, **37**:*57*, **40**:164, **40**:*178*, **48**:261, **48**:*314*
Wunderlich, L. H., **5**:326 (353), **5**:*346*
Wuorinen, J. H., **9**:212 (36), **9**:226 (36), **9**:*236*
WWW Security FAQ., **48**:*218*
Wyant, J. C., **28**:214, **28**:*226*
Wyatt, J. B., **16**:194, **16**:*220*
Wylie, J., **23**:341, **23**:*352*
Wyllie, J. C., **26**:110, **26**:*153*
Wyllys, R. E., **6**:13, **6**:16, **6**:*29*, **9**:133, **9**:134 (24), **9**:*173*, **31**:345–347, **31**:*374*
Wymore, A. W., **2**:*124*, **33**:106, **33**:*114*
Wyner, A. D., **22**:60, **22**:*106*
Wynn, E., **40**:186, **40**:192, **40**:*254*
Wynne, C. G., **5**:245, **5**:246, **5**:*255*
Wyns, J., **49**:313, **49**:*348*
Wyss, J.-P., **44**:202, **44**:*212*

X

Xenakis, I., **36**:144, **36**:151, **36**:153, **36**:*201–202*
Xenakis, Y., **12**:77, **12**:*114*
Xerox Corporation, **34**:19, **34**:*57*
Xia, F., **49**:39, **49**:*56*
Xia, X., **49**:12, **49**:*68*
Xiang, X. Q., **32**:34, **32**:75, **32**:76, **32**:78, **32**:83, **32**:*101*, **32**:*102*
Xie, M., **45**:208, **45**:211, **45**:*267*
Xilinx, **40**:105, **40**:*125*
Xing, Z., **38**:202, **38**:*244*
Xu, J., **42**:3, **42**:5–6, **42**:15, **42**:*37*
Xu, S., **23**:51, **23**:*91*
Xue, J., **38**:205, **38**:226, **38**:*245*
Xydes, C. J., **26**:66, **26**:*92*

Y

Yaacoby, Y., **38**:201, **38**:*245*
Yabushita, S., **5**:305 (80), **5**:*331*
Yager, R. R., **24**:293, **24**:*318*, **28**:*104*, **28**:*105*, **36**:261, **36**:289, **36**:298, **36**:321, **36**:*332*
Yahnke, D., **38**:*183*
Yajima, S., **20**:85 (67), **20**:*114*, **23**:351, **23**:*354*
Yamabana, K., **49**:28, **49**:37, **49**:*64*
Yamada, H., **2**:395, **2**:403, **2**:404, **2**:405,

2:406, 2:*421*, 14:19, 14:*43*, 34:161, 34:170, 34:202, 34:204, 34:*231–232*, 34:*235*
Yamada, J., 34:161, 34:*233*
Yamada, K., 49:24, 49:*62*
Yamada, S., 30:92, 30:112, 30:*170*, 34:161, 34:200, 34:*232–233*, 45:199, 45:200, 45:214, 45:218, 45:219, 45:220, 45:*267*, 46:166, 46:168, 46:*235*
Yamada, T., 26:324, 26:*334*
Yamagishi, K., 17:240, 17:*282*, 34:*291*
Yamaguchi, M., 42:157–158, 42:*238*
Yamaguchi, N., 17:240, 17:*282*
Yamaguchi, T., 46:40, 46:*106*
Yamaguchi, Y., 18:11, 18:*56*, 37:286, 37:299, 37:*333*, 42:245, 42:*268*, 44:183, 44:*215*, 44:*217*, 46:308, 46:312, 46:314, 46:*326*, 46:*327*
Yamamoto, C., 38:*189*
Yamamoto, H., 34:191, 34:*231*
Yamamoto, K., 32:73, 32:*102*
Yamamoto, R. K., 6:*295*
Yamamoto, W. S., 16:141, 16:147, 16:*182*
Yamamura, A. A., 36:224, 36:*253*
Yamamura, M., 34:*291*
Yamana, H., 44:183, 44:*215*, 46:308, 46:312, 46:314, 46:*326*, 46:*327*
Yamaura, T., 26:*443*, 30:87, 30:*169*, 40:69, 40:*125*, 42:16, 42:18, 42:*35*
Yamin, M., 26:292, 26:*334*
Yamron, J., 49:36, 49:57, 49:*68*
Yan, C. W., 34:282, 34:*285*
Yanenko, N. N., 5:60, 5:62 (56), 5:*107*, 5:*108*
Yanev, K., 44:*213*
Yang, C., 44:315, 44:*330*
Yang, C.-B., 44:190, 44:*213*
Yang, C. C., 34:*291*
Yang, C. S., 24:*317*
Yang, C.-Z., 44:189, 44:*216*
Yang, D., 30:*83*, 35:150, 35:*183*, 39:146–147, 39:*189*
Yang, G. H., 8:*43*
Yang, J., 46:339, 46:364, 46:*398*
Yang, K.-Z., 45:201, 45:205, 45:221, 45:222, 45:229, 45:265, 45:*267*
Yang, O., 42:162, 42:*239*

Yang, Q., 40:155, 40:172, 40:174, 40:*179*
Yang, S., 32:129, 32:*146*
Yang, S. C., 32:3, 32:4, 32:*98*
Yang, S. X., 45:127, 45:135, 45:141, 45:*149*, 45:*153*
Yang, T., 45:146, 45:*150*, 45:*153*
Yang, W., 34:64–65, 34:70, 34:88, 34:*111*, 43:3, 43:35, 43:*49*
Yang, W. H., 47:226, 47:*245*
Yang, W. P., 34:280–282, 34:*288*
Yang, Y. K., 34:*291*
Yang, Z., 38:211–212, 38:*245*
Yankelovich, N., 47:25, 47:40, 47:52, 47:*63*
Yannakakis, M., 44:344, 44:*358*
Yanouzas, J. N., 11:*384*
Yanouzis, J., 21:33, 21:*86*
Yanov, A., 18:273, 18:*287*
Yanov, Yu. I., 5:24 (72), 5:25 (71), 5:30, 5:32, 5:*108*
Yao, A., 30:182, 30:197, 30:*220*, 30:*222*
Yao, A. C., 44:332–333, 44:337, 44:*360*
Yao, B. L., 47:216, 47:*249*
Yao, B. S., 28:127, 28:145, 28:*151*, 40:188, 40:241, 40:*255*
Yao, C.-C., 26:113, 26:*153*
Yao, F. F., 43:220, 43:*240*
Yao, J. T. P., 22:202, 22:*213*, 26:44
Yao, S. B., 21:229, 21:233, 21:234, 21:237, 21:245, 21:250, 21:*271*, 21:*272*, 21:*273*, 24:*314*, 28:*151*
Yao, Y. W., 42:131, 42:186, 42:192–193, 42:*239*
Yarborough, J., 12:*174*
Yarbrough, L. D., 16:18, 16:*55*
Yasaka, T., 22:202, 22:*213*
Yasaki, E., 7:181 (1), 7:183 (1), 7:184 (1), 7:185 (1), 7:187 (1), 7:*192*
Yasmann, V., 29:255, 29:273, 29:*330*
Yasuhara, H., 49:34, 49:37, 49:62, 49:*68*
Yasuura, H., 23:351, 23:*354*, 34:170, 34:*235*
Yates, F. E., 31:237, 31:*324*
Yates, J. E., 26:*277*
Yates, J. L., 1:22 (31), 1:*42*
Yau, S. S., 19:*61*, 24:149, 24:*176*, 24:368, 24:*377*, 26:238, 26:*279*, 34:125–126, 34:*157*, 34:*235*, 35:*254*, 43:55,

43:*139*
Yaylali, I., 38:*189*
Yazdanian, K., 38:41, 38:*69*
Yeates, D., 34:298, 34:*384*
Yee, B., 44:261, 44:*282*
Yegyazarian, A., 48:129, 48:*177*
Yeh, C.-C., 32:73, 32:*103*
Yeh, J. W., 20:85 (37), 20:90 (37), 20:*113*
Yeh, R., 42:26, 42:*34*
Yeh, R. T., 20:74, 20:*82*, 24:122, 24:134, 24:*176*, 24:*363*, 24:365, 24:*377*, 26:415, 26:420, 26:*443*, 36:51, 36:*108*, 43:53, 43:*139*
Yeh, T., 41:248, 41:*253*
Yeh, Y., 30:211, 30:*218*
Yelick, K., 45:127, 45:143, 45:*150*, 45:*151*, 45:*153*
Yelowitz, L., 29:99, 29:*194*
Yemini, S., 26:95, 26:*153*
Yemini, Y., 29:145, 29:146, 29:*190*, 29:*191*, 29:*194*, 35:304, 35:*320*
Yen, D. W., 40:136, 40:*179*
Yen, J., 36:270, 36:*332*, 48:344, 48:*353*
Yen, W. C., 40:136–137, 40:*179*
Yeo, L. H., 48:122, 48:*176*
Yesha, Y., 48:261, 48:262, 48:263, 48:269, 48:270, 48:274, 48:*309*
Yetongon, K., 39:151, 39:*188*
Yeung, D., 49:242, 49:249, 49:270, 49:275, 49:295, 49:*299*
Yeung, K. K., 43:250, 43:*277*
Yevreinov, E. Z., 7:*116*
Yew, P. C., 26:*198*, 26:*199*, 40:165, 40:*177*, 45:56, 45:71, 45:72, 45:82, 45:90, 45:93, 45:*101*, 45:*102*
Yien, C., 38:*185*
Yiftah, S., 5:322 (251), 5:*341*
Yin, N., 42:175, 42:*239*, 44:317, 44:*330*
Yin, R. K., 46:98, 46:*107*
Ying, G., 47:*61*
Yip, J., 30:209, 30:*221*
Ylonen, T., 48:244, 48:*255*
Yngström, J., 35:330, 35:*368*
Yngve, V. H., 1:104 (26), 1:105 (31), 1:*138*, 5:352 (9), 5:375 (9), 5:*376*, 6:70 (107), 6:*88*, 7:118 (67), 7:146 (68), 7:*180*, 7:214 (13), 7:218 (13), 7:220 (13, 14), 7:227 (12), 7:229, 7:*238*, 8:156,
8:*187*, 8:*188*, 9:52 (41), 9:104, 9:*111*, 10:12 (71), 10:*78*, 11:15, 11:28 (36), 11:*53*, 11:*54*
Yntema, D. B., 12:*174*
Yob, G., 18:217, 18:*229*
Yochelson, S. B., 4:88, 4:*132*
Yock, P., 47:216, 47:*250*
Yocum, W. H., 2:196 (46, 47), 2:*291*
Yokely, R., 21:11, 21:69, 21:74, 21:*89*
Yokota, H., 28:140, 28:145, 28:*149*
Yokoya, H., 2:174 (27), 2:*291*
Yonezawa, A., 33:97, 33:*114*, 46:334, 46:*398*
Yongmin, K., 47:227, 47:*251*
Yoo, Y. B., 26:115, 26:119, 26:122, 26:123, 26:124, 26:*150*, 26:*153*
Yoon, Y. O., 38:*190*
Yoshida, K., 37:155, 37:*162*
Yoshikawa, H., 38:131, 38:*143*
Yoshikawa, T., 33:*245*
Yoshimura, S., 16:27, 16:*55*
Yoshitome, E., 47:227, 47:*247*
Yost, R. A., 34:*291*
Youman, C. E., 46:237, 46:*286*
Young, A. D., 10:83, 10:*108*
Young, C. J., 34:126, 34:*153*
Young, D., 3:211, 3:225 (26), 3:227, 3:229, 3:232, 3:240, 3:247, 3:*273*, 4:153 (65), 4:*165*
Young, D. A., 34:19, 34:*57*
Young, D. M., 2:5 (2, 3, 4), 2:13, 2:22, 2:*52*, 5:316, 5:318 (213, 215), 5:*338*, 46:383, 46:*398*
Young, D. M., Jr., 2:60, 2:*124*
Young, E. D., 31:137, 31:*173–174*
Young, F. H., 4:156 (92), 4:*166*, 23:308, 23:*352*
Young, F. W., 19:122, 19:*228*
Young, I. T., 12:403, 12:*414*
Young, J. A., 10:118 (5), 10:*128*
Young, J. R., 2:176, 2:*291*
Young, J. W., Jr., 1:15, 1:*41*, 4:39, 4:*52*
Young, J. Z., 5:208, 5:*225*
Young, L. F., 23:157, 23:*175*
Young, M., 39:204, 39:*236*, 41:31, 41:*63*
Young, M. H., 32:8, 32:26, 32:27, 32:28, 32:31, 32:*97*, 32:*102*, 32:*103*
Young, M. W., 35:274, 35:278, 35:*324*
Young, P. R., 31:318, 31:*320*
Young, R. D., 2:161, 2:*290*

Young, R. M., **32**:225, **32**:226, **32**:228, **32**:229, **32**:231, **32**:*253*, **32**:*254*, **38**:132, **38**:*138*
Young, S., **47**:20, **47**:21, **47**:*61*
Young, S. J., **47**:*62*
Young, W. D., **29**:29–30, **29**:*44*
Young, W. M., **2**:*369*
Younger, D. H., **14**:79, **14**:107, **14**:*185*
Younger, H., **35**:307, **35**:313, **35**:*322*
Youngs, E. A., **19**:294, **19**:*327*
Younker, E. L., **12**:*174*
Yourdon, E., **20**:14, **20**:15, **20**:*37*, **22**:118, **22**:119, **22**:132, **22**:*161*, **24**:363, **24**:*377*, **34**:299, **34**:342, **34**:357, **34**:367–369, **34**:*384*, **34**:*392*, **35**:10, **35**:*80*, **35**:139, **35**:146, **35**:148, **35**:151–152, **35**:158–159, **35**:*181*, **35**:*184*, **35**:254, **42**:28, **42**:*32*, **43**:44, **43**:*49*, **43**:55, **43**:68–70, **43**:86, **43**:92, **43**:*134*, **43**:*139*, **46**:96, **46**:97, **46**:*107*
Yousef, M., **39**:197, **39**:215, **39**:*237*
Yousif, M. S., **40**:*127*, **40**:160, **40**:*179*
Youssefi, K., **21**:233, **21**:237, **21**:265, **21**:*273*
Yovits, M. C., **9**:253 (29), **9**:*284*, **11**:326, **11**:328, **11**:368, **11**:*385*, **11**:*390*, **20**:16, **20**:*37*, **24**:*318*, **28**:238, **28**:*278*, **31**:241, **31**:*324*, **31**:329, **31**:332, **31**:333–334, **31**:361, **31**:*378*, **33**:*245*, **36**:232, **36**:*254*, **36**:277, **36**:325, **36**:*332*, **37**:344, **37**:376–377, **37**:*425*, **38**:*316*
Yowell, E. C., **1**:40 (49), **1**:*42*
Ypma, J. E., **17**:224, **17**:236, **17**:239, **17**:*282*
Yu, C., **32**:167, **32**:189, **32**:*196*
Yu, C. T., **24**:294, **24**:300, **24**:*316*, **24**:*317*, **24**:*318*
Yu, E., **42**:11, **42**:*32*, **43**:59, **43**:*139*
Yu, G.-S., **32**:31, **32**:*103*
Yu, J., **48**:229, **48**:*253*
Yu, K. K., **9**:203, **9**:*238*, **30**:27, **30**:*37*
Yu, P., **28**:173, **28**:*221*
Yu, P. S., **41**:292, **41**:*296*, **47**:301, **47**:302, **47**:*339*
Yu, V. L., **22**:172, **22**:*216*, **22**:267, **22**:*293*
Yu, Y. T., **29**:91, **29**:115, **29**:135, **29**:181, **29**:*188*, **29**:*194*, **47**:334, **47**:*340*
Yuan, L. C. L., **6**:*296*

Yuasa, H., **42**:246, **42**:*268*
Yue, K. K., **45**:58, **45**:59, **45**:61, **45**:63, **45**:90, **45**:*102*
Yuen, C. K., **46**:*396*
Yuen, M. L. T., **17**:207, **17**:*221*
Yuh, J., **32**:*148*
Yun, K., **35**:357, **35**:*371*
Yungui, C., **44**:188, **44**:*218*
Yurka, G. E., **6**:275, **6**:*295*
Yushchenko, E. L., **18**:237, **18**:*281*, **18**:*283*

Z

Zachary, G. P., **43**:180, **43**:*214*
Zadeck, F. K., **48**:30, **48**:*115*
Zadeh, L., **11**:362, **11**:*390*, **23**:181, **23**:*252*, **48**:330, **48**:342, **48**:*353*
Zadeh, L. A., **13**:59, **13**:*71*, **19**:178, **19**:*228*, **22**:196, **22**:197, **22**:*216*, **24**:*318*, **24**:335, **24**:*377*, **26**:12, **26**:15, **26**:16, **26**:23, **26**:*45*, **28**:69, **28**:70, **28**:78, **28**:91, **28**:*105*, **33**:106, **33**:*114*, **36**:256, **36**:274, **36**:321, **36**:*332*
Zadell, H. J., **11**:154 (11, 12), **11**:155 (11, 12), **11**:156 (11, 12), **11**:*163*, **11**:209 (94), **11**:*226*
Zadykhaylo, I. B., **18**:238, **18**:*287*
Zaenen, A., **49**:21, **49**:22, **49**:28, **49**:*62*
Zafiropulo, P., **17**:182, **17**:*221*, **26**:404, **26**:*443*, **29**:81, **29**:91, **29**:116, **29**:121, **29**:126, **29**:134, **29**:171, **29**:*186*, **29**:*194*
Zagar, B., **47**:227, **47**:*246*
Zagha, M., **37**:*116*
Zagorski, H. J., **24**:11, **24**:*60*
Zagoruyko, N. G., **11**:209, **11**:*229*
Zaguzoba, L. K., **18**:240, **18**:*287*
Zagzebski, J. B., **47**:208, **47**:*253*
Zahl, S., **19**:204, **19**:*228*
Zahn, C. T., **19**:132, **19**:152, **19**:154, **19**:162, **19**:176, **19**:177, **19**:178, **19**:179, **19**:214, **19**:*228*
Zahnd, J., **47**:142, **47**:143, **47**:*182*
Zahorjan, J., **40**:159, **40**:*177*
Zainlinger, G., **42**:3, **42**:5, **42**:*34*
Zainlinger, R., **49**:310, **49**:*347*
Zajic, D. M., **49**:12, **49**:51, **49**:63, **49**:*68*
Zak, G., **33**:*239*

Zak, M., **33**:177, **33**:184, **33**:186, **33**:188, **33**:189, **33**:191, **33**:194, **33**:195, **33**:196, **33**:205, **33**:216, **33**:226, **33**:*234*, **33**:*235*, **33**:*245*
Zakhor, A., **47**:300, **47**:302, **47**:319, **47**:325, **47**:*339*
Zaky, S. G., **30**:26, **30**:*37*
Zalgaller, V. A., **2**:366 (113), **2**:*372*
Zalm, P., **2**:158 (10), **2**:184, **2**:*290*
Zamalin, V. M., **31**:241, **31**:296, **31**:*322*
Zamorin, A. P., **29**:264, **29**:265, **29**:*330*
Zancanato, R., **33**:87, **33**:*112*
Zand, M. K., **43**:55, **43**:82, **43**:121, **43**:*139*
Zanetti, J. M., **38**:*186*, **38**:*189*
Zanetty, J., **38**:*182*
Zangwill, O. L., **6**:56, **6**:64, **6**:*88*
Zani, W., **20**:15, **20**:*37*
Zanichelli, F., **45**:6, **45**:13, **45**:*50*
Zannetos, Z. S., **11**:*384*
Zanotti, M., **18**:184, **18**:*229*
Zapata, E. L., **45**:146, **45**:147, **45**:*152*, **45**:*153*
Zappala, D., **44**:326, **44**:*330*
Zarechnak, M., **1**:108 (35), **1**:*139*
Zaremba, S., **2**:71, **2**:*127*
Zarrella, P. F., **41**:186, **41**:*188–189*
Zarri, G. P., **24**:306, **24**:*318*, **30**:26, **30**:*37*
Zarri, P. G., **40**:189–190, **40**:*255*
Zaslavsky, A. Z., **48**:122, **48**:*176*
Zatti, S., **44**:223, **44**:*280*
Zavartseva, N. M., **29**:289, **29**:290, **29**:*330*
Zave, P., **40**:46, **40**:*63*, **46**:331, **46**:*398*
Zavidovique, B., **49**:266, **49**:267, **49**:*300*
Zawacki, R. A., **20**:21, **20**:*31*
Zbyslaw, A., **45**:274, **45**:*316*
Zdanis, R. A., **6**:*296*
Zdonik, S., **34**:*291*, **48**:*178*
Zegers, P., **37**:*282*
Zeidler, H. C., **19**:*64*, **28**:123, **28**:145, **28**:*149*
Zeidler, H. Ch., **34**:227, **34**:*235*
Zeigler, B. P., **33**:71, **33**:72, **33**:73, **33**:74, **33**:75, **33**:80, **33**:81, **33**:85, **33**:86, **33**:92, **33**:93, **33**:95, **33**:96, **33**:101, **33**:103, **33**:104, **33**:105, **33**:110, **33**:*111*, **33**:*112*, **33**:*113*, **33**:*114*
Zeil, S. J., **26**:343, **26**:356, **26**:378, **26**:379, **26**:380, **26**:381, **26**:382, **26**:383, **26**:388, **26**:*391*, **49**:153, **49**:*190*
Zeithaml, C. P., **44**:12, **44**:*55*
Zeitvogel, R. K., **37**:409, **37**:*425*
Zekauskas, M. J., **39**:200–201, **39**:212–213, **39**:233, **39**:*235*
Zeldin, S., **26**:412, **26**:413, **26**:*441*
Zelenkevitch, G., **1**:127 (65), **1**:*140*
Zelesnik, G., **46**:383, **46**:*398*
Zeleznik, M. D., **30**:26, **30**:*37*
Zelkowitz, M. V., **21**:94, **21**:99, **21**:*154*, **24**:118, **24**:135, **24**:*176*, **24**:363, **24**:*377*, **33**:23, **33**:*63*, **36**:92, **36**:97, **36**:100, **36**:*108–109*, **40**:69–70, **40**:*125*, **45**:9, **45**:12, **45**:20, **45**:*51*, **45**:*198*, **45**:*267*, **46**:72, **46**:98, **46**:*102*, **46**:*106*, **46**:162, **46**:200, **46**:209, **46**:221, **46**:222, **46**:*232*, **46**:*234*, **46**:235
Zelkowitz, M. W., **41**:87, **41**:*156*
Zellermayer, M., **47**:81, **47**:*140*
Zemanek, H., **24**:124, **24**:*176*
Zemankova-Leech, M., **28**:99, **28**:*105*
Zemmler, T., **38**:*188*
Zenin, V. M., **29**:*325*
Zepf, K., **26**:49, **26**:*92*
Zerby, C. D., **5**:325 (310), **5**:*344*
Zerner, F., **4**:*241*
Zernike, V. F., **28**:180, **28**:*226*
Zeroual, A., **32**:152, **32**:155, **32**:156, **32**:158, **32**:159, **32**:176, **32**:177, **32**:192, **32**:194, **32**:*199*
Zevallos, J., **42**:105–106, **42**:*117*
Zhang, A. F., **31**:294, **31**:*319*, **48**:151, **48**:*178*
Zhang, G., **33**:104, **33**:105, **33**:*114*
Zhang, L., **44**:326, **44**:*330*
Zhang, X., **20**:118, **20**:*193*
Zhang, Y.-T., **38**:*185*
Zhang, Y. X., **29**:135, **29**:*194*, **38**:*190*
Zhang, Z.-L., **47**:321, **47**:*340*
Zhao, D., **38**:*195*
Zhao, J. R., **29**:115, **29**:*194–195*
Zhao, J., **38**:*187*
Zhao, W., **38**:*191*, **42**:5, **42**:*35*, **48**:35, **48**:*117*
Zhdan, A. G., **2**:185 (44), **2**:*291*
Zheng, H. X., **29**:170, **29**:*195*
Zheng, L. H., **47**:216, **47**:*253*

Zhenyu Guo, **47**:227, **47**:*253*
Zhimerin, D. G., **18**:243, **18**:246, **18**:247, **18**:253, **18**:254, **18**:262, **18**:*287*
Zhirkov, L. I., **1**:132 (77), **1**:*140*
Zhivotovsky, A. A., **29**:232, **29**:*247*
Zhiying, W., **44**:188, **44**:*218*
Zhou, F., **49**:242, **49**:258, **49**:*302*
Zhou, H., **49**:310, **49**:*347*
Zhou, S., **35**:276, **35**:278, **35**:*324*, **39**:201, **39**:*237*
Zhou, Y., **39**:112, **39**:*189*
Zhu, C. Q., **26**:*199*, **45**:82, **45**:*102*
Zhukov, O. V., **18**:247, **18**:267, **18**:*287*
Zhuravlev, V., **18**:*287*
Ziarko, W., **30**:30, **30**:33, **30**:*37*
Zic, J. J., **29**:146, **29**:*195*
Zicarrelli, D., **36**:*202*
Zick, G., **20**:*196*
Zieger, R. M., **34**:129, **34**:*154*
Ziegler, J. E., **33**:118, **33**:*171*, **46**:75, **46**:95, **46**:*102*
Ziehe, T., **12**:*170*
Ziembinski, Z., **3**:309 (70), **3**:*346*
Zienkiewicz, O. C., **10**:263 (6), **10**:264 (6), **10**:*273*
Ziering, S., **5**:305 (78), **5**:*330*
Zijlstra, J., **48**:292, **48**:*309*
Zillies, S., **21**:105, **21**:*153*
Zilles, S. N., **8**:53 (5), **8**:58 (53), **8**:78 (6, 53), **8**:83 (53), **8**:85 (53), **8**:92 (6, 53), **8**:95 (53), **8**:*99*, **8**:*101*, **22**:298, **22**:302, **22**:310, **22**:*352*, **22**:*353*, **33**:12, **33**:34, **33**:64
Zilloria, R. L., **9**:119 (7a), **9**:*172*
Zima, H. P., **45**:146, **45**:147, **45**:*150*, **45**:*153*
Zima, H., **35**:*324*, **46**:365, **46**:*395*
Ziman, J. M., **36**:217, **36**:*254*
Zimmer, W., **47**:287, **47**:*292*
Zimmerman, G., **28**:3, **28**:*67*
Zimmerman, H. J., **28**:*105*, **36**:266, **36**:*332*
Zimmerman, P., **44**:240, **44**:*247*, **44**:*280*
Zimmerman, P. J., **31**:365, **31**:*378*
Zimmerman, P. R., **48**:249, **48**:*255*
Zimmermann, G., **21**:148, **21**:*154*, **37**:*283*
Zimmermann, H., **29**:83, **29**:84, **29**:*187*, **29**:*195*, **42**:143, **42**:*235*

Zink, D., **11**:349 (71), **11**:*386*
Zinky, J. A., **48**:18, **48**:34, **48**:*118*
Zinn, K. L., **15**:240, **15**:*283*
Ziper, D., **37**:121, **37**:*166*
Zipf, G. K., **6**:10, **6**:*30*, **18**:*172*, **31**:330, **31**:334, **31**:337, **31**:*378*, **33**:138, **33**:*171*, **47**:44, **47**:*66*
Zippel, R., **34**:171, **34**:191, **34**:*234*
Zippel, R. E., **22**:91, **22**:*106*
Zipser, D., **33**:205, **33**:216, **33**:*244*
Zipser, X., **36**:231, **36**:*254*
Zirphile, J., **14**:*229*
Zislis, P. M., **18**:153, **18**:*172*
Zisman, M. D., **40**:186, **40**:190–191, **40**:207, **40**:239, **40**:*255*
Zissos, A. Y., **47**:70, **47**:83, **47**:86, **47**:89, **47**:*140*
Zitlau, P. A., **9**:118 (43), **9**:*174*
Zloof, M. M., **21**:226, **21**:*273*, **34**:252, **34**:*292*, **40**:188, **40**:247, **40**:*255*
Zmud, **26**:3
Zobrist, A. L., **29**:221, **29**:*250*, **34**:*292*
Zolin, A. F., **2**:72, **2**:*127*
Zoline, K., **42**:161, **42**:*239*
Zolton-Ford, E., **33**:152, **33**:*171*
Zoltowski, C. B., **47**:*61*
Zombatfalvy, D. A., **38**:*181*
Zondek, B., **5**:317 (205), **5**:*338*
Zonis, V. S., **29**:283, **29**:285, **29**:*330*
Zonta, B., **11**:37, **11**:*57*, **40**:214, **40**:246, **40**:*250*
Zopf, G. W., **31**:242, **31**:*324*, **37**:377, **37**:*424*
Zosel, M., **45**:107, **45**:135, **45**:*151*
Zosmer, N., **47**:215, **47**:*253*
Zoutendijk, G., **2**:315, **2**:316 (227), **2**:355, **2**:356 (228), **2**:*377*, **3**:185, **3**:*187*
Zraket, C. A., **3**:84 (7), **3**:*152*
Zuberek, W. M., **29**:145, **29**:*195*
Zubin, J., **19**:114, **19**:*219*
Zuboff, S., **39**:257, **39**:261–262, **39**:264, **39**:*273*, **39**:*289*, **39**:*293*
Zubrow, D., **39**:266, **39**:*290*
Zuch, E. L., **37**:65, **37**:*117*
Zuck, L., **46**:340, **46**:*395*
Zucker, R., **2**:64 (6. 5), **2**:*125*
Zucker, S. W., **18**:40, **18**:*57*, **19**:212, **19**:*226*, **22**:192, **22**:*215*, **47**:224, **47**:*251*

Zue, V., **17**:3, **17**:8, **17**:72, **17**:*87*
Zue, V. W., **31**:103, **31**:112, **31**:145, **31**:151, **31**:*172–174*, **47**:*66*
Zuev, K., **29**:256, **29**:*329*
Zuffo, J. A., **44**:207, **44**:*218*
Zukhovitskiy, S. I., **2**:*126*
Zukowitz, M. V., **16**:189, **16**:*217*
Züllighoven, H., **34**:300, **34**:325, **34**:370, **34**:*383*, **34**:*385*, **45**:279, **45**:*316*
Zultner, R. E., 1:14, **41**:*63*
Zumer, V., **38**:*182*
Zunde, P., **24**:*318*, **31**:329–330, **31**:333, **31**:338, **31**:361, **31**:372, **31**:*378*
Zurada, J. M., **36**:206, **36**:*254*
Zurcher, F. W., **8**:*44*, **12**:*174*
Zuse, H., **24**:293, **24**:*311*, **39**:64, **39**:*105*

Zvegintzov, N., **26**:419, **26**:*443*
Zviran, M., **47**:342, **47**:*367*
Zwaenenpoel, W., **35**:273, **35**:278, **35**:*319*, **39**:207, **39**:209–211, **39**:221–222, **39**:227, **39**:233–234, **39**:*236*
Zweben, S. H., **18**:143, **18**:*168*, **18**:*172*, **33**:59, **33**:*65*, **34**:1, **34**:*57*, **39**:*49*, **40**:69–70, **40**:75, **40**:*125*
Zweifel, P. F., **5**:299 (41), **5**:301 (46, 50), **5**:*328*, **5**:*329*
Zwick, U., **43**:222, **43**:*240*
Zwicky, A., **13**:183, **13**:*232*, **17**:91, **17**:*162*
Zwieling, K., **2**:*128*
Zygmund, A., **2**:21 (26), **2**:*53*
Zyxno, P., **28**:*105*

Cumulative list of titles

3-D Computer Animation **16**, 1
3-D Computer Vision Using Structured Light: Design, Calibration, and Implementation Issues **43**, 244
3-D Visualization of Software Structure **49**, 96
Accessing Knowledge through Natural Language **25**, 1
Active Databases: Concepts and Design Support **39**, 107
The Adequacy of Office Models **40**, 182
Advances in Benchmarking Techniques: New Standards and Quantitative Metrics **41**, 232
Advances in Information Retrieval: Where Is That /#*&@¢ Record? **24**, 277
Advances in Orthonormalizing Computation **2**, 56
Advances in Simulation **9**, 23
Advances in Software Reliability Engineering **42**, 78
Advances in Software Science **18**, 119
Aerospace Computers **9**, 239
The Algorithm Selection Problem **15**, 65
Algorithm-Specific Parallel Processing with Linear Processing Arrays **38**, 198
Algorithms for Public Key Cryptosystems: Theory and Applications **22**, 45
All-Magnetic Circuit Techniques **4**, 54
Alternating Direction Implicit Methods **3**, 190
Approaches to Automatic Programming **15**, 1
Approaches to Automatic Programming **37**, 2
Approaches to the Machine Recognition of Conversational Speech **11**, 127
Architecture and Strategies for Local Networks: Examples and Important Systems **20**, 83
Architectures and Patterns for Developing High-performance, Real-time ORB Endsystems **48**,
Architectures for Mobile Robot Control **48**,
Artificial Intelligence—The Past Decade **13**, 170
Artificial Neural Networks in Control Applications **36**, 203
An Assessment and Analysis of Software Reuse **34**, 1
Asynchronous Transfer Mode: An Emerging Network Standard for High-Speed Communications **44**, 286
Automatic Generation of Computer Programs **16**, 58
Automatic Optical Design **5**, 227
Automatic Translation of Languages Since 1960: A Linguist's View **11**, 2
Availability and Reliability Modeling for Computer Systems **31**, 176
Balanced Magnetic Circuits for Logic and Memory Devices **11**, 232

Binary Arithmetic **1**, 232
Cache Coherence in Multiprocessors: A Survey **40**, 128
CASE Adoption: A Process, Not an Event **41**, 84
Cellular Automata Models of Self-replicating Systems **47**, 142
Classification, Relevance, and Information Retrieval **11**, 60
Clustering Methodologies in Exploratory Data Analysis **19**, 113
Cognitive Adaptive Computer Help (COACH): A Case Study **47**, 69
Combined Analog-Digital Techniques in Simulation **3**, 275
Command and Control Information Systems Engineering: Progress and Prospects **31**, 2
Command and Control: Technology and Social Impact **11**, 319
Communication Complexity **44**, 332
The Complexity of Problems **43**, 216
The Computation of Satellite Orbit Trajectories **3**, 2
Computational Approaches for Tactile Information Processing and Analysis **35**, 81
The Computational Study of Language Acquisition **15**, 181
Computer Applications in Music Composition and Research **36**, 112
Computer Chess: Ten Years of Significant Progress **29**, 198
Computer Design and Description Languages **21**, 91
Computer Driven Displays and Their Use in Man/Machine Interaction **7**, 239
Computer Education **4**, 135
Computer Science and Information Technology in the People's Republic of China: The Emergence of Connectivity **27**, 364
Computer Vision **27**, 265
Computer-Aided Logic Synthesis for VLSI Chips **32**, 1
Computer-Aided Typesetting **7**, 195
Computer-Based Medical Systems **38**, 145
Computer-Man Communication: Using Computer Graphics in the Instructional Process **10**, 129
Computer-Supported Cooperative Work and Groupware **45**, 270
Computerized Voting **32**, 256
Computers and Publishing: Writing, Editing, and Printing **10**, 145
Computers and the Public's Right of Access to Government Information **17**, 283
Computers in High-Energy Physics **25**, 277
Computers in the Health Sciences **27**, 211
Computers in the World of Chemistry **21**, 276
Computing as Social Action: The Social Dynamics of Computing in Complex Organizations **19**, 250
Computing from the Communication Point of View **10**, 109
Computing Problems and Methods in X-Ray Crystallography **5**, 257
Conceptual and Logical Design of Relational Databases **35**, 1
Conceptual Representation of Medical Knowledge for Diagnosis by Computer: MDX and Related Systems **22**, 218
Considerations on Man versus Machines for Space Probing **6**, 195
Content-Addressable and Associative Memory **34**, 160
Control in Multi-threaded Information Systems **45**, 2
Control of Information Distribution and Access **44**, 220
Coordination Models and Languages **46**, 330
Cryptography Based Data Security **30**, 171

The Current State of Language Data Processing **24**, 218
Current Trends in Computer-Assisted Instruction **18**, 173
Data Base Computers **19**, 1
Data Collection and Reduction for Nuclear Particle Trace Detectors **6**, 229
Database Design and Performance **30**, 39
Database Security **38**, 1
Design Analysis and Performance Evaluation Methodologies for Database Computers **25**, 101
The Design and Development of Resource-Sharing Services in Computer Communications Networks: A Survey **16**, 183
The Development of Computer Science Education **24**, 320
Developments in Decision Support Systems **23**, 141
Developments in Firmware Engineering **24**, 102
Developments in Uncertainty-Based Information **36**, 255
Digital Computers in Nuclear Reactor Design **5**, 289
Digital Control Systems **23**, 177
Digital Fluid Logic Elements **4**, 169
Digital Libraries: Social Issues and Technological Advances **48**,
Digital Signal Processing **37**, 59
Digital Training Devices **6**, 89
Directions in Software Process Research **41**, 2
A Discussion of Artificial Intelligence and Self-Organization **5**, 110
Distributed Data Allocation Strategies **27**, 121
Distributed Loop Computer Networks **17**, 164
The Distributed Processor Organization **9**, 286
Evaluation, Description and Invention: Paradigms for Human–Computer Interaction **29**, 47
An Evolutionary Path for Transaction Processing Systems **41**, 256
The Experience Factory and Its Relationship to Other Quality Approaches **41**, 66
Experiments in Computational Heuristics and Their Lessons for Software and Knowledge Engineering **37**, 168
The Explicit Support of Human Reasoning in Decision Support Systems **26**, 1
Fault-Tolerant Computing **26**, 202
File Organization Techniques **12**, 115
Formality in Specification and Modeling: Developments in Software Engineering Practice **49**, 69
Formula Manipulation by Computer **8**, 47
The Formulation of Data Processing Problems for Computers **4**, 1
Foundations of Information Science **31**, 325
Functional Representation and Causal Processes **38**, 73
Fuzzy Sets and Their Applications to Artificial Intelligence **28**, 69
Gaining Business Value from IT Investments **46**, 110
General-Purpose Programming for Business Applications **1**, 1
Heterogeneous Data Access in a Mobile Environment—Issues and Solutions **48**,
High Performance Digital Video Servers: Storage and Retrieval of Compressed Scalable Video **47**, 294
High-Level Synthesis of Digital Circuits **37**, 208
Highly Parallel Information Processing Systems **7**, 2
Human Factors in Human–Computer System Design **36**, 334

Human-Factors Issues in Dialog Design **33**, 115
Humanism, Technology, and Language **10**, 1
Image Database Management **34**, 237
Image Processing and Recognition **18**, 2
Incremental Computation **8**, 248
Information and Computation **23**, 36
Information as a Commodity: Assessment of Market Value **38**, 248
Information Retrieval **6**, 1
Information Secure Systems **14**, 231
Information Security in a Multi-User Computer Environment **12**, 2
Information Technology and Productivity: A Review of the Literature **43**, 179
Information Technology and the Law **3**, 299
International Developments in Information Privacy **23**, 253
An Introduction to Procedure-Oriented Languages **5**, 349
Issues in Dataflow Computing **37**, 286
Issues in the Development of Large, Distributed, and Reliable Software **26**, 396
The Landscape of International Computing **35**, 326
Language Features for the Interconnection of Software Components **43**, 53
Large Scale Integration—an Appraisal **9**, 179
Legal Information Retrieval **9**, 114
Legal Protection of Software: A Survey **22**, 1
Library Automation Systems and Networks **21**, 333
The Logic of Learning: A Basis for Pattern Recognition and for Improvement of Performance **24**, 177
Logic per Track Devices **10**, 291
A Look at Programming and Programming Systems **14**, 45
Machine Recognition of Spoken Words **1**, 193
Magnetic Bubble Memory and Logic **17**, 224
Maintenance and Evolution of Software Products **39**, 1
The Man-Machine Combination for Computer-Assisted Copy Editing **7**, 181
Man-Machine Interaction Using Speech **11**, 166
Management Information Systems: Evolution and Status **20**, 1
Management Intelligence Systems **28**, 227
Managers, Deterministic Models, and Computers **12**, 37
Mapping and Computers **13**, 73
The Mass Impact of Videogame Technology **23**, 93
Mathematics in 1984—The Impact of Computers **10**, 79
Microcomputers: Applications, Problems, and Promise **21**, 156
Microelectronics Using Electron-Beam-Activated Machining Techniques **2**, 137
Military Information Processing **27**, 2
Models of Multilevel Computer Security **29**, 1
Models of the Mind and Machine: Information Flow and Control between Humans and Computers **32**, 201
Molecular Computing **31**, 236
Multidatabase Systems: An Advanced Concept in Handling Distributed Data **32**, 150
Multidimensional Data Structures: Review and Outlook **27**, 70
Multidisciplinary Problem-solving Environments for Computational Science **46**, 402
Multiple Computer Systems **4**, 245
Multiprocessing **35**, 256

Multiprogramming **3**, 78
Multisensory Computer Vision **34**, 59
Multistage Interconnection Networks for Multiprocessor Systems **26**, 155
Multithreaded Systems **46**, 288
Natural Language Information Formatting: The Automatic Conversion of Texts to a Structured Data Base **17**, 89
Natural Language Processing: a Human–Computer Interaction Perspective **47**, 2
Network Interconnection and Protocol Conversion **42**, 120
Neural Networks for Pattern Recognition **37**, 119
Neurocomputing Formalisms for Computational Learning and Machine Intelligence **33**, 174
Nonfunctional Requirements of Real-Time Systems **42**, 2
Number Systems and Arithmetic **6**, 131
Numerical Methods of Stress Analysis **10**, 253
Numerical Software: Science or Alchemy? **19**, 229
Numerical Weather Prediction **1**, 43
Object-Oriented Modeling and Discrete-Event Simulation **33**, 68
Objected-Oriented System Development Methods **35**, 135
On the Necessary Conditions for the Composition of Integrated Software Engineering Environments **41**, 158
On the Structure of Feasible Computations **14**, 1
Operating Systems Enhancements for Distributed Shared Memory **39**, 191
Optical and Optoelectronic Computing **28**, 154
Optimization Via Evolutionary Processes **45**, 156
An Overview of High-Level Languages **20**, 200
Paradigmatic Influences on Information Systems Development Methodologies: Evolution and Conceptual Advances **34**, 294
Parallel Algorithms for Some Computational Problems **26**, 94
Parallel Architectures for Database Systems **28**, 108
Parallel Computer Architectures **34**, 113
Parallel Computer Construction Outside the United States **44**, 170
Parallel Processing of Ordinary Programs **15**, 119
Parallel Sorting Algorithms **23**, 295
Parallelization of DOALL and DOACROSS Loops—a Survey **45**, 54
Parametric and Nonparametric Recognition by Computer: An Application to Leukocyte Image Processing **12**, 285
Parsing of General Context-Free Languages **14**, 77
Partitioning of Massive/Real-Time Programs for Parallel Processing **25**, 215
Patterns and System Development **47**, 256
Perceptual Models for Automatic Speech Recognition Systems **31**, 100
Perspectives in Clinical Computing **16**, 128
Poetry Generation and Analysis **13**, 43
Practical Natural Language Processing: The REL System as Prototype **13**, 110
The Present Status of Automatic Translation of Languages **1**, 92
Principles of Rule-Based Expert Systems **22**, 164
Privacy Protection in Information Systems **16**, 221
Program Slicing **43**, 2
Program Understanding: Models and Experiments **40**, 2
Programmed Control of Asynchronous Program Interrupts **13**, 1

Programming Computers to Play Games **1**, 165
Programming Irregular Applications: Runtime Support, Compilation and Tools **45**, 106
Programming Language Processors **7**, 117
Programming Languages and Computers: A Unified Metatheory **8**, 189
Programming Languages for Computational Linguistics **7**, 209
Progress in Internet Security **48**,
Protocol Engineering **29**, 80
Query Optimization in Distributed Data Base Systems **21**, 225
Rapid Prototyping of Microelectronic Systems **40**, 66
Real-Time Distributed Computer Systems **20**, 40
Recent Developments in Linear Programming **2**, 296
Recent Developments in Nonlinear Programming **3**, 156
Recent Progress in Computer Chess **18**, 59
A Reference Model for Mass Storage Systems **27**, 157
Reliability Measurement, Analysis, and Improvement for Large Software Systems **46**, 160
Reusable Software Components **33**, 1
Reverse Engineering **35**, 200
A Review of Software Inspections **42**, 40
The Role of Computers in Election Night Broadcasting **5**, 1
Role of Verification in the Software Specification Process **36**, 44
Role-based Access Control **46**, 238
Semantics and Quantification in Natural Language Question Answering **17**, 2
Sensor-Driven Intelligent Robotics **32**, 105
The Social Design of Worklife with Computers and Networks: A Natural Systems Perspective **39**, 240
Social Dimensions of Office Automation **25**, 336
A Sociological History of the Neural Network Controversy **37**, 335
Software Acquisition: The Custom/Package and Insource/Outsource Dimensions **47**, 342
Software Effort Estimation and Productivity **24**, 1
Software Engineering Environments **22**, 110
Software in the Soviet Union: Progress and Problems **18**, 231
Software Measurement: A Decision-Process Approach **39**, 52
Software Process Appraisal and Improvement: Models and Standards **46**, 2
A Software Process Engineering Framework **46**, 36
Software Prototyping **40**, 39
Software Quality, Software Process, and Software Testing **41**, 192
Software Reliability **30**, 85
Software Reliability and Readiness Assessment Based on the Non-homogeneous Poisson Process **45**, 198
Software Testing and Verification **26**, 337
Some Results of Research on Automatic Programming in Eastern Europe **5**, 23
Soviet Computing in the 1980s **29**, 251
Soviet Computing in the 1980s: A Survey of the Software and Its Applications **30**, 223
Specialized Parallel Architectures for Textual Databases **30**, 1
Specification and Implementation of Abstract Data Types **22**, 296
Speculations Concerning the First Ultraintelligent Machine **6**, 31

Spline Approximation and Computer-Aided Design **10,** 275
Standards for Computers and Information Processing **8,** 103
Statistical Processors **14,** 187
The Structure of Design Processes **28,** 1
The Structure of Parallel Algorithms **19,** 65
Supercomputer Performance: The Theory, Practice, and Results **27,** 310
Supercomputers and VLSI: The Effect of Large-Scale Integration on Computer Architecture **23,** 2
A Survey of Current Paradigms in Machine Translation **49,**
A Survey of Numerical Methods for Parabolic Differential Equations **2,** 1
Symbol Manipulation Languages **9,** 51
Syntactic Analysis of Natural Language **8,** 153
Systems Programming Languages **12,** 176
Techniques and Issues in Testing and Validation of VLSI Systems **26,** 281
Technology and Schools **45,** 322
Theoretical Issues Concerning Protection in Operating Systems **24,** 61
The Theory of Automata, a Survey **2,** 379
Three Computer Cultures: Computer Technology, Computer Mathematics, and Computer Science **10,** 8
Time-Shared Computer Systems **8,** 1
Ultrasound Visualization **47,** 186
Unary Processing **26,** 48
A Unified Approach to Pattern Analysis **10,** 175
A Universal Model of Legged Locomotion Gaits **42,** 242
Use of Computers in Biomedical Pattern Recognition **10,** 217
Uses of the Computer in Music Composition and Research **12,** 73
Using Model Checking to Analyze Requirements and Designs **43,** 142
Vector Computer Architecture and Processing Techniques **20,** 116
Visualization in Scientific Computing **33,** 247
The Web of Computing: Computer Technology as Social Organization **21,** 2
What Next in Computer Technology? **9,** 1
The Wide World of Computer-Based Education **15,** 239
The World Wide Web **48,**
Zero Defect Software: Cleanroom Engineering **36,** 2

Advances in Computers
Volume 1

Edited by
Franz L. Alt

CONTRIBUTORS TO VOLUME 1 v
PREFACE vii

General-Purpose Programming for Business Applications
Calvin C. Gotlieb

1. Programming Systems	1
2. Data Processing Problems	7
3. Definitions and Notation	13
4. File Organization and Maintenance	16
5. Some Particular Systems	26
6. Programming and Hardware	35
REFERENCES	41

Numerical Weather Prediction
Norman A. Phillips

1. The Magnitude of the Problem	43
2. The Initial Data	47
3. The Physical Equations	51
4. Computational Techniques	63
5. Results of Numerical Predictions	78
REFERENCES	86

The Present Status of Automatic Translation of Languages
Yehoshua Bar-Hillel

1. Aims and Methods, Survey and Critique	92
2. Critical Survey of the Achievements of the Particular MT Research Groups	101
3. Conclusion	135
4. Remark on Bibliography	137
5. Appendix I	142
6. Appendix II	146
7. Appendix III	158

Programming Computers to Play Games
Arthur L. Samuel

1. Introduction	165
2. Historical Background	166
3. Chess-Playing Machines	166
4. Checkers (or Draughts)	175
5. Other Games	190
6. A Look Into the Future	192
REFERENCES	192

Machine Recognition of Spoken Words
Richard Fatehchand

1. Introduction	193
2. The Speech Process	196
3. Machine Recognition of Elementary Speech Sounds	207
4. Contemporary Speech Recognition Machines	219
5. Review	225
REFERENCES	227

Binary Arithmetic
George W. Reitwiesner

1. Introduction	232
2. Number Representation	235
3. Scaling	235
4. Residues	236
5. Addition and Subtraction	237
6. Shifting	241
7. Arithmetical Operations	243
8. Minimal Representation	244
9. Multiplication	261
10. Division	266
11. Square Rooting	284
12. Rounding	289
13. Operational Scaling	295
14. Multiple-Precision Considerations	297
REFERENCES	308
AUTHOR INDEX	309
SUBJECT INDEX	313

Advances in Computers
Volume 2

Edited by
Franz L. Alt

CONTRIBUTORS TO VOLUME 2	v
PREFACE	vii
CONTENTS OF VOLUME 1	xiii

A Survey of Numerical Methods for Parabolic Differential Equations
Jim Douglas, Jr.

1. Introduction	1
2. Preliminaries	2
3. Explicit Difference Equations	4
4. The Backward Difference Equation	13
5. The Crank-Nicolson Difference Equation	18
6. An Unconditionally Unstable Difference Equation	24
7. Higher Order Correct Difference Equations	25
8. Comparison of the Calculation Requirements	30
9. Several Space Variables	31
10. Alternating Direction Methods	37
11. Abstract Stability Analysis	41
12. The Energy Method	44
13. Stefan Problem	46
14. Parabolic Systems	48
15. Integro-Differential Equations	49
16. Extrapolation to the Limit	50
REFERENCES	52

Advances in Orthonormalizing Computation
Philip J. Davis and Philip Rabinowitz

Part I: Theoretical

1. Introduction	56
2. The Geometry of Least Squares	56
3. Inner Products Useful in Numerical Analysis	58
4. The Computation of Inner Products	59
5. Methods of Orthogonalization	60
6. Tables of Orthogonal Polynomials and Related Quantities	63
7. Least Square Approximation of Functions	64
8. Overdetermined Systems of Linear Equations	68
9. Least Square Methods for Ordinary Differential Equations	69
10. Linear Partial Differential Equations of Elliptic Type	70

11. Complete Systems of Particular Solutions	73
12. Error Bounds; Degree of Convergence	75
13. Collocation and Interpolatory Methods and Their Relation to Least Squares	79
14. Conformal Mapping	81
15. Quadratic Functionals Related to Boundary Value Problems	83

Part II: Numerical

16. Orthogonalization Codes and Computations	85
17. Numerical Experiments in the Solution of Boundary Value Problems Using the Method of Orthonormalized Particular Solutions	89
18. Comments on the Numerical Experiments	116
19. The Art of Orthonormalization	121
20. Conclusions	122
REFERENCES	123

Microelectronics Using Electron-Beam-Activated Machining Techniques

Kenneth R. Shoulders

1. Introduction	137
2. Research Plan	144
3. Microelectronic Component Considerations	150
4. Tunnel Effect Components	158
5. Accessory Components	180
6. Component Interconnection	190
7. Substrate Preparation	197
8. Material Deposition	204
9. Material Etching	224
10. Resist Production	230
11. Electron Optical System	236
12. High-Vacuum Apparatus	260
13. Electron Microscope Installation	275
14. Demonstration of Micromachining	276
15. Summary	283
REFERENCES	289

Recent Developments in Linear Programming

Saul I. Gass

1. Decomposition Algorithm	296
2. Integer Linear Programming	302
3. The Multiplex Method	309
4. Gradient Method of Feasible Directions	314
5. Linear Programming Applications	317
6. Summary of Progress in Related Fields	322
7. Linear Programming Computing Codes and Procedures	325
8. SCEMP	361
9. Linear Programming in Other Countries	363
REFERENCES	366

The Theory of Automata, a Survey

Robert McNaughton

1. Introduction	379
2. Finite Automata	385
3. Probabilistic Automata	391
4. Behavioral Descriptions	393
5. Various Concepts of Growing Automata	397
6. Operations by Finite and Growing Automata, Real-Time and General	402
7. Automation Recognition	407
8. Imitation of Life-Like Processes by Automata	411
REFERENCES	416
AUTHOR INDEX	423
SUBJECT INDEX	430

Advances in Computers
Volume 3

Edited by

Franz L. Alt and Morris Rubinoff

CONTRIBUTORS TO VOLUME 3	v
PREFACE	vii
CONTENTS OF VOLUMES 1 AND 2	XIII

The Computation of Satellite Orbit Trajectories

Samuel D. Conte

1. The Problems Posed by Artificial Satellites	2
2. The Equations of Motion	4
3. Methods of Integration	18
4. General Perturbation Methods	28
5. Accuracy Tests for Integration Programs	35
6. Orbit Determination and Tracking Methods	48
7. Organization of a Tracking and Prediction Program	70
BIBLIOGRAPHY	74

Multiprogramming

E. F. Codd

1. Introduction	78
2. Early Contributions	81
3. Current Scope of Multiprogramming	83
4. Batch Multiprogramming	87

5. The Optimizing Problem	104
6. Multiprogramming with Two or More Processing Units	122
7. Concluding Remarks	150
8. Acknowledgments	152
BIBLIOGRAPHY	152

Recent Developments in Nonlinear Programming

Philip Wolfe

1. Introduction	156
2. Differential Gradient Methods	161
3. Large-Step Gradient Methods	165
4. Simplicial Methods	172
5. Columnar Procedures	175
6. The Cutting-plane Method	180
7. Initiating an Algorithm	183
8. Computer Routines and Literature	184
BIBLIOGRAPHY	186

Alternating Direction Implicit Methods

Garrett Birkhoff, Richard S. Varga, and David Young

INTRODUCTION

1. General Remarks	190
2. The Matrix Problem	191
3. Basic ADI Operators	192

Part I: Stationary ADI Methods (Case $m = 1$)

4. Error Reduction Matrix	194
5. Norm Reduction	195
6. Application	196
7. Optimum Parameters	198
8. The Function F	199
9. Helmholtz Equation in a Rectangle	200
10. Monotonicity Principle	202
11. Crude Upper Bound	203
12. Eigenvalues of H, V	204

Part II: Communicative Case

13. Introduction	205
14. Problems Leading to Communicative Matrices	206
15. The Peaceman-Rachford Method	210
16. Methods for Selecting Iteration Parameters for the Peaceman-Rachford Method	211
17. The Douglas-Rachford Method	217
18. Applications to the Helmholtz Equation	222

Part III: Comparison With Successive Overrelaxation Variants

19. The Point SOR Method	224
20. Helmholtz Equation in a Square	225
21. Block and Multiline SOR Variants	227
22. Analogies of ADI with SOR	229

Part IV: Numerical Experiments

23. Introduction	231

24. Experiments with the Dirichlet Problem	232
25. Analysis of Results	242
26. Conclusions	249
27. Experiments Comparing SOR Variants with ADI Variants	250
Appendix A: The Minimax Problem for One Parameter	254
Appendix B: The Minimax Problem for $m > 1$ Parameters	259
Appendix C: Nonuniform Mesh Spacings and Mixed Boundary Conditions	263
Appendix D: Necessary Conditions for Commutativity	266
BIBLIOGRAPHY	271

Combined Analog-Digital Techniques in Simulation

Harold K. Skramstad

1. Comparison of Analog and Digital Computers in Simulation	275
2. Interconnected Analog and Digital Computers	277
3. Example of a Combined Solution	281
4. Analog-Digital Arithmetic in a Digital Computer	283
5. Systems Using Analog-Digital Variables	288
BIBLIOGRAPHY	296

Information Technology and the Law

Reed C. Lawlor

1. Introduction	299
2. Information Growth	300
3. Mechanization in Law Practice	302
4. Applications of Symbolic Logic to Law	305
5. Information Storage and Retrieval	310
6. Punched Cards and Notched Cards	323
7. Prediction of Court Decisions	324
8. Thinking Machines	334
9. The Law of Computers	335
10. Use of Computers in Court	339
11. New Horizons	340
BIBLIOGRAPHY	343
Exhibit "A"	347
AUTHOR INDEX	353
SUBJECT INDEX	357

Advances in Computers
Volume 4

Edited by
Franz L. Alt and Morris Rubinoff

CONTRIBUTORS TO VOLUME 4 v
PREFACE vii
CONTENTS OF VOLUMES 1, 2, 3, AND 5 xi

The Formulation of Data Processing Problems for Computers
William C. McGee

1. Introduction 1
2. Procedural Programming Languages 3
3. Nonprocedural Programming Languages 15
4. Data Organization and Description Methods 27
5. Developments in Data Processing Theory 38
ACKNOWLEDGMENTS 49
REFERENCES 49

All-Magnetic Circuit Techniques
David R. Bennion and Hewitt D. Crane

1. The Problem 54
2. Modes of Solution with All-Magnetic Circuits 62
3. Variation and Further Derivation of Core-Wire Transfer Schemes 76
4. Currently Preferred Transfer Schemes and General Logic Capability 99
5. Application Notes 107
6. Annotated Bibliography on All-Magnetic Logic Schemes 111
7. Appendices 121
REFERENCES 132

Computer Education
Howard E. Tompkins

1. Introduction 135
2. Computer Education in Industry 137
3. University and College Computer Education 139
4. Computer Education in the High Schools and Community 153
5. Programmed Instruction 158

6. Conclusions	161
ACKNOWLEDGMENT	161
ANNOTATED BIBLIOGRAPHY	161

Digital Fluid Logic Elements

H. H. Glaettli

1. Introductory Part	169
2. Survey Part	173
3. Closing Remarks	236
ACKNOWLEDGMENTS	239
BIBLIOGRAPHY	239

Multiple Computer Systems

William A. Curtin

1. Introduction	245
2. Outline of the Paper	247
3. Definition of a Multiple Computer	248
4. Motivation for Multiple Computers	249
5. A System Design Approach for a Hypothetical Multiple Computer	252
6. Programming Considerations	267
7. Multiple Computer Scheduling	273
8. Existing Multiple Computer Systems	283
9. Conclusions	301
ACKNOWLEDGMENTS	302
REFERENCES	302
AUTHOR INDEX	305
SUBJECT INDEX	309

Advances in Computers
Volume 5

Edited by
Franz L. Alt and Morris Rubinoff

CONTRIBUTORS TO VOLUME 5	v
PREFACE	vii
Contents of Volumes 1, 2, 3, and 4	xiii

The Role of Computers in Election Night Broadcasting

Jack Moshman

1. Introduction	1
2. Oddities Plaguing the Model Builder	2
3. Sources of Data	3
4. Communications on Election Night	5
5. The Mathematical Model	5
6. Combining the Estimates	9
7. An Example	10
8. National Estimates	11
9. Estimated Turnout	12
10. Other Elections	13
11. Other Applications	14
12. The Future	14
13. A Report of TV Monitor of Election Night Coverage for the 1960 Presidential Election, November 8–9, 1960	15

Some Results of Research on Automatic Programming in Eastern Europe

Władysław Turski

INTRODUCTORY NOTES	23
1. Soviet Union	24
2. Poland	68
3. Other Countries of Eastern Europe	88
4. Survey of Methods of Programming	100
Appendix 1. Example of a Lyapunovían Program	102
Appendix 2. Kindler's Algorithm for Programming of Arithmetic Formulas	103
REFERENCES	105

A Discussion of Artificial Intelligence and Self-Organization

Gordon Pask

1. Introductory Comments	110
2. The Characterization and Behavior of a Self-Organizing System	116
3. Artificial Intelligence	165
4. Other Disciplines	204
5. The Interaction between Men and Their Intelligent Artifacts	208
GLOSSARY	214
REFERENCES	218

Automatic Optical Design

Orestes N. Stavroudis

1. Introduction	227
2. Ray Tracing	231
3. Classical Methods of Lens Design	233
4. The Computer Applied to Lens Design	238
REFERENCES	252

Computing Problems and Methods in X-Ray Crystallography

Charles L. Coulter

1. Introduction	257
2. General Computational Methods	270
3. Available Programs	283
REFERENCES	284

Digital Computers in Nuclear Reactor Design

Elizabeth Cuthill

1. Introduction	289
2. Development and Classification of Nuclear Reactor Codes	291
3. Neutron Transport Equations	297
4. Solution of the Neutron Transport Problem	306
5. Other Calculations	326
REFERENCES	326

An Introduction to Procedure-Oriented Languages

Harry D. Huskey

1. Introduction	349
2. The Evolution of Computer Languages	350
3. A Typical Digital Computer	353
4. A Language for Describing Computers	353
5. A Simple One-Address Computer	357
6. A Square-Root Example on the One-Address Computer	358
7. Relocatability	360
8. An Assembly Program	361
9. The Square-Root Example in Assembly Language	362
10. An Algebraic Language Translator	363
11. Alternative Methods of Translation	367
12. Algorithmic Languages	368
13. Comparison of Features of Algorithmic Languages	369
14. Some Special Languages	374
15. Summary	375
REFERENCES	376
AUTHOR INDEX	379
SUBJECT INDEX	391

Advances in Computers
Volume 6

Edited by
Franz L. Alt and Morris Rubinoff

CONTRIBUTORS TO VOLUME 6	v
PREFACE	vii
CONTENTS OF PREVIOUS VOLUMES	xii

Information Retrieval

Claude E. Walston

1. Introduction	1
2. The Information-Storage and -Retrieval Cycle	4
3. Types of Retrieval	6
4. Automatic Document Indexing and Classification	8
5. Automatic Aids to Retrieval and Dissemination	18
6. Automatic Fact Retrieval	22
7. Conclusion	25
REFERENCES	28

Speculations Concerning the First Ultraintelligent Machine

Irving John Good

1. Introduction	31
2. Ultraintelligent Machines and their Value	33
3. Communication as Regeneration	37
4. Some Representations of "Meaning" and Their Relevance to Intelligent Machines	40
5. Recall and Information Retrieval	43
6. Cell Assemblies and Subassemblies	54
7. An Assembly Theory of Meaning	74
8. The Economy of Meaning	77
9. Conclusions	78
10. Appendix: Informational and Causal Interactions	80
REFERENCES	83

Digital Training Devices

Charles R. Wickman

1. Introduction	89
2. Training Requirements	90

3. Training Simulators Using General Purpose Digital Computers	101
4. Programming Considerations	122
5. Non-Training Uses of a Training Simulator	126
6. Future Training Device Requirements	128

Number Systems and Arithmetic

Harvey L. Garner

1. Introduction	131
2. Classification and Characterization of Number Systems	132
3. Addition	143
4. Redundant Number Systems	157
5. Multiplication	163
6. Division	168
7. Residue Number Systems	177
8. Digit by Digit Computation	182
REFERENCES	191

Considerations on Man versus Machines for Space Probing

P. L. Bargellini

1. Introduction	195
2. Human and Machine Intelligence	197
3. Problem Definition in Engineering Terms	204
4. Summary of Information Handling by Man and Machines	206
5. Information Capacity of the Human Channel; Acoustic and Visual Stimuli	208
6. Somesthetic Communication	216
7. Data Processing by Machines	218
8. Comparison of the Bit Rate in Manned and Mechanized Systems	221
9. Considerations on the Communication Links	222
10. Possible Solutions and Recommendations	224
11. Conclusion	225
BIBLIOGRAPHY	225

Data Collection and Reduction for Nuclear Particle Trace Detectors

Herbert Gelernter

1. Introduction	229
2. Bubble Chambers	231
3. The Data Reduction Problem for Bubble Chambers	235
4. Advances in Automatic Data Analysis for Bubble Chambers	245
5. Spark Chambers	270
6. The Data Problem for Spark Chambers	277
7. Filmless Operation of Spark Chambers	279
8. Some Other Particle Trace Detectors	290
9. On-Line Data Processing in Physics	293
BIBLIOGRAPHY	294
AUTHOR INDEX	297
SUBJECT INDEX	302

Advances in Computers
Volume 7

Edited by

Franz L. Alt and Morris Rubinoff

CONTRIBUTORS	v
PREFACE	vii

Highly Parallel Information Processing Systems
John C. Murtha

1. Introduction	2
2. Parallel Network Computers	10
3. Distributed Control Networks	22
4. Limited Application Parallel Processors	34
5. Multiple Instruction Stream/Multiple Function Machines	68
6. Programming Languages for Highly Parallel Machines	84
7. Translation Techniques	91
8. Parallel Processing Techniques and Algorithms	100
9. References	113

Programming Language Processors
Ruth M. Davis

1. Introduction	117
2. Features of Programming Languages	119
3. Rules, Syntactical Techniques, and Grammatical Models for Decoding Programming Languages	128
4. Historical Development of Programming Language Processors	141
5. Features of Programming Language Processors	147
6. The Conventional Programming Language Processor	159
7. The Syntax-Directed Programming Language Processor	163
8. List Processors	167
9. Evaluation of Programming Language Processors	173
10. Concluding Remarks	175
REFERENCES	177

The Man-Machine Combination for Computer-Assisted Copy Editing
Wayne A. Danielson

1. Introduction	181
2. Computerized Line Justification	182

3. Computerized Hyphenation Programs	183
4. Advantages Claimed for Computerized Typesetting	187
5. Editing and Proofreading in Existing Systems	187
6. Editing in Experimental Systems	188
7. An Experimental Edition Planner	190
8. Conclusions	192
REFERENCES	192

Computer-Aided Typesetting

William R. Bozman

1. Publication of Computer Output	195
2. Preparation of Computer Tapes for Typesetting	198
3. Examples of Computer-Prepared Typesetting	199
4. Hyphenless Justification	205
5. Conclusion	206
REFERENCES	206

Programming Languages for Computational Linguistics

Arnold C. Satterthwait

1. Introduction	209
2. Languages for Machine Translation	212
3. A Sentence-Parsing Program in COMIT	227
REFERENCES	238

Computer Driven Displays and Their Use in Man/Machine Interaction

Andries van Dam

1. Introduction and History	239
2. Display Technology	242
3. Man/Machine Interaction	278
REFERENCES	287
BIBLIOGRAPHY	289
AUTHOR INDEX	291
SUBJECT INDEX	295

Advances in Computers
Volume 8

Edited by
Franz L. Alt and Morris Rubinoff

CONTRIBUTORS	v
PREFACE	vii
CONTENTS OF PREVIOUS VOLUMES	xi

Time-Shared Computer Systems
Thomas N. Pyke, Jr.

1. The Time-Sharing Concept	1
2. Design of the Time-Shared Computer System	14
3. Over-all Systems Considerations	31
4. The Use of Time-Shared Systems	36
5. The Future of Time Sharing	39
REFERENCES	42

Formula Manipulation by Computer
Jean E. Sammet

1. Introduction	47
2. Technical Issues in Formula Manipulation	51
3. Technical Issues as Applied to FORMAC	78
4. Applications	95
REFERENCES	99

Standards for Computers and Information Processing
T. B. Steel, Jr.

1. Introductory Comments	103
2. The History of Standardization	104
3. Modern Industrial Standardization	109
4. Summary	151
REFERENCES	151

Syntactic Analysis of Natural Language

Naomi Sager

1. Linguistic Basis for Computations	153
2. A Procedure for Left-to-Right String Decomposition of Sentences	157
3. The String Program	163
REFERENCES	186

Programming Languages and Computers: A Unified Metatheory

R. Narasimhan

1. Introduction	189
2. Simple Computation Processes	196
3. Hierarchical Computation Processes	217
4. Relevance of the Approach to the Design of Computing Systems	225
5. Concluding Remarks	240
REFERENCES	244

Incremental Computation

Lionello A. Lombardi

INTRODUCTION	248
1. General Concepts	250
2. Syntax	270
3. Memory Organization	276
4. Operation of the Incremental Computer	290
Appendix: Properties of Forms	327
REFERENCES	332
AUTHOR INDEX	335
SUBJECT INDEX	339

Advances in Computers
Volume 9

Edited by

Franz L. Alt and Morris Rubinoff

CONTRIBUTORS	v
PREFACE	vii
CONTENTS OF PREVIOUS VOLUMES	xii

What Next in Computer Technology?

W. J. Poppelbaum

1. Plan for Projections	1
2. Limits on Size and Speeds of Devices, Circuits, and Systems	2
3. New Devices	6
4. New Circuits	8
5. New Memories	12
6. New Systems	17
REFERENCES	20

Advances in Simulation

John McLeod

1. Introduction	23
2. A Look Back	24
3. Progress	26
4. The Best Tool	30
5. Physiological Simulation	33
6. A Look Ahead	45
REFERENCES	49

Symbol Manipulation Languages

Paul W. Abrahams

1. What Is Symbol Manipulation?	51
2. LISP 2	57
3. LISP 1.5	69
4. L6	74
5. PL/I String and List Processing	78
6. SLIP	84
7. SNOBOL	92
8. Other Symbol Manipulation Languages	101
9. Concluding Remarks	109
REFERENCES	110

Legal Information Retrieval

Aviezri S. Fraenkel

1. Problems and Concepts	114
2. Retrieval with Indexing	121
3. Retrieval without Indexing	128
4. Projects	150
Appendix I	158
Appendix II	161
Appendix III	163
REFERENCES	172

Large Scale Integration—an Appraisal

L. M. *Spandorfer*

1. Introductio	179
2. Device Fabrication	180
3. Packaging	184
4. Economic Considerations	190
5. Interconnection Strategies	194
6. Bipolar Circuits	205
7. MOS Circuits	213
8. LSI Memories	218
9. Further System Implications	231
REFERENCES	234

Aerospace Computers

A. S. *Buchman*

1. Introduction	239
2. Application Requirements	241
3. Technologies	262
4. Current State-of-the-Art	269
5. Aerospace Computers of the Future	274
REFERENCES	283

The Distributed Processor Organization

L. J. *Koczela*

1. Introduction	286
2. Parallelism	289
3. Development of the Distributed Processor Organization	295
4. Architecture	301
5. Failure Detection and Reconfiguration	326
6. Cell and Group Switch Design	338
7. Communication Buses	346
8. Software Analysis	349
REFERENCES	353
AUTHOR INDEX	355
SUBJECT INDEX	360

Advances in Computers
Volume 10

Edited by

Franz L. Alt and Morris Rubinoff

CONTRIBUTORS	ix
PREFACE	xi
CONTENTS OF PREVIOUS VOLUMES	xiii

Humanism, Technology, and Language

Charles DeCarlo

TEXT	1

Three Computer Cultures: Computer Technology, Computer Mathematics, and Computer Science

Peter Wegner

1. The Computer Revolution	8
2. Technological and Scientific Programming Languages	10
3. Mathematical Models Related to Computers	14
4. Substitution, Binding, References, and Assignment	22
5. Information Structure Models	36
6. Programming Language Models	50
7. Technological Plateau or Scientific Challenge	74
REFERENCES	75

Mathematics in 1984—The Impact of Computers

Bryan Thwaites

1. Introduction	79
2. The Application of Computers to Conventional Problems	83
3. The Tool Kit of the Future	90
4. Conclusions	104
REFERENCES	106

Computing from the Communication Point of View

E. E. David, Jr.

1. Introduction	109
2. Transmission of Computer Information	112
3. Coding of Information	119
4. Computer-Communication Networks	122
5. Conclusion	127
REFERENCES	128

Computer-Man Communication: Using Computer Graphics in the Instructional Process

Frederick P. Brooks, Jr.

1. Introduction and Concepts	129
2. Prokop's Experiment—Using a Computer Graphics System to Aid Executive Evaluation of Inventory Policy	131
3. Oliver's Experiment—Using a Computer Graphics System for Teaching Numerical Analysis	137
4. The Pikaplot Project	140
5. Johnson's Experiment—Computer-Administered Instruction in Teaching PL/1	141
6. Conclusions	142
REFERENCES	142

Computers and Publishing: Writing, Editing, and Printing

Andries van Dam and David E. Rice

1. Introduction	145
2. Computerized Typesetting and Printing	147
3. Program and Manuscript Text Editors	151
4. Conclusions	169
REFERENCES	173

A Unified Approach to Pattern Analysis

Ulf Grenander

1. Introduction	175
2. The Formalism	177
3. Divisio et Denominatio (Division and Naming)	181
4. Patterns of Style	186
5. Some Pictorial Patterns	191
6. Deformed Patterns	197
7. Image-Dependent Deformations	204
8. Paradigmatic Deformations	210
REFERENCES	215

Use of Computers in Biomedical Pattern Recognition

Robert S. Ledley

1. Introduction	217
2. Resolution Requirements for Initial Picture Digitization	218
3. Recognition and Separation of Overlapping and Touching Chromosomes	224
4. Analysis of Cells	228
5. Patterns in X Rays of Bone	235
6. Patterns in Protein Sequences	238
7. Medical Diagnosis as Pattern Recognition	243
8. Biological Classification of Patterns	247
REFERENCES	252

Numerical Methods of Stress Analysis

William Prager

1. Introduction	253
2. Fundamental Concepts Illustrated by Rod Problem	254
3. Plane Stress: Basic Procedure	258
4. Plane Stress: Alternative Points of View; Improvements	262
5. Beams and Plates	267
6. Use of Discontinuous Fields	270
7. Concluding Remarks	272
REFERENCES	272

Spline Approximation and Computer-Aided Design

J. H. Ahlberg

1. Introduction	275
2. General Properties of Cubic Splines	279
3. Graphics Package Considerations	281
4. Representation of Cubic Splines	282
5. Construction of Cubic Splines	283
6. Cardinal Splines	285
7. Limiting Behavior of Cardinal Splines	287
Reference	289

Logic per Track Devices

D. L. Slotnick

1. The Technological Platform	291
2. System Description	293
3. Applications	295
REFERENCE	296
AUTHOR INDEX	297
SUBJECT INDEX	301
CUMULATIVE INDEX OF TITLES	311

Advances in Computers
Volume 11

Edited by

Franz L. Alt and Morris Rubinoff

CONTRIBUTORS	ix
PREFACE	xi

Automatic Translation of Languages Since 1960: A Linguist's View

Harry H. Josselson

1. Introductory Remarks	2
2. MT Since 1960: Aims and Growth	6
3. Linguistic Problems in MT Research	12
4. Survey of MT Groups Since 1960	26
5. ALPAC Report	44
6. Conclusion	49
7. Selected Bibliography	51
8. REFERENCES	54

Classification, Relevance, and Information Retrieval

D. M. Jackson

1. Introduction	60
2. Term Classifications in Information Retrieval	75
3. The Construction of Term Classifications	82
4. Pseudo-classification and Information Retrieval	101
5. The Use of Pseudo-classifications in Retrieval	105
6. A Retrieval Model	110
7. Methods for Constructing Pseudo-classifications	115
8. Concluding Remarks	121
REFERENCES	122

Approaches to the Machine Recognition of Conversational Speech

Klaus W. Otten

1. Introduction	127
2. Reasons for Interest in Machine Recognition of Conversational Speech	128
3. Fundamentals of Speech Recognition	130
4. Problems in the Recognition of Conversational Speech	135

5. Operational Requirements for Speech Recognition Systems	148
6. Approaches toward the Recognition of Conversational Speech	152
7. Concluding Comments	162
REFERENCES	163

Man–Machine Interaction Using Speech

David R. Hill

1. Introduction	166
2. Reasons for Requiring a Man–Machine Interface Using Speech	169
3. An Outline of Speech Production, Perception, and Some Related Topics	172
4. Talk-Back	184
5. Speech Recognition	196
6. Progress toward Man–Machine Interaction Using Speech at the University of Calgary	213
7. Applications	217
8. Concluding Remarks	221
REFERENCES	222

Balanced Magnetic Circuits for Logic and Memory Devices

R. B. Kieburtz and E. E. Newhall

1. Introduction	232
2. Multiaperture Elements Regarded as Circuits	239
3. Element Characteristics	250
4. Circuit Characteristics	255
5. 3-Phase Circuits	266
6. Multiple Path Parallel Circuit—Logic Element	272
7. Logic Operations Realized on a Two-Path Balanced Circuit	277
8. An Experimental Machine Control System	288
9. Clocking Arrangements	296
10. Regeneration of Signals within Ferrite Sheets	301
11. A Compatible Storage Element	306
12. Circuit-Gain and Material Characteristics	309
REFERENCES	316

Command and Control: Technology and Social Impact

Anthony Debons

1. Introduction	319
2. The Science and Technology of Command and Control	330
REFERENCES	383
AUTHOR INDEX	391
SUBJECT INDEX	398
CONTENTS OF PREVIOUS VOLUMES	406

Advances in Computers
Volume 12
Edited by
Morris Rubinoff

CONTRIBUTORS ix
PREFACE xi

Information Security in a Multi-User Computer Environment
James P. Anderson

1. The Computer Security Problem 2
2. Techniques of System Access Control 10
3. Computer Characteristics Supporting Information Security 13
4. Operating System Functions Relating to Information Security 18
5. Problems of File Protection 24
6. Techniques of File Protection 28
7. Techniques of Security Assurance 30
8. Communications Problems 33
9. Summary 35
REFERENCES 35

Managers, Deterministic Models, and Computers
G. M. Ferrero diRoccaferrera

1. Introduction 37
2. The System Approach 40
3. Management Systems 43
4. Management Science 46
5. When and How Managers Have to Implement Management Science Models 50
6. Will Computers Eliminate Managerial Decision Making? 63
REFERENCES 71

Uses of the Computer in Music Composition and Research
Harry B. Lincoln

1. Introduction 73
2. Composition of Music by Computer 74
3. Music Research Using the Computer 88
4. Automated Music Typography for Composition and Research 107
REFERENCES 110

File Organization Techniques

David C. Roberts

1. Introduction	115
2. Survey of File Organizations	116
3. Random File Structures	130
4. List File Structures	143
5. Tree File Structure	151
6. Implementation of File Structures	160
REFERENCES	166

Systems Programming Languages

R. D. Bergeron, J. D. Gannon, D. P. Shecter, F. W. Tompa, and A. van Dam

1. Introduction	176
2. Criteria for a Systems Programming Language	180
3. Specific Constructs	192
4. Reviews of Several Systems Programming Languages	196
5. Extensibility and Systems Programming	235
6. Language for Systems Development	239
REFERENCES	283

Parametric and Nonparametric Recognition by Computer: An Application to Leukocyte Image Processing

Judith M. S. Prewitt

1. Introduction	285
2. Image Articulation	301
3. Image Description	321
4. Discrimination: Logic and Rationale	327
5. Linear Logic and the Evaluation of Performance: Logic and Rationale	338
6. Feature Selection: Logic and Rationale	347
7. Experimental Results: Parameter Variability	364
8. Experimental Results: Parametric Discrimination using Decision Theory	368
9. Nonparametric Pattern Detection: A Cytotaxonomy for Leukocytes	383
10. The Inverse Problem: Human Visual Discrimination Using Computer-Oriented Image Properties	393
11. Perspectives on Automatic Microimage Analysis	400
12. Summary and Prospectus	404
REFERENCES	409
AUTHOR INDEX	415
SUBJECT INDEX	422
CONTENTS OF PREVIOUS VOLUMES	432

Advances in Computers
Volume 13
Edited by
Morris Rubinoff and Marshall C. Yovits

CONTRIBUTORS	ix
PREFACE	xi

Programmed Control of Asynchronous Program Interrupts
Richard L. Wexelblat

1. Introduction	1
2. Definition of Terms	2
3. Attentions and Synchronism	4
4. Facilities in Current Languages	5
5. External Attentions	13
6. Extended Attention Handling	16
7. Examples	31
8. Conclusion	37
Appendix 1. Syntax of the Attention Handling Language	37
Appendix 2. Detectable Conditions in PL/I, COBOL, and FORTRAN	38
Appendix 3. Glossary of Terms	39
REFERENCES	40

Poetry Generation and Analysis
James Joyce

1. Introduction	43
2. Computing Expertise	44
3. Poetry Generation: The Results	47
4. Poetry Analysis: Introduction	52
5. Concordance-Making	53
6. Stylistic Analysis	58
7. Prosody	61
8. Literary Influence: Milton on Shelley	62
9. A Statistical Analysis	63
10. Mathematical and Statistical Modeling	64
11. Textual Bibliography	67
12. Conclusion	69
REFERENCES	70

Mapping and Computers

Patricia Fulton

1. Introduction	73
2. History	74
3. What Is a Map?	76
4. The Earth Ellipsoid	77
5. The Geoid	78
6. Geodetic Datum	79
7. Geodetic Surveys	80
8. Satellite Geodesy	87
9. Photogrammetry	89
10. Projections	92
11. Cartography	98
12. Data Banks	102
13. Future Trends	103
14. Conclusions	105
REFERENCES	106

Practical Natural Language Processing: The REL System as Prototype

Frederick B. Thompson and Bozena Henisz Thompson

INTRODUCTION	110
1. Natural Language for Computers	110
2. What Constitutes a Natural Language?	111
3. The Prototype REL System	115
4. Semantics and Data Structures	122
5. Semantics Revisited	128
6. Deduction and Related Issues	135
7. English for the Computer	143
8. Practical Natural Language Processing	158
REFERENCES	167

Artificial Intelligence—The Past Decade

B. Chandrasekaran

1. Introduction	170
2. The Objectives of the Review	173
3. Language Processing	176
4. Some Aspects of Representation, Inference, and Planning	195
5. Automatic Programming	202
6. Game-Playing Programs	205
7. Some Learning Programs	208
8. Heuristic Search	213
9. Pattern Recognition and Scene Analysis	217
10. Cognitive Psychology and Artificial Intelligence	220
11. Concluding Remarks	224
REFERENCES	225
AUTHOR INDEX	233
SUBJECT INDEX	237
CONTENTS OF PREVIOUS VOLUMES	245

Advances in Computers
Volume 14

Edited by

Morris Rubinoff and Marshall C. Yovits

CONTRIBUTORS ... ix
PREFACE ... xi

On the Structure of Feasible Computations

J. Hartmanis and J. Simon

1. Introduction ... 1
2. Feasible Computations and Nondeterminism ... 6
3. Memory-Bounded Computations ... 17
4. Nondeterministic Tape Computations and the lba Problem ... 27
5. Random Access Machines ... 30
6. Conclusion ... 40
7. REFERENCES ... 41

A Look at Programming and Programming Systems

T. E. Cheatham, Jr., and Judy A. Townley

1. Introduction ... 45
2. Some Background ... 46
3. Classes of Programs ... 48
4. Facilities for Small-Scale Programs ... 53
5. The ELI Language and ECL System ... 55
6. Aids for the Nonexpert Programmer ... 69
7. Aids for the Production of Complex Programs ... 72
REFERENCES ... 75

Parsing of General Context-Free Languages

Susan L. Graham and Michael A. Harrison

Introduction ... 77
1. Preliminaries ... 79
2. The Cocke–Kasami–Younger Algorithm ... 107
3. Earley's Algorithm ... 122
4. Valiant's Algorithm ... 140
5. The Hardest Context-Free Language ... 176

6. Bounds on Time and Space 181
REFERENCES 184

Statistical Processors

W. J. Poppelbaum

1. Pros and Cons of Statistical Information Representation 187
2. An Overview of Time Stochastic Processing 190
3. Fluctuations and Precision of Stochastic Sequences 194
4. Generation of Random and Quasi-Random Sequences 195
5. Examples of Time Stochastic Machines 197
6. Bundle Processing and Ergodic Processing 205
7. Examples of Bundle and Ergodic Machines 211
8. An Overview of Burst Processing 216
9. Preliminary Results in Burst Processing 224
10. Outlook in Statistical Processing 226
REFERENCES 228

Information Secure Systems

David K. Hsiao and Richard I. Baum

1. Prologue 231
2. Introduction 234
3. Toward an Understanding of Logical Access Control Mechanisms 241
4. Some Thoughts on Information-Theoretic Protection 254
5. Can We Build Information Secure Systems? 256
6. Summary and Prospectus 270
REFERENCES 271
AUTHOR INDEX 273
SUBJECT INDEX 276
CONTENTS OF PREVIOUS VOLUMES 284

Advances in Computers
Volume 15

Edited by

Morris Rubinoff and Marshall C. Yovits

CONTRIBUTORS ix
PREFACE xi

Approaches to Automatic Programming

Alan W. Biermann

1. Introduction	1
2. Extensions to Traditional Automatic Programming Methods	3
3. Program Synthesis from Examples	16
4. Synthesis from Formal Input–Output Specifications	29
5. Translation of Natural Language Commands	40
6. Heuristic Knowledge-Based Algorithm Synthesis	46
7. Comments	58
REFERENCES	59

The Algorithm Selection Problem

John R. Rice

1. Introduction	65
2. Abstract Models	67
3. Concrete Application—The Selection of Quadrature Algorithms	77
4. Concrete Application—The Selection of Operating System Schedulers	82
5. Discussion of the Two Concrete Applications	90
6. Approximation Theory Machinery	91
REFERENCES	117

Parallel Processing of Ordinary Programs

David J. Kuck

1. Introduction	119
2. Theoretical Fundamentals	127
3. Program Analysis	141
4. Machine Considerations	158
5. Conclusions	174
REFERENCES	176

The Computational Study of Language Acquisition

Larry H. Reeker

1. The Problem	181
2. Modeling Language Acquisition	191
3. The Problem-Solving Theory	196
4. Conclusion	223
5. Appendix: Grammar Representation	224
REFERENCES	235

The Wide World of Computer-Based Education

Donald Bitzer

1. Introduction	239
2. The PLATO System	243
3. System Configuration	254
4. Teaching Strategies	256
5. Computational Applications	266
6. A Word about TUTOR	269
7. Evaluation	272
8. Cost of Services	276
9. Conclusion	281
REFERENCES	281
AUTHOR INDEX	285
SUBJECT INDEX	289
CONTENTS OF PREVIOUS VOLUMES	297

Advances in Computers
Volume 16

Edited by
Morris Rubinoff and Marshall C. Yovits

CONTRIBUTORS	ix
PREFACE	xi

3-D Computer Animation

Charles A. Csuri

1. Introductory Remarks	1
2. Metaphysics of Graphics	5
3. Mechanics of Graphics	18
4. Animation Systems	38
5. Concluding Remarks	52
REFERENCES	53

Automatic Generation of Computer Programs

Noah S. Prywes

1. Introduction	58
2. Goals and Benefits of Automatic Generation of Computer Programs	60
3. Scope Issues in Automatic Program Generation	66
4. The MODEL System	81
REFERENCES	122

Perspectives in Clinical Computing

Kelvin C. O'Kane and Edward A. Haluska

1. Introduction	128
2. Automated Interviewing Systems	135
3. Multiphasic Screening	142
4. Total Hospital Information Systems (HIS)	145
5. Automation and Medical Instrumentation	153
6. Automation and Intensive Care Units	155
7. Automation and the Clinical Laboratory	161
8. Transverse Axial Tomography	165
9. Automated Diagnosis	168
10. Conclusion	176
REFERENCES	177

The Design and Development of Resource-Sharing Services in Computer Communications Networks: A Survey

Sandra A. Mamrak

1. Introduction	183
2. Resource-Sharing Service Support Systems	184
3. General Design Considerations	186
4. Global Support Modules	190
5. Application-Dependent Modules	200
6. Summary and Conclusions	214
REFERENCES	215

Privacy Protection in Information Systems

Rein Turn

1. Introduction	221
2. The Privacy Problem	223
3. Concerns over Invasions of Privacy	255
4. Privacy Protection Principles and Requirements	296
5. Technological and Economic Considerations	309
6. Prospects for the Future	327
REFERENCES	328
AUTHOR INDEX	337
SUBJECT INDEX	344
CONTENTS OF PREVIOUS VOLUMES	353

Advances in Computers
Volume 17

Edited by
Marshall C. Yovits

CONTRIBUTORS TO VOLUME 17 ix
PREFACE xi

Semantics and Quantification in Natural Language Question Answering

W. A. Woods

1. Introduction	2
2. Historical Context	4
3. Overview	8
4. The Meaning Representation Language	11
5. The Semantics of the Notation	21
6. Semantic Interpretation	24
7. Problems of Interpretation	37
8. Post-Interpretive Processing	54
9. An Example	58
10. Loose Ends, Problems, and Future Directions	64
11. Syntactic/Semantic Interactions	75
12. Conclusions	84
REFERENCES	86

Natural Language Information Formatting: The Automatic Conversion of Texts to a Structured Data Base

Naomi Sager

1. Introduction	89
2. Principles and Methods of Analysis	96
3. Computer Programs for Information Formatting	115
4. Applications	151
REFERENCES	159

Distributed Loop Computer Networks

Ming T. Liu

1. Introduction	164
2. Message Transmission Protocols and Formats	169

3. Loop Interface Design	178
4. Network Operating System Design	183
5. User Access and Network Services	195
6. Performance Studies	206
7. Conclusion	215
REFERENCES	216

Magnetic Bubble Memory and Logic

Tien Chi Chen and Hsu Chang

INTRODUCTION	224
1. The Magnetic Bubble Phenomenon	225
2. Bubbles as Memory	232
3. Magnetic Bubble Logic	243
4. Steering of Bubbles for Text Editing	252
5. Storage Management	257
6. Sorting	269
7. Information Selection and Retrieval	274
8. Summary and Outlook: More than Memory	278
REFERENCES	279

Computers and the Public's Right of Access to Government Information

Alan F. Westin

1. Information Technology and Government Secrecy	283
2. Computer Impact on Public Access: Reports from the Information-Holders and Information-Seekers	292
3. An Analysis of the Access Situation	309
4. Recommendations for Action	311
5. The Future of Information Technology and Democratic Government	314
REFERENCES	315
AUTHOR INDEX	317
SUBJECT INDEX	322
CONTENTS OF PREVIOUS VOLUMES	329

Advances in Computers
Volume 18

Edited by
Marshall C. Yovits

CONTRIBUTORS	ix
PREFACE	xi

Image Processing and Recognition

Azriel Rosenfeld

1. Introduction	2
2. Digitization	3
3. Coding and Approximation	8
4. Enhancement, Restoration, and Reconstruction	16
5. Segmentation	28
6. Representation	40
7. Description	48
8. Concluding Remarks	55
9. REFERENCES	55

Recent Progress in Computer Chess

Monroe M. Newborn

1. Introduction	59
2. After Stockholm	62
3. Tree-Searching Techniques (Modifications to the Minimax Algorithm)	92
4. Chess-Specific Information in Chess Programs	99
5. Endgame Play	100
6. Speed Chess	106
7. The Microcomputer Revolution	110
8. Final Observations and the Future	113
9. REFERENCES	114

Advances in Software Science

M. H. Halstead

1. Introduction	119
2. Basic Metrics	120
3. Volume	122
4. Potential Volume	122
5. Implementation Level	123
6. Language Level	125
7. The Vocabulary-Length Equation	126
8. The Mental Effort Hypothesis	129
9. Extension to "Lines of Code"	130
10. Programming Rates versus Project Size	132
11. Clarity	133
12. Error Rates	136
13. Measurement Techniques	141
14. The Rank-Ordered Frequency of Operators	143
15. The Relation between η_1 and η_2	146
16. The Use of η_2^* in Prediction	148
17. Grading Student Programs	150
18. Semantic Partitioning	153
19. Technical English	154
20. Learning and Mastery	158
21. Text File Compression	161
22. Top-Down Design in Prose	162
23. Conclusions	166
References	168

Current Trends in Computer-Assisted Instruction

Patrick Suppes

1. Introduction	173
2. CAI in Elementary and Secondary Education	175
3. CAI in Postsecondary Education	185
4. Current Research	199
5. The Future	222
REFERENCES	225

Software in the Soviet Union: Progress and Problems

S. E. Goodman

1. Introduction	231
2. A Survey of Soviet Software	233
3. Systemic Factors	249
4. Software Technology Transfer	268
5. A Summary	278
6. REFERENCES	281
AUTHOR INDEX	289
SUBJECT INDEX	295
CONTENTS OF PREVIOUS VOLUMES	303

Advances in Computers
Volume 19

Edited by
Marshall C. Yovits

CONTRIBUTORS	vii
PREFACE	ix

Data Base Computers

David K. Hsiao

1. Introduction: The 90–10 Rule—A Characterization of the Problem	1
2. Approaches to a Solution	4
3. Where Are We Now?	6
4. Two Kinds of Data Base Computers	8
5. Can the New Data Base Computers Replace the Existing Data Base Management Software with Improved Performance?	40
6. The Future	58
REFERENCES	59

The Structure of Parallel Algorithms

H. T. Kung

1. Introduction	65
2. The Space of Parallel Algorithms: Taxonomy and Relation to Parallel Architectures	66
3. Algorithms for Synchronous Parallel Computers	72
4. Algorithms for Asynchronous Multiprocessors	93
5. Concluding Remarks	106
REFERENCES	108

Clustering Methodologies in Exploratory Data Analysis

Richard Dubes and A. K. Jain

1. Introduction	113
2. Data Representation	117
3. Cluster Analysis	123
4. Applications	208
REFERENCES	215

Numerical Software: Science or Alchemy?

C. W. Gear

1. Introduction	229
2. What Is Numerical Software and Why Is It Difficult?	232
3. The Science	241
4. The Alchemy	245
5. Conclusion	247
REFERENCES	248

Computing as Social Action: The Social Dynamics of Computing in Complex Organizations

Rob Kling and Walt Scacchi

1. Perspectives on Computing in Organizations	250
2. The Computing System Life Cycle	261
3. Computer System Use in Complex Organizations	290
4. Impact of Computing on Organizational Life	295
5. Conclusions	317
REFERENCES	323
AUTHOR INDEX	329
SUBJECT INDEX	338
CONTENTS OF PREVIOUS VOLUMES	346

Advances in Computers
Volume 20

Edited by
Marshall C. Yovits

CONTRIBUTORS vii
PREFACE ix

Management Information Systems: Evolution and Status
Gary W. Dickson

1. Introduction 1
2. Background 2
3. The MIS Concept 5
4. MIS Research 17
5. MIS Support Mechanisms 23
6. MIS Education 25
7. MIS—Quo Vadis? 27
REFERENCES 29

Real-Time Distributed Computer Systems
W. R. Franta, E. Douglas Jensen, R. Y. Kain, and George D. Marshall

1. Introduction 40
2. Hardware for Distributed Systems 45
3. Software for Distributed Real-Time Systems 62
4. Summary 79
REFERENCES 81

Architecture and Strategies for Local Networks: Examples and Important Systems
K. J. Thurber

1. What Is a Local Network? 83
2. Terminology and Nomenclature 87
3. Technology Trends and Their Influence 87
4. Decentralized versus Centralized Computation 88
5. Local Network Functions 89
6. Examples 89
7. System Summaries 90
8. Hardware Availability 105

9. Computer Centers and Offices of the Future: Directions 109
10. The Future 110
REFERENCES 111

Vector Computer Architecture and Processing Techniques

Kai Hwang, Shun-Piao Su, and Lionel M. Ni

1. Introduction 116
2. Vector-Processing Requirements 118
3. Pipeline-Processor Design Considerations 129
4. Multiple-Pipeline Computers 141
5. Recent Advances in Array Processors 164
6. Vector Processor Performance Evaluation 179
7. Conclusions and Future Trends 189
REFERENCES 191

An Overview of High-Level Languages

Jean E. Sammet

1. General Introduction 200
2. Trends and Activities 208
3. Relationship of High-Level Languages to Software Engineering and Software Methodology 217
4. Some "Modern" Languages 227
5. Research and Advanced Development Language Topics 238
6. Future Trends 246
7. Summary and Conclusions 255
REFERENCES 255
AUTHOR INDEX 261
SUBJECT INDEX 269
CONTENTS OF PREVIOUS VOLUMES 278

Advances in Computers Volume 21

Edited by
Marshall C. Yovits

CONTRIBUTORS TO VOLUME 21 ix
PREFACE xi

The Web of Computing: Computer Technology as Social Organization

Rob Kling and Walt Scacchi

1. Introduction	2
2. Models of Computing: Discrete Entity and Web	6
3. A Pedagogical Case Study: Automated Inventory Control	11
4. A Brief Introduction to Conceptual Elements for Web Models	16
5. The Dynamics of Computing Development and Use	24
6. Two Empirical Cases: Office Automation and DBMS	40
7. Case Analysis	53
8. Conclusions	69
Appendix A. The Structure of Computing	71
Appendix B. Four Theoretical Perspectives	80
REFERENCES	85

Computer Design and Description Languages

Subrata Dasgupta

1. Introduction	91
2. Hierarchic Systems	96
3. Dimensions of the Computer Description Space	100
4. The Description of Computer Architectures	117
5. An Extensible Family of Languages	144
6. Design Methodologies	148
7. Conclusions	149
REFERENCES	150

Microcomputers: Applications, Problems, and Promise

Robert C. Gammill

1. Introduction	156
2. LSI and Microcomputers	157
3. Hobby Computing	177
4. Microcomputers for Business	181
5. Microcomputers in Industry	186
6. Microcomputers for Science	191
7. Microcomputers in the Home	198
8. Microcomputers in Agriculture and Rural Life	215
9. Microcomputers in Communications	219
10. Conclusions	221
REFERENCES	223

Query Optimization in Distributed Data Base Systems

Glovanni Maria Sacco and S. Bing Yao

1. Introduction	225
2. Query Processing	229
3. Semijoins	235
4. Distributed Query Processing Strategies	237
5. Summary	270

Computers in the World of Chemistry

Peter Lykos

1. Introduction	276
2. Chemistry Education	277
3. Laboratory Automation for Research and Analysis	286
4. Modeling Matter	295
5. Chemistry Bibliographic and Physical Properties Data Bases	311
6. The Chemistry Establishment	318
7. The Crystal Ball	329
REFERENCES	329

Library Automation Systems and Networks

James E. Rush

1. Introduction	333
2. Background	336
3. Library Automation Systems and Networks Today	349
4. Effects of Technological Advances on the Future of Library Automation and Networking	410
REFERENCES	415
AUTHOR INDEX	423
SUBJECT INDEX	429
CONTENTS OF PREVIOUS VOLUMES	447

Advances in Computers
Volume 22

Edited by
Marshall C. Yovits

CONTRIBUTORS TO VOLUME 22	ix
PREFACE	xi

Legal Protection of Software: A Survey

Michael C. Gemignani

1. Introduction	1
2. Copyright	3

3. Patents	10
4. Trade Secrecy	24
5. Some Additional Open Questions	26
6. Conclusion	30
7. Appendix	32
SELECTED BIBLIOGRAPHY	43
INDEX OF CASES CITED	43

Algorithms for Public Key Cryptosystems: Theory and Applications

S. Lakshmivarahan

1. Introduction	45
2. Mathematical Preliminaries	64
3. Examples of Public Key Cryptosystems	82
4. Applications	94
5. Conclusion	101
REFERENCES	102
NOTE ADDED IN PROOF	107

Software Engineering Environments

Anthony I. Wasserman

1. Introduction	110
2. The Software Life Cycle	111
3. Management Procedures	115
4. Software Development Methodology	119
5. Automation in the Development Environment	123
6. An Example: The User Software Engineering Methodology	133
7. The Software Development Environment	138
8. The Physical Environment	141
9. Toward Improved Software Engineering Environments	149
10. Conclusion	158
REFERENCES	159

Principles of Rule-Based Expert Systems

Bruce G. Buchanan and Richard O. Duda

1. Introduction: What Is an Expert System?	164
2. Representation of Knowledge	173
3. Inference Methods in Expert Systems	184
4. Reasoning with Uncertainty	190
5. Key Concepts	198
6. Conclusions	205
Appendix. Answers to Questions about MYCIN's Consultation in Section 1.1	207
GENERAL REFERENCES	210
REFERENCES	210

Conceptual Representation of Medical Knowledge for Diagnosis by Computer: MDX and Related Systems

B. Chandrasekaran and Sanjay Mittal

1. Introduction	218
2. Overview of the Conceptual Structure Methodology	221
3. Diagnostic Problem Solving	230
4. Auxiliary Systems: Intelligent Access to Medical Data	240
5. Evaluation of Diagnostic Performance	266
6. Extensions to Diagnostic Problem Solving	271
7. Comparative Remarks	274
8. Concluding Remarks	275
Appendix A. Performance of MDX on an Example Case	278
Appendix B. Detailed Example of Query Evaluation in PATREC	289
REFERENCES	292

Specification and Implementation of Abstract Data Types

Alfs T. Berztiss and Satish Thatte

1. Introduction	296
2. Axiomatic Specifications for ADT	302
3. The Meaning of Algebraic Specifications	309
4. Consistency and Completeness	323
5. Implementation and Verification	329
6. Problems Associated with Data Abstraction	335
7. A Practical Approach to Data Abstraction	339
8. Conclusions and Future Trends	348
REFERENCES	350
AUTHOR INDEX	355
SUBJECT INDEX	362
CONTENTS OF PREVIOUS VOLUMES	371

Advances in Computers
Volume 23

Edited by
Marshall C. Yovits

CONTRIBUTORS TO VOLUME 23	ix
PREFACE	xi

Supercomputers and VLSI: The Effect of Large-Scale Integration on Computer Architecture

Lawrence Snyder

1. Introduction	2
2. The Single-Chip Computer	2
3. The Advantages of VLSI	4
4. The Constraints Imposed by VLSI	9
5. Architectural Considerations	14
6. The CHiP Architecture	22
7. Evaluating the CHiP for VLSI	29
8. Summary	31
REFERENCES	32

Information and Computation

J. F. Traub and H. Woźniakowski

1. Overview and Summary	36
2. Fundamentals	41
3. Why Are Most Problems Solved with Uncertainty?	48
4. Nonadaptive Information and Parallel Computation	55
5. Limitations of the Algorithm-Centered Approach	61
6. An Abstract Model	63
7. Some Results	74
8. Other Models	81
9. Comments Regarding the Information-Centered Approach	84
10. Where Are We and Where Are We Going?	86
REFERENCES	90

The Mass Impact of Videogame Technology

Thomas A. DeFanti

1. Introduction	93
2. History of Videogames and Related Developments	98
3. Coin-Op Game Manufacturers	101
4. Types of Games	103
5. Market Considerations	108
6. Videogame Hardware	111
7. Videogame Software	122
8. Legal Issues	133
9. Future Developments	136
10. Conclusions	139
REFERENCES	139

Developments in Decision Support Systems

Robert H. Bonczek, Clyde W. Holsapple, and Andrew B. Whinston

1. Introduction	141
2. Decision Making	143

3. Decision Support	145
4. Essential Components of a Decision Support System	147
5. Trends in the DSS Field	154
6. Future Research Directions	172
REFERENCES	173

Digital Control Systems

Peter Dorato and Daniel Petersen

1. Introduction	177
2. Analysis and Design of Digital Control Systems	182
3. Components for Digital Control	195
4. Some Applications of Digital Control	220
5. A Survey of Industrial Controllers and Applications	243
6. Future Trends in Digital Control	249
REFERENCES	251

International Developments in Information Privacy

G. K. Gupta

1. Introduction	253
2. Major Studies during 1970–1975	257
3. Major Studies during 1976–1982	261
4. National Legislations	272
5. International Cooperation	279
6. Concluding Remarks	284
REFERENCES	286
NOTE ADDED IN PROOF	294

Parallel Sorting Algorithms

S. Lakshmivarahan, Sudarshan K. Dhall, and Leslie L. Miller

1. Introduction	295
2. Parallel Algorithms for Special-Purpose Sorting Machines	303
3. Parallel Algorithms for Sorting Using SIMD Machines	318
4. Parallel Sorting Algorithms for Synchronous Shared-Memory Models	341
5. Conclusions	350
REFERENCES	351
AUTHOR INDEX	355
SUBJECT INDEX	361
CONTENTS OF PREVIOUS VOLUMES	371

Advances in Computers
Volume 24

Edited by
Marshall C. Yovits

CONTRIBUTORS TO VOLUME 24 ix
PREFACE xi

Software Effort Estimation and Productivity

S. D. Conte, H. E. Dunsmore, and V. Y. Shen

1. Introduction..	1
2. Measures of Model Goodness...	5
3. Historical—Experiential Models..	7
4. Statistically Based Methods..	9
5. Theoretically Based Models...	18
6. A Composite Model: COCOMO..	30
7. Effect of Team Size and Organization on Productivity..	37
8. Effect of Team Size on Effort: COPMO..	42
9. Early Size Prediction...	50
10. Conclusion..	54
Appendix. Description of Data...	55
REFERENCES..	59

Theoretical Issues Concerning Protection in Operating Systems

Michael A. Harrison

1. Introduction...	61
2. A Specialized Model...	62
3. A Uniform Approach to Modeling Protection...	66
4. Logic and Protection Systems...	90
5. Conclusions..	97
REFERENCES...	98

Developments in Firmware Engineering

Subrata Dasgupta and Bruce D. Shriver

1. Introduction..	102
2. Characteristics of Firmware...	103
3. The Firmware Life Cycle...	117

4. Developments in the First Decade	136
5. The Current Decade	159
6. Conclusions	167
REFERENCES	168

The Logic of Learning: A Basis for Pattern Recognition and for Improvement of Performance

Ranan B. Banerji

1. Introduction	177
2. Considerations of Language	184
3. Learning Algorithms and Logic	189
4. Some Learning Programs	194
5. Recent Work	202
6. Some Outstanding Problems	208
REFERENCES	214

The Current State of Language Data Processing

Paul L. Garvin

1. Introduction	218
2. Considerations	219
3. Issues	242
4. Conclusions	270
REFERENCES	273

Advances in Information Retrieval: Where Is That /#*&©¢ Record?

Donald H. Kraft

1. Introduction	277
2. Commercially Available Bibliographic Retrieval Systems	283
3. Text Content Analysis	287
4. Query Processing	292
5. Evaluation	301
6. Current Research Problems	306
7. Summary and Conclusions	307
REFERENCES	310

The Development of Computer Science Education

William F. Atchison

1. Introduction	320
2. Early Developments	322
3. Curriculum Developments	325
4. Computer Science Education Problems	355
5. Current Trends	362
6. Concluding Remarks	367

Appendix. Abbreviations	368
REFERENCES	370
AUTHOR INDEX	379
SUBJECT INDEX	387
CONTENTS OF PREVIOUS VOLUMES	393

Advances in Computers
Volume 25

Edited by
Marshall C. Yovits

PREFACE	vii

Accessing Knowledge through Natural Language

Nick Cercone and Gordon McCalla

1. Introduction	1
2. The Evolution of Natural Language Systems	5
3. The Need for Knowledge to Access Knowledge	25
4. Evolving Knowledge Bases: Representation and Organization	61
5. Conclusion	85
REFERENCES	88

Design Analysis and Performance Evaluation Methodologies for Database Computers

Steven A. Demurjian, David K. Hsiao, and Paula R. Strawser

1. Introduction	101
2. Mathematical and Analytical Methods	120
3. Empirical and Experimental Methods	157
4. Concluding Remarks	208
REFERENCES	212

Partitioning of Massive/Real-Time Programs for Parallel Processing

I. Lee, N. Prywes, and B. Szymanski

1. Introduction	215
2. Massive/Real-Time Computing Applications	218
3. Configuration Languages	220
4. Checking Time Constraints	243

5. Partitioning and Fusing Program Granules	254
6. Conclusions	269
REFERENCES	270

Computers in High-Energy Physics

Michael Metcalf

1. Introduction	277
2. Particle Physics	279
3. Accelerators	284
4. Experiments	291
5. Networks	305
6. Off-Line Analysis	310
7. Graphics Applications	319
8. Theoretical Studies	325
9. Trends	327
10. Summary	331
REFERENCES	332

Social Dimensions of Office Automation

Abbe Mowshowitz

1. Introduction	336
2. Productivity and Investment	341
3. Technological Change in the Office	347
4. Employment	353
5. The Work Environment	364
6. Organization and Management Control	379
7. Conclusion: Automation and the Future of Work	391
REFERENCES	399
INDEX	405

Advances in Computers
Volume 26

Edited by
Marshall C. Yovits

PREFACE	ix

The Explicit Support of Human Reasoning in Decision Support Systems

Amitava Dutta

1. Introduction	1
2. Human Decision Processes	5
3. Computer-Based Support of Reasoning	9
4. Reasoning with Fuzzy and Uncertain Knowledge	17
5. Further Issues in Reasoning	33
6. Concluding Remarks	41
REFERENCES	42

Unary Processing

W. J. Poppelbaum, A. Dollas, J. B., Glickman, and C. O'Toole

1. Introduction	48
2. Counters, Calculators, Computers: Description of Historical Unary Methods	49
3. Premise for Proving Binary Superiority	53
4. Probabilistic Unary Methods	54
5. Deterministic Averaging Methods	61
6. Pulse Gear and Table Look-Up Methods	66
7. The UNIFIELD I: Architecture and Applications	77
8. Summary and Outlook for Unary Processing	88
REFERENCES	89

Parallel Algorithms for Some Computational Problems

Abha Moitra and S. Sitharama Iyengar

1. Introduction	94
2. Parallel Connectivity Algorithms	104
3. Parallel Minimum Spanning-Tree Algorithms	112
4. Other Parallel Graph Algorithms	124
5. Other Parallel Algorithms	131
6. Conclusionsn	146
REFERENCES	149

Multistage Interconnection Networks for Multiprocessor Systems

S. C. Kothari

1. Introduction	155
2. Overview	158
3. Unique Path Property Networks	166
4. Full Combinatorial Capability Networks	176
5. Multipath MINs	182
6. Performance Analysis	189
7. VLSI Implementation	194
REFERENCES	196

Fault-Tolerant Computing

Wing N. Toy

1. Introduction	202
2. Reliability Estimation	203
3. Availability	211
4. Application Reliability Requirements	212
5. Fault Classification	213
6. Effect of System Utilization	218
7. Redundancy Techniques	220
8. Hardware Fault Detection	226
9. Software Detection Techniques	237
10. Fault Recovery	245
11. Fault Diagnosis	257
12. Reliability Validation	258
13. Examples of High-Reliability Real-Time Systems	266
14. Conclusion	276
REFERENCES	277

Techniques and Issues in Testing and Validation of VLSI Systems

H. K. Reghbati

1. Introduction	281
2. Integrated Circuit Fabrication and Yield	282
3. Design Validation Tools	292
4. Testing	298
5. Design for Testability	322
6. Built-In Self-Test	330
7. Concluding Remark	333
REFERENCES	333

Software Testing and Verification

Lee J. White

1. Introduction	337
2. Mathematical Theory of Testing	346
3. Static Data Flow Analysis and Testing	354
4. Coverage Measures	356
5. Mutation Analysis and Functional Testing	360
6. Path-Oriented Testing Models	370
7. Conclusions and Future Prospects	389
REFERENCES	390

Issues in the Development of Large, Distributed, and Reliable Software

C. V. Ramamoorthy, Atul Prakash, Vijay Garg, Tsuneo Yamaura, and Anupam Bhide

1. Introduction	396
2. The Software Life Cycle	397
3. Requirement Specification	401
4. Software Design	412

5. Software Quality Assurance	415
6. Software Management	428
7. Conclusion	442
REFERENCES	442
AUTHOR INDEX	445
SUBJECT INDEX	455

Advances in Computers
Volume 27

Edited by
Marshall C. Yovits

CONTRIBUTORS	ix
PREFACE	xi

Military Information Processing

James Stark Draper

1. Military Information Processing—An Introduction	2
2. Computer Balance of Power	3
3. Theatres	14
4. Confluence of Planners	16
5. Essential Programs	22
6. Field Systems	48
7. A New Context	57
8. Acknowledgments	60
9. Glossary	61
10. REFERENCES	63

Multidimensional Data Structures: Review and Outlook

S. Sitharama Iyengar, R. L. Kashyap, V. K. Vaishnavi, and N. S. V. Rao

1. Introduction	70
2. What Is a Multidimensional Data Structure?	71
3. Balanced Multidimensional and Weighted Trees	77
4. Partially Balanced Multidimensional Weighted Trees	82
5. Paradigms for Modeling Balanced Multidimensional and Weighted Trees	85
6. Multiple Attribute Trees (MAT)	89
7. Paradigms for the MAT Data Structure	110
8. Conclusions	113
ACKNOWLEDGMENTS	114
REFERENCES	115

Distributed Data Allocation Strategies

Alan R. Hevner and Aruna Rao

1. Distributed Data Processing Systems	121
2. Distributed Data Design Methodology	123
3. Data Partitioning	128
4. Data Placement	132
5. Data Replication	142
6. Dynamic Data Allocation	145
7. Conclusions and Future Research Directions	148
ACKNOWLEDGMENTS	150
ANNOTATED REFERENCES	151

A Reference Model for Mass Storage Systems

Stephen W. Miller

1. Introduction	157
2. Background	159
3. Mass Storage System Reference Model—Detailed Description	187
4. Issues and Trends	204
ACKNOWLEDGMENTS	206
REFERENCES	207
Appendix: Data Dictionary and Glossary	208

Computers in the Health Sciences

Kevin C. O'Kane

1. Background	211
2. The Medical Information System	212
3. The Impact of DRG Legislation	223
4. Computers in Private Practice	226
5. Computer-Assisted Decision Making	229
6. Pharmaceutical Applications	234
7. Educational Applications	234
8. Computer-Based DNA Sequencing	240
9. The MUMPS Language	242
10. Conclusions	254
REFERENCES	255

Computer Vision

Azriel Rosenfeld

1. Introduction	265
2. 2D Vision	268
3. 3D Vision	288
4. Conclusions: Problems and Prospects	306
5. A Guide to the Literature	307
ACKNOWLEDGMENTS	308
REFERENCES	308

Supercomputer Performance: The Theory, Practice, and Results

Olaf M. Lubeck

1. Introduction	310
2. Supercomputer Benchmarking	311
3. Models of Supercomputer Performance	312
4. Supercomputer Architectures	316
5. Benchmarking Practices	324
6. Supercomputer Performance Comparisons	327
7. CPU Workload Measurements	348
Acknowledgments	352
Appendix: LFK-Loops	352
REFERENCES	360

Computer Science and Information Technology in the People's Republic of China: The Emergence of Connectivity

John H. Maier

NOTE ON STANDARDS	364
1. Computer Science in China: A Chronology (Introduction)	364
2. Science and Technology in China: The Process (Introduction)	382
3. Computer Science and the Greening of China: The 1980s and beyond	390
4. China's Long March in Computer Science: Learning to Count to One Billion Bit-by-Bit	439
5. Summary: The Emergence of Connectivity	444
Acknowledgments	448
REFERENCES	448
INDEX	459
CONTENTS OF PREVIOUS VOLUMES	473

Advances in Computers
Volume 28

Edited by
Marshall C. Yovits

CONTRIBUTORS	vii
PREFACE	ix

The Structure of Design Processes

Subrata Dasgupta

1. Introduction	1
2. The Basic Characteristics of Design	3
3. Design Paradigms	29

4. Design as Scientific Discovery	55
5. Conclusions	61
REFERENCES	62

Fuzzy Sets and Their Applications to Artificial Intelligence

Abraham Kandel and Mordechay Schneider

1. Introduction	69
2. Fuzzy Sets	71
3. Fuzziness and Typicality Theory	79
4. Applications of Fuzzy Set Theory to Expert Systems	90
5. Conclusion	101
REFERENCES	103

Parallel Architectures for Database Systems

A. R. Hurson, L. L. Miller, S. H. Pakzad, M. H. Eich, and B. Shirazi

1. Introduction	108
2. Classification of Database Machines	110
3. Database Machines	119
4. Conclusion and Future Directions	144
REFERENCES	146

Optical and Optoelectronic Computing

Mir Mojtaba Mirsalehi, Mustafa A. G. Abushagur, and H. John Caulfield

1. Introduction	154
2. Basic Operations for Optical Computations	155
3. Elements of Optical Computers	157
4. Analog Processors	175
5. Digital Processors	196
6. Hybrid Processors	212
7. Conclusion	219
REFERENCES	221

Management Intelligence Systems

Manfred Kochen

1. Introduction	227
2. On the Nature of Intelligence	234
3. What is a MINTS: Requirements and Uses	242
4. Analysis, Design and Maintenance of MINTSs	253
5. Managerial Issues	267
6. Conclusion	273
REFERENCES	274
AUTHOR INDEX	279
SUBJECT INDEX	287
CONTENTS OF PREVIOUS VOLUMES	295

Advances in Computers
Volume 29

Edited by
Marshall C. Yovits

CONTRIBUTORS vii
PREFACE ix

Models of Multilevel Computer Security
Jonathan K. Millen

1. Introduction	1
2. Implementing Models	6
3. Model-to-Specification Correspondence	10
4. The Bell-La Padula Model	17
5. Database and Network Models	27
6. Information Flow Models	31
7. Conclusion	41
REFERENCES	43

Evaluation, Description and Invention: Paradigms for Human–Computer Interaction
John M. Carroll

1. Introduction	47
2. Human Factors Evaluation	49
3. Cognitive Description	55
4. Usability-Innervated Invention	61
5. The Ecology of Computing	68
Acknowledgment	72
REFERENCES	72

Protocol Engineering
Ming T. Liu

1. Introduction	80
2. Network Architecture	83
3. Formal Models for Protocol Specification	88
4. Protocol Validation	110
5. Verification and Conformity Analysis	126
6. Protocol Synthesis	133

7. Timed Models and Performance Analysis	144
8. Protocol Conversion	155
9. Implementation and Conformance Testing	167
10. Automated Protocol Design	171
11. Conclusion	183
ACKNOWLEDGMENTS	184
REFERENCES	184

Computer Chess: Ten Years of Significant Progress

Monroe Newborn

1. Introduction	198
2. Search Techniques in Chess Programs	198
3. Opening Books	231
4. Endgame Play and Endgame Database	231
5. A Brief History of Computer Chess Tournament Play	232
6. The Rating of Chess Players	233
7. The Relation Between Computer Speed and Program Strength	237
8. On the Chess Skill of Chess Programmers	238
9. Languages Used by Chess Programs	239
10. Testing Chess Programs	240
11. Debugging Chess Programs	240
12. A Sample of Play: DEEP THOUGHT 0.02 (White) versus HITECH (Black)	241
13. Data on Programs, Computers, Languages, Authors, Affiliations, Etc.	244
14. The International Computer Chess Association and the ACM's Computer Chess Committee	246
15. Conclusions	246
REFERENCES	247

Soviet Computing in the 1980s

Richard W. Judy and Robert W. Clough

1. Introduction	251
2. Soviet Computing Before 1980: A Brief Summary	253
3. Official Plans for the 1980s	255
4. Hardware Development in the 1980s	257
5. *Perestroika* and Soviet Computing	317
REFERENCES	322
AUTHOR INDEX	331
SUBJECT INDEX	341
CONTENTS OF PREVIOUS VOLUMES	351

Advances in Computers
Volume 30
Edited by
Marshall C. Yovits

CONTRIBUTORS ... vii
PREFACE ... ix

Specialized Parallel Architectures for Textual Databases
A. R. Hurson, L. L. Miller, S. H. Pakzad and Jia-Bing Cheng

1. Introduction ... 1
2. Efficient Algorithms for Pattern Matching Operations ... 4
3. Hardware Approaches to the Pattern Matching Operation ... 5
4. Other Efforts ... 25
5. Commercial Text Retrieval Machines ... 26
6. Query Processing ... 28
7. Conclusion ... 30
REFERENCES ... 34

Database Design and Performance
Mark L. Gillenson

1. Introduction ... 39
2. Review of Database Structures ... 45
3. Logical Database Design Techniques ... 55
4. The Duality of Database Structures and Design Techniques ... 64
5. Database Performance: Physical Database Design ... 72
6. Conclusion ... 81
ACKNOWLEDGMENTS ... 82
REFERENCES ... 82

Software Reliability
Anthony Iannino and John D. Musa

1. Introduction ... 85
2. Modeling Software Reliability ... 101
3. Application of Software Reliability ... 139
4. State of the Art, Future Development, and Summary ... 162
REFERENCES ... 168

Cryptography Based Data Security

George I. Davida and Yvo Desmedt

1. Introduction to Modern Data Security	171
2. Cryptography	179
3. Applied Cryptography	206
4. Conclusion	216
REFERENCES	217

Soviet Computing in the 1980s: A Survey of the Software and Its Applications

Richard W. Judy and Robert W. Clough

1. Introduction and Summary	223
2. The State of Soviet Software at the End of the 1980s	227
3. The State of Major Applications at the End of the 1980s	240
4. Explaining the State of Soviet Software	289
5. What Future for Soviet Software?	292
REFERENCES	296
AUTHOR INDEX	307
SUBJECT INDEX	313
CONTENTS OF PREVIOUS VOLUMES	323

Advances in Computers
Volume 31

Edited by
Marshall C. Yovits

CONTRIBUTORS	vii
PREFACE	ix

Command and Control Information Systems Engineering: Progress and Prospects

Stephen J. Andriole

1. Introduction	2
2. The Information Systems Engineering Process	6
3. The Domain of Command and Control	32
4. Command and Control Information and Decision Systems Engineering	39
5. Case Studies in the Design, Development, and Application of C^2 Information and Decision Systems	50
6. Next Generation Command and Control Information Systems Engineering	57
7. Summary and Conclusions	76
Appendix A: Group (Army Theater Level) Tactical Planning Substantive and User–Computer Interface Tasks and Requirements	77

Appendix B: Storyboards from the Group Planning Prototype.. 89
REFERENCES.. 95

Perceptual Models for Automatic Speech Recognition Systems

Renato DeMori, Mathew J. Palakal and Piero Cosi

1. Introduction 100
2. Speech and Speech Knowledge.. 101
3. A Multi-Layer Network Model for ASR Systems 127
4. The Ear Model: An Approach Based on Speech Perception 129
5. The Vocal Tract Model: An Approach Based on Speech Production 150
6. Conclusions 167
ACKNOWLEDGMENTS.. 169
REFERENCES.. 169

Availability and Reliability Modeling for Computer Systems

David I. Helmann, Nitin Mittal and Kishor S. Trivedi

1. Introduction 176
2. Measures of Dependability.. 180
3. Types of Dependability Analyses.. 200
4. The Modeling of Dependability... 201
5. A Full-System Example 218
6. Conclusions 229
ACKNOWLEDGMENTS.. 230
REFERENCES.. 231

Molecular Computing

Michael Conrad

1. Introduction 236
2. Background 238
3. Theory of Molecular Computing.. 246
4. The Macro-Micro (M-m) Scheme of Molecular Computing.. 269
5. Modes of Molecular Computing... 289
6. The Molecular Computer Factory 303
7. Molecular Computer Architectures 307
8. Conclusions and Prospects 317
ACKNOWLEDGMENTS.. 318
REFERENCES.. 319

Foundations of Information Science

Anthony Debons

PROLOGUE 325
1. Introduction 326
2. Essences: The Nature of Information 327

3. Structure: The Science of Information	338
4. Synthesis: On a Theory of Foundations	363
5. Overview	369
Acknowledgments	370
REFERENCES	371
Author Index	379
Subject Index	387
Contents of Previous Volumes	397

Advances in Computer
Volume 32

Edited by

Marshall C. Yovits

CONTRIBUTORS	vii
PREFACE	ix

Computer-Aided Logic Synthesis for VLSI Chips

Saburo Muroga

1. Introduction	1
2. Design of Minimal Logic Networks by Integer Programming	5
3. Transduction Method for the Design of NOR Logic Networks	31
4. Logic Design of MOS Networks	66
5. New Logic-Synthesis System, SYLON	74
6. Conclusions	96
REFERENCES	96

Sensor-Driven Intelligent Robotics

Mohan M. Trivedi and ChuXin Chen

1. Introduction	105
2. Role of Sensors in Intelligent Robotics	107
3. ROBOSIGHT: A Vision System for Inspection and Manipulation	122
4. A Frame-Based Architecture for Intelligent Robots	128
5. Experimental Verification of the Autonomous Spill-Cleaning System	139
6. Summary and Discussion	143
ACKNOWLEDGMENTS	144
REFERENCES	145
BIBLIOGRAPHY	147

Multidatabase Systems: An Advanced Concept in Handling Distributed Data

A. R. Hurson and M. W. Bright

1. Introduction	150
2. What Is a Multidatabase?	151
3. Multidatabase Issues	159
4. Multidatabase Design Choices	170
5. Analysis of Existing Multidatabase Systems	176
6. The Future of Multidatabase Systems	180
7. Summary and Future Developments	185
Appendix A: Review of Multidatabase Projects	187
REFERENCES	195

Models of the Mind and Machine: Information Flow and Control between Humans and Computers

Kent L. Norman

1. Introduction	201
2. Models of Human–Computer Interaction	212
3. Interface Design	229
4. Conclusion and Summary	247
REFERENCES	248

Computerized Voting

Roy G. Saltman

1. Introduction	256
2. Voting Systems	262
3. Some Documented Difficulties in Computerized Elections	277
4. Analyzing and Improving Computerized Vote Tallying	288
5. Conclusions	301
REFERENCES	304
AUTHOR INDEX	307
SUBJECT INDEX	315
CONTENTS OF PREVIOUS VOLUMES	323

Advances in Computers
Volume 33

Edited by
Marshall C. Yovits

CONTRIBUTORS	vii
PREFACE	ix

Reusable Software Components

Bruce W. Weide, William F. Ogden, and Stuart H. Zweben

1. Introduction	1
2. Framework	4
3. Defining a Reusable Concept	10
4. Designing a Reusable Concept	20
5. Other Issues	45
6. Conclusions	60
ACKNOWLEDGMENTS	62
REFERENCES	62

Object-Oriented Modeling and Discrete-Event Simulation

Bernard P. Zeigler

1. Introduction	68
2. Discrete-Event Dynamic Systems	71
3. Brief Review of the DEVS Formalism	74
4. Object-Oriented System Concepts	86
5. The DEVS and Object-Oriented Paradigms	92
6. Concurrent Object-Oriented Systems	97
7. Distributed Simulation on Concurrent Object-Oriented Systems	101
8. Conclusion	108
REFERENCES	110

Human-Factors Issues in Dialog Design

Thiagarajan Palanivel and Martin Helander

1. Introduction	115
2. Command Languages	118
3. Menus	125
4. Form Fill-in	140
5. Query Languages	141
6. Natural Languages	146
7. Windowing Systems	153
8. Conclusion	162
REFERENCES	166

Neurocomputing Formalisms for Computational Learning and Machine Intelligence

S. Gulati, J. Barhen, and S. S. Iyengar

1. Introduction	174
2. Adaptive Neural–Network Paradigms	189
3. Constrained Learning in Dynamic Neural Networks	203
4. Application of Adjoint-Sensitivity Theory in Neural Networks	216
5. Adjoint-Operator Algorithms for Fast Learning	225
6. Summary	230
ACKNOWLEDGMENTS	233
REFERENCES	233

Visualization in Scientific Computing

Thomas A. DeFanti and Maxine D. Brown

1. Scientific Visualization: The Last 40 Years	247
2. Visualization in Scientific Computing	251
3. Facilitating CS&E Research: Scientific–Visualization Examples	257
4. Visualization Taxonomies	260
5. Current Limitations and Bottlenecks in Visualization Technology	280
6. Where Is Scientific Visualization Headed?	296
ACKNOWLEDGMENTS	299
REFERENCES	303
AUTHOR INDEX	307
SUBJECT INDEX	317
CONTENTS OF PREVIOUS VOLUMES	327

Advances in Computers
Volume 34

Edited by
Marshall C. Yovits

CONTRIBUTORS	vii
PREFACE	viii

An Assessment and Analysis of Software Reuse

Ted J. Biggerstaff

1. Introduction	1
2. Software Reusability Successes	10
3. Examples of Reuse Implementation Technologies	30
4. Effects of Key Factors	38
5. Futures and Conclusions	53
6. REFERENCES	54

Multisensory Computer Vision

N. Nandhakumar and J. K. Aggarwal

1. Introduction	59
2. Approaches to Sensor Fusion	63
3. Computational Paradigms for Multisensory Vision	86
4. Fusion at Multiple Levels	99
5. Conclusions	105
6. REFERENCES	107

Parallel Computer Architectures

Ralph Duncan

1. Introduction	113
2. Terminology and Taxonomy	115
3. Synchronous Architectures	118
4. MIMD Architectures	129
5. MIMD Execution Paradigm Architectures	139
6. Conclusions	149
ACKNOWLEDGMENTS	152
REFERENCES	152

Content-Addressable and Associative Memory

Lawrence Chisvin and R. James Duckworth

1. Introduction	160
2. Address-Based Storage and Retrieval	162
3. Content-Addressable and Associative Memories	164
4. Neural Networks	174
5. Associative Storage, Retrieval, and Processing Methods	176
6. Associative Memory and Processor Architectures	184
7. Software for Associative Processors	212
8. Conclusion	225
ACKNOWLEDGMENTS	228
REFERENCES	229

Image Database Management

William I. Grosky and Rajiv Mehrotra

1. Introduction	237
2. Image Database Management System Architecture	239
3. Some Example Image Database Management Systems	249
4. Similarity Retrieval in Image Database Systems	266
5. Conclusions	283
6. Acknowledgments	283
References and Bibliography	283

Paradigmatic Influences on Information Systems Development Methodologies: Evolution and Conceptual Advances

Rudy Hirschheim and Heinz K. Klein

1. Introduction	294
2. Evolution of Information Systems Development Methodologies	295
3. Methodologies and Paradigms	305
4. Paradigms and the Continued Evolution of Methodologies	325
5. Conclusion	366
ACKNOWLEDGMENTS	367
6. Appendices: Summaries of the Methodologies	367
REFERENCES	381

AUTHOR INDEX	393
SUBJECT INDEX	405
CONTENTS OF VOLUMES IN THIS SERIES	413

Advances in Computers
Volume 35

Edited by
Marshall C. Yovits

CONTRIBUTORS	ix
PREFACE	xi

Conceptual and Logical Design of Relational Databases

S. B. Navathe and G. Pernul

1. In Introduction to Current Methodologies for Database Design	1
2. Requirements Analysis	8
3. Conceptual Modeling	28
4. Logical Design	72
5. Conclusion	77
REFERENCES	78

Computational Approaches for Tactile Information Processing and Analysis

Hrishikesh P. Gadagkar and Mohan M. Trivedi

1. Introduction	81
2. Issues in Extracting Tactile Domain Information	83
3. Passive Tactile Sensing	88
4. Active Tactile Sensing	101
5. Passive and Active Tactile Sensing Experiments	109
6. Summary and Conclusion	128
REFERENCES	132

Objected-Oriented System Development Methods

Alan R. Hevner

1. Object-Oriented Concepts	135
2. Object-Oriented System Development Methods	146
3. Object-Oriented System Development with Box Structures	160
4. The Cleanroom System Development Process	170

5. Conclusions and Future Research Directions	177
ACKNOWLEDGMENTS	180
REFERENCES	180
Appendix A: A Case Study of Box Structure Design—The Cass System	184

Reverse Engineering

James H. Cross II, Elliot J. Chikofsky and Charles H. May, Jr.

1. Introduction	200
2. The Context of Reverse Engineering	200
3. Taxonomy of Terms	204
4. Reverse Engineering Throughout the Life Cycle: Objectives and Purposes	211
5. Economic and Legal Issues	221
6. Survey of Current Research	224
7. Conclusion	249
ACKNOWLEDGMENTS	251
REFERENCES	251

Multiprocessing

Charles J. Fleckenstein, D. H. Gill, David Hemmendinger, C. L. McCreary, John D. McGregor, Roy P. Pargas, Arthur M. Riehl and Virgil Wallentine

1. Introduction	256
2. An Overview of Parallel Programming	258
3. Architectural Support for Distributed Shared Memory	270
4. Communications Cost and Grain Size for Parallel Processing	285
5. Advances in Parallel Discrete Event Simulation (PDES)	297
6. Conclusion	317
REFERENCES	318

The Landscape of International Computing

Edward M. Roche, Seymour E. Goodman and Hsinchun Chen

1. Introduction	326
2. A View of the Landscape	326
3. National Differences	328
4. Transnational Systems and MNCs	331
5. The International Regime and Global Informatization	333
6. Information Starvation and Computational Dependency in the Developing World	339
7. International Response to National Concerns	345
8. National Response to International Concerns	350
9. Three Dimensions of State Influence	356
10. Conclusions	361
11. An Agenda for Further Research	363
REFERENCES	367
AUTHOR INDEX	373
SUBJECT INDEX	381
CONTENTS OF VOLUMES IN THIS SERIES	389

Advances in Computers
Volume 36

Edited by
Marshall C. Yovits

CONTRIBUTORS ix
PREFACE xi

Zero Defect Software: Cleanroom Engineering

Harlan D. Mills

1. Background and Introduction	2
2. Cleanroom Engineering	6
3. Statistical Quality Control in Software Engineering	10
4. Software Testing in This First Human Generation	13
5. What is Cleanroom Engineering of Software?	19
6. Box Structured Software System Design	24
7. Statistical Quality Control	31
8. Conclusions	38
9. References	39

Role of Verification in the Software Specification Process

Marvin V. Zelkowitz

1. Good Software Specifications	44
2. Axiomatic Correctness	57
3. Functional Correctness	65
4. Denotational Semantics	80
5. Multiattribute Specifications	95
6. Conclusions	106
ACKNOWLEDGMENTS	108
REFERENCES	108

Computer Applications in Music Composition and Research

Gary E. Wittlich, Eric J. Isaacson, and Jeffrey E. Hass

1. Introduction	112
2. Music Score Encoding	113
3. Music Score Input Systems	120
4. Music Score Output Systems	124
5. Musical Instruments Digital Interface (MIDI)	130

6. Digital Sound Synthesis	139
7. Computer-Aided Composition	151
8. Electronic Databases	154
9. Data Structures for Music Representation	156
10. Computer-based Music Analysis	159
11. Music Perception	173
12. Composition Modeling	175
13. Research on Performance	179
14. Conclusions	189
ENDNOTES	192
REFERENCES	193

Artificial Neural Networks in Control Applications

V. Vemuri

1. Introduction	203
2. ANN Paradigms	213
3. Neural Networks Controllers	239
4. Conclusions	249
ACKNOWLEDGMENTS	250
REFERENCES	250

Developments in Uncertainty-Based Information

George J. Klir

1. Introduction	255
2. Uncertainty Formalizations	261
3. Uncertainty Measures	275
4. Principles of Uncertainty	301
5. Conclusions	320
ACKNOWLEDGMENT	326
REFERENCES	326

Human Factors in Human–Computer System Design

Mary Carol Day and Susan J. Boyce

1. Introduction	334
2. The Discipline of Human Factors	334
3. The Human Factors Specialist and the User Interface	334
4. Models of the Software Development Process	353
5. Human Factors Activities in Human–Computer System Design	357
6. Human Factors Methodologies for Human–Computer System Design	370
7. Designing for User Interface Consistency	395
8. An Example of Human Factors Activities during Product Development	402
9. Why is a Human Factors Specialist Needed?	405
10. Cost Justification for Human Factors	411
11. Conclusions	416
ACKNOWLEDGMENTS	418
REFERENCES	418
AUTHOR INDEX	431
SUBJECT INDEX	443
CONTENTS OF VOLUMES IN THIS SERIES	453

Advances in Computers
Volume 37
Edited by
Marshall C. Yovits

CONTRIBUTORS ix
PREFACE xi

Approaches to Automatic Programming
Charles Rich and Richard C. Waters

1. Introduction	2
2. What Does the User See?	9
3. How Does the System Work?	20
4. What Does the System Know?	28
5. The Programmer's Apprentice	36
6. Conclusions	50
REFERENCES	55

Digital Signal Processing
Stephen A. Dyer and Brian K. Harms

1. Introduction	59
2. An Historical Overview	61
3. Sampling and Aliasing	63
4. The Discrete Fourier Transform	73
5. The Fast Fourier Transform	75
6. Digital Filtering	79
7. Statistical Signal Processing and Filter Design	98
8. Programmable DSP's	104
9. Software Design Tools	112
10. Closure	114
REFERENCES	115

Neural Networks for Pattern Recognition
S. C. Kothari and Heekuck Oh

1. Introduction	119
2. Neural Network Architectures	122
3. Gradient Descent Learning Algorithms	134

4. Relaxation Learning Algorithms	145
5. Hebbian Learning	152
6. Performance and Implementation	153
7. Conclusions	159
REFERENCES	162

Experiments in Computational Heuristics and Their Lessons for Software and Knowledge Engineering

Jurg Nievergelt

1. Overview	168
2. The Nature of Heuristic Computation	168
3. Every Interactive System Evolves into Hyperspace: The Case of the Smart Game Board	175
4. A Snapshot of Two Olympic Medalists: Players for Go and Nine Men's Morris	186
5. Exhaustive Search in Large Spaces: The Complexity of Jigsaw Puzzles	191
6. Exploratory Software Development: Uncertain Resources, Open-Ended Goals	195
7. The Unpredictable Complexity of Knowledge Formalization	198
8. Conclusions	202
Acknowledgments	204
REFERENCES	204

High-Level Synthesis of Digital Circuits

Giovanni De Micheli

1. Introduction	208
2. Circuit Modeling	209
3. Compilation and Behavioral Optimization	216
4. Structural Synthesis	223
5. Scheduling	234
6. Data-Path Synthesis and Optimization	256
7. Control Synthesis	266
8. Synthesis of Pipelined Circuits	272
9. High-Level Synthesis Systems	276
10. Conclusions	280
ACKNOWLEDGMENTS	281
REFERENCES	281

Issues in Dataflow Computing

Ben Lee and A. R. Hurson

1. Introduction	286
2. Dataflow Principles	287
3. Earlier Dataflow Architectures	291
4. A Survey of Current Dataflow Proposals	296
5. Data Structures	309
6. Program Allocation	322
7. Resource Requirements in Dataflow	328
8. Conclusion	329
REFERENCES	330

A Sociological History of the Neural Network Controversy

Mikel Olazaran

1. Introduction: A Sociological View of Scientific Controversies	335
2. The Controversy of the Perceptron	338
3. The Problems of Early Neural Networks	346
4. Training Multilayer Networks: A "Reverse Salient" of Neural Network Research	350
5. Interpretative Flexibility	355
6. Closure of the Controversy 1: Widrow's Group	368
7. Closure of the Controversy 2: The SRI Group	370
8. Closure of the Controversy 3: Rosenblatt	375
9. The 1980s: A Changing Context	386
10. History of Back-Propagation	390
11. Back-Propagation: Learning in Multilayer Perceptrons	396
12. The Neural Network Explosion	406
13. The Current Debate: Conclusions	411
Appendix 1. List of Those Interviewed	417
Appendix 2. List of Personal Communications by Letter	418
ABBREVIATIONS USED	418
ACKNOWLEDGMENTS	419
REFERENCES	419
AUTHOR INDEX	427
SUBJECT INDEX	435
CONTENTS OF VOLUMES IN THIS SERIES	443

Advances in Computers
Volume 38

Edited by
Marshall C. Yovits

CONTRIBUTORS	vii
PREFACE	ix

Database Security

Günther Pernul

1. Introduction	1
2. Database Security Models	8
3. Multilevel Secure Prototypes and Systems	38
4. Conceptual Data Model for Multilevel Security	45
5. Standardization and Evaluation Efforts	62
6. Future Directions in Database Security Research	65
7. Conclusions	68
REFERENCES	69

Functional Representation and Causal Processes

B. Chandrasekaran

1. Introduction	73
2. Human Reasoning about the Physical World	76
3. Historical Background	80
4. Functional Representation	84
5. Related Work	131
6. Concluding Remarks	133
Acknowledgments	138
REFERENCES	138

Computer-Based Medical Systems

John M. Long

1. Overview	145
2. Automation and the Healing Arts: The Changing World of Medicine in the Information Age	147
3. Special Issues in Medical Computing	158
4. A Review of Computer-Based Medical Systems	161
5. Artificial Intelligence in Medicine	165
6. Concluding Remarks	177
REFERENCES	180

Algorithm-Specific Parallel Processing with Linear Processing Arrays

Jose A. B. Fortes, Benjamin W. Wah, Weijia Shang, and Kumar N. Ganapathy

1. Introduction	198
2. The Mapping Problem	204
3. Computation-Conflict-Free Mappings	207
4. Time-Optimal Mappings without Computational Conflicts	211
5. Parameter-Based Methods	217
6. Applications of the General Parameter Method	230
7. Conclusions	241
REFERENCES	243

Information as a Commodity: Assessment of Market Value

Abbe Mowshowitz

1. Introduction	248
2. The Information Marketplace	249
3. What Is Information?	252
4. Information Commodities	261
5. Making Information Commodities	267
6. Toward an Inventory of Information Commodities	286
7. Using Information Commodities	291
8. Competition and Regulation	301
9. Conclusion	310
ACKNOWLEDGMENTS	310
ENDNOTES	310
REFERENCES	312

AUTHOR INDEX	317
SUBJECT INDEX	329
CONTENTS OF VOLUMES IN THIS SERIES	335

Advances in Computers
Volume 39

Edited by
Marshall C. Yovits

| CONTRIBUTORS | vii |
| PREFACE | ix |

Maintenance and Evolution of Software Products

Anneliese von Mayrhauser

1. Introduction	1
2. A Process of Change	6
3. From Feedback to Evolutionary Plan	12
4. Understanding Existing Code	26
5. Designing Changes	37
6. Regression Testing and Quality Assurance	38
7. Reverse Engineering and Reuse	43
8. Tools for Maintenance and Evolution	45
9. Directions for the Future	46
ACKNOWLEDGMENTS	47
REFERENCES	47

Software Measurement: A Decision-Process Approach

Warren Harrison

1. An Introduction to Software Measurement	52
2. A Framework for Decision-Making	52
3. The Role of Metrics in Decision-Making	57
4. Theoretical Foundations of Measurement Systems	63
5. Proxy Measures	67
6. Product Metrics	71
7. Process Metrics	89
8. Using Metrics in Decision-Making Processes	94
9. Selecting Metrics	102
10. Conclusions	103
REFERENCES	104

Active Databases: Concepts and Design Support

Thomas A. Mueck

1. An Introduction to Active Database Technology	107
2. Database Design: Methodological Prerequisites and Requirements	115
3. Statecharts as Models of Reactive Systems	122
4. Extended ER Diagrams as a Design Formalism for Structure Models	146
5. ERSC Monitors as a Design Formalism for Active Databases	151
6. Conclusion	183
REFERENCES	186

Operating Systems Enhancements for Distributed Shared Memory

Virginia Lo

1. Introduction	191
2. Review of DSM Design and Implementation Issues	196
3. Reducing the Latency due to Coherence Algorithms	203
4. Latency due to Network Communication Overhead	220
5. Latency due to Page-Sized Granularity and False Sharing	225
6. Conclusions	233
ACKNOWLEDGMENTS	235
REFERENCES	235

The Social Design of Worklife with Computers and Networks: A Natural Systems Perspective

Rob Kling and Tom Jewett

1. Introduction	240
2. The Importance of Work	242
3. Rational and Natural Systems Models of Organizational Behavior	244
4. Social Design of Computerized Systems and Work Settings	251
5. New Forms of Work Organization	261
6. Control, Coordination, and Cooperation in Electronic Workplaces	274
7. The Integration of Computing into Work	279
8. Conclusions	286
ACKNOWLEDGMENTS	288
REFERENCES	289
AUTHOR INDEX	295
SUBJECT INDEX	301
CONTENTS OF VOLUMES IN THIS SERIES	311

Advances in Computers
Volume 40

Edited by

Marshall C. Yovits and Marvin Zelkowitz

CONTRIBUTORS	vii
PREFACE	ix

Program Understanding: Models and Experiments

A. von Mayrhauser and A. M. Vans

1. Introduction	2
2. Common Elements of Cognition Models	5
3. Program Comprehension Models	10
4. Experimental Paradigm	22
5. Issues	33
6. Conclusion	35
REFERENCES	36

Software Prototyping

Alan M. Davis

1. Introduction	39
2. Taxonomies of Prototyping	41
3. When to Prototype?	48
4. Techniques for Prototyping	54
5. Case Studies	60
6. Summary	62
REFERENCES	63

Rapid Prototyping of Microelectronic Systems

Apostolos Dollas and J. D. Sterling Babcock

1. Introduction	66
2. What Is RSP?	68
3. System Synthesis from a High-Level Description	77
4. New Technologies for Rapid System Prototyping: Field Programmable Gate Arrays	99
5. Extended VHDL for Reusability in Microelectronic System Design	109
6. Conclusions	119
Appendix: Common Terms and Acronyms	120
REFERENCES	121

Cache Coherence in Multiprocessors: A Survey

Mazin S. Yousif, M. J. Thazhuthaveetil, and C. R. Das

1. Introduction	128
2. Background	131
3. Hardware Cache Coherence Protocols	134
4. Cache Coherence in Hypercubes	162
5. Software Solutions to Cache Coherence	163
6. Coherence Requirements and Correctness	168
7. Performance Analysis	170
8. Conclusions	174
REFERENCES	175

The Adequacy of Office Models

Chandra S. Amaravadi, Joey F. George, Olivia R. Liu Sheng, and Jay F. Nunamaker

INTRODUCTION	182
1. Streams of Thought in the Office Modeling Literature	185
2. Perspectives on OIS Models	187
3. The Adequacy of Office Models	197
4. Review of Office Models	201
5. Discussion	225
6. Conclusions	234
Appendix: Glossary, Acronyms, Capsule Review, and Citation for Selected Models/Systems	237
REFERENCES	247
AUTHOR INDEX	255
SUBJECT INDEX	263
CONTENTS OF VOLUMES IN THIS SERIES	273

Advances in Computers
Volume 41

Edited by

Marvin Zelkowitz

CONTRIBUTORS	ix
PREFACE	xi

Directions in Software Process Research

H. Dieter Rombach and Martin Verlage

1. Motivation	2
2. Product Engineering Processes	10
3. Process Engineering Processes	12

4. A Framework for Integrated Product and Process Engineering	19
5. Software Engineering Process Representation Languages	28
6. Support for Software Engineering Processes	50
7. Future Directions in Software Process Research	54
8. Summary	57
REFERENCES	59

The Experience Factory and Its Relationship to Other Quality Approaches

Victor R. Basili

1. Introduction	66
2. Experience Factory/Quality Improvement Paradigm	67
3. A Comparison with Other Improvement Paradigms	75
4. Conclusion	80
5. References	81

CASE Adoption: A Process, Not an Event

Jock A. Rader

1. Introduction	84
2. The Keys to Successful CASE Adoption	85
3. Planning and Preparing for CASE Adoption	93
4. CASE Adoption Case Study	106
5. Awareness: The First Phase	113
6. Evaluation and Selection	124
7. Supporting First Operational Use	137
8. Expansion and Evolution: Second Victim and Beyond	149
9. CASE Adoption Summary	153
REFERENCES	155

On the Necessary Conditions for the Composition of Integrated Software Engineering Environments

David J. Carney and Alan W. Brown

1. Introduction	158
2. A Three-Level Model of Software Engineering Environments	162
3. The Mechanisms and Semantics of Integration	165
4. Integration in Practice: Process Aspects of Integration	172
5. The Conditions Necessary for Integration	179
6. Towards Engineering Environments	185
7. Summary and Conclusions	186
REFERENCES	188

Software Quality, Software Process, and Software Testing

Dick Hamlet

1. Introduction	192
2. Testing Background and Terminology	198
3. Testing to Detect Failures	201
4. Testing for Reliability	211
5. Comparing Test Methods	217
6. Dependability	220
7. Conclusions	225
REFERENCES	227

Advances in Benchmarking Techniques: New Standards and Quantitative Metrics

Thomas M. Conte and Wen-mei W. Hwu

1. Introduction	232
2. Summary of Popular Benchmark Suites	235
3. Benchmark Characterizations	242
4. Final; Remarks	251
REFERENCES	251

An Evolutionary Path for Transaction Processing Systems

Calton Pu, Avraham Leff, and Shu-Wie F. Chen

1. Introduction	256
2. Classification Model and Terminology	257
3. Taxonomy Instantiations	260
4. Systems Evolution	280
5. Beyond Traditional TP	287
REFERENCES	295
AUTHOR INDEX	297
SUBJECT INDEX	303
CONTENTS OF VOLUMES IN THIS SERIES	315

Advances in Computers
Volume 42

Edited by
Marvin V. Zelkowitz

CONTRIBUTORS	vii
PREFACE	xi

Nonfunctional Requirements of Real-Time Systems

Tereza G. Kirner and Alan M. Davis

1. Introduction	2
2. Basic Concepts	3
3. Nonfunctional Requirements	12
4. Discussion and Conclusions	30
REFERENCES	31

A Review of Software Inspections

Adam Porter, Harvey Siy, and Lawrence Votta

1. Introduction	40
2. The Software Inspection Process	41
3. Measuring the Costs and Benefits of Inspections	48
4. Underlying Mechanisms	58
5. Conclusions and Future Work	73
REFERENCES	74

Advances in Software Reliability Engineering

John D. Musa and Willa Ehrlich

1. Introduction	78
2. Development of the Practice of SRE	80
3. Operational Profiles	91
4. New Concepts in Test Selection Theory and Practice	101
5. Application of Experimental Design to Intraoperation Selection	103
6. Application of Experimental Design and Accelerated Testing to Software Reliability Assessment	111
REFERENCES	116

Network Interconnection and Protocol Conversion

Ming T. Liu

1. Introduction	120
2. Issues in Network Interconnection	131
3. Approaches to Network Interconnection	140
4. Interconnection of Low- to Medium-Speed Networks	146
5. Interconnection of High-Speed Networks	166
6. Formal Approaches to Protocol Conversion	183
7. Synchronizing Transition Set Algorithm	194
8. Protocol Conversion in EFSM Models	207
9. Protocol Conversion in Multimedia Networks	215
10. Conclusions	231
REFERENCES	233

A Universal Model of Legged Locomotion Gaits

S. T. Venkataraman

1. Introduction	242
2. Biological Locomotion	242
3. An Appraisal of Existing Gait Models	246
4. A New Model for Locomotion Gaits	249
5. A Locomotion Control Architecture	262
6. Conclusions	264
REFERENCES	267
AUTHOR INDEX	269
SUBJECT INDEX	277
CONTENTS OF VOLUMES IN THIS SERIES	285

Advances in Computers
Volume 43

Edited by
Marvin V. Zelkowitz

CONTRIBUTORS	ix
PREFACE	xiii

Program Slicing

David W. Binkley and Keith Brian Gallagher

1. Introduction	2
2. Computing Slices	4
3. Applications of Program Slicing	34
REFERENCES	45

Language Features for the Interconnection of Software Components

Renate Motschnig-Pitrik and Roland T. Mittermeir

1. Introduction	53
2. Different Perspectives and Fundamental issues	57
3. A Model for Component Interconnection Specification	62
4. Survey of Language Paradigms for the Specification of Component Interconnection	67
5. Comparison of Features for Expressing Component Interconnections	86
6. Discussion	125
7. Summary	130
APPENDIX	132
REFERENCES	133

Using Model Checking to Analyze Requirements and Designs

Joanne Atlee, Marsha Chechik, and John Gannon

1. Introduction	142
2. SCR Requirements	143
3. Model Checking	147
4. Model Checking Requirements	151
5. Model Checking Designs	156
6. Case Study	168
7. Conclusion	176
REFERENCES	177

Information Technology and Productivity: A Review of the Literature

Erik Brynjolfsson and Shinkyu Yang

1. The "Productivity Paradox"—A Clash of Expectations and Statistics.	179
2. Research on Economy-wide Productivity and Information Worker Productivity	187
3. Industry-Level Studies of Information Technology Productivity	192
4. Firm-Level Studies of Information Technology Productivity	196
5. Contribution to Consumer Surplus and Economic Growth	201
6. Conclusion: Where Do We Go from Here?	205
REFERENCES	209

The Complexity of Problems

William Gasarch

1. Introduction	216
2. Decision Trees	218
3. P versus NP	225
4. Decidable, Undecidable, and Beyond	233
5. Summary	239
REFERENCES	240

3-D Computer Vision Using Structured Light: Design, Calibration, and Implementation Issues

Fred W. DePiero and Mohan M. Trivedi

1. Introduction	244
2. Introduction to Structured Light Ranging	245
3. Literature Review and Highlight of Critical Design Issues	249
4. Structured Light Acquisition	252
5. Calibration of Structured Light Sensors	258
6. Sensitivity Analysis of Structured Light Sensors	264
7. Performance Benchmarks and Ranging Experiments	269
8. Related Research and Concluding Remarks	272
REFERENCES	275
AUTHOR INDEX	279
SUBJECT INDEX	287
CONTENTS OF VOLUMES IN THIS SERIES	297

Advances in Computers
Volume 44

Edited by
Marvin V. Zelkowitz

CONTRIBUTORS	ix
PREFACE	xiii

Managing the Risks in Information Systems and Technology
Robert N. Charette

1. Introduction	2
2. Core Concepts	5
3. Risk Management Framework	15
4. Risk Management in Practice	32
5. Future Directions	49
REFERENCES	55

Software Cost Estimation: A Review of Models, Process, and Practice
Fiona Walkerden and Ross Jeffery

1. Introduction	61
2. The Prediction Process and Its Relationship to Quality Improvement Paradigm	63
3. Framework for Selecting Predictive Measures and Methods	68
4. Software Cost Estimation Processes	76
5. Software Cost Estimation Models	87
6. Software Cost Estimation Practice	111
7. Contributions	116
8. Conclusion	120
REFERENCES	123

Experimentation in Software Engineering
Shari Lawrence Pfleeger

1. Principles of Investigation	128
2. Planning Formal Experiments	136
3. Planning Case Studies	161
4. The Path to a Decision	163
REFERENCES	166

Parallel Computer Construction Outside the United States

Ralph Duncan

1. Introduction	170
2. Definitions	170
3. Survey of Nations Developing Parallel Computers	177
4. Survey Implications	209
5. Conclusion	212
REFERENCES	212

Control of Information Distribution and Access

Ralf Hauser

1. Introduction	220
2. Distribution Control	226
3. Access Control	244
4. Usage Control	262
5. Conclusions and Further Work	278
REFERENCES	279

Asynchronous Transfer Mode: An Emerging Network Standard for High-Speed Communications

Ronald J. Vetter

1. Introduction	286
2. ATM Switching Fabrics	303
3. ATM Local Area Internetworking	307
4. ATM Traffic Management	313
5. Emerging Issues in ATM	322
6. Conclusion	327
REFERENCES	327

Communication Complexity

Eyal Kushilevitz

1. Introduction	332
2. Two-Party Communication Complexity—Theory	333
3. Two-Party Communication Complexity—Applications	346
4. Conclusion	358
REFERENCES	358
AUTHOR INDEX	361
SUBJECT INDEX	371
CONTENTS OF VOLUMES IN THIS SERIES	387

Advances in Computers
Volume 45

Edited by
Marvin V. Zelkowitz

CONTRIBUTORS	ix
PREFACE	xv

Control in Multi-threaded Information Systems

Pablo A. Straub and Carlos A. Hurtado

1. Introduction	2
2. Process Model Control Specification	7
3. Petri Nets	13
4. The Simple Control Property	17
5. A Theory of Threads of Control	25
6. Applications of Thread Theory	33
7. Conclusion	46
Appendix: Proofs of Theorems	47
REFERENCES	50

Parallelization of DOALL and DOACROSS Loops—a Survey

A. R. Hurson, Joford T. Lim, Krishna M. Kavi and Ben Lee

1. Introduction	54
2. Loop-scheduling Algorithms for DOALL Loops	55
3. Comparative Analysis of DOALL Loop-scheduling Schemes	59
4. DOALL Loop Scheduling on NUMA Multiprocessors	63
5. Comparison of Affinity-scheduling Schemes	67
6. DOACROSS Loop Scheduling	71
7. Summary and Conclusions	90
REFERENCES	101

Programming Irregular Applications: Runtime Support, Compilation and Tools

Joel Saltz, Gagan Agrawal, Chialin Chang, Raja Das, Guy Edjlali, Paul Havlak, Yuan-Shin Hwang, Bongki Moon, Ravi Ponnusamy, Shamik Sharma, Alan Sussman and Mustafa Uysal

1. Introduction	106
2. CHAOS	108

3. Compilation Methods	117
4. Runtime Support for Pointer-based Codes: CHAOS++	124
5. Interoperability Issues: Meta-Chaos	135
6. Related work	143
7. Summary	148
REFERENCES	149

Optimization Via Evolutionary Processes

Srilata Raman and L. M. Patnaik

1. Introduction	156
2. Evolutionary Strategies (ESs) and Evolutionary Programming (EP)	160
3. Genetic Algorithms (GAs)	162
4. Extensions to Genetic Algorithms	168
5. Other Popular Search Techniques	177
6. Some Optimization Problems	184
7. Comparison of Search Algorithms	192
8. Techniques to Speed up the Genetic Algorithm	193
9. Conclusions	193
REFERENCES	194

Software Reliability and Readiness Assessment Based on the Non-homogeneous Poisson Process

Amrit L. Goel and Kune-Zang Yang

1. Introduction and Background	198
2. Software Reliability and Readiness Assessment	202
3. NHPP and its Properties	214
4. Trend Testing for Software Failure Data	220
5. Parameter Estimation for NHPP Models Using Laplace Trend Statistic	225
6. Software Reliability Evaluation	234
7. Readiness Assessment	241
8. Readiness Analysis of a Commercial System t0	244
9. Readiness Analysis for an Air Force System	254
10. Concluding Remarks	263
REFERENCES	264

Computer-Supported Cooperative Work and Groupware

Jonathan Grudin and Steven E. Poltrock

1. The CSCW Forum	270
2. Research and Development Contexts	272
3. From Small-Group Applications to Organizational Systems	276
4. CSCW in North America, Europe and Asia	278
5. Groupware Typologies	282
6. Communication Technologies	285
7. Shared-information-space Technologies	291
8. Coordination Technologies	304
9. Challenges to Groupware Development and Use	309
10. New Approaches	311

11. Future Directions	313
REFERENCES	314

Technology and Schools
Glen L. Bull

1. Technology and Schools	322
2. Trends in Educational Computing	323
3. Diffusion of Innovation	335
4. Summary	352
REFERENCES	354
AUTHOR INDEX	357
SUBJECT INDEX	365
CONTENTS OF VOLUMES IN THIS SERIES	377

Advances in Computers
Volume 46

Edited by
Marvin V. Zelkowitz

CONTRIBUTORS	ix
PREFACE	xv

Software Process Appraisal and Improvement: Models and Standards
Mark C. Paulk

1. Introduction	2
2. ISO 9000—Quality Management Systems	4
3. The Capability Maturity Model for Software	9
4. ISO 15504—An International Standard for Software Process Assessment	17
5. Other Models and Standards	27
6. Conclusions	29
REFERENCES	30

A Software Process Engineering Framework
Jyrki Kontio

1. Introduction	36
2. Background	38
3. Process Management	52

4. Process Reference Architecture and its Components	71
5. Process Management Process	84
6. Conclusions	100
REFERENCES	101

Gaining Business Value from IT Investments

Pamela Simmons

1. Introduction	110
2. The Evaluation Problem	113
3. Measuring IT Value	117
4. Evaluation Methods	126
5. Evaluation Frameworks	138
6. The Investment Decision	141
7. Managing the Benefits	146
8. Conclusion	152
REFERENCES	154

Reliability Measurement, Analysis, and Improvement for Large Software Systems

Jeff Tian

1. Overview and Organization	160
2. Techniques and Models for Analyzing Software Reliability	162
3. Analyzing Reliability for Large Software Systems	174
4. Usage Measurement and Reliability Analysis with SRGMs	181
5. Tree-based Reliability Models	198
6. SRGM Based on Data Clusters	210
7. Integration, Implementation and Tool Support	219
8. Conclusions and Perspectives	230
REFERENCES	231

Role-based Access Control

Ravi S. Sandhu

1. Introduction	238
2. The RBAC96 Models	243
3. The ARBAC97 Administrative Models	257
4. Roles and Lattices	270
5. Three-tier Architecture	278
6. Conclusion	284
REFERENCES	285

Multithreaded Systems

Krishna M. Kavi, Ben Lee and Ali R. Hurson

1. Introduction	288
2. Programming Models	290

3. Execution Models	302
4. Architectural Support for Multithreading	307
5. Example Multithreaded Systems	308
6. Performance Models	319
7. Conclusions and Prognostication	323
Glossary	324
REFERENCES	325

Coordination Models and Languages

George A. Papadopoulos and Farhad Arbab

1. Introduction	330
2. From Multilingual and Heterogeneous Systems to Coordination Models	331
3. Coordination Models and Languages	334
4. Comparison	391
5. Conclusions	394
REFERENCES	396

Multidisciplinary Problem-solving Environments for Computational Science

Elias N. Houstis, John R. Rice, Naren Ramakrishnan, Tzvetan Drashansky, Sanjiva Weerawarana, Anupam Joshi and C. E. Houstis

1. Introduction	402
2. Domain-specific PSEs	404
3. MPSEs for Prototyping of Physical Systems	405
4. Agent-based Computing Paradigm for MPSEs	408
5. The Resource Selection Paradigm for MPSEs	409
6. SciAgents System	412
7. PYTHIA System	418
8. Case Studies	421
9. Conclusions	435
REFERENCES	435
AUTHOR INDEX	439
SUBJECT INDEX	449
CONTENTS OF VOLUMES IN THIS SERIES	457

Advances in Computers
Volume 47

Edited by
Marvin V. Zelkowitz

CONTRIBUTORS	ix
PREFACE	xiii

Natural Language Processing: a Human–Computer Interaction Perspective

Bill Manaris

1. Introduction	2
2. The Field of Natural Language Processing	4
3. Application Areas	12
4. Linguistic Knowledge Models	16
5. Knowledge and Processing Requirements	26
6. Multimodal Interaction	46
7. Conclusions	55
ACKNOWLEDGEMENTS	57
REFERENCES AND FURTHER READING	58

Cognitive Adaptive Computer Help (COACH): A Case Study

Edwin J. (Ted) Selker

1. Introduction	69
2. The COACH Scenario	70
3. Review of literature: On-line Computer Teaching	76
4. Requirements for an Adaptive Help Testbed	84
5. Technical Considerations for Creating COACH	86
6. An Architecture for Adaptive User Help	90
7. A COACH Shell	108
8. Evaluation of COACH Adaptive User Help	110
9. Development Status	122
10. Future Research Goals	131
REFERENCES AND FURTHER READING	137

Cellular Automata Models of Self-replicating Systems

James A. Reggia, Hui-Hsien Chou and Jason D. Lohn

1. Why Study Self-replicating Systems?	142
2. Early Self-replicating Structures	143
3. Self-replicating Loops	150
4. Emergence of Self-replication	160
5. Programming Self-replicating Loops	173
6. Discussion	178
REFERENCES AND FURTHER READING	180

Ultrasound Visualization

Thomas R. Nelson

1. Introduction to Ultrasound/Acoustic Imaging	186
2. Ultrasound Image Formation	189
3. Volume Visualization	214
4. Summary	240
5. References and Further Reading	244

Patterns and System Development

Brandon Goldfedder

1. What are Patterns?	256
2. Analysis: What is a Pattern?	256
3. An Example Pattern: Hands In View	262
4. Okay—So What Does This Have to do with Software?	263
5. Applying Patterns	267
6. Beware: Misapplication of Patterns	280
7. Reality Check	280
8. Advantages of Patterns	282
9. Applying Patterns in the Development Process	283
10. Frameworks and Patterns	284
11. Capturing Patterns	285
12. Where Now?	290
13. Concluding Remarks	290
SPECIAL THANKS	291
REFERENCES AND FURTHER READING	291

High Performance Digital Video Servers: Storage and Retrieval of Compressed Scalable Video

Seungyup Paek and Shih-Fu Chang

1. Introduction	294
2. Compressed MPEG Video	295
3. Inter-disk Data Placement of Constant Bit Rate Video	299
4. Buffer Replacement Algorithms	309
5. Interval Caching	312
6. Batching	316
7. Retrieval Scheduling and Resource Reservations of Variable Bit Rate Video	319
8. Conclusions	337
REFERENCES AND FURTHER READING	338

Software Acquisition: The Custom/Package and Insource/Outsource Dimensions

Paul Nelson, Abraham Seidmann and William Richmond

1. Introduction	342
2. The Software Acquisition Cost–Benefit Framework	345
3. Hypotheses	349
4. Alternative Models of the Software Acquisition Problem	354
5. Data	357
6. Analysis and Results	358
7. Conclusions	364
REFERENCES AND FURTHER READING	365
AUTHOR INDEX	369
SUBJECT INDEX	383
CONTENTS OF VOLUMES IN THIS SERIES	391

VOLUME CONTENTS

Advances in Computers
Volume 48
Edited By
Marvin V. Zelkowitz

CONTRIBUTORS ix
PREFACE xiii

Architectures and Patterns for Developing High-Performance, Real-time ORB Endsystems

Douglas C. Schmidt, David L. Levine and Chris Cleeland

1. Introduction	2
2. Evaluating OMG CORBA for High-performance, Real-time Systems	3
3. Architectural Components and Features for High-performance, Real-time ORB Endsystems	13
4. Supporting Real-time Scheduling in CORBA	31
5. Designing a Real-time ORB Core	50
6. Using Patterns to Build TAO's Extensible ORB Software Architecture	82
7. Concluding Remarks	113
REFERENCES	114

Heterogeneous Data Access in a Mobile Environment: Issues and Solutions

J. B. Lim and A. R. Hurson

1. Introduction	120
2. Background	125
3. Multidatabase Systems	134
4. The MDAS Environment	139
5. Transaction Management and Concurrency Control	146
6. Evaluation of Proposed Algorithm	158
7. Conclusions and Future Directions	165
Appendix: Related Projects	167
Glossary	174
REFERENCES	175

The World Wide Web

Hal Berghel and Douglas Blank

1. Introduction	180
2. The Internet: Precursor to the Web	182

3. The Success of the Web	183
4. Perspectives	184
5. The Underlying Technologies	180
6. Dynamic Web Technologies	194
7. Security and Privacy	210
8. The Web as a Social Phenomenon	214
9. Conclusion	216
REFERENCES	217

Progress in Internet Security

Randall J. Atkinson and J. Eric Klinker

1. Introduction	220
2. The Internet Protocol	222
3. Security for the Internet Protocol	224
4. Routing Protocols and Technology	227
5. Domain Name System	234
6. Dynamic Host Configuration Protocol (DHCP)	236
7. Key Management	237
8. Public Key Infrastructure	239
9. Network Management	241
10. Interactive Applications	243
11. Electronic Commerce	244
12. Electronic Mail	248
13. Other Considerations	250
14. Conclusions	251
REFERENCES	251

Digital Libraries: Social Issues and Technological Advances

Hsinchun Chen and Andrea L. Houston

1. Introduction	258
2. Digital Libraries: Hhistorical Overview	259
3. What Is a Digital Library?	261
4. Drives towards Digital Libraries	265
5. Digital Library Research Issues in the Social Context	268
6. Digital Library Research Activities: An Overview	276
7. Digital Library Research Issues in Semantic Interoperability	299
8. Conclusions and the Future	306
REFERENCES	309

Architectures for Mobile Robot Control

Julio K. Rosenblatt and James A. Hendler

1. Introduction	316
2. Architectures for Mobile Robot Control	319
3. Command Arbitration	335
4. Conclusion	347
REFERENCES	350
AUTHOR INDEX	355
SUBJECT INDEX	365
CONTENTS OF VOLUMES IN THIS SERIES	375

Advances in Computers
Volume 49

Edited By
Marvin V. Zelkowitz

CONTRIBUTORS ix
PREFACE xiii

A Survey of Current Paradigms in Machine Translation

Bonnie J. Dorr, Pamela W. Jordan and John W. Benoit

1. Introduction	2
2. The History of MT	3
3. Translation Challenges	5
4. Architectures	14
5. Paradigms of MT Research Systems	20
6. Evaluation of MT Systems	40
7. Summary and Conclusions	54
REFERENCES	56

Formality in Specification and Modeling: Developments in Software Engineering Practice

J. S. Fitzgerald

1. Introduction	69
2. Modeling, Abstraction and Formality	71
3. An Example of a Model-orientated Specification	72
4. Analysis Techniques for Formal Models	79
5. Lessons from Industrial Applications	88
REFERENCES	91

3-D Visualization of Software Structure

Mathew L. Staples and James M. Bieman

1. Introduction	96
2. Software Visualization	98
3. Impact Analysis	107
4. Scalability of Software Visualization	114
5. Change Impact Viewer	119
6. Evaluation of Results	128
7. Conclusions and Future Work	138
REFERENCES	140

Using Domain Models for System Testing

A. von Mayrhauser and R. Mraz

1. Introduction	144
2. System Testing Approaches	145
3. Industrial Application–Robot Tape Library	153
4. Building the Domain Model	155
5. Test Generation Process	173
6. *Sleuth* Test Generation Example	176
7. Reuse Scenarios and Experiences	180
8. Conclusions and Further Work	186
REFERENCES	188

Exception-handling Design Patterns

William G. Bail

1. Introduction	191
2. Exception-handling Concepts	193
3. Exception-handling Life Cycle	195
4. Exception-handling Design Strategies	197
5. Ineffective Exception-handling Design Patterns	221
REFERENCES	237

Managing Control Asynchrony on SIMD Machines–a Survey

Nael B. Abu-Ghazaleh and Philip A. Wilsey

1. Introduction	240
2. Background	243
3. The Evolution of the SIMD Paradigm	253
4. Beyond the SIMD Control Organization	262
5. The Concurrent-interpretation Model	278
6. Concluding Remarks	293
REFERENCES	295

A Taxonomy of Distributed Real-time Control Systems

J. R. Agre, L. P. Clare and S. Sastry

1. Introduction	304
2. Trends Affecting Control System Architectures	304
3. Taxonomies for DRCS	316
4. DRCS Taxonomy	322
5. Benefits and Limitations of a DRCS	343
6. Conclusions	344
ACKNOWLEDGMENTS	346
REFERENCES	346
APPENDIX A	348
AUTHOR INDEX	353
SUBJECT INDEX	365
CONTENTS OF VOLUMES IN THIS SERIES	375

ISBN 0-12-012151-4